Research methods and practices for the degree of
Humanities and Social Sciences

인문사회 과학도를 위한 연구방법과 사례별 활용서

서대진 장형유 김명희

도서출판 청람

하늘과 바람과 별과 시

죽는 날까지 하늘을 우러러
한 점 부끄럼이 없기를,
잎새에 이는 바람에도
나는 괴로워했다.
별을 노래하는 마음으로
모든 죽어가는 것을 사랑해야지.
그리고 나한테 주어진 길을
걸어가야겠다.
오늘 밤에도 별이 바람에 스치운다.

시인 윤동주(尹東柱: 1917~1945)의 序詩 중에서

흔적

人間은 누구나 짧은 人生을 살면서 자신의 긍정과 부정의 흔적을 남기게 됩니다. 누구나 그러하듯 人生은 제한된 시·공간의 범위에서 질곡 같은 파란만장한 人生事를 써내려가면서 마지막엔 유·무형의 흔적만 남게 됩니다. 이 흔적 한 가운데 저자의 책이 존재하며, 이 책은 누구에겐 약이 될 것이고 또 누구에게는 그렇치 못할 것입니다. 하지만 저자는 학술연구논문저서 한 분야에서만 부질없는 양심을 담아 그 흔적을 남기고자 하였습니다. 이에 저자는 16년간의 현장경험과 노하우를 바탕으로 학위논문에 바로 적용가능한 연구방법 실제서를 출판하게 되었으며, 주요 특성은 아래와 같습니다.

1. 본서는 저자의 경험과 지식을 더하여 완성하였기에 첫째도 둘째도 이론서나 개론서가 아닌 실제 학술논문에 적용할 수 있는 연구방법의 실무교재라 할 수 있습니다. 즉 이 교재는 연구자들이 논문연구 시 어떤 방법을 적용할까 고민에 대한 답입니다.
2. 본서는 저자가 다년간 현업에서 연구방법을 지도를 통해 하나하나 자료를 정리했으며 학술논문 자료를 분야별로(양적연구와 질적연구) 모아 둔 것을 책으로 출판한 것입니다.
3. 본서를 집필하면서 가식, 잔꾀, 미학, 기교, 형식, 멋, 겉치레를 벗어던지고 간결하게 정리 및 구성하고자 하였기에 각 내용에 대한 기본원칙인 이론, 개념, 방법, 기법, 사례예시에 대해 저자가 아는 것 만큼 지식과 경험을 담았습니다.

그리고 연구소에서 출판한 1. 인문사회 과학도를 위한 논문작성법 교과서, 2. 인문사회 과학도를 위한 조사방법 교과서, 3. 고등학생을 위한 소논문작성법, 4. 인문사회 과학도를 위한 연구방법교과서, 5. 학술연구논문 주제탐색교과서(미간) 교재에 대하여 독자들의 지지와 사랑을 부탁드립니다.

또한 교재자료정리에 힘 기울이신 김준호 선생님, 그리고 긴 삶의 무게에 짧은 영광을 같이 할 도반인 경상대 장형유 교수, 원광대 김명희 교수께 감사드립니다.

교재의 주요 연구방법들은(50강좌 연구방법) www.papersea.com를 통해서도 수강이 가능합니다.

2016년 가을

대표저자 서대진 드림

本書의 구성

학위 취득을 위해 논문을 작성하는 연구자들은 논문의 작성원리와 기법을 확고하게 터득하지 못하여 애로를 겪고 연구의욕을 상실하게 되는 경우가 적지 않다. 이에 본서는 연구자들이 흔히 경험하는 연구과정 및 논문작성 시 연구방법을 어떻게 학술논문에 적용하고 응용할 수 있는가에 초점을 맞추어 구성하였다.

먼저 제1부에서는 '학문은 결국 과학적 방법에 의한 산물이다'라는 명제 아래 제1장 학문의 일반적인 의의를 통한 학문과 과학이 상호 어떤 관계에 있는지, 그리고 어느 위치에 있는가를 살펴보고, 제2장에서는 본질적인 연구방법을 공부하기 위해 연구, 지식, 과학적 추론, 사회과학 연구진행 과정을 살펴보고, 제3장에서는 연구방법의 양적 · 질적연구란 무엇인가에 대해 의미, 개념, 특성, 사조 구성체계를 살펴본 다음 연구방법에 대해 기초적인 지식들을 이해하고자 하였다.

제2부에서는 '연구방법은 과학적 탐구의 산물이다'라는 명제 아래 학술논문의 이론과 지식을 통하여 연구문제를 과학적으로 탐구하고 구성하였다. 즉 이론이나 지식이 과학적인가를 판단하는 척도는 그 지식축적의 과정이 과학적인 방법에 의해 이루어져야 한다. 이런 맥락에서 제2부의 제4장과 제5장에서는 질적연구 유형으로 관찰법, 면접법, 설문지법 등에 대하여 개념, 종류, 내용, 작성방법, 절차, 타당성과 신뢰성방법, 연구사례 등에 대하여 알아본다. 동시에 연구형태인 실험연구, 실천연구, 사례연구에 대하여 그 성격, 특징, 종류, 절차, 사례 등 실제논문적용방안 등 기초적인 연구방법에 대하여 이해하고자 한다.

제3부에서는 질적연구방법의 한계점이나 엄격한 논문의 완성도를 위해 질적, 양적 연구방법들이 혼용되고 있다. 이런 맥락에서 질적연구를 위한 양적연구방법의 기초를 이해하고자 한다. 이를 바탕으로 제6장에서는 조사연구에 따른 다양한 변수들의 개념, 종류 및 특성, 사례 등에 대하여 알아본다. 특히 변수에 대해서는 실제 연구모형도 종류에 따라 변수명의 위치, SPSS 통계프로그램 기법들에 대하여 그 개념, 목적, 조건, output에 따른 해석의미에 대하여 알아본다. 제7장에서는 특수한 분석기법을 사용하는 양적연구방법, DEA 분석기법, Delphi방법, 다차원척도법, 군집분석, AHP분석 등에 대해 살펴보고, 제8장에서는 주요 측정내용별 양적연구방법으로 학술논문에 적용되고 있거나 응용되고 있는 연구방법들에 대한 목적, 개념, 모형, 절차, 사례, 분

석방법에 대하여 살펴본다.

제4부에서는 질적연구방법을 이해하기 위해 질적연구방법 출현배경, 질적연구가 필요한 경우, 질적연구의 윤리적 문제, 질적연구들의 단점인 신뢰도 · 타당도 저해요인과 높이는 방법, 논문작성 시 질적연구 구성요소, 논문작성 태도 등에 대하여 전반적으로 학습한다. 이를 바탕으로 제10장에서는 고전적 질적연구 분석유형에 대하여 각각 연구 유형의 개념, 목적, 구성요소 및 내용, 절차, 해석방법에 대하여 기본적 원리를 학습하고 동시에 선행 연구논문사례를 참조할 수 있게 제시하였다. 또한 제11장에서는 특수한 연구방법으로 각 분야에서 대표적으로 활용되고 있는 분석기법 등을 학습한다.

제5부인 제12장과 제13장에서는 일반적으로 학위논문에서 양적연구로서 그리고 질적연구로서 상호 통합하여 적용되고 있는 메타평가방법(meta-evaluation), Q분석방법에 대하여 학습한다. 구체적으로 각 연구방법의 종류에 따라 개념, 분석목적, 유형이나 종류, 구성요소, 평가의 방법, 평가의 사례를 학습한다. 특히 사례학습은 연구를 수행한 실제 사례로서, 분석방법과 분석결과의 일부 예를 살펴보고자 한다. 특히 모형설계 및 분석방법(평가모형의 설계, 분석방법, 점수의 도출방법), 설문조사 및 자료분석, 평가모형, 평가시스템의 평가지표, 평가상황요소에 대한 평가결과 순으로 구성되었다.

이 흔적이 당신에게 유익한 양식이 되기를 바랍니다.

차 례

Part 1 과학과 연구방법

Chapter 1. 학문과 과학

Chapter 2. 연구의 출발

Chapter 3. 연구방법의 인식론적 접근

Part 2 기초 연구방법에 대한 이해

Chapter 4. 자료수집 유형별 연구방법

Chapter 5. 연구형태별 연구방법

Part 3 질적연구를 위한 양적연구방법

Chapter 6. 양적연구의 기초

Chapter 7. 특수한 분석기법을 사용하는 양적연구방법

Chapter 8. 주요 측정내용별 양적연구방법

Part 4 질적연구방법

Chapter 9. 질적연구의 기초

Chapter 10. 고전적 질적연구방법

Part 5 양적연구와 질적연구의 통합

Chapter 12. 양적연구와 질적연구의 통합

Chapter 13. 대표적인 통합연구방법

표 차례

그림 차례

01 부

과학과 연구방법

'학문 및 연구결과는 결국 과학적 방법에 의한 산물이다.'

학문에 있어 가장 중요한 첫 디딤돌 중 하나는 이론이나 단어에 대한 철학적 사조, 정의나 개념 그리고 특성 파악이다. 이런 점에서 학위논문 연구방법을 학습하기 위해서는 간단하나마 학문으로서의 과학, 연구방법으로서의 과학에 대하여 의의를 살펴보아야 한다. 따라서 제1부에서는 학문의 정의, 개념에 대한 깊이 있는 고찰보다 과학적 연구방법의 일환으로, 제1장 학문의 일반적인 의의를 통한 학문과 과학이 상호 어떤 관계에 있는지, 그리고 어느 위치에 있는지를 살펴보고, 제2장에서는 본질적인 연구방법을 공부하기 위해 연구, 지식, 과학적 추론, 사회과학 연구진행 과정을 살펴보고, 제3장에서는 연구방법의 인식론적 관점에서 양적연구란 무엇인가, 질적연구란 무엇인가에 대해 의미, 개념, 특성, 사조구성체계를 살펴본 다음 양적연구와 질적연구를 비교함으로써 과학으로서의 연구방법에 대해 기초적인 지식들을 이해하고자 하였다. 이런 연장선에서 제2부에서는 연구방법에 대한 기초적인 이해의 폭을 확대하였다.

01 학문과 과학

1 학문의 일반적 의의

1) 학문의 개념

본서에서는 학문의 철학적 의미들에 대해서 깊이 있게 논하그자 하는 것이 아니라 연구방법을 학습하는 데 있어 필요한 의미들에 대해 살펴보고자 한다. 우리는 일상적으로 학문이란 무엇인가에 대한 질문이나 의문을 가지게 된다. 이때 그 답은 학문이라는 단어의 의미를 통해 발견할 수 있다. 하지만 학문 역시 목적, 분야, 시대, 흐름에 따라 여러 다양하게 설명될 수 있다. 이처럼 다양한 견해 중 공통적인 핵심은 '자연과 인간의 본질을 규명하는 것'이라고 하는 데는 큰 의의가 없을 것이다.

학문(學問)이란 글자 그대로 배우고 묻는다는 말이다. 즉 배우고 익히는 것(learning)이며, 그러한 노력의 결과로 얻어진 체계화된 지식(science)을 일컫는 말이다. 자기가 모르는 것을 배우고 이를 바탕으로 새로운 것을 알아가는 학습과 연구를 뜻하기도 하며, 나아가서는 그런 학습과 연구활동을 통해서 만들어 낸 지식체계를 의미하기도 한다.

다시 말해 학문의 목적은 자연과 인간의 본질을 탐구하고, 진리를 규명하는 것이라고 할수 있다. 따라서 학문의 목표는, 첫째 진리탐구이다. 진리란 거짓과 대립하는 참다운 앎을 의미한다. 참된 앎을 얻기란 쉬운 일이 아니다. 우리는 불완전한 인식 때문에 잘못된 앎에 이르는 경우가 많다. 하지만 끊임없이 스스로를 부정하고 비판할 준비가 되어 있다면 이를 통해 점점 참된 앎에 가까이 갈 수 있는 것이다. 둘째, 자기수양이다. 이 점은 우리 전통 학문관에서 강조되어 온 것이다. 전통 사유 가운데 실생활에 많은 영향을 끼쳐 온 유학에서는 학문을 크게 자신을 위한 학문(爲己之學)과 남에게 보이기 위한 학문(爲人之學)으로 나누었다. 전자가 성인을 목표로 삼아 내면의 수양을 통해 참다운 자신의 모습을 만들어 가는 학문이라면, 후자는 더 많은 부와 명예와 지위를 얻어 남들에게 과시하기 위한 겉치레 학문을 의미한다.

이런 측면에서 학문(disciplines, 學問)은 학자들이 연구활동을 한 결과를 축적해 놓은 지식체계라고 할 수 있다. 즉 학문은 지식체계로서의 학문과 활동으로서의 학문이라는 두 가지 차원에서 규정될 수 있다. 때문에 지식체계를 통하여 어떤 결과를 도출가능하고 그 결과를 낳기까지의 '과정'도 학문과 과학적 방법이 상호 불가분의 관계에 있다고 하겠다.

2) 과학과 학문

전술에서 학문이란 어떤 의미를 가지고 있는가? 그리고 과학과의 관련성에 대해서 간다히 언급했다. 그렇다면 과학이란 무엇인가? 혹은 과학은 연구방법과 어떤 관련성이 있는가에 대하여 간단히 살펴보고자 한다. 연구방법을 통하여 보다 더 완성도 있는 학위논문작성에 본서의 출간의 목적이 있다는 측면에서 본다면, 과학은 논문연구에 있어 하나의 수단이면서 논리적 · 객관적 · 신뢰도 타당도 높이기 위한 하나의 연구방법의 전 과정이라고 할 수 있다.

먼저 후술한 개념에 의하면 과학은 '경험과 가설에 따라 사실, 원리, 방법을 탐구하고 체계화하는 지식 또는 연구의 한 분야다'라고 설명하였다. 그렇다면 학문이란 '자연과 인간의 본질을 탐구하고, 진리를 규명'하는 것이라고 설명하였다. 이런 점에서 놓고 볼 때, 학문을 위해서는 과학은 매우 매우 중요한 수단 혹은 방법이 된다는 것이다. 물론 이 두 단어에 대해 무엇이 상위개념인지에 대해서는 논쟁이 여지가 많을 수 있지만 둘은 불가분의 관계라고 말할 수 있다.

이런 맥락에서 과학에서 학문에 이르기까지 관련된 제 단어에 대한 것이 무엇이 있는지 그리고 그 개념들을 살펴보는 것이 타당하다고 사료된다. 따라서 학문과 과학 사이에 놓여 있는 불가분의 관계인 연구, 지식, 이론이 무엇인지 과학과 학문의 하위 개념으로 혹은 학문을 위해 필요한 수단으로 제 단어들에 대해 살펴보도록 하자.

3) 제 단어의 개념과 관계

전술했듯이 학문과 과학과의 관계는 상호 불가분의 관계라고 설명했다. 그렇다면 과학적인 방법을 통하여 수행되는 연구와 관련한 제 단어인 연구, 지식, 이론 정도에 한하여 살펴보자.

연구(硏究, research)란 '증거가 없는 상식을 체계적 · 구체적 · 논리적인 방법으로 확인하여 문제해결을 위해 체계적이고 과학적인 방법'으로 설명하고 있다.

또한 지식(知識, knowledge)이란 넓은 의미에서 사물에 관한 개개의 단편적인 실제적(實際的) · 경험적 인식을 뜻하고, 협의적인 의미에서는 원리적 · 통일적 · 체계적으로 조직되어 과학적 · 객관적 타당성을 요구할 수 있는 판단의 체계라고 할 수 있다. 지식과 유사한 단어는 바로 상식인데 이는 애매하고 부동적(浮動的)인 반면 지식은 명석하고 확정적이라고 생각하고 있다. 하지만 지식과 상식 사이를 구별하는 것은 어려운 일이다. 상식의 순화(純化)에 의한 지식도 있으며, 반대로 과학적인 지식으로서, 그것도 상당히 고도(高度)의 지식이 상식화되는 경우도 있기 때문이다. 또한 지식은 또 지혜(智慧)와 구별되기도 한다. 과학적 지식으로 대표되는 소위 이론적 지식은 아무리 집적(集積)되어도 인생을 어떻게 살아갈 것인가에 대하여 해답을 주지는 않는다. 해답을 주는 것은 지식이 아니라 지혜이다. 따라서 본서에서는 협의적인 의미의 이론적 지식에 대해서 설명하고자 한다.

이론(理論, theory)이란 사물에 관한 지식을 논리적인 연관에 의하여 하나의 체계로 이루어 놓은 것이라고 말한다. 즉 지식은 개개의 여러 가지 사항을 통일적으로 설명하기 위해, 또 인식을 발전시키기 위해, 이미 인식되고 정식화되어 있는 경험적 법칙 등을 기본적 원리에 기초하여 체계화된 것이다. 이론은 개념을 이용하여 수행되는 객관적 실재이고, 과학의 본질을 이루는 부분이며, 과학연구의 주요한 목표라고 할 수 있다. 따라서 하나 하나의 지식의 체계가 이론으로 정립되고, 이론이 모여 하나의 어떤 영역의 학문이 형성된다고 할 수 있다.

이런 맥락에서 본서에서는 과학과 학문 사이의 제 단어에 대해 관계를 간단히 선(線)상에서 조작화해 보면 아래와 같이 설명가능하다.

그림 1-1 ▌학문과 과학의 관계

상기 [그림 1-1]처럼 과학과 학문 사이의 모든 제 단어들의 개념들은 상호 불가분의 관계가 있으며 학문 역시 과학적 방법으로 연구되어야 하고, 이 과학과 연구의 결과 산물은 지식으로 산출되고 지식의 체계화가 이론으로 정립되고 그리고 하나의 학문으로 나타날 수 있다. 따라서 본서에서는 연구방법으로서 과학적 접근으로 이루어져야 하기에 과학에 대하여 살펴보고자 한다.

2 과학

1) 과학의 개념

'*Science is a branch of knowledge or study, especially one concerned with establishing and systematizing facts, principles, and method, as by experience and hypothesis.*'(Webster, 1988).

'과학은 경험과 가설에 따라 사실, 원리, 방법을 탐구하고 체계화하는 지식 또는 연구의 한 분야다'라고 한 문장으로 간결하게 정리할 수 있다.

여러 학자들이 과학에 대해 개념화하고 정의를 해 왔지만, 그 정의를 통일적으로 내리기는 어렵다. 성태제 · 시기자(2006)는 과학에 대해 지식을 얻는 방법 또는 구조화된 지식 그 자체를 말한다고 하였다.[1)]

아인슈타인(Einstein, 1940)은 과학이란 우리 자신의 혼란스러운 다양한 경험을 논리적이며 체계화된 사고 구조로 변환하는 작업이라고 정의한 바 있다.[2)] 댐피어(Dampier, 1961)는 과학을 자연현상에 대한 체계화된 지식이며 현상을 설명하는 개념 간의 관계를 연구하는 작업이라고 하였으며,[3)] 내쉬(Nash, 1963)는 과학이란 우수

현상을 보는 방법이라고 하였다.4) 또한 과학은 '현실사회인 경험세계와 자연의 현상에서 계속해서 반복적으로 발생되는 질서와 규칙이 경험적으로 검증되어 이것이 모든 제도와 문화와 시간에 걸쳐서 보편타당하게 사회현상이나 자연의 현상에 적용될 수 있는 법칙'이라고 정의되기도 한다.5)

이렇게 볼 때 과학은 경험과 지식을 체계화하여 우주의 모든 현상을 설명하고자 하는 학문이라고 할 수 있다. 따라서 과학은 지금까지 아무도 반증하지 못한 확고한 경험적 사실을 근거로 하는 보편성과 객관성이 인정되는 지식의 체계이어야 한다.6)

즉 과학은 모두가 인정할 수 있는 객관성을 가져야 하며, 어떤 한 연구자가 수행한 연구과정을 다른 사람도 그대로 따라 할 수 있어야 한다. 그래서 연구에 소양을 갖춘 사람이라면 누구든지 언제나 동일한 조건에서 동일한 자료나 결과를 얻어낼 수 있을 때 과학으로 인정받는 것이다.

궁극적으로 과학은 객관적 자료(objective data)와 절차의 반복(replication or reproduction)이라는 두 가지 조건을 갖추어야 한다.7) 이러한 의미에서 과학은 보편성을 가진 객관적인 과학적 결과가 무엇인가 뿐만 아니라 그 결과를 산출할 수 있는 과학적 방법을 의미하기도 한다.

2) 과학의 목적

상기 전술한 과학의 개념에서 설명했듯이 과학은 사회현상과 자연현상을 포함하여 모든 현상을 설명하는 이론을 제시하는 것을 궁극적인 목적으로, 이를 구체적으로 살펴보면 다음과 같다.8)

첫째, 과학은 이론의 대상이다. 과학은 존재하는 것에 관심을 갖고 있으며, 가치관이 개입된 당위성에 대해서는 관심을 갖지 않는다. 철학자들은 그들의 주변에서 관찰한 사실, 추측된 내용, 바람직한 상태에 대하여 아이디어를 혼합하여 지식을 형성한다. 그러나 과학자들은 어떤 현상이 왜, 어떻게 발생했는지에 대해서만 관심을 갖는다. 즉 과학은 어떤 사건이나 현상의 도덕성, 또는 바람직성과 같은 문제는 관심의 대상에서 제외한다.

둘째, 과학에는 규칙성이 있다. 과학적 이론은 자연 및 사회현상 속에 존재하는 논리적이고 지속적인 패턴을 알리는 데 그 목적이 있다. 과학이 조사대상으로 보는 자연 및 사회현상은 무작위적이거나 혼란스럽거나 변덕스러움의 연속이 아니라 규칙적인 것이다.

셋째, 과학에서의 변수들 간에는 관계성이 있다. 과학의 조사대상 속에는 수많은 변수가 있으며, 이러한 변수는 동일한 기준으로 분류된 조사객체의 속성을 집단화한 개념을 의미한다. 예를 들어 공무원, 교수, 회사원 등의 조사객체를 속성별로 집단화하면 '집단'이라는 변수가 되고, 남자와 여자라는 속성을 묶으면 '성(性)'이라는 변수가 된다. 과학은 이러한 변수들 사이의 관계를 기술하거나 설명하는 데 목적을 두고 있다. 특히 변수들 사이의 관계를 설명하는 진술은 '이론'이 된다. 이와 같은 변수들 사이의 관계를 설명하기 위해서는 변수들 간의 인과관계가 확실히 밝혀져야 한다.

넷째, 과학은 현상을 예측한다. 과학의 궁극적인 목적은 조사된 이론을 바탕으로 현상을 예측하는 것이다. 예측은 이론의 한 측면으로서 이론의 기초적인 명제로부터 복잡한 명제를 추론하는 것을 의미한다. 예를 들어 범죄예방이론이 현대사회에서 범죄발생률을 성공적으로 예측하고 예방하는 데 효용을 갖는다면 그 이론의 가치는 매우 높다고 할 수 있는 것이다.

3) 과학의 기능

사람들은 흔히 '과학'이라고 하는 것에 대에 대해 몇 가지 고정관념을 가지고 있다. 그것은 ① 공학 또는 테크놀로지와 동일한 것으로 생각하여 과학을 자연과학으로만 한정한다. ② 과학은 현실과는 담을 쌓고 복잡한 이론과 관련하여 실험실에서만 진행된다. ③ 과학자는 하얀 가운을 입고 실험도구를 가지고 일을 한다와 같은 생각들이다. 이러한 관념은 연구의 대상이 물질 또는 자연현상이면 과학이고, 그렇지 않으면 과학이 아니라는 관점이다.

그렇지만 과학은 체계화된 정보를 제공하는 모든 활동을 포함한다. 즉 연구의 대상에 따라 과학인가 아닌가가 결정되는 것이 아니라, 연구의 대상이 사회현상이든 자연현상이든 그 연구의 방법이 과학적이면 과학인 것이다. 예를 들어 점성술은 자연현상에 대해 탐구하지만 그 방법이 과학적이지 않기 때문에 과학이라고 하지 않는다.

이처럼 과학의 본질은 사물이나 현상의 관계성을 경험적으로 규명하는 데 있으며, 그 기능을 두 가지로 분류할 수 있다.

첫째, 과학은 무엇인가 개선하기 위하여 발견하고 지식을 향상시키는 것이다.

둘째, 과학은 경험적인 사건이나 대상의 행동을 망라하는 일반적인 법칙을 세우는 것이며, 이로 인하여 기존의 사건에 관한 지식들을 연결할 수 있고 또한 잠재적인 사건에 대한 예측을 가능하게 한다.

4) 자연과학과 사회과학[9]

(1) 학문의 분류

일반적으로 학문은 인문학, 사회과학, 자연과학으로 나누어진다. 인문학에는 '과학'이라는 말을 붙이지 않는다. 인문학은 객관적 입증을 필요로 하는 자료를 원하지도 않으며, 논리적 측면에서 합리적이면 별다른 문제제기를 하지 않기 때문이다. 반면 사회과학이나 자연과학에서는 어떤 주장에 대해 객관적으로 입증될 수 있는 자료를 요구하며, 연구의 소양을 갖춘 사람이라면 누구라도 다른 연구자가 수행한 방법을 반복할 수 있는 체계가 필요하기 때문이다.

가. 인문학

인문학은 철학, 역사학, 그리고 어문 관련 학문들이다. 인문학도 물론 규칙적인 인간의 삶과 자연의 세계를 설명하고 있지만, 객관적 입증을 위한 자료를 크게 염두에 두지 않기 때문에 '과학'이라고 하지 않는다.

나. 사회과학

사회과학(social science)은 인간사회와 관련된 학분 분야를 포함한다. 사회과학에는 사회학, 인류학, 경제학, 심리학, 교육학 등의 학문이 있다. 이 학문들은 인간의 삶에서 비롯되는 희로애락 등 다양한 현상을 연구한다. 즉 인간의 삶 자체를 연구하는 학문이 사회과학이다.

또한 사회과학은 사회현상을 지배하고 있는 사회법칙을 찾아서 인간 존재의 본질을 규명하며, 경험적인 검증뿐만 아니라 인식과 사고작용에 의한 형이상학적인 진리와 이상을 추구하는 학문이다. 따라서 사회과학은 사회현상을 기초로 하여 형성된 사회이론을 통해 곧바로 그 현상을 설명하고 예측할 수 있는 능력을 가지고 있어야 과학으로서의 생명력을 가질 수 있는 응용과학이다.[10]

다. 자연과학

자연과학(natural science)에 해당되는 학문은 물리학, 화학, 천문학, 생리학, 의학 등 다양한 분야가 있다. 자연(natural)은 자연에 관계된(relating to natural), 자연에 의해서 결정된(determined by natural), 또는 인공적이 아닌(not artificial)이라는 의미를 갖는다. 즉 자연과학은 인공적이지 않은 자연 그대로를 연구하는 학문이다.

이러한 의미에서 자연과학은 자연의 현상을 지배하고 있는 법칙(natural law)을 발견하고자 하는 학문이다.[11] 일반적으로 자연의 현상을 지배하는 이론은 물리적인 조건과 환경을 동일하게 하면 시간, 장소, 공간을 초월하여 그 이론을 반복해서 검증할 수 있다.

(2) 자연과학과 사회과학

자연과학과 사회과학의 차이점은 연구대상에서 확인할 수 있다. 연구대상뿐만 아니라 두 과학의 차이는 신뢰성(reliability)과도 관련되어 있다.

자연과학이든 사회과학이든 어떤 주장이 내세워진다고 하더라도 그 주장이 무조건적으로 100% 정확한 것이라고 말하지는 않는다. 이 두 학문분야에서 주장하는 이론들은 관습적으로 5% 이하의 오차가 있다는 것을 인정하고 이를 전제로 한다. 즉 어떤 주장이 입증될 수 있는 자료가 있고, 또한 다른 사람이 이 연구를 반복해서 수행할 수 있는 과학적인 근거가 있다고 하더라도 그 주장은 100% 맞는 것이 아니고, 적어도 5%의 오차를 가지고 실수를 범할 가능성이 있다고 하는 것이다.

이처럼 두 학문분야가 모두 통계적으로 동일한 기준을 전제로 하고는 있지만, 자연과학이 사회과학보다 훨씬 더 정확하다는 것은 대부분의 사람들이 인지하고 있다. 왜냐하면 자연과학의 연구대상은 인공이 아니라 대체로 불변적인 원칙에 의해 변화해 나가는 자연이기 때문이다. 그렇지만 사회과학의 연구대상은 가변적인 인간이며, 이들이 만들어 내는 삶은 변화가 많고 예측하기 어렵다.

즉 사회과학이 자연과학에 비해 훨씬 더 변화 가능성이 높다. 그렇지만 인간의 삶에도 나름대로 규칙성이 있다. 다만 이러한 규칙성이 자연과학에서 볼 수 있는 것보다는 더 유연성(flexibility)을 가지고 있을 뿐이다. 이처럼 두 학문분야의 연구대상이 차이가 있다는 데에서 신뢰성 또한 차이를 갖게 된다.

이와 같은 차이가 있는 자연과학과 사회과학의 특성을 요약하여 비교해 보면 다음의 [표 1-1]과 같다.

표 1-1 자연과학과 사회과학의 특성 비교[12)]

구분	자연과학	사회과학
조사대상	사물 내지 사물의 속성	인간의 행태 및 사회현상
문화적 요인	영향을 거의 받지 않음	영향을 받음
변수	안정적	불안정적
가치개입 여부	가치배제	가치개입
통제가능성	크다	낮다

본서는 사회과학의 연구방법론을 다루고 있다. 사회과학의 연구대상은 개인, 집단, 사회, 국가, 경제, 정치 등 모든 분야에서 인간이 만들어내는 삶과 생활에 관한 것들이다. 즉 사회과학은 인간이 살면서 만들어내는 생활 속에서의 사건을 연구의 대상으로 한다. 따라서 인간이 가지고 있는 태도, 신념, 가치관, 행동 등이 사회과학 연구의 초점이 된다. 이러한 대상 속에서 일정한 규칙성을 밝혀내는 것이 바로 사회과학의 과제인 것이다.

1) 성태제 · 시기자(2006), 연구방법론, 서울: 학지사, p.20.

2) Einstein, A.(1940), "Considerations concerning the foundations of theoretical physics", *Science*, 91, pp.487~492.

3) Dampier, W. C.(1961), *A history of science and its relation with philosophy and religion*, 4th ed., Cambridge, England: Cambridge University Press.

4) Nash, L. K.(1963), *The nature of the natural science*, Boston: Little Browo and Company.

5) 허원구 · 이석형 · 최인규(2011), 조사방법론의 이해, 서울: 삼영사, p.23.

6) 임병우 · 손용진(2007), 사회복지 조사연구방법론, 서울: 청목출판사, p.26.

7) 홍성열(2001), 사회과학도를 위한 연구방법론, 서울: 시그마프레스, p.7.

8) 허원구 외(2011), 앞의 책, pp.24~25.

9) 홍성열(2001), 앞의 책, pp.10~12.

10) 허원구 외(2011), 앞의 책, p.27.

11) 위의 책

12) 허원구 외(2011), 앞의 책, p.28.

02 연구의 출발

1 연구

1) 연구의 정의

연구(research)는 과학적 방법에 의해 이루어진다. 연구는 증거가 없는 상식을 체계적 · 구체적 · 논리적인 방법으로 증거를 확인하여 이론을 정립하는 작업이다. 즉 연구는 문제해결을 위해 체계적이고 과학적인 방법을 이용하며, 이러한 방법에 의해 도출된 결과를 이론(theory)이라고 하는 것이다.1)

연구에 대해서도 다양한 정의가 있었다. 맥밀란과 슈마흔(MacMillan & Schumacher, 1989)은 연구란 어떤 목적을 위해 정보나 자료를 수집하고 분석하는 체계적인 절차라고 하였다.2) 그리고 케린저(Kerlinger, 1986)는 과학적 연구란 가설이나 이론에 의해 유도된 자연현상에 대한 체계적이고 경험적인 탐구라고 정의하였다.3) 그리고 과학적 연구는 어떠한 명제나 주장을 관철시키기 위하여 단순히 우리가 믿고 있는 선례나 관습 또는 습성을 그 근거로 제시하거나 준용하는 방법이기도 하다.4) 결국 연구란 어떤 현상에 대한 자료를 수집하여 체계적으로 분석함으로써 이론을 세우는 과정이라고 할 수 있다.

이러한 연구는 다음과 같은 특징을 가지고 있다.5)

첫째, 문제해결과 연관되어야 한다.

둘째, 원리와 이론의 정립으로 현상과 사실을 예측하여야 한다.

셋째, 실증적인 증거에 기초하여야 한다.

넷째, 정확한 관찰력과 서술에 의한다.

다섯째, 조직적이고 체계적이어야 한다.

여섯째, 전문지식이나 경험을 보유하여야 한다.

일곱째, 객관성이나 논리성을 유지하여야 한다.

여덟째, 문제지향적이어야 한다.

아홉째, 지속적이어야 한다.

열째, 연구결과가 왜곡되지 않아야 한다.

2) 연구의 목적

연구는 사회와 자연에 존재하는 사실 및 현상들을 고도로 압축된 이론으로 묘사·설명·예언·통제하고자 하는 데에 목적이 있다.[6] 현상에 대한 사실을 알게 됨으로써 앞으로 일어날 가능성이 있는 일에 대해 대비나 통제를 할 수 있는 것이다. 현상에 대한 묘사를 통해 숨겨진 사실들에 대한 설명을 전개하며, 이 설명에 의해 앞으로 나타날 현상들을 예측하고, 보다 나은 결과를 위하여 때로는 통제를 가할 수도 있는 것이다. 이를 구체적으로 살펴보면 다음과 같다.[7]

(1) 현상의 기술

기술(description)은 관찰된 사실들을 일반적인 수준에서 요약하여 기록함으로써 현상 그 자체의 속성을 있는 그대로 보여주는 것을 말한다. 그리고 현상을 기술한다는 것은 연구대상이 가지고 있는 속성의 유사점과 차이점을 명확하게 규명하는 것이다.

이를 통계적 관점에서 보면 특정한 단일변수의 속성을 알고자 하는 기술통계와 둘 이상의 변수들 사이의 관계를 기술하는 경우로 대별해 볼 수 있다. 전자의 예는 '서울지역 대학교 학생들의 수능점수는 평균 몇 점일까?'라는 연구문제를 들 수 있다. 그리고 후자의 예는 '서울지역 대학교에 입학한 학생들을 대상으로 학년에 따라 학교생활 만족도는 어떻게 다를까?'라는 연구문제가 있을 수 있다.

(2) 과학적 설명

설명(explanation)이란 사회현상이 '왜(why)' 발생하는지를 밝히는 것이다. 즉 관심 있는 현상에 대한 기술을 넘어 그 현상이 일어나게 된 이유 또는 원인에 대해 법칙을 통해 규명함으로써 논리적으로 타당한 객관적 근거를 제시하는 것이다. 이러한 법칙에는 보편적 법칙(universal law)과 통계적 법칙(statistical law)이 있다.

보편적 법칙의 예는 물가에 관한 수요-공급의 법칙, 중력의 법칙 등이 있다. 이러한 법칙은 시간과 장소의 제약을 거의 받지 않고 적용되는 포괄적인 법칙이다.

그렇지만 보편적 법칙이 확립되지 않았을 경우에는 통계적 법칙으로 설명한다. 통계적 법칙은 예를 들자면 'A라는 조건하에서 B가 발생할 가능성은 얼마인가?'와 같은 진술을 말한다. 즉 통계적 법칙은 과거의 관찰을 토대로 한 확률적 법칙에 의존하는 설명으로서 이는 확률적 설명 또는 귀납적 설명이라고도 한다.

사회과학에서는 보편적 법칙에 의해 확립된 것이 거의 없기 때문에 대부분 통계적 법칙에 기반을 두고 있다. 즉 확률적 설명이 대부분이다. 따라서 통계적 법칙은 일반적으로 한 개인이 주어진 상황에서 어떤 행동을 하였다는 것을 설명하는 것을 확률적 진술로 제시하는 형태를 갖는다. 그렇지만 확률적 설명도 과거의 관찰에 의하여 얻은 확률적 일반론을 가지고도 설명할 수 없는 현상이 있을 수 있다는 단점이 있다. 예를 들어 지속적인 관찰의 결과 소년 범죄자의 80%가 불우한 가정에서 나왔다고 할 때, 나머지 20%는 어떻게 설명할 것인가의 문제가 남게 되는 것이다.

(3) 미래상태의 예측

예측(prediction)은 관찰에 의해 입증될 수 있는 미래의 사회적 현상의 특정한 측면에 관한 예상이나 기대의 진술을 말한다. 즉 예측이란 이미 알려진 사실로부터 미지의 사건을 연역하는 것이고, 또한 사건의 발생순서에 기반을 두고 미래의 결과를 예상하는 것이다.

특히 사건이 발생순서에 기반을 둔 미래예측은 어떤 현상의 발생 원인에 대한 충분한 이해나 설명 없이도 가능하다. 또한 논리적 구조를 볼 때 예측이란 이론이나 법칙, 그리고 특정한 조건을 미리 알고 그에 따라 앞으로 발생할 사건이나 현상을 찾는다.

(4) 현상의 통제

과학을 목적으로 할 때 통제(control)는 현상을 결정하는 조건을 조작(manipulation)하는 것이다. 이러한 맥락에서 통제는 어떤 현상의 원인 또는 선행조건에 관한 지식을 전제로 이루어진다. 인간행동이 원인을 알게 되면 이러한 원인 또는 선행조건을 조작하여 현상을 바람직한 방향으로 통제할 수 있다. 예를 들어, 좌절감이 클 때에는 공격적인 행태가 발생한다는 사실을 알고 있다고 하자. 이 경우 어떤 사람으로 하여금 좌절감을 느끼게 하거나 좌절감을 없앰으로써 그 사람의 공격행동을 통제할 수 있게 된다.

이상에서 논의한 연구의 목적 중에서 현상의 기술과 설명은 기본적인 목적이라고 할 수 있다. 현상을 기술하고 설명하는 것을 바탕으로 그 현상을 예측하고 통제할 수 있기 때문이다. 따라서 예측과 통제는 파생적 목적이라고 볼 수 있다.

3) 연구의 절차

연구의 절차는 연구종류에 따라 다양하지만, 학술논문 작성 시 아래와 같은 절차로 수행하는 습관을 들인다면 차후 연구에서 보다 더 쉽게 완성도 있는 작성이 가능하다. 학술논문의 일반적인 연구절차는 다음과 같다.[8)]

① 연구주제를 선택한다.

② 연구문제를 만든다.

③ 연구문제와 관련된 문헌을 참고한다.

④ 참고문헌에 기초하여 여러 개의 연구가설을 만든다.

⑤ 연구를 설계한다.

- 연구대상과 연구대상의 수를 결정한다.
- 연구변수를 규명한다.
- 변수의 측정방법을 고안한다.
- 분석방법을 결정한다.

⑥ 소수의 연구대상으로 사전연구를 실시한다.

⑦ 사전연구를 통하여 문제점을 수정 · 보완한다.

⑧ 연구를 실시한다.

⑨ 연구보고서를 작성한다.

⑩ 연구보고서를 제출한다.

①~⑤까지는 문헌연구를 통해 이루어진다. 연구자는 자신의 경험을 통해 연구의 주제를 찾을 수도 있지만, 연구의 관심사항은 교과서나 학술지 등의 문헌을 통해 얻어지는 것이 보다 일반적이다. 따라서 문헌연구를 많이 한 연구자는 상대적으로 연구를 보다 용이하게 진행할 수 있다.

연구의 방법까지 결정되었으면 그 다음에는 사전연구를 실시하는 것이 바람직하다. 사전연구를 통해 연구의 진행과정에서 발생할 수 있는 미처 생각하지 못했던 문제점이나 미비한 점을 미리 발견함으로써 연구를 보다 성공적으로 수행할 수 있기 때문이다.

이처럼 사전연구를 통해 문제점을 보완한 다음에는 본 연구를 실시하는데, 이는 수집된 자료를 분석하여 연구의 결론을 도출하는 과정이다. 그리고 최종적으로 연구보고서를 작성하여 제출한다. 연구보고서의 작성은 연구를 수행하는 것 못지않게 중요한 부분으로, 연구의 진행과정을 충실하게 서술해야 한다.[9)]

2 신념과 과학 및 지식

1) 신념과 지식

먼 옛날 고대의 학자들은 모두 철학자였다. 이들 중에는 천문을 연구하는 사람, 인체를 연구하는 사람, 지리를 연구하는 사람 등 다양한 학자들이 있었지만, 이들은 모두 사변적(思辨的) 범위 안에 머물고 있었다. 즉 자신의 주장에 대해 객관적으로 입증할 수 있는 자료를 제시할 수 없었다. 이들의 주장은 신념(信念)이었다. 신념은 옳고 그름이 없는 생각이다. 따라서 무언가를 주장하는 사람이 목소리를 높여서 고집부리면 주위 사람이 알아주거나 말거나 그것으로 그만이다. 만일 어떤 사람의 신념이 그럴듯해 보이면 그의 추종자가 되어서 제자가 되고, 자시 그 제자의 제자가 나타나 학문적 흐름을 이었지만, 이들은 모두 신념의 계승에 지나지 않는 것이다. 아무리 멋진 생각을 가지고 있거나 그 생각이 논리적으로 이치에 맞는다고 하더라도 경험적 자료에 의해 입증되지 못하면 그것은 여전히 신념으로만 존재하는 것이다.

반면에 지식(knowledge)은 경험에 의해 얻어진 이해(understanding gained by experience)이다.[10] 여기서 경험이란 사변적인 것을 의미하는 것이 아니라 실증적으로 어떤 것을 얻고, 그것에 의해 이해된 결과를 말한다. 즉 경험은 신념을 객관적으로 입증할 수 있는 자료를 얻는 과정이다.

결국 지식은 어떤 신념에 대해 객관적 자료를 통해 입증할 수 있는 경험을 함으로써 체계화된 인간의 사고라고 할 수 있다.

2) 과학적 지식[11]

(1) 과학적 지식의 개념

과학적 지식은 과학적인 방법으로 어떠한 현상 속에 내재한 인관관계를 규명하여 일반화시킨 지식을 의미한다. 이 지식은 변수에 대한 단순한 지식이 아니라 그 변수들이 서로 어떻게 관계하고 있는가라는 형태를 경험적으로 검증한 것이다. 이러한 것을 과학적 지식이라고 하며, 과학적 지식의 최종적인 산물은 이론이라고 할 수 있다.

과학적 지식과 비과학적 지식은 다음의 [표 2-1]과 같은 차이가 있다.

표 2-1 과학적 지식과 비과학적 지식의 차이

분류지표	과학적 지식	비과학적 지식
개념/변수	명확한 개념적 정의와 조작적 정의	애매한 개념적 정의
가설	검증가능	검증 불가능
접근태도	비판적/회의적	무비판적/수용적
관찰	경험적/분석적	직관적/전체적
측정도구	정확하고 정밀함	부정확하고 정밀하지 못함
분석	체계적이고 통계적임	비체계적이고 비통계적임
결과	신뢰성/객관성 담보	신뢰성/객관성 담보 안 됨

(2) 과학적 지식의 특성

과학적 지식은 논리성, 재생가능성, 경험가능성, 객관성 등의 특징을 가지고 있으며 구체적으로 설명하면 다음과 같다.

가. 논리성

과학적 지식은 논리성을 전제로 한다. 논리성은 어떠한 현상의 원인과 결과에 대한 시간적 우선성과 공변성이 뒷받침되어야 한다. 시간적 우선성은 원인의 변화가 결과의 변화보다 먼저 일어나야 한다는 것이며, 공변성은 원인이 변하면 결과가 변해야 한다는 것을 의미한다.

'경제가 어려우면 대출연체율이 증가한다'라는 명제가 있다. 경제상황의 악화는 대출연체율의 증가보다 시간적으로 앞서 일어남으로써 이것이 원인이 되고 대출연체율의 증가가 결과가 된다. 또한 경제상황의 악화 정도에 따라 대출연체율의 변화가 일어난다면 원인이 변함에 따라 결과가 변하는 공변성 때문이다.

나. 재생가능성

과학적 지식은 과학적 방법을 통해 도출되기 때문에 재생이 가능하다는 특징을 가지고 있다. 재생가능성은 어떠한 현상을 같은 방법으로 연구하면 같은 결과를 얻을 수 있는 가능성을 의미한다.

재생가능성은 표준화된 방법을 도입했을 때 동일한 결과나 결론을 얻을 수 있는 가능성을 말한다. 이는 어느 정도 재생이 가능한가에 대한 정도를 파악하기 위해 크게 입증가능성과 산출가능성으로 나눌 수 있다. 유사한 연구절차나 과정을 통해 현상의 인과관계를 규명하는 것이 입증가능성이다. 그리고 유사한 결과가 어느 정도 도출되었는가는 산출가능성의 판단기준이 된다. 이것은 과학과 예술을 구분하는 근거가 되기도 한다.

재생가능성은 연구과정과 결과의 객관성 간에 밀접한 관계가 있다. 과학적 지식은 신뢰성을 확보하기 위하여 어떠한 현상에 대해 여러 번 여러 사람에 의하여 반복적으로 검증이 이루어져야 한다. 그러나 동일한 현상에 대한 연구에서도 그 현상과 관련된 개념들을 측정하기 위한 개념화와 조작화과정이 다른 경우에는 다른 결과가 나타난다. 예를 들어 노인의 부양 부담을 연구할 때 한 연구자는 장애노인을, 다른 연구자는 정상노인을 대상으로 한다면 같은 주제의 연구임에도 불구하고 다른 결과가 도출될 것이다.

다. 경험가능성

과학적 지식은 신뢰할 수 있는 객관적인 근거를 요구하기 때문에 경험적으로 검증이 가능해야 한다. 경험적이라는 말은 어떠한 현상에 대한 직·간접적인 인식 및 지각을 의미하며, 경험적 검증은 인식 또는 지각과 관련된 자료의 수집과 분석을 말한다. 즉 과학적 지식은 우리의 감각기관에 의하여 인식 또는 지각될 수 있어야 한다. 그렇지만 감각기관을 얼마나 신뢰할 수 있는가 하는 것은 의문으로 남아 있다.

라. 객관성

과학적 지식은 어떠한 현상에 대한 개별적인 결과보다는 광범위하게 적용될 수 있는 객관성을 요구한다. 한편으로 이 객관성은 과학기술의 발전과도 밀접하게 관련이 있다.

3) 과학적 지식의 구성요소[12)]

(1) 사실과 개념

가. 사실

사실(fact)은 감각에 의해 받아들여지며, 어떠한 현상 또는 사건을 설명해 준다. 사실은 개념에 의해 우리가 인지할 수 있도록 표현되며 일반화와 객관화가 이루어지는데, 이러한 사실의 속성은 이론을 구성할 수 있는 초석이 된다.

사실은 현존하는 이론을 부정하거나 재구성하기도 한다. 과학적 방법에 의해 구성되고 검증된 이론이 새롭게 출현한 사실을 설명하지 못하거나 설명력이 약하면 그 이론은 부정되거나 재구성되어야 한다. 또한 새로운 사실은 기존의 이론의 타당성을 높여 이론의 증거능력을 명확하게 해 주기도 한다.

나. 개념

가) 개념의 정의

인간은 어떠한 현상 또는 실체에 대한 속성의 인지를 통합하여 추상적으로 형상화한다. 즉 경험세계에서 인간은 특정 현상 또는 실체를 관찰과 묘사를 통해 좀 더 체계적으로 설명하고 예측한다. 이러한 과정에서 관찰과 묘사된 현상의 실체에 대해 공통적인 관념이나 생각을 공유하게 되는데, 이것을 개념(concept)이라고 한다.

개념은 이론을 구성하는 요소가 되는데, 여러 학자들이 개념에 대해 다양하게 정의하고 있다. 케린저(Kerlinger, 1986)는 특정한 여러 현상을 일반화시키는 것을 개념이라고 하였다.[13] 필립스(Philips, 1997)는 현상을 설명하고 예측하기 위한 명제나 이론 전개의 바탕이 되는 추상적 표현이라고 하였으며,[14] 쉘티즈(Selltiz, 1976)는 개념에 대해 관찰된 사실에 대한 추상적 표현이라고 정의하였다.[15] 이러한 정의들을 종합하여 보면 개념은 경험적으로 인지될 수 있는 어떤 대상이나 현상에 대해 공통적인 특성을 일반화하고, 약속된 언어로 추상적인 표현을 하는 것이라고 할 수 있다.

나) 개념화

개념은 추상적이기 때문에 경험적으로 직접적인 관찰이나 측정이 불가능한 경우가 많다. 따라서 일반적인 개념을 형성하기 위해 추상적인 현상을 구체화하는 과정인 개념화가 필요하다. 개념화에 의해 얻어진 결과가 개념인 것이다. 즉 개념화는 개념을 좀 더 명확하게 구체적으로 나타내는 것을 말한다.

개념화를 통해 사실이 개념이라는 이름으로 현실세계에 표현된다. 개념화는 어떠한 사실의 특성을 조사 · 관찰 · 분류하여 본질적인 공통의 속성에 따라 유형화함으로써 이루어지며, 그 사실에 대한 설명과 예측이 가능하게 해준다. 그러므로 개념화과정에서 사실을 정확하고 정밀하게 표현하는 것이 중요하다.

특히 학술용어로 사용되는 말의 개념화는 일부 학자들만이 이해하고 사용할 수 있는 수준에 머물러서는 안 되고, 그 분야에서 활동하는 전문가들이 동의할 수 있는 수준이 되어야 한다. 즉 새롭게 시도되는 개념화는 그 개념이 특정 공동체에서 동의를 얻어낼 수 있을 정도로 보편성을 가지고 있어야 한다.

다) 개념구성의 요건

개념의 기능이 적절하게 작용되기 위해서는 다음과 같은 구성요건을 갖추어야 한다.

첫째, 개념을 표현하는 용어, 언어, 기호, 상징들이 일반적 합의를 도출하기 위해 적절하고 정확한 통일성과 일관성이 유지되어야 한다. 어떠한 현상 또는 실체를 나타내는 개념은 통일성과 일관성이 유지되어 누구에게나 동일한 의미로 사용되어야 한다. 예를 들어 공동체라는 용어에 대해 어떤 사람들은 동네 마을을 상기하는 반면 또 어떤 사람들은 EU 공동체를 연상하게 된다면 의사소통에 문제가 될 것이다.

둘째, 개념의 표현은 영역과 대상에 대한 시 · 공간 범위의 명확한 규정을 통해 추상성을 줄여야 한다. 개념이 추상적일수록 인지, 판단, 의사소통 기능이 발휘될 수 없기 때문이다. 반면 추상성이 낮아지면 보다 구체적이고 현실성이 확보되어 인지 또는 측정이 쉬워진다.

셋째, 지식으로서의 개념은 경험이나 관찰할 수 있는 명확한 대상이어야 한다.

(2) 변수

변수(variable)는 변인이라고도 하는데, 어떤 사물이나 현상을 특징짓는 속성들의 상호배타적인 집합을 의미한다. 또한 변수는 두 가지 또는 둘 이상의 값을 경험적으로 분류할 수 있는 개념으로 정의되기도 한다.

변수는 한 개념이 여러 개의 값을 지니는 것으로, 두 개 이상의 종류로 실증적 검증과정에서 논리적인 집합체인 개념이 측정가능하도록 숫자나 기호가 부여된 것이다. 즉 개념은 추상적인 것이고, 변수는 그에 대한 조작화인 셈이다. 그러나 변수는 개념의 경험적 상대역으로, 변수와 개념은 종종 구분되지 않기도 하지만 모든 변수들은 개념이다. 어떠한 사실이 속성과 일정한 기준에 따라 여러 가지 값을 부여할 수 없는 개념은 변수가 될 수 없기 때문이다.

그런데 만약 개념의 범주가 조작화되지 않았거나 단 한 가지인 경우에는 변수가 될 수 없고, 상수로 취급한다.

변수는 연구에서의 역할에 따라 다양한 분류가 가능한데, 대표적으로는 독립변수와 종속변수가 있다. 그리고 독립변수와 종속변수 사이에는 매개변수와 통제변수가 있다. 또한 변수의 형태에 따라 질적변수와 양적변수로 구분할 수 있고, 연속변수와 비연속변수로 구분하기도 한다.

(3) 가설

가. 가설의 개념

가설은 어떠한 현상을 설명하거나 어떠한 이론을 구체적으로 증명하기 위해 사용되는 아직 증명되지 않은 이론이라고 할 수 있다. 학자들에 따르면 가설은 연구문제에 대한 최선의 예측,[16] 연구문제에 대한 잠정적인 결론,[17] 경험적 검증을 위해 만들어진 명제,[18] 연구문제에서 제기한 현상과 관련된 두 개 이상의 변수들 간의 관계에 대한 가정적인 진술[19] 등과 같이 다양하다. 그렇지만 이러한 견해를 종합해 보면 가설은 이론의 어떠한 현상을 예측하거나 내용을 검증하기 위하여 이론으로부터 도출된 관찰가능한 2개 이상의 변수들 간의 관계에 대한 잠정적인 결론의 진술이라고 할 수 있다.

예를 들어 청년실업이 증가할수록 청년자살률이 증가한다는 명제는 청년실업의 정도와 자살률이라는 2개의 변수들 간의 관계에 대한 잠정적인 결론이며, 이 가설은 경험적으로 검증이 가능하다.

나. 가설의 평가기준

가설은 연구의 목적에 부합해야 하는데, 그 부합 여부에 대한 평가기준은 다음과 같다.

첫째, 가설은 경험적으로 검증이 가능하며 진위를 가릴 수 있어야 한다.

둘째, 가설에 포함된 개념은 계량화가 가능하여 변수로 만들 수 있어야 한다.

셋째, 가설을 구성하는 두 개 이상의 변수 간의 관계가 간단하고 명료해야 한다.

넷째, 가설이 동의반복적이지 않아야 한다.

(4) 이론

가. 이론의 개념

이론은 어떠한 현상을 설명하고 예측하기 위한 목적으로 구성된 진술로서, 경험사회에서 반복적으로 실증된 하나의 추상적인 구성체를 의미한다. 이러한 추상적 세계를 나타내는 이론이 조사연구를 통해 현실의 경험세계와 연결되는 것이다. 이를 보다 구체적으로 논의하면 다음과 같다.

첫째, 이론은 상호관련이 있는 변수들로 이루어지고 상호관련성을 명백히 하는 일련의 구성체이다. 즉 이론은 명백한 상호관련성이 있는 변수들에 의해 기술되는 현상에 대한 체계적인 관점이다. 예를 들어 자기행동의 결점을 인지했을 때 그것을 극복하기 위해 노력함으로써 행동의 변화를 초래할 수 있다. 예를 들어 자아심리이론에서는 '자기행동의 결점인지', '극복을 위한 노력', '행동의 변화'가 주요 변수가 될 수 있다.

둘째, 이론은 추상적인 서술이다. 이론은 어떠한 현상을 구체화시켜 일반화된 서술형태이기 때문에 추상성이 높을수록 보다 폭넓은 범위에 적용될 수 있다.

셋째, 변수 간의 관련성 정도와 어떻게 관련되었는가가 체계화되어 현상을 구체적으로 설명하고 예측이 가능하게 한다. 이론의 생명력은 반드시 어떠한 현상을 설명하는 것뿐만 아니라 예측할 수 있는 정도에 의해 결정된다.

나. 이론의 특성

경험적 적용가능성과 규칙적 일관성을 근간으로 하는 이론은 다음과 같은 특징을 가지고 있다.

첫째, 이론은 단순한 믿음이나 철학이 아니다. 이론에서는 무엇이 실제로 존재하는가에 대한 설명, 즉 무엇이, 언제, 왜 존재한다는 것에 대한 설명이 이루어져야 한다.

둘째, 이론은 사회적으로 일정한 규칙성이 인정되어야 한다. 즉 이론은 사회생활에서 지속적으로 나타나는 논리적이고 정형화된 유형을 설명할 수 있어야 한다.

셋째, 이론은 개인 자체에 대한 관심이 아니라 집합체에 대한 설명이다. 이론은 개인이 아니라 사회적 유형과 그 규칙에 관심을 두게 되며, 사람들 자체가 관심이 아니고 그 사람이 활동하는 집합체시스템에 궁극적인 관심을 갖는다.

넷째, 이론은 변수 간의 관계에 대한 설명이다. 조사연구자들은 클라이언트보다 그들에게 영향을 주는 변수에 관심을 갖고 조사연구를 실행한다.

다. 이론의 역할

과학적 지식의 최종적인 산물인 이론은 경험과 논리가 일치하는 것으로 검증된 높은 수준의 지식이다. 즉 이론은 추상성이 높음에도 불구하고 현실세계와 가장 잘 부합되는 논리적인 구성체이다. 따라서 이론은 지식의 축적과 전수뿐만 아니라 복잡한 현상을 단순화하고 체계화에 이르기까지 다양한 역할을 수행한다. 이를 구체적으로 보면 다음과 같다.

첫째, 이론은 과학적 연구의 토대가 된다. 이론은 연구의 범위를 한정하고 방향을 제시한다. 연구자는 이론을 통해 연구하고자 하는 현상 또는 사건에 대한 분석의 근거가 되는 요인과 요인들을 조합한 유형을 제시할 수 있다. 또한 연구자는 이론을 통하여 요인들의 관계 또는 유형들의 특징을 인식하게 되고, 이들을 통해 연구의 새로운 사실을 예측하게 하여 가설을 세울 수 있게 된다. 또한 이론은 가설의 설정뿐만 아니라 가설을 검증하는 데 사용하는 절차, 즉 표본추출, 자료수집, 자료분석 등의 방법에 직·간접적인 영향을 미친다.

둘째, 이론은 연구하려는 현상에 대한 개념적 준거틀을 제공한다. 이론은 연구하고자 하는 현상 또는 사건에 대한 주요 개념들의 도출을 가능하게 하며, 이 개념들 간의 관계에 대한 설명이 가능하게 한다. 따라서 이론은 연구자가 연구하고자 하는 현상 또는 사건과 관련된 개념들의 관련 정도를 제시하여 연구에 포함될 개념과 포함되지 않을 개념들을 구분하게 하는 준거틀을 제공한다.

셋째, 이론은 연구의 결과를 판단하는 근거를 제시한다. 이론은 과학적 지식을 간단명료하게 표현해 주고 불확실한 가설에 대한 판단근거가 된다. 연구자는 여러 가지 한계로 인해 어떠한 현상에 대하여 반복적 연구를 하는 것이 불가능한 경우가 많다. 그러나 다수의 학자와 반복적인 연구에 의하여 구축된 이론은 한 연구자에 의해 이루어진 단편적인 연구의 결과를 판단할 수 있게 한다.

이론이 위와 같은 역할을 적절하게 수행하기 위해서는 다음과 같은 조건을 갖추어야 한다.

첫째, 현상 또는 사건의 본질에 대한 해답을 제공할 수 있어야 한다.

둘째, 사회현상과 인간의 행태에 대한 설명이 가능하고 거기에 적용될 수 있어야 한다.

셋째, 간결하고 분명하게 정의된 개념으로 이론이 구성되어야 한다.

넷째, 좋은 이론은 수정가능하고 진위의 판단이 가능해야 한다.

다섯째, 좋은 이론은 정책적인 지침과 함의를 많이 제공할 수 있어 현실화가 가능해야 한다.

4) 지식에 대한 접근방법

(1) 관습

우리는 과학적 방법에 의해 지식을 얻기 위해 노력한다. 그런데 지식 또는 정보를 구하는 방법에 따라 그 내용이 완전히 달라질 수도 있다. 지식을 습득하는 방법에는 과학적 연구방법만이 있는 것은 아니다. 일반적으로 사람들이 지식을 습득하는 방법에는 다음과 같은 것들이 있다.[20]

먼저 관습에 대하여 살펴보자. 관습에 의해 지식을 얻는다는 것은 우리가 어떤 현상을 설명하고 해석하는 데 있어 선례나 관습, 또는 습성을 그 근거로 사용하는 경우를 말한다. 각 지역마다 죽은 자가 하늘나라로 가서 영생하기를 기원하는 것은 같지만, 그 장례의식은 매우 다르다. 티벳지역에서는 독수리가 인육을 먹고 하늘 높이 올라가면 그 영혼이 하늘나라로 간다고 한다. 힌두교에서는 영혼이 들어 있는 몸을 빨리 태워버려야 그 영혼이 불길과 함께 하늘나라로 간다고 믿는다. 관을 높은 곳에 매달아 장례하는 현관장(懸棺葬)도 하늘나라로 가는 길의 하나라는 믿음의 산물이다.

그렇지만 종교적 의식에만 선례나 관습이 있는 것이 아니다. 정부가 정책을 결정할 때, 조직이 의사결정을 할 때, 또는 개인적인 판단에 있어서도 선례와 관습에 의한 경우가 많다. 이는 지식을 관습이나 전통에 근거하여 습득하고자 하는 인간의 보수적 기질 때문이기도 하고, 또한 상황의 변동에 따라 부가되는 고통을 회피하고자 하기 때문이기도 하다. 선례나 관습은 긴 시간 동안 실험되어 온 여러 가지 제도 중에서 그런대로 사회적으로 인정을 받은 것일 수도 있다. 그렇지만 그것이 정말 옳고 좋은 것인가에 대한 비판과 검증의 과정을 거치지 않고 지속적으로 이어져 내려온 편견일 수도 있다.

(2) 권위

권위에 의한 방법은 지식의 생산자로서 사회적 · 정치적으로 그 권위를 인정받는 사람들에 근거하여 지식을 구하는 방법이다. 예를 들어 로마 교황은 가톨릭 신상에 관해 논쟁의 여지가 없는 권위를 지니고 있다. 또한 문화혁명 시절의 모택동은 중국 인민들의 생활 전반에 걸쳐 교시를 통해 이와 유사한 권위를 행사하였다.

권위에 기초를 둔 주장을 하는 사람들의 측면에서 보면 권위에 기초한 지식추구는 안정성을 보장해 줄 수 있다. 그렇지만 그것을 반박하는 사람들의 입장에서 보건 권위 그 자체에 도전을 해야 한다. 따라서 관습과 마찬가지로 권위에 의한 방법도 잘못된 지식이 편견에 의해 고착된 것일 가능성이 있다.

(3) 직관

지식을 획득하는 또 다른 방법은 직관이나 신탁(神託)에 의한 것이다. 순간적인 번뜩임이나 날카로운 직관력은 아이디어를 생성하는 중요한 원천이 될 수 있다. 물론 이러한 직관에 의존하기 위해서는 오랫동안 훈련된 사고방식과 노력이 있어야 한다. 정신적으로 수행을 많이 한 성인들은 수천수만 번의 분석과 비교할 수 없는 지혜와 직관을 가지고 있다고 한다. 그러나 일반적으로 이러한 직관을 접할 수 있는 기회는 많지 않다.

오늘날의 지식정보화사회는 의사결정을 하는 데 필요한 정보를 제공하는 것이 아니라 오히려 너무 많은 정보를 제공하다 보니 불확실성이 증대되기도 한다. 그 일례로 점술가들이 신탁에 의해 제공하는 정보에 위안을 받고 이에 근거하여 중요한 의사결정을 하는 경우도 있다. 이처럼 점술가에게 지식습득을 의존하는 것은 권위에 의한 것과 유사하지만, 점술가들은 나름대로 절차와 의식을 치른다는 차이점이 있다.

(4) 과학적 방법

관습, 권위, 직관에 의해 지식을 습득하는 방법은 편견과 맹목적 확신에 빠질 위험이 있다. 왜냐하면 이러한 방법들은 그 판단이 잘못될 가능성에 대해 검토하지 않기 때문이다. 이에 비해 과학적 방법은 주어진 명제에 대해 가능한 한 많은 의문을 제기하고 또한 증거에 기초하여 증명한다. 기존에 옳다고 주장하거나 믿는 것들에 대해서 다른 설명의 가능성을 열어 두고, 이러한 대안적 설명과 기존의 설명을 일정한 절차에 따라 비교 · 검토한다는 점에서 기존의 방법과 차이가 있다. 과학적 방법에 의한 지식습득은 다음과 같은 특징을 가지고 있다.

첫째, 재생가능성(reproducibility)이다. 재생가능성이란 이전의 연구와 동일한 절차와 방법을 되풀이했을 때 같은 결론을 도출할 수 있는 가능성을 말한다. 과학적 조사는 연구의 방법과 절차가 보고서에 포함되어 있다. 여기에는 '무엇을 어떤 방법으로 연구하니까 어떤 결과가 나타났다'와 같은 형식으로 표현을 한다. 어떤 방법으로 했다는 것은 다른 사람이 그대로 반복할 수 있도록 자세하게 기술되어야 함을 의미한다. 재생가능성이 있다는 것은 비슷한 관심을 가진 사람들 사이에 의사소통을 가능하게 한다는 의미도 포함되어 있다. 재생가능성은 연구결과가 옳은지 그른지를 반복연구(replication)를 통해서 확인할 수 있도록 해준다. 또한 거짓된 연구결과를 드러내는 역할도 하고, 참된 연구를 확인하는 기능도 한다.

둘째, 연구는 진위 여부를 판정할 수 있는 경험적 증거(empirical evidence)에 근거하여 이루어진다. 추상적이고 애매한 표현으로 기술되는 경우에는 반복연구가 어렵다. 연구자에 관계없이 동일한 대상에 대해서는 같은 방법을 사용할 경우 동일한 결과가 나타날 수 있어야 하고, 이러한 것이 가능하기 위해서는 객관적이고 경험적인 증거에 기초해야 한다. 이는 연구자의 자의적 해석이 아니라 증거에 의해 연구를 수행하는 것을 지향한다는 말이다.

셋째, 과학적 연구는 객관성(objectivity)을 지향한다. 연구자가 달라도 객관적으로 존재하는 동일한 연구대상을 연구하면 연구결과가 동일하게 나와야 한다. 그러나 객관적으로 존재하는 대상에 대해서 사람들의 감각기관이 동일하게 작용하지 않는 경우가 많다. 이러한 인지적 오류를 줄이고 보다 정확한 지식을 위해 객관적인 도구를 사용하는 것이다. 또한 측정도구를 사용하면 재생가능성을 높일 수 있기 때문에 더욱 객관성을 추구할 수 있다. 그런데 도구를 이용하는 것이 언제나 정확한 정보를 제공하는 것은 아니다. 예를 들어 부모가 자식에게 떡을 주는 경우 몇 개를 주는가와 같이 표면적으로 드러난 사실을 그대로 측정하면 객관성을 기할 수 있다. 그러나 이러한 객관적 수치만으로는 보다 중요한 정보인 왜 떡을 주는가에 대한 이유를 파악할 수가 없다. 즉 객관성을 위해 지나치게 도구를 강조하다보면 현상의 본 보습을 볼 수 없게 된다. 따라서 사회현상을 설명할 때 사회과학자들은 다른 과학자들이 연구결과를 인정하고 수용하는 정도의 객관성에 관심을 가지게 되는데, 이것을 상호주관성(intersubjectivity)이라고 한다.

3 과학적 추론과정의 논리체계

연구는 어떠한 논리이든 과학적 추론이 가능하다는 것을 전제로 한다. 과학이 논리적 근거를 마련하기 위해 이론을 전개해 가는 과정을 과학적 연구 추론과정의 논리체계라고 한다. 이러한 논리체계는 이론의 전개과정에서 논리와 경험이 어떻게 결합되는가에 따라 연역적 논리체계와 귀납적 논리체계로 구분된다.[21]

1) 연역적 논리체계

연역적 논리체계(deductive logic)는 일반적인 사실로부터 특수한 사실들을 이끌어 내는 방법이다. 이는 일정한 이론적 전제를 수립해 놓고 그에 따라 구체적으로 경험적인 근거를 수집한 다음 이를 검정함으로써 다시 이론적 결론을 도출하는 논리적 전개과정이다. 따라서 연역적 논리체계는 보편성에서 특수성을 도출하는 것으로 볼 수 있다.

이러한 연역적 논리체계는 실증주의적 입장에서 이론을 개발하는 경우에 사용되는 전형적인 과학적 방법이다. 이를 사용하여 이론을 전개하는 과정을 보면 다음의 [그림 2-1]과 같다.

그림 2-1 | 연역적 논리체계

일반적 사실	사람은 죽는다
사실의 관찰	이순신은 사람이다
특수한 사실	그러므로 이순신은 죽는다

이 그림에서는 이순신이 죽었는지 안 죽었는지 같은 개별적인 사건에는 관심이 없고, '사람은 죽는다'라는 일반화된 이론에 관심을 가지고 이를 결정하기 위해 이순신 같은 특정한 개인의 생사 여부를 관찰하게 된 것이다. 어떤 누구라도 이순신이 사람이라는 것을 쉽게 알 수 있기 때문에 그의 생사 여부에 대한 관찰을 통해 '사람은 죽

는다'라는 일반적인 이론이 옳다는 것을 결정하는 것이다.

그러나 연역적 논리체계는 다음과 같은 단점이 있다.

첫째, 이미 알려진 사실들을 확인하는 것일 뿐, 새로운 지식을 알려주는 것은 아니다. 둘째, 일반적인 사실로부터 결론을 도출하기 때문에 일반적인 사실이 잘못되었을 경우 여기서 얻어지는 결론도 잘못될 수밖에 없다.

2) 귀납적 논리체계

귀납적 논리체계(inductive logic)는 특수한 경험이나 사건들로부터 이들에게 공통적으로 적용되는 일반적인 원리를 찾아내는 방법이다. 일명 삼단논법으로 불리는 귀납적 논리체계는 실증주의적 입장에 반대하는 과학적 방법론을 주창하는 학파들에 의해 주로 사용되었다. 이를 사용하여 이론을 전개하는 과정을 보면 다음의 [그림 2-2]와 같다.

그림 2-2 ▌귀납적 논리체계

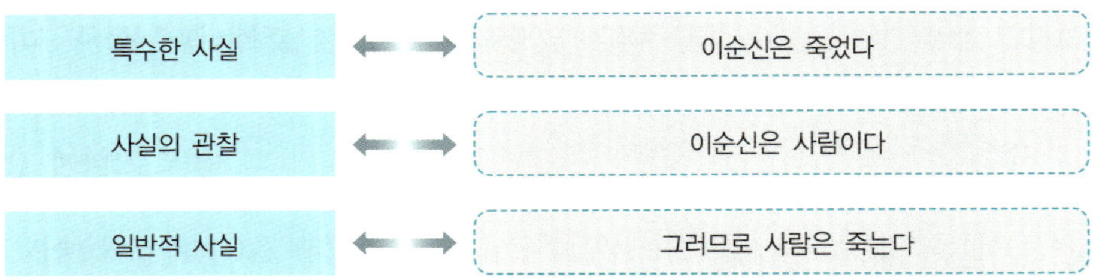

일반적으로 귀납적 논리체계는 문화인류학자들에 의해 문화현상에 대한 설명 방법으로 오랫동안 사용되어 왔다. 사실들에 대한 선입견을 배제한 채 사실 그대로를 먼저 관찰한 다음 관찰된 사실들 안에 내재하고 있는 공통적인 유형을 찾아내서 현재의 현상을 설명하는 데에는 귀납적 논리체계가 적합하기 때문이다.

그러나 한정된 수의 제한적인 관찰들로부터 찾아낸 사실을 보편적인 진리로 간주하는 데에는 한계가 있을 수 있다. 이를 보다 확고하게 입증하기 위해서는 보다 많은 수의 관찰이 요구되기도 한다. 따라서 귀납적 논리체계는 경험을 바탕으로 하여 도출된 결과를 다시 경험적인 방법으로 검증해야 한다는 모순을 가지고 있다. 또한 관찰에 기반을 두고 있기 때문에 항상 측정상의 오류가 발생할 수 있다는 문제점이 있다.

3) 연역법과 귀납법과의 논리관계

일반적으로 과학적 지식은 연역적 과정과 귀납적 과정의 순환을 통해 축적된다. 즉 이 두 과정은 과학적 이론을 축적하는 과정에서 서로 연관되어 순환적으로 작용한다. 따라서 현상에 대한 이해와 이를 바탕으로 하는 지식을 이러한 연역과 귀납의 2가지 과정이 순환적으로 되풀이되면서 축적되어가는 것으로 보는 것이 타당하다. 즉 관찰로부터 시작하여 이론을 만들어 가는 귀납적 과정과, 개발된 이론을 검증하기 위해 관찰을 시도하는 연역적 과정이 순환적으로 되풀이되면서 현상에 대해 설명하는 새로운 이론들이 개발되어 축적되는 것이다.

결국 이론은 가설을 창출하고, 가설은 관찰을 제안하며, 관찰은 일반화를 산출하고, 이 일반화는 이론의 수정을 야기한다. 그리고 수정된 이론은 다소 수정된 가설과 새로운 관찰을 제안하며, 이들은 다소 개정된 일반화를 산출하고 나아가 이론을 수정하게 된다. 이러한 과정은 시작도 없고 끝나는 시점도 존재하지 않는다. 따라서 이론의 축적이 처음에 논리로부터 시작하였는지 아니면 경험으로부터 시작하였는지에 대한 구분은 크게 중요하지 않을 수 있다. 다만 연구를 수행하기 위한 방법을 설정하는 과정에서 연구자는 먼저 이론을 세우고 후에 조사하는 연역적 논리전개 과정을 선택할 것인지, 아니면 먼저 조사하고 나중에 이론을 도출하는 귀납적 논리전개 과정을 선택할 것인지를 결정할 필요가 있다.

4 사회과학연구의 진행과정[22)]

과학적 연구의 진행은 자연과학이나 사회과학이나 그 근본은 유사하지만, 사회과학은 인간 또는 사회현상과 사건을 다룬다는 점에서 그 진행절차에 차이가 있다. 본서는 사회과학도를 위한 연구방법을 다루고 있기 때문에 여기에서는 사회과학연구의 진행과정에 대해 개괄적으로 살펴본다.

다음의 [그림 2-3]은 사회과학연구의 전체적인 과정을 도식으로 표현한 것이다. 그렇지만 연구에 있어서는 실질적으로 이 도식 전체가 머릿속에 그려져 있어야 한다. 왜냐하면 연구는 전체적인 맥락에서 볼 때 각 부분이 별도로 분리되어 있는 것이 아니라 연속선상에서 서로 이어져 있기 때문에 처음 시작부터 끝까지 전체를 조망하고 있어야 하기 때문이다. 또한, 각 부분이 모두 개별적으로 수행되는 것이 아니라 동시에 또는 순서와 관계없이 수행되기도 한다는 점을 유념해야 한다.

그림 2-3 | 사회과학연구의 진행과정

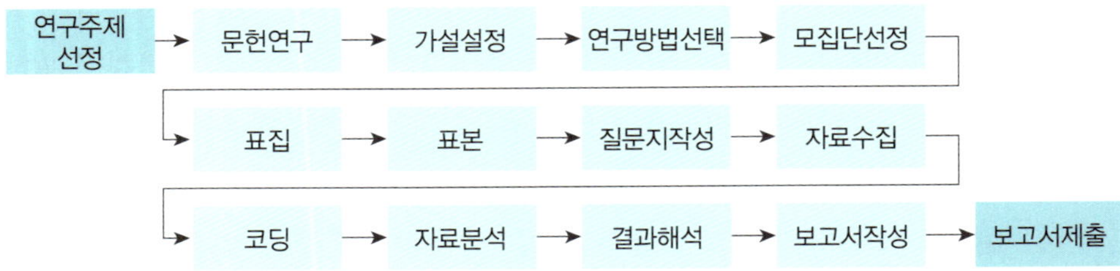

연구를 수행하는 과정은 크게 두 부분으로 나누어진다. 첫째는 자료를 수집하고 보고서를 작성하는 연구방법이며, 둘째는 수집된 자료를 분석하는 통계기법의 활용이다. 본서에서 관심을 가지고 있는 것은 연구방법이지만 실제로는 연구방법론과 함께 통계에 대한 지식을 함께 가지고 있어야 한다. 이런 점에서 연구진행과정에 대해 연구방법 이전까지 어떻게 작성하는지 각 부분에 대한 내용을 살펴보도록 하겠다.

1) 연구주제의 선택

사회과학은 인간의 사회적 현상에 관심의 초점을 두며, 여러 각도에서 그런 현상의 원인을 지적하고 해결방안을 찾게 된다. 연구는 이처럼 사회적 문제와 흥미에서 시작되는 것이다. 즉 연구의 주제는 학문적 그리고 개인적인 흥미와 관련된 어떠한 현상이 선택된다. 그런데 이것을 머릿속에서만 생각하고 있으면 연구의 주제로 성립되지 않기 때문에 이를 글로 표현해야 한다. 연구의 시작은 바로 머릿속에서 진행되는 아이디어를 글로 옮기며 자신의 생각을 구체화하는 것인데, 이것이 바로 주제의 선택이다.

이때에 유의할 것은 자신이 생각하는, 현재 생각하고 있는 연구주제가 자신의 경제적 · 학문적 능력으로 수행가능한 것인지를 고려해야 한다는 점이다. 자신이 아무리 혁신적인 생각을 가지고 있다고 하더라도 이를 진행할 능력이 뒷받침되지 않으면 그 연구는 수행할 수가 없는 것이다.

또한 연구주제를 선택한 다음에는 그 연구주제의 핵심적 문제가 무엇을 의미하는지를 구체화해야 한다. 이것을 개념화(conceptualization)라고 한다. 그 핵심문제를 개념화하기 위해서는 다른 사람들이 어떠한 주장을 하고 있는지, 그리고 자신의 연구와는 어떻게 차별되는지를 이해해야 한다. 이를 위해 문헌연구가 필요한 것이다.

2) 문헌연구

문헌연구, 즉 문헌조사(literature research)는 연구주제와 관련되어 출간된 이론서, 학술지, 학위논문 등을 조사하는 것이다. 기존의 문헌을 조사하는 과정을 통해 자신의 아이디어를 구체화하고, 그 아이디어와 관련된 변수들과 그 변수들 간의 관계, 그리고 이론 등을 찾아야 한다. 여기서 연구주제와 관련된 변수들을 찾는 이유는 나중에 연구도구, 즉 질문지(설문지) 작성을 위해 필요하기 때문이다. 이처럼 과거에 수행된 연구의 결과는 다름이 아니라 이론(theory)이다. 이론은 누군가 궁금해 하던 것을 과학적 과정을 거쳐 획득한 결과를 의미한다.

문헌을 조사하면서 연구자가 생각해야 할 또 다른 과제는 자신의 아이디어가 과거에 수행된 연구와 비교하여 무엇이 어떻게 다른지를 확인하는 것이다. 문헌조사의 목적은 ① 중복(duplication)을 피하고, ② 연구주제의 배경지식과 역사를 알고, ③ 연구방법을 찾고, ④ 연구주제에 대한 지지 혹은 반대의견을 구하기 위한 것이다.[23] 따라서 다른 사람이 이미 수행한 연구를 하는 것은 의미가 없는 것이다. 연구자가 이러한 생각을 염두에 두고 문헌조사를 하면 새로운 이론을 세상에 알리는 기회를 얻게 된다.

또한 연구자는 문헌조사를 하면서 필요한 자료를 체계적으로 정리해야 한다. 이에 따라 조사의 결과를 시기별, 기준별, 기능별, 그리고 찬성 혹은 반대의견 등에 따라 분류해야 한다. 이와 같이 자료를 찾고 체계적으로 정리하면 참신한 아이디어를 고안하는 데 큰 도움이 된다.

3) 가설

가설은 문헌조사를 통해 얻은 결과로서, 앞으로 연구가 진행될 나머지 부분에 대한 결과를 예측하면서 가상적인 진술을 하는 것이다. 가설을 도출하기 위해서는 연역적 논리(deductive logic)와 귀납적 논리(inductive logic)의 두 가지 유형을 고려해야 한다. 연역적 방법은 이론으로 시작해서 관찰로 종결되며, 귀납적 방법은 관찰에서 시작하여 이론으로 끝이 난다. 이 두 가지 논리적 전개는 관찰과 이론을 통해 서로 물고 물리는 관계를 끊임없이 이어간다.

이러한 연구자의 호기심이 논문의 주제로 선정되었을 때 그것이 과학적 의문이 되며, 이것은 연역적, 그리고 귀납적 논리를 교대로 하며 이어진다. 즉 과학적 의문은 연역적 단계에서 관찰하게 될 결과에 대한 추정인 가설을 가지고 시작하며, 귀납적 단계에서 그런 가설이 관찰을 통해 경험적으로 입증되는지를 확인하면서 이론이 만들어지는 것이다.

연구에서의 가설은 영가설(null hypothesis, 귀무가설)과 대립가설(alternative hypothesis, 연구가설)로 구성된다. 영가설은 두 변수 사이에 차이(관계)가 없을 것이라고 가정하는 것이며, 대립가설은 두 변수 사이에 차이(관계)가 있을 것이라는 가정을 갖는다. 이 두 가설 중에서 연구자가 관심을 갖는 것은 대립가설로서, 이 가설이 곧 연구가설이 되는 것이다. 즉 문헌조사를 통해 설정되는 가설은 대립가설이다. 그리고 영가설은 이 대립가설과 상반되는 의미를 갖기 때문에 별다른 노력없이 작성된다.

실제 연구에서 연구의 결과 연구가설이 받아들여지지 않으면 영가설이 수용된다. 반대로 연구가설이 수용되면 영가설은 기각된다. 연구의 결과는 언제나 이 두 가지 가설을 모두 허용하지 않고 둘 중의 하나만 선택한다.

1) 성태제 · 시기자(2006), 앞의 책, p.23.

2) MacMillan, J. H. & Schumacher, S.(1989), *Research in education: A conceptual introduction*, 2nd ed., Glenview, IL; Scott, Foresman.

3) Kerlinger, F. N.(1986), *Foundations of behavioral research*, 3rd ed., New York: Holt, Rinehart & Winston.

4) 허원구 외(2011), 앞의 책, p.23.

5) Best, J. W.(1981), *Research in education*, 4th ed., New Jersey: Prentice-Hall.

6) 성태제 · 시기자(2006), 앞의 책, p.24.

7) 김석용(2010), Intro 조사연구방법론, 서울: 탑북스, pp.28~30.

8) Crowl, T. K.(1996), *Fundamentals of educational research*, Madison, Wis.: Brown & Benchmark.

9) 성태제 · 시기자(2006), 앞의 책, pp.25~26.

10) 홍성열(2001), 앞의 책, p.6.

11) 임병우 · 손용진(2007), 앞의 책, pp.39~43.

12) 임병우 · 손용진(2007), 앞의 책, pp.45~63.

13) Kerlinger, F. N.(1986), *op cit*.

14) Philips, B.(1997), *Social Research: Strategy and Tactics*, NY: Macmillan.

15) Selltiz, D., Lawrence, S., & Stuart, W.(1976), *Research Methods in Social Relations*, NY: Holt, Rinehart & Winston.

16) Nachmias, C. & Nachmias, D.(2000), *Research Methods in the Social Sciences*, 6th ed., Worth Publishers.

17) Christensen, L. B.(1993), *Experimental Methodology*, MA: Allyn and Bacon, Inc.

18) Philips, B.(1997), *op cit*.

19) Kerlinger, F. N.(1986), *op cit*.

20) 김병섭(2010), 편견과 오류 줄이기 – 조사연구의 논리와 기법. 서울: 법문사, pp.19~23.

21) 김석용(2010), 앞의 책, pp.20~26.

22) 홍성열(2001), 앞의 책, pp.12~25.

23) Boling, J. & Condy, S.(1992), *How to Write and Defend Your Thesis/Dissertation: your research director(RD) from start to finish*, Knosville, Tenn.: University of Tennesee, p.24.

03 연구방법의 인식론적 접근

1 양적연구

1) 양적연구의 의의

근대 과학은 종교개혁 이후부터 발전되기 시작하였다. 특히 뉴튼(Newton)의 만유인력법칙 발견에 힘입어 자연과 우주, 그리고 사회현상에 대해 객관적이고 과학적으로 접근하고자 하는 시도가 급격히 증가하였다. 이처럼 자연과학에 대한 연구가 활발하게 진행되면서 19세기 콩트(Comte)를 위시한 실증주의자들은 다음과 같은 주장을 하였다.

첫째, 과학의 대상은 현상들 간의 일반적인 관계를 탐색하는 것이다.

둘째, 지식을 구성하는 진술은 보편적인 법칙에 의하여 서술되어야 한다.

셋째, 가치중립적이어야 한다.

이와 같은 실증주의자들의 주장으로 인해 객관적인 관찰을 통하여 증명가능한 원리에 대한 연구가 활발해졌고, 이에 따라 기능주의사회학, 행동주의심리학, 논리실증주의가 발달하게 되었다. 실증주의에 입각한 연구는 많은 양의 객관적인 자료에 의존하기 때문에 양적연구(quantitative research)라고 한다. 양적연구는 다른 말로 전통적 연구(traditional research), 관례적 연구(conventional research), 실증주의적 연구(positivism research)라고도 한다.[1)]

양적연구는 정확하고 일반화가 가능한 통계적 결과물의 산출을 중요시한다. 어떤 원인이 어떤 결과를 일반적으로 야기하는가를 검증하고자 할 때 양적연구방법이 사용된다. 양적연구에서는 대부분 연구절차를 미리 정하고 정해 놓은 절차를 엄격하게 준수하며, 자료를 수집할 때 최대한의 객관성을 유지하기 위해 노력한다.[2)]

2) 개념과 특성

양적연구란 자연과학적인 연구방법을 기초로 객관적인 자료를 토대로 설정된 가설이 참인지 거짓인지를 증명하는 연구이다. 이것은 자료와 분석결과를 계량화하고, 표준화되어 있는 질문문항이나 응답방법을 사용하는 방식만이 '과학적'이라는 인식에 근거하고 있기 때문이다.

또한 양적연구의 주요 절차와 표본추출에 대해서 살펴보면 아래와 같다. 주요 절차로는, 첫째 원인과 결과를 명확히 분석할 것, 둘째 사용하는 개념을 명확하지 조작화할 것(개념 및 용어사용의 조작적 정의), 셋째 현상을 계량적으로 측정하여 정량화할 것, 넷째 결과를 일반화할 수 있도록 연구설계할 것, 다섯째 보편타당한 법칙을 공식화할 것 등이다.

또한 자연과학적 사고하에서는 표본의 대표성(representativeness)을 높이기 위해서 표본을 무작위로(random) 추출하는 방법을 사용한다. 될 수 있으면 구체적인 경우보다는 보편적으로 적용할 수 있는 형태로 결론을 서술한다. 그리고 관찰되는 현상은 그 빈도와 분포에 따라서 분류되며, 인과관계와 타당성을 명확하게 하기 위해서 연구대상의 현상이 발생할 수 있는 조건을 가급적 통제하려고 한다. 또한 연구자의 영향을 가능한 한 배제하도록 설계한다. 이러한 방법으로 연구의 객관성을 높이는데, 이때 연구대상이 되는 사람들의 주관적 관점뿐만 아니라 연구자 측의 주관성도 배제하는 것을 원칙으로 한다. 이러한 방법에 입각하여 실증적 사회조사를 할 때에는 지켜야 할 기준이 명확하게 정해져 있다. 또한 질문지작성, 실험(실증조사)설계, 자료의 통계적 분석 등과 같은 절차가 점점 더 엄밀하게 규정되어 있다.

이와 같이 표본을 대상으로 질문지를 사용하여 조사하는 것은 가설의 검정을 전제로 한다. 양적연구방법은 연구자가 가설을 설정하고 그 가설에 가장 적합할 것으로 판단되는 표본을 대상으로 조사를 하여 그 조사의 결과를 분석함으로써 가설이 옳은지 그른지를 검정하는 것이 가장 일반적인 형태이다.

···> 양적연구의 개념과 특성에 대한 내용은 www.papersea.com 온라인강좌Ⅱ 제04강 '연구방법 기초4 양적연구와 질적연구' 참조

3) 양적연구의 논리[3)]

양적연구는 누구나 인정하는 객관적인 지식을 탐구하기 위해 형식적 절차와 객관적 자료를 중요시한다. 이러한 지식창출이 가능하다고 하는 데에는 몇 가지 철학적 논리가 기반이 된다.

(1) 콩트(Comte)의 실증주의

일반적으로 실증주의는 August Comte로부터 시작된 것으로 알려져 있다. 실증주의의 시작은 1830~1942년에 이루어진 콩트의 『실증철학 논고』(Course of Positive Philosophy)라는 저술에서 비롯되었다고 보고 있다.

콩트의 실증주의는 19세기 초 프랑스의 동요와 혼란의 시대를 배경으로 하고 있다. 콩트는 당시의 사회적 무정부상태는 지식이 무정부상태에 있기 때문이라고 진단하였다. 이에 따라 그는 사회적 혼란상을 제거하기 위해서는 지적인 통일, 즉 모든 사람들이 인정하는 지식과 이론이 필요하고, 이를 위해서는 과학적 방법이 필요함을 주장하였다. 『실증철학 논고』에서 콩트는 인간이 신학적 방법, 형이상학적 방법, 그리고 실증적(과학적) 방법의 세 가지 사유방식으로 발전한다고 하였다. '실증적'을 의미하는 'positive'는 라틴어 'positivus'에서 유래한 말로서 명백하고(definite) 확실하게(certain) 하는 것을 의미한다. 명백하고 확실하게 하는 방법은 과학적 방법인데, 이 방법은 수학, 천문학, 물리학, 화학, 생물학 등의 순서로 발전되어 왔다. 이 순서는 보편적이고 일반화가 가능한 순서이기도 하다. 콩트는 수학과 같이 사람들이 객관성을 인정할 수 있는 지식의 생산을 통해서 사회의 혼란을 치유하고자 하였다. 그러나 수학으로는 사회현상에 대한 설명이 용이하지 않기 때문에 사회현상의 설명에 가장 가까운 학문으로 생물학을 생각하게 되었다. 이 생물학적 방법론을 사회현상의 설명에 적용하려고 한 것이 바로 사회학(sociology)이다. 콩트가 생각한 실증적 사회연구방법은 천문학이나 생물학과 같이 관찰 → 명제(가설) → 관찰된 자료에 의한 진위 여부 검증(testability) → 진리로서 입증(verify)하는 연구를 진행하는 것이다. 이 방법은 기

존의 규범적이고 관념적인 사회현상 연구에 중대한 변화를 초래하였다.

그런데 이 방법은 중요한 몇 가지 문제점을 가지고 있다.

첫째, 관찰자료(sense data)의 문제이다. 콩트는 천문학이나 생물학과 같이 관찰되는 것에 관심을 집중하고 있다. 따라서 그는 양자와 원자 등과 같이 눈에 보이지 않는 것은 과학적으로 의미가 없다고 주장하였다. 그렇지만 논리실증주의자들을 포함한 다른 학자들은 이에 반박하고 있다.

둘째, 실증주의는 검정된 가설에 대해 진리로서의 지위를 부여하는 진증론(眞證論, verification)의 입장을 취하고 있는데 이것이 문제이다. 이에 대해서는 칠면조의 사례에 의해 비판을 하고 있다. 칠면조는 주인이 매일 아침 9시에 모이를 주는 것을 1주일 동안 관찰하고 이것을 가설로 구성하였다. 이 가설이 맞는지를 확인하기 위해 이후에도 계속 아침 9시에 모이 주는 것을 확인하였는데, 이것은 사실로 드러났다. 그렇지만 이것이 불변의 진리로 증명되었다(眞證論)고 할 수는 없다. 왜냐하면 주인이 360일을 계속해서 아침 9시에 모이를 주었다고 하더라도 크리스마스 이브 아침에 칠면조가 요리가 되어 식탁에 올려질 수 있기 때문이다.

셋째, 관찰-이론관계의 방향성 문제이다. 초기 실증주의는 관찰에 의해 가설(또는 이론)을 구성하고 이를 검정하는 과정으로 과학적 연구가 이루어진다고 설명한다. 그러나 후대의 학자들은 관찰에 의해서만 가설이 만들어지는 것은 아니며, 가설(또는 이론)에 의해서 관찰이 이루어지는 과정을 간과하고 있다고 비판한다.

이와 같은 세 가지의 문제점을 가지고 있기 때문에 콩트의 실증주의를 소박한 귀납주의라고 부르기도 한다.

(2) 논리실증주의

논리실증주의(Logical Positivism)는 비엔나(Vienna)대학의 물리학자이며 철학자인 모리츠 쉴릭(Moritz Schlick)에 의해 주도된 비엔나학파(Vienna Circle)에서 발전하였다. 논리실증주의는 초기 실증주의와 같이 실증을 강조한다는 점에서 같은 입장을 취하고 있지만 다음과 같은 두 가지 측면에서 차이가 있다.

첫째, 논리실증주의는 관찰될 수 없는 것도 과학의 대상이 될 수 있다고 본다. 즉 콩트와는 달리 양자와 원자 등과 같이 눈에 보이지 않는 것도 얼마든지 과학적 의미를 지닌다고 주장한다. 과학의 지위를 지닐 수 있는 의미 있는 언어는 두 가지가 있는

데, 하나는 논리적 언어이며, 다른 하나는 관찰언어(또는 관찰언어로 번역될 수 있는 언어)이다. 논리적 언어는 분석적 언어라고도 하며, 대표적으로는 각종 논리적 기호가 여기에 해당된다. 수학이나 물리학에서 눈에 보이지 않는 것을 분석하고 검증하는 것을 생각해 보면 쉽게 이해할 수 있다. 그리고 관찰언어는 일반적(종합적) 언어이며, 그 대상이 보고 듣고 만질 수 있는 언어로 관찰자와 분리되어 관찰자가 존재하기 이전부터 있었던 언어이다. 다른 말로 표현하면 과학의 지위를 가질 수 있는 의미 있는 명제는 엄격하게 말해 분석적인 명제 또는 종합적 명제, 즉 증거에 의하여 검증되거나(verified), 반증이 되는(falsified) 사실적 진술(factual statements) 명제를 말한다.

둘째, 소박한 실증주의는 진증론의 입장을 보이고 있는 데 반해, 논리실증주의는 확증론(確證論, confirmability)을 주장한다. 한 번의 가설검정을 통과함으로써 그것이 진리로서의 지위가 증명되었다는 진증론을 받아들일 수 없다는 것이다. 즉 논리실증주의에 따르면 단지 검정(test)했을 뿐이지 진리로서 증명된(verified) 것은 아니다. 한 명제를 확증한다는 것은 그것의 진위를 명확하게 결정하는 것이 아니라, 하나 또는 그 이상의 관찰을 통해 그 명제가 참 혹은 거짓일 확률을 크게 하거나 적게 하는 것을 말한다.

이처럼 논리실증주의는 경험적 증거가 가설의 확률의 정도를 높여줄 수 있는 방법을 분석함으로써 이론을 발전시키려고 하였다.

(3) 형식적 합리주의와 상대주의

콩트의 실증주의와 논리실증주의는 자연과학에서 사용한 것과 같은 엄격한 방법론을 적용함으로써 누구나 인정하는 객관적인 진리를 발견해 낼 수 있다고 보는 입장이다. 그런데 누구나 인정할 수 있는 진리가 과연 존재하는가라는 의문에는 크게 두 가지 입장이 있다. 하나는 누구나 인정하는 객관적이고 보편적인 지식이 존재한다는 입장이며, 다른 하나는 객관적인 실체가 있는 것이 아니라 어떻게 연구하는가에 따라 달라진다는 입장이다.

전자는 형식적 합리주의의 입장을 취하는 것이다. 형식적 합리주의에서는 과학적 방법을 통해 얻어진 과학적 지식은 가치중립적이며 누적적이라고 본다. 따라서 누구나 인정할 수 있는 경험적 · 규범적 근거를 추구하게 되는데, 이 중에서 특히 정해진 연구방법이나 절차에 따라 연구한다면 누구나 합의가 가능한 진리에 도달할 수 있다고 본다. 즉 일정한 절차를 따른다면 누가 연구를 수행하더라도 동일한 연구결과를 도출할 수 있다고 가정하는 것이다. 물론 연구과정에 오류가 있을 수 있기 때문에 결과가 조금씩 다르게 나올 수는 있지만, 이러한 오류를 제거하거나 줄이게 되면 같은 결과를 도출할 수 있다고 본다. 이것이 가능한 이유는 연구대상이 객관적으로 존재하는 실체라고 보기 때문이다. 가령 동일한 사람이 몸무게를 서로 다른 저울로 재더라도 거의 같은 수치가 나오게 되는 것과 같은 이치로 이해하면 된다. 형식적 합리주의는 과학이 실제로 시작된 이후 모든 과학자들이 모든 시대에 사용한 통일된 과학적 방법이 있다고 보고 있다. 즉 과학적 방법론의 통일성, 보편성, 안정성을 수용한다.[4] 과학의 합리성 기준을 인정하고 형식적인 절차나 규정 등을 중요하게 받아들인다는 점에서 형식적 합리주의라고 이름붙인 것이다.

후자는 하나의 현상을 연구하더라도 서로 다른 사람이 연구를 할 경우 그 연구의 결과가 다르게 나올 수 있다는 입장이다. 이것은 연구대상인 세계가 객관적으로 존재하는 것이 아니라 인식하는 사람에 따라 달라질 수 있기 때문이다. 이러한 입장을 상대주의라고 하는데, 상대주의는 일정한 절차에 따라 연구를 하기만 하면 무조건 진리를 얻는 것이 아니라 오히려 잘못된 지식을 제공하여 편견을 강화할 수도 있다는 형식적 합리주의를 전적으로 수용하기 어렵다는 입장에서 나타난 것이다.

(4) 합리적 이데올로기

일정한 절차와 형식을 따르기만 하면 누구나 인정하는 객관적 진리에 도달할 수 있다는 형식적 합리주의나 인식주체에 따라 진리가 달라진다고 보는 상대주의는 양자 모두 극단적으로 받아들이기 어렵다. 오히려 이러한 양 극단의 중간 정도에 위치한다고 보는 것이 현실적일 것이다. 이에 따라 파리스와 레이놀즈(Paris & Reynolds)(1983)는 합리적 이데올로기(rational ideology)라는 개념을 통해 주장의 정당성 정도를 평가할 수 있는 기준을 제시하였다.[5] 이들은 어떤 정책대안을 주장할 때 그 근거가 사실적 자료, 설득력, 규범 등을 적절히 활용하고 있으면 그 주장은 건전한 것으로 평가할 수 있다고 주장한다. 이와 같이 사실적 자료에 부합하고(congruence), 규범적 원리에 논리적 연계성을 가지며(coherence), 설득력(cogency)이 있는 근거를 합리적 이데올로기의 지위를 갖는다고 한다. 즉 합리적 이데올로기는 객관적 진리의 지위를 가지지 않으면서도 비합리적 이데올로기와 달리 정당성 또는 건전성을 가지는 근거라고 할 수 있다. 이를 보다 구체적으로 살펴보면 다음과 같다.

가. 경험적 근거 – 자료와의 부합

합리적 이데올로기는 경험적 자료를 기초로 하고 있다. 따라서 그것의 정당성 여부는 부분적으로 경험적 자료의 지지를 확보하는 정도에 달려 있다는 면에서 과학과 유사하다. 그러나 합리적 이데올로기는 과학과 달리 정당성 여부를 전적으로 자료에만 의존하지는 않는다. 그 이유는 객관적 진리를 추구할 수 있다고 생각하지 않을 뿐 아니라 설사 가능하다고 하더라도 객관성에 대한 관심이 과학과 달리 절대적이지 않기 때문이다. 그러므로 합리적 이데올로기는 오히려 실제적 유용성에 더 많은 관심을 가지고 있다고 할 수 있다.

과거의 실증주의적 연구는 보편적 법칙을 생산할 수 있을 것으로 기대되었지만 그러한 결과를 만들어내지 못했다. 세상은 연구자와 동떨어져 존재하는 것도 아니고, 시공에 관계없이 안정적인 것도 아니다. 그리고 객관적인 측정도구를 만들어낼 수 있은 것도 아니다. 즉 시공을 초월하여 모든 경우에 적용할 수 있는 법칙정립적인 지식을 생산할 수는 없는 것이다.

따라서 합리적 이데올로기는 자료에 의한 지지를 추구하되, 진위 여부를 가리기보다는 자료에 의한 부합 정도를 가리고자 한다. 과학은 자료에 의해 확정될 수 있는 이론의 추구에 관심을 가지고 있지만, 합리적 이데올로기는 자료에 부합하는 지식의 일반화에 관심을 가지고 있는 것이다. 따라서 합리적 이데올로기는 동일한 자료에 대해 여러 가지 상이한 해석이 가능하기 때문에 다양한 이데올로기가 존재할 수 있다. 이처럼 다양한 합리적 이데올로기는 상호배타적이라기보다는 보완적이어서 전체에 대한 이해를 증진시켜 준다.

반면 비합리적 이데올로기는 경험적 자료에 의한 지지를 중요하게 생각하지 않는다. 설령 이에 관심을 가지고 있다고 하더라도 자신들의 주장을 뒷받침해 주는 자료만을 수집한다.

나. 규범적 근거 – 논리적 연계성과 설득력

사람들이 어떤 정책을 주장할 때 규범적 근거에 기초하여 말하는 경우가 많다. 이때 단일한 하나의 가치근거만을 설정하는 것은 어려울 뿐만 아니라 설사 가능하다고 하더라도 반드시 좋은 것은 아니다. 일부 학자들은 누구나 인정할 수 있는 객관적이고 보편타당한 가치를 규명할 수 있다고 보고 이를 제시하려고 노력해 왔다. 그런데 이러한 노력으로 인해 오히려 정의, 인간의 존엄성, 형평성, 공익 등 여러 가지 가치가 제외되는 결과가 초래되었다.

'정의(正義)'라는 개념만 보더라도 그 안에 무수한 개념규정이 나누어져 존재한다. 어떤 사람은 필요에 의한 배분이, 또 다른 사람은 실적에 의한 배분이 정의라고 주장한다. 또 다른 사람은 전체 구성원의 선호의 총화가 정의를 의미한다고 한다. 그런데 총화에 의한 정의는 다시 만장일치를 주장하는 사람들과 원초적 상태를 가정하는 사람들로 나누어진다. 이와 같이 하나의 단일한 가치를 규정한다는 것은 매우 어려운 일이다.

따라서 어떤 가치를 주장할 때에는 불가피하게 여러 가지 규범적 근거에 의존하지 않을 수 없게 된다. 그런데 이 경우의 문제점은 어떤 규범을 근거로 삼는 것이 타당한가 하는 점이다. 이처럼 규범적 가치 간에 완전한 내적 일관성을 기할 수도 없고, 그렇다고 일관성 없이 아무 가치나 규범을 근거로 사용할 수도 없는 상황에서 사용할 수 있는 기준이 바로 논리적 연계성과 설득이다.

논리적 연계성(coherence)은 어떤 규범적인 원리, 가치, 정책, 그리고 행위들 간에 논리적인 연결을 지을 수 있을 때의 이들 간의 관계를 말한다. 예를 들어 어떤 사람이 특정한 후보를 선택하는 경우, 그 이유로 이 사회에는 보다 공정한 분배가 필요한데 그 후보가 이의 실현에 노력할 것으로 보기 때문에 투표했다고 보면 이것은 논리적 연계성이 있는 것이다. 그리고 다시 그 사람에게 어떤 분배를 원하는지를 물어볼 수 있다. 이때 그 사람이 필요에 의한 분배가 정의라고 한다. 그러면 또 그 사람에게 왜 필요에 의한 분배가 정의인지 물어볼 수 있다. 이 상황에서 그 사람이 어떤 개인의 상태는 인간의 통제 밖에 있는 요인에 의해 결정된 것이지 자율적으로 결정된 것이 아니기 때문에 실적이 아니라 필요에 따라 분배를 해야 한다고 하면 이러한 주장 또한 논리적 연계성을 가진다. 만약 이때 어떤 한 사람의 경제사정은 자신이 만들 수 있다는 인간결정론을 지지하면서 동시에 필요에 의한 분배를 주장한다면 이것은 논리적 연계성이 없는 것이다.

설득력(cogency)은 어떤 행위나 가치에 대해 충분한 이유를 제공할 수 있는 것을 말한다. 즉 어떤 행위나 가치가 그와 관련이 있는 원리에 의해 지지될 수 있을 때, 그리고 이것들이 경험적인 자료와 상응하게 될 때 설득력이 있다고 할 수 있다.

이와 같이 상위차원에서 얻어진 논리적 연계성과 설득력은 하위수준의 원리들 간의 갈등을 해소하는 데 사용될 수 있으며, 어떤 하위원리가 보다 설득력이 있고 연계성을 가지는지를 보여줄 수 있다. 그리고 이러한 결과는 어떤 행동이나 정책 등을 선택하게 되는 이유를 제공해 주고, 그러한 조치에 대한 설득력과 연계성을 주게 된다. 논리적 연계성과 설득력을 규명해 보는 것은 이러한 규범적 근거를 가지는 것이 정당성을 높여 주기 때문이다. 연계성과 설득력이 없으면 도덕적 원리는 서로를 부정하는 결과를 초래하게 된다.

다. 경험적 근거와 규범적 근거의 연계

지금까지의 사회과학적 연구는 경험적 근거와 규범적 근거를 분리해 왔다. 행태론은 객관적인 경험적 근거의 수립을 위해 노력해 왔고, 해석학은 규범적인 근거의 설정에 관심을 치중해 왔다. 그러나 이 둘은 불가분의 관계에 있다. 경험적 정책연구의 평가기준은 실제적인 유용성이며, 이 유용성은 특정한 목표에 의해 평가된다. 그런데 정책목표는 규범적인 정책분석에 의해 그 정당성이 주장된다. 따라서 경험적 근거는 규범적 근거의 영향을 받는다.

그러나 반대로 경험적 근거가 규범적 근거에 영향을 미치기도 한다. 예를 들어 낙태문제의 경우 자기 몸은 자기가 마음대로 할 수 있어야 한다는 여성들과 태아도 생명체로 존중되어야 한다는 종교인들 간의 규범적인 주장이 대립하고 있다. 이러한 논쟁은 결국 언제부터 태아가 인간의 형체를 가지는가라는 경험적인 의학적 지식에 따라 판단이 달라질 수 있다.

이처럼 합리적 이데올로기는 규범적 근거와 경험적 근거를 동시에 고려하게 된다. 우리가 일상생활에서 경험하고 있는 사실에 의해 이데올로기의 핵심적인 내용이 지속적으로 검증되고 수정된다. 이것은 이데올로기의 핵심적인 내용이 부분적으로는 주변에 의해 결정된다는 것을 보여준다. 그런데 이러한 일상사는 이데올로기에 따라 다르게 인식될 수 있기 때문에 이데올로기가 사실을 부분적으로 결정하고 있다고 볼 수 있다. 이처럼 합리적 이데올로기는 우리가 생산하는 지식이 완전히 객관적인 것도, 그렇다고 완전히 자의적인 것도 아닌, 부분적으로 인정되고 또 공유되는 것이라고 본다. 즉 합리적 이데올로기는 완전한 객관성도, 그렇다고 주관성도 아닌 상호주관성(intersubjectivity)을 지닌, 부분적으로 공유되고 인정되는 지식을 생산한다고 보는 것이다.

4) 양적연구 구성체계

양적연구는 연구대상을 통해 실제로 조사한 데이터를 수집하고 이를 적절한 통계적 방법을 동원하여 분석하게 된다. 따라서 양적연구의 논문 구성은 대체적으로 정형화된 체계를 갖추고 있다. 이하에서는 양적연구의 구성에 대해 알아본다.

(1) 양적연구의 논문구성

일반적으로 양적연구는 다음과 같은 형식적 체계로 구성된다.

① 서론
- 문제의 제기
- 연구의 필요성
- 연구목적
- 연구내용 및 범위
- 연구문제
- 연구설계

② 이론적 배경
- 연구주제와 관련된 기존의 이론탐색
- 선행연구 검토

③ 연구방법
- 연구대상
- 연구모형
- 연구가설
- 변수에 대한 조작적 정의
- 조사도구
- 자료분석방법

④ 연구결과
- 연구대상자의 인구사회학적 특성
- 조사도구의 신뢰도와 타당도
- 연구가설에 따른 검증결과

⑤ 결론

- 연구의 요약
- 논의
- 결론
- 연구의 한계
- 향후 과제의 제언

양적연구에서는 서론 부분에서 설정한 연구설계에 따른 '이론적 배경'과 '연구방법'의 단계가 반드시 포함되며, '연구결과'에서는 연구자가 기존의 이론과 선행연구에 대한 검토를 통해 설정한 연구가설에 대한 검증이 이루어진다. 즉 양적연구는 '가설의 설정'과 '가설에 대한 검증'이 핵심적인 지위를 가지게 된다. 서론과 결론부분은 여타 연구와 동일한 체계로 구성되는 것이므로, 여기에서는 이론적 배경과 연구방법 부분에 대해 구체적으로 살펴본다.

(2) 이론적 배경

가. 연구주제와 관련된 기존의 이론 탐색

이론적 배경은 연구자가 설정한 연구주제와 관련된 기존의 이론을 검토하고 그 내용을 기술하는 것이다. 이와 같이 기존의 이론을 검토하는 이유는 연구주제와 연결되는 관련 분야의 이론적 틀을 파악함으로써 연구에 포함되는 주요 변수에 대해 확인하고, 그 변수들 간의 관계를 분석하여 연구목적에 부합하는 연구문제와 연구가설을 도출하기 위한 사전적 배경이 필요하기 때문이다.

나. 선행연구 검토

선행연구의 검토는 연구주제와 관련된 연구경향과 성과 및 그 결과를 분석함으로써 연구의 구체적인 의의를 확보하는 과정이다. 관련 분야의 선행연구는 학위논문과 학회논문이 주요 검토대상이 된다. 선행연구를 검토할 때에는 연구의 목적과 연구결과에 주목하여 이론적 배경에서의 검토보다 구체적이고 사실적인 내용을 확인하는 것이 필요하다. 선행연구를 검토함으로써 연구자가 목적하는 주요 변수의 개념과 그 변수들 간의 관계를 파악하고, 해당되는 변수를 측정하기 위한 조사도구를 설계할 수 있다. 이러한 과정은 조사도구의 신뢰도와 타당도가 어떠한지를 확인함으로써 연구의 질적 수준을 확보하는 수단으로 활용할 수도 있다. 또한 이를 통해 연구의 목적에 따른 연구가설을 명확하게 도출할 수 있다.

선행연구 검토 시 확인사항
- 관련변수의 개념 파악
- 변수들 간의 인과관계 확인
- 변수에 대한 조사도구의 구성
- 조사도구의 신뢰도와 타당도 확보

(3) 연구방법

연구방법에서는 실증적 자료를 수집하고 연구가설에 따른 연구결과를 도출하기 위한 구체적인 방법을 서술한다. 일반적인 연구방법의 구성에 대해 사례를 제시하면 다음과 같다.

◉ **연구주제:** 청소년의 정신건강에 영향을 미치는 생태체계 변인에 대한 분석

가. 연구대상

연구대상은 실증적 자료를 수집하기 위한 조사대상자의 선정과 그 선정방법에 대한 설명으로 구성한다.

연구대상에 대한 기술의 사례
본 연구에서는 A시에 소재한 중고등학교에 재학 중인 학생 165명을 임의표집(random sampling) 방법에 의해 추출하여 연구대상으로 선정하였다.

나. 연구모형

연구모형은 본 연구에서 분석하고자 하는 연구과제를 그림의 형태로 보여주는 것이다. 기본적으로는 변수와 그 변수의 하위요인들이 서로 어떠한 관계를 형성하고 있는지를 표현한다.

2. 연구모형

연구자는 본 연구의 목적을 수행하기 위해 각 변수들 간의 관계를 설정하고, 이를 토대로 다음과 같이 연구모형을 구안하였다.

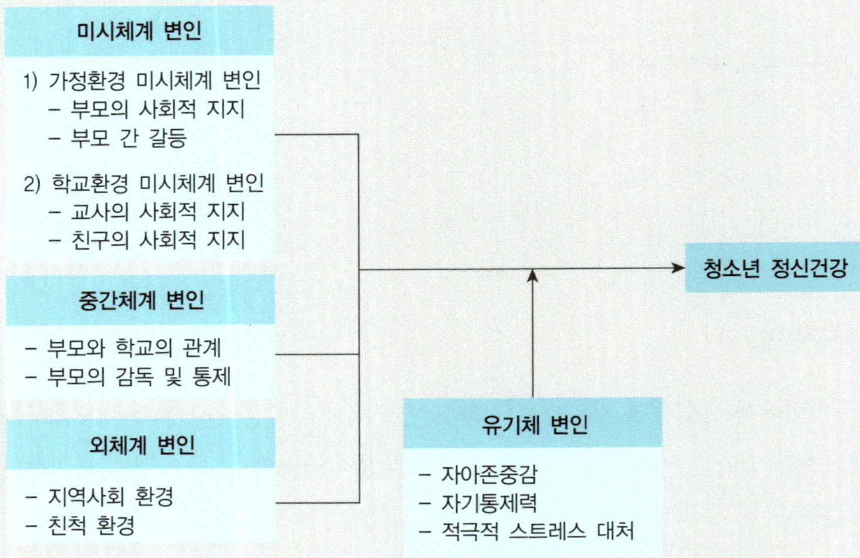

[그림 1-4] 양적연구 연구모형의 사례

(4) 연구가설

연구가설은 연구목적 달성을 위해 설정한 연구문제를 해결하기 위한 구체적인 명제를 도출하여 가설의 형식으로 기술한다.

3. 연구가설 예시

연구자는 본 연구의 문제를 해결하기 위해 다음과 같이 가설을 설정하였다.

가설 1. 미시체계 변인은 청소년의 정신건강에 영향을 미칠 것이다.
가설 2. 중간체계 변인은 청소년의 정신건강에 영향을 미칠 것이다.
가설 3. 외체계 변인은 청소년의 정신건강에 영향을 미칠 것이다.
가설 4. 유기체 변인은 청소년의 정신건강에 영향을 미칠 것이다.
가설 5. 유기체 변인은 다른 변인들이 청소년의 정신건강에 영향을 미치는 데 있어 매개적인 역할을 할 것이다.

(5) 변수에 대한 조작적 정의

변수에 대한 조작적 정의는 연구자가 설정한 변수들에 대해 본 연구에서의 의미를 설명하는 것이다. 여기서 '조작적(operational)'이라는 표현은 연구자 의도대로 설정하거나 작위적인 방법에 의해 성립되지 않는 사실을 임의로 만들어 낸다는 것이 아니라, 본 연구에서 각 변수가 의미하는 바를 이론적 배경과 선행연구에 대한 검토를 바탕으로 연구자가 적절하게 구성하였다는 것을 의미한다.

4. 변수에 대한 조작적 정의

1) 부모의 사회적 지지

부모의 행동은 대부분 부모가 양육행동 상황에 가져오게 된 것에 의해 영향을 받는다. 즉 부모의 성격, 대인관계기술, 문제해결능력, 성숙수준, 가치관, 아동양육 신념 등 개인적인 특징들로 인해 양육행동에 개인차가 나타나는 것이다. 또한 이러한 여러 요인들은 복합적이며 누적적으로 작용한다(박성연 외, 1996: 351). 청소년기의 부모자녀 간의 갈등은 귀가시간, 옷차림, 방청소 등 사소한 문제를 둘러싸고 나타나는 것이 대부분인데, 이러한 갈등을 해결하려고 노력하는 것은 부모로부터 독립하여 성인으로 이행하는 과정을 촉진시켜 주는 힘이 될 수 있다. 그렇지만 이러한 갈등이 심각하고 지속적일 경우에는 부정적인 영향을 미칠 수 있으며, 이는 가출, 비행, 퇴학, 혼전임신, 마약 등 청소년문제를 유발시킬 확률을 높인다. 또한 청소년은 부모의 관심과 도움, 경청과 공감적 이해를 원한다. 또한 긍정적인 가족감정을 통한 수용과 승인을 원한다. 그러면서도 한편으로는 자율성을 원한다(최명구 · 김누리, 2007: pp. 147~148).

이러한 관점에서 본 연구에서는 '부모의 사회적 지지'를 "부모가 자녀를 보호하고 양육하는 데 있어 자녀의 사회적 관계를 고려하면서 취하는 행동"이라고 정의하였다.

☞ 변수에 대한 조작적 정의를 위해 검토한 기존의 이론과 연구결과에 대해 요약적으로 기술하고, 마지막 부분에 연구자의 변수 정의를 표현한다.

(6) 조사도구

조사도구는 측정척도라고도 하며, 각 변수에 대한 실증적 자료를 수집하기 위해 연구자가 사용한 조사의 도구(일반적으로 설문지)에 대하여 기술하는 것이다. 여기에는 조사영역(또는 변수)을 설정한 과정 및 참고자료, 그리고 선행연구에서 나타난 신뢰도계수 등이 포함된다.

5. 조사도구

1) 자기통제력 조사도구

자기통제력을 측정하기 위한 조사도구는 김선희와 김경연(2001)이 Humphery (1982)의 아동용 자기통제력 척도를 바탕으로 5개 문항을 추출하여 만든 것으로 부정민(2007)의 연구에서 신뢰성이 검증된 것을 사용하였다. 본 척도에서는 각 문항의 점수가 높을수록 자기통제력이 높다는 것을 의미한다. 부정민의 연구에서 신뢰도계수는 .821로 나타났다.

2) 스트레스 대처방식 조사도구

스트레스 대처방식을 측정하기 위해 민하영과 유안진(1998)이 개발한 아동의 일상적 스트레스 대처행동 척도를 수정하여 사용한 박진아(2001)의 도구를 본 연구의 방향과 부합하도록 수정하여 사용하였다. 본 연구에서는 스트레스 대처방식의 여러 영역 중에서 '적극적 스트레스 대처방식'에 해당하는 6개의 문항을 선택하였다. 본 척도에서는 각 문항의 점수가 높을수록 적극적 스트레스 대처방식이 긍정적이라는 것을 의미한다. 박진아의 연구에서 신뢰도계수는 .887로 나타났다.

☞ 연구자가 조사도구를 작성하기 위해 참조한 기존자료에 대해 기술하고, 본 연구에서 사용한 조사도구에 대해 언급하며, 기존자료에서의 신뢰도를 서술한다.

(7) 자료분석방법

자료분석방법은 실증조사를 통해 수집한 자료를 어떠한 방법으로 분석했는지에 대한 내용을 기술한다. 여기에서는 분석을 위해 사용한 통계도구, 그리고 연구결과의 제시와 연구가설을 검증하기 위해 사용한 통계방법을 순차적으로 표현한다.

6. 자료의 분석방법 예시

본 연구에서 수집한 자료는 SPSS for Windows 프로그램과 AMOS 구조모형분석 프로그램을 사용하여 다음과 같이 분석하였다.

첫째, 조사대상자의 인구사회학적 특성을 파악하기 위해 기술통계분석(descriptive analysis)을 실시하여 빈도와 백분율을 산출하였다.

둘째, 측정도구의 신뢰도를 검증하기 위해 내적일관성 신뢰도를 나타내는 Cronbach'α 계수를 산출하였다.

셋째, 측정도구의 타당도를 검증하기 위해 요인분석(factor analysis)을 실시하였다.

넷째, 각 생태체계 변인과 정신건강의 수준에 대한 전반적인 경향을 파악하기 위해 기술통계분석(descriptive analysis)을 실시하여 평균과 표준편차를 산출하였다.

다섯째, 각 생태체계 변인과 정신건강 간의 관계를 파악하기 위해 상관분석을 실시하여 상관계수와 관계의 강도, 즉 상관의 크기와 방향성을 산출하였다.

여섯째, 청소년의 정신건강에 영향을 미치는 생태체계 변인들의 영향력을 알아보기 위해 다중회귀분석(multiple regression)을 실시하였다.

일곱째, 유기체 변인을 매개로 각 생태체계 변인이 정신건강에 미치는 영향을 파악하기 위해 AMOS 구조모형 분석을 실시하였다.

☞ 연구결과를 도출하기 위해 사용한 통계프로그램의 명칭과 연구문제에 따른 구체적인 분석방법에 대해 순차적으로 기술한다.

양적연구에서는 자료에 대한 분석을 하기 위해 사용한 통계적 방법 등 견구진행의 모든 과정을 이상과 같은 형식에 따라 구체적으로 밝혀야 한다.

•••> 양적연구의 구성체계에 대한 내용은 www.papersea.com
온라인강좌Ⅱ 제10강 '양적연구 논문체계 구성방법' 참조

2 질적연구

1) 질적연구 출현 배경

양적인 자료에 의존하는 연구가 계속적으로 발전하자 연구가 기계적이라는 비판이 제기되면서 질적연구(qualitative research)가 출현하게 되었다. 실증주의에 근거한 양적연구에 대한 비판은 대체로 다음과 같이 정리할 수 있다.

첫째, 연구가 이론에 구속된다. 양적연구는 가설을 설정하여 연구를 진행하는데, 이 가설을 설정할 때부터 이미 어떤 특정 이론에 의존한다는 것이다.

둘째, 객관성과 가치중립성을 유지하기 힘들다. 연구자는 어떤 이론에 대해 연구자 스스로가 추구하는 방향으로 결론을 내리는 경향이 있을 뿐만 아니라 과학적 지식의 패러다임이 내포하고 있는 가치와 주관에 영향을 받는다는 것이다.

셋째, 연구주제가 제한되어 있다. 양적연구는 관찰이나 질문 등을 통해 자료수집이

가능한 것만 연구주제로 선택하기 때문에 주제가 제한된다는 것이다.

넷째, 연구결과를 일반화하는 데 문제가 있다. 즉 연구대상으로부터 얻은 결과를 다른 집단에 적용하여 일반화하는 것은 무리가 있다는 것이다.

다섯째, 사회현상 연구를 위해서는 다양한 연구방법이 동원되어야 한다. 사회현상은 자연현상과는 구별되며, 복잡하게 얽혀 있으므로 사회현상의 특성을 파악하기 위해서는 연구방법이 다양해야 한다는 것이다.[6)]

이와 같은 양적연구에 대한 비판과 더불어 후기 실증주의가 부상하게 되었으며, 질적연구방법이 출현하게 되었다.

2) 질적연구의 개념과 특성

양적연구에 대한 비판은 질적연구로 연결된다. 양적연구의 추세 속에서 실질적으로 통계방법이나 실험방법으로는 적합하지 않은 연구대상과 주제가 있을 수도 있는데, 관련 양적연구가 연구방법으로서 만능인지에 대해서 근본적으로 재검토되는 일이 거의 없었다.

또한 양적연구의 성과가 일상생활 속에서 좀처럼 활용되지 못하고 있다. 이것은 방법론적인 기준을 만족시키려는 데 치중한 나머지 일상생활에서 의미 있는 중요한 문제를 다루는 연구가 동떨어져 있기 때문이다. 그리고 온갖 방법론적인 통제를 함에도 불구하고 연구와 관련된 관계자의 이해관계나 사회 · 문화적인 배경이 연구과정에 영향을 미치는 것은 피할 수 없다. 이러한 요소가 자료의 해석뿐만 아니라 연구문제 및 가설을 세우는 단계에서도 영향을 미치고 있는 것이다. 이러한 비판적 의식에서 출발하여 연구문제와 현실상황과의 연관성에 대한 지식을 실증적인 자료에 기초하여 풀어나가는 것이 질적연구가 목표하는 바이다.

질적연구는 기본적으로 귀납적인 속성을 가지고 있다. 질적연구의 궁극적인 목적은 설명적 이론을 검증(test)하는 것이 아니라 발견(discovery)하는 것에 있다. 질적연구는 사실적(naturalistic)이라고 할 수 있는데, 이는 연구대상에 대한 관찰과 면접 위주의 접근방법을 택하기 때문이다.

질적연구의 주된 관심사는 특정 범주나 변수보다는 심도 있는 묘사를 통해 연구대상의 복잡한 세계를 전체적인(holistic) 관점에서 알리는 것에 있다. 그리고 질적연구는 역동적 실체(a dynamic reality), 즉 연구대상과 오랜 기간에 걸쳐 지속된 관계를 통해서만 파악할 수 있는 유동적 상태를 기본가정으로 삼는다. 따라서 질적연구는 단편적인 부분들이 함께 모여 이루어진, 그러면서도 단순한 부분들의 합이 아닌 그 이상의 전체라고 할 수 있다.[7]

한편 이와 같은 질적연구의 특성은 실증적 자료에서 시작하여 새로운 이론이 만들어진다는 데에 있다. 주관적 의미나 일상적 경험 및 행위에 대한 연구가 매우 중요한 부분으로 부각된 것이다. 이와 같은 질적연구의 특성은 다음과 같은 네 가지로 정리할 수 있다.

(1) 연구대상에 적합한 방법과 이론을 선택할 것

통계적 연구방법에 필요한 만큼의 표본을 수집할 수 있을지가 확실하지 않다는 이유로 예외적인 인물과 상황을 연구하는 것을 포기한다면 얻을 수도 있는 귀중한 연구결과를 놓쳐버릴 수도 있다. 또한 현실에서는 대부분의 현상이 다른 현상과 맞물려서 일어나기 때문에 명확하게 구분지어 잘라 말하기는 불가능하다. 이러한 양적연구의 문제를 해결하기 위한 방법이 질적연구방법이다. 즉 연구대상의 복잡성에 적절하게 개방되어 있는 연구방법을 취하는 것이다. 이때 중요한 것은 현실에서 나타나는 현상을 기준으로 연구방법이 선택되어야 한다는 것이다. 대상은 통계에서 사용되는 것과 같은 변수로 환원되는 것이 아니라, 복잡한 모습 그대로 자연스럽게 일상의 맥락 속에서 연구되는 것이다. 그러기 위해서는 실험실과 같은 인공적 상황이 아니라 사람들이 살고 있는 일상의 장(場)에서 연구가 이루어져야 한다. 질적연구에서는 일상생활의 다양성에 대응하기 위해 연구대상에 대한 개방성이 중요시된다. 이 경우 조사의 목적은 기존 이론의 검증이 아니라 현상의 새로운 측면을 발견하거나 실증적 자료에 기초해서 새로운 이론을 도출하는 것이다.

(2) 연구대상자의 다양한 관점

질적연구의 두 번째 특성은 정신질환을 예로 들어 설명할 수 있다. 기존의 연구에 의해 정신분열증과 같은 중증의 정신질환이 낮은 사회계급에서 더욱 빈번하게 발생한다는 것이 밝혀졌다. 그러나 낮은 사회계급의 생활조건이 정신질환의 발병을 촉진하는 것인지, 아니면 정신적으로 문제가 있기 때문에 점차 낮은 계급으로 전락하게 되는 것인지의 문제는 밝혀지지 않았다. 또한 정신질환을 가지고 있는 당사자들이 어떤 체험을 하는지, 치료자, 환자 및 그 가족 간에는 사물이나 상황을 보는 시각이 다를 것인지 등의 문제는 정신질환에 관한 통계연구에서 아직까지 알 수 없는 것이다.

이러한 문제에 대해 다루는 것이 질적연구방법이다. 질적연구에서는 이러한 경우 다양한 입장에 처한 관계자(환자, 가족, 전문가 등)의 관점의 다양성이 밝혀지며, 사람들에게 정신질환이 어떤 의미를 갖는가에 대한 문제가 연구의 출발점이 된다. 또한 특정한 현장에서 정신질환에 대해 당사자들이 어떤 행위를 하는가가 분석된다. 다양한 요소가 개별적으로 구체적인 맥락에서 분리되지 않고 묘사되거나 설명되는 것이다. 이러한 배후에는 다양한 주관적 입장과 사회적 배경이 있기 때문이다. 질적연구는 이와 같이 관점의 다양성을 고려하여 이루어진다.

(3) 연구자 자신의 의견 반영

질적연구에서는 현장이나 거기에서 만나는 사람들과 연구자의 대화가 방해변수로 제외되는 일이 없다. 그것은 오히려 분석에 의미 있는 것으로 적극적으로 받아들여진다. 연구자 자신의 주관도 연구대상자의 주관과 함께 연구과정의 일부로 간주된다. 현장에서 일어나는 연구자의 행위와 관찰에 의한 의견 및 회고, 인상, 격앙된 감정, 느낌 등은 독자적인 정당성을 지닌 자료로 간주되며 조사일지와 맥락 속에 기록되어 해석의 일부가 된다.

(4) 질적연구에서 접근방법의 다양성

질적연구 분야에서 나타나는 논쟁과 실천은 다양한 이론적 접근과 거기에서 파생되는 다양한 방법과 관련된다. 즉 질적연구의 대표적인 이론적 접근방법은, 첫째 주관적인 관점에 주목하는 것이다. 둘째, 상호행위의 형성과 진행에 초점을 맞춘다. 셋째, 사회현장과 행위의 배후에 숨겨진 의미에 주목하여 이것을 재구성하는 것이다. 이렇게 서로 다른 접근방법이 혼재되어 있는 것은 질적연구가 다양한 과정을 거치면서 발전해 왔기 때문이다.

•••› 질적연구의 개념과 특성에 대한 내용은 www.papersea.com 온라인강좌Ⅱ 제04강 '연구방법 기초4 양적연구와 질적연구' 참조

3) 질적연구의 적용[8)]

질적연구는 문화인류학과 사회학적 전통에서 비롯되었지만, 구성주의와 비판이론, 현상학과 해석학의 발달 및 전개를 통해 다양한 이론적 토대를 형성하며 발전하고 있다. 이런 맥락에서 질적연구방법으로 사용하거나 혹은 연구자의 태도는 아래와 같이 몇 가지를 확인 후 적용해야 한다.

(1) 질적연구를 사용하는 경우

① 문제나 이슈를 탐색할 필요가 있을 때 질적연구를 한다.
탐색은 특정 집단이나 인구집단을 연구하고자 하거나 나중에 측정될 수 있는 변수들을 확인하거나 침묵 속에 있는 목소리를 들으려고 할 때 필요하다. 이러한 경우는 참고문헌에 있는 선행요인들에 대한 정보를 사용하거나 다른 연구에서 나타난 결과물에 의존하지 않고 하나의 문제를 탐색하고자 하는 이유에서 나타난다.

② 이슈에 대한 복합적이고 상세한 이해를 필요로 하기 때문에 질적연구를 한다.
이처럼 상세한 사항들은 사람들과 직접 이야기하고, 그들의 가정이나 직장에 찾아가고, 우리가 발견하기를 기대하는 것 또는 우리가 문헌에서 읽어 온 것들에 의해 방해받지 않는 이야기를 하도록 허용함으로써 가능하다.

③ 사람들이 자신의 이야기를 공유하고 그들의 목소리를 듣게 되며, 연구자의 연구 참여자 사이에 존재하는 권력관계를 최소화하도록 북돋울 때 질적연구를 수행한다.
권력관계를 덜 강조하기 위해서 연구 참여자들이 연구의 질문을 검토하도록 함으로써, 또는 연구의 자료분석과 해석단계에 함께 협력하도록 함으로써 참여자들과 직접 협력할 수도 있다.

④ 공식적인 학술적 글쓰기 구조의 제한을 받지 않고 이야기와 연극, 또는 시를 전달하는 문학적이고 유연한 방식으로 글을 쓰고 싶을 때 질적연구를 한다.
연구 참여자가 문제나 이슈를 토로하는 맥락이나 상황을 이해하고 싶을 때에도 질적연구를 수행한다. 연구자는 사람들이 말하는 것과 그것이 집이든 가족이든 일이든 그들이 말하고 있는 맥락을 분리할 수 없다.

⑤ 양적연구를 보완하기 위해 인과이론이나 모델의 기제 및 연결고리를 설명하고

자 질적연구를 한다.

이론들은 추세나 관련성, 관계에 대한 일반적인 도식을 제공해 주지만, 사람들이 왜 그들이 하는 방식대로 반응하는지, 그리고 그들이 반응하는 맥락과 그들의 반응을 통제하는 더 깊은 생각과 행동에 대해서는 말해 주지 않는다. 따라서 연구자는 특정 인구집단이나 표본집단을 위한 부분적이거나 불충분한 이론이 존재할 때, 또는 현존 이론들이 검토하고 있는 문제의 복합성을 충분하게 포착하지 못할 때 이론을 발전시키기 위해 질적연구를 수행한다.

또한 단순히 양적 측정과 통계적 분석이 연구문제에 적합하지 않을 때에도 질적연구방법을 사용한다. 예를 들어 사람들 간의 상호작용을 기존의 측정도구로 측정해내기 어렵고 이러한 측정도구들이 성적차이, 인종, 경제상태, 개인적 차이와 같은 이슈들에 적합하지 않을 수도 있다. 모든 사람들을 통계적인 평균으로 나타내면 연구자는 개인들의 고유성을 간과할 수 있기 때문이다.

(2) 질적연구자의 태도

질적연구의 수행은 하나의 문제를 연구하기 위해 강력한 헌신과 많은 시간 및 자원을 필요로 한다. 질적연구는 가장 엄격한 양적연구와 동반관계를 유지해야 하며, 단순히 양적연구에 대한 손쉬운 대체물 정도로 인식되어서는 안 된다. 질적연구를 수행하기 위해 연구자는 다음과 같은 태도를 가지고 있어야 한다.

① 현장에서 오랜 시간을 헌신해야 한다. 연구자는 현장에서 많은 시간을 보내면서 폭넓은 자료를 수집하고, 연구대상에 접근하여 관계를 형성해야 하며, 내부적인 관점을 얻기 위해 시도하는 현장이슈에 몰두해야 한다.

② 복잡하고 많은 시간을 요하는 자료분석과정에 참여해야 한다. 질적연구의 자료분석은 엄청난 자료를 분류하고 그것을 소수의 주제나 범주들로 줄여 나가는 과업을 적극적으로 수행해야 한다. 그리고 질적연구자들의 다학제적 팀을 위해서는 이러한 과업이 공유되어야 한다. 특히 복합적인 텍스트와 이미지들로 구성된 데이터베이스로 인해 이러한 과업은 더욱 도전정신을 필요로 한다.

③ 글은 길게 써야 한다. 왜냐하면 증거는 주장을 뒷받침해야 하며, 연구자는 텍스트를 통해 복합적인 관점을 보여 줄 필요가 있기 때문이다. 참여자들의 관점을 제공하기 위해 인용문을 덧붙이는 것도 하나의 방법이다.

④ 확고한 지침이나 구체적인 절차가 없고 지속적으로 전개되며 변화하는 사회과학과 인문과학 연구에 참여해야 한다. 이는 연구수행을 어떻게 계획하고, 연구가 끝났을 때 그것을 어떻게 판단할 수 있는지에 대해 다른 사람들과 공유하는 것을 가능하게 한다.

4) 질적연구 구성체계

질적연구의 구성이나 질적연구의 설계에는 합의된 구조가 없다. 그렇지만 일반적으로 적용될 수 있는 원리는 분명히 존재하며, 또한 어떠한 방법으로 연구에 임해야 좋은 질적연구를 수행할 수 있는지에 대해서는 알고 있을 필요가 있다.

(1) 질적연구 설계 원리[9)]

① 질적연구가 대체로 과학적 연구과정 안에 들어가는 것을 발견해야 한다. 질적연구자들은 특정한 이슈나 문제를 갖고 시작하며, 연구문제와 관련된 다양한 문헌들을 검토하고, 연구질문을 제기하며, 자료를 수집하여 분석하고, 보고서를 쓴다.

② 질적연구계획의 몇 가지 측면들은 연구자가 발전시킨 세부사항들의 분량에 따라 달라진다. 문헌활용의 경우 문헌에 대한 태도가 다양해지면 선험적 이론활용에 대한 태도가 달라진다. 문헌들은 충분히 검토되고 실제로 제시된 질문들을 알기 위해 사용될 수도 있고, 연구과정에서 나중에 검토될 수도 있으며, 연구문제의 중요성을 기록하는 데만 사용할 수도 있다. 또한 이론의 활용도 매우 다양하다. 예를 들어 문화이론은 좋은 질적 문화기술지의 기본적인 구조물을 형성하며, 근거이론에서는 이론이 연구과정 동안 개발되거나 생성된다.

③ 질적연구에서 고려해야 할 또 다른 사항은 질적연구계획을 위한 글쓰기 양식이다. 이는 과학이 지향하는 접근방식, 서사방식, 연극이나 시와 같은 수행방법 등에 따라 매우 다양하다. 분명한 것은 질적연구에서 전형적으로 발견되는 하나의 기준이나 널리 인정되고 수용되는 구조는 정해진 것이 없다는 점이다.

④ 질적연구에서는 방법을 가지고 시작하는 것이 아니라 그 연구의 중심적인 광범위한 가정들, 그 가정들과 일치하는 세계관, 그리고 연구를 형성하는 이론적 관

점을 가지고 시작한다.

⑤ 질적연구의 과정에서 연구자는 연구 참여자들을 탐색하고 그들의 말을 경청한 뒤 질문을 형성하면서 개방형 연구질문을 하게 된다. 그리고 연구문제에 대한 이해가 확대되면서 연구과정 동안에 질문이 변하게 된다. 또한 이러한 질문들을 현장으로 갖고 나가야 한다.

⑥ 지료수집과 분석의 과정을 거치면서 내러티브(질적연구에서 나타나는 형식을 가지고 있는 이야기)를 형성하게 된다. 내러티브를 통해 연구수행 경험과 그 결과에 대한 연구자의 해석을 어떻게 형성하게 되었는지에 대해 이야기하며, 이 이야기는 연구 참여자의 목소리로 말할 수 있도록 한다.

⑦ 연구의 모든 과정 동안 윤리적 고려사항에 주의를 해야 한다. 윤리적 문제는 연구자가 현장에 들어가고자 할 때, 연구참여자를 참여시키려고 할 때, 참여자들의 개인적이고 정서적인 세세한 생활의 자료를 수집할 때, 연구참여자들에게 상당히 많은 시간을 요청하게 될 때 특히 중요하다.

(2) 양질의 질적연구 기준[10)]

질적연구가 그 가치를 확보하기 위해서는 다음과 같은 기준에 따라 수행되는 것이 바람직하다.

① 연구자는 엄격한 자료수집 절차를 따라야 한다. 이는 연구자가 복합적인 형태의 자료를 수집하고, 자료의 형태와 그것들에 대한 세부적인 사항들을 적절하게 요약하며, 현장에서 충분한 시간을 보내는 것을 의미한다. 자료는 사진, 소리, 시각매체, 디지털 텍스트 메시지 등과 같은 다양한 형태로 수집한다. 아울러 질적연구에서는 현장에서 보낸 구체적인 시간에 대한 정보를 포함하는 것이 일반적이다.

② 연구자는 연구를 위한 질적 접근의 가정과 특성 안에서 연구의 틀을 규정한다. 여기에는 설계의 전개, 여러 가지 진실의 제시, 자료수집 도구로서의 연구자, 참여자의 관점에 대한 초점과 같은 기본적인 특성들이 포함된다.

③ 연구자는 일반적으로 알려진 질적연구 접근방법을 사용하는 것이 바람직하다. 인지된 연구방법을 사용하게 되면 연구설계의 엄격성과 정교함을 강화할 수 있다. 이는 연구자가 연구방법을 확인하고 정의하며, 그것을 채택하는 연구를 인

용하고, 그 방법이 규정하는 절차를 따르는 것을 의미한다. 연구방법은 여러 가지 접근을 혼합할 수도 있지만, 초보자들은 한 가지 접근방법을 통해 연구를 간결하고 정직하게 유지하는 것이 바람직하다. 질적연구방법에 익숙해지거나 장기적이고 복합적인 연구를 할 때에는 여러 가지 방법으로부터 나온 특성들을 유용하게 활용할 수 있다.

④ 연구자는 단일한 초점을 가지고 연구를 시작한다. 그리고 연구를 진행하면서 여러 가지 초점을 비교하거나 관계요인들을 통합할 수 있다. 질적연구자들은 자신의 핵심개념을 우선적으로 이해하지 않고 곧바로 비교나 관계분석을 하는 경향이 있는데, 이는 바람직하지 못하다.

⑤ 연구의 구체적인 방법들, 자료수집과 자료분석, 보고서 쓰기에 대한 엄격한 접근을 포함한다. 엄격함은 현장에서 폭넓은 자료수집이 이루어질 때나 연구자가 폭이 좁은 코드 또는 보다 광범위하고 상호 관련된 주제들을 거쳐 더 추상적인 차원으로 이어지는 다중적인 자료분석단계를 수행할 때 특히 필요하다. 또한 엄격함은 연구자가 연구참여자 검토, 자료원의 삼각화, 동료나 외부감사자 활용과 같은 검증을 위한 절차들을 이용하여 진술의 정확성을 검증하는 것을 의미하기도 한다.

⑥ 연구자는 다양한 수준의 추상화를 사용하여 자료를 분석한다. 연구자들은 자신의 연구를 단순한 것에서부터 복잡한 것으로의 단계별로 제시하거나, 구체적인 것으로부터 일반적인 것으로 층화시키기도 한다. 자료에서 추출한 코드와 주제들은 통속적이고 예상 가능하며 놀라운 아이디어를 보여줄 수 있다. 우수한 질적연구는 그림자와 같이 가려져 있던 측면이나 일상적이지 않은 시각을 탐색하는 주제들을 제시하기도 한다.

⑦ 연구자는 설득력 있게 글을 씀으로써 보고서를 읽는 사람들이 현장에 있는 듯한 경험을 하도록 해야 한다. 이야기와 결과들은 믿을 수 있고 현실적이며, 실제 생활에 존재하는 모든 복합성을 정확하게 반영해야 한다.

⑧ 연구는 역사, 문화, 연구자의 개인적 경험을 반영한다. 이는 개인의 문화, 성, 역사, 경험 등이 언급해야 할 질문의 선택에서부터 자료수집방법, 상황에 대한 해석방법에 이르기까지 질적연구의 모든 측면을 어떻게 형성하는가에 초점을 두는 것이다.

⑨ 양질의 질적연구는 윤리적이어야 한다. 이는 연구자가 질적연구에서의 윤리적

이슈들을 모든 연구단계에서 인식하고 또한 연구에서 언급하는 것을 의미한다.

(3) 질적연구의 논문 연구방법

질적연구는 정형화된 방법을 고집하지는 않지만, 대체로 다음과 같은 연구방법을 사용한다.

① 문화기술지(ethnography)
② 해석학(hermeneutics)
③ 상징적 상호작용론(symbolic interactionism)
④ 근거이론(grounded theory)
⑤ 현상학(phenomenology)
⑥ 민속방법론(ethnomethodology)
⑦ 내러티브 탐구(narrative inquiry)
⑧ 생애사(life history)

이러한 연구방법에 따라 논문의 구성체계도 다양하게 나타난다. 다시 말해 주제, 연구목적, 분석방법 등에 따라 동일한 주제라 할지라도 다르게 구성될 수 있다. 구체적인 연구방법에 대해서는 이후에서 논의하기로 하고, 질적연구의 구성에 대한 개념을 이해하기 위해 실제로 수행된 논문의 질적연구체계 사례를 제시하면 다음과 같다.

가. 국문학

◉ **연구주제:** 사미인곡에 대한 교과서와 교사용 지도서의 차이 분석

◉ **목차**

Ⅰ. 서론
  1. 연구목적
  2. 연구사 및 연구방법

Ⅱ. 작가와 배경
  1. 작가
    1) 교과서와 교사용 지도서의 설명양상과 문제
    2) 문제해결방안

2. 배경

1) 교과서와 교사용 지도서의 설명양상과 문제

2) 문제해결방안

Ⅲ. 형식과 구조

1. 형식

1) 교과서와 교사용 지도서의 설명양상과 문제

2) 문제해결방안

2. 구조

1) 교과서와 교사용 지도서의 설명양상과 문제

2) 문제해결방안

Ⅳ. 작중화자와 임에 대한 태도

1. 작중화자

1) 교과서와 교사용 지도서의 설명양상과 문제

2) 문제해결방안

2. 작중화자의 임에 대한 태도

1) 교과서와 교사용 지도서의 설명양상과 문제

2) 문제해결방안

Ⅴ. 표현과 주제

1. 표현

1) 교과서와 교사용 지도서의 설명양상과 문제

2) 문제해결방안

2. 주제

1) 교과서와 교사용 지도서의 설명양상과 문제

2) 문제해결방안

Ⅵ. 결론

이 연구는 사미인곡에 대해 교과서와 교사용 지도서의 차이를 4가지 주제별로 분석하고, 각각의 상황에 대한 문제점을 도출하여 그 해결방안을 제시하기 위한 것이다.

나. 교육학

◉ **연구주제:** 존 듀이의 지성교육론

◉ **목차**

Ⅰ. 서론
1. 문제제기 및 연구의 목적
2. 연구방향 및 연구방법

Ⅱ. 전통적 지성 개념에 대한 이론적 고찰
1. 서구 전통철학에서의 지성 개념
2. 근대철학에서의 지성 개념의 변화
3. 이성과 지성의 차이
4. 존 듀이 사상의 철학적·사회적 배경
5. 지성 개념과 프래그머티즘의 연관성

Ⅳ. 지성과 경험
1. 존 듀이 교육론에 있어서 경험의 의미와 위치
2. 교육적 경험의 가치 기준
1) 계속성의 원리
2) 상호작용의 원리
3. 지성과 경험의 상관성

Ⅴ. 지성, 충동, 습관의 관계
1. 인간의 본성
2. 인간행위와 습관, 충동의 관계
1) 인간행위와 습관
2) 인간행위와 충돌
3. 지성과 습관, 충동의 관계

Ⅵ. 지성과 사회
1. 인간본성과 도덕의 문제
2. 인간성·사회성과 지성
3. 민주주의와 지성의 관계

Ⅶ. 지성 개념과 교육론
1. 듀이의 지성 개념과 교육의 관계
2. 듀이의 지성 개념에서 교육과 교과의 차별성
3. 듀이의 지성 개념에 입각한 교육방법론

Ⅷ. 결론

이 연구는 존 듀이의 지성교육에 대해 전통적 철학이론을 바탕으로 분석한 것이다. 연구자는 존 듀이의 지성교육 개념을 여러 가지 관련 개념과 연계하여 그 교육학적 의미를 탐구하였다.

다. 무역학

◉ **연구주제:** 기능성 화장품원료의 수출마케팅 전략에 대한 사례 연구

◉ **목차**

제4장 기능성 화장품원료의 수출마케팅 전략에 대한 실증분석
　제1절 기능성 화장품원료의 시장전략(STP분석)
　제2절 Marketing Mix(4P) 전략
　　1. 제품전략
　　2. 가격전략
　　3. 유통전략
　　4. 판촉전략
　제3절 향후과제
　　1. 제품
　　2. 판매촉진
제5장 요약 및 결론

이 연구는 기능성 화장품원료의 수출마케팅 전략에 대하여 기업의 사례를 분석한 것이다. '실증분석'이라는 표현이 있기 때문에 언뜻 보면 양적연구의 형태라고 생각할 수 있지만, 여기서 실증분석은 데이터를 통계적으로 분석한 것이 아니라 해당 기업의 실제 사례를 분석하였다는 것을 의미한다.

···> 질적연구의 구성체계에 대한 내용은 www.papersea.com
온라인강좌Ⅱ 제9강 '질적연구 논문체계 구성방법' 참조

3 질적연구의 패러다임과 해석[11)]

1) 질적연구 패러다임

(1) 실증주의의 정량화에 대한 비판

20세기 초반을 지나면서 실증주의 패러다임의 기본 전제들에 대한 비판이 제기되 근본적인 수정이 요구되면서 여러 가지 대안적 패러다임들이 제안되었다. '정량화'로 특징지어지는 실증주의 패러다임에 대한 비판의 주요 논지는 다음과 같다.[12)]

첫째, 관찰이나 사실의 이론의존성(theory-ladenness)에 대한 문제이다.

관찰의 의존성은 과학자의 관찰이 객관적인 것이 아니라 그의 이론에 영향을 받는다는 것이다. 가설의 검증이나 반증을 목적으로 하는 양적연구에서는 연구의 객관성을 확보하기 위해 이론과 관찰의 분리를 전제로 한다. 그런데 관찰을 통해 얻어진 사실적 자료와 이론은 서로 의존적이다. 즉 우리는 각자가 지닌 인식의 틀을 통해 세상을 보기 때문에 각기 다른 방식으로 보게 된다. 결국 사실은 특정한 이론의 창을 통해서만 발견되고 의미를 지니는 것이므로, 모든 사실은 이미 해석된 것이다. 즉 이론과 독립적이거나 이론의 공백상태에서 일어나는 관찰이나 지식의 생성은 불가능하며, 주관과 객관의 이원성 또한 유효하지 않다.

둘째, 이론의 불확정성(underdetermination of theory)에 대한 문제이다.

일반적으로 '귀납의 문제'라고 알려진 이 문제점은 특정한 이론적 틀을 통하여 연구자가 찾고자 하는 사실들이 결정될 뿐만 아니라, 똑같은 일련의 사실적 자료에 의해 다양한 이론적 관점들이 동시에 지지될 수도 있다는 것이다. 이는 '불충분결정론'의 문제이다. 이것은 주어진 일관성 있는 이론으로부터 연역적 추론과정을 통해 나타날 수 있는 사실이나 현상들을 이끌어 낼 수는 있지만, 그 반대로 주어진 일련의 사실적 자료로부터 귀납적 추론과정을 통해 단 하나의 필연적인 이론에 도달하는 것은 절대로 불가능하다는 주장이다. 이러한 어려움을 인식한 칼 포퍼(Karl Fopper)는 이론의 검증이라는 표현 대신에 이론의 반증이라는 표현을 지지하였다. 연구를 통해 수집된 증거자료는 항상 불완전하고 오류가능성을 포함하고 있다. 따라서 가설은 참이라고 검증되는 것이 아니라, 다만 반증되지 않아서 기각될 뿐이라는 것이다.

토마스 쿤(Thomas Kuhn, 1962)은 그의 명저 『과학혁명의 구조』에서 과학이 보편적이고 객관적이며 누적적으로 진보한다는 데에 반기를 들었다. 그는 과학적 가설, 법칙, 이론, 믿음, 실험의 총제를 패러다임(paradigm)이라고 하였다. 그에 의하면 한 패러다임에서 다른 패러다임으로의 전이는 논리적인 것이 아니라 마치 종교적 개종과 흡사한 비합리적인 과정이라고 하였다. 또한 그는 과학행위조차도 특정 시대의 사물을 바라보는 방식인 이데올로기와 매우 밀접하게 관련되어 있으며, 과학행위도 상대적이라고 주장하였다. 달리 말해 특정한 시대의 지배적인 이데올로기와 패러다임에 따라 과학자들도 보고 싶은 것만 본다는 것이다. 쿤(Kuhn, 1962)은 패러다임의 변환과정에서 새롭게 얻는 것도 있지만 잃어버리는 과학도 많음을 보여주면서 패러다임의 전이가 단선적인 진보로만 이해될 수는 없다고 주장하였다.

셋째, 사실의 가치 의존성에 대한 문제이다.

사실과 이론은 서로 독립적일 수 없듯이 가치와 이론도 독립적이지 않다는 것이다. 실제로 이론 그 자체는 가치가 내재된 진술문이다.

넷째, 연구자와 연구대상의 상호작용적 본성을 간과했다는 비판이 있다.

객관적인 관찰을 통해 얻어진 연구결과는 사물이나 현상의 실제 모습이나 실제 작동방식 그대로를 발견해낸 것이라는 실증주의적 관점에 대한 비판이 제기되면서 연구결과는 연구자와 현상(또는 연구대상이 되는 사람들) 사이의 상호작용 과정을 통해 구성된다는 주장이 제기되었다.

이처럼 실증주의가 지지하는 자료의 정량화와 관련된 문제점을 제기하면서 질적연구자들은 양적 접근법을 적용하기에는 인간의 행동이 너무나 복잡하며, 그러한 양적 연구방법 자체가 인간행동과 경험의 해석적인 본성을 파악하는 연구자의 능력을 오히려 손상시키는 것으로 파악하였다. 즉, 질적연구자의 목적은 인간의 행동과 경험을 보다 잘 이해하는 것이다. 때문에 질적연구는 사람들이 의미를 구성해나가는 과정을 파악하고, 나아가 사람들이 구성해낸 의미가 무엇인지를 기술한다. 상기 관점에서 구성주의 패러다임에 대하여 살펴본다.

(2) 구성주의 패러다임

구성주의 패러다임은 다수의 실재들(realities)이 있을 수 있다고 주장하면서 상대주의적 존재론을, 연구자와 연구대상들이 지식과 이해를 공동으로 창조해나간다고 주장하면서 주관주의적 인식론을, 연구방법 및 절차에 있어서는 자연주의적 입장을 취한다. 구성주의 패러다임은 존재론적 실재론을 거부하고 상대주의를 수용하면서 전통적인 실증주의 패러다임과 차별화된다.

구성주의 패러다임의 연구결과물은 대개 근거이론이나 패턴이론의 형태로 제시되고, 연구의 질 평가에서 내적타당도, 외적타당도, 신뢰성, 객관성 등과 같은 실증주의의 준거들은 신뢰가능성, 전이가능성, 확인가능성 등으로 대체된다.

실증주의자들이 고정불변의 측정가능한 실제세계가 인간과는 독립적으로 존재한다고 전제하는 반면에, 구성주의자들은 실재와 진실이 사회적으로 구성되는 것으로 묘사한다. 구성주의자에 따르면 인간은 지식을 찾거나 발견하기보다는 그것을 구성하거나 만들어나간다. 인간은 자신의 경험세계의 의미를 파악하기 위해 개념, 모델, 지적 구조 등을 만들어내며, 새로운 경험에 비추어 이러한 지적 구조들을 끊임없이 검토하고 수정한다. 이러한 개념을 통해 세상이 기술되고 설명된다는 것이다. 나아가 이러한 구성의 과정에는 필연적으로 역사, 사회, 문화적 차원이 개입된다. 따라서 우리는 고립된 상태에서 우리의 해석을 구성하는 것이 아니라, 공유된 이해, 실천, 언어 등을 바탕으로 의미를 구성해나가는 것이다.

이와 같이 구성된 실재세계의 본성을 이해하기 위하여 질적연구자들은 연구대상들이 그들의 실재세계에 대하여 지니고 있는 견해와 지각에 대해 이야기를 나누고 상호작용하게 된다. 또한 주어진 사회적 상황 속의 다양한 참여자들이 그들 주변의 세상을 어떻게 구성해내는지를 이해하고 해석하는 것이 연구자의 임무라고 생각한다. 해석을 얻어내기 위해 연구자들은 연구 참여자들의 다양한 관점에 접근할 수 있어야 한다. 따라서 구성주의 패러다임의 연구설계에서는 관련된 사람들과 심도 깊고 장기간에 걸친 상호작용에 초점을 맞춘다.

또한 구성주의에서는 어떤 행위 속의 의미, 즉 특정한 행동이 무엇을 의미하는지를 이해하기 위해서는 그 행위자가 무엇을 하는지에 대하여 연구자 나름대로 해석을 내리도록 요구한다. 인간의 행위를 이해하기 위해서는 행위자의 내부로부터의 주관적인 의식 또는 의도를 파악할 필요가 있다. 따라서 이러한 이해와 해석과정에는 감정이입을 통한 행위 주체와의 일체화가 수반되어야 한다. 행위 주체의 내부의 관점, 즉 행위자의 상황인식 및 상황에 대한 규정을 파악하는 과정을 통해 해석적 이해를 성취해낸다는 것은 구성주의 패러다임이 지향하는 핵심개념이다.

여기서 연구자는 사전에 지니고 있던 사전지식이나 편견이 연구과정 및 해석과정에서 어떻게 영향을 미치는지에 초점을 두게 된다.[13)] 구성주의 패러다임에 입각한 연구자는 참여자의 다양한 관점을 얻어내려고 노력하며, 다각적인 해석들을 하나의 표준이나 전형으로 축소하려고 시도하지 않는다.[14)]

(3) 프랑크푸르트학파의 비판이론

프랑크푸르트학파가 '비판이론'이라는 이름으로 불리는 것은 서양철학의 핵심인 동일성의 철학을 비판하기 때문이다. 비판이론은 1920~1930년대 독일 프랑크푸르트대학의 사회연구소에서 시작되었으며, 막스 호르크하이머(Max Horkheimer), 테오도르 비젠그룬트 아도르노(Theodor Wiesengrund Adorno), 헤르베르트 마르쿠제(Herbert Marcuse), 위르겐 하버마스(Jürgen Habermas) 등이 이 학파에 속한다. 이들은 모두 유대인이었고, 히틀러의 박해를 피해 미국으로 건너간 것이 비판이론의 세계적 반향을 일으킨 계기가 되었다. 이 이론은 마르크스철학에 기초하고 있기 때문에 네오마르크시즘이라고 불리며, 프로이트 심리학의 영향을 받았다는 의미에서 프로이트 좌파라고도 한다.

비판이론은 사회구조와 경제 및 정치체제의 근본적인 개혁을 의도한다. 프랑크푸르트학파의 기원은 1920년대 독일의 정치사회적 상황과 밀접한 관련이 있다. 비판이론은 자본주의체제의 모순이 야기한 현대사회의 비합리성과 현대에 와서 도구화된 합리성이 파시즘의 정치체제를 굳힌다고 보고 기존의 체제를 부정하였다. 프랑크푸르트학파는 현대사회가 컴퓨터와 같은 고도의 합리성이 있으면서도 폭력성과 같은 비합리적이고 광기어린 것들과 결합되어 있다고 주장하였다. 이들의 사상은 1960년대 미국과 유럽에서의 학생운동의 이론적 근거가 되었다.

비판이론을 대변하는 중요한 주제는 도구적 이성비판이다. 프랑크푸르트학파는 도구적 이성을 비판하여 비판적 이성을 되살리고자 한다. 여기서 비판적 이성이란 목적 자체에 대한 가치판단을 가리키며, 어떤 목적을 이루기 위한 수단의 합리성과 효율성 판단에 초점을 둔 도구적 이성과 대립된다. 즉 설정한 목적 자체의 타당성을 논의할 더 높은 차원의 이성이 필요하며, 그 대안을 비판적 이성에서 찾은 것이다.

또한 프랑크푸르트학파는 근대사회가 고도의 합리성을 구가하는 듯 보이지만 사실은 의미가 가치를 소홀히 하고 있으며, 학자의 가치중립성을 강조함으로써 결국 지식이 자본주의와 지배계급의 도구가 되었다고 비판했다. 즉 도구의 합리성이 지배하는 사회가 현대사회이며, 현실원칙에 입각하여 모든 것을 대상화 · 수량화 · 공식화 · 몰개성화하는 도구적 합리성만이 발달한 것이 현대사회의 특징이라고 보았다. 그러면서 도구적 이성 비판의 한 영역으로 대중문화를 비판하였다. 이들에 의하면 문화산업은 대중을 기만하기 휘한 계몽의 양식으로 작동하고 있다고 한다. 즉 프랑크푸르트학파는 대중문화의 순응시스템을 통해 1차원적 인간이 양성된다는 문화산업론을 주장하였다. 이 문화산업론은 자본주의와 대중문화의 관계에 주목한 대표적인 이론이다. 대중문화를 통해 대중을 기존 체제에 순응하게 하는 자본주의가 가져온 새로운 현실에 주목한 것이다. 특히 미국이 대표적인 경우이다. 자본주의의 발전으로 대중문화가 등장하면서 대중문화에 의한 대중의 소외가 발생하고 있는 것이다.

이러한 관점하에서 비판이론에서는 사람들의 비판적 이성능력을 일깨워 주조된 동일성을 거부하고, 사람들의 개별성과 다양성이 그 자체로 인정되고 개체들이 주체로 설 수 있는 사회를 만들어가야 한다고 주장한다. 플라톤의 '이데아'로 대변되는 동일성은 결국 타자를 배제하는 것이다. 즉 동일성의 사고는 타자나 이질성을 억압하고 획일성을 강조하는 것이다. 이성이든 주체이든 무언가 하나의 중심을 지향하는 동일성의 철학은 세계와 그리고 타자와의 진정한 만남을 방해한다. 비판이론은 이러한 동일성을 거부하고 상호주관적인 사회적 지식, 인간주체에 의해 능동적이고 협동적으로 그러한 지식이 구성되는 과정이 중요함을 제기하는 것이다.

(4) 현상학적 의미론

현대 철학은 언어, 특히 의미에 대해 어떤 태도를 취하느냐에 따라 그 갈래들이 형성된다.[15] 우리가 생각한다는 것은 말을 만들어내는 것이고, 의미를 이해한다는 것은 언어를 이해한다는 것이며, 의미를 부여한다는 것은 언어로 표현했다는 것이다. 현대 철학에서는 의미의 탐구가 하나의 갈래이다. 자연과학은 인고의 메커니즘을 탐구하는 것이고, 사회과학은 의미를 탐구한다. 현대사상의 상당부분이 이 의미를 둘러싸고 이야기된다. 질적연구는 이 의미를 탐구하는 방법으로 현상학과 해석학이 주류를 이루고 있다.

가. 현상학(phenomenology)의 형성과 의미론

1764년 출간된 『신기관 : Neues Organon』이란 책에서 현상학이란 명칭을 처음으로 사용한 독일의 철학자 람베르트(J. H. Lambert)는 본체(本體)의 본질을 연구하는 본체학과 구별하여 본체의 현상을 연구하는 학문을 현상학이라고 하였다. 그 후 임마누엘 칸트(I. Kant)는 물자체(物自體, 본체)에 관한 학문과 구별되는 경험적 현상의 학문이라 하였고, 헤겔(G. W. F. Hegel)은 감각적(感覺的) 확실성에서 출발하여 절대지(絶對知)에 이르기까지의 의식의 발전과정을 서술하는 것이라 하여 이것을 특히 '정신현상학(精神現象學)'이라 불렀다.

그러나 일반적으로는 후설(E. Husserl)을 중심으로 하여 잡지 『철학 및 현상학적

연구 연보』에 참가한 가이거(M. Geiger), 펜더(A. Pender), 라이나흐(A. Reinach), 하이데거(M. Heidegger) 등 이른바 현상학파라고 불리는 학자들의 철학운동을 뜻한다. 이 운동은 당초 '사상(事象) 그 자체로'라는 표어와 같이 의식에 나타난 것(현상)을 사변적(思辨的) 구성을 떠나서 충실히 포착하고, 그 본질을 직관에 의하여 파악 · 기술한다는 공통적인 지향성을 가지고 있었다.

현상학에서는 의미를 인간의식이 자기의 주관적 체험을 통해 구성해 내는 것으로 본다. 의식은 지향작용을 통해 대상의 의미를 정립한다는 것이다. 현상학에 의하면 우리가 무언가를 이해하거나 안다는 것은 반드시 '누군가 무엇을' 인식하게 되는 것이다. 즉 항상 보고자 하는 주체와 보고자 하는 대상이 있어서 누가, 그리고 무엇을 보느냐에 따라 달라진다. 결국 우리의 의식은 항상 무언가에 대한 의식, 즉 지향적이라는 것이다.

현상학적 의미론은 우리의 선험적 자아가 대상에서 의미(노에마, noema)를 읽어내는 것이다. 즉 현상학적 의미론은 의미라는 것이 대상 자체 또는 말과 사물의 관계가 아니라, 대상에게서 주체가 읽어내는 그 무엇이다. 따라서 내가 어떤 사물에 대해 어떤 상황에서 어떤 지향적 태도를 취하는가에 따라 다른 의미가 형성된다. 후설(Husserl)의 현상학적 의미론에서는 대상을 직접 문제 삼지 않고, 대상을 주관적으로 체험하고 형성하는 의식의 지향작용을 분석하고 기술한다.

현상학에서는 주체의 의식에 나타난 것만이 존재한다고 본다. 의식 밖의 사물의 객관적인 존재가 있는지 없는지는 말할 수 없으며, 말할 필요도 없다. 단지 주체가 경험하여 주체의 의식이 어떤 의미로 파악한 것만 인정하는 것이다. 즉 주체가 지각하는 한에서의 사물만 인정하는 것이 현상학이다. 따라서 현상학은 일종의 주체의 철학이며, 인간의 의식이 구성하는 사물의 의미를 구성한다는 면에서 관념론이라고 할 수 있다.

결국 현상학은 서구의 전통적인 실증주의 인식론과 충돌한다. 실증주의에 따르면 진리를 발견하기 위해서는 주관성을 벗어나 객관적 진리에 다가가야 한다. 그러나 현상학에서 의미는 반드시 주체가 개입하여 그 주체 앞에 드러난 현상이 함축하는 어떤 의미를 탐구하는 것이다. 주관성을 버리고 객관성을 찾는 것이 자연과학이라면, 현상학은 주관과 객관이 맞물려 있는 경험의 차원에서 의미를 찾아내는 담론이다. 현상학적 인식에서는 보는 사람과 보이는 대상의 상호관계 속에서 발생하는 사건 자체에 주목한다. 즉 에포케(epoche, 판단중지 또는 괄호치기)를 통해 사건 자체를 보는 것이다.

나. 현상학적 환원

현상학에서는 외부에 있는 것처럼 보이는 다양한 현상을 보면서 변하지 않는 어떤 것을 포착해내야 하는데, 여기서 에포케(판단중지)라는 환원적 방법이 요구된다. 주어진 모든 것에 대하여 이것이 무엇인지, 또는 있는지 없는지 등에 대한 나의 선입견을 포함한 일체의 판단을 괄호로 묶어 놓고 판단을 중지하는 것이다. 예를 들어 장미 가시에 찔린 경험이 있는 사람은 장미라는 존재에 대해 순수한 경험을 가지고 있지 않다. 이처럼 판단을 중지하고 비본질적인 경험을 모두 걸러내는 것을 현상학적 환원이라고 말한다.[16] 대상의 의미를 찾기 위해서는 의식을 통해 직접 경험하는 것이 중요한데, 우리의 의식에는 불순물이 많아서 많은 선행 경험들을 투영하게 된다. 순수한 경험은 장미에 대해 내가 가지고 있는 선입견이나 우연적인 것 등의 주관적인 의미를 모두 제거한 다음에 남는 것이다.

경험적 인식을 현상학적으로 환원시켜서 잡념들을 떨쳐버리고 정말 그 대상이 내 의식에 순수하게 떠오르는 그 순간을 후설(Husserl)은 순수경험이라고 하였다. 경험적인 것에는 주체의 생각이나 자아가 개입되게 되므로, 경험 이전의 것으로 환원하자는 것이다. 각자의 경험을 빼고 선험적으로 직관하게 되면 본질을 획득할 수 있게 된다. 이러한 과정을 통해 모든 사람이 어느 정도 보편타당하게 인정할 수 있는 부분이 드러나게 되는 것이다.

한편으로 현상학은 의미의 본질을 파악하고자 하는 선험적 현상학과, 내가 처한 상황에 따라 달라지는 의미가 있을 뿐이라고 주장하는 실존적 현상학으로 갈라진다.

다. 의식의 지평

의식은 자기가 아닌 바깥으로 향하는 것이다. 즉 모든 의식은 무엇인가에 대한 의식이다. 인간의 의식이 본질을 향해 가는 과정에서 어떤 사물이 떠오른다. 뭔가 떠오른다는 것은 어떤 지평(horizon)을 전제하고 떠오르는 것이다. 여기서 지평은 대상이 있으면 대상을 둘러싸고 있는 것이어서 지평이 무엇인가에 따라 대상이 달라진다. 의식의 지향성이라는 것과 대상이 떠오르는 지평은 맞물려 있다. 즉 어떤 대상이라 할지라도 주변을 둘러싸고 있는 다른 사물과의 관계를 떠나서는 그 자체로 의미를 가질 수도 없고, 엄밀한 의미에서 존재할 수도 없다.

의미구성에는 각자의 경험의 지평에서 이루어지는 특수성이 있다. 현상학적으로 세상을 본다는 것은 세상을 의미관계로 본다는 것이다. 각 대상의 고정된 의미는 없고 어떤 지평에 와있는가에 따라서 의미가 달라진다. 지평은 관계를 중요시한다. 현상학적 의미론에 따르면 우리의 의식은 항상 어떤 지향이나 의도를 가지고 세상을 바라보기 때문에 그 바라보는 주체의 지향적 태도에 따라서 모든 상황이 각기 다르게 나타날 수 있다. 따라서 특정한 태도를 취하는 개별적인 실존적 주체의 삶의 방식이 중요해진다. 이러한 현상학의 지향성 태도는 실존주의와 연결된다.

실존적 주체의 몸이 직접 체험할 수 있는 것이 바로 생활세계이다. 이러한 생활세계에서 몸을 지닌 주체가 각자의 실존적 삶을 꾸려나가는 것이다. 생활세계라는 것은 내가 의식하기 이전에 이미 주어져 있는 세계로서, 우리는 몸의 감각기관을 통해 생활세계를 경험하게 된다. 즉 나의 의도에 따라 나에게 주어지는 의미는 바뀌지만, 생활세계는 우리 의식에 앞서 이미 주어져 있는 세계이다.

생활세계는 우리에게 지각되는 세계로서, 우리가 이야기할 수 있는 모든 세계 전체를 포괄할 수 있다. 생활세계에 대해서 어떤 의식이 발동했느냐에 따라 물리세계, 종교세계, 예술세계 등이 나오게 된다. 이러한 세계는 내가 어떤 태도나 관점, 또는 지향성을 가지고 보느냐에 따라 의미가 달라지는 것이다. 따라서 진짜 근원적으로 존재하는 것은 생활세계이고, 여기에 대해 의식의 지향성에 논리를 적용하면 어떤 의식이 발현되었는가에 따라 각각의 세계가 나오는 것이다. 생활세계는 그야말로 모든 세계의 모태이며, 모든 세계들의 가장 근본적인 보편적 지향이다.

2) 질적연구방법으로서의 해석학

연구방법으로서의 자료해석에 대하여 기원과 실제 논문상에서 어떤 의미로 해석하는지 알아보자.

(1) 해석학의 형성과 의미

해석학의 사상은 멀리 그리스까지 거슬러 올라가지만 학(學)으로서의 체계화는 19세기에 와서 뵈크(A. Böck)에 의하여 이루어졌다. 그의 저작 『문헌제학(文獻諸學)의 총람 및 방법론 Enzyklopädie und Methodologie der philologischen Wissenschaften』

(1877)은 이 학문의 고전이 되었다. 그동안 우화(寓話) 해석의 문제를 중심으로 한 고대의 해석학에서 중세에 조직화된 교부신학적 해석학을 거쳐, 성서나 고전의 올바른 해석을 중시하는 근대의 신학적·인문주의적 해석학이 성립되었고, 슐레겔(F. Schlegel), 슐라이에르마허(F. Schleiermacher) 등에 의하여 이해와 해석의 보편적 이론으로 발전하였다.

그러나 해석학은 그 자체로서는 철학의 문제가 될 수 없음에도 슐라이에르마허와 뵈크의 영향을 받은 딜타이(W. Dilthey)에 의하여 역사적 정신과학의 방법론적 기초로서 확립되기에 이르렀다. 그리고 다시 E. Husserl 현상학의 영향을 받아 독자적인 존재론을 구축한 하이데거(M. Heidegger)는 그의 존재론의 방법을 '해석학적 현상학'이라 부르고, 해석학을 인간의 역사적 세계를 심리학적으로 해석하는 딜타이의 방법에서 존재의 의미를 실존론적으로 해석하는 철학 자체의 방법으로 심화시켰다.

또한 '선(先) 이해'를 적극적으로 해석의 전제로 인정하는 하이데거의 '해석학적 순환' 사상을 가다머(H. G. Gadamer)는 그의 『진리와 방법』(1960)에서 '전통'의 적극적 이해에 적용하여 일반적인 해석학의 이론을 확립하였다. 이후 해석학은 고전학·정신분석학·교육학·법학·신학 등 넓은 영역에 영향을 주는 동시에 분석철학이나 이데올로기 비판과의 대결을 거쳐 역사와 실존 양면에 걸쳐 언어를 넓고 깊게 묻는 현대의 가장 새로운 철학이 되었다.

해석학(hermeneutics)은 텍스트 속에 숨겨진 의미를 끄집어내어 독자들에게 알려주는 것이 주안점이다. 그래서 제우스의 메신저로서 심부름꾼인 헤르메스(Hermes)가 해석학의 어원이 되었다. 해석학은 기본적으로 텍스트를 통해 의미가 나타난다고 보고 언어를 분석함으로써 형이상학을 하려는 학문이다. 현상학에 만족하지 못한 사람은 지각의 차원 이상을 말하고 싶어 한다. 그런 시도들 중의 하나가 해석학이다. 따라서 해석학은 현상학에 만족하지 못해 대두된 것이기 때문에 현상학과 대립하기도 하지만, 동시에 가까운 관계이기도 하다.[17)]

해석학에서 해석이란 두 가지 다른 이질적인 것을 알아들을 수 있는 언어체계로 바꾸는 것이다.[18)] 원래 해석은 성서의 해석에서 비롯된 것이다. 성서의 말씀을 인간이 읽어야 하는데, 여기에 저자가 개입된다. 성서의 말씀을 인간의 말로 써놓은 매개자가 있을 것이고, 이 매개자의 글을 후대의 독자가 읽어내야 한다. 그래서 텍스트와 독자의 관계로 전환되어 성서를 읽을 때 얼마만큼 저자의 의도에 충실하게 읽어내는지가 해석의 관점으로 들어오게 된다. 여기서 텍스트를 읽을 때 부분적인 문장은 전체와의 관계 속에서 부분을 더 잘 알 수 있고, 전체는 부분들을 모두 읽고 나서 파악할 수 있게 되므로 결국 순환의 구조가 된다.

해석학에서 하나의 텍스트에는 문자 그대로의 의미가 아니라 그 이상의 무언가 다른 숨겨진 의미를 담고 있다고 본다. 해석학적 전통에서 진리는 작품 안에 이미 들어 있으며, 해석하는 사람은 가능한 한 그 안에 들어 있는 진리를 끄집어내기 위해 읽는다. 예를 들어 성서에서는 성서가 말하고 있는 사건들의 사실성이나 실재성이 아니라 거기에 내포되어 있는 상징을 중요하게 여긴다. 해석학에서는 설명과 이해를 구분한다. 설명하는 것은 자연과학처럼 인과관계를 추적하여 밝혀내는 것이고, 이해하는 것은 텍스트에 숨겨진 의미와 그 의미가 함축하는 체험을 이해하는 것이다.

(2) 해석학적 순환

해석학적 순환은 슐라이에르마허(Schleiermacher)가 지적한 해석학의 주요 개념이다. 우리가 어떤 텍스트를 읽기 시작하려면 그 언어는 전체 맥락 속에서 의미를 가진다는 것을 알아야 한다. 즉 전체 맥락을 알아야 텍스트를 읽을 수 있는데, 또한 전체 맥락을 알려면 텍스트를 읽어야 한다. 이렇게 어떤 텍스트를 읽을 때 우리의 이해과정은 지속적으로 부분과 전체의 순환 속에서 이루어진다. 즉 해석은 근본적으로 부분과 전체의 순환의 과정이다.

그런데 우리가 어떤 것에 대해 충분하게 알고 있지는 못한다고 하더라도 그것을 접할 수 있는 이유는 '선이해'를 하고 있기 때문이다. 선이해는 대상에 대해 이미 가지고 있는 막연한 이미지이다. 즉 우리가 어떤 것을 이해하게 된다는 것은 그것에 대해 어느 정도는 알고 있다는 것을 전제로 한다. 조금이나마 알고 있는 어떤 것을 통해서 질문을 던짐으로써 점차 내가 알고 있는 것의 지평이 확대되는 것이다. 이때에 부분과 전체의 지평은 언제나 동시적인 사건으로 우리에게 들어와 있다. 그래서 끊임없이 중심과 주변, 개별자와 전체를 오가면서 우리의 이해가 성립되는 것이다.

결국 우리의 이해 또는 해석의 문제는 언제나 부분과 전체의 관련성의 문제라고 할 수 있다. 우리가 어떤 것을 이해하려면 반드시 부분과 전체가 동시적으로 작용해야 한다. 특정한 사물이 사물로 나에게 다가오기 위해서는 그 사물에 대한 일반명사와 그 사물의 개별성이 동시에 우리의 시야에 들어올 때에만 그 사물이 의미를 가지고 다가온다. 우리는 부분을 통해 전체로 접근해 들어가고, 또한 전체적인 지평이 있기 때문에 부분작업들의 의미를 이해하게 된다. 이처럼 해석학적 인식은 전체와 개별자, 언어와 실재 등의 순환구조 안에서 이루어진다.

(3) 선이해와 지평융합

그렇다고 해서 해석학이 내 마음대로 해석하는 주관주의는 아니다. 해석학에서는 나의 주관적인 이해가 가능하려면 내가 다른 사람과 몸을 부대끼며 터득한 선이해라는 지평이 있어야 한다고 말한다.[19] 텍스트를 이해하려면 해석자인 우리가 구체적인 역사적 상황 안에 이미 놓여 있다는 것을 인정해야 한다. 무언가를 이해한다는 것은 해석자가 필연적으로 구체적인 사회적 · 역사적 맥락 속에 연결되어 있을 때만 가능하기 때문이다.

하이데거는 '미리 내다봄' 또는 '미리 가짐'이라는 의미의 선이해라는 말을 사용하였다. 가다머는 이러한 선이해를 선입견이라고 하였다. 어떤 사물을 볼 때 이미 나는 내 역사, 전통, 내 삶의 자리에 상응하는 어떤 선이해 또는 선입견을 갖고 있는 존재이며, 백지상태에서 출발하는 존재는 없다. 우리들의 이성은 근본적으로 역사성을 가지고 있으며, 개인이나 공동체 역시 역사의 산물인 것이다. 이러한 선입견과 전통이 우리를 구성하고, 우리가 누구이며 우리가 세상을 이해하는 방법을 결정하기 때문에 이를 극복하거나 벗어나려고 해서는 안 된다. 우리에게 낯설고 이질적인 특정한 전통은 이해의 출발점이 된다. 우리는 우리 자신의 전통으로부터 벗어날 수 없으며, 따라서 우리는 그것을 이해하려고 노력해야 한다.

가다머는 이해의 구조와 해석자, 그리고 전통과의 관계를 설명하기 위해 '지평'이라는 개념을 사용한다. 우리는 항상 어떤 상황 안에 놓여 있는데, 이는 우리 자신으로 하여금 특정한 관점을 갖게 하는 지평 안에 우리가 처해 있다는 것을 의미한다. 각자의 경험지평 안에서 해석해 내지만, 그럼에도 불구하고 그 해석들 사이에 동일성이 확보될 수 있는 이유는 역사의식 등을 공유하기 때문이다. 즉 사람들은 실제적 체험 안에서 역사의식 등을 공유하기 때문에 동일성이 확보될 가능성이 있는 것이다. 가다머에 따르면 모든 이해는 필연적으로 선입견을 내포하고 있으며, 우리는 존재의 역사성을 구성하고 있는 선입견, 즉 역사적인 전통에서 출발하게 된다. 이해의 과정에서 우리는 항상 주어진 역사적 상황에 의존하면서 그 안에서 활동하고 있다. 따라서 어떤 것에 대해서 미리 어떤 선지식이나 선이해가 없으면 어떤 사태를 이해할 수 없고, 전체에 대한 지평이 없으면 선이해도 불가능하다. 따라서 내가 가진 선이해는 나만 갖고 있는 것이 아니라 삶 속에서 타인과 부대끼면서 얻은 결과물이기 때문에 해석학은 주관주의로 가지 않는다.

결국 우리는 항상 어떤 상황 안에 놓여 있다. 이는 우리 자신으로 하여금 특정한 관점을 갖게 하는 지평 안에 우리가 처해 있다는 것을 의미한다. 이 지평은 폐쇄되어 있는 것이 아니라 우리가 활동하는 곳이며, 우리와 함께 변화하는 곳이다. 우리와 우리가 분석하고자 하는 타자는 각자의 지평을 갖고 있기 때문에 스스로를 전통에 제한시키지 않고 자신의 지평을 확대시켜 타자의 지평과 융합하게 되고, 이러한 과정을 통해 이해가 끊임없이 새로워진다. 이해가 일어날 때 자신의 특수성과 타자의 특수성이 통합되고 극복되어 보다 높은 보편성으로 고양되어 가는 것을 가다머는 지평융합이라고 하였다. 내 경험에서는 이것을 이렇게 표현할 수 있는데, 어떤 사람이 그와는 다르게 설명하면 나는 그렇게 이해할 수 있다는 것을 수긍하면서 이해의 폭이 넓어져 가는 것이다. 이를 가다머는 지평이 계속 융합되어간다고 표현하였다.

(4) 질적연구에서의 해석학적 글쓰기

질적연구에서 타자에 대해 글을 쓰는 연구자는 연구되는 사람의 입장 속으로 치열하게 들어가려고 노력해야 한다. 그러한 노력이 그 사람이 살아온 역사를 나의 것으로 만들 수는 없더라도 이해할 수 있도록 해준다. 질적연구에서는 기존의 담론이 타자에게 부여한 본질을 벗겨내고, 그 본질에 포섭되지 않은 차이를 드러내고자 하는 글쓰기가 시도되어 왔다.

글쓰기에 주의해야 할 것은 주임과 주변이 뒤바뀔 수도 있다는 점이다. 즉 무엇이 중심을 차지하는지에 따라 주체의 자격이 달라진다. 결국 주체란 소속된 언어, 성별, 인종, 계급 등 보다 더 큰 문화와 체계를 벗어나서 존재할 수 없다. 해석학자로서 질적연구자는 누구의 관점을 중심에 놓고 해석할 것이며, 누구의 목소리를 들려줄 것인지를 항상 고민해야 한다.

(5) 해석학의 문제: 해석의 자의성과 특권적 해석

해석학은 해석이기 때문에 올바른 해석, 적합한 해석의 기준이 필요하며, 특권적 해석의 존재를 함축한다. 텍스트 속에 이미 의미가 들어 있는 것이라면 원본의 진리와 가까운 특권적 해석이 존재하게 된다. 하이데거는 어떤 작품의 의미는 현존하는 체험을 매개하는 특권적 해석을 통해 남김없이 열린다고 주장한다. 이러한 해석을 통해 인간이 삶에서 겪는 체험을 다시 체험하게 한다는 것이다.

이때 해석학의 문제는 해석의 자의성이다. 하나의 현상을 두고 여러 관점으로 다양한 해석을 할 수 있기 때문이다. 무수한 텍스트들로 이루어진 이 세상은 해석의 연속, 즉 오해의 연속으로 이루어져 있다. 이와 같은 해석의 자의성으로 인해 모든 해석에는 맞다, 틀리다가 아니라 그럴듯한 해석만 남게 되는 것이다.

또한 공적인 지식을 구성하는 것이 무엇인지를 설명할 때에는 인식론적 관심과 사회정치적 요인을 결합하려고 노력한다. 즉 지식이나 주장은 그 지식이나 주장이 발생하는 사회적 · 정치적 환경으로부터 자유롭지 못하다. 그럼에도 불구하고 해석학자들은 모든 해석이 다 허용될 수는 없으며, 직관적으로 어떤 해석은 괜찮고 어떤 해석은 아니라는 것을 알 수 있다고 주장한다. 따라서 해석의 타당성을 검증할 수 있는 기준이 필요하다.

이와 관련하여 해석학은 어떤 지식의 이해에 있어 특권적 기반은 존재하지 않는다고 본다. 해석학은 이야기된 것이나 기록된 것의 의미를 결정함에 있어 화자나 저자의 특권적인 입장을 제거한다. 이에 대해 가다머는 '우리는 텍스트를 저자와 달리 해석할 수 있다'고 한다. 아울러 해석학은 텍스트에 대한 해석이 역사성과 한계를 가진다는 것을 인정한다. 가다머나 하이데거가 말하는 해석방식은 이론이성이 개념으로 재단하기 이전에 특정한 선개념으로부터 자유로운 상태에서 상상력과 지성의 자유로운 유희를 통해 탈은폐되는 존재를 대면하게 된다는 것이다.

결국 해석학자들은 선이해와 지평의 융합을 통한 엄격한 해석학적 적용을 통해 자의성과 특권적 해석을 제거할 수 있다고 보는 것이다.

4 양적연구와 질적연구의 비교

1) 양적연구와 질적연구의 특징[20)]

(1) 연구 패러다임

연구되고 이해되어야 할 세계가 독립적으로 존재한다고 전제하는 실증주의 패러다임에 기초한 양적연구는 원인과 결과를 분리해 내고, 이론적 관계를 조작적으로 정의하고, 현상을 측정하고 정량화하며, 발견한 결과를 일반화하고자 한다. 한편으로 이러한 실증주의적 전통은 초기의 질적연구에도 영향을 미쳤다. 역사적으로 질적연구는 실증주의 패러다임에서 출발한 것으로, 질적연구자는 상대적으로 덜 엄격하고 까다로운 방법을 활용하여 좋은 실증주의 연구를 수행하려는 의도를 가지고 있었다. 20세기 중반의 질적연구자는 참여관찰의 결과를 준통계학적 용어로 보고하기도 하였다.

그러나 이후 사회과학자들은 빠르게 진행되는 사회변화와 삶의 다양화 경향으로 인해 점차 귀납적인 접근법을 사용하도록 요청되었다. 구성주의, 후기구조주의, 포스트모던, 비판이론 등을 지지하는 많은 연구자들은 자신의 연구를 평가하기 위해 개인적 책무성, 연구참여자와의 대화, 연구대상에 대한 돌봄의 윤리, 다양한 목소리를 반영한 글쓰기, 감정과 정서의 반영, 진실성 등을 포함한 다른 대안적 방법을 추구한다.

(2) 연구목적

양적연구에서는 물리적 또는 인간적인 현상과 행동에 관련된 사실 자료를 수집하고 축적함으로써 과학자들이 주어진 현상의 원인을 설명하고, 나아가 궁극적으로는 현상을 예측하고 통제할 수 있도록 하는 어떤 이론을 확증하거나 정교하게 만들 수 있다고 전제한다. 이를 위해 미리 설정한 가설을 검증하거나 반증하려고 노력한다. 그리고 이러한 가설은 정량적이고 수학적인 진술문으로 제시되기도 한다. 이러한 양적연구는 다음과 같이 몇 가지 측면에서 문제점이 제기된다.

첫째, 양적연구는 적절한 통제와 무작위 선별과정을 통해 주어진 상황 속에 존재하는 다른 변수들은 고려대상에서 제외하고 일정한 변수들로 구성된 일부의 집합만을 고려함으로써 그 상황의 배경이 되는 정황자료를 제거해 버린다는 것이 문제이다. 이러한 연구설계로 인해 연구결과를 다른 상황들 속으로 일반화할 수 있는 가능성을 손상시킨다.

둘째, 인간행동에 대한 이해의 문제가 있다. 물리적 대상과는 달리 인간행동은 행위자가 그들의 행동에 부여한 의미와 목적을 고려하지 않고는 이해되기 어렵다. 양적 연구에서 연구자가 제안하여 검증하고자 하는 가설, 즉 외부인인 연구자가 주어진 현상에 영향을 주는 것으로 생각하는 이론은 연구되는 집단, 사회, 문화에 소속된 내부인의 관점에서 볼 때에는 별다른 의미가 없을 수도 있다는 것을 주목해야 한다. 이러한 주장은 사회과학이 비주류에 속하는 사람들의 삶에 대한 적절한 설명을 제공하지 못하며, 나아가 서구문화 자체를 비평할 만한 자료를 제공하지 못하고 있다는 비판으로까지 연결된다.

셋째, 양적연구는 일반화된 데이터를 개별 사례에 적용할 수 없다는 문제점이 있다. 비록 통계적으로는 유의미하지만 그 일반화된 결과가 모든 개인에게 적용되지는 않는다는 것이다. 질적 데이터는 양적연구의 이러한 모호성을 피할 수 있도록 할 뿐만 아니라 내부인의 관점을 밝혀내는 데 있어서도 유용한 것으로 확인되고 있다.

그렇지만 모든 질적연구가 똑같은 목적을 공유하는 것은 아니다. 질적연구에서도 연구자와 연구 패러다임에 따라 데이터에 근거한 이론의 개발, 사람들의 의식을 일깨우는 개념의 창출, 현상의 기술 등 다양한 목적을 강조한다. 그러나 이처럼 연구의 목적은 다양할 수 있지만, 질적연구자는 자신의 분석 결과 자체에 대해 연구참여자와 의견을 교환하고 또한 연구참여자가 분석과정을 직접 경험하도록 함으로써 연구참여자가 자신의 삶에서 통제력을 얻을 수 있도록 장려한다.

(3) 연구방법

양적연구는 무작위로 선택된 다수의 사례들에 대한 연구를 통해 도출된 확률에 근거한 보편적이고 객관적인 과학을 추구한다. 양적연구자는 수학적 모델, 통계표, 그래프 등을 사용하며, 대부분 개인의 감정을 섞지 않은 객관적인 3인칭의 문제로 연구결과를 표현하고 글을 쓴다. 양적연구에서는 일상세계를 직접 들여다보기보다는 탈맥락적으로 추상화하여 연구를 수행한다. 그리고 양적연구를 통해 도출된 보편적인 과학적 진술문은 일상생활의 제약을 벗어난 형태로 진술된다. 또한 양적연구자는 초연한 관찰자로서의 역할을 하며, 보다 보편적이고 일반화될 수 있는 총괄적인 연구결과를 추구한다.

반면 질적연구는 연구참여자가 느끼는 내부자의 관점이나 개별 사례에 기초한 입장 등에 초점을 맞추기 때문에 특정 사례의 구체적인 특성이나 세부사항에 관심을 둔다. 질적연구자는 내부자의 고유한 사례에 기초한 진술을 추구하기 때문에 특정 사례의 상세한 세부사항에 주목하며, 보다 실천적이고 참여적인 역할을 수행한다. 또한 질적연구는 일반화가능성보다는 특정한 문제와 상황에 적용될 수 있는 보다 지역적인 소규모의 이론을 추구한다.

그렇지만 연구자들은 양적연구와 질적연구에서 사용하는 연구방법의 일부를 보완적으로 사용하기도 한다. 이와 같이 다른 접근법을 사용함으로써 연구자는 세상의 다른 측면을 이해하고 파악할 수 있다.

(4) 연구자의 주관성

양적연구에서는 연구자의 주관성(subjectivity)은 가능하면 배제되어야 할 문제점으로 인식된다. 그러나 질적연구에서 연구자의 주관성은 연구에 있어 중요한 역할로 작용한다. 질적연구에서 연구자는 관찰하고, 질문하고, 연구참여자와 상호작용하는 과정에서 연구자 스스로가 일차적인 연구도구가 된다. 즉 질적연구에서 연구자의 주관적 관점은 자료에 입문하는 하나의 방법으로 간주된다. 여기서 연구자는 주어진 주제에 대한 사실과 전실을 밝혀내는 권위적인 인물이 아니라 연구참여자와 함께 공유한 삶의 경험 속의 상호작용으로부터 의미를 파악해내는 의미생산자로 간주한다.

양적연구에서는 기밀성, 동의, 타당도 등 상대적으로 비인간적이고 객관적인, 외부에서 강요된 윤리적 메커니즘이 있는 반면 질적연구에서는 무엇이 정당한 행위인가를 이해하려는 노력 속에서 서로 대화를 통해 상호관계를 형성하게 되므로 주관성은 불가피한 것으로 인정하는 것이다. 그렇지만 질적연구자가 주관성을 절제하지 못하면 연구참여자의 내면적 목소리를 잠재우게 된다. 또한 지배적인 문화에 의해 유지되어 온 세계관을 정제하지 않은 채 지니고 있는 연구자는 연구참여자의 관점을 제대로 파악할 수도, 해석할 수도 없게 된다.

(5) 연구결과의 표현

양적연구의 목적이 이론을 검증하고, 사실을 확증하고, 통계적으로 기술하고, 변수들 간의 관계를 보여주고, 예측하는 것이기 때문에 양적연구의 보고서를 작성할 때 연구자는 철저히 객관적이고 외부적인 입장에서 글을 작성한다.

반면 질적연구에서는 반응집단의 크기가 제한적이기 때문에 일반화된 결론을 이끌어내기에는 부적절하다. 그렇지만 질적연구자는 주어진 현상과 사람들 사이의 관련성을 찾고, 이러한 관련성을 창의적인 상상력을 동원하여 표현하고, 연구참여자들이 표현한 것을 해석해 낸다. 따라서 연구자의 이론적 입장이나 태도는 주어진 사회적 현상을 해석하는 관점에 영향을 미친다.

2) 양적연구와 질적연구의 관계

양적연구와 질적연구의 관계는 다음과 같은 측면에서 살펴볼 수 있다.

(1) 양립 불가능성

인식론과 방법론의 차원에서 양적연구 및 질적연구의 양립 불가능성을 강조하거나 좀 더 일반적인 연구의 목적이나 의도에서 양자는 양립 불가능하다는 논의가 있다. 이것은 실증주의 대 구조주의라는 상이한 이론적 입장을 대변한다. 경우에 따라서는 이러한 양립 불가능성이 패러다임의 상이함에서 오기도 한다.

(2) 적용영역의 구분

이상의 논의에 대한 해결책으로 두 개의 연구전략이 다르긴 하지만 대립하는 것이 아니라 상호 병립하는 것으로 다루는 방법이 있다. 즉 연구대상이나 연구문제에 맞춰 분리해서 사용하는 방법을 취하는 것이다. 연구자가 만성 정신질환에 관한 주관적 경험에 대해 알고 싶을 때에는 여러 명의 환자와 생애사 인터뷰를 실시하여 그 결과를 상세히 분석할 수 있다. 그러나 만약 그러한 환자 모집단의 빈도나 분포에 대해 알고자 한다면 역학적 연구를 실시해야 할 것이다. 이때 전자에 유효한 것이 질적연구이고 후자에 적절한 것이 양적연구이다. 이 경우 서로 각자의 영역에 침입하지 않도록 한다.

(3) 양적연구가 우세한 입장

이러한 지배적인 특징은 양적연구와 관련된 연구에서도 볼 수 있다. 예를 들어 개방형 인터뷰에 의한 탐색적 연구를 먼저 실시하고 그 다음에 질문지에 의한 자료수집을 실시하는 방법이 있다. 이때 첫 단계에서 실시하는 질적연구의 작업이나 그 결과는 단지 예비적인 것이라고 간주되는 경우가 있다. 이 경우 본래의 의미에서의 연구결과는 양적 자료에서만 도출할 수 있고, 질적 자료는 단순한 예증으로만 사용된다고 말한다. 이 주장은 양적 자료가 표본추출의 대표성이 높다는 것을 근거로 한다. 이 경우 개방 인터뷰에서 나온 발언은 질문에서 얻은 자료의 증거자료나 빈도에 의해 검증되고 설명된다.

(4) 질적연구가 우세한 입장

질적연구방법은 나중에 양적연구를 이용하지 않아도 되지만 반대로 양적연구방법은 밝혀진 현상이나 의미의 관련성을 설명하기 위해 질적연구방법을 필요로 한다는 주장이다. 또한 질적연구방법은 미시적 사회문제에 답하기 위해 적용되고, 양적연구방법은 거시적 사회문제에 답하기 위해 적용된다고도 한다. 한편 공중위생분야에서는 사회·정치적인 성질을 띤 사상이나 관련성을 연구할 때 그와 관련된 차원의 현상의 복잡성 때문에 양적연구방법보다 질적연구방법이 더 타당성 있는 결과를 이끌어낸다고 강조하는 입장도 있다.

1) 성태제 · 시기자(2006), 앞의 책, p.30.

2) Rubin, A. & Babbie, E. R.(2010), *Essential Research Method for Social Work*, 2nd ed., 유태균 역(2011), 에센스 사회복지조사방법론, 서울: Cengage Learning Korea Ltd., p.46.

3) 김병섭(2010), 앞의 책, pp.28~39.

4) 신중섭(1990), 형식적 합리주의와 합리성의 문제, 과학과 철학, 서울 통나무

5) Paris, D. C. & Reynolds, J. F.(1983), *The Logic of Policy Inquiry*, New York: Longman.

6) 성태제 · 시기자(2006), 앞의 책, p.31.

7) Padgett, D. K.(1998), *Qualitative Methods in Social work Research: Challenges and Rewards*, CA: Sage Publications, Inc., 유태균 역(2001), 사회복지 질적연구방법론, 서울: 나남출판, pp.21~24.

8) Creswell, J. W.(2007), *Qualitative Inquiry and Research Design*, 2nd ed., Thousans Oaks, CA: Sage Publications, Inc., 조흥식 · 정선욱 · 김진숙 · 권지성 공역(2010), 질적연구방법론 – 다섯 가지 접근, 서울: 학지사, pp.64~66.

9) 조흥식 외(2010), 앞의 책, pp.67~70.

10) 조흥식 외(2010), 앞의 책, pp.72~74.

11) 곽영순(2009), 질적연구 – 철학과 예술 그리고 교육, 서울: 교육과학사. pp.59~81.

12) Lincoln, Y. S. & Guba, E. G.(2000), "Paradigmatic controversies, contradictions, and emerging confluences", In Nelson, N. K. & Nelson, J.(Eds.), *Handbook of qualitative research*, Thousand Okas, CA: Sage Publications, Inc.

13) Denzin, N. K. & Lincoln, Y. S.(Eds.)(2000), *The handbook of qualitative research*, Thousand Oaks, CA: Sage Publications, Inc.

14) Schwandt, T. A.(2001), *Dictionary of qualitative inquiry*, Thousand Oaks, CA: Sage Publications, Inc.

15) 이정우(2003), 사건의 철학, 서울: 철학아카데미

16) 조광제(2000), "메를로-퐁티의 후기 철학에서의 살과 색", 철학과 현상학연구, 16, pp.112~143.

17) 이정우(2004), 개념 뿌리들 2, 서울: 철학아카데미

18) 임철우 · 이명원 · 고인환 · 양훈도 · 고영직 · 우기동 · 박남희 · 이병수 · 김준혁 · 박성준 · 김종길 · 최준영(2008), 행복한 인문학, 서울: 이매진

19) 반성택(2007), 아고라에서 광화문까지, 서울: 아름나무

20) 곽영순(2009), 앞의 책, pp.33~39.

02 부

기초 연구방법에 대한 이해

'연구방법은 과학적 탐구의 산물이다.'

논문의 이론과 지식을 통하여 연구문제를 과학적으로 탐구하고 구성한다. 즉 이론이나 지식이 과학적인가를 판단하는 척도는 그 지식축적의 과정이 과학적인 방법에 의해 이루어진 것인가이다. 연구방법을 간단하게 설명하자면 어떤 문제를 해결하기 위해 수집된 자료를 어떻게 처리하여 그 결과를 해석할 것인가의 문제라고 할 수 있다. 이를 위해 연구자는 사전에 체계적인 계획을 세워 의미 있는 분석이 이루어질 수 있도록 해야 한다. 그리고 이렇게 설정한 연구방법에 대해 철저하게 구체적으로 파악하고 서술해야 한다.

결국 학술논문의 완성도는 연구내용, 방법, 절차의 타당성과 신뢰성, 그리고 객관성을 확보하는지에 따라 좌우된다. 이를 확보하기 위해서는 연구주제에 대해 어떠한 절차와 분석기법을 사용하는지가 가장 중요하다. 여기서 연구의 절차와 분석기법이 곧 연구방법을 의미한다. 특히 인문사회과학도들이 학위논문을 작성하는 데 있어 가장 자주 그리고 주요하게 활용하는 분석기법들에 대하여 어떻게 활용하는지 살펴보고자 한다.

이런 맥락에서 제2부 제4장과 제5장에서는 질적연구에서 자료수집방법 및 절차로 관찰법, 면접법, 설문지법 등에 대하여 개념, 종류, 내용, 자료수집종류에 따른 작성방법, 절차의 타당성과 신뢰성방법, 연구사례에 대하여 알아본다.

동시에 연구형태인 실험연구, 실천연구, 사례연구에 대하여 그 성격, 특징, 종류, 각 형태에 따른 진행절차, 구성방법, 내용, 사례, 실제논문적용방안 등 기초적인 연구방법에 대하여 이해하고자 한다.

04 자료수집 유형별 연구방법

1 관찰법

관찰법(observation method)은 자료의 근거가 되는 대상에 대해 직접 보거나 듣는 감각작용에 의해 자료를 수집하는 방법으로, 대상을 이해하는 가장 보편적인 방법이다. 그렇지만 일상생활에서 이루어지는 관찰은 우발적이고 산만하며, 동일한 현상이라고 하더라도 관찰자에 따라 다르게 나타나는 것이 보통이다. 따라서 연구의 목적을 효과적으로 달성하기 위해서는 과학적 관찰이 필요하다. 즉 누구나 언제든지 몇 번을 되풀이 하더라도 대상자가 동일하면 동일한 관찰결과를 얻을 수 있어야 하는 것이다.

1) 관찰법의 성격

과학적인 조사방법으로서의 관찰법, 즉 관찰조사는 그 자체가 자료수집의 방법으로서 완전하지 못하기 때문에 면접법이나 질문지법 등과 함께 이용되는 경우가 보통이다. 과학적 관찰을 위해서는 일상의 관찰과 달리 다음과 같은 조건이 충족되어야 한다.

① 일정한 목적을 가지고 있어야 한다.

② 체계적으로 계획되어야 한다.

③ 체계적으로 기록되어 일반화된 명제에 연결시켜야 한다.

④ 타당성과 신뢰성을 확인 · 통제할 수 있어야 한다.

관찰의 객관성을 확보하고 정밀도를 높이기 위해서는 보조기구를 사용하고 관찰용지나 관찰척도를 사전에 마련하는 것은 필수적이다. 그리고 연구목적을 위한 관찰에 있어서는 자신의 해석 또는 정석적 반응과 같은 인간적 요인은 객관성을 높이기 위해 최소화되어야 한다.[1] 또한 관찰에 있어서 관찰의 목적이 관찰자에게 명확하고 지속적으로 의식화되어 있어야 한다.

다음의 내용은 타인의 관찰결과를 사용할 때나 자신의 관찰을 비판적으로 검토할 때 자료의 타당성을 확보하기 위해 필요한 사항이다.[2]

① 관찰자가 명확한 연구목적을 작성한 증거가 있는가? 그렇지 않으면 목표 없이 되는대로 모색해 본 것인가?
② 특정한 행동이 그 속에서 이루어지고 있는 보다 큰 배경을 관찰하였는가? 관찰한 사태의 사회적 분위기의 성격을 적절하게 기술하고 있는가?
③ 어떤 특정 연구의 전체적인 맥락 속에서 자기 관찰을 검토했는가? 그렇지 않으면 각 요소를 아무런 조정을 하지 않은 채 보았는가?
④ 하나의 치밀하게 계획된 기술로서 관찰법을 사용하였는가? 그렇지 않으면 우발적이거나 닥치는 대로 일관성 없는 절차로서 관찰했는가?
⑤ 기록된 자료가 편의(biased)된 증거는 없는가? 기록은 즉시적이었는가? 기록에 의존했는가?
⑥ 통제집단이 있는가? 자신의 관찰들을 과학적 검증에 붙였는가? 자신의 관찰들을 신중하고 숙달된 관찰자의 것과 체계화된 방식으로 비교를 해 보았는가?
⑦ 자료의 수량화에 있어서 정밀성 있는 기구를 사용하였는가?
⑧ 연구과정에 있어 자신의 관찰기술을 다른 적합한 탐색적 기술과 적절하게 혼합하여 사용했는가?

관찰법은 일정한 체계를 갖춘 행위는 아니지만 기초적인 자료수집을 위한 방법이 된다는 점에서 충분한 이해와 효과적인 활용이 바람직하다.[3]

관찰법의 성격

- 일정한 목적을 가지고 있어야 한다.
- 체계적으로 계획되어야 한다.
- 체계적으로 기록되어 일반화된 명제에 연결시켜야 한다.
- 타당성과 신뢰성을 확인 · 통제할 수 있어야 한다.

2) 관찰법의 형태

관찰의 형태는 크게 두 가지로 구분되는데, 자연스러운 상태 속에서 아무런 통제를 하지 않는 비통제관찰과 특정한 조건을 통제하고 행하는 통제관찰이 있다.

(1) 비통제관찰

비통제관찰은 일상생활에 있어 자연적으로 발생하는 사상이나 행동을 있는 그대로 관찰하는 것이다. 따라서 비통제관찰을 자연적 관찰 또는 단순관찰이라고도 부른다. 이러한 관찰은 과학성의 관점에서 많은 문제점을 지니고 있다. 그러나 관찰자의 훈련 정도와 통찰력 여하에 따라 많은 효용성을 가질 수 있다. 이러한 관찰은 우발적이고 단편적인 것이 될 수밖에 없는 경우가 많지만, 보다 치밀하고 조직화된 관찰을 위한 예비적 단계로서의 의의가 크다. 비통제관찰은 참여관찰(participant observation)과 비참여관찰(non-participant observation)의 두 가지로 구분할 수 있다.

가. 참여관찰

참여관찰은 관찰자 자신이 관찰의 대상들 속에 합류하여 그들과 더불어 같이 생활 활동을 하면서 관찰하는 것이다. 즉 환경이 허락하는 한도 내에서 생활 · 사건 · 흥미 · 집단의 영향 등을 의식적으로 체계 있게 공유함으로써 자료의 왜곡가능성을 최소화시키면서 직접적으로 접촉하여 자료를 획득하는 방법이다.

가) 참여관찰의 특징 및 장점

① 관찰대상자나 그들의 행동에 대해 아무런 통제를 하지 않고 관찰자가 공동생활자의 위치에 있기 때문에 그들의 자연스런 행동을 관찰할 수 있다. 이 경우에는 조사대상자들이 피관찰의식을 갖지 않기 때문에 통제관찰 상황에서 발생할 수 있는 조작 및 가식적 행동이 나타나지 않는다.

② 관찰자 자체가 피관찰자와 동일한 조건에서 생활체험을 전면에 걸쳐 함께 할 수 있기 때문에 방관자적 관찰에서는 얻을 수 없는 정보를 얻게 된다. 그렇기 때문에 조사대상자들의 입장에서 그들의 실제 행동을 구체적으로 기록할 수 있으며, 그들의 정서적 반응까지도 그들과의 공감 속에서 깊이 있게 파악할 수 있다.

나) 참여관찰의 단점

① 관찰자가 그들의 생활 속에 파고들수록 관찰의 경험범위가 좁혀지게 된다. 관찰자가 그 집단 내의 특정한 위치를 차지하게 되어 접촉하는 범위가 자동적으로 한정되게 되는 것이다. 따라서 관찰자의 지식도 평소 밀접하게 관계를 맺고 있는 사람들의 특징적 행동에 한정되기 쉽다.

② 관찰자가 정서적으로 자기 개입이 되는 정도에 따라 관찰자의 가장 중요한 구비조건인 관찰의 객관성을 상실할 우려가 있다. 즉 행동은 같이 하되 객관적 입장에서 관찰 · 기록해야 할 사람이 그 집단에 감정적으로 동화되어 집단과 자신을 동일시하는 오류를 범할 수 있는 것이다.

③ 관찰자가 참가자로서의 역할을 수행하는 정도에 따라 그 경험은 조사자 개인에 독특한 것이기 때문에 자료수집절차의 표준화 또는 균일성이 보장되지 못한다.

따라서 참여관찰은 현실적인 제약을 많이 받게 되고, 그만큼 사회적으로 큰 문제가 되는 일에 국한될 수밖에 없다.

나. 비참여관찰

비참여관찰은 관찰자가 관찰 장면에 임하기는 하지만 그들과의 생활행동에 몰입하지 않고 어디까지나 외부인으로서 객관적 관찰을 하는 것이다. 비참여관찰에서는 관찰한다는 사실을 공개하고 관찰을 진행한다. 이 방법은 관찰대상이 그들의 활동에 관찰자가 아무런 영향을 실질적으로 미치지 않는다고 깨닫고 있으며, 관찰자가 있다고 하더라도 그들의 중요한 행동을 변화시키는 일이 없다는 가정에 기초하여 행하는 것이다.

비참여관찰은 관찰결과가 관찰자의 주관적 조건에 의해 영향을 많이 받을 위험이 있고, 더욱이 관찰결과에 대한 관찰자 주관의 영향력을 검증하기가 쉽지 않다는 것이 문제점이다. 따라서 비참여관찰을 행할 때에는 다음과 같은 점에 유의해야 한다.

첫째, 효율적인 관찰을 위해서는 뚜렷한 관찰 목적 또는 문제의식을 가지고 관찰에 임해야 한다.

둘째, 관찰목적에 타당한 상황을 선택해야 한다.

셋째, 부분과 전체를 관련지으며 관찰해야 한다. 인간의 행동은 환경과 개인의 상호작용 속에서 이루어지는 것이므로 개인의 행동을 관찰함에 있어 그가 처한 환경조건에 대해 동시적으로 고려해야 한다.

넷째, 피상적 관찰이 되지 않도록 해야 한다.

다섯째, 관찰기간의 길이는 짧게 하고, 순환적으로 반복하는 관찰을 누적시키는 방법을 사용해야 한다.

(2) 통제관찰

비통제관찰은 자연발생적인 사상을 다루기 때문에 인과관계를 수량화하여 밝히기 어렵다. 이러한 문제를 보완하기 위해 통제관찰법을 사용한다. 통제관찰에는 객관적 관찰 또는 계통적 관찰(systematic observation)이 있고, 충분하게 준비된 계획에 따라 행해지는 방법으로는 실험적 관찰(experimental observation)이 있다.

실험적 관찰은 관찰의 절차와 대상을 사전에 명확하게 정하고 그 타당성 및 신뢰성을 확보하기 위해 관찰조건을 표준화한 것이다. 통제관찰법으로 집중적 연구를 행한 것으로는 아동행동에 관한 것들이 많은데, 대표적으로 토마스 등(Thomas, et. al., 1973)의 예일의 인간관계연구소 및 콜럼비아사범대학에서 행한 연구가 있다.[4)]

통제관찰과 비통제관찰의 활용

비통제관찰은 자연성, 자료의 유기적 통합성을 지닐 수 있는 데 반하여 계통적 · 객관성이 약할 위험이 있다. 통제관찰은 정밀성 · 객관성이 높을 수 있지만 너무 한정된 부분에 걸쳐서 형식적 절차를 중시하게 되는 나머지 비통제관찰법이 갖는 장점을 지니지 못할 가능성이 있다. 따라서 두 가지 방법의 장 · 단점을 살리는 관찰법을 고안하여 연구목적에 적합한 관찰을 실시하는 것이 바람직하다.

3) 관찰법 진행 시의 고려사항

(1) 관찰자

관찰법에서는 관찰자의 주관이 가장 많이 개입되기 때문에 그 역할이 매우 중요하다. 어떤 관찰자가 선정되는가에 따라 관찰의 결과가 달라질 수 있기 때문이다. 관찰자는 객관성과 공정성을 유지해야 하고, 적절한 관찰지식과 기술을 가지고 있어야 하며, 성격상 인내심이 강해야 한다. 따라서 관찰자는 관찰현상에 익숙한 동일전공분야

출신자가 되는 것이 이상적이며, 항상 조심성 있게 행동하고 세밀하고도 꾸준하게 관찰할 수 있는 사람이 좋다.

(2) 관찰내용 및 범주

관찰법을 시행하기에 앞서 관찰의 내용 또는 대상을 명백하고 정확하게 규정하는 것이 필요하다. 가설검정에 있어 일반적으로 개념의 조작적 정의를 내려서 변수와 지표를 찾아내어 무엇을 보겠다고 하는 것과 마찬가지로 관찰의 내용 및 대상을 명백하게 하지 않으면 안 된다. 관찰내용을 분명하게 하고 가능한 한 범주로 나누어 봄으로써 정확한 자료를 얻어 신뢰도를 높일 수 있도록 해야 한다.

(3) 관찰단위 및 표본추출

관찰의 내용 및 범주가 정해지면 어느 단위를 볼 것인가를 정해야 하고, 이에 맞는 표본을 구해야 한다. 관찰단위의 결정은 관찰내용에 대한 신뢰도 및 타당도와 깊은 관련이 있다. 너무 세밀한 단위를 관찰하게 되면 관찰의 내용에 있어 신뢰성은 확보할 수 있겠지만 타당성은 의심스러울 수가 있다.

오늘날 대부분의 사회조사는 표본조사에 의해 모집단의 특성을 추정한다. 따라서 모수가 표본에 의해 추정되기 때문에 표본의 선택과 추정의 과정은 밀접하게 관련되어 있다. 실제로, 표본을 추출하는 작업은 현지조사를 실시하기 전에 이루어지며, 표본오차의 산출과 평가는 관찰 및 집계가 끝난 다음에 행하여진다.

(4) 관찰의 정리와 기록

관찰내용은 그 정확성을 상실하지 않도록 그 즉시, 또는 추후에 바르게 기록해 두어야 한다. 기록의 정확성을 기하기 위해 녹음기, 카메라, 비디오 등을 이용하는 것도 좋은 방법이다.

(5) 관찰의 신뢰도와 타당도

관찰법에 의해 얻어진 정보 또는 자료는 그것이 신뢰할 만하고 보편성이 있어야 과학적 가치가 있는 것이다. 따라서 관찰자는 관찰내용의 신뢰도와 타당도를 높이기 위해 노력해야 한다.

관찰에서의 신뢰도를 높이기 위해서는 훈련을 통한 관찰기술의 습득 및 향상, 녹음기나 카메라 사용, 복수의 관찰 결과를 상관시켜 보고 상호일치 정도가 높은 공통점을 찾는 등의 방법이 있다.

관찰의 타당도를 높이기 위해서는 관찰자 자신의 주관 및 편견을 배제하고 추리를 줄이면서 관찰 이외의 방법(면접법이나 질문지법)을 통해 자료를 구하는 방법을 병행하도록 한다.

관찰법 시의 고려사항
- 관찰자의 객관적 역할 유지
- 관찰내용 및 범주의 명확화
- 관찰단위 및 표본의 적절한 추출
- 관찰내용의 정리와 기록
- 관찰의 신뢰도와 타당도 확보

4) 관찰법의 장 · 단점

(1) 장점

① 관찰법은 인간행동을 발생과 동시에 그대로 생생하게 포착할 수 있다. 즉 관찰자가 직접 현장에서 생생한 자료와 정보를 얻을 수 있다.
② 관찰법은 언어로의 표현이 불가능한 것, 또는 말을 못하는 대상어 대한 자료를 수집할 수 있다.
③ 구두표현은 가능하지만 관찰대상이 면접을 거부하거나 의식적으로 말하기를 회피하는 경우에도 효과적인 방법이다.

(2) 단점

① 관찰하고자 하는 현상을 적시에 정확하게 포착하기가 쉽지 않다.
② 관찰자의 체력이나 심리적 인내가 필요할 때가 있다.
③ 관찰대상이 되는 사건이나 행동이 은밀하게 행해지거나 비공개적인 경우에는

관찰이 불가능하다.

④ 관찰현상이 성격상 시간이 오래 걸리는 경우 관찰법은 적당하지 못한 방법이 된다.

⑤ 관찰된 결과에 대한 해석이 관찰자들의 지식 · 경험 · 직관에 따라 여러 가지로 달라지면 그 자료의 신뢰성과 타당성이 낮아질 우려가 있다.

관찰법의 Point
관찰자가 관찰대상과 그 상황에 대한 충분한 지식을 가져야 하고, 관찰에 대한 많은 훈련과 경험을 갖추어야 한다.

5) 관찰법을 사용한 연구의 사례[5)]

다음은 관찰법을 사용하여 논문을 작성한 사례이다. 연구자는 학교현장에서 창의성 교육이 이루어지는 과정에 대해 세 명의 교사가 수업을 하는 현장에서 직접 참여관찰방법에 의해 연구를 진행하였다.

◉ 연구주제: 창의성 교육과정의 '실천성'에 관한 참여관찰연구

• 관찰법의 기본적 설계와 장 · 단점 보완방법에 대한 서술

이 연구는 크게 두 개의 단계로 이루어졌다. 첫 번째 과정은 2005년 8월말부터 12월 중순까지로 집중적인 수업관찰이 중심이 되었다. 처음 몇 주 동안은 학교 주변환경을 살펴보거나 아침 자습시간의 분위기를 돌아보는 등 현장의 분위기를 파악하고 기술하는 기술적 관찰(descriptive observation)을 병행하였다. 유 교사와 서 교사 모두 3학년 재량시간을 담당하고 있어 특정 학급을 선정하여 주 1회씩 한 학기 동안의 전 수업과정에 대한 관찰이 이루어졌다. 학교행사로 인한 결강 외에 수업의 전 과정은 녹음기로 녹음되었고, 서 교사의 수업은 중반부터 비디오로 촬영되었다. 동시에 현장노트에 수업과정을 기록하였는데, 교사의 수업행동과 언어를 중심으로 기록이 이루어졌고, 의문점이나 생각의 단편들은 현장노트 한쪽에 기록해 두었다. 수업관찰을 마치고 나면 수업이 비는 시간을 이용하여 수업과 관련된 궁금증이나 수업내용에 대한 의견을 교환하면서 수업에 대한 교사의 의도와 연구자의 이해를 서로 나누면서 공감대를 형성하는 시간을 가졌다.

☞ 참여관찰을 기본적인 연구방법으로 선정하고, 관찰의 결과에 대한 신뢰성을 확보하기

위해 적절한 도구를 사용하였으며, 연구주제에 대한 의문점을 보완하기 위해 관찰대상자와 직접 대화를 시도하였다는 것을 보여주고 있다.

- 관찰법과 병행할 수 있는 보완적 연구방법 서술

수업관찰이 끝나갈 무렵 그동안의 비공식적 인터뷰 외에 2회에 걸친 형식적인 심층 인터뷰를 실시하였다. 첫 번째는 창의성과 관련한 개방형 질문지를 보내 교사 자신의 언어로 표현하게 한 다음, 그 답변을 토대로 창의성 혹은 창의성 교육과 관련한 교사의 인식과 신념을 알아보는 구조화된 면담 형식을 취했다. 두 번째는 그동안의 수업관찰을 통해 연구자가 느꼈던 수업내용과 형식에 대한 궁금증을 적은 다음 이야기의 흐름에 따라 몇 가지 질문을 선정하여 비구조적 면담을 하는 방식을 취하였다.

☞ 관찰법의 단점을 보완하기 위해 심층면접과 질문지법을 병행하였다.

- 관찰자의 오류를 개선하기 위한 방법에 대한 서술

세 교사들과의 1차 연구기간은 이렇게 연구자와 참여자 간의 관계형성과 수업관찰, 그리고 수업에 관한 교사의 성찰적 이야기, 현장노트, 온 · 오프라인을 통한 대화, 가족이야기, 수업자료, 사진, 학생들의 노트와 수업산출물, 문서 등과 같은 현장 텍스트를 구성하는 과정으로 이루어졌다. 수업관찰이나 인터뷰가 있던 날은 현장일지를 작성하여 당시 연구자의 느낌과 생각을 그대로 기술해두었는데, 이는 나도 모르는 사이 형성되었을지 모를 편견을 다시 검토하고 연구진행상황에 대해 반성적으로 성찰하는 장의 역할을 하였다.

수업관찰에 대한 전사(轉寫)는 즉시적으로 이루어졌으나 인터뷰는 그 횟수와 분량이 많았던 관계로 즉각적인 전사가 어려웠다. 수업관찰 후 인터뷰에 대한 전사가 완성되었고, 그동안의 수업관찰 내용과 인터뷰를 중심으로 연구의 틀과 분석의 초점에 대한 숙고의 과정이 있었다.

☞ 관찰법에서 관찰자가 범하기 쉬운 오류를 개선하기 위한 방법을 고안하였다.

- 결론부분에서 관찰법에서 발생할 수 있는 연구자의 주관을 배제하고 보다 과학적 결론을 도출할 수 있는 방법에 대한 고민을 서술함으로써 연구의 결과에 타당성을 확보하고자 하였음.

연구자와 참여자 사이로 맺은 인연이지만 수업관찰과 인터뷰가 진행되면서 세 교사들과의 만남은 그 횟수도 만남의 깊이도 점차 달라져 갔다. 각기 다른 개성만큼이나 다른 창의성에 대한 인식과 수업의 모습을 몇 가지 준거를 가지고 공통점과 차이점으로 구분하기란 무척 어려웠다. 더구나 참여자들의 수업에서 나타나는 외현적 차이들을 어떻게 이해해야 하는가를 둘러싸고 짧지 않은 시간을 보내야 했다. 수업관찰과 면담과정을 마치고 그들과 거리를 유지하면서 '차이'에 대한 나의 질문은 '왜 창의성인가?', '창의성은 어떠한 모습으로 구체화되는가?', '그들의 실천은 어떠한 점에서 교육으로 볼 수 있는가?'라는 질문으로 조금씩 구체화되기 시작했다. 그리고 이 질문들은 항상 '과연 창의성 교육이란 무엇인가?'라는 질문으로 회귀하곤 했다.

참여자들 간의 인식의 차이와 다양성에도 불구하고 창의성 교육과 관련한 그들의 실천과정은 자신이 놓인 제도적 현실에 대한 자각으로부터 시작되었으며, 그러한 현실로부터 벗어나 자신의 '주체적 선택'을 확장하기 위한 '실존적 의미'를 가지고 있었다.

☞ 참여관찰에 있어 관찰자의 감정적 개입을 방지하고 보다 객관적인 사실을 도출하기 위한 연구자의 의도가 보이는 부분이다.

6) 관찰법의 적용 및 응용방향

관찰법에 의한 연구는 특히 학교현장에서 많이 사용되고 있다. 유치원의 경우에는 유아의 행동이나 학습에 대한 평가 시 관찰법이 유용하게 적용될 수 있다. 그리고 학교에서 현장연구나 실행연구를 할 때에 학생들의 행동, 심리, 학습태도를 관찰할 수 있고, 반대로 학생들이 교사에 대해 관찰하는 방법으로 사용할 수도 있다. 관찰법에 의해 수행된 연구를 보면 다음과 같다.

① "관찰법을 활용한 사용자 니즈분석에 관한 연구"(한국과학기술원, 2009)

② "비전공 성인 피아노 학습자의 자기주도성에 따른 수업관찰연구"(이화여자대학교, 2009)

③ "유도 지도자 운동지도 행동의 체계적 관찰분석"(명지대학교, 2001)

관찰법의 적용

관찰법은 아래와 같이 다양한 분야에서 활용될 수 있다.

- 소비자욕구와 행동에 대한 비디오관찰연구
- 자폐아동에 대한 현장 참여관찰연구
- 비행청소년에 대한 비참여관찰연구

···> 관찰법에 대한 내용은 www.papersea.com
온라인강좌Ⅱ 제11강 '연구방법 1 관찰법' 참조

2 면접법

면접법(interview)은 연구자가 알고자 하는 어떤 주제에 관련된 자료를 수집하기 위해 피면접자의 의사를 캐내는 일종의 상호작용이다. 연구의 목적으로 면접을 말할 때 그것은 면대면(面對面)의 접촉(face-to-face contacts)을 통해 타인에게서 직접 자료를 수집하는 것을 의미한다.

1) 면접법의 성격

정보의 성질에 따라서는 사람들과 직접적인 접촉을 통해서만 파악할 수 있는 것이 있다. 예를 들면 개인적인 습관, 특징, 신념, 가족생활의 양상, 개인적 성경험 등과 같은 매우 사적인 사실에 관한 조사가 면접을 통해 이루어지는 것이다.

이러한 면접법은 다음과 같은 특징과 기능을 갖는다.

(1) 면접법의 특징

① 질문지는 읽고 쓸 줄 알아야 하므로 조사대상자의 교육수준이 일정수준에 도달해 있어야만 한다. 그러나 면접은 모든 인구계층을 망라하는 연구에 활용할 수 있으며, 특히 문맹률이 높고 교육수준이 낮은 집단에 대한 연구에 적합하다.

② 면접은 질문지보다 더 공정한 표본을 얻을 수 있다. 질문지는 특히 우송할 경우 회수율이 낮고, 회수된 자료는 대개 어느 정도 지식이 있고 여유가 있으며, 그 문제에 관심을 갖고 있는 사람들의 반응이기 때문에 모집단의 특성을 추측하기가 어려울 수 있다. 그러나 면접법은 어떠한 계층에 대해서도 순수한 반응을 직접적으로 구할 수 있다.

③ 면접은 보다 융통성이 높고 신축성이 있다. 조사대상자가 질문을 이해하지 못하거나 잘못 이해했을 경우 질문을 반복하거나 좀 더 알아듣기 쉬운 표현으로 풀이해 줄 수도 있고, 조사대상자의 태도까지 관찰하면서 반응의 신빙성을 체크하고 필요한 경우 추가적인 질문을 할 수도 있다.

(2) 면접법의 기능

① 면접은 연구계획의 단계에서 사용할 수 있다. 면접은 연구의 초기단계에서 연구분야를 한정하는 데 대한 암시를 줄 수 있고, 질문지를 주된 도구로 사용하는 경우에 사전검사에서 사용할 수 있다.
② 면접은 연구과정에서 자료수집의 주된 도구로서 사용된다. 이러한 경우에는 면접기술을 표준화하는 문제나 신뢰도 및 타당도를 측정하는 문제가 보다 중요성을 갖게 된다.
③ 면접은 한 연구에서 사용되는 다른 방법을 보충하는 방법으로도 사용된다. 즉 예측하지 못한 결과를 탐색하여 다른 방법들의 타당성 여부를 검토하는 한편, 조사대상자들의 응답 동기 및 그 이유 등에 대해 파악해 볼 수도 있다.

면접법의 성격
- 모든 인구계층을 망라하여 사용할 수 있다.
- 질문지보다 더 공정한 반응을 얻을 수 있다.
- 융통성과 신축성이 있다.

2) 면접법의 형태

면접법은 다음과 같은 세 가지로 구분된다.

(1) 표준화면접

표준화면접은 사전에 준비된 질문에 따라 내용과 순서를 지키면서 신축성의 여지가 없이 진행되는 면접이다. 표준화면접에 있어서는 면접자가 말을 바꾸거나 개별적인 상황에 맞도록 질문을 변형시킬 수 있는 재량권이 없으며, 응답자의 반응에 따라

질문순서를 바꾸지 못한다. 표준화면접에서는 일반적으로 조사표를 작성하게 되는데, 이 조사표는 다음과 같이 구성한다.

① 조사표 작성의 목적 및 범위의 확정
② 조사항목 선정
③ 질문형태 선정
④ 질문어구의 구성 및 순서의 결정
⑤ 예비조사
⑥ 인쇄

(2) 비표준화면접

비표준화면접은 조사자가 연구목적에 적합하다면 면접의 상황에 따라 어떠한 방법으로 무엇이든지 질문을 할 수 있는 것이다. 그러므로 질문의 내용과 순서가 사전에 정해져 있지 않다. 일반적으로 일정한 조사표가 마련되어 있지 않으며, 질문의 형태는 개방형이 많고 새로운 사실과 가설의 발견에 중점을 두고 있다. 비표준화면접에서는 조사표를 작성하지는 않지만, 면접지침 또는 요령은 있어야 한다. 이것은 다음과 같은 기준에 의해 준비한다.

① 면접자로 하여금 조사의 주목적에 주의를 집중하게 한다.
② 동일 면접자 또는 서로 다른 면접자들에 의해 행해진 각각 다른 면접자료지만 비교가능성을 갖게 한다.
③ 자료의 분석 또는 가설의 검증에 있어 기본이 되는 조사항목을 동일범위 내로 수집할 수 있도록 한다.
④ 구체적 세목자료를 누적시킴으로써 수량화의 기초를 마련하도록 한다.

(3) 준표준화면접

준표준화 면접은 표준화면접과 비표준화면접의 두 가지 방법이 혼합된 방법이다. 여기에서는 중요한 질문은 표준화하고, 그 이외의 질문은 비표준화하는 것이 보통이다. 두 가지 방식을 혼합하는 이유는 장점만을 채택하고자 하기 때문이다. 따라서 이 방법에 의하면 사실과 가설의 확인 및 발견이 동시에 이루어질 수 있다.

면접법의 형태
- 표준화면접
- 비표준화면접
- 준표준화면접

3) 면접법의 적용

(1) 면접자의 선정

면접자는 면접을 통한 조사에서 가장 중요한 존재이다. 그것은 조사표나 환경 등 질적 수준의 유지가 중요한 면접에서 그것을 모두 통제할 수 있는 요인이 되기 때문이다. 면접자의 선정에 있어 다음과 같은 요소를 충분히 고려해야 한다.

① 면접은 조사자와 피조사자 간에 사회적 · 심리적 상호작용이 이루어지는 것이고, 근본적으로 양자의 관계는 상 · 하가 아니라 서로의 적극적인 인격존중이 전제되는 협동적 관계에 있다는 것을 중요하게 생각해야 한다.

② 면접상황에 적절하게 성별이나 연령 등을 감안해야 한다.

(2) 환경

면접장소는 면접의 목적과 내용에 따라 구성이나 준비가 달라져야 한다. 가장 중요한 것은 피면접자에게 안정감을 줄 수 있는 조건이다. 면접자가 비밀을 보장한다고 강조하더라도 피면접자는 이야기가 타인에게 들리게 되거나 제3자의 말소리가 들리면 긴장할 수 있다. 따라서 가능한 격리되고 독립된 장소를 사용하는 것이 바람직하다.

실내에는 쌍방이 사용할 수 있는 의자와 책상이 마련되어야 하고, 화분 등 분위기를 부드럽게 할 수 있는 장식은 괜찮지만 면접과 관련이 없는 것은 가능한 두지 말고 간소하게 하는 것이 좋다. 또한 채광과 통풍이 적절하게 되어야 하고, 실내의 채색도 중간색으로 하여 밝고 따뜻한 분위기를 조성하여 피면접자의 불안감을 최소화할 수 있도록 하여야 한다.

(3) 참가인원수

면접의 형태는 참가인원수에 따라 개인 및 집단면접으로 구분할 수 있으며, 좀 더 자세하게 나누면 다음과 같이 진행할 수 있다.

① 면접자와 피면접자가 1 대 1인 경우

② 1인의 면접자가 2인 이상의 피면접자를 동시에 대상으로 하는 경우

③ 2인 이상의 면접자가 1인을 대상으로 하는 경우

④ 각각 2인 이상으로 구성하는 경우

일반적인 면접에 있어서는 ①과 ②의 형식을 취하게 되는데, 2인 이상의 면접자가 있을 경우에는 각자 담당 역할 및 기능을 적절하게 분담해야 하고, 피면접자의 반응 기입방식도 보다 철저하게 고려해야 한다.

(4) 진행상의 유의사항

면접을 진행하는 데에 있어 주의사항은 여러 가지가 있지만 정형화된 공식과 같은 것은 없다고 할 수 있다. 여기에서는 킨제이(Kinsey) 박사가 사용한 면접상의 기술을 요약하고자 한다.[6)]

① 상대방을 안락하게 해준다.

② 비밀을 보장한다.

③ 친화관계(rapport)를 형성한다.

④ 화제의 순서를 처음에는 이야기하기 쉬운 내용으로 시작하고 거북하게 느끼는 내용은 신뢰가 형성되는 시점으로 미룬다.

⑤ 상대방의 정신상태를 파악한다.

⑥ 면접 중에 기록한다.

⑦ 조직적으로 기록한다.

⑧ 보충적인 탐색을 한다.

⑨ 질문요점을 표준에 맞도록 한다.

⑩ 질문형식을 조절할한다. 질문의 표준화가 반드시 반응의 표준화를 보장하는 것은 아니므로, 각기 다른 사람에게 질문이 동일한 의미를 주게 되려면 각 대상의 언어 및 교육적 배경과 이해력에 맞게 조절을 해야 한다.

⑪ 편파성을 제거한다.

⑫ 솔직한 질문을 한다.

⑬ 상대방이 부정하고 싶어 하는 질문을 피한다.

⑭ 중복된 질문을 피한다.

⑮ 신속하게 질문한다.

⑯ 정확성을 살피기 위해 다른 질문과 조합하여 질문한다.

⑰ 응답을 재검토한다. 피면접자의 반응이 정확하지 못한 것 같거나 불충분하다고 판단되면 다시 추가적으로 질문을 할 필요가 있다.

⑱ 반응이 부정직하고 진실성이 없을 경우에는 단호하게 면접을 중단하거나 거절한다.

⑲ 면접시간이 너무 길어지지 않도록 한다.

⑳ 개인적 지명을 피한다. 비밀보장에 대해 강조해야 한다.

㉑ 논쟁점을 피한다. 피면접자가 말하는 내용에 대해 도덕적 평가나 비판을 하지 말아야 한다.

㉒ 면접 말미에 친화적인 언행을 통해 친화관계를 재확인하도록 한다.

면접의 적용
- 면접자의 선정
- 환경 조성
- 참가인원수 선정
- 진행상의 유의사항 고려

4) 면접법의 장 · 단점

(1) 장점

① 사적이고 기밀에 속하는 사실을 밝힐 수 있다. 단, 이런 경우에는 개인적 접촉을 갖는 가운데 신뢰를 갖도록 끊임없는 자극과 노력이 필요하다.

② 읽고 쓰기를 할 수 없는 사람에게도 적용할 수 있다. 질문지를 사용하는 조사에서도 보충하는 방법으로 사용한다.

③ 피면접자를 현장에서 직접 만나는 것이기 때문에 그의 인상이나 표정을 통해 제시된 사실의 진실성 여부를 판단할 수 있다.

④ 피면접자에게 정보를 제공하고 반응자에게 어떤 태도를 키울 수 있는 기회를 마련할 수도 있다. 즉 서로의 정보를 교환할 수 있다.

⑤ 피면접자의 반응에 제3자가 개입하는 것을 방지하고 진정한 본인만의 의지를 구할 수 있다.

(2) 단점

① 훌륭한 면접자가 되려면 일정한 훈련을 통해 면접방법에 숙달되어야 한다. 따라서 필요한 때에 즉시적으로 면접자를 구하기가 어렵다.

② 면접에는 시간이 걸리고, 특히 피면접자가 광범위한 지역에 걸쳐 있는 경우에는 많은 비용이 소모된다.

③ 면접자가 미숙할 경우에는 편견이나 그릇된 판단이 작용하여 자료의 정확성 및 객관성이 상실될 우려가 있다.

④ 면접자료는 익명으로 한다고 하더라도 최소한 면접자에게는 피면접자가 드러나게 되므로, 사람에 따라서는 진실을 말하기 어려운 경우도 발생한다.

⑤ 면접을 위한 장소 및 조사계획을 위한 철저한 준비가 필요하다.

⑥ 상대방을 방문하는 경우에는 사전에 시간약속을 해야 하고, 또한 방문했을 때 만나지 못하는 경우 조사자의 시간부담이 커지게 된다.

⑦ 자료를 처리하기가 까다롭다.

⑧ 면접자 간에 차이가 있을 수 있다.

⑨ 면접자 자신 속에서도 피면접자에 따라 차이가 있을 수 있다.

면접법의 장 · 단점

- **장점**: 개인 내면의 사적인 사실까지도 파악할 수 있다.
- **단점**: 환경 및 관계의 형성이 중요하지만 면접자의 능력에 따라 차이가 있을 수 있다.

5) 면접법을 사용한 연구의 사례

다음은 면접법을 사용하여 논문을 작성한 사례이다. 연구자는 태권도 지도자의 지도행동에 관하여 질적연구를 수행하였으며, 심층면접과 참여관찰 방법에 의해 연구를 진행하였다.

◉ 연구주제: 태권도 지도자의 지도행동에 관한 질적연구

- 질적연구에 있어 주로 사용되는 심층면접에 대하여 그 방법과 면접의 진행과정을 서술

1) 심층면담(in-depth interview)

질적 사례연구에서 심층면담의 주목적은 깊이 있고 다양한 종류의 정보를 총체적으로 얻고자 함이다. 면담은 연구대상의 행동, 감정 혹은 그들 주변세계를 해석하는 방법을 관찰할 수 없을 때나, 반복하기가 불가능한 과거 사건들에 관심이 있을 때 효과적인 자료수집방법이다(허미화, 1997).

이 연구에서 사용한 심층면담의 구체적 방법은 매 시간의 수업관찰을 바탕으로 질문의 내용을 설정하여 실시하는 비구조화면담(unstructured interview)과 질문의 순서와 내용이 정해져 있는 구조화된 면담(structured interview)양식을 혼합하여 사용했으며, 면담형태로는 공식적인 면담과 비공식적인 면담으로 구분하여 이루어졌다.

이 연구에서 공식적인 면담은 3회 실시되었으며, 1차면담에서는 연구참여자들의 전문성 형성 배경 및 수련환경 여건에 관한 내용으로 이루어졌다. 2차면담에서는 태권도 지도자의 지도행동에 관한 내용을 심층면담하였다. 그리고 3차면담에서는 태권도 지도자의 교육적 가치관에 관한 내용들로 면담을 실시하였다. 이러한 3차까지의 면담에도 불구하고, 부족하다고 느끼거나 또는 자료를 분석하는 과정에서 필요하다고 여겨지는 내용은 비공식적인 면담을 통하여 수시로 자료를 수집하였다. 마지막으로 자극회상법을 이용해 면담을 실시하였다.

본 연구에서 사용한 면담내용은 태권도 지도행동에 관한 선행연구(차순규, 2005)와 운동지도행동에 관한 선행연구(Grossman, 1990; 김종욱, 1997)의 면담내용을 수정·보안하였다.

☞ 면접법에 있어 심층면접의 방법을 선정하고, 비표준화면접과 표준화면접의 두 가지 방법을 모두 사용하였으며, 구체적으로 면접의 과정을 단계별로 기술하고 있다.

• 면접법을 사용하기 위한 기본적인 내용 요약 · 정리

태권도 지도자의 지도유형과 교육적 가치관을 분석하기 위한 면접내용은 [표-3]과 같다.

[표-3] 면접질문 영역

내용영역	세부내용
지도자의 전문성 형성 배경 및 지도 환경	• 성별, 연령, 출신학교, 운동배경 • 운동력, 지도경력, 진로선택 동기 • 도장형태 및 근무, 지도여건 • 수련분위기 • 기타
태권도 지도유형	• 지도행동 영역별 이해도(설명, 시연, 피드백, 통제 등)
태권도 지도자의 교육적 가치관	• 지도자가 바라는 이상적인 회원관 – 이상적인 회원상 – 수련생들 간의 관계 – 개인차의 인식 – 교육신념 • 지도자가 인식하는 이상적인 지도자관 – 이상적인 지도자상 – 지도자의 역할과 자질 • 지도자가 추구하는 이상적인 수업관 – 지도내용에 대한 탐색 – 지도방법에 대한 탐색 – 수업분위기

자료: Grossman(1990), 김종욱(1997) 재정리

☞ 면접내용을 세 가지 대영역으로 구분하고, 각 영역별로 세부적인 내용과 지침을 정리하여 기술

6) 면접법의 적용 및 응용방향

면접법은 조사대상자를 많이 선정할 수는 없어도 대상자의 개인적 특성을 심도 있게 파악할 수 있는 방법이기 때문에 다양한 방향으로 적용이 가능하다. 면접법을 사용하여 수행된 연구를 살펴보면 다음과 같다.

① "사이버뱅킹 활성화를 위한 은행의 고객만족도 제고방안에 관한 연구: 인터넷 서베이와 대인면접조사 비교중심으로"(연세대학교, 1999)

② "연령별 호텔 선택속성 중요도 조사: 20 vs 40 심층면접을 통하여"(숙명여자대

학교, 2009)

③ "1920~1950년대의 아동복식에 관한 연구: 면접조사를 중심으로"(이화여자대학교, 2003)

④ "청소년들의 약물남용 및 중단과정에 관한 면접조사 연구"(가톨릭대학교, 1999)

⑤ "한국 사회복지사의 정치사회의식에 관한 연구: 지역복지기관 사회복지사와 지역복지운동단체 사회복지사의 면접조사"(성공회대학교, 2004)

⑥ "신자유주의적 주부주체의 담론적 구성과 한국 중산층가족의 성격: 미디어 담론 분석 및 면접조사를 바탕으로"(이화여자대학교 대학원, 2008)

면접법의 활용

특수한 계층이나 상황에 대해 조사대상자들의 심층적인 내면을 파악하기 위한 방법으로 유용하다. 특히 설문지법에 의한 조사와 면접조사를 비교하여 분석함으로써 두 방법의 장점을 조화시킬 수 있다.

···> 면접법에 대한 내용은 www.papersea.com
온라인강좌Ⅱ 제12강 '연구방법 2 면접법' 참조

3 설문지법

설문지법은 연구하고자 하는 문제에 관해 일정한 방식 및 내용을 갖춘 설문지를 작성하고, 이를 조사대상자에게 제시하여 그들의 반응을 얻어 그 결과를 연구자료로 사용하는 것을 의미한다. 여기서 설문지(questionnaire)는 언어적 표현에 의해 응답자의 생각, 신념, 동기, 감정, 기대, 미래의 계획 등을 알아내는 조사도구라고 할 수 있다. 설문지는 조사자가 필요로 하는 연구의 자료를 수집하기 위해 정리한 여러 개의 문항으로 구성되며, 그 형태도 다양하다. 사회조사에서는 직접관찰이 바람직하지 않거나 불가능한 경우가 많으므로 설문지에 의해 조사하는 것이 보다 더 효과적일 수 있다.

1) 설문지법의 성격

설문조사법은 그 작성 · 실시 및 처리 · 해석에 있어 다른 연구방법보다 손쉽기 때문에 여러 가지 사실이나 의견을 알아보는 데 가장 많이 쓰이고 있다. 설문조사는 조사자가 질문하고 피조사자는 그에 응답을 하도록 되어 있어 설문지에 표시되어 있는 질문의 한도 내에서만 자료수집이 가능하고, 응답자의 외면적 표현에 의존한다는 특징 내지 제약이 있다. 그렇지만 연구문제의 성질에 따라서 설문지를 통한 조사가 반드시 필요할 경우가 있고, 특히 다수를 대상으로 하는 조사가 가능하기 때문에 각종 실태조사나 사회적 문제에 관한 조사 등 전반적인 인간의 특성에 대한 조사에서의 활용이 가능하다. 따라서 이 방법 고유의 특징 및 한계를 명확히 밝혀서 적절한 절차에 따라 진행된다면 크게 활용될 수 있다.

이 방법은 국책수립에 대한 여론조사 및 유권자의 지지율조사 등 정치 · 사회적 문제에 있어서도 적극적으로 활용되고 있다. 이것은 설문조사법의 적용범위가 그만큼 크다는 것을 보여주는 것이다. 그러나 광범위하고 적은 경비로 용이하게 적용이 가능하다는 면에서 남용이 되고 있는 것도 현실이기 때문에 이 방법을 사용하는 데 있어 보다 정밀한 검토와 철저한 사전준비가 필요하다고 하겠다.

설문조사법의 성격
- 적은 비용으로 단기간에 걸쳐 광범위한 조사가 가능하다.
- 조사대상자의 응답의 신뢰성에 문제가 있을 수 있는 등 제반 한계점에 대하여 면밀한 검토를 통해 철저한 사전준비가 필요하다.

2) 설문지법의 장 · 단점

(1) 장점

① 대량의 인원에 대해 단시간에 적은 인원을 가지고 조사를 간편하게 실시할 수 있다.

② 익명으로 할 수 있기 때문에 피조사자가 신분을 밝히기를 꺼려 하는 경우에도 안심하고 솔직하게 자신의 의견을 표현할 수 있다.

③ 피조사자가 신중하게 생각한 다음 확실한 답변을 할 수 있다.
④ 피조사자의 의견이나 이상 또는 그의 행위에 직·간접적으로 영향을 미치는 심리적 환경에 관한 조사에서는 자신의 내면적 세계를 언어에 의해 표시하는 설문조사법이 유리하다.
⑤ 피조사자의 과거의 생활경험에 대한 조사는 관찰할 수 없기 때문에 설문지에 의존할 수밖에 없다.

(2) 단점

① 설문지법은 언어적 능력, 즉 독해력과 서사력(書寫力)을 전제로 하기 때문에 조사대상에 제한을 받는다.
② 설문지는 회수율이 낮다.
③ 설문지의 응답이 반드시 완전한 것이라고 보장하기 어렵다.
④ 응답의 정확성 및 신뢰성을 측정하기 어렵다.

설문지법의 장·단점
- 많은 수의 대상에 대해 단시간에 원하는 반응을 이끌어 낼 수 있다.
- 설문문항에 따라 조사대상에 제한이 있고, 응답의 진실성이나 신뢰성에 의문이 제기될 수 있다.

3) 설문지법의 형태

설문지법은 조사자가 실시하는 조사의 방법에 따라 우편조사, 전화조사, 집합조사로 구분할 수 있다.

(1) 전화조사

전화조사는 조사하고자 하는 문제에 대해 조사대상자들에게 직접 전화를 걸어 그 응답을 이끌어 내는 방법이다. 이 방법은 유권자의 의견조사나 TV시청률조사에서 흔히 사용한다. 전화를 이용한다는 특성으로 인해 전화조사에서의 질문의 문항수는 3~5개 정도가 적당하며, 최대한 10개를 넘기지 않도록 하는 것이 바람직하다.

가. 전화조사의 장점

① 조사가 간단하고 신속하다.

② 조사의 비용이 절약된다.

③ 조사하기 어려운 사람에게 쉽게 접근할 수 있다(그렇지만 통화 시 전화를 받지 않는 경우도 많기 때문에 반드시 장점이라고 하기는 어렵다).

④ 무작위표본추출이 용이하다.

나. 전화조사의 단점

① 전화 소유자만 피조사자가 되는 한계가 있다.

② 시간적 제약으로 인해 간단한 질문밖에 할 수 없다.

③ 원거리조사의 경우 전화요금의 부담이 많아질 수 있다(최근에는 인터넷을 비롯한 IT통신기술의 발달로 전화요금의 부담이 상당히 감경되었다).

④ 피조사자가 바뀌어도 확인할 방법이 없다.

(2) 우편조사

우편조사는 표본으로 추출된 피조사자들에게 설문지를 우송하여 기록하게 한 후 반송하도록 하는 방법이다. 우편 발송 시에는 주소 및 반송용 우표가 붙은 별도의 봉투를 반드시 동봉해야 한다. 이 방법은 회수율이 낮은 것이 흠이지만 비교적 적은 비용으로 방대한 지역에 걸쳐 조사할 수 있다.

가. 우편조사의 장점

① 조사의 비용 및 노력이 절감된다.

② 표본수에 관계없이 광범위한 지역을 조사할 수 있다.

③ 현지조사원의 고용이 필요 없다.

④ 면접자의 편견이 개입될 염려가 없다.

⑤ 피조사자가 충분한 시간을 갖고 솔직하게 응답할 수 있다.

⑥ 조사가 어려운 사람에게 접근이 가능하다.

나. 우편조사의 단점

① 회수율이 낮고 회수에 소요되는 시간이 길다.

② 주위 사람의 의견이 반영될 우려가 있는 등 통제가 불가능하다.

③ 보충설명의 여지가 없어 피조사자가 오해하고 오기할 염려가 있다.

④ 누락된 응답을 보충할 방법이 없다.

(3) 집합조사

집합조사는 일정한 장소나 공간에 피조사자를 모아 놓고 설문지를 배포하여 응답을 구하는 방법이다. 일반적으로 학급이나 강의실에서 조사를 실시하는 경우에 해당된다. 반드시 동일한 시간과 장소에서 조사를 해야만 하는 것이 아니라 어떤 기관이나 단체의 특정 장소에서 개별적으로 각 개인을 접촉하여 조사를 실시하는 것도 비슷한 유형의 집합조사라고 볼 수 있다. 시간이 걸리기는 하지만 피조사자들을 같은 공간에 모을 수 없을 경우에는 이와 같은 방법으로 조사를 하는 것이 불가피하기 때문이다.

설문지법의 형태
- 우편조사
- 전화조사
- 집합조사

4) 설문지의 형식

(1) 개방형 설문

개방형 설문은 질문문항에 대한 응답 유형을 특정한 범주로 구분하지 않고 응답자로 하여금 자유롭게 답변할 수 있도록 하는 것이다. 질문의 성격으로 볼 때 일정한 기준을 찾을 수 없고, 또한 그 정도를 구분하는 것이 불가능할 경우에 이용한다. 일반적으로 조사대상자의 체험, 이유, 동기 및 방안 등과 같이 보다 깊고 폭이 넓은 사항을 기록하도록 하는 문항이 이러한 형식을 취한다.

개방형 설문은 응답자의 의견은 물론 그 동기까지도 파악할 수 있기 때문에 성실한 조사 성과를 기대할 수 있고 새로운 사실의 발견도 가능하다. 그러나 응답자에게 심리적 부담을 줄 수 있고, 주관적 비중이 강하며, 자료처리가 번거롭다. 따라서 이런 형식의 질문은 가급적이면 제한하여 사용하는 것이 바람직하다.

〈개방형 설문 사례〉

1. 귀하께서는 중학교에서의 한자교육에 대해 어떠한 의견을 가지고 계시며, 그 이유는 무엇입니까? (   )

2. 귀하께서는 중학교에서의 한자교육에 대하 어떻게 생각하고 계십니까? 다음 중에서 귀하의 생각과 일치하는 것에 체크하시고, 그 이유를 간단하게 적어 주시기 바랍니다.
   (1) 중학교에서 한자교육을 하는 데 적극 찬성한다.
   (2) 중학교에서보다는 고등학교에서 일정시간 교육하는 것이 바람직하다.
   (3) 초등학교 때부터 한자교육을 실시해야 한다.
   (4) 한자교육은 정규교육에서 불필요하다.
   (5) 모르겠다.
   그 이유는 (   )

1번은 완전한 개방형 설문이고, 2번은 선다형 응답을 병용한 형태이다.

(2) 폐쇄형 설문

폐쇄형 설문은 응답자에게 일정한 답변의 유형을 제시하고 이에 대해 선택하거나 순위를 매기도록 하는 형태이다. 폐쇄형 설문은 응답자의 진의를 충분하게 반영하지 못할 수 있지만 자료의 처리가 용이하다는 이점이 있어서 대부븐의 설문지에서 이 형식을 취한다. 폐쇄형 설문에는 다음과 같은 여러 가지 종류가 있다.

가. 양자택일식

양자택일식은 '예'와 '아니오', 또는 '있다'와 '없다'의 두 가지 응답 중 하나를 선택하도록 하는 방법으로, 양분질문법(method of dichotomous question)이라고도 한다. 이 형식은 복잡한 문제에 대한 조사에는 적합하지 않지만, 간단하게 찬성이냐 반대냐, 지지하는가 아닌가와 같은 것을 알고자 할 때 사용할 수 있다. 따라서 너무 추상적이거나 모호한 내용의 질문에는 적합하지 않고, 조사대상자들이 일상생활경험을 통해 알 수 있는 구체적인 문제에 대해 사실에 기초하여 답할 수 있는 것을 묻도록 해야 한다.

양자택일의 형식에 추가하여 중간단계로서 '잘 모르겠다'와 같은 응답을 하도록 하는 경우도 있다. 그러나 '잘 모르겠다'라는 응답에 대한 처리를 어떻게 해야 하는지, 그리고 그에 대한 의미를 어떻게 부여해야 하는지가 명확하게 전제되지 않는다면 이 응답은 가급적 없애는 것이 좋다. 일반적인 조사에서 '잘 모르겠다'는 조사의 의미를 모호하게 하기 쉽기 때문이다. 굳이 이 항목을 추가하려면 왜 잘 모르겠는지에 대한 답변을 개방형으로 기입할 수 있도록 하여 그 의미를 확실하게 찾도록 해야 한다.

〈양자택일식 설문 사례〉

1. 지난 번 지방자치단체장 선거에 참여하셨습니까?
   (1) 예 (　　)　(2) 아니오 (　　)

2. 외국에 관광을 해 본 경험이 있으십니까?
   (1) 예 (　　)　(2) 아니오 (　　)

나. 선다형 설문

선다형 설문은 하나의 질문에 대해 조사자가 미리 상호모순이 되지 않는 여러 개의 가능한 해답을 마련해 놓고 조사대상자의 의견이나 기분에 맞는 것을 선택하도록 하는 방법이다. 선다형 설문에서 특히 유의할 점은 해답의 각 항목에 대해서는 포괄성(inclusiveness)이 있어야 한다. 즉 그 질문의 답변에 가능한 항목이 모두 포함될 수 있도록 망라적이어야 한다. 또한 각 항목 간에는 배타성(exclusiveness)이 유지되어야 한다. 해답의 항목 간에 의미가 겹치거나 그 경계선이 모호하면 조사대상자가 어느 것을 선택해야 할지 알 수 없기 때문이다. 선다형 설문에서 모든 문항의 해답, 즉 옵션(option, 선택지)은 포괄성과 배타성을 엄밀하게 준수하여 작성되어야 한다.

그렇지만 질문에 따라서는 아무리 많은 항목을 선택할 수 있도록 나열하더라도 조사대상자에 따라 제시된 범주 이외의 답변을 할 가능성이 있다. 이러한 경우를 대비하여 항목 마지막 부분에 '기타(　　)'라는 항목을 만들어 조사대상자로 하여금 탄력적인 응답을 할 수 있도록 한다. 이때에는 괄호 안에 반드시 다른 의견을 구체적으로 작성할 수 있도록 지시문에 명시해야 한다. 그리고 조사자는 이러한 기타 의견을 철저하게 분석하여 적절한 범주로 설정하여 분석에 임하도록 해야 한다.

〈선다형 설문 사례〉

1. 귀하께서 소속되어 있는 조직의 분위기를 개선하기 위해서 어떠한 방법이 가장 적절하다고 생각하십니까?

(1) (　　) 민주적 지도역량을 높인다.
(2) (　　) 의사결정과정을 개방한다.
(3) (　　) 상사의 리더십이 가장 중요하다.
(4) (　　) 구성원 개개인의 책임의식을 높인다.
(5) (　　) 기타 (　　　　　　　　　　　　　　　)

선다형 설문에서는 하나의 해답만을 선택하는 것이 아니라 조사의 목적에 다라 두 개 이상 또는 무제한으로 옵션을 선택하도록 할 수도 있다. 다음과 같은 질문이 그 사례이다.

〈복수선택 설문 사례〉

1. 선거에서 승리하는 데 작용하는 요인을 세 가지만 선택하여 주십시오.

(1) (　　) 정당	(2) (　　) 인품
(3) (　　) 학벌	(4) (　　) 재력
(5) (　　) 지연관계	(6) (　　) 혈연관계
(7) (　　) 참모진의 능력	(8) (　　) 경력

다. 등위식 설문

등위식(method of rank order) 설문은 질문사항에 대한 응답에 있어 제시된 기준에 따라 순위를 매겨서 배열하도록 하는 방법이다. 서열법이라고도 부르는 이 방법은 비교가능한 항목의 수가 많으면 순위를 매기기가 어렵게 되고, 따라서 무리하게 많은 순위매기기를 하게 되면 그 신뢰도가 저하될 우려가 있다. 일반적으로는 10개 이내의 항목으로 한정시키는 것이 무난한 것으로 알려져 있다.

응답의 순위는 모든 항목에 대해서 매길 수도 있고, 3~5개의 항목에 대해서만 선택하여 순위를 매기도록 할 수도 있다. 다음은 등위식 설문의 사례이다.

〈등위식 설문 사례〉

1. 다음 여러 나라 중 어느 나라가 가장 살기 좋다고 생각하십니까? 귀하께서 생각하는 순서대로 번호를 기입해 주십시오.

(1) (　　) 이탈리아　(2) (　　) 미국　(3) (　　) 일본
(4) (　　) 멕시코　(5) (　　) 호주　(6) (　　) 영국
(7) (　　) 스위스　(8) (　　) 프랑스　(9) (　　) 한국

2. 다음 여러 나라 중 우리나라가 보다 적극적으로 외교관계를 형성해야 할 필요가 있다고 생각하시는 나라를 3개만 선택하여 순서대로 기입해 주십시오.

(1) (　　) 러시아　(2) (　　) 중국　(3) (　　) 일본
(4) (　　) 쿠바　(5) (　　) 미얀마　(6) (　　) 체코
(7) (　　) 이집트　(8) (　　) 태국

☞ 1번은 모든 항목에 대해 순위를 매기는 질문이고, 2번은 일부만 선택하여 순위를 매기도록 하는 질문이다.

라. 평정척도식 설문

평정척도식(rating scale method)은 질문에 대하여 미리 정해 놓은 척도에 따라 평정하도록 하는 방법이다. 이것은 질문에 대한 답에서 강도(强度)를 알아내기 위한 질문방식으로, 일반적인 리커트 척도(Likert scale)가 대표적이다.

이 방식에서 척도는 보통 3 · 5 · 7 · 9단계 가운데 하나를 선택하여 구성한다. 이러한 형식은 각 단계가 동간성(同間性)을 가지고 있는 것으로 가정하고 점수를 부여하여 수량화한다. 그렇지만 각 단계가 정확하게 동등한 간격을 갖는다고는 할 수 없기 때문에 자료의 처리에 주의가 필요하다.

평정척도식에서의 질문항목은 '좋다–나쁘다', '찬성이다–반대이다', '전혀 그렇지 않다–매우 그렇다' 등의 표현을 단계별로 나누어 구성한다. 이때 각 항목에 대해 점수를 부여한다. 다음은 평정척도식 설문의 사례이다.

〈평정척도식 설문 사례〉

1. 귀하께서는 3자녀 지원정책에 대해 어떻게 생각하십니까?

(1) 절대 반대한다. (　　)
(2) 반대한다. (　　)
(3) 중립이다. (　　)
(4) 찬성한다. (　　)

(5) 절대 찬성한다. (　　　)

2. 가족 내의 공격성에 대한 아동의 판단조사
다음에 있는 질문에 대해 오른쪽에 있는 다섯 개의 항목 중에서 귀하의 기분에 가장 알맞은 것을 하나 골라서 ○표 해 주십시오.

문항	전혀 그렇지 않다	그렇지 않다	보통이다	그렇다	매우 그렇다
1. 형제끼리 싸움을 한다.					
2. 부모에게 말대답을 한다.					
3. 장난감이나 책을 내던진다.					
4. 집안에서 말썽을 부린다.					
5. 집안 사람들과 말을 하지 않는다.					

☞ 1번은 단일문항에서의 평정척도방식에 의한 질문이며, 2번은 '아동의 공격성'이라는 상위요인에 속하는 하위문항에 대한 평정척도 방식 질문이다.

5) 설문지 제작방법

이상에서 본 바와 같이 설문지법은 여러 가지 형식으로 구성될 수 있다. 학술논문의 양적연구방법으로 대다수를 차지하는 설문지법에 있어 설문지의 작성은 가장 중요한 위치를 차지한다. 조사대상자로부터 믿을만한 응답을 구하기 위해서는 설문지의 질이 확보되어야 하기 때문이다. 설문지는 연구의 목적에 따라 일관성 있게 작성되어야 하며, 개별적인 문항에 대해 반드시 지켜야 할 원칙이 있다.

(1) 설문내용의 결정

연구자는 연구하고자 하는 문제를 전체적으로 검토하여 그 문제를 명확하게 규정하고 문제와 관련된 개별적인 요소들을 한정해야 한다. 즉 어떤 정보를 얻을 것인가에 대해 명백하고 한정적으로 규명해야 한다. 한정적으로 규명한다는 것은 연구문제와 개별적 요소들의 범위를 설정한다는 것이다. 이것은 결국 질문에 포함되어야 하는 내용이 구체적으로 드러나야 한다는 것을 의미한다.

이러한 과정은 통상적인 연구에서 이론적 배경을 통해 구상된다. 연구자는 연구주제와 관련된 분야의 기존 이론과 선행연구를 검토하여 이론적 배경을 작성함과 동시에 연구목적에 부합하는 설문지를 어떠한 내용으로 구성해야 하는지에 대해 면밀하게 검토해야 한다.

가. 조사변수의 설정

설문내용을 결정하는 데 있어 기본적으로 구성되어야 하는 것은 조사하고자 하는 특성, 즉 연구에서 사용할 변수를 선정하는 것이다. 따라서 연구자는 연구의 목적을 달성하기 위해 어떠한 변수를 선정하고 그 변수에 대해 무엇을 조사해야 할지를 판단해야 한다.

일반적인 설문지는 독립변수와 종속변수를 조사하는 내용으로 구성된다. 이러한 경우 독립변수에는 통상적으로 조사대상자의 인구사회학적 특성이 포함된다. 즉 성별, 연령, 거주지역, 학력, 근무경력, 월수입 등이 독립변수로 선정된다. 그러나 이러한 변수가 반드시 독립변수가 되어야 하는 것은 아니다. 이러한 인구사회학적 특성에 따른 분석이 연구의 목적에 부합하는지 여부에 따라 결정되어야 한다. 그렇지만 인구사회학적 특성에 대한 설문문항이 설문지에서 거의 빠지지 않는 것은 연구결과를 제시할 때 조사대상자의 분포에 대해 언급할 필요성이 있기 때문이다.

나. 단일특성조사를 위한 설문지

다음은 '건강증진프로그램'이라는 하나의 특성을 조사하기 위한 설문내용의 구성 사례이다.

▶ 질문: 귀하께서 '**건강증진프로그램**'을 이용해보신 결과 어느 정도 만족 혹은 불만족하십니까?

▶ 설문내용
- 금연사업
- 운동사업
- 절주사업
- 영양사업(비만교실 포함)
- 모자보건사업
- 구강보건사업

☞ 이 사례는 '건강증진프로그램'이라는 하나의 특성을 조사하기 위해 설문내용을 위와 같이 6개로 설정한 것이다. 이와 같은 경우에 조사대상자의 인구사회학적 특성, 즉 성별

이나 연령, 학력 등에 따른 건강증진프로그램 만족도의 차이에 대한 통계적 분석을 하는 것이 의미가 있을 수 있다.

설문지는 설문의 목적에 따라 하나의 특성만을 조사하는 내용으로 구성될 수도 있고, 특성과 특성(또는 변수와 변수)의 관계를 파악하기 위해 여러 개의 특성을 조사하는 내용으로 구성될 수도 있다. 위의 사례와 같이 하나의 특성을 조사하는 경우에는 그 특성에 포함되는 문항들은 그 특성의 속성을 반영하는 문항들로만 구성된다. 그러나 특성과 특성의 관계를 파악하기 위해 여러 개의 특성을 조사하는 설문지는 그 특성의 속성을 가진 여러 개의 하위요인과, 각 하위요인에 대해 그 하위요인의 속성을 반영하는 여러 개의 문항으로 구성된다. 다음은 다수의 특성을 조사하기 위한 설문지의 설문내용 구성사례이다.

다. 다수특성조사를 위한 설문지

다음은 '브랜드태도'가 '구매의도'에 미치는 영향을 조사하기 위한 설문내용의 구성사례이다.

이 사례는 '브랜드태도'라는 특성과 '구매의도에 대한 태도'라는 특성의 관계를 분석하기 위해 두 개의 특성을 설문지의 상위영역으로 구분하고, 각 특성에 대해 그 특성을 반영하는 하위요소들을 질문의 형태로 구성하여 조사하고자 하는 것이다. 이 경우에는 '브랜드태도'가 독립변수가 되고, '구매태도'는 종속변수가 되어 두 변수간의 상관분석이나 한 변수가 다른 변수에 미치는 영향력에 대한 회귀분석 등의 통계분석이 가능하다. 또한 이론적 배경을 통해 인과관계가 밝혀질 수 있는 경우, 인구사회학적 특성을 통제변수로 하는 분석도 가능하다.

〈브랜드에 대한 태도〉

▶ 질문: 귀하께서 방금 보신 광고를 보고 광고된 브랜드(상표)에 대해 어떻게 생각하십니까?

▶ 설문내용

1) 이 광고의 브랜드는 유쾌하다.
2) 이 광고의 브랜드를 선호한다.
3) 이 광고의 브랜드에 호감이 간다.

4) 이 광고의 브랜드는 흥미롭다.
5) 이 광고의 브랜드를 추천하고 싶다.

〈구매의도에 대한 태도〉

▶ 질문: 다음은 구매의향에 대한 질문입니다. 귀하는 방금 광고를 보신 후 만약 제품을 구입하신다면, 광고에서 보신 A제품을 선택하실 의향은 어느 정도 입니까?

▶ 설문내용
1) 나는 이 광고의 제품을 구매하고 싶다.
2) 나는 향후에라도 이 제품을 구매할 것이다.
3) 나는 주위 사람들에게 이 제품구매를 권유할 것이다.

(2) 질문형태의 결정

조사자는 각 항목에 대해 어떠한 질문형식으로 물어보아야 보다 정확한 정보를 효과적으로 얻을 수 있을 것인지에 대해 결정해야 한다. 즉 직접질문의 방식으로 할 것인지, 간접질문의 방식으로 할 것인지, 또한 개방형을 택할 것인지 폐쇄형을 선택할 것인지를 결정하는 것이다.

여기에서 특히 유의해야 할 것은 각 문항에 대한 응답결과를 어떠한 통계적 방법을 사용하여 분석할 것인지에 대해 사전에 판단하여 질문의 형태를 구성해야 한다는 점이다. 조사하고자 하는 특성과 문항수가 적을 경우에 적용하는 통계방법과, 그렇지 않은 경우에 적용할 수 있는 통계방법에는 차이가 있기 때문이다.

단순하게 각 문항의 전체적인 응답경향을 파악하기 위한 분석은 문항별 빈도와 백분율, 또는 평균과 표준편차의 산출을 통해 분석하고 그 결과를 제시할 수 있다. 그러나 변수와 변수의 관계를 분석하고자 하는 경우에는 보다 복합적으로 질문형태를 구성해야 한다. 이러한 경우 앞에서 언급한 4가지 척도수준에 따라 설문문항과 응답형태를 선정해야 한다.

일반적으로 조사대상자의 개인적 특성에 대한 문항은 명목 또는 서열척도로 구성된다. 그리고 연구자가 선정한 특정한 특성에 대한 질문형태 역시 명목척도로만 구성될 수도 있다. 그렇지만 특성과 특성의 관계, 즉 어떤 변수와 다른 변수와의 관계에 대한 분석이나 영향력에 대한 분석, 또는 조절효과나 통제효과를 파악하기 위한 분석 등에 사용하는 통계방법을 적용하기 위해서는 질문의 형태가 그 통계방법의 조건에 부합하도록 구성되어야 한다. 조사하고자 하는 특성의 질문형태에 대한 척도수준이 높아질수록, 즉 등간척도 이상이 될수록 보다 높은 수준의 통계방법을 적용하여 세밀한 정보를 분석할 수 있다.

가. 단일특성조사를 위한 설문지의 질문형태

다음은 '건강증진프로그램'이라는 하나의 특성을 조사하기 위한 설문지의 응답형태 구성 사례이다.

▶ 질문: 귀하께서 **'건강증진프로그램'**을 이용해보신 결과 어느 정도 만족 혹은 불만족하십니까?

▶ 설문내용과 응답형태

구분	① 매우 불만족	② 불만족	③ 보통	④ 만족	⑤ 매우 만족
금연사업					
운동사업					
절주사업					
영양사업 (비만교실 포함)					
모자보건사업					
구강보건사업					

☞ 이 사례는 '건강증진프로그램'이라는 단일의 특성을 조사하기 위해 구성한 설문내용과 응답의 형태이다. 여기서 응답형태는 평정척도식의 5단계 리커트 척도로 구성되었다.

나. 다수특성조사를 위한 설문지의 질문형태

다음은 '브랜드태도'가 '구매의도'에 미치는 영향을 조사하기 위한 설문지의 질문형태 구성사례이다. 학술논문에서 이와 같이 다수의 특성을 조사하기 위한 설문지에 포함되는 문항들은 기존의 연구를 통해 신뢰도와 타당도가 검증된 것을 사용하는 것이 바람직하며, 많은 연구들이 그러한 문항을 사용하여 수행되고 있다.

그러나 반드시 그렇게 해야 하는 것은 아니며, 연구자가 창의력을 발휘하여 자신의 연구목적에 적절한 설문문항을 구성할 수도 있다. 그렇지만 그러한 설문지를 작성하기 위해서는 수차례에 걸친 검토와 사전조사, 그리고 철저한 문항분석이 선행적으로 이루어져야 한다.

〈브랜드에 대한 태도〉

▶ 질문: 귀하께서 방금 보신 광고를 보고 광고된 브랜드(상표)에 대해 어떻게 생각하십니까?

▶ 설문내용과 응답형태

구분	전혀 동의하지 않는다	보통이다	매우 동의한다
1. 이 광고의 브랜드는 유쾌하다.	1-----2-----3-----4-----5-----6-----7		
2. 이 광고의 브랜드를 선호한다.	1-----2-----3-----4-----5-----6-----7		
3. 이 광고의 브랜드에 호감이 간다.	1-----2-----3-----4-----5-----6-----7		
4. 이 광고의 브랜드는 흥미롭다.	1-----2-----3-----4-----5-----6-----7		
5. 이 광고의 브랜드는 긍정적이다.	1-----2-----3-----4-----5-----6-----7		
6. 이 광고의 브랜드를 추천하고 싶다.	1-----2-----3-----4-----5-----6-----7		

〈구매의도에 대한 태도〉

▶ 질문: 다음은 구매의향에 대한 질문입니다. 귀하는 방금 광고를 보신 후 만약 제품을 구입하신다면, 광고에서 보신 A제품을 선택하실 의향은 어느 정도 입니까?

▶ 설문내용과 응답형태

구분	전혀 동의하지 않는다	보통이다	매우 동의한다
1. 나는 이 광고의 제품을 구매하고 싶다	1-----2-----3-----4-----5-----6-----7		
2. 나는 향후에라도 이 제품을 구매할 것이다.	1-----2-----3-----4-----5-----6-----7		
3. 나는 주위 사람들에게 이 제품 구매를 권유할 것이다.	1-----2-----3-----4-----5-----6-----7		

☞ 이 사례는 '브랜드태도'라는 특성과 '구매의도에 대한 태도'라는 특성을 조사하기 위해 구성한 설문내용과 응답의 형태이다. 여기서 응답형태는 평정척도식의 5단계 리커트 척도로 구성되었다.

(3) 질문 문항수의 결정

질문 문항의 수는 조사대상자의 성격이나 응답이 이루어지는 상황 등에 따라 달라질 수 있지만, 가능한 한 응답시간이나 면접시간이 30분을 넘지 않도록 하는 것이 좋다. 응답시간이 길어지면 솔직한 응답을 기대하기 어려워지고, 응답자가 부담감을 느끼거나 집중력을 상실할 우려가 있어 만족스러운 결과를 도출할 가능성이 떨어지게 된다.

위 나.의 사례에서와 같이 다수의 특성을 조사하는 설문지의 경우 통상적으로 각 하위요인에 대한 신뢰도분석과 요인분석을 하게 되는데, 이에 대해 적절한 통계방법을 사용하기 위해서는 각 하위요인의 문항수는 최소한 2개 이상이어야 한다.

(4) 설문지 초안작성

이 과정은 질문할 항목을 일관성 있게 조직하여 설문지의 초안을 적성하는 것이다. 여기에서 중요한 것은 조사하고자 하는 내용을 어떠한 방식으로 배열하는가 하는 점이다. 일반적으로 설문지는 다음과 같은 형식으로 만들어진다.

① 설문지 제목
② 인사 및 안내말씀
③ 본조사
- 조사대상자의 개인적 특성(인구사회학적 변수)
- 조사하고자 하는 특성(변수)
④ 끝인사

이하에서 각각의 구성이 어떠한 내용으로 작성되는지 살펴본다.

가. 설문지 제목

설문지의 제목은 통상 연구주제나 제목으로 표현한다. 제목을 단들 때 유의할 것은 조사대상자로 하여금 이 설문지가 어떠한 목적을 가지고 있다는 것을 쉽게 파악할 수 있도록 해야 한다는 것이다. 조사대상자는 설문지의 제목에만 집중하고 이하의 소제목이나 안내문은 소홀히 하는 경향이 있으며, 또한 조사대상자가 각 문항에 대한 응답을 작성할 때 설문지의 제목을 염두에 두고 조사목적에서 이탈하지 않도록 해야 하기 때문이다.

나. 인사 및 안내말씀

인사말씀에서는 설문조사의 취지에 대해 구체적으로 언급하고, 연구목적 이외 다른 용도로 사용하지 않을 것이기 때문에 익명성을 보장한다는 것을 분명히 밝혀야 하며, 조사대상자의 생각을 가감 없이 작성해 달라고 협조를 구하는 표현이 있어야 한다. 그리고 조사대상자가 원하는 경우 연구결과를 통보해 줄 수 있다는 것을 알려줄 필요도 있다. 이렇게 함으로써 조사대상자의 의심이나 혼란을 방지하여 보다 정확한 자료를 수집할 가능성이 높아진다.

또한 인사말 말미에는 연구자의 신분과 전화번호, 이메일 등을 포함시켜 조사대상자가 안심하고 조사에 응할 수 있도록 배려하는 것도 필요하다.

다. 본조사문항 구성

설문의 본조사문항은 개인특성에 대한 문항과 측정하고자 하는 특성에 대한 문항으로 구성된다.

개인적 특성을 조사하는 문항은 연구에서 반드시 필요한 것만 엄선하여 구성해야 한다. 조사대상자에 따라서는 이러한 문항에 응답하는 것을 회피하거나 두려워할 수도 있으며, 불필요한 문항을 나열함으로써 자료수집과 통계처리에서 시간만 낭비하는 결과를 초래할 수도 있기 때문이다. 개인적 특성에 대한 문항 이후에는 연구자가 선정한 특성과 그 특성에 대한 하위문항들을 구성한다.

또한 조사문항에 대한 응답형태도 적절하게 구성해야 하는 바, 다음과 같은 방법으로 문항을 구성하도록 한다.

① 응답형태가 이산변수인 경우는 각 항목 간의 구분을 명확하게 하고 가능한 범위를 모두 포괄하도록 한다. 예를 들어 거주지역에 대한 문항에서 행정구역 단위가 누락되거나 중복되는 경우 또는 조사대상자가 응답할 수 없는 항목이 있는 경우가 생기면 안 된다는 것이다. 즉 전국을 대상으로 하는 조사에서 제주도만 빠져 있으면 안 되며, 서울을 대상으로 하는 조사에서 거주지역을 강남, 강북으로만 구분하여 강동지역이나 강서지역은 어디에 응답해야 할 지 알 수 없도록 하는 경우가 있으면 안 되는 것이다. 또한 우리나라로 한정되는 조사에서 조사대상자를 외국에 거주하는 사람으로 선정하는 경우가 발생하지 않도록 해야 한다.

② 조사하고자 하는 특성변수가 여러 개인 경우에는 가급적 연구의 목적이나 연구문제의 순서와 합치하도록 배열한다.

③ 특성변수가 여러 개인 경우, 각 조사영역마다 그 특성에 대한 표현을 명확하게 제시하여 조사대상자가 설문제목과 특성에 대한 개념을 확실하게 파악하고 응답할 수 있도록 배려해야 한다. 지능검사나 성격검사와 같은 심리검사에서는 측정하고자 하는 특성에 대해 밝히지 않는 경우가 많다. 그것은 그 특성에 대한 피조사자의 사전적 경험이나 선입견을 배제해야 할 필요가 있기 때문이다. 그러나 연구목적을 위한 설문조사에서는 이 조사가 무엇을 하고자 하는지에 대해 조사대상자가 알고 있어야 보다 명확하고 진실된 자료의 수집이 가능하다.

④ 각 특성에 포함되는 하위문항들은 시간적 · 공간적으로 좁은 범위에서 넓은 범위로 개념화될 수 있도록 배열한다.

⑤ 각 문항에 대한 질문방식은 연구자의 의도에 따라 긍정적인 문장으로 구성될 수도 있고 부정적인 문장으로 구성될 수도 있는데, 가급적이면 긍정적인 문장으로 문항을 구성하여 조사대상자가 보다 편안하게 응답할 수 있도록 하는 것이 좋다. 그렇지만 연구목적에 따라서는 부정적인 형식으로 문장을 구성해야 할 필요가 있을 수도 있다. 이러한 경우에는 조사 이후에 긍정적인 형식의 문장으로 구성된 문항과 응답의 방향이 일치하도록 자료를 처리해야 한다.

⑥ 각 문항의 문장은 시제가 일치되도록 한다. 즉 과거형인 경우 모든 문항을 과거형으로, 현재형인 경우에는 모든 문항을 현재형으로 작성한다.

⑦ 각 문항에 대한 응답형태를 점수로 처리하는 경우, 즉 평정척도식 문항인 경우에는 통상적인 관념에서 긍정적인 경우가 점수가 높을 수 있도록 응답형식을 구성하는 것이 좋다. 예를 들면 만족도조사에서 1~5점을 부여하는 경우에는 만족도수준이 높은 경우가 5점이 될 수 있도록 구성하는 것이 바람직하다는 것이다. 이렇게 해야만 조사대상자들이 혼란을 느끼지 않고 응답할 수 있으며, 차후의 자료처리와 결과해석에 있어서도 일관된 방향으로 분석할 수 있다.

⑧ 경우에 따라 하나의 요인에 대해 여러 개의 질문을 구성하면서 비슷하거나 관련이 있는 질문을 일정한 간격을 두고 배치할 수도 있다. 이렇게 하는 이유는 응답의 신뢰도를 측정하기 위한 것이다. 그러나 이러한 경우는 조사대상자가 동일한 유형의 질문이 반복된다고 판단하여 응답을 누락시키거나 불성실한 응답을 할 가능성이 있기 때문에 반드시 필요한 상황이 아니라면 가급적 사용하지 않는 것이 좋다.

라. 끝인사

끝인사는 설문에 응한 조사대상자들에게 감사의 표시를 하는 것이다. 통상적으로 '끝까지 응답해 주셔서 감사드립니다'와 같은 표현을 한다.

(5) 설문지의 재검토

설문지 초안이 작성되면 그 분야에서 경험이 많은 전문가에게 의뢰하여 조언을 구하는 것이 바람직하다. 이렇게 함으로써 부족하거나 잘못된 점을 보완하고 수정하여 보다 세련되고 양호한 설문지를 만들 수 있다. 이러한 과정은 '내용타당도'를 확보하기 위한 방법이기도 하다.

(6) 사전조사

재검토 과정을 마친 설문지는 전체 조사대상자의 일부(일반적으로 총인원의 10~20% 정도)에 해당하는 인원을 대상으로 예비적인 조사를 실시하여 잘못된 부분을 수정할 수 있도록 한다. 이러한 사전검사를 통해 질문의 어휘 구성이나 순서, 질문의 길이, 추가해야 할 질문이나 삭제해야 할 질문 등 예상치 못한 문제점들을 찾아낼 수 있다. 사전조사는 본조사를 보다 능률적으로 실시하는 데에 큰 도움을 줄 수 있다.

(7) 설문지의 편집 및 인쇄

이상의 절차가 모두 끝나면 설문지를 편집하여 인쇄하는 과정을 거친다. 설문지는 취급이 간편하고 인쇄가 선명해야 하며 이해하기 쉽게 만들어져야 한다. 개방형 질문의 경우에는 조사대상자가 충분히 응답할 수 있도록 응답란에 여백을 확보해야 한다.

설문지의 작성과정

① 설문내용의 결정
② 질문형태의 결정
③ 질문 문항수의 결정
④ 설문지 초안 작성
⑤ 설문지의 재검토
⑥ 설문지의 사전조사
⑦ 설문지의 편집 및 인쇄

6) 설문지의 사례

〈설문지〉

무용전공자의 몰입경험이 공연만족도에 미치는 영향에 관한 실태 조사

안녕하십니까? 저는 ○○대학교 대학원에서 무용을 전공하고 있는 대학원생입니다. 본 설문지는 '무용전공자의 몰입경험이 공연만족도에 미치는 영향에 관한 연구'를 위하여 작성된 설문지입니다.

이 설문지는 무용수에 대한 몰입 및 공연만족도에 대한 질문들이 많이 포함되어 있으므로 성의 있게 응답하여 주시면 감사하겠습니다. 작성해 주신 내용은 학문적 연구 발전에 기여함은 물론 나아가 무용수들의 공연만족도에 대한 보다 깊은 이해를 도와 줄 것입니다. 귀하께서 응답해 주신 내용과 수집된 자료는 절대 비밀로 처리될 것이며 연구 목적 이외에 다른 목적으로 일체 사용하지 않고 자료는 모두 익명으로 통계처리될 것입니다.

귀한 시간을 허락하여 설문에 협조해 주심에 진심으로 감사드리오며 건강하시기를 빕니다.

○○대학교 대학원
○○과
연구자 ○ ○ ○

Ⅰ. 개인적 특성

※ 다음은 개인적 특성에 관한 질문입니다. 문항들을 읽고 해당되는 한 곳에 체크(✓)해 주시기 바랍니다.

1. 귀하의 성별은?
   ① 남자 ② 여자

2. 귀하의 연령은?
   ① 20대 ② 30대 ③ 40대 이상

3. 귀하의 무용경력은? (____________년)

4. 귀하의 학력은?
   ① 대재 이하 ② 대졸 ③ 대학원재 이상

5. 귀하의 전공은?
   ① 한국무용 ② 발레 ③ 현대무용 ④ 기타

6. 월평균 무용활동과 관련된 공연참여횟수는? (__________회)

7. 귀하의 무용대회 수상경력은?
① 있다 ② 없다

8. 귀하의 무용공연 시 주 포지션은?
① 주연급 ② 군무 ③ 기타

Ⅱ. 몰입경험

※ 다음은 무용에 대한 몰입경험에 관한 질문입니다. 문항들을 읽고 해당되는 한 곳에 체크(✓)해 주시기 바랍니다.

문항	절대 아니다	그렇지 않다	보통 이다	그런 편이다	매우 그렇다
1. 나는 나의 기술이 공연상황에서 주어지는 과제 수준을 만족시킬 수 있을 것이라고 믿었다.					
2. 나는 공연 시 의도적으로 잘하려는 생각 없이 완벽하게 동작을 수행했다.					
3. 나는 내가 원하는 것이 무엇인가를 분명히 수행했다.					
4. 나는 공연 시 내가 잘하고 있다는 것을 분명히 알았다.					
5. 나는 모든 관심은 내가 하고 있는 것에 완전히 집중되었다.					
6. 나는 공연 시 내가 수행하고 있는 것들을 완전히 통제하고 있다고 느꼈다.					
7. 나는 공연 시 다른 사람이 나를 어떻게 생각하는지에 대해 관심을 두지 않았다.					
8. 공연 시 시간이 점점 느려지거나 또는 점점 빨라지는 것 같았다.					
9. 나는 공연 자체를 마음껏 즐겼다.					
10. 나의 능력이 공연 시 주어지는 과제수준을 충분히 만족시켰다.					
11. 자신의 모든 행동이 거의 자동적으로 이루어진 것 같았다.					
12. 나는 내가 원하는 것이 무엇인가에 대해 강한 느낌을 가졌다.					
13. 나는 공연을 얼마나 잘하고 있는지 인식하였다.					
14. 나는 공연 시 무엇이 잘 일어나는지에 대해 기억하는 것이 불필요했다.					

15. 나는 공연 시 내가 하고 있는 것을 통제할 것 같은 느낌을 가졌다.					
16. 나는 공연 시 나의 동작수행에 관하여 걱정하지 않았다.					
17. 나는 공연 시 시간이 정상적일 때와 다르게 흘러가는 것 같았다.					
18. 나는 공연 시 그 동작수행의 느낌이 좋았고, 그러한 느낌을 다시 한 번 경험하고 싶다.					
19. 공연상황이 요구하는 최고수준을 만족시킬 만큼 자신감이 있다고 느꼈다.					
20. 나는 무의식적으로 수행했다.					
21. 나는 공연 시 성취하고자 했던 것이 무엇인가를 분명히 인식하였다.					
22. 나는 공연 시 내가 얼마나 잘하고 있는지에 대하여 긍정적으로 생각했다.					
23. 나는 공연에 완전하게 집중했다.					
24. 나는 공연 시 동작과 의식 등을 통제할 수 있다.					
25. 나는 공연 시 나 자신을 어떻게 표현하고 있는지에 대해서 관심을 두지 않았다.					
26. 나는 공연 시 시간이 멈추는 것 같았다.					
27. 나의 공연경험은 나에게 좋은 감정을 갖게 했다.					
28. 공연의 과제수준과 나의 기술이 높은 수준에서 일치했다.					
29. 나는 공연 시 동작을 의도적으로 생각하지 않고 거의 자발적이고 자동적으로 수행했다.					
30. 나는 공연의 목표를 분명히 정했다.					
31. 나는 공연 시 내가 얼마나 잘했는지에 대해서 이야기할 수 있었다.					
32. 나는 공연에 쉽게 집중했다.					
33. 나는 나의 몸을 완전히 통제할 수 있었다.					
34. 나는 공연 시 다른 사람이 나를 어떻게 생각하는지에 대해서 걱정하지 않았다.					
35. 나는 때때로, 모든 것이 아주 느린 동작으로 일어나는 것 같았다.					

36. 나는 공연경험이 더 이상의 바랄 것 없을 정도로 좋았다.					

Ⅲ. 공연만족도

※ 다음은 공연만족도에 대한 대처방안에 관한 질문입니다. 문항들을 읽고 해당되는 한 곳에만 체크(✓)해 주시기 바랍니다.

문항	절대 아니다	그렇지 않다	보통 이다	그런 편이다	매우 그렇다
1. 새로운 경험 내지 새로운 것을 겪는 기회가 되었다.					
2. 다른 사람들에게 관심과 배려를 보일 수 있는 기회가 되었다.					
3. 여러 사람들과 사귈 수 있는 기회가 되었다.					
4. 이 활동과 관련하여 다른 사람들의 기대에 부응할 수 있었다.					
5. 여가선용에 도움이 되었다.					
6. 개인적인 성장을 할 수 있는 기회가 되었다.					
7. 무용단 내의 문제를 관여 내지는 참여할 수 있는 기회가 되었다.					
8. 내가 누군가에게 필요하고 유용한 존재라고 느끼게 되었다.					
9. 내가 맡은 역할을 통해 실질적인 성과가 있었다.					
10. 우리 무용단의 단합에 기여하는 기회가 되었다.					
11. 우리 무용단의 구성원으로 소속감을 확실히 느낄 수 있었다.					
12. 무용단원들과 의사소통에 도움이 될 수 있었다.					
13. 나의 잠재된 능력을 확인할 수 있는 기회가 되었다.					
14. 공연을 통해서 성취감을 느낄 수 있었다.					

긴 설문에 응해 주심에 진심으로 감사드립니다.

7) 설문지법의 적용 및 응용

설문지법은 그 방법의 탄력성이 매우 크기 때문에 일반적인 사회조사나 학술연구에서 광범위하게 사용될 수 있다. 학술논문의 제목에서 '조사연구', '실증연구', '실증분석', '실태연구' 등의 표현이 포함된 연구는 거의 대부분 설문지법을 사용한 연구이다. 아래에서 설문지법을 사용한 연구의 사례를 볼 수 있다.

① "CAI 활용 및 학생, 교사의 인지도에 관한 실태조사연구: 서울시내 인문계 고등학교를 중심으로"

② "노인을 위한 아파트단지 옥외생활공간 계획에 관한 조사연구: 분당신도시 거주 노인의 여가생활을 중심으로"

③ "고령화사회의 노인주거정책에 관한 연구: 노인주거정책의 특성과 유관집단의 설문조사를 중심으로"

④ "자백의 진정성 탐색을 위한 영상녹화조사 연구: 자백평가에 있어 카메라 초점의 영향 및 심리학자의 역할"

⑤ "수혈자의 B형 및 C형 간염 바이러스 추적조사에 관한 연구"

⑥ "제주지역 노인의 영양소 섭취량의 개인간 변이와 개인 내 변이조사연구"

⑦ "홈네트워크의 사용실태 조사연구: 사용자 설문조사를 바탕으로"

··› 설문지법에 대한 내용은 www.papersea.com
온라인강좌Ⅱ 제13강 '연구방법 3 설문지법 1'과 제14강 '연구방법 3 설문지법 2' 참조

1) 김란수(1985), 교육조사연구법, 서울: 종각출판사, p.67.
2) Young, P. V.(1956), *Scientific Surveys and Research*, Englewood Cliffs. N.J.: Prentice-Hall, Inc., p.155.
3) 박온자 · 최성용 · 박종서(1994), 논문작성의 이론과 실제, 서울: 수서원. p.127.
4) Thomas, et. al.(1973), *Observational Studies of Social Behavior*, New haven: Yale University Press.
5) 주정흔(2007), 창의성 교육과정의 '실천성'에 관한 참여관찰연구, 성균관대학교 대학원 박사학위논문
6) Kinsey, A. C. et. al.(1948), *Sexual Behavior in the Human Male*, Philadelphia: W. B. Saunders Co., pp.47~59.

05 연구형태별 연구방법

1 실험연구

실험연구(experimental research)가 사회적 현상에 대한 연구방법으로서 적합한지에 대해서는 많은 논란이 있기는 하지만, 특히 심리학 분야에서는 빈번하게 사용되는 연구방법 중의 하나이다.

1) 실험연구의 성격

실험은 연구자가 구상한 가설 및 주장을 실제로 정당화하고 증명하기 위한 과정이다. 즉 어떤 가상적인 상황을 설정하고 조작하여 그 상황에서의 형태를 관찰하는 것이다. 이를 통해 연구자는 의도적으로 변수를 조작함으로써 그 변수의 영향이 어떻게 나타나는지를 알고자 한다. 이러한 의미에서 일반적으로 사용되는 대부분의 조사방법이 변수 간의 관계를 파악하고자 하는 것에 머무르는 것이라면, 실험연구는 변수 간의 인과관계를 보다 명확하고도 실제적으로 확인하고자 하는 과학적 방법이 된다.

실험연구
가상의 상황을 설정 · 조작하여 그 상황에서의 반응을 관찰하여 변수 간의 인과관계를 실제적으로 확인하는 방법

2) 실험연구의 특징

실험연구는 다음과 같은 특징을 갖는다.

첫째, 변수를 조작하여 그 변수들 사이의 인과관계를 알고자 하는 것이기 때문에 변수의 조작 없이 있는 그대로를 파악하는 의견조사와는 차이가 있다.

둘째, 시간적 차원에서 미래지향적이기 때문에 과거에 일어난 사실을 파악하려는 대부분의 사후연구와 구별된다.

셋째, 변수의 영향을 파악하기 위해 비교의 준거가 되는 통제집단을 설정한다. 직접적으로 실험의 대상이 되는 집단은 실험집단이다.

실험연구의 특징
- 변수의 조작을 통해 인과관계 파악
- 미래지향적
- 통제집단과 실험집단 선정

3) 실험연구의 형태

실험연구는 다음과 같은 형태로 이루어진다.

(1) 현장실험

가. 현장실험의 의의

현장실험(field experiment)은 현실적인 사회상황 속에서 실험조건을 주의 깊게 통제하여 하나 이상의 독립변수를 조작함으로써 그 효과를 파악하기 위한 방법이다.

현장실험은 실제적 · 자연적 상황에서 변수를 통제하여 그 결과에 대한 인과관계를 규명하려는 것이므로 인위적으로 조작된 실험이다. 이러한 점에서 단순한 자료의 수집을 통해 사실의 발견 또는 변수 간의 상관관계를 보려고 하는 현지조사와 차이가 있다.

나. 현장실험의 장점

① 독립변수의 조작 및 실험대상의 무작위적 선출과 구성이 가능하다.

② 독립변수의 영향이 실험실실험의 경우보다 더 강하다.

③ 실제성을 지니므로 연구의 외적 타당성이 높아 다른 경우에도 일반화시킬 수 있는 가능성이 높아진다.

④ 복잡한 일상생활, 사회화과정, 변화 및 영향 등을 연구하는 데 적합하다.

⑤ 가설의 검정을 통해 문제해결에 기여하므로 실제의 세계에 연결되는 연구의 성격을 띤다.

다. 현장실험의 단점

① 실험실실험과는 달리 실험상황을 엄격하게 통제하지 못한다.

② 독립변수의 조작도 실험실실험만큼 다양하지 못하며, 때로는 불가능한 경우도 있다.

③ 연구 자체의 정확도가 실험실실험보다 낮다.

④ 연구자의 편견이 개입될 가능성이 높다.

(2) 실험실실험

가. 실험실실험의 의의

실험실실험(laboratory experiment)은 실험자가 원하는 조건을 갖춘 상황에서 정확하게 재현하여 변수를 조작하고 다른 변수를 통제하면서 변수 간의 효과를 관찰하는 방법이다. 실험실실험은 행동과정지향적인데 비해 일반 현지조사는 행동체계지향적이라고 할 수 있다.

나. 실험실실험의 장점

① 종속변수에 영향을 미칠 수 있는 외부변수가 개입되지 못하도록 완전한 통제를 할 수 있다.

② 연구대상에 대한 무작위표본추출이 용이하며, 특히 하나 이상의 독립변수를 마음대로 조작할 수 있다.

③ 실험상황을 엄격히 통제하기 때문에 연구가 정밀할 뿐만 아니라 반복하기도 쉽다.

다. 실험실실험의 단점

① 항상 일정한 실험만을 위해 조작된 상황이기 때문에 독립변수에 대한 실험적 조작의 영향력이 일반적으로 약하다.

② 지나친 인위성 때문에 자연적·실제적인 현실에 일반화시키는 데에는 한계가 있다.

③ 이러한 이유로 내적 타당성은 있지만 외적 타당성이 결여되기 쉽다.

(3) 의태실험

의태실험(experimental simulation)은 현장실험과 실험실실험의 중간적인 형태에 속한다. 이 방법은 실제 시스템의 주요 속성을 측정·조작하고 행동상황을 만들어 내어 실험을 진행한다. 이 실험방법은 실험실실험과 유사하지만, 추상성 및 구체성에서 차이가 있다.

실험연구의 형태
- 현장실험
- 실험실실험
- 의태실험

4) 실험연구의 절차

실험연구의 일반적인 절차
① 예비검사: 검사도구의 신뢰성과 타당성을 확보하고 기타 문제점 보완
② 연구대상 선정: 실험집단과 통제집단 구분
③ 연구설계: 사전검사·실험처치·사후검사
④ 실험처치효과의 분석

(1) 예시 1 – 예비검사

아래의 내용은 예비검사에 대하여 기술한 부분을 발췌한 것이다.

본 연구를 시행하기에 앞서 검사도구의 적절성 및 타당성, 연구의 시행과정 및 처치시간에 대해 알아보고 문제점을 보완하기 위한 예비연구를 실시하였다. 예비연구대상은 실험대상이 아니면서 생활환경이 비슷한 광주광역시에 소재한 H유치원 만 5세 우아 10명을 대상으로 2006년 5월 2일부터 5월 4일까지 3일 동안 음악적성검사와 음악적 창의성검사를 실시하였다.

검사내용은 음정감검사와 리듬감검사를 각각 따로 하였으며, 검사 시 연구자는 텍스트를 읽어주고 전개될 상황들을 설명하고, 녹음을 듣게 하였다.

(2) 예시 2 – 실험연구의 절차

가. 연구주제

상황학습 기반의 듣기전략의 활용이 학습태도와 듣기능력에 미치는 효과 – 대학교 중국어 초급과정을 중심으로

나. 연구목적

본 연구는 대학에서 초급중국어를 수강하고 있는 학습자들을 대상으로, 상황학습 기반의 듣기전략을 활용한 수업을 적용할 경우 학습자들의 학습태도(중국어에 대한 흥미, 중국어에 대한 자신감, 중국어 학습습관)와 듣기능력에 어떠한 효과를 미치는지를 알아보기 위한 것이다.

다. 연구모형

본 연구의 변인들 간의 관계를 중심으로 한 연구모형을 제시하면 다음 [그림 3-1]과 같다.

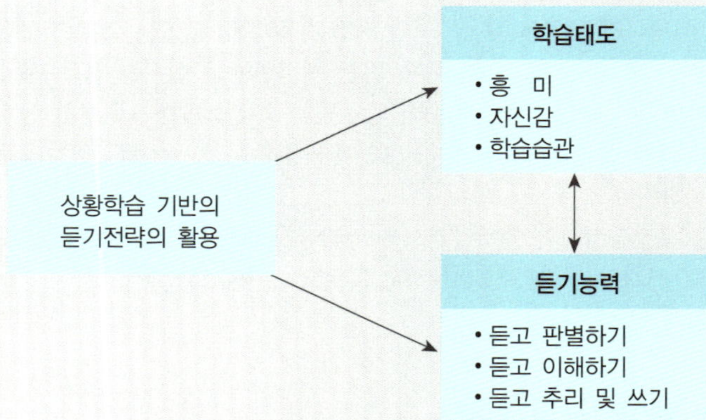

[그림 3-1] 학습태도와 듣기능력에 대한 실험연구의 연구모형

라. 연구설계

본 연구의 목적을 달성하기 위하여 실험처치에 앞서 종속변인을 측정하는 사전검사를 실험집단과 통제집단에 모두 실시하였다. 다음 실험처치는 실험집단에만 적용하며 사후검사는 실험집단과 비교집단 모두에 실시하였다. 본 연구의 실험설계는 다음과 같다.

[표 2-1] 사전검사 · 실험처치 · 사후검사 설계

실험도구 / 대상	사전검사	실험처치	사후검사
실험집단	E_1	X	E_3
통제집단	C_2		C_4

E_1, C_2: 흥미, 자신감, 학습습관, 듣기능력 사전검사
X: 상황학습 기반의 듣기전략의 활용을 적용한 수업
E_3, C_4: 흥미, 자신감, 학습습관, 듣기능력 사후검사

실험연구의 방법

- 실험대상자 선정과정과 방법
- 실험효과의 측정을 위한 도구
- 실험효과 측정결과 제시

5) 실험연구 절차의 사례

아래의 사례는 실험연구의 절차를 엄밀하게 준수하여 실제로 실험연구를 수행한 것이다.

(1) 연구설계

본 연구는 신체움직임을 통한 음악감상활동이 유아의 음악적성과 음악적 창의성에 미치는 효과를 검증하기 위하여 [표 5-1]와 같이 연구를 설계하였다.

표 5-1 유아 음악적 창의성 연구설계모형

집단	사전검사	실험처치	사후검사
실험집단(20명)	E_1	X	E_2
통제집단(20명)	C_3		C_4

E_1: 실험집단의 사전검사 E_2: 실험집단의 사후검사
C_3: 통제집단의 사전검사 C_4: 통제집단의 사후검사
X: 신체움직임을 통한 음악감상활동

본 실험설계는 사전사후검사 통제집단설계로 독립변인은 신체움직임을 통한 음악감상활동이고 종속변인은 음악적성과 음악적 창의성이다. 두 집단에 음악적성과 음악적 창의성에 대한 사전검사를 실시하고 실험집단에게 실험처치(신체움직임을 통한 음악감상활동)를 투입한 후 음악적성과 음악적 창의성에 대한 사후검사를 실시하였다. 실험집단과 통제집단 모두 같은 시기에 사전검사와 사후검사를 실시하였다.

실험연구를 수행하기 위한 연구의 설계

① 실험집단과 통제집단의 선정
② 사전검사
③ 실험처치
④ 사후검사

(2) 연구절차

본 연구는 예비검사를 실시한 후 통제집단 담임교사와 연구보조자훈련, 사전검사,

실험처치, 사후검사 순서로 진행하였다.

가. 예비검사

본 연구를 시행하기에 앞서 검사도구의 적절성 및 타당성, 연구의 시행과정 및 처치시간에 대해 알아보고 문제점을 보완하기 위한 예비연구를 실시하였다. 예비연구대상은 실험대상이 아니면서 생활환경이 비슷한 광주광역시에 소재한 H유치원 만 5세 유아 10명을 대상으로 200×년 ○월 ○일부터 ○월 ○일까지 음악적성검사와 음악적 창의성검사를 실시하였다.

첫째, 검사내용은 음정감검사와 리듬감검사를 각각 따로 하였으며, 검사 시 연구자는 텍스트를 읽어주고 전개될 상황들을 설명하고, 녹음을 듣게 하였다.

둘째, 정확한 검사를 위해 녹음의 소리와 구성이 유아에게 익숙해지도록 배려하고, 유아들을 분리하여 자기반 친구의 답안지를 보게 됨을 방지하였다.

셋째, 연습보기에 대한 대답을 이해하지 못한 유아가 있을 때는 다음 연습보기에 귀를 기울이도록 격려하였고 다시 들려주지 않았다.

넷째, 음악적 창의성검사는 각 활동이 충분히 이해가 가도록 설명과 시범을 보여 표현할 수 있도록 하였으며, 그 결과 전체적 문항수가 많아 본 실험에서는 문항수의 적절한 시간안배를 할 것으로 보였다.

다섯째, 음악적성과 창의성 평가신뢰를 높이기 위해 연구보조자 4명과 검사장면을 촬영해온 비디오를 보고 몇 번의 연습 후 점수차이가 큰 3명은 제외하여(연구보조자) 본 연구자와 점수차이가 거의 같은 1명을 연구보조자로 정해 검사를 함께 수행하였다.

나. 평가자훈련 및 일치도

유아의 음악적성과 음악적 창의성검사 평정은 대학과 대학원에서 유아교육을 전공한 연구보조자와 함께 본 연구자가 실험집단과 통제집단의 음악적성과 음악적 창의성을 검사하였다. 음악적성과 음악적 창의성검사 실시 전에 평가자인 유아교육을 전공한 연구보조자에게 검사도구의 검사실시 방법과 실시상의 주의사항에 대해 훈련하였다. 연구보조자와 함께 검사문항에 대해 검토하고 이해하지 못하거나 의미 파악이 어려운 문항에 대해 연구자와 연구보조자 간의 토론 및 협의를 통해 의견의 일치를 이루었다.

또한 검사도구의 신뢰도가 높은 자료를 수집하기 위해 연구대상이 아닌 다른 유아 10명을 대상으로 연습하여 일치도를 높였다. 음악적 창의성검사에서는 본 연구자는 평균이 27.4점, 연구보조자는 28.4점이 나왔으며 두 집단 간 의미 있는 평균차이(t=−.284)는 나타나지 않았다. 이와 같은 결과는 두 검사자가 동일한 상태라는 것을 증명하는 것이다.

다. 예비실험

연구대상이 아니면서 예비검사에 참여했던 유아를 대상으로 하는 예비실험은 ○○○○년 ○월 ○일부터 ○일까지 이루어졌다. 먼저 유아 5명에게 음악감상곡 중 2~3분으로 편집된 홀스트의 대장장이를 들려주고 본 연구자가 하는 동작활동을 자유롭게 따라하도록 하였고 나머지 5명은 앉아서 이를 지켜보았다. 이들의 활동이 끝나면 앉아 있던 유아 5명은 같은 음악감상곡을 들으면서 본 연구자가 하는 동작활동을 자유롭게 따라하였고 나머지 5명은 앉아 감상을 하면서 다른 친구들의 동작활동을 지켜보았다. 처음에는 유아들이 소극적으로 동작활동을 하였으나 똑같은 곡을 본인과 친구들이 하는 것을 두 번 보면서 서서히 적극적으로 참여하게 되었다. 두 번째는 2~3분의 슈베르트 교향곡을 교대로 들으면서 동작활동을 하고 세 번째는 3분의 모차르트 마술피리를 교대로 들으면서 활동을 하였다. 매 곡마다 교대를 하였더니 번거롭고 시간이 많이 소요되어 흥미가 감소될 것으로 판단되었다. 그래서 본 실험처치에서는 처음에는 한 곡을 듣고 교대하고 다음에는 나머지 2곡을 계속 듣고 교대하였더니 더욱 흥미롭게 적극적으로 활동을 하였다. 이 결과 실험처치 소요시간이 약 30분 정도 소요되었다.

라. 사전검사

실험처치 전에 두 집단 간의 동질성을 검증하기 위해 음악적성과 음악적 창의성에 대한 사전검사를 실시하였다. 연구대상으로 선정된 실험집단과 통제집단의 유아들에게 ○○○○년 ○월 ○일까지 10일에 걸쳐 실시하였다. 먼저 음악적성 사전검사의 음정감검사는 실험집단 유아 20명과 통제집단 유아 20명을 각각 5명씩 4집단으로 나누어 하루에 4집단씩 소집단으로 실시하고, 1주일 후 각 집단에게 리듬감 검사를 실시하였다. 각 검사는 30분 정도 소요되었다. 음악적 창의성 사전검사는 유아 한 명씩 개별적으로 실시하였으며 각 검사는 15분 정도 소요되었다. 사전검사는 실험집단과 통제집단 담임교사의 도움을 받아 본 연구자와 연구보조자가 직접 검사하였다.

마. 실험처치

본 연구는 실험처치를 위한 실험집단의 음악감상활동은 고든(Gordon)의 음악학습 이론을 기초로 이지나(2003), 문영경(2003), 유승지(2001)의 유아음악 감상활동 프로그램을 참고하여 본 연구자가 개발하였다. 또한 개발한 음악감상활동 내용에 대해서 5인 이상의 현장유아교사와 유아음악교육 전문가와 협의하여 결정하였다.

가) 음악감상곡 선정과정

본 연구의 실험처치에 사용할 음악감상곡 선정에 있어서는 유치원 교육활동 자료집과 음악감상을 실시하고 있는 하고 있는 공 · 사립유치원 10곳의 음악감상곡, 각 대학 유아교육과에서 사용하고 있는 유아음악교육교재에 수록된 감상곡, 대학교 사회교육원과 음악연구소에서 유치원과 어린이집교사를 대상으로 실시하고 있는 유아음악교육 프로그램의 100여 곡을 참고 수집하였다. 이들 음악 중 다양한 음악(바로크음악, 고전음악, 낭만음악, 현대음악, 대중음악)과 생활주제를 고려하였다. 또한 유아교육과에서 음악을 지도하고 있는 전문가 5명과 현장 유아교사 10명과 협의하여 총 12곡의 음악감상곡을 선정하였다.

나) 음악감상곡 선정기준

① 선정된 12곡의 음악감상곡은 유아들의 발달적 수준과 흥미에 적합한 감상곡인가?

② 음악을 들으면서 신체 움직임을 쉽게 표현할 수 있는가?

③ 음악감상곡이 유아의 집단별 상호작용과 감각적 통합이 유도되도록 구성되어 있는가?

이러한 선정기준에 따라 최종적으로 선택된 감상곡을 살펴보면 [표 5-2]와 같다.

표 5-2 음악감상곡 목록

곡번호	시대별	곡명	작곡자
1	현대음악	대장장이	홀스트
2	낭만음악	교향곡 No.8	슈베르트
3	고전음악	마술피리	모짜르트

4	현대음악	오리지날 모음곡	쟈콥
5	낭만음악	사랑의 인사	엘가
6	고전음악	놀람교향곡	하이든
7	현대음악	교향곡 No.1	쇼스타코비치
8	바로크음악	사계 '봄'	비발디
9	낭만음악	동물의 사육제 '사자'	생상
10	현대음악	장작더미	미상
11	낭만음악	마탄의 사수	베버
12	바로크음악	미사 b 단조	바하

다) 실험처치기간 및 일과운영

본 연구의 실험처치는 ○○○○년 ○월부터 주 2회씩 6주 동안 총 12회에 걸쳐 실시하였다. 음악감상활동은 실험집단과 통제집단의 하루 일과 중 대·소집단 활동시간에 실시하였다. 두 집단의 일과운영은 아래 [표 5-3]과 같다.

표 5-3 실험집단과 통제집단의 하루 일과

실험집단	시간	통제집단
등원	08:30~09:00	등원
일과계획 및 활동소개	09:00~09:10	일과계획 및 활동소개
자유선택활동	09:10~10:00	자유선택활동
정리정돈 및 화장실 가기	10:00~10:10	정리정돈 및 화장실 가기
간식	10:10~10:30	간식
신체움직임을 통한 음악감상활동	10:30~11:00	조형활동을 통한 음악감상활동
이야기 나누기	11:00~11:40	이야기 나누기
정리정돈 및 손 씻기	11:40~11:50	정리정돈 및 손 씻기
점심식사 및 이 닦기	11:50~12:50	점심식사 및 이 닦기
실외 자유선택활동	12:50~13:30	실외 자유선택활동
정리정돈 및 화장실 가기	13:30~13:40	정리정돈 및 화장실 가기
대·소집단활동	13:40~14:10	대·소집단활동
간식	14:10~14:20	간식
평가 및 귀가지도	14:20~14:30	평가 및 귀가지도

라) 실험처치과정 및 내용

음악감상활동 총 12곡을 12회기 동안 실시하였고, 매회 3곡씩 제시하였다 . 제시순서를 보면 1회 새로운 3곡, 2회는 기존 2곡 유지, 1곡은 새로운 곡으로 교체, 3회는 기존 2곡 유지, 1곡은 새로운 곡으로 교체하여 각 곡은 12회기 동안 3번씩 사용되도록 하였다. 선정된 음악감상곡은 곡의 특징이 잘 나타나는 각 부분 2~3분을 사용하였고 그 내용은 [표 5-4]와 같다.

표 5-4 실험집단과 통제집단의 음악감상활동곡 제시안

회기	1회	2회	3회	4회	5회	6회	7회	8회	9회	10회	11회	12회
곡번호	1	1	1	2	3	4	5	6	7	8	9	10
	2	2	3	4	5	6	7	8	9	10	11	11
	3	4	5	6	7	8	9	10	11	12	12	12

(가) 실험집단의 처치과정

실험집단에게는 신체움직임을 통한 음악감상활동을 위해 넓은 공간을 확보하였으며 감상곡은 CD에 순서대로 녹음을 하여 도입(5분), 전개(20분), 마무리(5분)로 30분간 실시하였다.

구체적인 실험내용을 보면, 먼저 도입부분에서 유아들이 대집단으로 모여 본 연구자의 연주나 제안을 듣고 통합적 감각을 흥미롭고 자유롭게 신체움직임으로 표현할 수 있도록 다양한 자료제공과 방법으로 유도하였다.

전개부분에서는 지식적 접근보다 직접 느낄 수 있도록 음악을 들으면서 악기, 스카프, 촛대, 부채, 훌라후프 등을 사용하여 음악극과, 사과표현, 인사법, 싸움과 화해, 다양한 음악적 표현을 신체움직임으로 표현할 수 있게 하였다. 마무리부분에서는 유아들이 활동을 한 후 어떤 부분은 어떤 느낌이었는지 이야기해 보도록 하였다. 이러한 일련의 과정을 진행하기 위해 본 연구자는 각 곡에 어울리는 안무제시를 하고 교사가 보조하여 실험을 진행하였다([표 5-5]).

실험처치과정을 보면, 실험집단 유아 20명을 10명씩 두 팀으로 나누었고, 한 팀 유아 10명이 본 연구자가 교사의 보조로 신체움직임을 통한 음악감상활동을 하는 동안 다른 팀 유아 10명은 관객이 되어 음악감상활동을 했으며, 감상곡 세 곡 중 처음에는 한 곡을 들으면서 활동한 후 다른 팀과 교대하였고 다음에는 두 곡을 계속 연속해서 들으면서 활동한 후 다른 팀과 교대하는 형식으로 진행함으로써 한 회 동안 각 곡을 2번씩 들었다. 30분간 주 2회(월, 목)로 6주 동안 총 12회 실시하였다.

표 5-5 실험집단의 실험처치활동 계획안(1회)

<table>
<tr><td>감상곡명</td><td colspan="2">대장장이(홀스트), 교향곡 No.8(슈베르트), 마술피리(모짜르트)</td></tr>
<tr><td>집단형태</td><td colspan="2">대집단</td></tr>
<tr><td>활동목표</td><td colspan="2">• 움직임과 음악극의 통합적인 표현을 할 수 있다.
• 일정하지 않은 박과 규칙적인 박을 경험한다.
• 장조와 단조의 대비, 밝은 느낌과 어두운 느낌을 비교한다.</td></tr>
<tr><td>활동자료</td><td colspan="2">음악CD, 훌라후프, 탬버린, 에그쉐이크, 스틱, 스카프</td></tr>
<tr><td>활동단계</td><td colspan="2">활동과정</td></tr>
<tr><td>도입
(5분)</td><td colspan="2">• 셈여림의 변화에 따른 몸의 근육의 변화를 체험한다.
• 교사는 자신의 이름을 신체표현을 병행하여 소개한다.
- 내 이름은 ○○○(힘차게 주먹을 뻗으며)
- 다 같이 해보자.
• 유아는 자신의 이름을 힘차게 주먹을 뻗으며 소개한다.
- 이번에는 다르게 움직여 이름을 말해 볼까?</td></tr>
<tr><td rowspan="3">전개
(20분)</td><td>대장장이
(홀스트)</td><td>• 훌라후프에서 노 젓기를 하면서 바다를 항해한다.
• 스타카토(Staccato)에서 노 젓기를 한다.
• 레가토 선율에서 어딘가를 보는 듯한 행동을 한다.
• 섬에 사는 원주민이 배를 가지려 하자 끌고 당긴다.
• 배를 타고 항해하다가 폭풍우만난 듯 움직인다.</td></tr>
<tr><td>교향곡
No.1
(슈베르트)</td><td>• 무겁고 장중한 느낌의 단조는 무거운 스텝을 밟는다.
• 부드럽고 밝은 느낌의 장조에서는 서로를 향해 조금씩 스텝을 밟고 다가가 손을 마주 댄다.
• 마지막에는 작은 원을 만들고 몸이 바닥에 닿게 하고 사라지는 듯한 느낌을 가지며 바닥에 엎드린다.</td></tr>
<tr><td>마술피리
(모짜르트)</td><td>• 음악극 '빵과 케이크 만들기'를 만들어 본다.
• 탬버린, 에그쉐이크, 막대, 스카프로 빵을 만들어 본다. 오븐에 있는 빵이 점점 커지는 상상을 하며 작은 원을 만든 후 점점 큰 원을 만든다.
• 빵을 맛있게 먹는 동작을 한다.</td></tr>
<tr><td>마무리(5분)</td><td colspan="2">유아들이 활동 후 각각의 음악에 대한 느낌을 이야기한다.</td></tr>
</table>

(나) 통제집단의 처치과정

도입부에서는 통제집단은 실험집단의 감상곡과 동일한 음악을 들으면서 조형활동을 실시하였다.

전개부에서는 통제집단의 교사는 조형활동을 시작할 시점에서 연구자가 준비했던 테이프를 틀어주었다. 테이프는 총 12개로 1개당 실험곡 3곡을 2번씩 녹음해주어 실험집단감상곡과 똑같은 시간과 순서가 되게 하였다.

마무리에는 자유롭게 조형활동을 정리하도록 하였다. 조형활동을 통한 음악감상활동은 도입(5분), 전개(20분), 마무리(5분)로 30분간 실시하였다([표 5-6]).

표 5-6 통제집단의 실험처치활동 계획안(1회)

감상곡명	대장장이(홀스트), 교향곡 No.8(슈베르트), 마술피리(모짜르트)
집단형태	대집단
활동목표	• 생일 맞은 친구를 위해 색종이를 잘라 고리를 만들어 서로 연결하여 목걸이를 만든다.
활동자료	음악 CD, 색종이, 풀, 가위
활동단계	활동과정
도입(5분)	• 이번 주는 어떤 친구의 생일이 있지요? • 오늘 그 친구를 위해 예쁜 목걸이를 만들어 줍시다. – 친구들은 어떤 목걸이를 만들 것인가요?
전개(20분)	• 음악감상곡을 들으면서 친구를 위한 목걸이를 자유롭게 만든다.
마무리(5분)	• 자유롭게 조형활동 정리하기

(다) 실험집단과 통제집단의 내용

실험집단은 신체움직임을 통한 음악감상활동을 실시하였고, 통제집단은 조형활동 시간에 동일한 감상곡을 듣도록 하였다. 실험집단과 통제집단의 활동내용을 비교해 보면 아래 [표 5-7], [표 5-8], [표 5-9]와 같다.

표 5-7 실험집단과 통제집단의 활동내용 비교

집단	실험집단	통제집단
처치 유형	신체움직임을 통한 음악감상활동	조형활동을 통한 음악감상활동
연구 대상	20명(남 10명, 여 10명)	20명(여 10명, 여 10명)
사전 검사	• 음악적성: Gordon(1979)의 PMMA • 음악적 창의성: Wang(1985) MCSM	• 음악적성: Gordon(1979)의 PMMA • 음악적 창의성: Wang(1985)의 MCSM
활동 방법	• 음악감상곡에 맞는 안무제시하기 • 교사의 활동을 모방하면서 창작하기 • 감상곡에 맞는 소품과 재료 이용하여 다양한 표현하기	• 음악감상곡을 단순히 조형활동을 위한 배경음악으로 들으면서 조형활동 준비하기 • 다양한 재료를 가지고 조형활동 참여

	• 동작과 음악극, 음악적인 요소의 통합적인 활동 경험하기 • 유아들이 활동 후 느낌 이야기하기	하기 • 친구들과 함께 작품결과 비교하기 • 음악을 들으면서 조형활동 정리하기
사후 검사	• 음악적성: Gordon(1979)의 PMMA • 음악적 창의성: Wang(1985)의 MCSM	• 음악적성: Gordon(1979)의 PMMA • 음악적 창의성: Wang(1985)의 MCSM
교사 역할	• 각 음악에 맞는 안무 제시자 • 유아의 동작활동을 유도하는 촉진자 • 유아와 함께 동작활동을 하는 참여자	• 조형활동을 위한 배경음악 제공자 • 음악 제시자(소개자)

표 5-8 실험집단의 활동내용

횟수	1회	2회	3회	4회	5회	6회
감상곡명	대장장이 교향곡 마술피리	대장장이 교향곡 모음곡	대장장이 마술피리 사랑의 인사	교향곡 모음곡 놀람교향곡	마술피리 사랑의 인사 교향곡	모음곡 늘람교향곡 사계'봄'
도입	박수치며 이름소개	이동동작반주에 맞춰 움직임	음악에 맞춰 걷기, 뛰기	걷다가 큰소리에 점프하기	스타킹놀이로 프레이징 표현	말타기 하면서 갤럽, 스킵 비고 구분
전개	대장장이: 훌라후프로 큰 공간 자유롭게 움직이며 음악극과 결합	대장장이: 훌라후프로 큰 공간 자유롭게 움직이며 음악극과 결합	대장장이: 훌라후프로 큰 공간 자유롭게 움직이며 음악극과 결합	슈베르트 교향곡: 무겁고 장중한 느낌, 부드럽고 밝은 느낌 표현	마술피리: 악기 재료를 사용하여 빵과 케이크 만들기, 다이나믹 표현	쟈콥모음곡: 부채춤을 연상하여 박자에 맞춰 신체움직임
	슈베르트 교향곡: 무겁고 장중한 느낌, 부드럽고 밝은 느낌 표현	슈베르트 교향곡: 무겁고 장중한 느낌, 부드럽고 밝은 느낌 표현	마술피리: 악기 재료를 사용하여 빵과 케이크 만들기, 다이나믹 표현	쟈콥모음곡: 부채춤을 연상하여 박자에 맞춰 신체 움직임	사랑의 인사: 경쾌한 음악표현과 다양한 인사법 창의롭게 표현	놀람교향곡: 스타카토와 강약을 몸으로 느끼고 프레이즈를 느낌
	마술피리: 악기재료를 사용하여 빵과 케이크 만들기, 다이나믹 표현	쟈콥모음곡: 부채춤을 연상하여 박자에 맞춰 신체 움직임	사랑의 인사: 경쾌한 음악표현과 다양한 인사법 창의롭게 표현	놀람교향곡: 스타카토와 강약을 몸으로 느끼고 프레이즈를 느낌	쇼스타코비치 교향곡: 촛대, 등불을 이용하여 '동굴에서의 탐험이야기	사계 '봄': 봄의 느낌과 리듬의 다양한 경험, 프레이즈 표현
마무리	활동 후 느낌 이야기하기	활동 후 느낌 이야기하기	활동 후 느낌 이야기하기	활동 후 느낌 이야기하기	활동 후 느낌 이야기하기	활동 후 느낌 이야기하기
횟수	7회	8회	9회	10회	11회	12회
감상곡명	사랑의 인사 교향곡 동물의 사육제 '사자'	놀람교향곡 사계 '봄' 장작더미	교향곡 동물의 사육제 '사자' 마탄의 사수	사계 '봄' 장작더미 미사b단조	동물의 사육제 '사자' 마탄의 사수 미사b단조	장작더미 마탄의 사수 미사b단조

도입	타악기 리듬에 맞춰 동작하다가 큰북의 크레센도 사인에 협동 움직임	박자에 맞춰 콩 주머니를 동그랗게 앉아 전하는 동작으로 템포 조절	바닥을 기어가는 동작으로 레가토 느린 음악, 긴소리를 경험	피아노 연주를 들으면서 신체부위로 음높이를 표현	자유롭게 걷고 뛰다가 엑센트 소리가 나면 방향을 바꾸는 동작 표현	상행음계를 들으면 몸을 쭉 뻗고 하행음계를 들으면 움츠려 음감 표현
전개	사랑의 인사: 경쾌한 음악 표현과 다양한 인사법 창의롭게 표현	놀람교향곡: 스타카토와 강약을 몸으로 느끼고 프레이즈를 느낌	쇼스타코비치 교향곡: 촛대, 등불을 이용하여 '동굴에서의 탐험이야기'	사계 '봄': 봄의 느낌과 리듬의 다양한 경험, 프레이즈 표현	동물의 사육제 '사자': 음의 셈여림을 몸으로 표현하고 강약의 부분 찾아냄	장작더미: 애교댄스, 체조, 스케이트 타며 부딪치고 사과 표현
	쇼스타코비치 교향곡: 촛대, 등불을 이용하여 '동굴에서의 탐험이야기'	사계 '봄': 봄의 느낌과 리듬의 다양한 경험, 프레이즈 표현	동물의 사육제 '사자': 음의 셈여림을 몸으로 표현하고 강약 부분 찾아냄	장작더미: 애교댄스, 체조, 스케이트 타며 부딪치고 사과 표현	마탄의 사수: 다이나믹에 따른 움직임으로 싸움과 화해 표현	마탄의 사수: 다이나믹에 따른 움직임으로 싸움과 화해 표현
	동물의 사육제 '사자': 음의 셈여림을 몸으로 표현하고 강약의 부분 찾아냄	장작더미: 애교댄스, 체조, 스케이트 타며 부딪치고 사과 표현	마탄의 사수: 다이나믹에 따른 움직임으로 싸움과 화해 표현	미사b단조: 공을 가지고 움직이는 활동악기와 합창을 구별	미사b단조: 공을 가지고 움직이는 활동 악기와 합창을 구별	미사b단조: 공을 가지고 움직이는 활동 악기와 합창을 구별
마무리	활동 후 느낌 이야기 하기	활동 후 느낌 이야기 하기	활동 후 느낌 이야기 하기	활동 후 느낌 이야기 하기	활동 후 느낌 이야기 하기	활동 후 느낌 이야기 하기

표 5-9 통제집단의 활동내용

횟수	1회	2회	3회	4회	5회	6회
감상곡명	대장장이 교향곡 마술피리	대장장이 교향곡 모음곡	대장장이 마술피리 사랑의 인사	교향곡 모음곡 놀람교향곡	마술피리 사랑의 인사 교향곡	모음곡 놀람교향곡 사계 '봄'
도입(5분)	음악 들으면서 조형활동 준비하기	음악 들으면서 조형활동 준비하기	음악 들으면서 조형활동 준비하기	음악 들으면서 조형활동 준비하기	음악 들으면서 조형활동 준비하기	음악 들으면서 조형활동 준비하기
전개(20분)	• 음악 들으면서 다양한 재료를 가지고 생일 목걸이 만들기 • 친구들과 함께 작품결과	• 음악 들으면서 다양한 재료를 가지고 선생님 얼굴 그리기 • 친구들과 함께 작품결과	• 음악 들으면서 다양한 재료를 가지고 카네이션 만들기 • 친구들과 함께 작품결과	• 음악 들으면서 다양한 재료를 가지고 선 따라 그리기 • 친구들과 함께 작품결과	• 음악 들으면서 다양한 재료를 가지고 폐품으로 만들기 • 친구들과 함께 작품결과	• 음악 들으면서 다양한 재료를 가지고 우리집 그리기 • 친구들과 함께 작품결과

	비교하기 • 조형활동 정리	비교하기 • 조형활동 정리	비교하기 • 조형활동 정리	비교하기 • 조형활동 정리	비교하기 • 조형활동 정리	비교하기 • 조형활동 정리
마무리 (5분)	활동 후 느낌 이야기하기	활동 후 느낌 이야기하기	활동 후 느낌 이야기하기	활동 후 느낌 이야기하기	활동 후 느낌 이야기하기	활동 후 느낌 이야기하기

횟수	7회	8회	9회	10회	11회	12회
감상곡명	사랑의 인사 교향곡 동물의 사육제 '사자'	놀람교향곡 사계 '봄' 장작더미	교향곡 동물의 사육제 '사자' 마탄의 사수	사계 '봄' 장작더미 미사b단조	동물의 사육제 '사자' 마탄의 사수 미사b단조	장작더미 마탄의 사수 미사b단조
도입 (5분)	음악 들으면서 조형활동 준비하기	음악 들으면서 조형활동 준비하기	음악 들으면서 조형활동 준비하기	음악 들으면서 조형활동 준비하기	음악 들으면서 조형활동 준비하기	음악 들으면서 조형활동 준비하기
전개 (20분)	• 음악 들으면서 다양한 재료를 가지고 공룡화석 만들기 • 친구들과 함께 작품결과 비교하기 • 조형활동 정리	• 음악 들으면서 다양한 재료를 가지고 물고기 스크래치 • 친구들과 함께 작품결과 비교하기 • 조형활동 정리	• 음악 들으면서 다양한 재료를 가지고 시장놀이 소품 만들기 • 친구들과 함께 작품결과 비교하기 • 조형활동 정리	• 음악 들으면서 다양한 재료를 가지고 말모습 표현하기 • 친구들과 함께 작품결과 비교하기 • 조형활동 정리	• 음악 들으면서 다양한 재료를 가지고 왕관 만들기 • 친구들과 함께 작품결과 비교하기 • 조형활동 정리	• 음악 들으면서 다양한 재료를 가지고 친구 얼굴 그리기 • 친구들과 함께 작품결과 비교하기 • 조형활동 정리
마무리 (5분)	활동 후 느낌 이야기하기	활동 후 느낌 이야기하기	활동 후 느낌 이야기하기	활동 후 느낌 이야기하기	활동 후 느낌 이야기하기	활동 후 느낌 이야기하기

마) 사후검사

사후검사는 실험처치 6주 12회가 끝난 후, 사전검사와 마찬가지로 보조연구자와 본 연구자가 직접 검사하였다. 6주 동안의 신체움직임을 통한 음악감상활동과 조형활동을 통한 음악감상활동 기간이 지난 후 ○○○○년 ○월 ○일부터 10일 동안 사전검사와 동일한 방법과 동일한 장소에서 실험집단과 통제집단의 음악적성과 음악적 창의성검사를 실시하였다.

(3) 자료분석

본 연구의 문제를 해결하기 위해 수집된 연구자료는 SPSS 프로그램을 이용하여 다음과 같은 방식으로 처리하였다.

첫째, 실험집단과 통제집단의 동질성을 알아보기 위해 음악적성과 음악적 창의성에 대한 사전검사 점수에 대해 평균과 표준편차를 산출하고 t검증을 실시하였다.

둘째, 실험처치 후 연구문제를 검증하기 위해 실험집단과 통제집단의 평균과 표준편차를 산출하고 두 집단 간 사후검사점수의 차이를 알아보기 위해 t검증을 실시하였다.

6) 실험연구의 적용

실험연구는 특정한 상황을 사전에 설계하여 이루어지기 때문에 비교적 정밀한 과제를 해결하기 위한 방법으로 수행되는 경우가 대부분이다. 따라서 사회과학분야에서는 심리학이나 사회학에서 사용되는 경우가 많고, 특히 기초과학이나 자연과학분야에서 활용도가 매우 높다. 또한 의학분야에서의 연구는 대부분 실험연구의 형태를 가지고 있다. 최근에 수행된 실험연구의 사례를 분야별로 보면 다음과 같다.

(1) 사회과학분야

① "감각통합치료가 주의력결핍 및 과잉행동장애 아동의 균형 및 집중력에 미치는 효과: 개별실험연구"(재활과학연구, 2007)
② "텔레비전 시사고발프로그램 속 인터뷰 익명처리의 영향에 관한 실험연구: MBC 〈PD수첩〉을 중심으로"(언론과학연구, 2008)
③ "양방향 TV광고의 효과에 관한 실험연구: 상호작용 행동의 영향변인과 결과변인을 중심으로"(광고연구, 2006)
④ "슬로건 유/무에 따른 광고효과에 관한 실험연구: 제품관여도의 조절효과를 중심으로"(광고학연구, 2008)
⑤ "다중지능이론을 적용한 음악교수 · 학습지도 실험연구"(예술교육연구, 2007)

(2) 기초과학분야

① "평면예혼합화염중의 N_2O 농도변화에 관한 실험연구"
② "마식에 의한 기반암면의 표면 변화에 대한 실험 연구"
③ "중 · 저준위 방사성폐기물 기체발생 실증실험연구"
④ "수제의 투영길이에 관한 실험연구"

⑤ "단동파이프하우스의 지점조건분석을 위한 실험연구"

(3) 응용과학분야

① "KTX 열차풍압 특성을 측정하기 위한 선로변 현장실험연구"

② "축소실험실을 이용한 경량충격음 차음성능예측에 관한 실험적연구"

③ "필로티형 고층 철근콘크리트건물의 진동대 실험과 해석연구

④ "콘크리트 충전 원형강관 부재 내력에 관한 실험적 연구"

⑤ "Urea-SCR 촉매를 사용한 대형디젤기관의 배출가스 특성에 관한 실험적 연구"

⑥ "볼팅 고정채널 형강 보강재를 이용한 비좌굴 Knee Bracing System의 내진성능에 대한 실험 연구"

⑦ "강봉 및 강판을 이용한 개구부를 갖는 전단벽의 보강효과에 관한 실험 연구"

⑧ "PF 열교환기를 적용한 공조기의 성능 비교실험연구"

⑨ "자세조절능력의 향상을 위한 감각통합치료적 접근: 개별실험연구'

⑩ "반복-수평력을 받는 프리캐스트기둥 - RC기초 Anchor 접합부의 내력실험연구"

실험연구

실험적 상황에서 변수의 조작이 가능한 경우 적용할 수 있는 방법으로, 특히 공학분야에서의 활용도가 매우 높다. 그렇지만 사회과학분야에서도 충분히 활용할 수 있는 방법이다.

···› 실험연구에 대한 내용은 www.papersea.com
온라인강좌Ⅱ 제16강 '연구방법 4 실험연구방법 1'
제17강 '연구방법 4 실험연구적용 사례연구 2' 참조

2 실천연구

실천연구는 발견한 사실을 실천에 옮길 수 있는 사람에 의해 이루어지는 문제에 대한 계통적 연구방법을 가리킨다. 실험적 연구방법을 준용하여 개선을 필요로 하는 문제를 발견하고 가능성 있는 해결방법을 가려서 실천해 보고 나서 결과를 분석 · 평가하는 것이 실천연구의 주된 흐름이다. 이러한 실천연구의 거의 대부분은 학교현장에서 이루어진다. 학교에서의 실천연구는 교사가 실시한 지도절차를 면밀하게 기록하고, 그 결과의 체계적 해석을 통해 개선된 교육실제에 대한 일반적 결론을 세우게 된다. 본 강에서는 학교현장에서 이루어지는 실천연구를 중심으로 살펴보고자 한다.

1) 실천연구의 의의

실천연구(action research)는 교수 · 학습상황에서 교사, 연구자, 교장, 장학사, 그 밖의 관련 인사가 학교가 어떻게 돌아가는지, 그들이 어떻게 가르치는지, 그리고 학생들이 얼마나 잘 배우는지에 관한 정보를 수집하기 위해 행하는 모든 체계적인 탐구활동이라고 할 수 있다.[1] 이러한 정보는 통찰을 얻거나 반성적 실천을 전개하기 위해서, 혹은 학교환경에 바람직한 변화를 일으키거나 학생들의 성취를 향상시키고, 관련된 사람들의 삶을 향상시키기 위해 수집되는 것이다.[2]

액션리서치는 우리나라에서 '실행연구', '현장연구', '현장개선연구' 등으로 번역되어 사용되고 있지만, 학교현장에서 이루어지는 연구 중에서도 개선을 목표로 하되 '연구'와 '실천'이 순환적으로 전개되는 연구를 지칭한다는 것을 감안하면 '실천연구'로 사용하는 것이 적합하다고 할 수 있다.[3]

> 액션리서치(action research)는 학교현장에서 주로 이루어지며, 실행연구, 현장연구와 혼용되어 사용되고 있지만, '실천연구'로 번역하는 것이 가장 적합하다.

2) 실천연구의 절차

일반적으로 실천연구는 다음과 같은 절차를 통해 수행된다.[4]

① 1단계 – 문제의 발견: 교사는 학생들이 영어에 흥미가 없고, 영어학습에 동기가 부여되지 않았다는 점을 발견한다. 이에 교사가 협력교사와 문제를 협의한다.

② 2단계 – 사전조사: 교사와 협력교사는 교실에서의 상호작용을 관찰하고 기록하여 기본적인 자료를 수집한다.

③ 3단계 – 가설 세우기: 자료를 살펴본 후 수업내용이 학생들의 필요와 흥미를 반영하지 못하기 때문에 동기가 부여되지 않는 다른 가설을 세운다.

④ 4단계 – 새로운 방법의 적용: 교사는 그 단원의 내용과 관련하여 학생들을 고무시킬 수 있는 많은 교수·학습전략을 고안한다. 또한 내용을 확인하기 위한 질문보다는 궁금한 내용을 물어보는 질문의 수를 증가시킨다

⑤ 5단계 – 평가: 몇 주 후 수업을 다시 녹화한다. 학생들의 집중력이 훨씬 좋아졌고, 더 복합적인 언어를 사용하게 되었으며, 학생 주도적인 상호작용활동도 많아졌다.

⑥ 6단계 – 연구결과의 배포: 교사는 동료들을 위해 워크숍을 열고 학회에 논문을 발표한다.

⑦ 7단계 – 후속연구: 교사는 학생들을 동기화시킬 수 있는 다른 방법을 연구한다.

이러한 절차를 거쳐 수행되는 실천연구는 현장에서 문제의 원인과 함께 개선대안 찾거나, 현장에서 이미 발견한 문제를 즉각적으로 해결하고, 프로그램 개발과 개발된 프로그램의 일반화를 적용하는 근간이 된다.

실천연구의 절차

① 문제의 발견
② 사전조사
③ 가설 세우기
④ 새로운 방법의 적용
⑤ 평가
⑥ 연구결과 배포
⑦ 후속연구
※ 이러한 절차를 통해 실천연구 결과를 일반화할 수 있다.

3) 실천연구의 일반적 구성

일반적인 실천연구 수행에 있어 필요한 구성요소를 살펴보면 다음과 같다.

(1) 실험집단과 통제집단

실험집단은 실천연구의 대상이 되는 집단이다. 일반적으로는 연구교사가 지도하는 학생들이 실험집단이 된다. 연구교사는 실험집단을 대상으로 프로그램을 실시하고 그 프로그램의 효과를 검사를 통해 측정하게 된다. 통제집단은 프로그램을 실시하지 않는 집단으로, 실험집단과의 차이를 분석하기 위해 선정하는 집단이다.

연구과제에 따라서는 통제집단을 선정하지 않고 실험집단만을 대상으로 연구를 수행할 수 있다.

(2) 실천과제

실천과제는 연구교사가 발견한 문제를 학교현장에서 어떻게 해결해야 할지에 대해 목표를 설정한 다음 그 목표를 달성하기 위해 실천해야 할 내용에 대하여 구체적이고도 합목적적으로 선정하는 세부적인 주제라고 할 수 있다.

(3) 프로그램

프로그램은 연구교사가 발견한 문제를 해결하기 위해 설정한 실천과제를 수행하기 위해 실시하는 특정한 방법이다. 예컨대 체험학습을 통해 유아들의 놀이형태가 어떻게 변화하는지를 연구하고자 할 때, '체험학습'이 곧 프로그램이 된다.

(4) 학습지도안

학습지도안은 실천과제에 따라 해당 프로그램을 실시하기 위한 교수 · 학습과정안을 의미한다. 연구교사는 실시하고자 하는 프로그램의 효과를 극대화하기 위해 실험집단에 적절한 방법을 다양하게 선정하여 학습지도안을 준비해야 한다. 그리고 연구논문을 작성할 때 이 학습지도안을 어떻게 구성하고 실시했는지에 대해 기술한다.

(5) 사전검사와 사후검사

사전검사는 프로그램을 실시하기 이전에 실험집단의 특정한 행동특성을 검사하는 것이고, 사후검사는 프로그램을 실시한 다음 사전검사와 동일하거나 유사한 검사를 실시하는 것이다. 연구교사는 사전검사와 사후검사를 비교 · 분석함으로써 해당 프로그램의 실시 효과를 검증하게 된다.

실천연구의 구성요소

① 실험집단과 통제집단
② 실천과제
③ 프로그램
④ 학습지도안
⑤ 사전검사와 사후검사

4) 실천연구의 사례 1

다음은 사이버 상담교실 설치 · 운영을 통한 긍정적 자아개념 신장에 대한 실천연구의 사례이다. 실천연구에서 이루어지는 구체적인 과정을 통해 연구가 어떻게 수행되는지 살펴본다.

(1) 목차

Ⅰ. 연구의 개요
- A. 연구의 필요성
- B. 연구의 목적
- C. 연구문제
- D. 연구의 범위 및 제한점

Ⅱ. 이론적 배경
- A. 이론적 고찰
- B. 선행연구 고찰

Ⅲ. 연구과제의 설정
- A. 기초조사 및 실태분석

B. 문제의 제기
C. 연구과제 설정

Ⅳ. 연구의 설계
A. 연구의 대상
B. 연구기간 및 절차
C. 검증도구 및 자료처리

Ⅴ. 연구과제의 실행
A. 연구과제 '1'의 실행
B. 연구과제 '2'의 실행
C. 연구과제 '3'의 실행

Ⅵ. 연구 결과 검증 및 평가
A. 검증 내용 및 방법
B. 검증결과 및 평가

Ⅶ. 요약 및 결론
A. 요약
B. 결론
C. 제언

참고문헌

부록

(2) 연구의 개요

본 연구를 수행해야 하는 필요성과 연구의 목적 및 연구문제, 연구의 범위와 제한점 등을 기술한다.

(3) 이론적 배경

연구과제와 관련되는 기존의 이론과 관련분야의 선행연구에 대해 고찰한 내용을 기술한다.

(4) 연구과제 설정

연구방향에 대한 사전조사 및 실태분석의 결과를 제시하고, 이를 통해 본 연구에서 수행할 구체적인 연구과제를 도출한다.

가. 기초조사

영역	설문내용	방법	대상	시기
인터넷 이용실태	인터넷 경험	설문조사 (자작설문지)	본교 1학년 (100명)	○○○○년 ○월 ○일
	인터넷 이용시간			
	인터넷 사용용도 및 이용장소			
사이버 상담실태	상담유무 및 상담대상	설문조사 (자작 설문지)	본교 1학년 (100명)	○○○○년 ○월 ○일
	상담방법			
	사이버 상담유무			
	사이버 상담의 만족도 및 신뢰도			

나. 실태조사 결과분석

설문내용		반응	
		명	%
컴퓨터 · 인터넷 이용경험	컴퓨터 · 인터넷 이용경험(예)	50	100
	컴퓨터 · 인터넷 이용경험(아니오)	0	0
1주일에 몇 번 정도 이용하는가?	1~2번	5	10
	2~3번	10	20
	3~4번	15	30
	거의 매일	20	40
하루 중 인터넷을 어느 정도 이용하는가?	1시간 미만	5	40
	2~3시간	11	22
	3~4시간	19	38
	4시간 이상	15	30

다. 연구과제 도출

- **연구과제 1** 사이버 상담교실 시스템을 설치한다.
- **연구과제 2** 사이버 상담활동에 필요한 콘텐츠를 제작 탑재한다
- **연구과제 3** 제작된 콘텐츠를 상담장면에 적용한다.

(5) 연구의 설계

가. 연구기간 및 절차

차례	단계	영역	기간(월)													
			1	2	3	4	5	6	7	8	9	10	11	12	1	2
1	주제 설정	컴퓨터, 인터넷 사이버 상담에 대한 학생 기초설문조사	▶													
2		사이버 상담에 관한 문헌연구 조사	▶	▶												
3		연구주제 선정		▶												
4	기초 조사 및 자료 수집	선행연구의 고찰	▶	▶												
5		사이버 상담자료 분석		▶	▶											
6		연구대상자 선정 및 수집자료 정리		▶	▶											
7		평가도구 선정 및 분석		▶	▶									▶	▶	
8	계획서 작성	연구주제 및 실행목표 확정		▶	▶											
9		연구계획서 작성완료 제출		▶	▶											
10	실천 준비 단계	문제점 파악			▶											
11																
12		실천내용 정립				▶					▶					
13	실천 단계	사이버 상담교실 시스템 설계			▶		▶		▶							
14		사이버 상담교실 콘텐츠 제작 상담교실 상담에 적용			▶	▶	▶	▶	▶	▶	▶	▶	▶	▶		
15	평가	사후검사												▶		
16		결과분석 및 고찰			▶	▶	▶	▶	▶	▶	▶	▶	▶	▶		
17	보고서 작성	보고서 작성 초안													▶	
18		보고서 작성 수정본													▶	
19		보고서 작성 완료														▶
20		보고서 인쇄 제출														▶

나. 검증도구 및 자료처리

가) 자아개념검사

하위요인	문항번호	반대채점문항	신뢰도
일반자아개념	1~18	5, 7, 12, 13, 17, 18	.79
학급 및 학업자아개념	19~46	21, 25, 27, 28, 29, 30, 32, 35, 36, 37, 44	.85
사회자아개념	47~64	51, 55, 58, 59, 61	.80
정서자아개념	65~78	69, 70, 74, 75, 76, 78	.76
가족자아개념	79~102	83, 84, 90, 91, 96, 97, 98, 100, 101, 102	.91
신체자아개념	103~116	105, 109, 110, 112, 113	.67

나) 검증설계모형

R	E_1	X	E_2
R	C_3		C_4

R: 무선표집　E_1: 실험집단의 사전검사　X: 실험처치　E_2: 실험집단의 사후검사
C_3: 통제집단의 사전검사　C_4: 통저 집단의 사후검사

다) 자료처리

자료처리는 사전, 사후검사에서 얻어진 점수를 이용해 SPSS 통계프로그램을 이용하여, 자아개념검사에 의한 실험집단과 통제집단의 사전검사, 사후검사의 평균과 표준편차, 교정평균을 산출한 후 공변량분석을 하였다.

(6) 연구과제의 실행

가. 연구과제 '1'의 실행

본 연구에서 연구과제 1에는 '사이버 상담교실 시스템 설계'와 '사이버 상담교실 메뉴 설계'라는 두 개의 하위 실천과제가 있다. 이하 모든 연구과제는 이러한 형식으로 구성된다. 아래에서는 연구과제 1의 사례를 제시한다.

연구과제 1 사이버 상담교실 시스템을 설치한다.

1. 사이버 상담교실 시스템 설계

2. 사이버 상담교실 메뉴 설계

가) 사이버 상담교실 시스템

학교 홈페이지

초기화면 — 로그인 / 신규등록

사이버 상담실

e-mail 상담실	자유 게시판	학습 활동실	정보통신 윤리실	사이트 안내
학생 본인이 원하는 교사를 선택하여 1 : 1 상담을 요청 할 때 사용	메모장 형식의 간단한 글 올리기	학생이 자율적으로 인성에 대한 학습을 할 수 있도록 인성교육 자료 탑재	학생들이 지켜야 할 정보통신 윤리 내용탑재	전문가와 연결 및 심리검사 사이트 안내

나) 사이버 상담교실 메뉴 설계

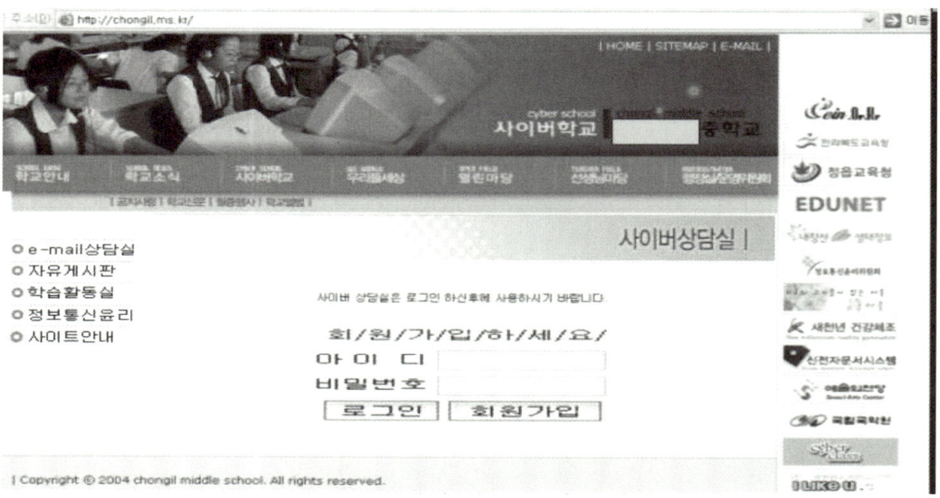

(7) 검증결과 및 평가

위에서 설정한 연구과제를 실행한 후 학생들의 자아개념 점수가 변화한 것을 분석한 결과는 다음과 같다.

변량원	자유도	잔체자승화	평균자승화	F	p
공변인	1	3100.657	3100.657		
집단	1	6481.227	6481.227	6.891	.016
오차	21	19751.926	940.568		

이 표에 나타난 결과를 살펴보면 총자아개념 점수가 $F(1, 21)=6.891$, $p<.05$ 수준에서 의미 있는 차이가 있었다. 이는 사이버 상담활동을 경험한 실험집단의 총자아개념점수가 그렇지 않은 통제집단에 비해서 긍정적인 변화를 보였다고 할 수 있으며, 두 집단 간 총자아개념의 차이는 사이버 상담교실을 이용한 상담실시의 효과라고 말할 수 있다.

5) 실천연구의 사례 2

위의 사례 1에는 없지만 실천연구에서는 연구과제 수행을 위한 프로그램을 어떻게 진행하는지에 대한 내용을 기술해야 하는 경우가 있다. 이러한 경우에는 위의 사례 1과 목차는 거의 비슷하며, 연구의 실행부분에서 다음과 같은 내용이 포함될 수 있다. 이 사례는 체육교과 수업을 통해 학생들의 도덕성을 증진시키기 위한 연구이다.

(1) 연구의 실행 – 체육교과 수업방법[5)]

① 수업보조 학생이 중심이 되어 교과서를 보고 예습을 한 후 선생님과 의논하여 구체적인 학습계획을 세우도록 하였다.

② 수업 전 쉬는 시간에 교과서나 동영상자료 등을 이용하여 학습내용과 학습방법, 학습준비물 등에 대한 논의를 하였다.

③ 운동장으로 나갈 때와 들어올 때 모둠별로 책임자를 정하여 항상 줄을 서서 다니는 것을 습관화하였다.

④ 매 시간의 본 활동 전에 남녀 2줄로 운동장 트랙 뛰기를 함으로써 질서, 인내, 절제, 협동심을 습관화하였다.

⑤ 체육활동이 끝나면 5분간 모여 앉아 그 날의 수업에 대한 이야기를 나누도록 하였다.

⑥ 교실에 들어와 수업에 관하여 모둠별로 나눈 이야기와 반성, 즐거웠던 점 등을 수업일지에 기록하되 습관과 관련지어 쓰도록 하였다.

(2) 체육수업과정안

단원	5-2 재미있는 체력운동		운동장
본시주제	다리 힘 기르기		매트
학습목표	두 사람 또는 여럿이 놀이를 통하여 다리 힘을 기를 수 있는 방법을 알 수 있다.	기를 습관	정서, 협동, 규칙, 존중
단계	학습활동		
탐색	• 두 사람 또는 여럿이 함께 다리 힘을 기를 수 있는 놀이를 찾아보기 – 어깨동무하고 앙감질 뛰기, 지네꼬리 밟기, 누워서 자전거타기, 비행기 태우기 • 인터넷을 통하여 여러 종류의 놀이모습을 보기 • 게임규칙 정하기 – 시간, 방법, 인원 등을 모둠이 함께 의논하여 정하기		
준비	• 운동장 트랙 한 바퀴 뛰기 – 남, 여 2줄씩 서서 150m 트랙 돌기		
연습	• 창의적인 동작으로 게임하기 • 미리 준비한 내용을 참고로 하여 모둠별로 할 동작을 정하고 익히기 • 모둠별로 순환하며 익히기		
정리	• 가장 열심히 하고 전체가 골고루 잘하는 모둠의 시범 보이기 • 관절 풀 수 있는 체조하기 • 트랙 한 바퀴 돌기		
수업반성	• 다리에 가장 큰 힘과 작은 힘이 작용되는 동작은 무엇이었는지 생각해보기 • 이번 활동을 하면서 배운 점을 기본생활습관 해당덕목과 관련지어 생각해 보고 함께 이야기하기 • 다음 시간에 학습할 활동에 대하여 예고하기		

(3) 수업일지

활동명	리본체조	날짜	200×. ○. ○	장소	강당
모둠원	황**, 박**, 김**, 안**, 조**, 김**				
협동 ○ 질서 ○ 예절 ○ 존중 ○ 인내 ○ 절제 ○					
※ 잘했다고 생각되는 스티커를 붙여 봅시다. ○ ○ ○ ○					
배운 것 느낀 것 변화된 것	리본을 볼 때는 매우 아름다운데 실제로 해보니 너무 어려웠다. 특히 나선형 모양을 만들 때는 마구 엉켜서 절대로 되지 않을 것처럼 생각되었다. 그런데 지윤이가 먼저 성공을 해 요령을 가르쳐줘서 그대로 따라 했더니 너무 잘 되었다. 정말 신기했다. 다른 친구들에게도 가르쳐줘서 결국 우리 모둠은 다른 모둠 앞에서 시범을 보이기까지 했다. 협동심을 배웠고 인내심과 절제하는 것, 존중, 질서를 잘 지키는 것 모두를 배우며 아주 즐거운 시간이었다. 마치 우리가 리본체조 올림픽 선수가 된 것 같았다.				

6) 실천연구의 활용

최근에 수행된 실천연구의 예를 찾아보면 다음과 같다. 이 예에서 '현장연구'는 엄밀하게 말하면 '현장에서의 실천 연구'를 의미한다.

① "초등학교 체육수업에서의 책임감 모형(TPSR) 실천에 관한 연구"(경북대학교, 2009)

② "의사소통 학습활동을 통한 초등학생의 상호존중 태도 형성에 관한 반성적 실천연구"(경남대학교, 2007)

③ "기관내 무료 초등학생의 자기주도적 가정학습능력 형성에 관한 반성적 실천연구"(教育理論과 實踐, Vol.14, No.1, 2004)

④ "초등학교 사회과 수업에서의 사고력 향상에 관한 반성적 실천연구"(教育理論과 實踐, Vol.12 No.3, 2003)

⑤ "통합학급 정신지체 중학생들의 사회적 능력 학습활동에 관한 반성적 실천연구"(경남대학교, 2008)

⑥ "도덕적 실천력 강화를 위한 대화학습 현장연구"(대구교육대학교, 2004)

⑦ "권력장악가능성과 권력장악욕구를 통해서 본 학교폭력 현장연구"(성균관대학교, 2009)

⑧ "포트폴리오 평가의 가능성과 효과에 관한 현장 연구"(숙명여자대학교, 2004)

⑨ "한국 대학 영어학습자를 위한 과정중심 쓰기에서 동료 피드백 교환 매체로서의

전자게시판 활용에 관한 현장연구"(이화여자대학교 교육대학원, 2004)

⑩ "인문계 고등학교 입말이야기 교육현장연구"(경상대학교, 2009)

⑪ "컴퓨터를 활용한 교수학습에 대한 현장연구"(전북대학교, 2002)

⑫ "도덕적 실천력 강화를 위한 대화학습 현장연구"(대구교육대학교, 2004)

···> 실천연구에 대한 내용은 www.papersea.com
온라인강좌Ⅱ 제18강 '연구방법 5 실천연구방법' 참조

3 사례연구

사례연구(case study)는 질적연구에서 주로 사용되는 방법으로서, 사회과학분야에서는 과학성이 취약한 연구방법으로 인식되어 왔다. 그것은 사례연구방법이 갖는 정확성, 엄격성, 객관성이 다른 연구방법에 비해 부족한 것으로 평가받아 왔기 때문이다. 그러나 이러한 고정관념에도 불구하고 사례연구는 전통적인 사회과학분야뿐만 아니라 도시계획, 공공행정, 경영과학, 사회사업, 교육 등 실용적인 분야 등 광범위한 분야에서 지속적으로 사용되어 왔다. 특히 평가분야에서는 설문지법이나 유사 실험과 더불어 그 사용이 더욱 일반화되고 있는 추세에 있다.[6)]

사례연구는 그 자체로 하나의 독립적인 연구전략이며, 연구문제의 정의, 연구설계, 자료수집, 자료분석, 보고서작성 등 모든 연구단계에서 매우 독특한 속성을 가지고 있다.

1) 사례연구의 성격

연구자가 어떠한 사안이 매우 중요하다고 판단될 때, 그것이 주어진 상황에서 어떻게 상호작용하는지에 대한 세부사항을 알고자 한다. 이러한 경우 사례연구를 택할 수 있다. 사례연구는 단일 사례의 독특성과 복잡성에 대한 연구이며, 중요한 상황들 속에서 사례가 전개되는 방식에 대해 이해하고자 하는 연구방식이다.[7)]

동일한 맥락에서 사례연구는 실생활에서 벌어지는 현재의 현상에 대해 조사하는 실증적 연구로서, 특히 현상과 정황 사이의 경계가 명확하게 구분되지 않을 때 사용할 수 있는 연구방법이다. 즉 조사하고자 하는 현상과 정황적 조건이 긴밀하게 연결되어 있기 때문에 정황적 조건을 연구에서 함께 다루어야 한다면 사례연구방법을 사용하는 것이 바람직하다.

이러한 의미에서 사례연구는 다음과 같은 기술적 속성을 가지고 있다.

첫째, 현상에 대한 다수의 변수들을 다룰 수 있다.

둘째, 다양한 자료원으로부터 증거를 수집하고 이러한 증거들을 수렴시켜 새로운 결과를 도출한다.

셋째, 자료수집과 분석의 기반이 될 수 있는 이론적 명제를 먼저 개발하는 것이 바람직하다.

즉 연구전략으로서의 사례연구는 연구설계의 논리, 자료수집기법, 그리고 자료 분석을 위한 구체적 접근방법 등을 모두 포괄한다.

사례연구의 성격
중요한 상황 속에서 사례가 전개되는 방식에 대해 이해하고자 하는 연구방법으로, 연구설계, 자료수집, 자료분석을 위한 접근방법 등을 포괄하고 있다.

2) 사례연구 설계

(1) 연구설계의 구성요소

사례연구의 연구설계에 있어서는 다음과 같은 다섯 가지 요소들이 중요하다.

가. 연구문제

연구문제의 형태에 따라 '누가', '무엇을', '어디서', '어떻게', '왜' 중에서 어느 것에 초점이 있는가를 파악하는 것이 가장 적절한 연구전략을 선택할 수 있는 방법이다. 만약 연구문제가 '어떻게'와 '왜'에 관한 것이라면 가장 적절한 전략은 사례연구이다.

따라서 연구자의 첫 번째 과제는 연구문제의 본질이 무엇인지 정확하게 파악하는 것이다.

나. 연구명제

연구명제는 연구설계의 두 번째 요소로, 연구범위 내에서 조사해야 하는 대상이 집중을 유도한다. 연구자가 개념적 틀로 일정한 명제를 분명하게 정립해야만 그 연구가 정확한 방향으로 진행될 수 있다. 예를 들어 '조직은 서로의 공동이익이 존재하는 한 상호 협력한다'라는 명제를 설정하였다고 가정해 볼 수 있다. 이 명제는 중요한 이슈(조직을 협업으로 이끄는 중요한 동기요인들)를 반영할 뿐만 아니라, 어디에서 적절한 증거를 찾아야 하는지에 대해서도 알려주고 있다(협업하는 조직이 얻게 되는 구체적인 이점이 무엇인지 정의하고 그것을 뒷받침할 수 있는 증거들).

다. 분석의 단위

사례연구에서 분석의 단위는 '사례'이다. 전통적인 사례연구에서 사례는 '개인'을 의미하였지만, 개인 이외에도 사건이나 개념이 대상이 될 수 있다. 즉 의사결정, 프로세스, 프로세스의 구현, 조직에서 발생한 변화 등 어떠한 것이라도 사례연구의 대상이 될 수 있는 것이다.

분석의 단위를 올바르게 선택하기 위해서는 선행연구 등을 참고로 하여 연구문제를 정확하게 구체화시켜야 한다. 그리고 연구문제가 무엇이든지 간에 모든 사례의 시작과 끝을 정의하는 구체적인 시간적 경계를 결정해야 한다. 이렇게 함으로써 자료수집과 분석의 범위를 정할 수 있게 되는 것이다.

라. 자료와 명제의 논리적 연결

수집된 자료를 연구명제와 연결시키는 방법은 여러 가지가 있지만, 어떠한 방법도 심리실험(심리학에서 가설과 자료를 연결시키는 방법 중의 하나)과 같이 피험자에게 서로 다른 조건의 조치를 취하는 방법보다 더 정확할 수는 없다. 사례연구에서 자료연결의 대표적인 방법은 캠벨(David Campbell, 1975)[8]에 의해 제안된 '패턴매칭(pattern matching)'이다. 이것은 동일한 사례로부터 수집된 정보들을 이론적 명제와 연결시키는 방법이다.

마. 결과를 해석하는 기준

결과를 해석하는 데 있어서는 서로 다른 패턴을 충분히 대비시킴으로써 적어도 두 개 이상의 경쟁명제들과 비교한다는 관점에서 결과를 해석하는 것이 가장 바람직하다.

연구설계 라. 요소는 사례연구에서 가장 개발이 안 된 부분이지만, 이 부분의 기초가 공고하게 세워져야 자료분석이 제대로 이루어질 수 있다.

연구설계의 요소
- 연구문제
- 연구명제
- 분석의 단위
- 자료를 명제와 연결시키는 논리
- 결과해석의 기준

(2) 연구설계의 평가기준

연구설계는 연구자의 주장에 대한 논리적 상태를 나타내는 것이기 때문에 논리적 검증을 통해 연구설계가 제대로 되었는가를 객관적으로 판단할 수 있다. 사례연구에서는 구성 타당성, 내적 타당성, 외적 타당성, 신뢰성의 네 가지 평가기준을 사용한다. 이 기준의 의미는 다음과 같다.

① 구성 타당성: 연구하고자 하는 개념들을 정확하게 측정하였는가?

② 내적 타당성: 독립변수와 종속변수 사이에 타당한 인과관계가 수립되었는가? 의사(spurious)관계는 아닌가?

③ 외적 타당성: 연구의 발견이 일반화될 수 있는가?

④ 신뢰성: 자료수집절차 등 동일한 연구를 반복했을 때 같은 결과를 제시할 수 있는가?

다음은 이 평가기준에 의한 연구설계검증을 위한 방법과 전술이다.

표 5-10 사례연구에서의 연구설계검증을 위한 네 가지 방법과 전술

검증	사례연구전술	전술적용단계
구성 타당성 (construct validity)	• 다양한 자료원을 사용하라. • 증거사슬(chain of evidence)을 만들어라. • 사례연구보고서 초안을 검토할 중요 정보제공자를 확보하라.	자료수집단계 자료수집단계 보고서작성단계
내적 타당성 (internal validity)	• 패턴매칭기법을 사용하라. • 인과관계를 설명하라. • 경쟁가설을 설정하라. • 논리모델을 사용하라.	자료분석단계 자료분석단계 자료분석단계 자료분석단계
외적 타당성 (external validity)	• 단일사례연구에서는 이론을 사용하라. • 다중 사례연구에서는 반복연구논리를 사용하라.	연구설계단계 연구설계단계
신뢰성 (reliability)	• 사례연구 프로토콜을 사용하라. • 사례연구 자료베이스를 개발하라.	자료수집단계 자료수집단계

연구설계의 검증방법은 연구 초기뿐만 아니라 연구 전반에 걸쳐서 적용된다. 이러한 의미에서 '연구를 설계한다'는 말은 초기의 연구설계 단계뿐만 아니라 연구 전반에 걸쳐서 지속적으로 수행되어야 한다는 것을 의미한다.

연구설계의 평가기준

• 구성 타당성
• 내적 타당성
• 외적 타당성
• 신뢰성

(3) 연구의 설계방법

사례연구의 설계는 다음의 [표 5-11]과 같이 2×2 매트릭스 기반 유형으로 구분할 수 있다.

표 5-11 사례연구 설계의 기본 유형

분석단위 \ 사례수	단일사례연구	다중사례연구
단일분석단위	(1)	(3)
복합분석단위	(2)	(4)

가. 단일사례연구

가) 단일사례연구의 적용

① 이미 잘 알려진 이론을 검증하는데 매우 중요한 하나의 사례가 있는 경우 이론이 매우 명확하고 구체적인 명제를 가지고 있으며 그 명제가 참으로 인정되고 있는 상황인 때

② 사례가 매우 독특하거나 극단적인 경우 – 임상심리학 분야에서 보편적인 경우로서, 환자의 부상이나 장애가 너무 특이해서 이러한 단일사례가 분석과 보고로 충분한 가치를 지니는 상황

③ 하나의 사례가 대다수의 사례를 대표하거나 매우 전형적인 특징을 가진 경우 – 어떤 제조기업이 같은 산업 내의 다른 많은 제조기업 중에서 매우 전형적인 속성을 가지고 있는 상황

④ 과거에는 과학적 조사가 불가능했던 현상을 하나의 사례를 통하여 관찰하고 분석함으로써 새로운 정보를 획득할 수 있는 기회를 갖게 되는 경우

⑤ 같은 사례에 대해 두 개 이상의 시점을 대상으로 종단적(longitudinal)으로 사례연구를 하는 경우

나) 단일분석단위와 복합분석단위

하나의 사례연구가 두 개 이상의 분석단위를 가질 수 있다. 이 경우는 주요 분석단위 이외에 그 사례에 속한 하위단위를 분석에 포함시키고자 할 경우이다.

① 한 병원 대상 연구에서 분석내용을 '병원의 서비스'와 '종업원'으로 하는 경우

② 평가연구의 경우 하나의 프로그램에 여러 개의 프로젝트가 포함되어 있는 경우

다) 단일사례연구의 장 · 단점

① 장점: 논리적으로 하위분석단위가 있을 수 없거나 관련된 이론이 그 자체로 전

체적인 속성을 지니는 경우

② 단점

- 전체적인 접근방법 때문에 연구자가 어떤 특정한 현상을 조작적으로 상세화하는 데에 실패할 수 있다.
- 연구과정에서 연구자가 모르는 사이에 연구의 전체적인 본질이 변할 수 있다. 즉 연구가 수행되는 동안 예기치 않은 방향전환을 해야 하는 경우가 발생할 수 있다. 이러한 경우를 대비하여 하위분석단위를 설정할 수 있다.
- 복합분석단위 설계의 경우 사례연구가 하위분석단위 수준에 집중된 나머지 더 큰 분석의 단위로 돌아가는 것에 실패할 수 있다.

나. 다중사례연구

가) 의의

동일한 연구 내에 두 개 이상의 사례를 포함하는 연구를 다중사례연구라고 한다. 예를 들어 학교의 혁신에 관한 연구에서 여러 개의 학교를 연구의 대상으로 선택하는 경우이다.

나) 특징

① 단일사례연구와 비교하여 더 설득력 있는 것으로 인정된다.

② 다중사례연구는 반복연구의 논리, 즉 복수의 실험을 행하는 것과 같은 개념으로 파악해야 한다.

다) 예시(두 개의 사례로 구성된 사례연구)

차스킨(Chaskin, 2001)[9]은 지역주민의 수준에 따라 공동체의 역량을 위한 전략이 달라져야 한다는 주장을 하기 위해 두 개의 사례를 사용하였다. 연구의 주요 주제이자 저자가 제시하고자 하는 개념적 틀은 공동체 역량을 구축하기 위한 두 가지 접근방법이었다. 하나는 기존에 존재하는 공동체 조직의 네트워크를 강화하는 방법이고, 또 다른 하나는 새로운 조직을 만드는 방법이다. 그리하여 두 가지 접근방법이 얼마나 효과가 있는가를 두 개의 사례를 통하여 제시하였다.

단일사례연구와 다중사례연구

- 단일사례연구
  - 사례가 하나이므로 분석의 단위를 명확하게 정의해야 한다.
  - 하위분석단위를 포함시킴으로써 분석을 풍부하게 할 수 있다.
- 다중사례연구
  - 다중사례연구가 단일사례연구보다 더 좋은 연구가 될 가능성이 높다.
  - 반복연구의 논리를 따라 모든 사례들이 신중하게 선택되어야 한다.
  - 분석단위가 여러 개 포함되는 다중사례연구는 정량적인 분석방법을 함께 사용할 수 있다.

3) 자료의 수집

(1) 여섯 가지 자료원

사례연구에서 가장 일반적으로 사용되는 자료원은 문서정보, 기록정보, 인터뷰, 직접관찰, 참여관찰, 물리적 인공물 등이다. 이와 같이 다양한 자료수집방법들은 상호보완적인 속성을 가지고 있기 때문에 가능한 한 다양한 자료수집방법을 사용하는 것이 좋다.

가. 문서정보

문서정보는 사례연구의 가장 중요한 자료원의 하나이다. 기본적으로 모든 자료수집계획에서 연구와 관련된 문서정보를 체계적으로 검색하는 것이 중요하다. 문서정보는 매우 다양한 유형이 있으며 대부분 유용한 정보를 제공하지만, 항상 정확한 것은 아니라는 것을 유의해야 한다.

나. 기록정보

기록정보는 체계적 보관관리를 위하여 일정한 분류 및 정리과정을 거쳐 비교적 구조화 또는 전산화된 기록물을 가리킨다. 대체로 컴퓨터파일이나 레코드와 같은 형식이며, 각종 통계 및 서베이 저장자료 등이 대표적이다. 기록정보가 연구를 위해 매우 적절하다고 판단될 경우에는 그 증거의 정확성뿐만 아니라 그 증거가 산출되었던 정황들을 함께 신중하게 고려해야 한다.

다. 인터뷰

인터뷰는 구조화된 질문형식이 아니라 유도된 대화형식에 더 가깝다. 즉 연구자가 일관된 조사목표를 가지고 질문을 하지만, 그 과정에서의 실질적인 질문의 흐름이나 내용은 경직되지 않고 부드럽게 진행되는 것을 의미한다. 따라서 연구자는 실질적인 질문을 편견 없는 방식으로 진행시켜야 한다.

라. 직접관찰

사례연구 현장을 방문하면 직접관찰을 할 수 있는 기회가 온다. 그 현장의 환경적인 상황이나 관련된 사람들의 행위들이 직접관찰의 대상이다. 또한 공식적인 자료수집활동에서부터 우발적으로 발생한 자료수집행위 모두를 포함해야 한다.

마. 참여관찰

참여관찰은 연구자가 단순히 수동적인 관찰자가 아니라 사례연구 상황 내에서 필요에 따라 능동적인 다양한 역할을 수행하고 사건에 실제적으로 참여하는 것을 말한다. 이 경우 연구자는 직접 참여함으로 인해 발생할 수 있는 편향적 판단을 주의해야 한다.

바. 물리적 인공물

물리적 인공물은 기술적 장치, 도구, 기구, 예술작품, 기타 물질적인 자취들을 의미한다. 이러한 인공물은 현장 방문 시에 수집되거나 관찰될 수 있다.

(2) 여섯 가지 자료원의 장 · 단점

다음의 [표 5-12]는 이상의 여섯 가지 자료수집방법의 장 · 단점을 요약한 것이다.

표 5-12 여섯 가지 자료수집방법의 장 · 단점

자료원	장점	단점
문서정보 1차적 기록물 (미분류기록물)	• 안전성: 반복해서 검토할 수 있음 • 중립성: 연구대상에게 어떠한 영향도 미치지 않음 • 정확성: 정확한 이름, 출처, 사건의 상세부분을 알 수 있음 • 포괄성: 긴 시간에 걸쳐 많은 사건들과 다양한 환경을 포괄함	• 검색용이성: 너무 광범위하므로 원하는 자료를 정확히 검색하는 것이 어려울 수 있음 • 편향적 선택성: 자료수집이 불완전할 경우 • 객관성의 결여: 저자의 선입견이 반영될 수 있음 • 접근성: 접근이 제한되는 경우도 있음
기록정보 2차적 기록물 (분류 보관된 공식적 기록물)	• [문서정보]와 동일 • 정확성과 정량적 정보	• [문서정보]와 동일 • 사적인 이유로 인해 접근이 제한될 수 있음
인터뷰	• 목적적합성: 사례연구 주제에 직접적으로 집중할 수 있음 • 직관성: 인지된 인과적 추론을 제공함	• 잘못 구성된 질문으로 인한 오류 • 응답자의 반응: 연구의도를 미리 파악하거나 응답자가 원하는 대로 대답할 수 있음 • 잘못된 기억으로 인한 부정확한 답변
직접관찰	• 현실성: 사건을 실시간으로 다룸 • 정황요인 반영: 사건의 정황을 다룸	• 시간: 시간이 많이 걸림 • 선택성: 많은 범위를 포괄하기 어려움 • 응답자 반응: 관찰 당하고 있다는 사실 때문에 사건의 진행이 달라지는 경우 • 비용: 직접 관찰로 비용이 많이 듦
참여관찰	• [직접관찰]과 동일 • 인간관계를 통해 행동과 동기에 대한 통찰력을 제공	• [직접관찰]과 동일 • 조사자가 사건을 조작하는 경우(manipulation) 발생하는 오류
물리적 인공물	• 문화적 특징에 대한 통찰력 • 기술적 작동원리에 대한 통찰력	• 선택성(selectivity) • 이용가능성(availability)

자료수집방법

- 문서정보
- 기록정보
- 인터뷰
- 직접관찰
- 참여관찰
- 물리적 인공물

4) 자료분석

사례연구에서 자료의 분석은 일반적으로 조사, 분류, 도표화, 검증 등의 방법을 사용하거나 정량적 증거와 정성적 증거를 결합하여 연구 초기의 명제에 재적용하는 방법을 사용한다. 이하에서는 자료분석의 전략과 분석기법에 대해 알아본다. 자료의 분석전략이나 기법은 이미 자료수집 이전에 결정되어야 하며, 수집된 자료가 분석가능한지를 예비분석을 통해 확인해야 한다.

(1) 자료분석전략

가. 이론적 명제를 기반으로 하라

연구의 목적과 설계는 이론적 명제를 기반으로 하며, 이러한 이론적 명제에는 연구문제, 선행연구, 새로운 가설이나 명제가 반영되어 있는 것이다. 따라서 자료수집의 방향과 분석전략은 연구명제에 의해 정해진다. 연구의 이론적 명제는 연구자가 어떤 자료에 집중하고 어떤 자료는 무시해도 되는지 알 수 있도록 유도한다. 또한 연구명제는 사례연구의 전체적인 틀을 구성하고 대안적인 설명을 도출하는 데에도 영향을 미친다. 결국 인과관계를 설명하는 이론적 명제는 '어떻게'와 '왜'에 대한 해답으로 사례연구분석의 전체적인 방향을 이끄는 것이다.

나. 경쟁설명을 사용하라

두 번째 분석전략은 경쟁설명(rival explanation)을 정의하고 검증하는 것이다. 일반적으로 이 전략은 연구의 이론적 명제가 경쟁가설을 포함하고 있는 경우에 사용할 수 있다. 그렇지만 이론적 명제가 없는 연구에서도 사용할 수 있다. 또한 이 전략은 사례연구를 평가하는 데에도 유용하게 사용될 수 있다.

다. 사례기술 방법을 사용하라

세 번째 분석전략은 사례를 기술(description)하기 위한 구성체계를 개발함으로써 분석을 전개하는 것이다. 이 전략은 사례연구의 목적 자체가 기술적인 성격을 가지고 있는 때 특히 유용하다. 반면 분석하고자 하는 현상의 인과관계를 규명하는 데에 있어서도 효과적일 경우가 있다.

(2) 분석기법

가. 패턴매칭(pattern matching)

이 기법은 경험적으로 관찰한 패턴과 미리 예측했던 패턴을 비교하는 논리를 사용한다. 관찰된 패턴이 예측한 패턴과 서로 일치하면 그 사례연구는 내적 타당성을 확보할 수 있다. 만약 설명적인 연구라면 주로 탐색되는 패턴들은 독립변수의 패턴이나 종속변수의 패턴이 될 것이며, 또는 독립변수와 종속변수에 다 같이 관련된 전체적인 패턴이 탐색될 수도 있다. 기술적인 연구인 경우에도 자료수집을 하기 전에 특정 변수의 패턴을 미리 예측했다면 패턴매칭기법을 사용할 수 있다.

나. 설명하기

설명하기는 패턴매칭의 특수한 유형으로 볼 수 있다. 이 기법의 목적은 사례에 대한 설명을 함으로써 사례연구를 분석하는 데 있다. 현상을 설명하는 것은 그 현상에 대해 예측했던 인과적 연결이 실제로도 그러한가를 밝히는 것이다. 지금까지 대부분의 사례연구에서 설명에 의한 분석은 내러티브 형식으로 이루어져 왔다. 그러나 내러티브로는 정확한 설명을 할 수 없기 때문에 이론적인 명제를 토대로 하여 설명을 유도한다면 더 좋은 연구가 될 수 있다.

다. 시계열분석

시계열분석기법을 사용하는 이유는 다양하고도 복잡한 패턴을 용이하게 분석할 수 있기 때문이다. 시계열분석에서 가장 중요한 논리는 수집한 자료의 추세를 다음과 같은 세 가지 추세와 비교하는 것이다.

① 연구초기에 설정한 이론적인 추세

② 경쟁추세

③ 내적 타당성을 위협할 수 있는 그 이외의 추세 등

시계열분석이 복잡해질수록 자료수집에 더 많은 문제가 발생할 가능성이 높지만, 복잡한 시계열분석은 더 정교한 추세를 예측할 수 있는 강력한 분석도구가 될 수 있다.

라. 논리모델

논리모델은 시간의 경과에 따른 사건들의 복잡한 연결고리를 만드는 것이다. 사건들은 원인-결과-원인-결과의 패턴을 반복하는데, 이렇게 함으로써 초기단계에서의 종속변수(사건)가 다음 단계에서는 독립변수(사건)가 되는 것이다. 이때 일정기간 내에 중복되는 단계가 존재하기 때문에 복잡성이 발생할 수 있다.

분석기법으로 논리모델을 사용하는 것은 경험적으로 관찰된 사건을 이론적으로 미리 예측된 사건에 매칭시키는 것을 의미한다. 그렇지만 논리모델은 시간의 연속적인 단계를 다루고 있기 때문에 패턴매칭과 구분하는 것이 바람직하다. 결국 논리모델은 패턴매칭과 시계열분석을 동시에 적용시키는 방법이라고 할 수 있다.

마. 사례통합

사례통합은 한 사례연구가 적어도 두 개 이상의 사례를 포함하고 있는 다중사례연구에만 해당된다. 사례를 통합한다는 말은 독립적으로 수행된 개별적인 사례연구를 조합하거나, 동일한 연구가 여러 개의 사례로 구성된 경우 사례들을 결합하는 것이다. 사례통합분석을 수행할 때 주의해야 할 점은 많은 수의 사례를 조사하는 것이 중요한 것이 아니라, 각 사례의 속성을 얼마나 통찰력 있게 해석하는가가 관건이다.

자료분석전략

- 자료분석전략
  - 이론적 명제를 기반으로 하라.
  - 경쟁설명을 사용하라.
  - 사례기술방법을 사용하라.
- 분석기법
  - 패턴매칭
  - 설명하기
  - 시계열분석
  - 논리모델
  - 사례통합

5) 분석결과 도출

분석결과를 도출할 때에는 다음과 같은 네 가지 조건을 만족해야 한다.

① 연구자가 분석과정에서 모든 증거들을 세심하게 검토하였음이 나타나야 한다.

② 분석은 가능한 모든 대안적 해석 및 경쟁설명을 고려해야 한다.

③ 분석은 가능한 한 연구사례 또는 연구대상의 가장 중요한 현상, 즉 핵심문제를 중심으로 이루어져야 한다.

④ 기존의 이론, 지식, 경험 등을 될 수 있는 대로 충실히 이용해야 한다.

분석결과의 도출
- 모든 증거를 검토했음을 표현
- 가능한 모든 대안적 해석과 경쟁설명 고려
- 연구사례의 가장 중요한 핵심문제 중심
- 기존의 이론, 지식, 경험을 최대한 이용

6) 사례연구의 적용

최근에 수행된 사례연구를 찾아보면 다음과 같다.

① "전략실행 과정 추적연구 – 참여관찰을 통한 종단적 심층사례연구"(고려대학교, 2006)

② "사례분석을 통한 공기업의 BSC 구축방안 연구"(연세대학교, 2006)

③ "과학적 창의성과 예술적 창의성: 지식의 성장으로서의 창의성에 대한 사례연구 및 과학적 창의성의 타당화"(성균관대학교, 2008)

④ "BSC를 활용한 전략적 성과관리 성공에 관한 연구: 삼성그룹 사례를 중심으로"(한양대학교, 2008)

⑤ "기관내 무료 지방자치단체의 기업회계방식 도입에 관한 사례연구 – 일본 후쿠오카(福岡)市를 중심으로"(아시아지역연구, Vol.6, 2003)

⑥ "중국기업의 아프리카 투자 사례를 통해서 본 중국의 개도국 직접투자 유형에 관한 연구"(한중사회과학연구, Vol.12, 2008)

⑦ "(주)우일의 경영전력 사례연구"(경영사례연구, Vol.2, 2005)

⑧ "축제 성공사례연구"(경영사례연구, Vol.2, 2005)

⑨ "창업기 Y 숙식집단의 경영사례연구"(경영사례연구, Vol.1, 2004)

⑩ "사례: 하이테크 융합미디어 서비스 간의 전략적 파트너십: IPTV와 게임콘솔의

서비스혁신을 위한 마케팅 제휴사례연구"(경영교육연구, Vol.13, No.2, 2009)

···> 사례연구에 대한 내용은 www.papersea.com
온라인강좌 Ⅱ 제19강 '연구방법 6 사례연구방법' 참조

1) 최홍섭(2009), 초등학교 체육수업에서의 책임감 모형(TPSR) 실천에 관한 연구, 경북대학교 대학원 박사학위논문, p.21.

2) Mills, G.(2003), *Action Research: A guide for the teacher researcher*. 2nd. ed., 강성우 외 역(2007), 교사를 위한 실천연구, 서울: 우리교육

3) 이용숙 외(2005), 교육현장 개선과 함께하는 실천연구방법, 서울: 학지사

4) Kennis, S. & McTaggart, R.(1988), *The action research planner*, 3rd ed., Melbourne: Deakin University Press, pp.5~29.

5) 연구자는 다양한 수업을 통해 프로그램을 실행하였다. 여기에서는 여러 가지 방법 중에서 체육교과 수업방법에 대해 언급하고자 한다.

6) Yin, R. K.(2003), *Case Study research: Design and Method*, 3rd. ed., Sage Publications, Inc., 신경식 · 서아영 역(2005), 사례연구방법, 서울: 한경사, p.4.

7) 함영기(2009), 수업 전문성 재개념화의 실천적 탐색을 위한 질적 사례연구 – 온라인 지식교류 활동을 중심으로, 성균관대학교 대학원 박사학위논문, p.44.

8) Campbell, D. T.(1975), "Degree of Freedom and The Case Study", *Comparative Political Studies*, 8, pp.178~193.

9) Chaskin, R. J.(2001), "Building Community Capacity: A Definitional Framework and Case Studies from a Comprehensive Community Initiative", *Urban Affairs Review*, 36, pp.291~323.

03 부

질적연구를 위한 양적 연구방법

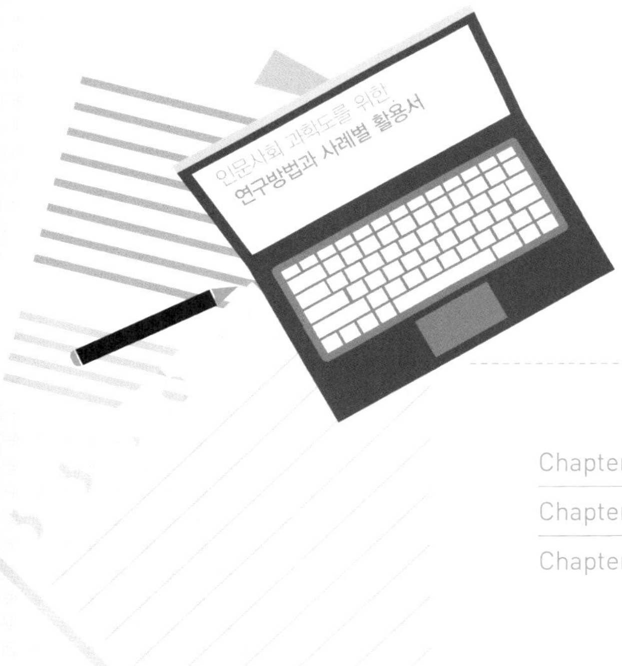

최근 논문의 연구방법 추세가 순수하게 조사연구 혹은 양적연구, 질적연구를 구분하여 구성하지 않고 있다. 즉 질적연구이면서도 통계적 기법이 추가되고 조사연구나 양적연구이면서 질적연구방법이 혼용되어 수행되고 있다. 이러한 배경은 연구방법의 한계점이 보다 더 과학적인 연구방법을 통하여 완성도 있는 논문을 작성하고자 하는 연구자들의 노력의 일환으로 볼 수 있다. 양적연구방법은 대부분 실증자료 수집을 통한 조사연구의 형태로 이루어지지만, 최근에는 통계분석이론과 통계처리프로그램의 발달로 보다 복합적인 분석방법이 다양하게 이용되고 있다.

이런 맥락에서 제3부는 질적연구나 양적연구 수행을 위해서라도 기본적으로 갖추어야 할 지식과 방법들에 대해서 알아보고자 한다. 먼저 제6장에서는 조사연구에 중요한 측정척도, 점수의 전환, 측정변수, 통제변수, 조절변수, 매개변수, 타당도와 신뢰도, 자료의 처리 및 분석에 대하여 그 개념, 종류 및 특성, 사례 등에 대하여 알아본다. 특히 변수에 대해서는 실제 연구모형도 종류에 따라 변수명의 위치, SPSS 통계프로그램상에서 어떻게 output 보여지는지를 알아본다. 자료처리는 매우 기초적인 기법들에 대하여 그 개념, 목적, 조건, output에 따른 해석의미에 대하여 알아본다. 제7장에서는 특수한 분석기법을 사용하는 양적연구방법인 DEA 분석기법, Delphi방법, 다차원척도법, 군집분석, AHP분석 등에 대하여 개념, 분석절차, 분석방법, 결과의미 등을 알아본다. 마지막으로 제8장에서는 주요 측정내용별 양적연구방법으로 학위논문의 다양한분야에서 적용되고 있거나 응용되고 있는 연구방법들이다. 주요 연구방법으로 서비스품질측정, 고객충성도측정, 조직효과측정, 고객만족도측정, 광고효과측정 등에 대하여 각 기법들의 목적, 개념, 특성연구모형, 통계분석절차와 결과의미, 각 기법으로 수행했던 선행연구논문, 각 기법들로 적용하거나 활용가능한 논문주제 내용 및 범위에 대하여 살펴본다.

06 양적연구의 기초

1 측정척도

인간의 특성을 측정하는 검사나 개인의 의견을 표현하는 질문지의 문항은 개방형 질문이 아닌 한 어떠한 형태로든 선택지(option)를 포함한다. 이러한 옵션은 측정하고자 하는 목적에 따라 적절한 방법으로 구성해야 한다. 여기에서 옵션을 척도(scale)라고 한다. 척도는 하나의 특성을 측정하는 측정치의 조직된 집합으로서, 그 특성을 표현하는 숫자로 구성된다. 이러한 측정치는 다음과 같은 속성을 갖는다.

첫째 속성은 구별성이다. 만약 A와 B의 독해력 수준이 다르다면 그들에게 부여하는 숫자는 구별되어야 한다.

둘째 속성은 크기의 서열화이다. 만약 A가 B보다 독해력 수준이 높다면 A에게 부여하는 수는 B에게 부여하는 수보다 커야 한다.

셋째 속성은 동간격이다. 만약 A와 B의 독해력 수준차이와 C와 D의 독해력 수준차이가 같다면, A와 B에 부여한 수의 차이와 C와 D에 부여한 수의 차이는 같아야 한다.

넷째 속성은 절대영(absolute zero)의 개념이다. 만약 D가 전혀 독해력이 없다면 숫자로는 0을 부여해야 한다.

이러한 속성은 척도를 구분하는 기준이 된다.

척도의 속성 구분
구별성, 서열화, 동간격, 절대영

다음에서는 척도의 구분기준에 따라 분류되는 척도의 종류에 대해 알아본다.

1) 명명척도

(1) 개념

명명척도(nominal scales)는 명목척도라고도 하며, 대상을 구별할 수 있도록 부여한 고유의 숫자로 구성된다. 이 척도는 구별성이 유지된다면 어떠한 숫자로도 전환할 수 있다.

(2) 제작방법

어느 특정한 특성을 상호배타적(mutually exclusive) 대상을 모두 포함할 수 있는 항목으로 각 대상을 분류한다. 각 대상을 하나의 항목으로 분류할 수 있다면 그 항목들을 상호배타적이라고 한다. 예를 들어 남학생과 여학생은 상호배타적 항목이지만, 남학생과 대학원 학생은 상호배타적 항목이 아니다. 분류된 항목에 모든 대상이 포함된다면 그 항목들은 대상을 모두 포함하게 된다. 예를 들어 학생들을 출신 시도별로 분류한다면 각 학생은 서울특별시, 전라북도와 같은 하나의 시도에만 분류되며, 2개 이상의 시도에는 분류될 수 없다. 이와 같이 분류가 되면 각 항목에 상이한 숫자를 부여할 수 있다. 즉 서울은 1, 부산은 2, ... 제주도에는 16으로 숫자를 부여하는 것이다. 이러한 숫자는 시도를 나타내는 단순한 기호에 불과하며, 실수계에서 나타나는 순위, 등간, 원점의 의미는 갖지 않는다. 따라서 명명척도로 수집된 자료로는 도수(frequency), 비율, 최빈치와 같은 통계량만 구할 수 있다.

(3) 사례

명명척도는 조사연구에서 인구통계학적 요인으로 사용되는 변수들에 주로 사용된다. 위의 제작방법에서 논의한 바대로 명명척도의 사례를 들어 보면 다음과 같다.

〈명명척도의 사례〉
1. 귀하의 성별은? ① 남자( ) ② 여자( )
2. 귀하의 학년은? ① 1학년( ) ② 2학년( ) ③ 3학년( )
3. 귀하의 직업은? ① 회사원( ) ② 공무원( ) ③ 자영업( ) ④ 기타( )

2) 서열척도

(1) 개념

서열척도(ordinal scales)는 해당 속성의 크기 순서에 따라 숫자를 부여한다. 대상 A가 대상 B보다 더 크다면(혹은 더 빠르다면, 더 어렵다면 등), A는 B보다 더 큰 척도치를 갖는다. A에 부여한 수가 B에 부여한 수보다 큰 관계를 유지하기만 하면 어떠한 수라도 A와 B에 부여할 수 있다. 척도를 부여한 후에는 척도치의 순서가 유지되는 범위에서 척도를 전환할 수도 있다. 예를 들어, 어떤 대상들에 대해 1, 2. 3이라는 척도치를 부여하고, 같은 순서로 5, 10, 11 또는 1, 22.5, 1003 등의 척도로 전환할 수 있다. 이와 같이 서열척도에 허용되는 전환을 단조전환(monotonic transformation)이라고 한다. 단조전환은 척도치의 상대적 순서에 영향을 미치지 않는 전환이다. 그러므로 척도치에 상수를 더하거나 양수를 곱하여도 상대적 순서에는 변화가 없다.

(2) 제작방법

서열척도는 측정하려는 특성에 따라 대상에 대하여 등위를 매기게 함으로써 구성한다. 높은 등위를 받은 대상에는 높은 척도치를 부여한다. 또한 어느 과업에 대한 총점에 따라 사람에게 등위를 매길 수도 있다. 그리고 총점이나 총점의 단조전환을 척도치로 사용할 수도 있다. 학생의 기말고사 총점을 토대로 순위를 부여하는 것이 서열척도의 대표적인 예이다.

서열척도에서는 1과 2의 차이가 2와 3의 차이와 같다는 개념이 있을 수 없다. 즉 학생의 성적순위 1등과 2등의 차이가 2등과 3등의 차이와 동일하지 않다는 것이다.

서열척도에 의해 수집된 자료는 척도의 단위가 동일하지 않기 때문에 가감승제의 산술적 연산 의미가 없다. 다만 서열척도에서는 명명척도에서 구할 수 있는 통계량에 더해서 중앙치와 사분편차와 같은 통계량을 구할 수 있다. 그리고 명명척도와 서열척도에 의해 수집된 자료에 적용할 수 있는 추리통계방법을 비모수적 통계방법(nonparametric statistics)이라고 한다.

(3) 사례

서열척도는 순위에 따라 나열하는 것으로 구체적인 사례는 아래와 같다.

〈서열척도의 사례〉

1. 학생 행동발달평가
   1) 사회성 (가) (나) (다)
   2) 성실성 (가) (나) (다)
   3) 지속성 (가) (나) (다)
2. 학생 학업평가
   1) 국어 수 우 미 양 가
   2) 수학 수 우 미 양 가
   3) 영어 수 우 미 양 가

3) 등간척도

(1) 개념

등간척도(interval scales)는 분류와 순위에 관한 정보만을 제공하는 서열척도의 속성에 척도의 단위가 동간격이라는 조건을 만족해야 하는 척도이다. 즉 등간척도는 두 대상 간의 간격(거리)의 비율을 계산하고 해석할 수 있는 수로 구성된다. 따라서 등간척도에서 5점차는 척도상의 어느 점에서도 같은 양적인 의미를 갖는다. 즉 95점과 90점 사이의 5점차와 55점과 50점 사이의 5점차는 같은 양적인 의미를 갖는다고 가정한다.

이와 같은 등간척도의 이점은 가감승제의 산술적 연산이 가능하다는 것이다. 따라서 점수 사이의 상대적 거리에는 변화를 주지 않고 다른 척도단위 점수로 환산할 수 있다. 예를 들어 화씨와 섭씨온도계로 측정한 온도는 그 단위가 등간이며, C=5(F−32)/9의 공식을 사용하여 화씨온도를 섭씨온도로 환산할 수 있다. 20°F와 60°F의 차이는 60°F와 80°F의 차이의 두 배가 되며, 섭씨로 환산한 온도에서도 두 배의 비율은 유지된다.

등간척도에서는 서열척도에서 구할 수 있는 통계량에 더하여 가장 많이 사용되는 평균과 표준편차와 같은 통계량을 구할 수 있다. 이러한 등간척도 수준 이상이 되어야 모수적 통계방법(parametric statistics)을 적용할 수 있다. 그러나 등간척도에서 0점은 임의로 정한 점수이며 절대영(absolute zero)이라는 의미를 갖지는 않는다. 예를 들어 어느 학생이 국어시험에서 0점을 받았다고 해서 그 학생의 국어실력이 0이라는 것을 의미하지는 않는다. 또한, 100℃는 50℃보다 2배 뜨겁다고 말할 수 없다. 마찬가지로 국어시험에서 100점을 받은 학생의 학습량이 50점을 받은 학생의 학습량의 2배가 된다고 말할 수 없다.

대부분의 심리검사점수나 학업성적을 나타내는 점수들은 엄격히 말해 서열척도의 수준이지만, 등간척도라고 가정하고 통계적 분석을 하는 것이다. 이렇게 하는 이유는 등간척도 수준이 되어야만 모수적 통계방법을 적용할 수 있기 때문이다. 조사연구에서 흔히 사용되는 5단계 리커트척도의 경우 엄격하게 등간척도를 적용하기 위해서는 써스톤(Thurstone)의 절대척도법 등을 활용한 모형검정을 통해 정규화점수가 선형산포도를 이루는지 확인해야 한다.

(2) 제작방법

등간척도는 척도 간의 간격을 동일하게 구성하는 것이 기본적인 방법이다. 일반적인 조사연구에서 가장 많이 사용되는 등간척도는 리커트척도(Likert scale)이다. 리커트척도라는 명칭은 이 척도 사용에 대한 보고서를 발간한 렌시스 리커트(Rensis Likert)의 이름에서 따온 것이다. 리커트척도는 설문조사 등에 사용되는 심리검사 응답척도의 하나로, 각종 조사에서 널리 사용되고 있다. 리커트척도에서는 응답자가 제시된 문장에 대해 얼마나 동의하는지를 답변하도록 한다.

리커트척도는 문장을 제시하고 그것에 대해 대답하는 형식으로 구성된다. 응답자들은 그 문장에 대한 동의/비동의수준을 응답하고, 그 문장에 대한 평가수준을 응답한다. 일반적으로는 5단계척도를 사용하는 것이 많지만, 보다 세밀한 자료의 수집이 필요할 경우에는 7단계 또는 9단계척도를 사용할 수 있다. 리커트척도는 양극척도 방법이며, 그 문장에 대한 긍정적 반응과 부정적 반응을 측정하는 것이다. 경우에 따라서는 가운데에 있는 '보통이다'를 없애고 긍정과 부정 중 어느 한쪽을 선택하도록 하는 경우도 있다.

한편 리커트척도는 어떤 요인에 의해 결과에 왜곡이 발생할 수 있다. 응답자는 극단적인 선택을 피하려는 경향이 있고, 제시된 문장에 동의하고 싶어 하는 경향이 있으며, 자신과 자신이 속한 조직이 긍정적으로 보이도록 하려는 경향이 있을 수 있기 때문이다. 그러므로 연구자는 이러한 속성을 충분히 고려하여 문항을 제작하고 결과 해석에 유의해야 한다.

리커트척도에 의한 자료수집 후에는 각 항목을 별도로 분석하거나 항목군에 대한 답변의 합계를 찾아 평가를 한다. 따라서 리커트척도는 누적척도라고도 불린다. 단일 항목에 대한 답변은 일반적으로 서열척도 자료로 취급된다. 서열척도로 작업하는 경우 비모수적인 검정으로 분석한다. 여러 항목에 대한 응답을 누적하는 경우 거리척도 자료로 취급된다. 위에서 언급한 대로 이 척도가 누적된 형태의 정규분포를 따른다면, 분산분석 등의 모수적인 검정이 가능하다. 또한 리커트척도 데이터를 단순히 '예'와 '아니오'로 구분할 수도 있다. 이 경우 통계기법으로 카이제곱검정 등의 방법을 사용한다.

(3) 사례

리커트척도는 일반적으로 다음과 같은 방법으로 제작한다.

〈등간척도의 사례〉

1. 아이스크림은 아침식사로 적합하다.
   (1) 전혀 그렇지 않다.
   (2) 그렇지 않다.
   (3) 보통이다.
   (4) 그렇다.
   (5) 매우 그렇다.
2. 여성은 가정에 있어야 한다.

(1) 극히 찬성
(2) 찬성
(3) 모르겠다.
(4) 반대
(5) 극히 반대

위의 응답에서 그 방향은 연구자의 연구목적에 따라 설정할 수 있다. 즉 어떤 경우에는 5점이 가장 높은 점수로 설정할 수도 있고, 어떤 경우에는 1점이 가장 높은 점수로 설정할 수도 있다. 이와 같이 응답 방향이 달라지는 것은 질문의 내용이 긍정적인 경우도 있고 부정적인 경우도 있기 때문이다. 그러나 여기에서 중요한 것은 전체 연구의 과정에서는 그 응답의 방향을 일치시켜야 한다는 점이다. 즉 조사단계에서는 각 문항마다 응답의 방향이 다를 수 있지만, 연구의 내용에 일관성을 유지하기 위해서는 응답의 방향을 일치시켜 결과분석 및 해석을 해야 한다.

4) 비율척도

(1) 개념

비율척도(ratio scales)는 등간척도의 속성에 절대영의 개념이 추가된 척도이다. 길이, 시간, 질량과 같이 자연과학에서 사용하는 척도는 대부분이 비율척도이다. 비율척도로 측정한 점수만이 비율을 나타낼 때 의미를 갖는다. 즉 비율척도는 척도치의 비율을 계산하고 해석할 수 있는 수로 구성된다. A가 B보다 두 배 크다면 A에 B보다 두 배 큰 척도치를 부여하는 것이다. 예를 들어 100m는 50m의 두 배이고, 10시간은 5시간의 두 배라고 할 수 있으며, 0m와 0시간은 길이와 시간이 전혀 없는 것을 의미한다. 따라서 비율척도에서는 명명, 서열, 등간척도에서 적용할 수 있는 모든 통계방법을 다 사용할 수 있다.

(2) 제작방법

비율척도는 직접추정방법을 이용하여 구할 수 있다. 평정자(응답자)로 하여금 자극이나 자극의 비율에 숫자를 부여하도록 한다. 비율척도의 적합도는 직접추정방법을 사용하여 서열척도를 제작하는 절차와 유사한 방법을 적용하여 검정할 수 있다. 예를 들어 평정자들이 C는 A보다 두 배 진보적이고, B는 A보다 반 정도 진보적이라고 평정하였다면, C의 척도치는 B의 척도치의 4배가 되어야 한다.

(3) 사례

비율척도는 일반적으로 다음과 같은 예를 들 수 있다.

〈비율척도의 사례〉

1. 귀하는 하루에 몇 시간이나 책을 읽습니까? (　　) 시간
   ⇒ 0~24시간 사이로 응답가능한 비율척도임.
2. 귀하가 역기를 들 수 있는 무게는 몇 kg입니까? (　　) kg
   ⇒ 0kg 이상으로 응답가능한 비율척도임.

서열척도 수준 이상에서 흔히 사용되는 평정척도를 제작할 때에는 문항의 작성에 주의해야 한다. 첫째, 문항의 내용이 모호하거나 다른 문항과 중복되지 않도록 해야 한다. 예를 들어 '당신의 현재 직업은 당신의 장기목표에 어느 정도 적합합니까?'와 같은 질문은 장기계획이 없는 사람에게는 적절한 질문이 아니다. 둘째, 척도는 단일차원(unidimensional)이어야 한다. 정치가에 대한 평정을 할 때 세제에 대한 정치가의 입장을 고려하는 경우와, 사회안정에 대한 정치가의 입장을 고려하는 경우는 평정을 다르게 해야 한다. 즉 문항을 별개로 구성해야 한다.

다음은 지금까지 설명한 척도수준의 내용을 요약한 것이다.

표 6-1 척도의 수준과 적용

척도	속성	사례	산출통계량	통계방법
명명척도	범주분류	남, 녀	최빈치, 비율	비모수적 방법
서열척도	범주분류, 순위	상, 중, 하	중앙치, 사분편차	비모수적 방법
등간척도	분류, 순위, 동간격	20℃, 30℃	평균, 표준편차	모수·비모수적 방법
비율척도	분류, 순위, 동간격, 절대영	1m, 2m	모든 통계량	모수·비모수적 방법

···> 측정척도에 대한 내용은 www.papersea.com
온라인강좌Ⅱ 제01강 '연구방법기초 1 측정척도 설문지 구성방법' 참조

2 점수의 전환

어떤 학생 A의 수학점수가 50점이라고 할 때, 이 점수만 보면 잘한 것인지 아닌지를 판단하기 어렵다. 그러나 이 점수가 90백분위에 해당하는 점수라는 것을 안다면 그 점수의 의미를 좀 더 잘 이해할 수 있다. 검사에 따라 원점수(관찰점수)를 사용하면 그 의미에 대한 해석이 어렵기 때문에 일반적으로 보고되는 점수는 대부분 변환된 점수이다. 점수의 변환은 그 점수를 보다 더 의미 있고 비교가능한 점수르 전환하는 것이다. 본 절에서는 원점수와 이에 대한 전환점수에 대하여 알아본다.

1) 원점수 사용의 문제점

원점수를 사용하는 경우에는 다음과 같은 문제점이 있을 수 있다.

첫째, 다른 사람과 비교하여 그 사람의 능력이 어떠한지에 대한 정보를 제공하지 못한다.

둘째, 원점수의 분포가 편포되었거나 양 최빈점 분포를 갖는 등 불규칙하면 정규분포를 요구하는 일반적인 통계방법을 적용할 수 없다.

셋째, 다른 검사의 점수와 비교할 수 없다. 예를 들어 국어에서 60점을 받고, 영어에서 40점을 받았다면 이 두 시험에서 그 사람의 상대적 능력을 쉽게 평가할 수 없다.

이상과 같은 문제점 때문에 원점수를 해석하기 용이한 점수로 전환하는 것이다.

원점수의 문제
동일한 기준에서의 비교가 불가능하다.

2) 점수전환의 유형

(1) 선형전환

선형전환(linear transformation)은 다음과 같은 형식으로 정의한다.

$$Y = aX + b$$

여기서, Y: 전환된 점수
a: 기울기(상수)
X: 원점수
b: 상수

원점수를 위와 같은 형식으로 전환하면 전환점수의 분포는 원점수와 동일하다. 원점수 분포가 우측으로 편포되었으면 선형전환된 점수의 분포도 우측으로 편포된다. 또한 상관계수의 크기는 선형전환에 영향을 받지 않는다. 표준점수, 표준화점수 등이 선형전환에 속한다.

(2) 비선형전환

비선형전환(nonlinear transformation)은 선형방정식으로 정의할 수 없는 점수전환을 의미한다. $Y = X^2$은 비선형전환의 예이다. 일반적으로 비선형전환은 상관계수와 점수분포의 형태를 변화시킨다. 따라서 비선형전환에 의한 점수전환의 분포는 원점수 분포와 상이하게 된다. 표준점수와 표준화점수를 제외한 전환점수는 모두 비선형전환에 속한다.

3) 전환점수의 사례

(1) 백분위

백분위(percentile rank or percentile) 또는 백분위점수는 특정 집단의 점수분포에서 한 개인의 상대적 위치를 나타내는 유도점수(誘導點數)를 의미한다.[1] 즉 한 집단의 점수분포상에서 어떤 일정한 점수에 대한 백분위란 그 점수 미만에 놓여 있는 사례가 전체 사례 중 몇 %에 해당하는가를 말한다. 예를 들어, 한 적성검사에서 A라는 사람이 170점을 받았는데, 이 점수 아래 전체 사례의 75%가 있다면 A의 백분위점수(또는 백분위)는 75가 된다.

가. 백분위의 계산방법

일정한 백분점수(百分點數, percentile score) 또는 원점수(原點數, raw score) X에 대한 백분위를 P_x라고 하면, 묶음빈도분포에서 백분점수를 알고 백분위를 구하는 일반 계산공식은 다음과 같다.

$$P_x = \frac{100}{N}\left[cf_0 + \frac{(X-LL)}{i}f_0\right]$$

여기서, N: 전체 사례수

cf_0: 백분점수[2] X가 들어 있는 직전 급간까지의 누적빈도수

LL: 주어진 백분점수 X가 들어 있는 급간까지의 정확하한계(正確下限界)

i: 급간의 크기

f_0: 주어진 백분점수가 들어 있는 급간의 빈도

나. 백분위의 장 · 단점

가) 장점

① 점수분포의 모양에 관계없이 계산이 간단하고 해석이 용이하다.

② 통계학적 배경이 없는 사람도 쉽게 이해할 수 있다.

③ 보편성 · 타당성 · 대중성이 있어 여러 검사 제작이 널리 쓰인다.

나) 단점

① 서열척도이기 때문에 평균이나 분산과 같은 산술적 조작을 하면 잘못된 결론을 유도하게 된다.

② 백분위분포는 직사각형 분포이기 때문에 정규분포를 가정하는 일반통계방법은 적용할 수 없다. 즉 평균, 상관계수 등과 같은 통계치를 산출할 수 없다.

③ 점수의 작은 차이에 대해 과장된 해석을 할 수 있다. 이러한 문제는 제한된 점

수만을 갖는 아주 짧은 검사에서 나타나기 쉽다.[3)]

백분위는 한 개인의 점수가 100명 중 몇 번째 정도에 위치하고 있는가를 의미한다.

(2) 표준점수와 표준화점수

가. 표준점수

표준점수(standard score)는 평균에 대한 편차점수를 표준편차로 나눈 값이다. 표준점수는 대응하는 원점수가 평균으로부터 몇 표준편차 떨어진 위치에 있는가를 나타낸다. Z점수는 표준점수의 대표적인 예이다.

가) Z점수의 산출

Z점수는 아래의 공식에 의해 산출한다.

$$Z = \frac{X - \mu_x}{\sigma_x}$$

여기서, X: 원점수

μ_x: 평균

σ_x: 표준편차

나) 표준점수의 의미

표준점수는 평균은 0이고 표준편차를 1로 전환한 것이다. 만약 어느 학생의 국어 성적이 75점이고 전체 학생의 국어 성적평균이 60점이며, 표준편차가 15라면 Z점수는 (75−60)/15=1이 된다. $Z=+1$이면 원점수는 평균에서 1표준편차만큼 위에 있는 점수이다. 이것은 정규분포상에서 상위 16% 정도에 위치하고 있다는 것을 의미한다.[4)] 만약 $Z=-2$이면 원점수는 평균에서 2표준편차만큼 아래에 있는 점수이다.

이러한 표준점수의 전환방정식은 선형이기 때문에 표준점수분포의 모양은 원점수분포의 모양과 동일하다. 또한 상관계수에도 영향이 없다. 그렇지만 모든 표준점수가 정규분포를 이루는 것은 아니다. 원점수가 편포되었거나 양 최빈점을 갖는다면 표준점수분포도 동일한 모양을 갖는다. 그러나 표준점수의 단점은 점수의 1/2이 음수라는 것이다.

나. 표준화점수

표준화점수(standardized score)는 표준점수에서 발생하는 음수의 문제를 제거한 원점수의 선형전환점수이다. 표준화점수는 평균이 μ^*, 표준편차가 σ^*가 되도록 표준점수를 전환한다.

가) 표준화점수의 산출

표준화점수는 아래의 공식으로 산출한다.

$$Y = \sigma^* Z + \mu^*$$

여기서, Y: 표준화점수

Z: 표준점수

만약 $\mu^* = 100$, $\sigma^* = 16$이면

$$Y = 16Z + 100$$

여기에서 $Z=2$이면 $Y=132$이다. $Z = (X - \mu_x)/\sigma_x$ 이므로 표준화점수의 전환공식을 원점수로 나타내면 다음과 같다.

$$Y = \sigma^* \left(\frac{X - \mu_x}{\sigma_x}\right) + \mu^*$$

나) 표준화점수의 종류

① AGCT(Arny General Classified Test)점수: 제2차 세계대전 중에 개발한 평균=10, 표준편차=20인 표준화점수

② Stanford Binet IQ점수: 평균=100, 표준편차=16인 표준화점수

③ MMPI(Minnesota Multiphasic Personality Inventory): 평균=50, 표준편차=10인 표준화점수

④ 청소년 정신건강 및 문제행동 선별검사(AMPQ)[5]

(3) 정규화점수

정규화점수(normalized score)는 전환점수의 분포가 정규분포가 되도록 원점수를 전환한 점수이다. 측정하려는 특성의 분포가 정규적이지만 표집이나 검사제작과정에 기인된 오차 때문에 원점수분포가 비정규적으로 되었다고 가정할 수 있을 때 정규화점수전환을 한다.

가. 정규화과정

① 원점수를 백분위로 전환한다.

② 각 백분위에 대응하는 표준점수를 정규분포에서 찾는다.

③ 표준점수를 원하는 평균과 표준편차를 갖는 표준화점수로 전환한다.

나. 정규화점수의 종류

가) T점수

① T점수는 평균=50, 표준편차=10인 표준화점수이다.

② 검사에 따라서는 정규화되지 않은 평균=50, 표준편차=10인 표준화점수를 의미하기도 한다.

나) Stanine

① Stanine은 평균은 5, 표준편차는 약 2로서 인접점수 간의 차이는 약 1/2 표준편차이다.

② Stanine의 장점은 분포가 정확하게 정규적이고 한 자리 숫자 점수라는 것이다.

③ Stanine은 사람들을 대강 분류하는 데 유용하다. 그러나 9개의 점수만 있기 때문에 사람들을 세밀하게 변별할 수 없다.

다. 정규화점수의 장 · 단점

① 점수분포를 쉽게 해석할 수 있고, 일반적인 통계적 조작이 가능한 잘 알려진 분

포형태를 갖는다.

② 두 검사점수가 동일한 평균과 표준편차를 갖는 정규화점수라면 원점수의 분포형태가 다르다고 하더라도 직접 비교할 수 있다.

③ 정규화점수는 백분위로의 전환이 용이하다.

④ 측정하는 특성 자체가 정규분포로부터 상당히 벗어난 분포라면 원점수를 정규화점수로 전환하는 것은 합당하지 못하다.

⑤ 정규화점수가 정확한 정규분포를 갖는 것은 아니다.

이상에서 점수의 전환에 대해 살펴보았다. 점수의 전환은 교육학이나 심리학의 검사 및 측정분야에서 주로 활용되지만, 다른 분야의 논문에서도 연구의 설계에 따라 필요한 상황이 발생할 수 있다. 이러한 경우는 하나의 설문지에서 측정하고자 하는 변수가 여러 개일 경우, 각 변수에 따라 측정척도가 다를 때 발생할 수 있다. 예를 들어 조직유효성이라는 거시적 변수는 조직몰입, 조직만족, 조직성과 등의 세부적인 요인으로 구분되는데, 이때 조직몰입은 3점척도, 조직만족은 5점척도, 조직성과는 2점척도로 설정할 수 있다. 이들 3개의 하위요인을 '조직유효성'이라는 차원으로 동일화하기 위해서는 측정척도의 범위를 동일하게 구성해야 하며, 이러한 경우 점수의 전환이 필요하다. 따라서 점수전환의 의미와 방법을 명확하게 파악하고 이를 적절하게 활용할 수 있어야 한다.

···> 점수의 변환에 대한 내용은 www.papersea.com
온라인강좌Ⅱ 제03강 '연구방법기초 3 점수의 변환방법' 참조

3 측정변수

연구자는 자신의 연구목적을 달성하기 위해 관련 분야의 이론적 배경과 선행연구를 검토하여 연구에 필요한 변수를 설정하게 된다. 변수는 일반적으로 통계적 방법을 활용할 경우 필요에 따라 설정되는 것이지만, 질적연구에서도 충분히 변수를 활용할

수 있다. 이러한 변수는 연구의 목적과 의도에 따라 여러 가지로 설정될 수 있다. 본 절에서는 변수의 의미와 종류 및 그 쓰임새에 대해 탐색한다.

1) 변수와 자료

변수(variable)는 다른 말로 변인[6]이라고도 한다. 일반적으로 변수는 연구자의 관심의 대상이 되는 속성으로서 서로 다른 두 개 이상의 값을 가진다.[7] 연구에서 자료를 수집하기 위해 관찰의 대상이 되는 개인, 집단, 학교, 기업, 동물, 사물 등의 관찰 단위는 여러 가지 속성을 가지고 있다. 사람은 키, 몸무게, 성, 소득, 직업, 종교, 나이 등의 속성을 가지고 있으며, 자동차는 가격, 색상, 주행성능 등의 속성을 가지고 있다. 이러한 속성이 곧 변수인 것이다.

자료(data)는 변수를 관찰하거나 측정하여 얻은 관찰치(또는 측정치)들의 모임을 지칭한다. 따라서 자료를 수집한다는 것은 변수를 관찰(또는 측정)하는 것과 동일한 의미를 가진다. 일반적으로 통계분석을 하기 위해서는 관심의 대상이 되는 변수를 명확히 하고, 그 변수를 관찰함으로써 자료를 수집해야 한다.

2) 변수의 유형

변수는 여러 가지로 구분될 수 있지만, 대표적으로는 양적변수(quantitative variable)와 질적변수(qualitative variable)로 구분하는 것이 일반적이며, 양적변수는 다시 이산변수(discrete variable)와 연속변수(continuous variable)로 구분된다.

(1) 양적변수와 질적변수

① 양적변수: 수치로 표현할 수 있는 변수
예) 나이, 소득, 매출액, 생산량 등

② 질적변수: 수치로 표현할 수 없고 범주화만 가능한 변수
예) 색깔, 성, 지역, 직업, 학력 등

(2) 이산변수와 연속변수

① 이산변수: 취할 수 있는 값들 사이에 간격이 있는 변수

예) 자녀의 수, 자동차 판매대수, 불량품의 수 등과 같이 정수로 표시되는 변수

② 연속변수: 취할 수 있는 값들 사이에 간격이 없는 변수

예) 온도, 부피, 키, 무게, 이자율 등과 같이 실수로 표시되는 변수

표 6-2 변수의 유형

구분		의미	사례
질적변수		수치로 표현불가	성(남자, 여자)/학력(초, 중, 고, 대)
양적변수	이산변수	수치로 표현가능/값의 간격이 있음	자녀의 수/자동차 대수/불량품의 수
	연속변수	수치로 표현가능/값의 간격이 없음	온도/부피/키/무게/신장

3) 변수의 용도

연구를 함에 있어 변수는 여러 가지 용도로 사용될 수 있다. 가장 대표적인 것은 독립변수(independent variable)와 종속변수(dependent variable)이며, 최근에는 통제변수(control variable), 매개변수(mediating variable), 조절변수(moderating variable) 등도 많이 활용되고 있다.

(1) 독립변수와 종속변수

가. 수리적 의미

수리적 모형을 기본으로 하는 학문분야에서 독립변수와 종속변수는 다음과 같이 함수의 형식으로 표현된다.

$$y = f(x)$$

여기서, y: 종속변수

x: 독립변수

이 함수관계에서 종속변수는 독립변수에 의해 결정된다.

나. 통계학적 의미

통계학적 의미, 즉 통계적 방법을 사용하여 연구하는 모든 학문분야에서 독립변수는 설명변수(explanatory variable)라고도 하며, 다른 변수에 영향을 주는 변수를 말한다. 그리고 종속변수는 반응변수(response variable)라고도 하며, 다른 변수에 의해 영향을 받는 변수를 의미한다.

독립변수와 종속변수는 연구하고자 하는 목적에 따라 특정 변수가 독립변수가 될 수도 있고, 동일한 변수가 종속변수가 될 수도 있다. 예를 들어 나이에 따라 키에 차이가 있는지를 알아보고자 할 경우, 나이는 독립변수가 되고 키는 종속변수가 된다. 반면 취업 여부에 따라 나이에 차이가 있는지를 알아보고자 할 경우에는 취업 여부가 독립변수가 되고 나이가 종속변수가 된다.

이러한 독립변수와 종속변수의 자료 형태가 어떠한가에 따라 사용가능한 통계적 방법이 달라질 수 있기 때문에, 연구자는 관심의 대상이 되는 변수를 독립변수와 종속변수로 확실하게 구분하는 것이 무엇보다 중요하다.

다. 독립변수와 종속변수의 사례

연구논문에 있어 독립변수와 종속변수를 설정하여 어떻게 분석하는가에 대한 구체적인 사례를 보면 다음과 같다.

◉ 연구목적

① 거주지역에 따른 학업성적의 차이에 대한 분석
② 학업성적이 창의성에 미치는 영향에 대한 분석

◉ 측정변수

① 거주지역: 서울 강남/서울 강북/인천/수도권
② 학업성적: 2010년 3월 고등학교 3학년 학력평가
③ 창의성: 학생생활연구소 제작 창의성 평가지

◉ **자료의 형태**

거주지역	학업성적	창의성
1	83	5
4	78	4
2	91	3
3	87	3
2	86	2
3	81	5
1	96	4
4	93	2
1	76	4
2	98	3

* 거주지역: 1＝서울강남/2＝서울강북/3＝인천/4＝수도권
* 학업성적: 0~100점 만점
* 창의성: 1~5점 만점

◉ **분석방법**

① 거주지역에 따른 학업성적의 차이에 대한 분석

이 분석은 학생의 거주지역에 따라 학업성적에 차이가 있는지를 확인하고자 하는 것이다. 따라서 '거주지역'은 학업성적에 영향을 주는 변수로서 독립변수가 되고, '학업성적'은 거주지역에 영향을 받는 변수로서 종속변수가 된다. 실제 분석에 있어서는 4개의 거주지역별 학생들의 학업성적 평균의 차이에 대한 일원분산분석(Oneway ANOVA)을 해야 한다.

② 학업성적이 창의성에 미치는 영향에 대한 분석

이 분석은 학생의 학업성적이 창의성에 어떠한 영향을 미치는지를 파악하고자 하는 것이다. 따라서 '학업성적'은 창의성에 영향을 주는 변수로서 독립변수가 되고, '창의성'은 학업성적에 영향을 받는 변수로서 종속변수가 된다. 실제 분석에 있어서는 학업성적(독립변수)이 창의성(종속변수)에 미치는 영향에 대한 회귀분석(Regression Analysis)을 해야 한다.

···› 측정변수에 대한 내용은 www.papersea.com
온라인강좌Ⅱ 제05강 '연구방법기초 5 측정변수' 참조

4 통제변수

1) 통제변수의 의미

통제변수는 연구자가 연구를 수행하면서 탐구하기를 원하지 않기 때문에 통제하는 변수이다. 통제변수는 독립변수와 종속변수를 다른 방향에서 설명하는 것으로 제2의 독립변수라고도 하며, 독립변수가 종속변수에 미치는 영향을 보다 정확하게 파악하기 위한 변수를 말한다. 이러한 변수는 실제 연구하고자 하는 변수에 직·간접적인 영향을 미칠 가능성이 있는 변수들이기 때문에 일단 연구과정에 포함시킨 후 이를 통제함으로써 보다 타당한 연구결과를 얻을 수 있다. 통제변수의 효과를 통계적으로 통제하는 방법으로는 다중회귀분석이나 공분산분석 등의 기법을 들 수 있다.

통제변수
종속변수에 대한 독립변수의 직·간접적 영향을 보다 정확하게 파악하기 위해 통제할 필요가 있는 변수

2) 통제변수의 사례

통제변수의 의미를 보다 구체적으로 알아보기 위해 다음과 같은 사례를 살펴볼 수 있다.

- **연구목적:** 남녀의 키차이 비교
- **표본의 수:** 남녀 20명
  - 남자: 피그미족 남자 8명, 아시아 남자 2명
  - 여자: 독일 여자 8명, 아시아 여자 2명

위와 같은 경우 단순하게 분석을 하면 여자의 키가 남자보다 크다는 결과가 도출될 가능성이 매우 높다. 연구의 결과에 대한 타당성을 확보하기 위해서는 표본을 적절하게 추출하는 것이 중요한데, 이러한 경우는 순수한 남녀의 차이를 분석하는 데 문제가 있는 것이다. 따라서 연구의 의도를 명확하게 반영하기 위해서 '인종'이라고 하는

인구사회학적 변수를 통제해야 한다. 여기서 통제라고 하는 것은 '인종'이라는 특성이 미치는 효과를 통계적 방법에 의해 제거한다는 것을 의미한다.

이 사례에서 '인종'이라는 변수를 통제한다는 것은 독일, 피그미, 아시아라는 인종의 효과를 제거하고 순수한 남녀차이에 의한 효과를 볼 수 있도록 한다는 것을 뜻한다.

3) 통제변수의 활용

(1) 통제효과의 확인 – 편상관계수(partial correlation)

연구자가 연구의 과정에서 통제해야 할 필요가 있다고 판단되는 변수를 확인하는 방법으로 가장 간편한 것이 편상관계수를 확인하는 것이다. 편상관계수는 A와 B라는 두 변수에 각각 관계가 있는 C라는 변수가 A와 B에 대하여 부분적으로 어느 정도만큼 관계가 있는지를 보여주는 것이다. 즉 A와 B 두 개의 변수 이외에 관련된 C변수의 영향을 제거했을 때의 A와 B변수 간의 순수한 상관관계를 분석하는 방법이다.

☞ 상관계수와 편상관계수의 산출 예시

- 아래는 신장과 체중의 관계에 대한 기본적인 상관계수 분석결과 화면이다([그림 6-1], [그림 6-2]).

그림 6-1 ▌상관계수 산출화면

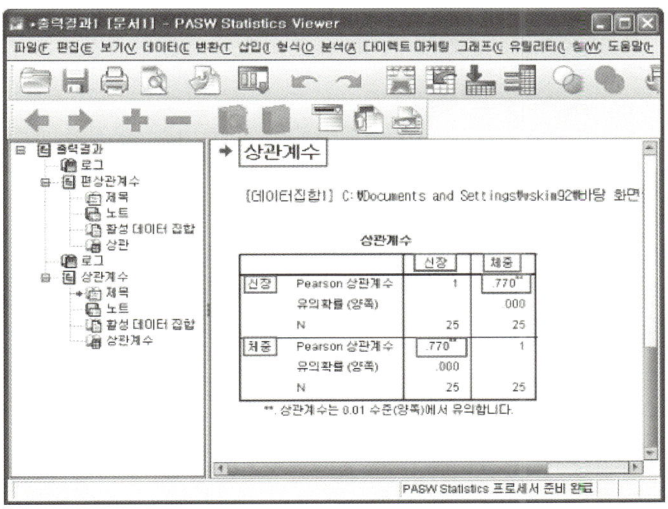

• 다음은 편상관계수를 산출한 화면이다. 여기에서는 '성별'이 통제변수로 설정되어 있다.

그림 6-2 ▌ 편상관계수 산출화면

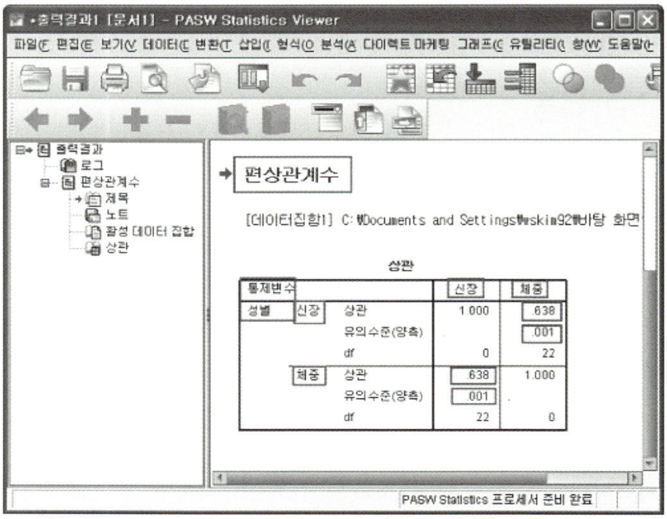

이를 간단히 비교해보면 원래의 상관계수는 0.77이고 유의도도 .000으로 매우 상관관계가 높은 것으로 분석된다. 그러나 성별을 통제변수로 설정한 편상관계수는 0.638이고 유의도는 .001로 상관관계가 상대적으로 낮은 것으로 나타났다.[8] 이것은 곧 신장과 체중의 관계에 있어 성별이라는 특성이 영향을 미칠 수 있으므로, 성별의 효과를 제거한 편상관계수가 보다 정확한 상관관계를 보여준다는 것을 의미한다.

4) 통제변수의 연구모형

일반적으로 통제변수는 조사대상자의 인구사회학적 변수로 이루어지는 것이 대부분이다. 아래의 그림은 '변혁적 리더십'이 '조직만족'에 미치는 영향에 있어 조사대상자의 '성별', '학력', '경력'의 통제효과를 분석하기 위한 연구에 있어서의 연구모형의 사례이다.

그림 6-3 ▌통제변수 연구모형

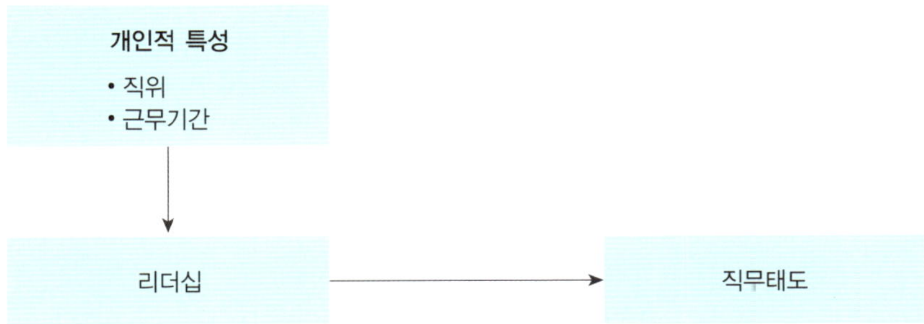

5) 변수의 통제방법

변수를 통제하는 방법으로는 다중회귀분석(multiple regression)에 의한 방법과 공분산분석(ANCOVA)이 가장 많이 활용된다.

(1) 다중회귀분석에서의 변수통제

다중회귀분석에서 변수를 통제하기 위해서는 회귀모형에 독립변수와 통제변수를 모두 포함하여 회귀분석을 하는 것이 기본적인 방법이다. 만약 통제변수가 여러 개인 경우에는 통제변수를 순차적으로 하나씩 회귀모형에 포함시켜 통제변수의 숫자만큼 회귀분석을 하고, 그 결과를 비교해야 한다. 예를 들면 다음과 같은 연구설계를 가정할 수 있다.

- 연구목적: 리더십이 직무태도에 미치는 영향에 있어 직위와 근무기간의 통제효과
- 변수의 설정
  - 독립변수: 리더십
  - 종속변수: 직무태도
  - 통제변수: 직위, 근무기간

직위와 근무기간의 통제효과를 분석하기 위해 리더십, 직위, 근무기간을 순차적으로 모형에 투입하는 회귀분석을 실시한다.

표 6-3 리더십이 직무태도에 미치는 영향에 있어 직위와 근무기간의 통제효과

구분	모형 1	모형 2	모형 3
	β	β	β
리더십	0.701	0.683	0.692
직위	–	0.134	0.121
근무기간	–	–	0.090
R^2	0.492	0.510	0.517
R^2(adj.)	0.491	0.508	0.515
F	714.449***	382.792***	263.033***

***p<.001

이 결과를 보면 모형 2와 모형 3에서의 설명력(R^2)이 모형 1에서보다 각각 1.8%, 2.5% 상승하였다. 이것은 리더십이 직무태도에 미치는 영향에 있어 직위와 근무기간의 통제효과가 있으며, 따라서 직위와 근무기간이라는 특성을 감안해야 리더십이 직무태도에 미치는 영향을 보다 명확하게 파악할 수 있다는 것을 의미한다.

(2) 공분산분석에서의 변수통제

공분산분석은 종속변수에 영향을 미칠 수 있는 또 다른 변수의 통제를 목적으로 하고 있다. 공분산분석은 독립변수가 종속변수에 미치는 영향을 알아보기 위한 연구모형에서 직접적으로 통제하기 어려운 잠재적인 변수를 공변량(covaiance)으로 제거한 후 실시하는 분석방법이다. 특히 이러한 잠재적인 변수가 종속변수와의 상관관계가 높을수록 공분산분석을 실시해야 순수한 처치효과를 조사할 수 있다.[9] 예를 들면 다음과 같은 연구설계가 있을 수 있다.

- 연구목적: 광고유형에 따른 소비자의 제품에 대한 태도 분석
- 변수의 설정
  - 독립변수: 광고유형
  - 종속변수: 제품에 대한 태도
  - 공변량: 제품에 대한 사전적 태도

이 분석에서 소비자가 그 제품에 대하여 광고 이전에 가지고 있었던 태도는 종속변수인 제품에 대한 태도에 영향을 미칠 수 있다. 이 경우 사전적 태도를 공변량으로 하여 그 효과를 제거한 후에 제품에 대한 태도를 분석해야만 정확하게 광고유형에 따른 소비자의 태도에 차이가 있는지를 확인할 수 있다. 이를 확인하기 위해 다음과 같이 두 단계의 분산분석을 해야 한다.

가. 광고유형에 따른 소비자의 제품태도의 차이에 대한 분산분석

1단계, 광고의 유형에 따라 소비자의 제품태도가 변하는지에 대하여 일원분산분석을 해야 한다. 다음의 표는 이에 대한 결과이다.

표 6-4 광고유형에 따른 소비자의 제품태도 차이에 대한 일원분산분석 결과

	SS	*df*	*MS*	*F*	*p*
집단간	6.778	2	3.389	4.919	.023
집단내	10.333	15	.689		
전체	17.111	17			

이 결과에 의하면 소비자의 제품태도는 광고유형에 따라 통계적으로 유의한 차이가 있는 것으로 나타났다.

2단계, 이에 대해 소비자의 사전적인 제품태도가 영향을 미칠 수 있는 것으로 판단하여 다음과 같이 공분산분석을 실시하였다.

표 6-5 사전태도에 대한 공분산분석 결과

Source	Ⅲ Type *SS*	*df*	*MS*	*F*	*p*
Model	152.659[a)]	4	38.165	159.905	.000
사전태도	6.992	1	6.992	29.295	.000
광고	1.713	3	.571	2.393	.112
오차	3.341	14	.239		
합계	156.000	18			

a) $R^2=.979$ *adjusted* $R^2=.927$

이 결과에 의하면 공변량인 사전태도는 통계적으로 유의하며, 광고효과는 유의하지 않다. 즉 위에서 일원분산분석을 한 결과를 보면 광고효과가 유의하였지만, 사전태도라는 공변량이 존재할 때에는 광고효과가 유의하지 않았다. 이것은 결과적으로 소비자의 제품태도는 광고에 의해 영향을 받는 것이 아니라 사전태도에 영향을 받고 있다는 것을 보여주는 것이다. 따라서 사전태도라는 변수를 통제해야만 명확한 광고의 효과를 분석할 수 있다.

···> 통제변수에 대한 내용은 www.papersea.com
온라인강좌Ⅱ 제06강 '연구방법기초 6 통제변수' 참조

5 조절변수

1) 조절변수의 의미

조절변수란 독립변수와 종속변수의 사이에 강하면서도 불확정적인(contingent effect) 영향을 미치는 변수이다. 즉, 이 변수가 존재할 때만 독립변수와 종속변수 사이의 이론적 관계(theorized relationship)가 성립된다고 할 수 있다. 조절효과는 A가 B에 미치는 관계 자체는 적합하지만, 이러한 관계가 어떤 특정한 변수 C에 의해서 달라질 수 있다는 것을 의미한다. 예를 들어 월수입(A)과 행복(B) 간의 관계에서 성별(C)에 따른 조절효과가 나타날 수 있다. 즉 '남성의 월수입이 행복에 미치는 영향(정도)과 여성의 월수입이 행복에 미치는 영향(정도)에 차이가 있을 것이다'라는 것이다. 이를 연구논문에서 사용하는 용어로 하면 '월수입이 행복에 미치는 영향에서 성별은 조절(중재)효과를 보일 것이다'와 같이 표현할 수 있다.

그러나 조절변수는 종속변수와 관계가 있거나 영향을 미칠 수 있는 것이며, 독립변수와는 아무런 인과관계가 없다는 것을 유의해야 한다.

조절변수
조절변수는 종속변수에 영향을 미치며, 독립변수와는 인과관계가 없다.

2) 조절변수에 대한 연구모형

아래의 그림은 '변혁적 리더십'이 '조직만족'에 미치는 영향에 있어 '자기효능감'의 조절효과를 분석하기 위한 연구모형이다.

그림 6-4 ▌조절변수 연구모형

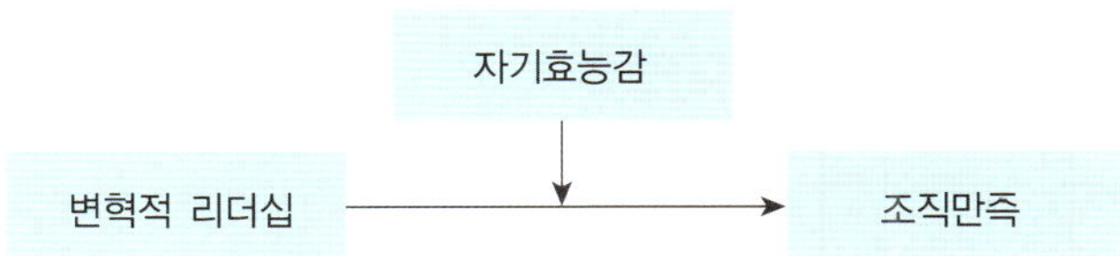

2) 조절효과의 분석

(1) 회귀분석에 의한 조절효과분석

일반적으로 변수의 조절효과는 다중회귀분석을 통해 확인할 수 있다. 다중회귀분석을 통한 조절효과는 다음과 같은 절차를 수행해야 한다.

- 1단계: 독립변수가 종속변수에 미치는 영향에 대한 회귀분석
- 2단계: 독립변수와 조절변수가 종속변수에 미치는 영향에 대한 회귀분석
  - 독립변수와 조절변수를 하나의 회귀모형으로 포함하여 분석
  - 조절변수가 여러 개인 경우에는 하나씩 순차적으로 포함하여 분석
- 3단계: 독립변수, 조절변수, 독립변수와 조절변수의 상호작용항(interaction term)이 종속변수에 미치는 영향에 대한 회귀분석
  - 독립변수와 조절변수의 상호작용항은 두 변수를 곱하여 새롭게 생성
  - 독립변수, 조절변수, 상호작용항을 하나의 회귀모형으로 포함하여 분석
  - 조절변수가 여러 개인 경우에는 각각의 상호작용항을 생성하여 분석

이상과 같은 방법에 의해 각 분석단계별로 회귀모형의 설명력(R^2)이 어떻게 변화하는지를 파악하여 설명력이 증가하면 조절효과가 있는 것으로 판단한다.

다음의 사례는 회귀분석을 통해 조절변수를 분석한 사례이다.

- **연구목적**: 리더십이 직무태도에 미치는 영향에 있어서 감성지능과 자기효능감의 조절효과분석
- **측정변수**
  - 독립변수: 리더십
  - 종속변수: 직무태도
  - 조절변수: 감성지능, 자기효능감

가. 개별변수들의 조절효과에 대한 분석

감성지능과 자기효능감의 두 변수가 개별적으로 조절효과를 보이는지를 분석한 결과는 다음의 [표 6-6]과 같다.

모형 1에서 감성지능과 자기효능감을 배제한 경우 감성리더십의 회귀계수는 0.701이며, 이 모형의 설명력은 43.8%였다.

모형 2에서는 감성리더십과 감성지능을 투입하였다. 이 모형에서는 두 변수가 투입된 모형의 설명력은 51.4%로서 감성리더십만 투입되었을 경우보다 증가하였다. 즉 감성지능은 감성리더십이 직무태도에 미치는 영향에 있어 조절효과를 나타내고 있다고 할 수 있다.

표 6-6 감성지능과 자기효능감의 조절효과분석 결과

구분	모형 1	모형 2	모형 3
	β	β	β
감성리더십	.662	.552	.523
감성지능	–	.296	.246
자기효능감	–	–	.122
R^2	.438	.514	.524
F	574.929***	389.430***	270.378***

*** $p<.001$

모형 3은 감성리더십에 감성지능과 자기효능감을 모두 투입한 것이다. 이 모형에서 세 변수가 투입된 모형의 설명력은 52.4%로 증가하였다. 이러한 결과는 감성지능과 자기효능감은 감성리더십이 직무태도에 미치는 영향에 있어 조절변수로서의 효과를 보이고 있다는 것을 의미한다.

결과적으로 감성지능과 자기효능감은 감성리더십과 직무태도와의 관계에 있어 조절효과를 보인다(중재적인 역할을 한다)고 할 수 있다. 즉 감성지능과 자기효능감이 존재할 때 감성리더십은 보다 적절하게 직무태도를 설명해 줄 수 있는 것이다.

나. 상호작용항 생성분석

감성지능과 자기효능감의 조절효과를 분석하기 위해 상호작용항을 생성하여 회귀분석을 한다. 이에 대한 결과는 다음의 표와 같다.

표 6-7 리더십이 직무태도에 미치는 영향에 있어 감성지능과 자기효능감의 조절효과분석

	직무태도					
	모델 1			모델 2		
	B	*S.E*	*β*	*B*	*S.E*	*β*
리더십×감성지능	.100	.005	.656***			
자기효능감	.084	.023	.108***			
리더십×자기효능감				.075	.004	.565***
감성지능				.218	.034	.202***
R^2	0.617			0.563		
F	393.912***			340.832***		

모델 1은 리더십과 감성지능의 상호작용항 조절변수와 자기효능감을 독립변수로 투입하여 다중회귀분석을 실시한 것으로, 이 회귀모형의 설명력은 61.7%로 나타났다. 모델 2는 리더십과 자기효능감의 상호작용항 조절변수와 감성지능을 독립변수로 투입하여 다중회귀분석을 실시한 것이며, 이 회귀모형 설명력은 56.3%로써 모델 1에 비하여 5.4% 감소하였다. 이 결과를 비교해 보면, 모델 1에 비해 모델 2의 설명력이 낮아졌으므로(R^2 감소) 리더십에 대한 감성지능의 조절효과가 더 크다는 것을 알 수 있다.

(2) AMOS에 의한 조절효과분석

AMOS에 의한 조절효과분석은 다중집단분석(multi-group analysis)을 통해 분석할 수 있다. 조절변수가 명명척도나 서열척도인 경우에는 비메트릭변수(nonmetric variable)로 분석하고, 등간척도 이상일 경우에는 메트릭변수(metric variable)로 분석해야 한다.

가. 비메트릭변수의 조절효과분석

비메트릭변수의 조절효과를 분석하기 위해서는 다음과 같은 단계를 통해야 한다.

첫째, 독립변수와 종속변수 사이의 관계가 조절변수에 따라 달라진다는 것에 대해 제약을 가하지 않은 비제약모델(unconstrained model) 또는 자유모델(free model)을 추정한다.

둘째, 독립변수와 종속변수 사이의 관계가 조절변수에 대해 동일하도록 제약을 가한 등가제약모델(equality constrained model)의 적합도를 평가한다. 이 모델은 독립변수와 조절변수 간에 상호작용이 없다는 것을 의미한다.

셋째, 위의 두 모델 간의 χ^2 차이검증을 실시한다. 만약 두 번째 모델인 상호작용이 없는 모델하에서의 적합도가 유의적으로 증가하면 독립변수와 조절변수 간에 상호작용이 있다는 것을 의미한다. 따라서 조절효과가 없다는 귀무가설이 기각되어 조절효과가 있다고 해석할 수 있다.

나. 메트릭변수의 조절효과분석

조절변수가 연속변수(등간척도나 비율척도)인 경우에는 조절변수를 복수의 집단으로 분류하고, 위에서 살펴본 비메트릭변수에서와 동일한 방법으로 분석한다.

또한 회귀분석에서와 같이 상호작용항을 만들어 분석할 수도 있다. 이러한 분석을 통해 상호작용항으로부터 종속변수로 가는 경로계수값이 유의하게 나오면 조절효과가 있는 것으로 판단한다.

아래의 그림은 AMOS에서 조절효과를 분석하기 위한 경로도의 예이다.

그림 6-5 | AMOS에 의한 조절효과분석

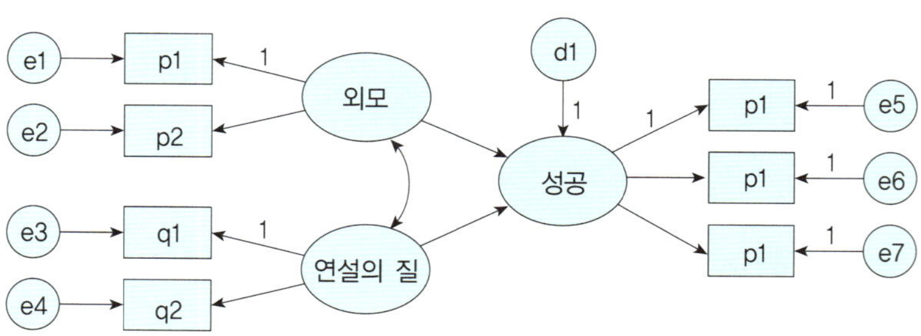

•••> 조절변수에 대한 내용은 www.papersea.com
온라인강좌Ⅱ 제07강 '연구방법기초 7 조절변수' 참조

6 매개변수

1) 매개변수의 의미

매개변수(mediating variable)는 독립변수가 종속변수에 영향을 미치기 위하여 작용하는 시점과 독립변수가 종속변수에 영향을 미치는 시점의 중간에 나타나는 변수이다. 따라서 매개변수에는 시간적 차원이 개재되어 있다. 독립변수와 매개변수와의 관계에서 매개변수는 종속변수의 역할을 하지만, 매개변수와 종속변수만의 관계에서는 독립변수 역할을 한다. 즉 매개변수는 독립변수와 종속변수의 중간다리 역할을 하는 변수이다.

매개변수가 조절변수와 다른 점은 독립변수 및 종속변수와 직접적인 영향을 주고받는 점이다. 즉, 조절변수는 독립변수가 종속변수에 영향을 미치는 반면, 매개변수는 독립변수의 영향을 종속변수에게로 전달하는 역할을 한다. A → C라는 직접적 인과관계보다는 A가 B를 거쳐 C에 영향을 준다는 것이 더 현실적이고 설명이 타당하기 때문에 이러한 모형이 제시된 것이다.

결국 매개변수는 변수들 간의 함수적 관계를 설명할 때, 두 변수 사이에서 연계하는 변수이다. A → B → C의 관계에 있어 B는 매개변수로서, A의 효과가 B를 거쳐서 C에 전달되고 있다. 물론 A가 C에 직접 연결될 수도 있다. 그러나 전체적으로 또는 부분적으로 A의 움직임은 일단 B에 효과를 미치고, 이어서 B가 C에 미치는 효과가 발생할 때 B는 A와 C 사이에 매개변수인 것이다. 즉 A의 결과이자 C의 원인이 되는 변수이다.

매개변수
매개변수는 독립변수 및 종속변수 모두와 인과관계가 있으며, 독립변수가 매개변수에 영향을 미치고, 매개변수가 종속변수에 영향을 미치는 경우를 지칭한다.

2) 매개변수의 연구모형

아래의 그림은 '소비자능력'이 '소비자만족'에 미치는 영향에 있어서 '소비자의 긍정적 기대'가 인과관계에 있어 그 매개효과가 있는지를 분석하기 위한 연구모형이다.

그림 6-6 ▌매개효과 연구모형

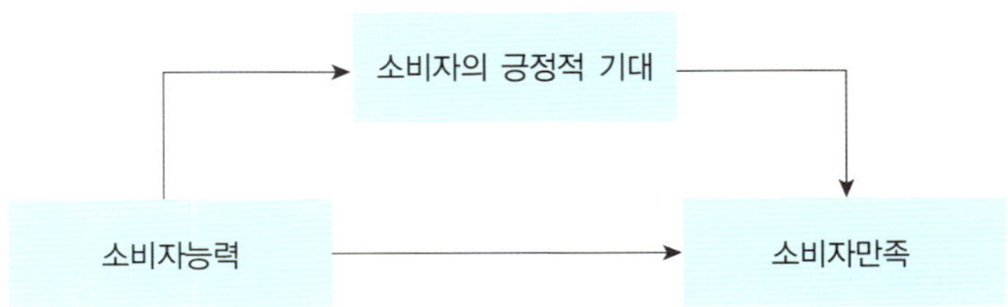

3) 매개효과의 분석

(1) 회귀분석에 의한 매개효과분석

변수들 간의 관계가 A → B → C라고 가정하고, 여기에서 A는 독립변수, B는 매개변수, C는 종속변수라고 할 때 B의 매개효과를 분석하기 위해서는 다음과 같은 단계를 거쳐야 한다.[10)]

① A와 B는 유의한 상관관계가 있다.
② A는 B가 없어도 C와 유의한 상관관계가 있다.
③ B는 C와 유의한 상관관계를 가진다.
④ A와 C의 관계는 B가 개입됨으로 인해 크게 줄거나 혹은 없어져야 한다.

위와 같은 4개의 단계 각각에 대하여 회귀분석을 통해 매개효과를 분석한다. 그렇지만 이러한 방법은 절차가 번거롭기도 하거니와 매개변수의 유의와 설명력을 어떻게 표현할지가 애매하다. 따라서 매개효과분석은 AMOS 구조방정식모델을 활용하는 것이 가장 편리하고 명확한 분석이 가능하다.

(2) AMOS에 의한 매개효과분석

AMOS에 의한 매개효과분석도 위 (1)의 ①~④의 과정을 기본으로 한다. 위 ④단계에서 A와 C의 관계가 통계적으로 0과 다르지 않으면 이것을 완전매개(full meciation)라고 하고(완전매개모형), A와 C의 관계가 ② 단계에서보다 유의적으로 낮게 나온다면 이것을 부분매개(partial mediation)라고 한다(직접모형).[11)]

AMOS에 의한 매개효과분석의 사례를 다음과 같이 살펴본다.

- 연구목적: 소비자능력이 소비자만족에 미치는 영향에 있어서 소비자의 긍정적 기대의 매개효과분석
- 변수의 설정
  - 독립변수: 소비자능력
  - 종속변수: 소비자만족
  - 매개변수: 소비자의 긍정적 기대

이러한 문제는 완전매개모형과 직접모형으로 분석할 수 있다.

가. 완전매개모형

그림 6-7 ▎완전매개모형의 구조모형분석 결과 그림

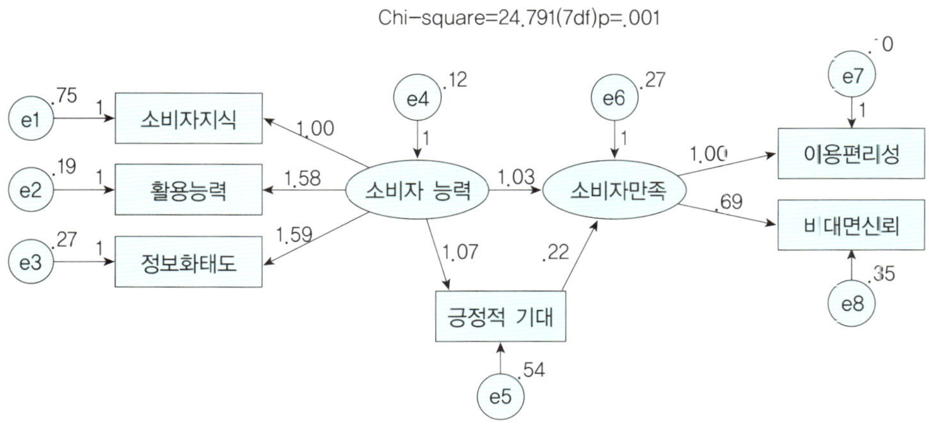

| 표 6-8 | 완전매개모형의 구조모형분석 결과

분석모형			표준화계수	t	p
소비자만족	←	소비자능력	.517	4.724	.000***
긍정기대	←	소비자능력	.457	4.762	.000***
소비자만족	←	긍정기대	.254	4.057	.000***
χ^2=24.791(p=.001) RMR=.028, GFI=.973, AGFI=.920, CFI=.961					

*** p<.001

이 결과를 통해 볼 때 소비자의 긍정적 기대는 소비자능력에 매개 역할을 하여 소비자의 능력이 소비자만족을 높이는 방향으로 작용하고 있다는 것을 알 수 있다. 즉 3개의 각 회귀계수가 통계적으로 유의하기 때문에 독립변수인 소비자능력이 종속변수인 소비자만족에 미치는 영향은 매개변수인 긍정적 기대에 의해 매개되는 동시에 직접적 영향도 미친다는 것을 볼 수 있다.

나. 직접모형

이 직접모형은 위의 완전매개모형과 동일한 변수들에 대해 분석한 것이다.

그림 6-8 | 직접모형의 구조모형분석 결과 그림

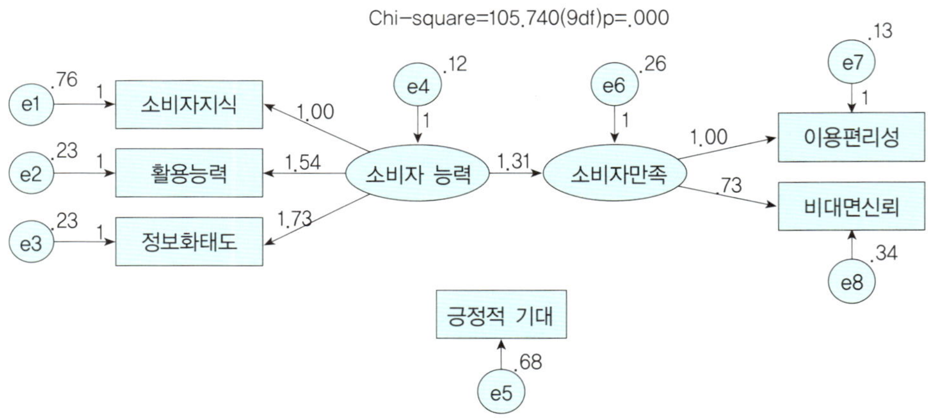

| 표 6-9 | 직접모형의 구조모형분석 결과

분석모형			표준화계수	t	p
소비자만족	←	소비자능력	.657	5.131	.000***
χ^2=105.740(p=.000) RMR=.104, GFI=.907, AGFI=.782, CFI=.787					

*** p<.001

이 결과를 보면 소비자의 긍정적 기대를 매개로 하는 직접모형의 표준화계수는 완전매개모형보다 높아졌다. 즉 직접모형에서의 소비자능력이 소비자만족에 미치는 영향의 계수가 완전매개모형보다 크다. 그리고 검정통계량인 t값이 증가하였다. 일반적으로 직접모형에 비해 완전매개모형의 계수와 유의성이 감소하면 직접 영향은 적고 상대적으로 매개변수인 긍정적 기대에 의해 매개되는 정도가 크다고 볼 수 있다.

결과적으로 이 분석은 소비자의 긍정적 기대라는 변수가 소비자능력이라는 독립변수와 소비자만족이라는 종속변수 사이에 매개적인 역할을 하고 있다는 것을 보여주고 있다.

완전매개모형과 직접모형
직접모형에 비해 완전매개모형의 회귀계수와 유의도가 감소하면 상대적으로 매개변수에 의해 매개되는 정도가 크다.

•••> 매개변수에 대한 내용은 www.papersea.com
온라인강좌Ⅱ 제08강 '연구방법기초 8 매개변수' 참조

7 신뢰도와 타당도

학문적 연구, 특히 조사연구나 실증연구에서 측정도구의 신뢰도와 타당도는 연구결과에 대한 올바른 해석과 적용에 있어 매우 중요한 개념이다. 즉 그 도구는 믿을 수 있는 것인지, 그리고 측정이나 조사의 목적을 제대로 반영하고 있는지를 확인해 보아야 한다. 따라서 연구자는 자신의 연구에 대한 신뢰도와 타당도를 확보할 수 있는 방안을 심각하게 고려해야만 한다. 본절에서는 신뢰도와 타당도의 개념을 알아보고, 조사결과를 토대로 신뢰도와 타당도를 추정할 수 있는 방법에 대해 논의한다.

1) 신뢰도

(1) 신뢰도의 개념

신뢰도(reliability)는 측정된(또는 수집된) 결과치의 안정성, 일관성, 예측가능성, 정확성 등이 내포된 개념으로, 측정도구가 측정하고자 하는 바를 일관성 있게 측정할 수 있는가, 또는 동일한 개념에 대해 측정을 반복했을 때 그 반복한 측정값이 동일할 수 있는가를 의미한다.

(2) 신뢰도의 추정방법

신뢰도의 실제값은 관찰하거나 측정할 수 없기 때문에 관찰된(또는 측정된) 수치를 토대로 추정(estimate)해야 하며, 이 추정치를 신뢰도계수라고 한다. 일반적으로 신뢰도를 추정하는 방법은 다음과 같다.

가. 검사-재검사신뢰도

검사-재검사신뢰도(test-retest reliability)는 동일한 측정도구를 이용하여 동일한 상황에서 동일한 대상에게 일정기간을 두고 두 번 측정하여 최초의 측정치와 재측정치 간의 상관계수를 산출하여 추정한다. 대체로 측정간격은 시험효과를 고려하여 보통 2주 정도로 한다.

① 장점: 측정도구 자체를 직접 비교할 수 있고 적용이 간편하다.

② 단점

- 이월효과(carry-over effect): 첫 번째 측정으로 인한 연습효과가 두 번째 측정에 영향을 미치는 이월효과가 작용할 수 있다.
- 성숙요인효과: 측정간격이 길어지면 정보량이나 특성변화에 기인된 영향을 받을 수 있다.

따라서 검사-재검사신뢰도 추정은 이월효과에 민감하지 않고 시간간격에 비교적 영향을 받지 않을 수 있는 안정된 특성을 측정하는 검사에 적당하다. 예를 들면 시각과 청각의 예민성검사와 같은 지각변별능력검사에 적당하다.

나. 평행형검사신뢰도

복수양식법(multiple forms techniques) 또는 대안(alternative)양식법이라고도 하는 평행형검사신뢰도는 동일한 개념에 대해 2개 이상의 상이한 측정도구를 개발하고 각각의 측정치 간의 일치 여부를 검증하는 방법이다.

평행형검사신뢰도(parallel-forms reliability) 추정치는 두 평행검사의 관찰점수 간의 상관계수로 정의되는데, 두 검사가 실제로 평행하다는 것을 검증하기가 불가능하기 때문에 때로는 대형검사(alternative-form test)를 사용하기도 한다. 대형검사는 두 검사가 평행하도록 노력하여 제작한 검사로서, 두 대형검사의 관찰점수의 평균, 분산 및 다른 추정치와의 상관이 비슷하다. 그러나 이 방법은 다음과 같은 단점이 있다.

① 척도 간의 동등성(equivalence) 확보가 어렵다.

② 신뢰성이 낮은 경우 실제 신뢰도가 낮은 것인지 동등성이 확보되지 않았기 때문인지 애매하다.

③ 두 가지 측정도구가 유사해지면 시험효과가 나타날 수도 있다.

다. 내적일관성신뢰도

내적일관성신뢰도(internal-consistency reliability)는 검사를 한 번 시행하여 추정하기 때문에 반복시행에서 발생할 수 있는 문제점을 제거할 수 있다. 이 방법에는 검사를 두 개로 나누어 신뢰도를 추정하는 반분법(split-half method)과 Cronbach의 알파계수(α) 추정방법이 있다.

가) 반분신뢰도

반분신뢰도(split-half reliability)는 측정도구를 특정한 방법에 의해 반으로 나누어 각각을 독립된 척도로 보고 이들의 측정결과의 상관계수로서 추정하는 방법으로, 동일한 개념에 대해 여러 개의 문항으로 측정을 하는 경우 측정도구를 두 집단으로 나누고 이들 측정치 간의 상관관계를 분석한다. 이 방법은 측정도구의 동질성(homogeneity)이 확보되어야 한다. 즉, 측정도구가 같은 개념을 측정한다는 것이 명백해야 한다. 또한 반분된 측정도구의 문항 및 항목수는 그 자체가 완전한 척도를 이룰 수 있을 만큼 충분해야 하는데 반분된 항목수는 적어도 8~10개는 되어야 한다.

한편 이 방법은 항목을 나누는 방식에 따라서 신뢰도계수의 측정치가 달라질 수 있다는 단점이 있다.

나) Cronbach의 알파계수(α) 추정방법

일반적으로 내적일관성신뢰도 추정은 개별문항을 하나하나의 검사점수로 하여 상관관계를 구하고 이들의 평균상호상관관계를 신뢰도의 추정치로 삼는 방법으로, 평균상호상관은 모든 가능한 반분법을 사용하여 구한 신뢰도계수의 평균을 의미한다. 이러한 방법 중에서 가장 알려진 방법은 크론바흐(Cronbach)의 알파계수(α)인데 그 값은 적어도 0.60은 넘어야 신뢰도가 만족할 만한 수준이라고 볼 수 있다.

(3) 신뢰도 제고방안

인간의 특성을 측정하기 위한 검사나 사회현상을 분석하기 위한 질문지 등에서 신뢰도를 확보하기 위해서는 다음과 같은 사항에 유의해야 한다.

① 측정도구의 모호성 제거: 측정하려는 목적에 명확하게 부합하도록 측정도구를 구성하는 문항을 분명하게 작성한다.

② 측정항목의 수를 늘린다: 문항 간의 상관관계가 유사한 경우 항목의 수를 늘리면 측정도구의 신뢰도가 높아질 수 있다.

③ 측정자의 태도와 측정방식의 일관성이 유지되어야 한다.

④ 조사대상자가 무관심하거나 잘 모르는 내용은 측정하지 않는 것이 좋다. 예를 들어 성인들에 적합한 문장으로 구성된 검사나 질문지를 청소년이나 어린이에게 시행하는 것은 신뢰도를 확보할 수 없게 하는 첩경이다.

⑤ 사전에 신뢰도가 검증된 표준화된 측정도구를 이용하는 것이 바람직하다.

⑥ 동일한 질문이나 유사한 질문을 2회 이상 시행함으로써 대상자의 응답오류를 추적하여 신뢰도를 제고할 수 있다.

신뢰도

측정하고자 하는 것을 일관성 있게 측정하여 향후에도 동일한 결과가 나타날 수 있는가?

2) 타당도

(1) 타당도의 개념

타당도(validity)는 검사도구나 질문지가 측정하고자 하는 개념이나 속성을 얼마나 실제에 가깝게 정확히 측정하고 있는가의 정도를 의미한다. 예를 들어 신입사원을 선발하는 입사시험점수가 실제 업무에서 나타난 업무수행능력 사이에 높은 정(−)적인 관계가 있으면 그 시험은 타당하다고 할 수 있다.

(2) 타당도의 종류

일반적인 타당도의 유형은 내용타당도, 준거관련타당도, 구인타당도로 구분할 수 있다. 내용타당도는 통계적 계산을 하지 않지만, 준거관련타당도와 구인타당도는 통계적 계산을 필요로 한다.

가. 내용타당도

내용타당도(content validity)는 측정내용에 대한 합리적 분석을 통하여 결정되며 그 결정은 개인의 주관적 판단에 기초하는 것으로, 측정도구 자체가 측정하고자 하는 속성이나 개념을 측정할 수 있도록 되어 있는가를 전문가적 시각에 입각하여 평가하는 것이다.

가) 확보방법

① 측정도구의 모든 방법을 나열하여 무작위표집한다.

② 측정도구의 내용을 정확히 표현한다. 예를 들어 4지선다형의 시험을 본다면 반드시 정답이 그 안에 포함되어야 한다.

③ 측정도구가 순서대로 이루어지는 경우 순서를 일정하게 하야 한다.

나) 평가방법: 전문가의 주관적인 판단

예를 들어, A행정학 교수의 행정학 객관식 출제문제의 내용타당도를 평가한다면 행정학 객관식 문제의 모집단은 이론적으로만 존재하고 실제는 존재하지 않으므로 문항의 모집단에서 무작위표출을 통해 시험문제를 구성하는 것이 불가능하다. 따라서 전문가인 동료교수에게 시험문제의 내용을 평가하게 한다.

내용타당도는 모든 측정도구 제작과정에서 일차적으로 고려되어야 한다. 그렇지만 내용타당도를 가졌다는 사실만으로 그 측정도구를 사용할 수 있는 충분한 근거를 갖춘 것은 아니다. 따라서 준거관련타당도나 구인타당도와 함께 사용하는 것이 보다 합리적이다. 이러한 내용타당도는 다음과 같은 장·단점이 있다.

장점으로는 통계적인 절차를 사용하지 않고 직접 이용할 수 있으며 적용이 용이하고 시간이 많이 소요되지 않는다는 것이다.

단점으로는 ① 조사자의 주관적 해석과 판단에 의존하므로 판단에 오차나 착오가 발생할 수 있고, ② 측정하려는 속성과 항목 간의 상관관계를 파악할 수 없으며, ③ 통계적 검증이 어렵다는 것이다.

나. 준거관련타당도

준거관련타당도(criterion-related validity)는 어떤 측정도구와 측정결과인 점수 간의 관계를 비교하여 통계적인 유의성을 평가하는 것으로 타당도를 파악하는 방법이다. 즉 하나의 속성이나 개념의 상태에 대한 측정이 미래시점에 있어서의 다른 속성이나 개념의 상태변화를 예측할 수 있는 정도를 의미한다. 여기서 준거(criterion)란 측정점수를 사용하여 예측하려는 행동이다.

예를 들어, 공무원 채용시험의 타당도평가에서 시험성적을 채용 후 근무성적(준거)과 비교할 때 근무성적이 채용시험의 타당성을 평가하는 기준이다.

가) 종류

① 예측타당도(predictive validity): 미래의 행동을 예측하기 위한 것이다. 즉 어떤 검사의 결과가 예측한 값과 실제 대상자가 나타낸 행위와의 관계를 측정하는 것이다.

② 공인타당도(concurrent validity): 예측상황에서 대안으로 사용할 수 있는 것으로, 검사점수와 준거검수를 동시에 수집할 수 있을 때 사용한다. 그러나 현실적으로 타당도계수를 과소추정할 가능성이 높다.

나) 평가방법

측정도구를 적용하여 얻은 값(측정점수)과 기술변수를 적용하여 얻은 측정값(준거점수)에 대한 상관분석을 실시하여 평가한다. 상관계수값이 크면 기준타당성이 높다.

다) 문제점

① 좋은 준거를 얻기가 어렵다.

② 준거로 사용하는 속성을 정의하기가 어렵다.

③ 측정에 사용되는 비용이 과다하다.

다. 구성개념타당도

구성개념타당도(construct validity)는 측정도구가 실제로 무엇을 측정했는가 또는 조사자가 측정하고자 하는 추상적인 개념이 실제로 측정도구에 의해 적절하게 측정되었는가의 문제로, 이론적 연구에 있어 가장 중요한 타당도이다.

가) 종류

① 집중타당도(convergent validity): 같은 개념을 측정하는 경우에는 상이한 측정방법을 사용하더라도 그 측정값들 간에 높은 상관관계가 존재해야 한다.

② 판별타당도(discriminant validity): 상이한 개념을 측정하는 경우에는 동일한 측정방법을 사용하더라도 그 측정값 간에는 차별성이 나타나야 한다.

③ 이해타당성: 이론에 근거하여 구성(개념)들 간의 관계가 예상한대로 나타나고 있는지의 여부를 평가하여 구성개념타당도를 평가하는 방법이다.

나) 평가방법

① 다속성다측정방법(multitrait-multimethod matrix): 이 방법은 2개 이상의 개념에 대해 측정할 수 있는 도구를 각각 2개 이상 개발하고 집중타당도와 판별타당도를 평가하는 것이다.

② 요인분석(factor analysis): 요인분석은 여러 변수들의 상관을 분석하고 그 변수들을 몇 개의 요인(factor)으로 분류하여 상호관계를 설명하는 수리적인 절차로서, 다음과 같은 내용을 포함한다.

- 다수의 상호관련된 변수나 문항들을 보다 제한된 수의 차원이나 공통요인으로 분류하는 통계분석기법으로 요인분석의 기본원리는 항목들 간의 상관관계가 높은 것끼리 하나의 요인으로 묶어내며, 요인들 간에는 상호독립성을

유지하도록 한다.

- 하나의 요인으로 묶여진 측정항목들은 하나의 개념을 측정하는 것으로 간주할 수 있고, 요인 간에는 서로 상관관계가 없으므로 각 요인들은 서로 상이한 개념이 된다.
- 요인 내의 항목들은 집중타당도에 해당되며 요인 간에는 판별타당도가 적용되는 것으로 해석할 수 있다.

대부분의 사회과학연구에서 요인분석은 타당도를 평가하는 가장 보편적인 방법이다. 최근에는 요인분석을 두 가지로 구분하는데, 하나는 탐색적 요인분석이고, 다른 하나는 확인적 요인분석이다. 탐색적 요인분석은 Factor Analysis를 통해 이루어지며, 확인적 요인분석은 AMOS를 활용하여 이루어진다. 연구자는 사전조사를 할 경우 탐색적 요인분석을 통해 타당도를 분석하고, 본 조사 이후에는 확인적 요인분석을 통해 측정도구의 타당도를 추정함으로써 연구도구의 타당성을 보다 명확하게 밝히는 것이 바람직하다.

타당도
측정하고자 하는 목적에 그 내용이 부합하는가?

3) 신뢰도와 타당도

(1) 신뢰도와 타당도의 관계

타당성 있는 측정은 항상 신뢰성이 있으며 신뢰성 없는 측정은 타당도가 보장되지 않는다. 측정도구의 신뢰도가 타당도에 비해 확보하기가 용이한 이점이 있기는 하지만 일반적으로 타당도의 수립이 보다 더 가치가 있다.

(2) 신뢰도와 타당도에 영향을 미치는 요인

① 검사도구 및 그 내용

- 측정의 길이: 질문이 길어져 조사대상자가 싫증을 느끼면 편의주의적 · 형식

적 응답이 발생할 수 있다.

- 문화적 요인: 관례상 사용되지 않는 단어나 문구가 포함될 경우의 문제가 있다.
- 개방형 질문과 폐쇄형 질문: 개방형 질문 시 응답자의 능력 · 교육수준에 영향을 받을 수 있다.
- 기계적인 요인: 질문지의 탈자, 오자, 읽기 어려운 단어 · 페이지의 누락 등은 오해를 유발할 수 있다.

② 환경적 요인

- 대인면접 시 면접자의 개인적 특성의 영향과 개방형 질군의 경우 타인의 영향이 있을 수 있다.
- 측정도구를 완성하는 데 필요한 제시가 명백하게 표현되어야 한다.

③ 개인적 요인: 응답자의 사회경제적 지위, 직업, 소득, 교육수준 등과 성별, 연령 등 개인적 요인이 개입될 수 있다.

④ 사회적 요청: 응답자들이 진실을 밝히기보다는 사회적으로 바람직하다고 하는 것을 응답하려는 경향이 있다.

⑤ 조사자의 편견: 조사자의 일방적 해석으로 코딩 시 조사자 편견이 개입될 수 있다.

••• 신뢰도와 타당도에 대한 내용은 www.papersea.com
온라인강좌Ⅱ 제02강 '연구방법기초 2 신뢰도와 타당도' 참조

8 자료의 처리 및 분석

여러 가지 조사방법을 통해 수집된 자료는 분석을 하기 위해 일정한 기준에 따라 정리하는 과정이 필요하다. 이러한 정리과정에는 조사자료를 검토 내지 편집하고, 부호화(coding)하며, 이를 분석데이터로 작성(tabulating)하는 단계가 포함된다. 본절에서는 분석을 위한 자료처리방법을 살펴보고, 이렇게 처리한 자료를 분석하는 방법에

대해 간략하게 알아본다.

1) 조사자료의 처리방법

(1) 검토 및 편집

자료처리의 첫 번째 단계는 조사자료를 검토하고 정정하는 것이다. 이 단계에서 연구자는 조사대상자가 일부 문항을 누락하거나 불성실하게 응답한 것이라고 판단되는 자료를 제외시켜야 한다. 그리고 개방형 질문의 응답에 대해서는 응답의 패턴에 따라 범주화하여 편집하는 과정이 필요하다. 이러한 범주화에 있어서는 조사대상자의 응답 양상을 일관성 있는 기준에 의해 적절한 영역으로 구분해야 한다.

(2) 부호화와 데이터 작성

코딩이라고 하는 부호화(coding) 작업은 조사자료에 있는 각 항목에 대한 응답을 계통적인 숫자 또는 기호로 부호지(coding sheet)에 기입하는 것을 의미한다.

수집된 자료는 일정한 기준하에서 각 응답별로 분류해야 한다. 각각의 응답은 일정한 범주로 구분하여 부호를 매김으로써 수량화할 수 있다. 이렇게 부호화함으로써 분류나 집계를 할 때 컴퓨터를 활용한 조작이 가능해지는 것이다. 부호화에서는 문자나 기호를 사용할 수도 있지만 일반적으로는 숫자를 사용한다.

과거에는 코딩에 필요한 형식을 갖춘 코딩용지에 자료를 옮겨 적고, 이를 다시 펀칭카드(punching card)나 자기테이프를 사용하여 컴퓨터용 데이터를 만들었지만, 최근에는 스프레드시트(spread sheet) 전문 컴퓨터 소프트웨어를 사용한다. 스프레드시트 중에서 가장 흔하게 사용하는 것이 엑셀프로그램이며, 이를 사용하면 통계프로그램인 SPSS를 사용하기가 매우 수월하다. 물론 SPSS프로그램 자체적으로도 코딩을 통한 데이터 작성이 가능하다. 그렇지만 엑셀프로그램을 사용하면 작성된 데이터의 수정이나 이동 및 변환 등이 보다 간편하다.

엑셀을 사용하여 코딩을 하는 경우에는 가장 첫 번째 행에 위와 같이 변수명을 기입하는 것이 좋다. 이와 같이 하면 통계프로그램인 SPSS에서 자동적으로 변수명(variable name)으로 불러들이기 때문이다. 엑셀프로그램을 사용하여 코딩작업을 한 사례는 아래와 같다.

표 6-10 엑셀프로그램을 사용한 데이터

ID	성별	연령	교육	기간	결혼	직위	직무	신뢰	긍지	비전	상징	존경
1	2	2	1	1	2	1	2	3	2	2	3	3
2	1	2	3	1	1	2	1	3	2	2	4	5
3	2	2	3	2	1	2	1	3	2	4	4	3
4	2	3	2	2	2	2	2	4	3	3	4	3
5	2	2	2	2	1	1	2	3	2	2	3	4
6	1	1	2	1	1	1	1	2	2	2	2	2
7	1	4	1	3	1	4	2	4	3	4	4	3
8	1	3	3	2	2	2	2	4	5	5	4	4
9	1	2	2	1	1	1	1	3	3	2	1	0
10	2	3	2	2	2	2	2	4	3	3	4	3

* ID: Identification의 약자로, 조사 대상자별로 각각 번호를 부여한 것이다.

자료의 처리과정

검토 및 편집, 부호화, 데이터 작성

2) 조사자료의 분석

처리과정을 마친 자료는 연구 또는 분석의 목적에 따라 적절한 방법을 통해 분석을 하게 된다.

자료의 분석이란 연구문제에 대한 해답을 찾기 위해 자료를 질서 있게 정리하고 각 성분별로 분류하는 것을 의미한다. 따라서 연구자의 판단력과 논리적인 추리력, 이론적인 연관성에 입각한 해석력이 최대한 발휘되어야 한다. 자료분석을 위해 필요한 자질의 수준에 따라 연구의 질이 결정될 수 있기 때문에 연구자는 자료의 분석을 철저하게 하고 이를 연구의 목적과 연관시켜 해석할 수 있는 능력을 가지고 있어야 한다.

질적연구에 있어서는 물론이거니와, 양적연구에 있어서도 자료분석의 능력은 매우 중요한 요소이다. 일반적으로 양적연구에서는 통계처리과정을 수행하게 되는데, 자료의 분석에 있어 통계적 처리결과를 단순하게 서술하는 것에 그쳐서는 안 된다. 자료분석의 핵심은 그 결과를 연구문제의 해답과 연결시키고, 이에 따라 연구의 목적에 부합하는 결론을 도출할 수 있는 바탕을 마련해 주어야 한다는 것이다.

3) 조사자료의 계량적 분석

연구를 위해 조사한 자료는 계량적 분석을 통해 그 결과를 유도할 수 있다. 계량적 분석에 쓰이는 기본적인 도구는 수학이다. 특히 수집된 자료를 계량적으로 분석하기 위해서는 수학의 한 분야인 통계학의 기법을 사용하는 것이 필요하다.

통계학은 크게 기술통계(descriptive statistics)와 추리통계(inferential statistics)의 두 가지로 구분된다. 기술통계는 자료를 숫자적으로 요약하는 데에 사용되며, 추리통계는 모집단의 특성을 표본을 통해 얻은 기술통계를 기초로 하여 추리를 하는 통계이론이라고 할 수 있다.

(1) 기술통계

기술통계는 자료를 간단명료하게 정리하고 현상을 합리적으로 비교할 수 있도록 하기 위한 방법이다. 즉 기술통계는 집단에 대한 수량적 자료의 수집, 도표화, 분석 및 표현에 관한 체계를 의미한다. 기술통계에서는 여러 가지 통계치가 사용될 수 있지만, 가장 일반적으로 사용되는 것은 빈도, 백분율, 평균, 표준편차이다.

가. 빈도와 백분율

빈도는 전체 자료에서 각 항목별 사례수가 얼마인지를 보여주며, 백분율은 전체 사례수에서 각 항목의 사례수가 차지하는 비율을 나타낸다. 계량적 분석에서 빈도분석은 자료의 분석을 위한 기본적인 단계이다. 연구자는 빈도분석을 통해 각 문항의 응답성향을 파악할 수 있다. 또한 자료의 처리가 정확하게 되었는지를 확인하는 과정이 될 수도 있다. 만약 1~5 사이의 값을 가져야만 하는 문항에 대해 빈도분석을 한 결과 6, 9 등 다른 숫자가 있다면 자료의 처리가 잘못된 것이며, 원자료를 확인하여 이를 수정해야 한다. 다음은 SPSS를 사용한 빈도분석의 결과이다.

표 6-11 SPSS에서의 빈도분석 결과

1번 문항

		빈도	퍼센트	유효퍼센트	누적퍼센트
유효	전혀 그렇지 않다	26	6.2	6.2	6.2
	그렇지 않다	28	6.7	6.7	12.8
	보통이다	85	20.2	20.2	33.0
	그렇다	254	60.3	60.3	93.3
	매우 그렇다	28	6.7	6.7	100.0
	합계	421	100.0	100.0	

이 표에서 '유효퍼센트'는 해당 문항에 대해 결측치(missing value)가 있을 경우 그 결측치를 제외한 상태에서의 백분율을 의미한다. 여기에서는 결측치가 없기 때문에 퍼센트와 유효퍼센트에 차이가 없다. 한편 '누적퍼센트'는 해당 항목 이하의 항목까지의 빈도 합계에 대한 백분율이다.

나. 평균과 표준편차

평균(Mean)은 개별문항에 대한 집중경향(central tendency)을 나타내는 대표적인 통계치로서, 수학적으로는 산술평균을 의미한다.

표준편차(SD: Standard Deviation)는 문항에 대한 응답이 평균으로부터 어느 정도나 떨어져 있는지(편차)를 평균적으로 구한 통계치이다. 동일한 평균을 가진 두 문항이 있다고 할 때 표준편차를 보면 그 응답의 성향이 어떠한지를 파악할 수 있다. 아래의 예를 보도록 하자.

- 1번문항: 평균 3.0 표준편차 1.2
- 2번문항: 평균 3.0 표준편차 0.5

이 사례에서 두 문항의 평균은 3.0으로 동일하지만, 1번문항은 표준편차가 1.2이고, 2번문항은 표준편차가 0.5이다. 이러한 경우는 1번문항에 대한 응답은 2번문항에 비해 조사대상자 개인 간의 응답의 편차가 크고 다양한 양상을 보이고 있다고 할 수 있다. 표준편차가 크면 응답이 다양한 것이고, 표준편차가 작으면 응답이 평균에 근접하여 조사대상자 간의 응답이 일치하는 정도가 높다고 할 수 있다.

다음은 SPSS를 사용하여 평균과 표준편차를 산출한 결과이다.

표 6-12 SPSS를 사용한 기술통계분석

	N	최소값	최대값	평균	표준편차
1번문항	421	1	5	3.55	.942
2번문항	421	1	5	3.18	1.035
3번문항	421	1	5	3.36	.967
4번문항	421	1	5	3.54	.908
5번문항	421	1	5	3.44	.971
유효수(목록별)	421				

여기서 'N'은 사례수를 의미한다. 이 표를 보면 다른 문항들은 모두 표준편차가 1점 미만이지만 2번문항은 1점을 초과하였다. 이것은 2번문항에 대한 응답이 다른 문항들에 비해 보다 다양하게 나타났다는 것을 의미한다.

(2) 추리통계

연구자가 조사를 행할 때 가능하다면 연구대상의 모집단 전체에 대해 자료를 수집하여 분석하는 것이 최선이지만, 시간적 · 경제적 한계로 인해 모집단으로부터 일정한 수의 표본을 추출하여 이에 대해 자료를 수집하는 것이 일반적이다. 추리통계는 이러한 과정을 통해 수집한 표본의 통계량(statistics)으로부터 모집단의 모수(parameter)를 추정하거나 가설을 검정(test)[12]하기 위해 사용하는 통계방법이다. 일반적으로 학술논문은 가설의 검정과정에서 추리통계를 사용하는데, 여기에서는 가장 보편적으로 사용되는 가설검정의 방법에 대해 간략하게 살펴본다.

가. 두 변수의 차이에 대한 검정

이 검정은 어떠한 두 변수 간에 평균의 차이가 있는데, 그 차이가 통계적으로 볼 때에도 차이가 있는 것인지를 확인하는 것이다. 이것은 t-검정(t-test)을 통해 가능한데, 여기에는 독립표본에 대한 t-test(independent t-test)와 대응표본에 대한 t-test(paired t-test, 또는 dependent t-test)가 일반적으로 사용된다. 여기서 t는 검정을 하기 위해 사용하는 검정통계량을 의미하며, t값은 t분포에서의 확률값으로 결정된다.

가) 독립표본 t-test

독립표본에 대한 t-test는 독립변수가 두 개의 집단으로 구분되는 경우, 두 집단의 평균의 차이에 대해 검정하는 것이다. 이러한 예를 들어 보면 다음과 같다.

① 국어성적의 남학생과 여학생 간의 차이

② 조직성과에 대한 상급자와 하급자 간의 차이

③ 부모봉양에 대한 남편과 아내의 차이

다음은 SPSS를 사용하여 독립표본 t-test를 한 결과이다.

표 6-13 독립표본 t-test

집단통계량

	결혼	N	평균	표준편차	평균의 표준오차
1번문항	비동거	104	3.35	1.068	.105
	동거	317	3.61	.888	.050

독립표본검정

	평균의 동일성에 대한 t-검정						
	t	자유도	유의확률(양쪽)	평균차	차이의 표준오차	차이의 95% 신뢰구간 하한	차이의 95% 신뢰구간 상한
1번문항	-2.514	419	.012	-.266	.106	-.474	-.058

여기에서는 부부가 동거를 하고 있는지 여부에 따라 1번문항의 평균에 차이가 있는지를 검정하였다. 동거하지 않는 집단의 평균은 3.35이며, 동거하고 있는 집단의 평균은 3.61로 그 차이는 0.26인데, 이 차이가 과연 실제로 차이가 있는지를 확인한 것이다. '독립표본검정'에서 t값은 −2.514이며, '유의확률(양쪽)'은 .012이다. 두 집단의 평균에 차이가 있는지를 확인하는 것은 유의확률을 보면 된다. 유의확률은 p값(p-value)이라고도 하는데, 이것은 검정결과 가설을 채택할 때 오류나 오차를 범할 확률을 의미한다. 통상적인 검정에서의 유의수준은 .05 이하로 설정한다. 이 검정결과 유의확률이 .012로서 .05보다 작기 때문에 두 집단의 평균차이는 통계적으로 유의한 것으로 나타났다. 즉 '동거를 하고 있는 집단이 동거하지 않는 집단보다 평균이 유의하게 높다'라고 할 수 있다.

나) 대응표본 t-test

대응표본에 대한 t-test는 동일한 집단 내에서 측정변수가 두 가지로 구분되는 경우, 그 두 측정변수의 차이에 대해 검정하는 것이다. 이러한 예를 들어 보면 다음과 같다.

① 1학년 학생 국어성적의 1학기와 2학기 평균의 차이

② 학생들의 창의력의 체험미술활동 프로그램 실시 이전과 이후의 차이

③ 조직성과의 경영혁신활동 추진 이전과 이후의 차이

다음은 SPSS를 사용하여 대응표본 t-test를 한 결과이다.

표 6-14 대응표본 t-test

대응표본통계량

		평균	N	표준편차	평균의 표준오차
대응 1	5번문항	3.44	421	.971	.047
	6번문항	3.56	421	.870	.042

대응표본검정

	대응차					t	자유도	유의확률(양쪽)
	평균	표준편차	평균의 표준오차	차이의 95% 신뢰구간 하한	차이의 95% 신뢰구간 상한			
대응 1 5번문항 6번문항	-.114	.916	.045	-.202	-.026	-2.553	420	.011

이것은 전체 조사대상자의 5번문항 평균과 6번문항 평균에 차이가 있는지를 검정한 것이다. 5번문항의 평균은 3.44이며, 6번문항의 평균은 3.56으로 그 차이는 0.114인데, 이 차이가 과연 실제로 차이가 있는지를 확인한 것이다. 이 검정결과 t값은 -2.553이며, '유의확률(양쪽)'은 .011이다. 유의확률이 .05보다 작기 때문에 5번문항과 6번문항 평균차이는 통계적으로 유의한 것으로 나타났다. 즉 '6번문항의 평균이 5번문항의 평균보다 유의하게 높다'라는 가설을 채택할 수 있다.

다) 두 변수의 빈도의 차이에 대한 검정: χ^2(Chi-square)검정

위의 t-test는 종속변수가 등간척도 이상일 때 해당 문항의 평균의 차이에 대해 검증하는 것이다. 만약 변수가 명목척도나 서열척도인 경우, 또는 변수의 빈도의 차이

에 대해 검정해야 하는 경우에는 χ^2검정을 사용한다. χ^2검정은 독립표본이나 대응표본 모두 동일한 방법이 적용된다. 다음은 SPSS에 의한 χ^2검정의 사례이다.

표 6-15 SPSS를 사용한 χ^2검정

학력조정 × 3번문항 교차표

			3번문항					전체
			전혀 그렇지 않다	그렇지 않다	보통이다	그렇다	매우 그렇다	
학력조정	중졸 이하	빈도	13	20	62	74	14	183
		학력조정의 %	7.1%	10.9%	33.9%	40.4%	7.7%	100.0%
		3번문항의 %	72.2%	32.8%	48.4%	40.9%	42.4%	43.5%
		전체 %	3.1%	4.8%	14.7%	17.6%	3.3%	43.5%
	고졸	빈도	1	28	56	67	9	161
		학력조정의 %	.6%	17.4%	34.8%	41.6%	5.6%	100.0%
		3번문항의 %	5.6%	45.9%	43.8%	37.0%	27.3%	38.2%
		전체 %	.2%	6.7%	13.3%	15.9%	2.1%	38.2%
	대졸 이상	빈도	4	13	10	40	10	77
		학력조정의 %	5.2%	16.9%	13.0%	51.9%	13.0%	100.0%
		3번문항의 %	22.2%	21.3%	7.8%	22.1%	30.3%	18.3%
		전체 %	1.0%	3.1%	2.4%	9.5%	2.4%	18.3%
전체		빈도	18	61	128	181	33	421
		학력조정의 %	4.3%	14.5%	30.4%	43.0%	7.8%	100.0%
		3번문항의 %	100.0%	100.0%	100.0%	100.0%	100.0%	100.0%
		전체 %	4.3%	14.5%	30.4%	43.0%	7.8%	100.0%

카이제곱검정

	값	자유도	점근유의확률 (양측검정)
Pearson 카이제곱	26.307[a]	8	.001
우도비	30.334	8	.000
선형 대 선형결합	1.978	1	.160
유효 케이스수	421		

a) 1셀(6.7%)은(는) 5보다 작은 기대빈도를 가지는 셀이다. 최소 기대빈도는 3.29이다.

이 결과는 조사대상자의 학력에 따라 3번문항 응답의 빈도와 백분율에 차이가 있는지를 검정한 것이다. χ^2검정에서는 빈도와 백분율의 차이를 분석하는데, 집단별 인원수가 동일한 경우에는 빈도만으로 분석하면 되지만, 이와 같이 집단별 인원수에 차이가 있는 경우에는 백분율을 분석하는 것이 합리적이다.

아래 부분의 '카이제곱검정'에 있는 Pearson 카이제곱에서 '값'은 26.307이고, 점근유의확률(양측검정)의 값은 .001이다. 유의확률이 .05보다 작기 때문에 이 결과는 통계적으로 유의한 것으로 나타났다. 즉 학력에 따라 응답분포의 차이가 있는 것이다.

구체적으로는 중졸 이하 학력집단인 경우 '그렇다'가 40.4%, '보통이다'가 33.9%였으며, 고졸인 경우에도 '그렇다'가 41.6%, '보통이다'가 34.8%로 비슷한 분포를 보였다. 그러나 대졸 이상 학력인 경우에는 '그렇다'의 비율이 51.9%, '보통이다'의 비율이 13.0%로서 다른 집단과 확연한 차이를 보였다.

따라서 3번문항에 대한 조사대상자의 응답분포는 학력에 따라 통계적으로 유의한 차이가 있다고 할 수 있다.

나. 세 개 이상의 집단 간 평균차이에 대한 검정

독립변수인 집단이 두 개인 경우에는 t-test를 하면 되지만, 집단이 세 개 이상으로 구분되는 경우에는 이를 적용할 수 없다. 이러한 경우 일원분산분석(Oneway ANOVA: Oneway ANalysis Of Variance)을 사용하여 집단 간의 평균의 차이를 검정한다. 일원분산분석에서 사용하는 통계량은 F값이다. F값은 F분포에서의 확률값으로 결정된다.

다음은 SPSS를 사용하여 일원분산분석으로 검정을 한 결과이다.

표 6-16 SPSS를 사용한 일원분산분석

기술통계

12번문항

	N	평균	표준편차	표준오차	평균에 대한 95% 신뢰구간		최소값	최대값
					하한값	상한값		
중졸 이하	183	2.23	1.196	.088	2.06	2.40	1	5
고졸	161	2.53	1.183	.093	2.35	2.72	1	5
대졸 이상	77	2.99	1.082	.123	2.74	3.23	1	5
합계	421	2.48	1.200	.059	2.37	2.60	1	5

분산분석

12번문항

	제곱합	자유도	평균제곱	F	유의확률
집단간	31.740	2	15.870	11.569	.000
집단내	573.410	418	1.372		
합계	605.150	420			

이 분석은 조사대상자의 학력에 따라 12번 문항의 평균에 차이가 있는지를 검정한 것이다. 중졸 이하의 평균은 2.23, 고졸의 평균은 2.53, 대졸 이상의 평균은 2.99로서 학력이 높아질수록 평균이 증가하는 것으로 나타났는데, 이것이 실제적으로 차이가 있는지를 확인하고자 한 것이다.

분산분석 결과를 보면 검정통계량인 F값은 11.569이며, 유의확률은 .000이다. 유의확률이 .05보다 작기 때문에 12번문항의 학력에 따른 차이는 통계적으로 유의한 것으로 나타났다. 즉 '12번문항의 평균은 학력에 따라 차이가 있다'라는 가설을 채택할 수 있다.

여기에서 한 가지 의문이 발생한다. 학력별 평균을 보면 중졸 이하와 고졸의 차이는 .30이고, 고졸과 대졸 이상의 차이는 .46이다. 또한 중졸 이하와 대졸 이상의 차이는 .76이다. 위의 분산분석은 세 개 집단 평균의 차이가 전체적으로 통계적으르 유의한지만을 검정한 것이다. 따라서 중졸 이상과 고졸, 고졸과 대졸 이상과 같은 개별적인 집단 간의 차이는 확인할 수 없다. 이와 같은 경우에는 사후검정(post-hoc test)을 통해 개별집단 간의 차이를 살펴보아야 한다. 사후검정방법에는 Duncan, Scheffè, Tukey, LSD방법 등 여러 가지가 있는데, 여기에서는 Duncan방법에 의한 사후검정 결과를 보고자 한다.

표 6-17 Duncan방법에 의한 사후검정 결과

12번문항

Duncan

학력조정	N	유의수준 = .05에 대한 부집단		
		1	2	3
중졸 이하	183	2.23		
고졸	161		2.53	
대졸 이상	77			2.99
유의확률		1.000	1.000	1.000

이 결과를 보면 유의수준 .05에 대한 부집단의 수가 3개로서 학력 구분별로 각각 통계적으로 유의한 차이가 있다는 것을 알 수 있다. 즉 12번문항의 평균은 도든 학력별로 각각 차이가 있는 것으로 나타났다.

3개 이상 집단의 평균차이에 대한 일원분산분석에 있어 사후검정은 개별적인 두 집단 간의 차이를 확인하기 위해 반드시 필요한 과정이다.

자료의 계량적 분석

- 두 변수(또는 집단) 간 평균의 차이: t-test
- 두 변수(또는 집단)에 대한 응답분포의 차이: χ^2검정
- 세 개 이상 집단의 평균의 차이: 일원분산분석
  (개별적인 두 집단 간의 차이: 사후검정)

···> 자료의 처리 및 분석에 대한 내용은 www.papersea.com
온라인강좌Ⅱ 제15강 '연구방법 자료의 처리와 분석' 참조

1) 두산백과사전

2) 여기서 백분점수란 어떤 주어진 원점수에 대하여 이에 해당하는 분위를 구하고자 하는 경우에 백분위와 관련한 점수이다.

3) Allen, M. J., Yen W. M., *Introduction to Measurement Theory*. CA: Brooks/Cole Publishing Company, 이종성 역(1985), 측정이론의 기초, 서울: 중앙적성출판사. pp.213~214.

4) 통계학 서적에 첨부된 정규분포표를 참조할 것.

5) 이 검사는 평균=50, 표준편차=10의 표준화점수를 산출하여 정신건강점수를 부여한다(정승아 · 안동현 · 정선녀 · 정윤경 · 김윤영(2008), "청소년 정신건강 문제행동 선별검사 개발연구", 신경정신의학. 제47권 제2호, 대한신경정신의학회, pp.1~23).

6) 변인은 '성질이나 모습이 변하는 원인'이다(네이버 백과사전). 변인은 사회과학븐야에서 주로 사용되고, 변수는 수리적 분야에서 주로 사용되지만, 영문으로는 양자 모두 'variable 로서, 연구방법에 적용되는 경우에는 동일한 의미를 가진 것으로 간주한다.

7) 황인창 · 이대용(1999), 알기 쉬운 통계학, 서울: 학현사, p.5.

8) 이훈영(2006), 이훈영교수의 SPSS를 이용한 데이터분석, 서울: 도서출판 청람, pp.104~108.

9) 이학식 · 임지훈(2008), SPSS 12.0 매뉴얼 – 통계분석방법 및 해설, 파주: 법문사, p.224.

10) Baron, R. M. and Kenny, D. A.(1986), "The Moderator–Mediator Variable Distinction in Social Psychological Research: Conceptual, Strategic, and Statistical Considerations", *Journal of Personality and Psychology*, 51, pp.1173~1182.

11) 매개효과분석에 대해서는 다음을 참고할 것.
James, I. R., Mulaik, S. A. and Brett, J. M.(2006), "A Tale of Two methods", *Organizational Research Methods*, 9(2), pp.233~244.
Mackinnon, D. P., Lockwood, C. M., Hoffman, J. M., West, S. G. and Sheets, V.(2002), "A Comparison of Methods to test Mediation and other Intervening Variable Effects", *Psychological Methods*, 7(1), pp.83~104.

12) '검정(test)'과 '검증(verification)'은 엄밀하게 말하면 다른 의미를 가지고 있다. '검증'은 어떠한 상황을 검사하고 증명하는 과정, 즉 그 상황을 파악하고 확인하기 위한 과정을 일반적으로 지칭하는 말이다. 이에 반해 '검정'은 검사를 통해 일정한 기준에 맞는지 아닌지를 결정하는 것을 의미한다. 따라서 통계적 방법을 동원하여 가설이 적합한지 아닌지를 결정하는 것은 '검정'이라고 하는 것이 적합하다.

07 특수한 분석기법을 사용하는 양적연구방법

양적연구방법은 대부분 실증자료 수집을 통한 조사연구의 형태로 이루어지지만, 최근에는 통계분석이론과 통계처리프로그램의 발달로 보다 복합적인 분석방법이 다양하게 이용되고 있다. 본장에서는 양적연구 중에서 최근 발전된 특수한 분석기법을 사용하는 연구방법을 논의한다.

1 DEA 분석기법

DEA(Data Envelopment Analysis)방법은 지금까지의 단순한 재무비율분석이나 단순지표의 성과측정 문제점을 보완할 수 있는 경영효율성 측정방법, 즉 경영에 투입되는 다양한 요소와 다양한 산출요소들을 동시에 고려할 수 있는 선형계획 방법으로, '자료포락분석'이라고 한다.[1] DEA방법은 여러 개의 자회사, 지사 또는 지점을 가지고 있는 기관이나 기업에서 각 평가단위별 경영효율성을 평가하는 방법으로 널리 활용되고 있다. 본절에서는 이러한 DEA방법에 대하여 알아본다.

1) 효율성

(1) 효율성의 개념

글로벌 무한경쟁으로 대변되는 오늘날의 경제환경 및 기업의 경영환경에서 경영자 및 정책수립담당자들에게 있어 효율성제고는 가장 중요한 과제 중의 하나이다. 일반적으로 효율성(efficiency)은 투입(또는 비용)에 대한 산출(또는 효익)의 비율르 정의된다. 즉 효율성이란 투입이나 산출의 어느 한 측면에만 관련된 것이 아니라 양자의 관계에 초점을 맞추는 개념이다.[2)] 이러한 효율성은 다음과 같은 산식으로 표현할 수 있다.

$$효율성 = \frac{산출물의\ 수량}{투입요소사용량}$$

이 산식을 통해 보면 효율성은 생산조직이 단일투입요소를 사용하여 단일산출물을 생산할 경우에는 계산이 간단하다. 그러나 대부분의 생산조직은 다수의 투입요소를 사용하며, 또한 다수의 산출물을 생산한다. 이러한 다수투입 · 다수산출의 경우 효율성을 계산하려면 다수의 투입요소에 가중치를 적용하여 총괄한 총괄투입(aggregated input)과 다수의 산출물에 가중치를 적용하여 총괄한 총괄산출(aggregated output)을 계산하는 과정이 필요하다. 이것은 다음과 같이 나타낼 수 있다.

$$효율성 = \frac{총괄산출}{총괄투입}$$

(2) 효율성측정의 중요성

효율성측정은 다음과 같이 두 가지 이유에서 중요하다.

첫째, 일단 효율성을 성공의 지표로 생산조직을 평가하는 데 사용할 수 있다.

둘째, 효율성측정을 통해 여기에서 나타난 여러 환경의 영향을 분리하여 그 원인과 차이를 가설을 통해 검정가능하다. 이를 통하여 효율성의 차이 원인을 파악하여 성과를 개선하기 위한 공공부문 및 민간부문의 정책수립에 효과적으로 활용할 수 있다.

따라서 개인과 조직, 사회, 국가, 공공, 민간 등의 분야에서 정책 및 경영수립에 적용할 수 있다.

- 효율성은 동일한 자원을 가지고 어느 프로그램이 보다 많은 목표를 달성했는가를 지적하는 것으로, 경제성의 개념이 개입되어 있다. 일반적으로 효율성은 투입에 대한 산출의 비율로 정의한다.
- 효율성은 생산조직을 평가하는 데 사용할 수 있으며, 효율성의 측정을 통해 제반 환경의 영향을 분리하여 그 원인과 차이에 대한 검정이 가능하다.

2) DEA방법의 특징

효율성의 분석에 있어 DEA방법을 이용하면 매우 다양한 정보의 획득이 가능하다.

첫째, DEA방법은 다수의 투입과 산출이 존재하나 이들을 적절한 방법으로 하나의 지수로 종합하기 어려운 경우에 유용하게 사용될 수 있다. 기존의 재무비율분석이나 지수분석법은 투입과 산출변수의 비율에 대해 가중치를 부여하여 종합적인 평가를 하지만, DEA방법은 임의적인 가중치를 배제하고 효율치의 산출과정에서 객관적인 방법으로 가중치가 도출되는 점이 특징이다. 특히 투입 및 산출변수들의 측정단위가 각각 다른 경우에도 상대적 효율성을 추정할 수 있어 시장가격이 존재하지 않는 비영리조직의 효율성 파악에 유용하게 적용될 수 있다.

둘째, DEA방법에서는 평가대상과 투입 및 산출구조가 다르지만 100% 효율적인 평가대상들을 먼저 선정하고 준거집단으로 하여 상대평가를 한다. 따라서 비효율적인 평가대상의 경우, 실현가능한 목표치의 선정이 가능해지고 비효율성의 정도와 그 원인도 구체적으로 파악할 수 있다. 다시 말해 동질성이 높다고 판단된 준거집단과의 비교를 통해 과잉투입된 자원은 무엇이고 얼마나 과잉투입되었는지, 그리고 과소 산출된 재화는 무엇이고 얼마나 과소산출되었는지를 분석하여 비효율적 조직이 효율적 조직으로 발전하기 위해 필요한 목표수치를 제시해 줄 수 있다.

셋째, 투입자료를 통제가능한 투입요소와 통제 불가능한 투입요소로 2분화하여 투입자료로 사용할 수 있다.

DEA방법의 특징

- 다수의 투입과 산출이 존재할 때 이들을 하나의 지수로 종합하기 어려운 경우에 유용하게 사용될 수 있다.
- DEA방법에서는 100% 효율적인 평가대상들을 먼저 선정하고 준거집단으로 하여 상대평가를 하기 때문에 비효율적인 평가대상에 대해서도 실현가능한 목트치의 선정이 가능하고 비효율성의 정도와 그 원인도 구체적으로 파악할 수 있다.
- 투입자료를 통제가능한 투입요소와 통제 불가능한 투입요소로 2분화하여 투입자료르 사용할 수 있다.

3) DEA방법 적용 시의 유의사항

DEA방법을 적용하고자 할 때에는 다음과 같은 사항을 유의해야 한다.

첫째, 다른 여타 방법과는 달리 DEA모형은 투입 및 산출변수의 수가 많아질수록 효율적인 단위의 개수가 늘어나서 분석결과가 유의적이지 않을 가능성이 높다. 이런 문제에 대해 실제적으로 이 방법을 많이 적용해 본 연구자들은 $K \geq 2(s+m)$의 식을 제시하고 있다. 여기서 K는 평가대상의 수이고 s와 m은 각각 투입변수와 산출변수의 수이다. DEA 관련 문헌에서는 생산조직을 의사결정단위(DMU: Decision Making Unit)라는 용어로 부른다. 즉 위의 식에서 K는 DMU를 의미하는 것이다. 결국 DEA 분석에 있어서 평가대상인 DMU의 수는 투입변수와 산출변수를 합한 것에 2배 한 수보다 최소한 같거나 커야 분석결과가 의미가 있다.

둘째, 투입변수가 다수인 경우, 각 변수 간에 상관관계가 매우 높거나 거의 같은 의미를 내포하는 변수들을 포함시켜서는 안 된다는 점이다. 즉 어느 정도 상관이 있어야 투입변수로서의 의미가 있는 것이지만, 그 상관의 정도가 너무 높으면 결국 같은 변수를 투입하는 것이 되기 때문에 분석의 타당성이 상실된다는 것이다. 이것은 회귀분석에서의 다중공선성 문제와 같은 맥락에서 이해할 수 있다.

셋째, 분석에 투입되는 변수는 측정가능한 투입과 산출변수로 구성되어야 한다.

넷째, 상대적인 관점에서 비교평가하기 때문에 특정 조직의 투입과 산출요소로 잘못 측정된 자료를 사용하게 되면 당해 조직뿐만 아니라 다른 조직들의 효율성도 잘못 측정될 가능성이 높아지며, 투입과 산출요소 중 어느 하나라도 다른 조직에 비해 효율적이라면 당해 조직이 효율적으로 평가받을 수 있기 때문에 조직 간의 이질성이 강하면 효율적으로 평가받을 가능성이 커지게 된다.

다섯째, DEA방법은 확정적인(deterministic) 자료를 바탕으로 각 DMU의 효율성을 측정하기 때문에 투입변수와 산출변수값의 오차를 고려하지 못한다. 즉 효율성평가의 입력자료인 투입물과 산출물지수에 통제할 수 없는 오차가 포함되어 있을 경우에는 잘못된 결과가 나타날 수도 있다.[3)]

이러한 맥락에서 DEA는 투입 및 산출변수의 수에 비해 평가대상조직의 수가 클 때보다 효과적으로 이용될 수 있다는 것을 알 수 있다. 즉, 투입과 산출변수가 증가할수록 특정 조직의 효율성 정도는 커지게 되고, 따라서 효율적으로 평가되는 조직의 수도 늘어나게 된다. 실제로 이 기법을 적용하는 경우에는 이러한 상반관계를 인식하여 투입과 산출변수의 수를 적절하게 조정하여야 한다.

DEA방법 적용 시 유의점

DEA방법은 투입 및 산출변수의 수에 비해 평가대상조직의 수가 클 때보다 효과적으로 이용될 수 있다. 즉, 투입과 산출변수가 증가할수록 특정 조직의 효율성 정도는 커지게 되고, 따라서 효율적으로 평가되는 조직의 수도 늘어나게 된다. 따라서 DEA방법을 적용하는 경우에는 이러한 상반관계를 인식하여 투입과 산출변수의 수를 적절하게 조정하여야 한다.

4) DEA방법의 유형

DEA모형은 연구목적에 따라 여러 가지 유형이 있는데, 크게 두 가지로 구분하면 찬즈(Charnes), 쿠퍼(Cooper), 로우즈(Rhodes, 1978)의 CCR모형과 밴크(Banker), 찬즈(Charnes), 쿠퍼(Cooper, 1984)의 BCC모형이 대표적이다. 각 모형의 명칭은 모형 개발자들의 이름을 약자로 표현한 것이다.

CCR모형은 가장 널리 활용된 모형이며, 다양한 해석을 할 수 있다는 점 때문에 DEA방법의 대표적인 모형이라고 할 수 있다. CCR모형은 실제 양과 최대 가능한 양의 비율로 표현되는 효율성지표로부터 유도되는 것으로, 전체 기술적 효율성 및 규모 효율성을 측정할 수 있으며, 그 표현되는 형태에 따라서 비율모형(ratio model), 승수모형(multiplier model), 포락모형(envelopment model)으로 구분한다. 이 중에서 CCR비율모형은 매우 직관적인 해석이 가능하며 이해하기 쉽다. CCR모형은 모든 DMU(Decision Making Unit)의 총괄투입에 대한 총괄산출의 비율이 1을 초과해서는 안 되며, 각 투입 및 산출변수의 가중치는 0보다 크다는 제약하에 총괄투입과 총괄산출의 비율을 최대화시킬 수 있는 요소의 가중치를 결정하는 모형으로, n개의 DMU에 대한 가중치를 계산하기 위해서는 n개의 CCR비율모형이 필요하며 각각에 대한 최적해를 구하게 된다. 또한 CCR비율모형에서 DMU k의 효율성 E_k는 투입 · 산출변수의 단위가 변하여도 달라지지 않는다. 즉 DMU k의 효율성 E_k는 관찰된 투입 · 산출변수의 단위에 대하여 독립적이다.

DEA방법의 유형

- Charnes, Cooper, Rhodes(1978)의 CCR모형
- Banker, Charnes, Cooper(1984)의 BCC모형

CCR모형은 가장 널리 활용된 모형이며, 다양한 해석을 할 수 있다는 점 때문에 DEA방법의 대표적인 모형이라고 할 수 있다.

5) DEA방법의 실행

DEA방법을 실행하기 위해서는 컴퓨터프로그램을 이용해야 한다. 실행을 할 수 있는 프로그램을 소개하면 다음과 같다.

(1) EMS의 활용

EMS(Efficiency Measurement System)는 Sheel[4]이 개발한 DEA 전용 소프트웨어로 학문적 목적을 위해서는 비용부담 없이 EMS 홈페이지에서 다운로드하여 사용할 수 있는 프리웨어이다.

EMS는 엑셀로 작성된 투입산출자료를 처리할 수 있다. 그리고 표준적인 투입산출변수뿐만 아니라 DMU(Decision Making Unit)[5]가 통제할 수 없는 투입산출변수도 처리할 수 있다. EMS는 처리할 수 있는 DMU의 수, 투입변수의 수, 산출변수의 수에 제한이 없어 대규모 DEA모형의 계산을 수행하는 데 매우 적합하다. EMS 개발자의 계산실험에 의하면 EMS는 5,000개의 DMU를 갖고 투입산출변수의 수가 40개인 DEA모형의 계산을 무리 없이 처리할 수 있었다.

투입산출자료를 입력하는 워크시트 이름은 'Data'로 해야 한다. 모두 소문자로 하거나 모두 대문자로 하여도 상관없다. 'Data' 워크시트의 첫 번째 행에는 항상 투입 ·

산출변수의 이름을 입력해야 하며, 입력하는 순서는 투입변수를 먼저 입력하고, 산출변수의 이름을 그 다음 순서로 입력해야 한다. 투입변수 이름 옆에는 {I}, 산출변수 이름 옆에는 {O}라고 투입과 산출변수라는 것을 알려주는 내용을 함께 입력해야 한다. EMS를 다운받을 수 있는 주소는 다음과 같다.

http://www.wiso.uni-dortmund.de/lsfg/or/scheel/ems

(2) DEAP의 활용

DEAP(Data Envelopment Analysis Program)은 Coelli[6](1996)에 의해 포트란으로 작성된 DEA분석을 수행하기 위한 프로그램이다. DEAP프로그램을 다운받을 수 있는 주소는 다음과 같다.

http://www.uq.edu.au/economics/cepa/deap/htm

(3) SAS/IML의 활용

SAS에 포함되어 있는 SAS/IML은 행렬을 기본적인 연산의 대상으로 하며 구문이 행렬대수와 매우 유사하여 프로그램을 읽거나 작성하기 편리한 모형구축 언어이다. CCR모형은 SAS/IML언어로 작성할 수 있다.

(4) Excel의 활용

엑셀의 메뉴에서 '도구'에 속해 있는 항목들을 보면 '해찾기'라는 항목이 있다. 엑셀 해찾기는 선형계획법모형의 최적해를 계산하기 위한 알고리즘을 포함하고 있으며, 이 때문에 DEA모형의 계산을 수행하는 데 활용할 수 있다.

DEA방법의 실행

- EMS(Efficiency Measurement System)
- DEAP(Data Envelopment Analysis Program)
- SAS/IML
- Excel의 해찾기

6) DEA방법을 사용한 연구의 사례

이하에서는 DEA방법을 사용하여 연구를 수행한 사례를 분석한다. 이 사례는 DEA 방법을 활용하여 우리나라의 대표적인 멀티플렉스(CGV, 롯데시네마, 메가박스, 프리머스)의 2002년부터 2004년까지의 효율성을 분석한 것이다.[7] DEA방법을 통한 분석은 여러 개의 평가단위에 대한 효율성분석이 가능하기 때문에 연도별 멀티플렉스의 자료를 통한 산업분석에 적절하다.

(1) 연구의 목적

① 폭발적인 스크린수 증가가 국내 영화산업에 도움이 되고 있는가?
② 멀티플렉스에 거품은 없는가?

기업의 효율성은 생산활동에 있어 생산요소가 최적으로 결합되고 생산기술이 최적으로 활용되어 최소의 비용으로 최대의 생산을 창출하는가와 생산요소 간의 대체가 가능할 정도의 최소의 평균비용수준에서 생산활동을 수행하는가가 핵심적인 사항이다. 따라서 본 연구는 극장매출에 대한 성과측정을 통해 비효율적이고 낭비적인 부분을 규명해내기 위해 DEA방법에 의한 효율성분석을 하고자 한 것이다.

(2) 분석대상과 투입-산출변수

가. 분석대상

분석대상은 우리나라 대표적인 멀티플렉스인 CGV, 프리머스, 롯데시네마, 메가박스를 선정하였다. 여기에서 각 멀티플렉스별 분석대상 연도가 '의사결정단위'인 DMU(Decision Making Unit)가 된다.

나. 투입-산출변수

DEA방법을 사용하기 위해 선정한 투입-산출변수는 영화진흥위원회의 자료를 참조하여 다음과 같이 선정하였다.

가) 투입변수

① 극장수

② 스크린수

③ 극장점유율

④ 스크린점유율

⑤ 멀티플렉스 시장 내 스크린점유율

나) 산출변수

① 관객수

표 7-1 DEA 분석사례의 투입-산출변수 자료

DMU \ 변수	투입변수					산출변수
	극장수	스크린수	극장 점유율	스크린 점유율	멀티플렉스 시장 내 스크린점유율	관객수 (명)
CGV(2002)	11	95	3.6	9.7	18.2	18,820,526
롯데시네마 (2002)	2	19	0.6	1.9	3.6	10,001,000
메가박스 (2002)	6	48	1.9	4.9	9.2	9,873,050
CGV(2003)	17	136	6.1	12.0	23.5	24,612,883
롯데시네마 (2003)	8	67	2.9	5.9	11.6	12,317,116
메가박스 (2003)	9	67	3.2	5.9	11.6	12,096,350
CGV(2004)	27	215	8.9	14.8	21.5	33,266,306
프리머스 (2004)	17	125	5.6	8.6	12.5	7,590,646
롯데시네마 (2004)	12	98	4.0	6.8	9.8	15,801,374
메가박스 (2004)	13	105	4.3	7.2	10.5	15,018,223

(3) 분석방법

가. 분석유형

① CCR모형(CRS Input Oriented Model): 전체적인 효율성분석

② BCC모형(VRS Input Oriented Model): 순수기술 효율성분석

③ 규모효율성(Scale Efficiency)

규모효율성은 특정한 투입과 산출배합하에서 평균생산량이 최대로 되는 점과 현재의 산출수준을 비교하는 방법으로, 다음과 같이 산출한다.

$$규모효율성 = \frac{CCR모형의\ 총합\ 효율성값}{BCC모형의\ 순수기술\ 효율성값}$$

나. 분석소프트웨어

Coelli(1998)의 DEAP Version 2.1

(4) 분석결과

DEA방법은 100% 효율적인 평가대상들을 먼저 선정하고 그 평가대상을 준거집단으로 하여 다른 평가대상에 대해 상대평가를 하는 것이므로, 투입-산출변수를 무엇으로 선정하는가에 따라 결과가 다르게 나타날 수 있다는 점에 유의해야 한다.

가. 연도별 DEA 분석결과

각 연도별로 멀티플렉스의 효율성을 분석한 결과는 다음과 같다.

표 7-2 DEA 분석사례의 연도별 DEA 분석결과

	DMU	CCR	BCC	Scale (CCR/BCC)	참조 DMU[8]
CGV(2002)	1	0.360	0.984	0.366	7 4 2
롯데시네마(2002)	2	1.000	1.000	1.000	2
메가박스(2002)	3	0.356	0.671	0.531	7 4 2
CGV(2003)	4	0.335	1.000	0.335	4
롯데시네마(2003)	5	0.340	0.773	0.440	7 4 2
메가박스(2003)	6	0.340	0.767	0.444	7 2 4
CGV(2004)	7	0.292	1.000	0.292	7
프리머스(2004)	8	0.106	0.309	0.344	7 4 2
롯데시네마(2004)	9	0.291	0.780	0.373	7 4 2
메가박스(2004)	10	0.271	1.000	0.271	10
평균		0.369	0.828	0.440	

CCR모형으로 측정한 결과는 2002년 롯데시네마만 효율성이 1로서 높은 것으로 나타났다. BCC모형으로 측정한 결과는 2002년 롯데시네마, 2002년 CGV, 2004년 CGV, 2004년 메가박스의 효율성이 1로서 높은 것으로 나타났다. 결과적으로 규모의 효율성은 2002년 롯데시네마가 가장 우수한 것으로 나타났다.

나. 멀티플렉스 체인별 DEA 분석결과

멀티플렉스 체인별을 2002년부터 2004년까지 투입변수와 산출변수를 합하여 효율성을 분석한 결과는 다음과 같다.

표 7-3 멀티플렉스 체인별 DEA 분석결과

	DMU	CCR	BCC	Scale (CCR/BCC)	참조 DMU
롯데시네마	1	1.000	1.000	1.000	1
메가박스	2	0.812	0.872	0.931	3 1
CGV	3	0.730	1.000	0.730	3
평균		0.847	0.957	0.887	

CCR모형으로 측정한 결과는 롯데시네마의 효율성이 1로서 높은 것으로 나타났다.

BCC모형으로 측정한 결과는 롯데시네마와 CGV의 효율성이 1로서 높은 것으르 나타났다. 결과적으로 규모의 효율성은 롯데시네마가 가장 높은 것으로 나타났다.

다. 연도별 멀티플렉스의 DEA 분석결과

연도별로 멀티플렉스의 효율성을 측정한 결과는 다음과 같다.

표 7-4 연도별 멀티플렉스의 DEA 분석결과

	DMU	CCR	BCC	Scale (CCR/ECC)	참조 DMU
2002년	1	1.000	1.000	1.000	1
2003년	2	0.878	1.000	0.878	2
2004년	3	1.000	1.000	1.000	3
평균		0.959	1.000	0.959	

연도별로 측정한 결과는 2002년도만을 제외하고는 모두 효율성이 1로서 높은 것으로 나타났다. 이것은 멀티플렉스 극장수가 전년 대비 2002년에는 188.2%, 2004년에는 83.3% 증가하였지만, 2003년에는 34.7% 증가에 그친 것에 원인이 있다고 할 수 있다. 또한 멀티플렉스 스크린수가 2002년에는 210.7%, 2004년에는 72.4% 증가하였지만 2003년에는 109.% 증가한 것을 반영하고 있다고 할 수 있다.

(5) 결론

멀티플렉스는 1998년 CGV 강변이 등장하면서 폭발적인 성장추세에 있으며, 전국의 극장이 멀티플렉스로 변화하고 있다. 우리나라의 멀티플렉스는 3개 회사의 과점체제를 유지하고 있기 때문에 우리나라의 극장산업에 대한 효율성을 분석하는 척도로 의미가 있다.

본 연구결과는 극장수 및 스크린수 증가에 따른 관객수의 증가로 인해 멀티플렉스가 대체적으로 효율성이 있다는 것을 보여주었다. 그러나 DEA의 특성상 더욱 다양한 변수를 이용하여 측정할 경우 결과가 다르게 나올 수 있기 때문에 보다 구체적인 효율성분석을 위해서는 해당 멀티플렉스의 재무정보를 통해 효율성분석과 재무적 분석을 병행할 필요가 있다.

7) DEA방법의 활용

DEA는 기본적으로 여러 개의 분석단위, 즉 DMU를 가지고 있는 기관이나 기업의 효율성분석에 사용할 수 있다. 각 분야별 DEA방법의 활용성에 대해 살펴보면 다음과 같다.

(1) 금융기관

DEA방법으로 대형 상업은행 지점의 효율성을 분석할 수 있다. DEA방법을 통해 은행지점에 관한 기술적 효율성과 규모효율성 측정, 그리고 비효율성의 원인을 파악하여 은행의 성과를 평가하고, 성과차이에 대한 원인을 규명하여 영업환경 및 조직 특성을 분석할 수 있다.

(2) 의료보건

대학병원이나 공공병원의 효율성을 측정하고 병원전문가들의 의견을 근거로 DEA가 효율성 및 비효율성의 소재에 관한 효과적인 정보를 제공할 수 있다. 그리고 병원 소유 형태에 따라 효율성에 미치는 영향을 분석·비교함으로써 전체 병원의 효율성을 측정하여 최적생산규모를 추정하는 것이 가능하다.

(3) 교육/학교분야

DEA방법을 통해 공립대학과 사립대학 효율성을 평가할 수 있고, 또한 학과별 연구생산성 및 효율성을 비교·평가할 수 있다.

(4) 사회복지

사회복지서비스 관련 기관, 공공도서관, 경찰서비스, 교도행정, 지방정부 등의 효율성 측정이 가능하다.

(5) 도시국가 효율성 측정

각 도시 또는 국가별 경제개발계획의 수립 및 평가 등에 DEA방법을 사용할 수 있다.

(6) 공공기관

우리나라와 같은 경우 수자원공사, 한국전력 등 대형 공공기관은 개별적으로 자회사나 지사를 두고 있다. 이러한 자회사나 지사별 경영효율성 분석에 DEA가 유용하게 사용될 수 있다.

DEA방법의 활용
DEA는 기본적으로 여러 개의 분석단위, 즉 DMU를 가지고 있는 기관이나 기업의 효율성 분석에 사용할 수 있다.
- 대형 은행
- 의료보건
- 교육/학교
- 사회복지
- 도시국가
- 공공기관

8) DEA방법의 활용연구

DEA방법을 활용하여 수행한 연구를 살펴보면 다음과 같다.

① "DEA를 통한 지방정부 정보화의 상대적 효율성 측정: 기초자치단체를 중심으로"(명지대학교, 2003)

② "외식 프랜차이즈 브랜드와 가맹점의 효율성분석: DEA를 중심으로"(원광대학교, 2006)

③ "DEA모형을 활용한 인터넷기업의 효율성 평가에 관한 연구"(전남대학교, 2006)

④ "지역농협의 경영평가방법에 관한 연구: DEA모형을 중심으로"(건국대학교, 2004)

⑤ "기관내 무료 DEA 기법을 활용한 서울지역 고등학교의 상대적 효율성분석"(교육재정경제연구, 15(1), 2006)

⑥ "DEA에 의한 우리나라 멀티플렉스산업의 효율성분석"(한국콘텐츠학회논문지, 6(7), 2006)

⑦ "DEA모형을 이용한 종합병원의 효율성 측정과 영향요인"(병원경영학회지, 10(1), 2005)

⑧ "DEA를 활용한 중학교의 상대적 효율성분석"(교육행정학연구, 26(4), 2008)

⑨ "DEA모형을 이용한 대형마트 개별점포의 효율성 평가에 관한 연구"(강원대학교, 2008)

⑩ "DEA모형에 의한 정보통신기업의 성과평가에 관한 연구"(경기대학교, 2002)

···➤ DEA 분석기법에 대한 내용은 www.papersea.com
온라인강좌Ⅱ 제27강 '연구방법 10 DEA 분석방법 1'
온라인강좌Ⅱ 제28강 '연구방법 10 DEA 분석적용사례연구 2' 참조

2 델파이방법

델파이(delphi)방법은 현재의 상태에 대한 일반화·표준화된 자료가 부족한 경우에 전문가적인 직관을 객관화하는 예측의 방법으로 많이 사용되어지는 방법이다. 즉 내용이 아직 알려지지 않거나 일정한 합의점에 도달하지 못한 내용에 대해 다수의 전문가의 의견을 자기기입식 설문조사방법이나 우편조사방법으로 표준화와 비표준화 도구를 활용하여 수회에 걸쳐 피드백(feedback)시켜 그들의 의견을 수렴하고 합의된 내용을 얻는, 소위 전문집단적 사고를 통하여 체계적으로 접근하는 일종의 예측에 의한 정책분석방법이라고 볼 수 있다. 본절에서는 델파이방법에 대해 알아본다.

1) 델파이방법의 개요

'Delphi'라는 이름은 고대 희랍신화 중에서 미래를 통찰하고 신탁을 하였다는 아폴로신전의 소재지인 희랍의 옛 도읍지 명칭을 따른 것이다. 델파이방법은 예측하려는 문제에 관하여 전문가들의 견해를 유도하고 종합하여 집단적 판단으로 정리하는 제반 절차라고 정의할 수 있다.

이 방법은 미국의 랜드연구소(Rand Corporation)에서 개발하였으며, 대면토의에서 나타나는 제한점을 제거하고 긴급한 국방문제(소련의 원자탄 보유량을 추정하는 문

제)에 관하여 전문가들의 합의를 도출하는데 1950년대에 최초로 사용하였다. 군사기밀상 그로부터 10여 년 후인 1960년대에 이 방법이 공개된 후 여러 분야에서 미래를 예측하는 문제뿐만 아니라 연구방법으로 발전되었다.[9)]

델파이방법은 한 나라의 연구수준이나 미래의 특정 시점을 예측하는 경우, 특히 현재의 상태에 대한 일반화 · 표준화된 자료가 부족한 경우, 전문가적인 직관을 객관화하는 예측의 방법으로 많이 사용되는 기법이다.

미래에 대한 예측조사의 방법으로 사용되는 델파이방법은 내용이 아직 알려지지 않거나 일정한 합의점에 달하지 못한 내용에 대해 다수의 전문가의 의견을 자기기입식 설문조사방법이나 우편조사방법으로 표준화와 비표준화 도구를 활용하여 여러 차례에 걸쳐 피드백(feedback)시켜 그들의 의견을 수렴하고 합의된 내용을 얻는 소위 전문집단적 사고를 통하여 체계적으로 접근하는 일종의 예측에 의한 정책분석방법이라고 볼 수 있다.

따라서 델파이방법은 논리적이며 객관적으로 체계적인 분석을 수행하고 그 결과를 수차례에 걸쳐 피드백시킴으로써, 다수의 전문가들의 의견을 종합하여 보다 체계화 · 객관화시킬 수 있는 매우 유용한 기법이다.

델파이방법
- 일반화되지 않은 문제
- 전문가집단에 대한 의견조사
- 조사결과의 피드백 반복
- 객관화되고 일반화된 미래예측 의견의 체계적 도출

2) 델파이방법의 기본가정과 특성

(1) 기본가정

델파이방법은 '두 사람의 판단이 한 사람의 판단보다 정확하다'는 가정을 배경으로 한 사람의 전문가보다는 전문가집단을 이용하는 방법으로 개발되었다. 그러나 미래에 대한 예측에 있어 전문가집단을 이용하는 데에는 찬반양론이 있을 수 있다.

찬성론은 집단구성원의 상호작용을 통해 개인의 편견이 상쇄될 수 있으며, 집단을 구성하고 있는 어느 한 사람의 지식이 다른 사람의 무지를 보충할 수 있다는 데에 근거를 두고 있다.

반대론은 '사공이 많으면 배가 산으로 간다'는 경험적인 격언에 근거한다. '다수의 의견이 소수의 의견보다 정확하다'는 민주적 의사결정의 원리는 곧 집단추정치의 범위는 정답을 포함할 가능성이 높다는 가정에 기초한다. 그러나 집단추정치는 또한 불확실성과 애매함을 포함할 수도 있다. 집단적 예측이 개인적 예측보다 정확하다는 주장은 실험적으로 증명된 논리는 아니다. 문제상황에 따라서는 집단적 추정치가 정확할 수도 있고 개인적 추정치가 정확할 수도 있다.

델파이방법의 요점은 집단추정치가 정답의 범위를 포함할 가능성이 높다는 가정에서 집단추정과정을 통해 정확한 추정치를 찾으려는 것이다. 표준 델파이 집단추정과정은 심리측정이나 경제측정의 집단추정과 유사하다. 다만 차이점은 델파이과정에서 집단추정은 불확실한 양의 추정치를 구하기 위해 전문가집단을 이용한다는 것이다. 불확실한 양이란 시기, 비용, 사건이 일어날 가능성과 같은 것들이 될 수 있다.[10)]

(2) 기본특성

델파이방법은 여론조사와 협의회의 장점을 결합시킨 방법으로 다음과 같은 특성을 갖는다.

첫째, 연구주제에 대한 전문적 식견과 소양을 구비한 전문가집단을 대상으로 한다.

둘째, 익명으로 나타난 각 전문가들의 직관적 판단을 반복적(iterative)으로 피드백(feedback)한다.

셋째, 협의방식에서 나타날 수 있는 불필요한 잡음을 제거하면서 적절한 연구진행상의 통제를 통하여 통합적(aggregated)인 합의점(consensus)을 구한다.

이 세 가지 특성 중에서 가장 논의의 대상이 될 수 있는 것은 협의회에서 나타날 수 있는 편승효과(band-wagon effect), 집단소음(group noise), 후광효과(halo effect)와 같은 심리적 효과를 피하기 위해 고안된 패널의 익명성이다. 즉 델파이방법의 과정에서 응답자의 이름이 밝혀지지 않기 때문에 무책임한 반응을 유발할 수 있다는 점에 유의하여야 한다. 또한 여러 사람의 의견을 모아 예측이나 해결책을 마련하기 때문에 최선의 예측이나 해결책이 제외될 수도 있다.

기본가정과 기본특성

- 기본가정
  - 집단의 추정치가 정답을 포함할 가능성이 높다.
- 기본특성
  - 전문가집단 대상
  - 반복적 피드백
  - 적절한 통제를 통해 합의점 도출

3) 집단의사소통방식과의 차이점

델파이방법을 동원하는 서면통신과정에서는 일반적인 집단의사소통방식에서 효과가 있는 상호작용에 제한점을 갖는다. 그렇기 때문에 이러한 상호작용의 제한점을 극복하기 위해 소수의견 보고서가 패널들에게 제공되는 것이다. 즉 매 회의 피드백마다 조사내용에 대한 응답경향과 분포를 모든 패널들에게 제시한다. 따라서 패널들은 다른 패널들의 응답경향을 참고로 하여 자신의 의견을 조정할 수 있다.

델파이방법이나 위원회방법과 같은 집단의사소통과정을 조직하는 다양한 형식에는 장점과 단점이 있다. 여기서 중요한 것은 가장 적절한 형식을 선택하거나 이들 방법을 혼용하는 것이다. 다음의 [표 7-5]는 전화회의, 위원회, 세미나, 델파이방법을 효과적 집단의 크기, 상호작용 및 기타 특성을 준거로 비교한 것이다.[11)]

표 7-5 집단의사소통기술 비교

구분	전화회의	위원회	세미나	델파이	실시간델파이
효과적 집단크기	소집단	소집단 중집단	소집단 중집단 대집단	소집단 중집단 대집단	소집단 중집단 대집단
상호작용 발생	동시	동시	동시	랜덤	랜덤
상호작용의 기간	단기간	중・장기간	장기간	단・중기간	단기간
비용	통신비	여비 개인시간	여비 개인시간 참가비	모니터 시간 행정비	통신비 컴퓨터 사용료

기타	• 시간의 긴급성 • 동일한 정보유통 • 심리적 효과의 극대	• 강제지체 • 동일한 정보유통 • 심리적 효과의 극대	동일한 정보유통	• 동일한 정보유통 • 심리적 효과의 최소화	• 시간의 긴급성 • 동일한 정보유통 • 심리적 효과의 최소화

4) 델파이방법의 절차

델파이방법을 활용한 연구의 전개절차는 다음과 같이 제시할 수 있다.

(1) 전문가집단의 선정

연구주제에 관련된 분야의 전문가로 참가자(panel)를 구성한다. 이때 참가자의 대표성, 적절성, 전문적 지식능력, 참여의 성실성, 참가자의 수 등을 신중하게 고려해야 한다. 또한 참가자의 특성이 반응양태에 어떻게 영향을 미칠 가능성이 있는가에 대한 고려도 필요하다.

(2) 제1차질문지 조사실시(first round)와 분석

제1차질문지는 그 형식에 있어 개방형 서술식으로 작성한다. 이것은 참가 전문가들의 문제에 대한 발산적 지각을 고찰하여 의견을 수렴하기 위해서이다. 그렇지만 경우에 따라서는 구조화된 제한응답식 질문지로 구성할 수도 있다.

조사결과는 수집된 전문가의 의견을 유형별로 구분하여 적절한 항목을 선정하고, 이에 대한 빈도, 중앙치(median), 4분점간 범위(quartile range) 등을 산출한다.

(3) 제2차질문지 조사실시(second round)와 분석

2차질문지는 1차질문지의 분석결과를 토대로 구체적인 분석항목을 나열하고, 1차조사의 결과의 응답경향, 즉 중앙치와 4분점간 범위를 각 항목마다 표시한다. 그리고 소수의견도 첨부한다. 이렇게 하여 각 항목마다 각자의 의견에 대한 재고와 의사 변경이 있는 경우 그 이유를 밝혀주기를 요청한다.

2차조사 결과에 대해서도 항목의 구성척도에 따라 평균 또는 중앙치, 4분점간 범위 등을 산출한다.

(4) 3차질문지 조사실시(third round)

3차질문지 조사는 2차조사와 동일한 방법으로 실시한다. 일반적으로 델파이조사에서의 의견 변경은 3차에서 가장 확정적으로 나타나기 때문에 3차까지만 조사를 할 수도 있으나 경우에 따라서는 4차, 5차까지도 실시할 수 있다.

이상의 절차를 5차조사까지로 요약하여 나타내면 다음의 표와 같다.

표 7-6 델파이방법에 의한 연구진행과정

단계	조사내용	분석방법	통계처리
1	연구주제에 대한 항목별 개방형 질문서 송부 및 회수	수집된 유형/원인/속성을 요인별로 나열하여 빈도를 분석하고 그 빈도에 따라 폐쇄형 질문지 문항 선정	빈도분석을 통해 요인별 문항 선정 (가능하다면 중앙치와 사분점간 범위 등의 통계치 산출)
2	개방형 질문에 의해 선정된 문항을 각 요인별로 구조화하여 폐쇄형 질문지 작성 송부 및 회수	각 문항에 대한 응답형태 분류 및 빈도, 최빈치, 중앙치 등 분석	기술통계분석
3	2차질문지에 대한 결과를 각 문항에 기재하고, 본인이 답했던 것을 병기하여 송부함으로써 다른 사람의 의견을 참고하도록 유도	• 각 문항에 대한 응답형태 분류 및 빈도, 최빈치, 중앙치 등 분석 • 2차질문지와 3차질문지의 결과 비교	• 기술통계분석 • 2차와 3차질문의 응답차이에 대한 검정
4	3차질문지에 대한 결과를 각 문항에 기재하고, 본인이 답했던 것을 병기하여 송부함으로써 다른 사람의 의견을 참고하도록 유도	• 각 문항에 대한 응답형태 분류 및 빈도, 최빈치, 중앙치 등 분석 • 3차질문지와 4차질문지의 결과 비교	• 기술통계분석 • 3차와 4차질문의 응답차이에 대한 검정
5	4차질문의 결과를 제시하고 정책대안에 대한 의견을 개진하도록 유도	정책대안에 대한 의견을 종합적으로 분석	4차질문지의 결과와 정책대안의 관련성 검토

주) 조사대상: 해당 주제에 대한 전문가
조사기간: 각 단계별 3주(총 15~20주)
조사방법: 우편송부 및 회수

5) 델파이방법을 이용한 연구의 사례

본강에서는 델파이방법을 사용하여 수행한 연구의 사례를 검토한다. 본 연구는 사회복지의 전문가이며 일선 실천현장에서 복지서비스를 직접 제공하고 클라이언트의 행동을 체험하고 있는 사회복지사로부터 클라이언트의 폭력에 대처하기 위한 실질적인 방안을 수렴하고, 공통된 방향성을 도출해 내고자 하는 것이었다. 우리나라 정신보건사회복지 실천현장에서는 아직까지 클라이언트 폭력에 대한 대응방안이나 정책적인 지침이 구체화되지 않은 상태에 있다. 따라서 정신보건사회복지사를 전문가 집단으로 선정하여 델파이방법을 활용함으로써 미래의 정책적 방향성에 대한 가늠자를 제시하고자 한 것이다.

(1) 연구의 목적

본 연구는 정신보건사회복지서비스를 제공하는 실천현장에서 정신보건사회복지사들이 그들의 업무와 관련하여 클라이언트로부터 경험하는 폭력발생 상황의 특징은 어떠한지를 규명하고, 사회복지서비스를 수행하는 전문가집단인 정신사회복지사를 대상으로 클라이언트 폭력에 대한 대처방안과 체계적인 실행방법을 도출해 내고자 하는 것이다. 보다 구체적으로는 정신보건사회복지사들이 평소 생각하고 실천해 오고 있는 폭력예방 대책에 대한 전문가적 관점에서의 의견수렴과 일치과정을 통해 근본적이고 보편적으로 실행할 수 있는 폭력예방의 방법과 정책적 반영 요구를 실체적으로 밝히고자 하였다. 그리고 그 결과를 바탕으로 정신사회복지사들의 안전을 보장하는 예방지침과 제도적인 장치를 만들고 정책적으로 추진하는 데에 유용한 기초자료를 제공할 수 있을 것이다. 본 연구의 패널로 참여한 사회복지사들은 모두 자격증을 취득하고 현장에서 직접 사회복지서비스를 제공하고 있는 전문가로서, 이들의 의견은 본 연구의 목적을 달성하는 데 충분한 자료로서 의의가 있다. 본 연구에서 델파이방법은 3차까지 실시하였다.

(2) 델파이방법 1차조사

델파이방법에서의 1차조사는 패널들로 하여금 상호접촉하지 않고 연구문제에 대한 개방형 질문(open-ended questions)에 응답하도록 하여 그 판단을 수집하기 위한 과정이다. 본 연구에서는 클라이언트 폭력에 대한 대책에 대한 의견을 구하고자 5개 항목을 개방형 질문으로 조사하였다. 1차조사에 참여한 인원은 29명이었다.

가. 조사내용

① 클라이언트 폭력의 발생원인

② 클라이언트 폭력을 방지하기 위한 방법

③ 클라이언트 폭력 상황 발생 시 대처방법

④ 정신보건사회복지기관 차원에서의 클라이언트 폭력을 방지하기 위한 대책수립에 대한 의견

⑤ 국가(또는 정부) 차원에서의 클라이언트 폭력을 방지하기 위한 대책수립에 대한 의견

나. 1차조사 결과

1차조사에서 개방형 질문을 통해 수집된 자료는 다음과 같이 유형화되었다.

표 7-7 델파이 1차조사의 클라이언트 폭력에 대한 대책에 대한 의견

설문영역	응답결과
Ⅰ. 조사대상자가 생각하는 클라이언트 폭력의 발생원인	'가족과의 정보공유가 미흡해서' 등 34개 원인
Ⅱ. 정신보건사회복지사가 생각하는 클라이언트 폭력 방지 방법	'클라이언트 폭력 전조증상이나 과거력에 대한 정보공유' 등 33개 방법
Ⅲ. 정신보건사회복지사들이 생각하는 클라이언트 폭력 발생 시 대처방법	'우선적으로 그 자리를 피한다' 등 26개 방법
Ⅳ. 클라이언트 폭력을 방지하기 위해 사회복지기관 차원에서 수립해야 할 필요성이 있는 대책	'상황대처에 필요한 충분한 인원이 배치되어야 한다' 등 35개 방법
Ⅴ. 클라이언트 폭력을 방지하기 위해 국가 차원에서 수립해야 할 필요성이 있는 대책	'안전요원 등의 인원을 배치해야 한다' 등 27개 방법

(3) 델파이방법 2차조사

델파이방법에서의 2차조사는 1차 개방형 설문으로 수집한 비체계적인 개방형 응답들을 편집하여 구조화된 폐쇄형 질문들을 만들고, 이를 다시 패널들로 하여금 질문의

중요성, 희망, 가능성 등에 대하여 동의하는 강도를 평정하도록 하는 것이다. 본 연구의 2차조사는 1차조사의 대상자 중에서 2명이 개인적 사정으로 중도 포기를 요청하여 총 27명을 대상으로 수행되었다. 2차설문에서는 1차조사에서 개방형 응답으로 조사한 내용을 각 설문영역별로 정리한 후 연구의 의도와 부합하도록 조사방법 및 척도를 설정하여 설문지를 작성·배포하였다.

가. 설문영역별 조사방법

설문영역별 조사방법은 다음의 표와 같다. 각 문항에 대해 9점척도를 사용한 것은 세밀한 응답형태를 구함으로써 향후의 조사분석과정에서 보다 면밀한 분석을 통해 조사대상자들의 의견을 수렴하기 위한 것이다.

표 7-8 델파이 2차조사의 설문영역별 조사방법

설문영역	조사방법	척도 구성
클라이언트 폭력의 발생원인	심각성	9점 리커트척도
클라이언트 폭력을 방지하기 위한 방법	효율성	9점 리커트척도
클라이언트 폭력 발생 시 대처방법	효율성	9점 리커트척도
클라이언트 폭력을 방지하기 위해 정신보건사회복지기관 차원에서 수립해야 할 대책	필요성	9점 리커트척도
클라이언트 폭력을 방지하기 위해 국가 차원에서 수립해야 할 대책	필요성	9점 리커트척도

나. 2차조사 분석결과: 클라이언트 폭력 방지를 위한 국가의 대책

다음의 [표 7-9]는 정신보건사회복지사들이 생각하고 있는 클라이언트 폭력을 방지하기 위해 국가에서 시행할 필요가 있는 대책에 대한 응답결과를 분석한 것이다.

표 7-9 델파이 2차조사에서의 클라이언트 폭력을 방지하기 위한 국가 차원의 대책[12)]

	클라이언트 폭력을 방지하기 위한 국가 차원의 대책	평균	표준편차	백분위수 25	백분위수 75
1	폭력발생 시 대처할 수 있는 안전요원 등의 인원을 배치해야 한다.	7.00	1.52	6	8.25
2	경찰이나 안전요원보다는 인성을 갖춘 인력을 확충해야 한다.	7.38	1.53	6	9

3	위기관리팀이나 보조인력팀 지원	7.00	1.63	5	8
4	경찰 및 안전요원 지원	6.88	1.40	5.75	8
5	공익요원 지원	5.81	2.21	5	8
6	유관기관 보건교육 의무화(경찰, 소방서, 공무원 등)	6.92	1.67	5	9
7	폭력발생 시 대처할 수 있는 비상연락시스템 구축운영	7.65	1.38	6.75	9
8	체력단련을 위해 호신술 습득	5.35	1.79	4	7
9	세미나와 교육 등을 정기적으로 실시	6.62	1.55	5	8
10	관계부처에서 폭력방지매뉴얼 제작 배포	6.85	1.59	6	8.25

이 표에서 백분위수는 사분범위를 표시하기 위한 것이다. 2차조사 분석결과 항목 내용이 동질적인 항목은 평균이 높은 항목으로 대체하여 3차조사에 활용하였다.

(4) 델파이방법 3차조사

델파이방법에서의 3차조사는 2차조사에서 회수한 패널들의 반응에 대하여 집중경향과 변산도[13]를 산출하고, 각 패널들에게 각 질문의 집중경향과 변산도 측정값(통계적 집단반응)과 패널 본인의 2차설문응답을 피드백하여 질문에 대한 반응을 재고하고 수정할 수 있도록 한다. 3차설문지의 각 질문에 대한 반응란에는 동의의 강도뿐만 아니라 다수의 의견으로부터 벗어난 반응을 할 때를 위해 다수의 의견과 달리하는 이유를 적을 수 있는 란을 포함한다. 이와 같이 소수의견을 기재하도록 하는 것은 본 연구의 조사대상자들이 정신보건사회복지 업무에 종사하고 있는 전문가로서 개개인의 경험이나 종사하고 있는 사회복지실천현장의 특성 등에 따라 특수한 상황이 존재할 수 있기 때문이다.

가. 3차조사 설문지 사례

다음의 그림은 3차조사 설문지를 예시한 것이다.

그림 7-1 ▌3차조사 설문지의 예

정신보건사회복지 실천현장에서의 클라이언트 폭력에 관한 조사(3차)

아래의 응답척도 상단에는 제2차 설문에 대한 전문가들의 응답결과를 요약하여 평균은 M으로, 사분범위(대다수 패널들의 응답결과)는 [ ]로, 귀하의 응답은 x로 나타냈으며, 그 아래 부분에는 이를 참조하여 각 질문에 다시 응답할 수 있도록 되어 있습니다. 귀하의 재응답이 대다수 전문가들의 응답과 달리 [ ]를 벗어날 때에는 그 이유를 의견란에 적어 주시기 바랍니다.

클라이언트 폭력을 방지하기 위한 국가차원의 대책

	(효율성) 전 혀 효과가 없 다 ... 보통이다 ... 매 우 효과가 있 다
1. 경찰이나 안전요원보다는 인성을 갖춘 인력을 확충해야 한다. (의견)	M(6.5) x 1.........2.........3.........4.........5. [.......6.......].. 7.........8.........9 1.........2.........3.........4.........5.........6.........7.........8.........9
2. 폭력발생 시 대처할 수 있는 비상연락시스템 구축운영 (의견)	x M(4.6) 1.........2.........3..... [..4.........5.] ....6.........7.........8.........9 1.........2.........3.........4.........5.........6.........7.........8.........9

가) 2차조사와 3차조사 비교분석

다음의 [표 7-10]은 정신보건사회복지사들이 생각하고 있는 클라이언트 폭력을 방지하기 위한 국가 차원의 대책에 대한 3차조사의 응답결과를 2차조사와 비교하여 분석한 것이다. 이 표에서 평균차이가 음수로 나타난 항목은 3차조사의 평균이 증가한 것이며, 양수로 나타난 항목은 평균이 감소한 것을 의미한다.

2차조사와 3차조사의 각 항목별 평균차이를 검정한 결과 [표 3-10]에서 색깔 있는 부분으로 표시된 '정신보건사업의 중요성을 적극적으로 홍보해야 한다'의 항목에서 유의도가 .05 이하로서 2차조사보다 3차조사에서의 평균이 통계적으로 유의하게 높은 것으로 나타났다. 즉, 조사대상자들이 이 항목에서 다른 사람들의 의견을 참고하여 재응답한 결과 국가 차원에서의 대책에 대해 2차조사에서보다 평균이 높아진 것이다. 특히 이 항목은 평균이 8점으로서, 클라이언트의 폭력을 방지하기 위해 국가 차원에서 효율적으로 필요한 대책에 대한 요구가 그만큼 높다는 것을 의미한다. 즉 국가에서 보다 적극적으로 복지에 관심을 가지고 정책을 추진할 것을 주문하고 있는 것이다. 이외의 모든 항목에서는 유의도(p값)가 0.05 이상으로서, 통계적으로 의미 있는 평균의 차이는 없는 것으로 나타났다.

표 7-10 델파이 3차조사에서의 클라이언트 폭력을 방지하기 위한 국가 차원의 대책 (2차조사와 3차조사 비교)

클라이언트 폭력을 방지하기 위한 정신보건사회복지기관의 대책		2차조사		3차조사		평균 차이	t	p
		평균	표준 편차	평균	표준 편차			
1	폭력발생 시 대처할 수 있는 안전요원 등의 인원을 배치해야 한다.	7.04	1.49	7.09	1.35	-.04	-.23	.82
2	경찰이나 안전요원보다는 인성을 갖춘 인력을 확충해야 한다.	7.48	1.47	7.74	1.21	-.26	-1.30	.21
3	위기관리팀이나 보조인력팀 지원	7.04	1.55	6.83	1.15	.21	.82	.42
4	경찰 및 안전요원 지원	6.78	1.38	6.57	1.16	.22	1.74	.10
5	유관기관 보건교육 의무화(경찰, 소방서, 공무원 등)	6.83	1.61	6.61	1.27	.22	1.42	17
6	폭력발생 시 대처할 수 있는 비상연락시스템 구축운영	7.52	1.41	7.74	1.05	-.22	-1.55	.14
7	관계부처에서 폭력방지 매뉴얼 제작 배포	6.78	1.62	6.91	1.08	-.13	-.55	.59
8	정신장애인을 위한 프로그램 개발 및 실시	7.09	1.38	7.13	1.06	-.04	-.21	83
9	조기발견을 통해 적절한 치료가 이루어지도록 국가적으로 지원	7.61	1.47	7.87	1.06	-.26	-2.02	06
10	정신보건사업의 중요성을 적극적으로 홍보해야 한다.	7.61	1.34	8.00	0.91	-.39	-2.60	.02

나) 소수의견에 대한 분석

클라이언트 폭력을 방지하기 위한 국가 차원의 대책 효율성에 대한 각 항목별 소수의견을 분석한 결과는 다음과 같다. 이 표에서 '효율성 낮음'에 포함된 내용은 조사대상자들의 응답범위 아래쪽, 즉 효율성 수준이 낮은 방향으로 응답한 대상자의 의견이며, '효율성 높음'에 포함된 내용은 응답범위 위쪽, 즉 효율성 수준이 높은 방향으로 응답한 대상자의 의견이다.

첫 번째 항목인 '폭력발생 시 대처할 수 있는 안전요원 등의 인원을 배치해야 한다'

에서는 상반된 방향에서의 소수의견이 제시되었다. 안전요원을 배치하는 것이 현실적으로 가능한지에 대해 의문이고, 안전요원의 자격요건이 명확하게 제시되어야 하며, 안전요원뿐만 아니라 사회복지전문가 증원이 필요하다는 의견이 있었다. 반면에 단지 폭력을 방지하기 위한 차원이 아니라 서비스 개선을 위해서도 인력을 보충하는 것이 보다 효율적인 방법이라는 의견도 있었다.

두 번째 항목인 '경찰이나 안전요원보다는 인성을 갖춘 인력을 확충해야 한다'에는 소수의견이 없었는데, 이 항목의 평균이 7.74인 것을 감안할 때 대부분의 조사대상자들이 이에 대해 동의하고 있는 것을 알 수 있다.

표 7-11 델파이 3차조사에서의 국가 차원의 대책 효율성에 대한 소수의견 1

효율성 낮음	항목	효율성 높음
• 현실적으로 불가능하다고 생각함 • 안전요원의 자격요건이 무엇인지가 분명해야 함 • 안전요원뿐만 아니라 전문가 증원도 필요함	1. 폭력발생 시 대처할 수 있는 안전요원 등의 인원을 배치해야 한다.	• 인력보충은 폭력 방지 차원이 아니라 서비스 개선을 위해서라도 선행되어야 함
	2. 경찰이나 안전요원보다는 인성을 갖춘 인력을 확충해야 한다.	
	3. 위기관리팀이나 보조인력팀 지원	
	4. 경찰 및 안전요원 지원	
	5. 유관기관 보건교육 의무화(경찰, 소방서, 공무원 등)	
• 비상연락시스템 구축운영은 실시되고 있지만 폭력이 발생하고 있음	6. 폭력발생 시 대처할 수 있는 비상연락시스템 구축운영	
	7. 관계부처에서 폭력방지 매뉴얼 제작 배포	
	8. 정신장애인을 위한 프로그램 개발 및 실시	• 프로그램을 통한 교육이 중요함
	9. 조기발견을 통해 적절한 치료가 이루어지도록 국가적으로 지원	• 국가지원이 구체적이었으면 함
	10. 정신보건사업의 중요성을 적극적으로 홍보해야 한다.	

세 번째 항목인 '위기관리팀이나 보조인력팀 지원', 네 번째 항목인 '경찰 및 안전요원 지원', 다섯 번째 항목인 '유관기관 보건교육 의무화(경찰, 소방서, 공무원 등)'에서도 소수의견이 없었다. 이 항목들은 기관 외부적 차원에서의 지원대책으로서, 위에서 나타난 바와 같이 평균이 6점대에 있는 항목이다. 즉, 조사대상자들은 이와 같은 외부적 지원에 대해 그다지 긍정적인 인식을 가지고 있지 않은 것으로 보인다.

여섯 번째 항목인 '폭력발생 시 대처할 수 있는 비상연락시스템 구축 운영'에서는 효율성이 낮은 방향의 의견이 있었다. 그것은 비상연락시스템이 구축되어 운영되고는 있지만 그럼에도 불구하고 폭력이 발생하고 있다는 것이다. 결국 비상연락시스템만으로 폭력을 방지하는 것은 비효율적이라는 의견이라고 할 수 있다.

일곱 번째 항목인 '관계부처에서 폭력방지 매뉴얼 제작 배포'에서는 소수의견이 제시되지 않았다. 이 항목에 대한 평균은 6.91로 높지 않은 편이었으며, 따라서 조사대상자들은 매뉴얼의 제작 및 배포가 일정부분 필요하다는 데에 공통적으로 동의하고 있다는 것을 알 수 있다.

여덟 번째 항목인 '정신장애인을 위한 프로그램 개발 및 실시'에서는 효율성이 높은 방향으로의 소수의견이 있었는데, 국가적으로 이와 같은 프로그램을 통해 교육을 실시하는 것이 보다 효율적일 것이라는 의견이었다.

아홉 번째 항목인 '조기발견을 통해 적절한 치료가 이루어지도록 국가적으로 지원'에서는 그와 같은 국가적 지원이 보다 구체적으로 이루어져야만 폭력예방에 효율적일 것이라는 소수의견이 있었다.

열 번째 항목인 '정신보건사업의 중요성을 적극적으로 홍보해야 한다'에서는 소수의견이 없었다. 이 항목은 평균이 8.00으로 매우 높은 수준이었으며, 따라서 조사대상자들은 국가적인 홍보가 폭력예방을 위해 매우 효율적인 방법이라는 데에 대부분 동의하고 있다는 것을 알 수 있다.

(5) 연구결과: 국가 차원의 클라이언트 폭력 방지 대책

다음의 [표 7-12]는 국가 차원에서 클라이언트 폭력을 방지할 수 있는 대책의 항목들을 평균순서에 의해 나열한 것이다.

표 7-12 국가 차원의 클라이언트 폭력의 방지대책 정리(평균순서)

순위	항목	평균
1	종사자를 위한 제도적 안전장치마련(상해보험 등 복리후생 및 처우개선)	8.22
2	정신보건사업의 중요성을 적극적으로 홍보해야 한다.	8.00
3	보다 실효성 있는 법령 개정을 통해 서비스의 질 향상	8.00
4	국가에서 보다 많은 관심과 예산지원이 필요하다.	7.91
5	정신보건전문요원에 대한 전문적 서비스를 제공하는 기관 설치	7.91
6	조기발견을 통해 적절한 치료가 이루어지도록 국가적으로 지원	7.87
7	경찰이나 안전요원보다는 인성을 갖춘 인력을 확충해야 한다.	7.74
8	폭력발생 시 대처할 수 있는 비상연락시스템 구축운영	7.74
9	지역사회와의 네트워크 형성	7.70
10	기관에 대한 지도점검을 주기적으로 철저히 실시한다(시설 내 안전성 여부 등)	7.43
11	전문성 강화를 위한 교육훈련을 법제화하여 정기적 실시	7.43
12	정신장애인을 위한 프로그램 개발 및 실시	7.13
13	폭력발생 시 대처할 수 있는 안전요원 등의 인원을 배치해야 한다.	7.09
14	정책적으로 장기입원을 금지해야 한다.	7.09
15	관계부처에서 폭력방지 매뉴얼 제작 배포	6.91
16	위기관리팀이나 보조인력팀 지원	6.83
17	유관기관 보건교육 의무화(경찰, 소방서, 공무원 등)	6.61
18	경찰 및 안전요원 지원	6.57
19	소규모 사회복지시설 등 정신보건시설 확대 신설 및 허가 완화	6.39

국가 차원의 대책 효율성에 대해서는 기관 차원의 대책에 비해 평균이 상대적으로 낮은 편이었다. 그러나 19개의 항목 중에서 14개가 7점을 상회하였고, 8점 이상인 항목도 3으로서 국가 차원의 대책 역시 클라이언트 폭력을 방지하는 데 효율적으로 작용할 수 있다는 것을 보여 주고 있다.

국가 차원의 폭력방지대책에서 평균이 가장 높은 것은 '종사자를 위한 제도적 안전장치 마련(상해보험 등 복리후생 및 처우개선)'이었다. 이것은 열악한 환경에서 근무하고 있는 사회복지사들에 대한 처우개선 등 제도적 안전장치가 있다면 보다 적극적으로 클라이언트의 폭력에 대처할 수 있을 것이라는 의미가 있다고 할 수 있다.

한편 '정신보건사업의 중요성을 적극적으로 홍보해야 한다', '보다 실효성 있는 법령 개정을 통해 서비스의 질 향상', '국가에서 보다 많은 관심과 예산지원이 필요하다', '정신보건 전문요원에 대한 전문적 서비스를 제공하는 기관 설치', '조기 발견을 통해 적절한 치료가 이루어지도록 국가적으로 지원'의 항목은 모두 동일한 의미를 갖는다고 할 수 있다. 즉 클라이언트의 폭력을 방지하기 위해서는 국가 차원에서의 정책적 배려가 필요하다는 것이다. 국가에서 정신보건 사회복지의 문제에 더해 보다 적극적으로 인식하고 이에 필요한 정책을 추진해야 폭력의 문제에 효율적으로 대처할 수 있다는 것을 조사대상자들은 주장하고 있다.

그리고 '경찰이나 안전요원보다는 인성을 갖춘 인력을 확충해야 한다'는 항목도 평균이 높은 편이었는데, 이것은 단순한 외부지원이나 물리력을 행사하는 것보다는 클라이언트를 보다 친밀하고도 전문적으로 상대할 수 있는 인적자원이 절실하게 필요하다는 것을 의미한다고 할 수 있다.

나머지 항목들은 평균순위가 높은 항목과 동질적인 항목이 포함되어 있으며, 국가 차원의 폭력방지대책으로서의 지침이나 매뉴얼화를 통해 개별적인 상황에 대처할 수 있는 방법이라고 할 수 있다. 결론적으로 국가가 적극적인 정책을 수립하여 충분한 예산지원을 함으로써 클라이언트 폭력에 보다 효율적으로 대처해야 한다는 것이 본 조사의 결과라고 할 수 있다.

6) 델파이방법의 적용

델파이방법의 적용범위를 구체적으로 보면 다음과 같다.[14)]

(1) 예측조사

델파이방법은 현재 추세에 의해서 내다 볼 수 있는 미래의 여러 가지 발전추세를 예측하는 데 유용하다. 특히 현재 주어진 상황이 복잡하거나 시간이 제한되어 전문가 의견에 의존할 수밖에 없을 때 더욱 유용하다.

(2) 전략조사

델파이방법은 교육 등 여러 분야에서 프로그램을 계획하는 데 적용할 수 있다. 예컨대 비용, 실천가능성, 성공확률 등 여러 요인에 비추어 어떠한 프로그램이 가장 유효한가를 전문적으로 판단하는 데 바람직한 방법이다.

(3) 선호조사

이는 '미래에 어떤 일이 일어날 것이다(what will be)'보다는 '어떠한 일이 일어나야만 한다'거나 '어떻게 되어야만 한다'(what should be)는 측면에서 미래에 대한 선호를 측정하는 데 바람직한 방법이다. 곧 델파이방법은 욕구진단(need assessment)의 도구로서 그 가치가 있다.

(4) 현재상황에 대한 지각조사

현존하는 상황에 대한 전문가들의 지각을 조사하는 데 델파이방법을 활용할 수 있다.

(5) 교육적 도구로서의 활용

델파이방법은 학생들에게 여러 개의 개별적인 정보를 취합하여 이로부터 합리적인 결정을 내리게 하는 하나의 사고의 틀을 제공할 수 있다는 점에서도 활용가치가 있다. 이는 기업체 등 모든 기관에서도 활용할 수 있다.

델파이방법의 적용
- 예측조사
- 전략조사
- 선호조사
- 현재상황에 대한 지각조사
- 교육적 도구로 활용

7) 델파이방법의 장 · 단점

델파이방법은 다음과 같은 장점과 단점이 있다.

(1) 장점

① 전문가들의 초점 있는 상호작용을 촉진시킨다.

② 지리적으로 산재해 있는 여러 다양한 분야의 전문가들의 의견교환을 가능하게 해 준다.

③ 시간과 경비의 차원에서 상당히 경제적이다.

④ 협의회방식에 비해 전문가의 참여규모에 있어 비교적 큰 집단에게도 실시할 수 있다.

⑤ 참여전문가들 간 상호작용의 시간이나 빈도에 있어 협의회방식보다 덜 제약을 받는다.

⑥ 여러 전문가의 의견을 통계적인 방법을 통해 과학적인 자료를 수집하여 피드백할 수 있다.

⑦ 각 전문가들의 독립적이고 자유로운 솔직한 의견형성을 가능하게 한다.

⑧ 여러 가지 폭넓은 문제, 주제 또는 영역에 적용가능하다.

(2) 단점

① 질문이 모호하게 작성되면 각 전문가들이 상이하게 해석할 수 있다.

② 익명으로 조사를 하기 때문에 각 전문가들의 응답의 성실성이나 신뢰성은 낮은 편이다.

③ 전문가의 대표성(representativeness) 확보 문제와 참가자 수를 몇 명으로 결정하는가의 문제가 있다.

④ 회수율이 높지 않을 수 있다.

⑤ 반복적 질문지조사를 하기 때문에 조사과정에 비교적 긴 시간이 걸린다.

⑥ 면대면의 직접적인 상호작용이 없기 때문에 피드백되는 통계 결과에 무의식적으로 야합하는 요인이 될 수 있다.

⑦ 델파이방법의 악용은 의견의 조작을 가능하게 한다.

8) 델파이방법을 활용한 연구의 예

델파이방법을 사용하여 수행한 연구를 찾아보면 다음과 같다.

① "델파이(Delphi)와 階層化 分析(AHP)技法을 이용한 老人體育 政策 硏究"(고려대학교, 2007)

② "관광지 리모델링 사업의 영향요인 우선순위 도출에 관한 연구: 델파이기법(Delphi)과 계층적 의사결정방법(AHP) 적용"(세종대학교, 2008)

③ "델파이기법을 이용한 관광호텔 규제완화의 효과에 관한 연구"(대구대학교, 2001)

④ "델파이분석을 통한 엘리트 스포츠 미래전망"(국민대학교, 2007)

⑤ "델파이기법을 이용한 신종 및 재출현 전염성 질환 관리에 관한 연구"(연세대학교, 2001)

⑥ "합의 델파이방법을 통한 Serious Leisure의 개념화"(한국체육학회지, 47(1), 2008)

⑦ "델파이방법을 이용한 농산물 유통분야의 기술예측조사"(원예과학기술지, 22(2), 2004)

⑧ "델파이방법을 이용한 비즈니스 프로세스 경영시스템의 구축목적 및 필요기능에 관한 연구"(한국경영정보학회 학술대회, 2005)

⑨ "공공부문 IT 아웃소싱 의사결정 요인 도출: 델파이방법"(한국IT서비스학회지, 2(2), 2003)

⑩ "소프트웨어 개발 프로젝트의 위험요인 도출에 대한 델파이연구"(情報시스템硏究, 13(1), 2004)

···> 델파이방법에 대한 내용은 www.papersea.com
온라인강좌Ⅱ 제31강 '연구방법 12 Delphi 연구 1'
온라인강좌Ⅱ 제32강 '연구방법 10 Delphi 연구방법 적용사례 2' 참조

3 다차원척도법

다차원척도법(MDS: Multidimensional Scaling)은 원래 계량심리학 분야에서 발전되었으나, 최근에는 경영학, 정치학, 경제학, 사회학, 지리학, 교육학 등의 여러 분야에서 다양하게 응용되고 있다. 마케팅 분야에서는 1970년을 전후로 마케팅조사자들이 제품 포지셔닝을 목적으로 응답자들의 제품에 대한 심리적 거리를 측정하여 시장세분화를 위한 도구로 사용하면서 급속히 발전되어 온 개념으로서, 제품인지도라든가 신제품개발전략, 시장세분화전략 등에 효과적으로 응용되고 있다. 본절에서는 이러한 다차원척도법에 대해 알아본다.

1) 다차원척도법의 개념

마케팅 관점에서 다차원척도법은 유사성 데이터와 선호도에 기초하여 공간상에 벡터(vectors) 혹은 점(point)으로 소비자 및 상표위치를 표시하는 방법이다. 따라서 다차원척도법은 단일 프로그램, 알고리즘, 방법, 모형을 언급하는 것이 아니라 방법론의 총집합을 포괄하는 개념이다.

다차원척도법은 각 대상에 대한 종합적인 평가를 통하여 얻어진 자료를 이용하여 평가의 기준이 되는 차원을 찾아내고, 각 차원 위에서 평가대상들의 위치를 규명함으로써 피조사자의 심리적 평가공간을 가시적으로 나타내는 기법이다. 여기서 '차원'이라고 하는 것은 소비자가 제품에 대하여 가지고 있는 평가기준, 즉 제품이 가지고 있는 속성들을 의미한다.

이 기법은 피조사자로 하여금 대상들 사이의 유사성 또는 선호도를 평가하게 함으로써 그들의 마음속에 내재하고 있는 평가기준을 발견하고, 평가대상에 대한 인지상태를 다차원적 공간에 점과의 관계로서 설명한다. 여기서 각 점들은 평가의 대상이 되는 자극을 나타내고, 점 사이의 거리가 유사성 또는 선호도의 정도를 나타낸다. 이렇게 추출된 대상 간의 실질적인 거리로 표시되는 포지셔닝 맵은 시장과 경쟁구조에 대한 기초적인 진단을 통해 소비자들의 인지-선호-선택에 이르는 제반 과정을 일관성 있게 함으로써 제품개발, 시장세분화, 포지셔닝, 마케팅믹스전략에 효과적으로 이용될 수 있다.

다차원척도법은 피조사자들로 하여금 대상들 사이의 유사성과 선호도를 평가하게 하여 각 차원 위에서 평가대상들의 위치를 규명하는 방법으로, 마케팅의 포지셔닝전략에서 포지셔닝 맵(map)의 작성을 통하여 자사제품의 위치, 경쟁제품의 위치 및 경쟁강도를 파악하고 이상점(ideal point)을 발견하는 데 유용하게 활용된다.

2) 다차원척도 데이터를 얻는 방법

근접성이란 객체들 간의 유사성 또는 상이성의 정도를 의미하며, 대상들 사이의 유사성 자료의 수집과 대상들에 대한 선호자료의 수집을 목표로 한다. 대상물들의 근접성을 측정하는 방법은 다음과 같다.

① 대상물들 간의 유사성을 비교하여 물어 보는 방식으로 삼자비교(comparisons among triads), 기준점에 대한 비교(comparison against an anchor point), 유사성에 따른 대상 짝의 서열(ranking of paires items according to similarity) 등의 방법이 이용된다.

② 유사성의 정도를 간접적으로 도출하기 위하여 응답자로 하여금 의미 차별화 척도상에서 각 대상물을 설명하는 속성들에 대한 평가를 하게 하거나 대상물에 대한 선호도를 등수나 리커트척도로 측정하는 방법이 있다.

(1) 유사성 데이터를 얻는 방법

가. metric방법

이 방법은 사람들로 하여금 n개의 객체에 대하여 2개씩 짝을 지워서 직접 유사성을 측정하는 방법이다.

그림 7-2 ▌metric데이터를 얻는 방법

(매우 비슷 1, 보통 3, 전혀 다를수록 5)

	A	B	C	…
A				
B	3			
C	5	1		
⋮				

나. nonmetric방법

이 방법은 두 개씩 짝 지워진 객체에 대하여 유사성의 순서다로 번호를 매기는 방법이다.

그림 7-3 ▌ nonmetric데이터를 얻는 방법

(비슷한 순서대로 번호를 1에서부터 매겨 나간다)

	A	B	C	…
A				
B	1			
C	2	3		
⋮				

다. confusability방법

혼동정도의 데이터를 얻는 이 방법은 사람들로 하여금 짝 지워진 두 개의 객체가 같은 것인가 다른 것인가를 판단하게 하여 두 개를 같은 것으로 평가하는 사람들의 백분율을 유사성 척도로 삼는 방법이다.

그림 7-4 ▌ 혼동정도(confusability)의 데이터를 얻는 방법

(각 값은 같다고 응답한 사람의 백분율)

	A	B	C	…
A	98	12	19	
B	8	99	22	
C	23	18	89	
⋮				

(2) 선호데이터를 얻는 방법

선호데이터를 수집하기 위해 가장 보편적으로 이용되는 방법은 응답자로 하여금 각 대상들에 대한 선호서열을 밝히도록 요구하는 것이다. 또한 가장 선호하는 속성결합을 질문함으로써 이상점의 공간적 위치와 관련된 차원들의 현저성(saliences)을 파악할 수 있다.

그림 7-5 | 선호자료를 수집하기 위한 설문

(가장 선호하는 경우는 1, 가장 덜 선호하는 경우는 5)

A	B	C	D	E

다차원척도법의 데이터를 구하는 방법

- 유사성 데이터를 구하는 방법
  metric방법
  nonmetric방법
  confusability방법
- 선호데이터를 구하는 방법
  각 대상들에 대한 선호서열 측정

3) 다차원척도법의 원리[15)]

수학적으로는 2차원 공간(평면)이나 3차원 공간뿐만 아니라 R차원 공간(R=1, 2, 3, 4, …)에서 다차원척도법을 실행할 수 있지만, 차원이 커질수록 그림으로 나타내는 방법이 점차 불완전해진다.[16)]

유사성 데이터는 조사대상을 i 또는 j로 표현하는 집합으로부터 구한다. i와 j가 I개와 J개 존재하는 경우에 각각 1부터 I, 또는 J까지의 값을 취하는 것으로 한다. i와 j를 결부시키는 유사성 데이터값을 δ_{ij}로 나타내며, δ_{ij}를 행렬의 형태로 늘어놓은 것을 다음의 Δ로 표현한다.

$$\Delta = \begin{vmatrix} \delta_{11} & \delta_{12} & \delta_{13} & \ldots & \delta_{1J} \\ \delta_{21} & \delta_{22} & \delta_{23} & \ldots & \delta_{2J} \\ \delta_{31} & \delta_{32} & \delta_{33} & \ldots & \delta_{3J} \\ \ldots & \ldots & \ldots & \ldots & \ldots \\ \delta_{I1} & \delta_{I2} & \delta_{I3} & \ldots & \delta_{IJ} \end{vmatrix}$$

또한 대상은 하나의 점으로 표시되며, i번째의 대상에 대응하는 점을 x_1으로 나타낸다. 점 $x_1, x_2, \ldots, x_I$ 전체는 X이며, x_1의 좌표는 $(x_{i1,} x_{i2})$이며, R차원의 공간은 다음과 같다.

$$x_1 = (x_{11}, \ldots, x_{1r}, \ldots, x_{1R})$$
$$x_i = (x_{i1}, \ldots, x_{ir}, \ldots, x_{iR})$$
$$x_I = (x_{I1}, \ldots, x_{Ir}, \ldots, x_{IR})$$

다차원척도법에서 X에 포함되는 접점 간의 거리, 즉 점 x_i와 점 x_j 간의 거리는 유클리디안 거리를 의미하며, $d_{ij} = d(x_i, x_j)$로 나타낼 수 있다. 유클리디안 거리는 피타고라스의 정리를 이용하여 구한다.

$$d_{ij} = \sqrt{(x_{i1} - \widehat{x_{j1}})^2 + \cdots + (x_{iR} - \widehat{x_{jR}})^2} = \sqrt{\sum_{r=1}^{R} (x_{ir} - \widehat{x_{jr}})^2}$$

d_{ij}를 행렬의 형태로 늘어놓은 거리행렬의 주대각요소는 0이 되며, 반드시 대칭행렬이어야 한다.

$$\begin{vmatrix} d_{11} & d_{12} & \ldots & d_{1m} \\ d_{21} & d_{22} & \ldots & d_{2m} \\ \ldots & \ldots & \ldots & \ldots \\ d_{n1} & d_{n2} & \ldots & d_{nm} \end{vmatrix}$$

4) 다차원척도법의 실행절차

다차원척도법의 실행절차는 다음의 그림과 같다.

그림 7-6 ▌ 다차원척도법 실행절차

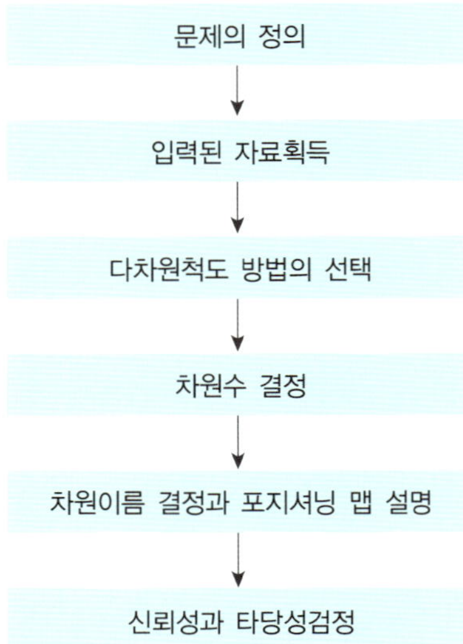

(1) 문제의 정의

우선적으로 결과를 어디에 어떻게 활용할 것인지가 정확해야 한다.

(2) 입력된 자료획득

입력데이터는 유사성 또는 선호도데이터가 이용되는데, 이들은 정량적 자료(등간척도, 비율척도)나 정성적 자료(서열척도, 순서척도)에 의해 얻어진 데이터를 말한다.

(3) 분석모형 선택

자료의 특성과 분석목적에 따라 적합한 분석모형을 선택해야 한다.

① 전통적 다차원척도법(classical MDS): 비유사성 행렬 하나로 가장 간단

② 반복 다차원척도법(replicated MDS): 하나 이상의 행렬을 분석하는 경우

③ 가중 다차원척도법(weighted MDS): 개인별 또는 세부집단별 평가를 할 수 있으며, INDISCAL(INdividual DIfference SCALing)이라고도 한다.

(4) 차원수 결정

다차원척도법은 입력자료를 이용하여 공간상에서 관찰대상들 간의 상대적인 거리를 가능한 정확히 위치시킴으로써 다차원 평가 공간을 형성한다. 상대적 거리의 정확도를 높이기 위해 더 이상 개선이 안 될 때까지 적합(fitting)이 반복적으로 계속된다. 이 적합의 정도를 스트레스값(stress value)으로 표현한다.

스트레스값은 불일치의 정도(badness of fit, lack of fit measure)이며, 스트레스값의 크기에 따라 차원수의 결정이 적절한지 여부를 판단한다. 스트레스값은 실제 거리와 적합된 거리 사이의 오차 정도를 나타내 주는 것으로, 다음의 공식에 의해 측정된다.

$$S = \frac{\sqrt{\sum_{1=i,\ 1\neq i}^{n} (d_{ij} - \widehat{d_{ij}})^2}}{\sum_{1=i,\ 1\neq i}^{n} (d_{ij})^2}$$

여기서, d_{ij}: 관찰대상 i로부터 j까지의 실제 거리

$\widehat{d_{ij}}$: 관찰대상 i로부터 j까지의 프로그램에 의해 추정된 거리

분석 프로그램에 의해 추정된 거리가 실제와 일치하면 $d_{ij} - \widehat{d_{ij}}$는 0이 되어 스트레스값은 0이 되고, 이것은 추정이 완벽하다는 것을 의미한다. 크루스칼(Kruskal)은 추정이 잘되었는지 여부를 나타내는 적합 정도를 스트레스값에 따라 다음의 [표 7-13]과 같이 제시하였다. 스트레스값이 감소하는 방향으로 분석과정을 반복하면 관찰대상들의 좌표가 변화되어 간다.

표 7-13 스트레스값의 해석

스트레스값	적합도 정도
0.2 이상	매우 나쁨
0.2	나쁨
0.1	보통
0.05	좋음
0.025	매우 좋음
0	완벽함

이론적으로는 n개의 대상에 대하여 $n-1$ 차원에서 완벽한 적합이 이루어진다. 그러나 3차원이 넘는 포지셔닝 맵은 시각적인 제한으로 인하여 분석이 거의 불가능하다. 다음의 [그림 7-7]은 분석결과를 나타내주는 scree plot으로서, 스트레스값과 차원수를 함께 표시하고 있다. 이 그림에서 스트레스값의 감소폭이 줄어드는 팔꿈치(elbow) 지점에서 차원의 수를 결정하게 되므로 여기에서는 2차원이 적합하다. 즉 가장 적합한 차원수를 결정하는 방법으로는 다차원척도법의 해를 차원수를 늘려가면서 구하여 각 차원수별로 적합도를 구하고, 적합도가 가장 많이 감소하는 차원수를 살펴서 최적 차원수로 결정하면 된다.[17)]

그림 7-7 ▌ 차원별 스트레스값

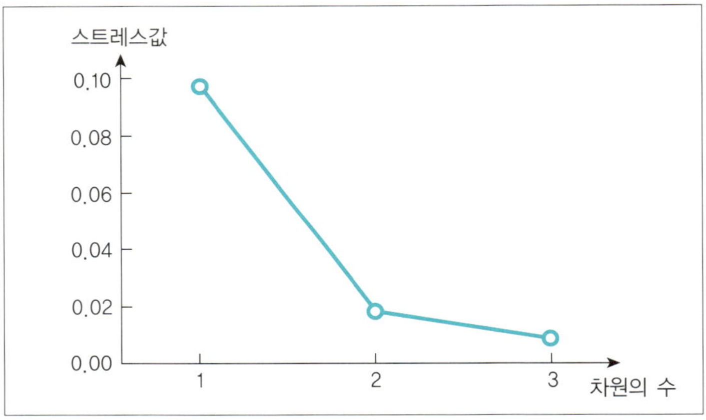

(5) 차원이름 결정과 포지셔닝 맵 설명

차원이름의 결정은 관찰대상을 잘 알고 있는 전문가에 의한 방법, 회귀분석에 의한 방법, 상관관계가 높은 속성으로 하는 방법 등이 있다.

포지셔닝 맵은 소비자들이 제품이나 상표를 평가하는 기준에 견주어 볼 때 어떠한 평가를 하고 있는가를 나타내준다.

(6) 신뢰성과 타당성검정

다차원척도 분석결과에 대한 신뢰성과 타당성을 분석하기 위해서는 모형의 적합도 지수를 알아보아야 한다. 모형의 적합도지수는 회귀분석에서의 설명력(R^2)과 유사하다. 적합도지수는 1과 2 사이에 있으며, 0.6 이상이면 설명력이 높다고 할 수 있다. 또한 신뢰성검정을 동일한 도구를 사용하여 1차 측정한 후에 재측정하여 두 측정값들 간의 차이를 분석하는 test-retest reliability방법을 적용할 수도 있다.

다차원척도법의 실행절차

① 문제의 정의
② 입력된 자료획득
③ 분석모형의 선택
④ 차원수 결정
⑤ 차원이름 결정과 포지셔닝 맵 설명
⑥ 신뢰성과 타당성검정

5) 다차원척도법의 주요 분석방법

(1) 전통적 MDS

토우저슨(Torgerson, 1958)에 의해 창안[18]된 전통적 다차원척도법은 입력되는 비유사성 행렬이 하나로 단순한 경우에 사용되는 기법으로서, 소비자가 인지한 관측대상을 전체적인 상황으로 나타내기 위해 포지셔닝 맵을 그릴 때 유용하다.

(2) KYST

KYST[19]는 속성의 중요도에 대한 그룹별 평가기준이나 서비스(또는 제품)의 상대적 위치에 어떻게 반영되었는가를 분석하여 포지셔닝 맵에 표현하는 분석기법이다. KYST 프로그램은 저차원(예컨대 2차원)의 공간에 입력자료에 나타난 모든 쌍의 유사성 정도에 부합되도록 반복과 조정을 거쳐 최종적으로 포지셔닝 맵상에 각 대상의 좌표를 결정한다.[20]

$$d_{ij} = \left[\sum (x - \widehat{x_{jt}}) \right]^{\frac{1}{2}}$$

여기서, d_{ij}: 포지셔닝 맵상에서 제품 i와 j 간의 유클리디안 거리

x_{it}: t차원의 제품 i의 좌표

x_{jt}: t차원의 제품 j의 좌표

(3) ALSCAL

다카네이(Takane, 1977)에 의해 개발된 ALSCAL(Alternating Least Squares sCALing)은 반복 다차원척도법(replicated MDS)으로 두 개 이상의 행렬을 분석하는 방법이다. 이 방법은 유클리디안 거리 모형을 응용하여 여러 개의 비유사성 행렬을 동시에 분석할 수 있다. SPSS 통계 프로그램은 ALSCAL을 사용한다.

(4) INDISCAL

캐롤(Caroll)과 장(Chang, 1970)에 의해 개발된 INDISCAL(INdividual Difference SCALing)은 유사성 판단에 있어서 개인별 차이 또는 세부적인 집단 간의 차이를 분석하는 데 널리 사용되는 방법이다. 이 방법에서는 표본 전체의 유사성 자료를 분석함에 있어 공통 공간이 있지만 각각의 개인이 갖는 고유한 공간이 있어서 그 공간의 각 차원에 대한 가중치를 갖는다고 가정한다. 따라서 가중 다차원척도법 또는 가중 유클리드 모형(weighted Euclidian model)이라고도 한다.

$$\delta_{ijs} \cong d_{ijs} = \sqrt{\sum_k \omega_{sk}^2 (x_{ik} - x_{jk})^2}$$

여기서, δ_{ijs}: 판단자 s가 제공한 자극 i와 자극 j 사이의 비유사성 혹은 근접성 자료

d_{ijs}: 판단자 s의 개별 다차원공간에서 자극 i와 자극 j 사이의 거리

ω_{sk}^2: 판단자의 차원 가중치

x_{ik}, x_{jk}: 공통공간에서 자극들의 좌표값

여기에서 초기 차원 좌표값이 산출되면 가중치를 구할 수 있는데, 각 판단자의 scalar product를 SSP, 초기 배치도에 의해 예측된 scalar product를 ESP라고 하면 가중치(ω^2)는 다음과 같이 구할 수 있다.

$$\omega^2 = \frac{SSP \times ESP}{ESP \times ESP}$$

(5) PROFIT

PROFIT MDS 분석을 위한 입력자료는 포지셔닝 맵에 나타난 좌표값과 응답자로부터 추출한 속성의 평가자료가 필요하다. PROFIT 프로그램은 속성의 특성을 포지셔닝 맵상에 각 특성의 방향, 즉 벡터(vector)로 나타내 준다. 이때 방향과 좌표를 비교함으로써 제품의 특성과 속성을 평가한다.

PROFIT 모형의 설명력은 상관관계로 평가하며, 입력 데이터에 주어진 제품의 특성 평가와 제품의 특성 벡터를 투사하여 이 결과 간의 상관관계를 각각의 특성 벡터별로 산출함으로써 상관관계를 설명할 수 있다. 일반적으로 자동차가 지니는 속성과 특정 자동차들의 특성을 분석한 경우에, 상관관계가 낮은 속성(예를 들어 편리성)은 승용차들 간의 경쟁적 위치를 승용차의 특성으로 설명하는 데 한계가 있음을 보여주는 것이다. 이때에는 자동차 이미지를 포지셔닝 맵에 포함시켜 분석할 수도 있다.

(6) PREFMAP

제품이나 서비스에 대한 소비자의 인지-선호-선택의 과정을 분석하기 위해서는 개인의 선호도를 포함시킬 필요가 있다. 이때 개인의 선호도를 포함시킨 모델을 이상점 모델이라고 한다. PREFMAP(PREference MAPing)는 어떤 제품의 맵상의 위치와 개인별 제품에 대한 선호데이터가 제공된 상태에서 각 제품의 이상점과 각 개인의 이상점의 거리(squared euclidian distance)가 그 개인의 각 제품에 대한 선호와 부합되도록 각 개인의 이상점을 구한다. 즉 쌍방의 이상점이 가까이 위치할수록 선호한다는 것을 나타내준다.

다차원척도법의 분석기법

① 전통적 MDS
② KYST
③ ALSCAL
④ INDISCAL
⑤ PROFIT
⑥ PREFMAP

6) 다차원척도법 적용사례[21)]

(1) 연구의 목적

외국인 방문객을 대상으로 서울 랜드마크 간의 유사성과 포지셔닝분석을 통해 서울 도시이미지에 부합하는 랜드마크를 추출하고자 한다.

(2) 조사도구의 구성

가. 랜드마크 선호도 설문

외국인관광객별 서울 랜드마크 선호도를 파악하기 위해 [표 7-14]와 같이 5개 랜드마크에 대하여 가장 선호하는 장소는 1위, 가장 싫어하는 장소는 5위로 기입하게 하였다.

표 7-14 랜드마크 선호도에 관한 설문

남산타워	63빌딩	경복궁	코엑스	중앙박물관
순위	순위	순위	순위	순위

나. 서울 랜드마크의 유사성 설문

서울 랜드마크의 유사성을 알아보기 위해 다음의 [표 7-15]와 같이 유사성 측정도구(similarity measure)를 5점 등간척도로 구성하였다. 이 설문은 반복 다차원척도법인 ALSCAL에 필요한 자료로서 두 개의 랜드마크의 유사성과 상이성을 알아보기 위한 것이다.

표 7-15 랜드마크 간의 유사성에 대한 설문

측정	문항수	설문문항	매우 다르다	다르다	보통이다	비슷하다	매우 비슷하다
ALSCAL	10개	남산타워 ↔ 63빌딩					
		남산타워 ↔ 경복궁					
		남산타워 ↔ 코엑스					
		남산타워 ↔ 중앙박물관					
		63빌딩 ↔ 경복궁					

		63빌딩 ↔ 코엑스					
		63빌딩 ↔ 중앙박물관					
		경복궁 ↔ 코엑스					
		경복궁 ↔ 중앙박물관					
		코엑스 ↔ 중앙박물관					

③ 랜드마크의 이상점 측정 설문

이 설문은 서울 랜드마크의 9개 속성을 통해 외국인 관광객들이 생각하는 랜드마크의 이상점을 찾기 위한 것으로, 5개 랜드마크에 대한 선호도를 1점에서 5점으로 매기는 서열척도로 평가하며, 분석은 PREFSCAL을 사용하였다.

표 7-16 랜드마크의 중요도 속성에 대한 설문

측정	문항수	설문문항	남산타워	63빌딩	경복궁	코엑스	중앙박물관
PREFSCAL	9×5 =45개	어디서나 잘 보이는 곳					
		모양, 색깔의 형태성					
		다른 것에 비해 두드러짐					
		중심부, 역세권 같은 위치성					
		규모가 큰 곳					
		도시를 상징하는 곳					
		오래된 곳					
		사람들 이용이 많은 곳					
		지역을 대표하는 곳					

(3) 분석방법

① 각 랜드마크 간의 유사성 평가점수를 입력자료로 하여 다차원척도법의 반복 MDS인 ALSCAL 프로그램을 사용하여 다차원 공간상의 맵핑을 하였다.

② 각 랜드마크의 위치와 속성을 입력자료로 하여 PREFSCAL 프로그램을 사용하여 랜드마크 속성을 많이 갖고 있는 랜드마크를 파악하였다.

(4) 분석결과

가. 유사성 자료를 이용한 지각도 분석(ALSCAL)

랜드마크 간의 유사성을 파악하기 위해 응답자의 평가자료를 이용하여 중간값 유사성 행렬을 구한 결과는 다음의 [표 7-17]과 같다.

표 7-17 랜드마크에 대한 유사성 구조

	남산타워	63빌딩	경복궁	코엑스	중앙박물관
남산타워					
63빌딩	0.28				
경복궁	0.63	0.65			
코엑스	0.46	0.25	0.69		
중앙박물관	0.56	0.54	0.32	0.58	

이 데이터를 입력하여 분석한 결과 2개 차원의 좌표값은 [표 7-18]과 같다.

표 7-18 랜드마크 유사성 좌표

랜드마크	차원 1	차원 2
남산타워	.8995	-.8705
63빌딩	1.0593	.0360
경복궁	-1.8722	-.2491
코엑스	1.1776	.8336
중앙박물관	-1.2642	.2500
Stress = .05955　R^2 = .98259		

이 표에서 스트레스값은 .05955로서 모형의 적합도가 보통이라는 것을 알 수 있다. 또한 R^2은 스트레스값의 보조적인 역할을 하는 설명력인데, 1에 가까운 .98259로 나타나 설명력이 매우 높다는 것을 보여주고 있다. 이 결과를 포지셔닝 맵핑을 통해 분석한 것은 다음의 [그림 7-8]과 같다.

분석결과 코엑스와 63빌딩이 같은 사분면에 위치하면서 거리상 가장 근접하고 있다. 상대적으로 남산타워와 63빌딩은 거리상 조금 멀고 다른 사분면에 위치해 서로 다른 이미지를 가지고 있다고 할 수 있다. 중앙박물관과 경복궁의 경우는 다른 사분면에 위치해 있지만 거리상 가깝기 때문에 관광객들이 서로 비슷하게 인지하고 있다고 할 수 있다.

결국 코엑스와 63빌딩, 중앙박물관과 경복궁은 관광객들이 비슷하게 인지하지만 남산타워의 경우 다른 랜드마크와 다르게 인식함으로써 경쟁적 우위를 차지하고 있는 것으로 나타났다.

그림 7-8 ▌랜드마크의 유사성 포지셔닝 맵

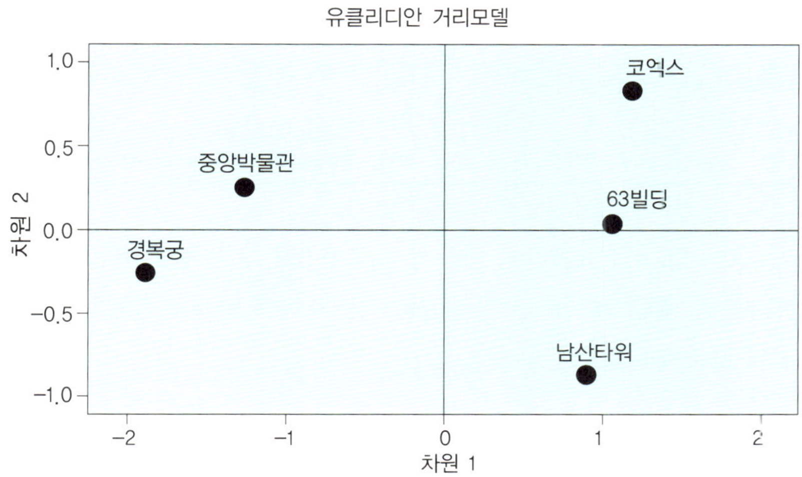

② 랜드마크와 랜드마크 속성 결합분석(PREFSCAL)

PREFSCAL은 고객의 인지상태를 분석하기 위해 이미지 맵에 개인별 · 집단별 선호 정도를 포함시켜 개인이나 집단이 이상적으로 생각하는 선호 정도를 찾아내는 데 사용하는 방법이다. 이 연구에서는 랜드마크와 랜드마크의 속성을 통해 관광객들이 선호하는 랜드마크를 나타낼 수 있는 방법으로 사용하였다.

측정자료를 통해 랜드마크 좌표와 랜드마크 속성좌표를 산출한 결과는 다음의 [표 7-19] 및 [표 7-20]과 같다.

▌표 7-19 ▌랜드마크 좌표

랜드마크	차원 1	차원 2
남산타워	1.304	-1.306
63빌딩	.834	.719
경복궁	-1.676	.218
코엑스	1.325	2.000
중앙박물관	-3.301	.503

표 7-20 랜드마크 속성별 공간좌표

랜드마크 속성	차원 1	차원 2
가시성	.083	-2.059
형태성	-.501	.704
대비성	1.576	-.893
위치성	1.563	1.828
규모성	-2.060	2.564
상징성	-.486	-1.963
역사성	-2.391	-1.098
유인성	3.758	.332
대표성	-.019	-1.548
Iteration = 1275, stress part .000, Shepard's Rough = .8111		

PREFSCAL 분석결과 반복계산이 1,275회 이루어졌고, 스트레스값이 .000으로서 이 모형은 완벽하며, 셰피드(Shepard)의 근사비 감소지수가 .8111로 양호하기 때문에 모형의 적합도에 문제가 없다.

이 결과를 토대로 전체 응답자의 랜드마크 지각도에 9개 랜드마크 속성을 맵핑한 것이 다음의 [그림 7-9]이다.

그림 7-9 랜드마크와 속성 지각도

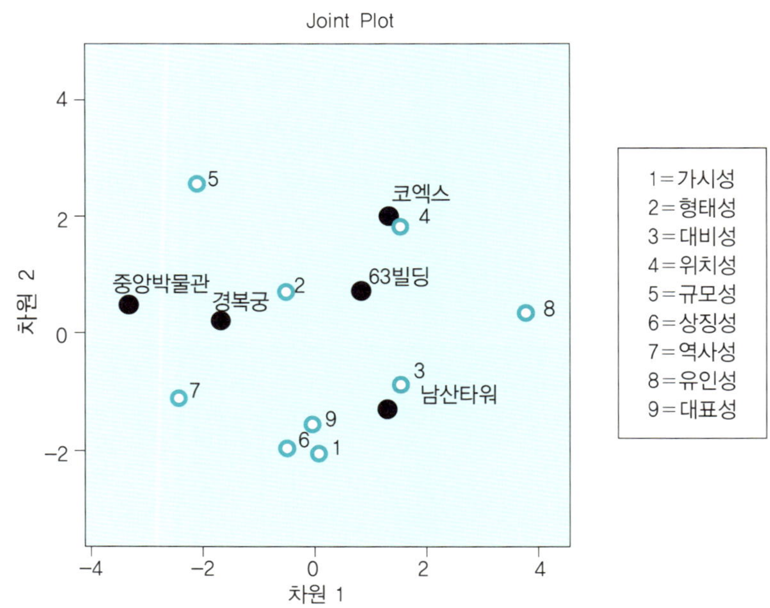

코엑스는 '위치성'이라는 속성을 가지고 있다. 사람들이 쉽게 찾을 수 있는 좋은 접근성을 갖추고 있다.

63빌딩은 '위치성'과 '형태성'을 가지고 있다. 즉 접근하기 쉬운 곳에 위치해 있으며, 금색의 높은 건물로 형태적 특이성을 보이는 랜드마크이다.

경복궁은 '형태성'과 '역사성'의 속성을 가지고 있다. 전통적인 모양과 색깔을 갖춘 건물이라는 형태적 특이성과 1300년대에 조성된 역사성을 갖추고 있다.

중앙박물관은 '규모성'과 '역사성'을 가지고 있다. 즉 대지와 건물규모가 매우 큰 규모성을 갖추고 있고, 유물을 전시하고 있다는 역사적 의미를 갖추고 있다.

남산타워는 다른 사분면에 위치하고 거리상으로도 떨어져 있어 차별성을 보이고 있다. 즉 '대비성'에서 큰 강점을 가지고 있고 '가시성', '상징성', '대표성'을 갖추고 있다. 남산타워는 서울 어디에서나 잘 보이면서 다른 건물에 비해 두드러지는 특성을 갖추고 있으며, 외국인 관광객이 느끼기에 지역을 대표하고 상징적인 역할을 하고 있는 랜드마크라는 것을 알 수 있다.

7) 다차원척도법 활용연구

다차원척도법을 적용하여 수행한 연구의 사례를 살펴보면 다음과 같다.

① "순서분석과 다차원척도법을 이용한 호텔서비스의 소비자 인지구조에 관한 연구"
② "다차원척도법을 이용한 범주형과 수치형 데이터의 클러스터링"
③ "서비스 品質 認識의 差異(Gap)에 관한 硏究: 多次元尺度法(MDS)을 活用한 韓國 호텔의 포지셔닝 戰略分析을 中心으로"
④ "다차원척도법을 이용한 매장 내 제품배치 및 제품분류 합리화에 관한 연구"
⑤ "다차원척도법을 활용한 탐색적 프로파일분석 - 중학생들의 자기조절학습 변인을 중심으로"
⑥ "IT 신성장 동력의 포지셔닝을 위한 다차원척도법"
⑦ "고고학 자료의 유형화와 상대연대측정을 위한 통계분석의 문제점 - 군집분석과 다차원척도법을 중심으로"
⑧ "다차원척도법을 활용한 아파트브랜드의 포지셔닝에 관한 연구"
⑨ "다차원척도법을 이용한 교량경관 구성요소에 대한 선호 및 유사성분석"

⑩ "다차원척도법과 군집분석을 활용한 시도별 장애인복지수준 비교연구"

···> 다차원척도법에 대한 내용은 www.papersea.com
온라인강좌Ⅱ 제39강 '연구방법 18 다차원척도법' 참조

4 군집분석

군집분석(cluster analysis)은 비슷한 특성을 가진 집단을 확인하기 위해 시도하는 통계적 분석기법이다. 연구의 목적에 따라 일반적인 현상이나 특성에 대하여 일정한 기준에 의해 분류를 해야 하는 경우가 흔히 발생한다. 이와 같은 군집분석은 두 가지 측면에서 활용할 수 있다. 하나는 연구목적에 따라 대상들을 분류하여 그 대상들의 특성을 파악하고자 하는 경우이다. 또 다른 하나는 대상들을 분류하여 그 대상들이 특정한 주제와 관련하여 어떠한 차이가 있거나 어떻게 영향을 주고받는지를 분석하고자 하는 경우이다. 본절에서는 이러한 군집분석에 대하여 알아본다.

1) 군집분석의 의의[22)]

(1) 개념

실험의 결과나 표본 등에 의해 얻어진 사례들을 어떤 성질에 따라 분류하여 동질적인 몇 개의 군집으로 나누어 분류하고자 할 경우가 있다. 예를 들어 심리학에서 성격유형에 따라 개인을 몇 개의 그룹으로 분류하거나, 재무제표에 의한 기업의 분류, 의학에서 증상에 따라 환자를 분류하여 처방을 실시하는 경우 등이다. 즉 군집분석은 n개의 개체를 대상으로 p개의 변수들을 측정하였을 때 이 변수들을 이용하여 n개의 개체들 사이의 유사성 또는 비유사성의 정도를 측정하여 개체들을 가까운 순서대로 연결해 나가는 분석방법이다. 군집분석의 핵심은 군집 내의 구성원들을 가급적 유사하게, 그리고 군집들 간에는 가급적 상이하게 대상들을 그룹화하는 데 있다.[23)]

군집분석은 자료의 구조를 평가한다는 점에서 요인분석에 비유될 수 있다. 그러나 요인분석은 변수들을 그룹화하는 것이며, 군집분석은 대상들을 그룹화하는 것이다.

또한 군집분석은 대상들을 분류한다는 점에서 판별분석에 비유될 수 있다. 그러나 판별분석은 분석 이전에 집단이 이미 나누어져 있으며 집단들 간의 차별적 특성을 설명하는 변수를 찾아내는 것이 기본적인 과제임에 비해 군집분석은 사전에 집단이 나누어져 있지 않으며 기본과업이 여러 변수들에 걸쳐 유사한 대상들끼리 집단화하는 것이라는 데에서 차이가 있다.

군집분석은 대상들을 특성에 따라 분류하는 것으로, 군집 내의 구성원들을 유사하게, 그리고 군집 간에는 특성이 구별될 수 있도록 그룹화하는 것이다.

(2) 군집분석의 예

① 우리나라의 광역시인 서울, 부산, 인천, 대구, 광주, 대전을 대상으로 면적, 인구, 소득수준, 주택보급률 등을 측정한 후에 이 변수들을 이용하여 도시를 서로의 유사성(가까운 정도)을 측정하고, 유사성의 정도에 따라 도시들을 연결해 나갈 수 있다. 이 방법을 이용하여 개체들을 유사한 것끼리 몇 개의 군집으로 집단화할 수 있다.

② 미국에서 판매되는 20개의 맥주상품을 대상으로 calories, sodium, alcohol, cost 등 4개의 변수를 관측한 자료가 있다고 할 때, 이 자료를 이용하여 군집분석을 실시하면 유사한 맥주상품끼리 몇 개의 집단으로 군집화할 수 있다.

③ 우리나라에서 생산되는 자동차에 대하여 엔진크기, 무게, 주행거리, 길이, 차폭 등을 측정하였을 때, 이 변수들을 이용하여 차종들 간의 거리 또는 비유사성을 구한 뒤 가까운 순서대로 군집화할 수 있다.

2) 군집분석의 방법[24)]

(1) 군집분석의 과정

군집분석은 일반적으로 다음과 같은 4단계로 이루어진다.

① n개의 개체에 대해 p개의 변수를 측정한다.

② 모든 개체들 간의 거리(distance) 또는 비유사성(dissimilarity)을 계산하여 모든 개체들 사이의 비유사성을 나타내는 거리행렬을 구한다.

③ 거리행렬에 근거하여 군집을 형성한다.

④ 각 군집의 성격이나 상호관계를 파악한다.

(2) 계층적 군집분석

계층적 군집분석(hierarchical clustering)에는 여러 가지 방법이 있는데, 모든 방법들이 같은 군집 내의 유사성 거리는 되도록 가깝게 하고 군집 간의 유사성 거리는 되도록 멀게 한다는 기본적인 원리에 입각해 있다.

가. 최단연결법

최단연결법(single linkage method)은 두 군집 사이의 거리를 각 군집에 속하는 두 개체들 사이의 거리 중 최단거리로 연결하는 것으로, 어느 단계에서 특정 두 군집 간의 거리가 다른 두 군집 간의 거리보다 작을 때 그 두 군집을 병합시키게 된다.

나. 최장연결법

최장연결법(complete linkage method)은 최단연결법과 반대로 두 군집 사이의 거리를 두 군집 사이에 있는 개체들 사이의 거리 중 최장거리를 사용한다.

다. 중심연결법

중심연결법(centroid linkage method)은 연결을 위한 두 군집 사이의 거리를 두 군집의 중심들 사이의 '거리'를 사용한다.

라. 평균연결법

평균연결법(average linkage method)은 두 군집 간의 거리를 각 군집에서 하나의 개체를 뽑아서 만든 모든 가능한 쌍의 거리의 평균으로 한다.

마. Ward연결법

Ward연결법(Ward's Method)은 군집 간의 거리에 따라 연결하기보다는 군집 내 편차들의 제곱합(within group sum of square)에 근거를 두고 군집들을 병합하는 것이다. 병합적인 방법으로 개체들을 묶어나가면 새로운 군집이 생길 때마다 정보의 손실이 초래되는데, Ward연결법은 군집평균과 개체 간의 편차제곱합(ESS: error sum of square)에 의해 이러한 정보의 손실을 측정한다. 즉 Ward 연결법은 모든 가능한 군집 쌍에 대해 두 군집의 병합으로 인한 ESS의 증가가 최소가 되는 방법으로 군집을 병합해 나가는 방법이다.

(3) 비계층적 군집분석

비계층적 군집분석(nonhierarchical clustering)에서는 관측값들을 몇 개의 군집으로 나누기 위해 주어진 판정기준을 최적화한다. 따라서 최적분리 군집분석이라고도 한다. 대표적인 비계층적 군집분석방법은 K-평균방법이다. K-평균방법은 군집의 수를 미리 정하고 각 개체가 어느 군집에 속하는가를 분석하는 방법으로, 대용량 데이터를 빠르게 처리할 수 있다. K-평균방법의 절차는 다음과 같다.

① 군집수 K를 결정한다.

② 초기 K개 군집의 각각의 변수에 대해 중심점을 계산한다.

③ 각 개체를 그 중심과 가장 가까운 거리에 있는 군집에 할당한다.

④ 위의 과정을 기존의 중심과 새로운 중심의 차이가 없을 때까지 반복한다.

K-평균방법은 초기에 군집의 수를 미리 정해야 하며, 초기 군집수에 의해 민감하게 반응한다. 실제 분석에서는 여러 가지의 군집수를 선택하여 군집분석을 수행해 보면서 군집의 수를 결정해야 한다.

실제 군집분석은 이러한 방법을 기초로 하여 통계 프로그램을 사용하여 이루어진다.

군집분석의 방법

- 계층적 군집분석
  - 최단연결법
  - 최장연결법
  - 중심연결법
  - 평균연결법
  - Ward연결법
- 비계층적 군집분석
  - K-평균방법

3) 군집분석 활용연구사례[25)]

(1) 연구목적

이 연구는 ○○년도 인구주택총조사 자료를 근거로 전국의 동 단위를 군집화하는 것이다.

(2) 분석자료

이 연구에 사용된 일차자료는 ○○○○년도 인구주택총조사 표본 2%로서, 가구 단위는 약 28만 건이고, 개인인 가구원 단위는 약 88만 건이었다.

표 7-21 인구주택총조사 군집분석 1차자료의 구성

단위	구성내용
가구	1. 행정구역(시도, 시구군, 읍면동, 통리) 2. 조사구(번호, 특성) 3. 총가구원수 4. 농어가구분 5. 가구구분 6. 거주기간 7. 사용 방수(사용 방수, 거실수, 식당수) 8. 주거형태(부엌종류, 부엌 여부, 화장실종류, 화장실 여부, 목욕종류, 목욕 여부) 9. 취사연료 10. 난방시설 11. 상수도시설 12. 식수형태

	13. 정보통신기기(팩스, 인터넷회선, 케이블TV, 지역유선방송, 위성TV, 일반전화기, 개인용 컴퓨터) 14. 자동차 보유대수(승용차, 승합차, 트럭, 기타) 15. 주차시설 16. 점유형태 및 임대료 17. 거처종류와 대표가구 여부 18. 연건평 19. 대지면적 20. 총방수
가구원	1. 행정구역과 조사구 2. 가구주 관계 3. 성별 4. 나이 5. 학력 및 상태 6. 전공분야 7. 컴퓨터 8. 인터넷 활용 여부 9. 개인통신기기 10. 경제활동에 관한 사항(경제활동상태, 구직 여부, 일의 여부, 종사상 직위, 산업분류, 직업, 현직업 근무년수) 11. 혼인상태

연구자는 1차자료를 이용하여 전국 3,443개의 동단위(읍면 포함)별로 군집화에 필요한 2차자료를 생성하였다. 2차자료는 연속형 변수는 평균으로, 범주형 자료는 한 가지 특성에 대한 비율로 생성하였다. 이렇게 하여 군집화를 위해 중요하다고 판단되는 변수를 다음의 표와 같이 선택하였다.

표 7-22 인구주택총조사 군집분석 2차자료의 구성

변수	변수정의
가구	1. 평균가구원수 2. 평균거주기간 3. 수세식 화장실 비율 4. 화장실 단독사용 비율
가구원	1. 20대 이하 비율 2. 20~30대 비율 3. 40~50대 비율 4. 60대 이상 비율 5. 전문대졸 이상 학력소비자 비율 6. 1주일에 한 번 이상 컴퓨터 사용 비율 7. 경제활동 비율

8. 봉급 및 임금종사자 비율 9. 농업, 어업 및 임업 비율 10. 금융업 및 보험업 비율 11. 제조업 비율 12. 미혼 비율 13. 기혼 비율

(3) 특이값 검출

대부분의 군집분석방법들은 특이값(outlier)에 매우 민감하기 때문에 특이값은 사전에 세밀하게 검토하여 제거하는 것이 바람직하다. 이 연구에서는 과거의 인구주택총조사 자료의 군집분석을 검토하여 20~30개의 군집을 이룰 것으로 추측되었다. 이에 따라 K-평균방법을 이용하여 군집의 수를 60개 정도로 충분히 크게 하였을 때 다른 군집보다 상대적으로 멀리 떨어져 있으며 군집크기가 3개 이하 정도로 소군집을 이루고 있을 경우를 특이값으로 간주하여 분석에서 제외시켰다. 이 과정에서 22개 동이 특이값으로 분류되어 군집화에서 제외하였다.

(4) 군집개수 결정

이 연구에서는 재현성을 기준으로 군집 개수를 결정하였다. 재현성을 확인하기 위한 일반적인 자료분할방식은 다음과 같다.

① 주어진 자료를 임의로 2개로 분할한다. 그 중 하나를 자료 set 1이라 하고 다른 하나를 자료 set 2라고 한다.

② 자료 set 1에 대한 군집화를 수행한다. 이때 생성된 군집화규칙을 규칙 1이라 하고 자료 set 2의 각 개체를 규칙 1에 따라 분류한다.

③ 자료 set 2를 동일한 방식으로 군집화하여 규칙 2를 생성해 낸다. 이에 따라 자료 set 2의 각 개체를 분류한다.

④ 자료 set 2의 개체들에 대한 규칙 1과 규칙 2의 분류 결과를 교차분류표로 나타낸다. 적용된 군집화가 일치한다면 이 표에서 행과 열은 강한 대응성을 보일 것이다. 그러나 그렇지 않다면 행과 열의 대응성은 약하게 나타날 것이다.

이 연구에서는 자료 set 1, 2의 비율을 80%, 20%로 하였다. 자료를 선택하는 방법으로는 8 : 2의 비율이 되기 위해 각 동번호를 순차적으로 나열하여 일률적으로 1부터 3,443까지 번호를 매겼다. 그 번호를 10으로 나누어 나머지가 3이나 9이면 자료 set 2로 하고 나머지는 모두 자료 set 1로 하였다.

이와 같은 자료 set 2개 군집화 간의 일치도를 재는 지표로 널리 인정되고 있는 것은 랜드지수(rank index)이다. 랜드지수는 다음과 같이 산출된다.

행 I와 열 J로 분류된 개체의 수를 $n_{ij}(i, j = 1, 2, ..., K)$라고 하자. 임의의 두 개체 U와 V의 군집분류를 살펴보면 다음과 같은 네 가지 경우 중 하나가 될 것이다. n은 분류된 개체의 총수이다.

① 임의의 두 개체가 분할규칙 U에서 같은 집단으로, 분할규칙 V에서 같은 집단으로 분류된 경우

② 임의의 두 개체가 분할규칙 U에서 같은 집단으로, 분할규칙 V에서 다른 집단으로 분류된 경우

③ 임의의 두 개체가 분할규칙 U에서 다른 집단으로, 분할규칙 V에서 같은 집단으로 분류된 경우

④ 임의의 두 개체가 분할규칙 U에서 다른 집단으로, 분할규칙 V에서 다른 집단으로 분류된 경우

n_{ij}를 행 i와 j로 분류된 개체의 수라고 하면 각각 유형에 대한 경우의 수는 다음과 같다.

①의 경우의 수: $\sum_{i=1}^{K}\sum_{j=1}^{K}\binom{n_{ij}}{2}$

②의 경우의 수: $\sum_{i=1}^{K}\binom{n_{ij}}{2}-\sum_{i=1}^{K}\sum_{j=1}^{K}\binom{n_{ij}}{2}$ (여기서 $n_{ij}=\sum_{j=1}^{K}n_{ij}$)

③의 경우의 수: $\sum_{j=1}^{K}\binom{n_{ij}}{2}-\sum_{i=1}^{K}\sum_{j=1}^{K}\binom{n_{ij}}{2}$ (여기서 $n_{ij}=\sum_{i=1}^{K}n_{ij}$)

④의 경우의 수: $\binom{n}{2}-\sum_{i=1}^{K}\binom{n_{ij}}{2}-\sum_{j=1}^{K}\binom{n_{ij}}{2}-\sum_{i=1}^{K}\sum_{j=1}^{K}\binom{n_{ij}}{2}$

①과 ④는 일치하는 쌍이고, ②와 ③은 불일치하는 쌍이다. 전체 쌍의 개수는 $\binom{n}{2}$

이다. 랜드지수는 총개체 쌍 중 일치하는 상의 비율인 $A/\binom{n}{2}$로 정의된다. 이 값이 클수록 두 군집화 결과 간의 일치성이 높은 것이다.

두 변수가 독립이고 행과 열의 주변 합이 고정되어 있을 경우 2×2교차표는 초기하 분포를 따른다. 그러므로 개체수와 군집개수가 미리 정해져 있을 때 임의적으로 뽑히는 두 개체가 분할규칙 U와 V에 의해 같은 집단으로 분류되는 경우의 수 역시 초기하분포를 따른다. 이를 이용하여 아래의 식과 같이 랜드지수의 평균값을 구할 수 있으며, 최대값은 1이다.

$$E(A/\binom{n}{2}) = 1 + 2\sum_{i=1}^{K}\binom{n_i}{2}\sum_{j=1}^{K}\binom{n_j}{2}/\binom{n}{2}^2 - [\sum_{i=1}^{K}\binom{n_i}{2} + \sum_{j=1}^{K}\binom{n_j}{2}]/\binom{n}{2}$$

이와 같이 하여 구한 랜드지수는 다음의 표와 같다.

표 7-23 군집개수에 따른 랜드지수

군집개수	랜드지수
$k=19$	0.9518
$k=20$	0.9620
$k=21$	0.9595
$k=22$	0.9581
$k=23$	0.9526
$k=24$	0.9833
$k=25$	0.9824
$k=26$	0.9837
$k=27$	0.9587
$k=28$	0.9604

이 표를 보면 군집개수가 24, 25, 26일 때 높은 랜드지수가 산출되었다. 이에 따라 군집개수를 24, 25, 26으로 하여 각 군집방법별로 군집화하였다.

(5) 군집화 및 군집화의 타당성 평가

군집화를 위해 계층적 방법 중 Ward방법과 최적분리방법 중 K-평균방법을 이용하여 군집개수 24, 25, 26에 대해 군집을 분류하였다. 이에 대한 타당성을 평가하기 위해 동질성과 이질성을 산출하였다.

동질성은 각 개체의 발현 프로파일과 각 개체가 속하는 군집의 중심 사이의 평균거리를 계산하는 것으로, 다음과 같은 식을 이용하여 산출한다.

$$H = \frac{1}{N}\sum_{i=1}^{K} D(g_i, C(g_i))$$

여기서, g_i: i번째 개체

$C(g_i)$: g_i가 속하는 개체군집의 중심

N: 개체총수

D: 거리함수

동질성 H값은 작을수록 군집화가 잘되었다고 평가한다. 이것은 같은 군집에 있는 개체들 사이의 근접성 혹은 유사성에 대해 응집성에 관한 정보를 준다.

이질성은 군집중심들 간의 가중치 평균거리로 계산하며, 다음과 같은 식을 사용한다.

$$S = \frac{1}{\sum_{i \neq j}^{K} N_{ci}N_{cj}} \sum_{i \neq j}^{K} N_{ci}N_{cj}D(C_i, C_j)$$

여기서, C_i와 C_j: i번째와 j번째 군집의 중심

N_{ci}와 N_{cj}: i번째와 j번째 군집에 있는 개체의 수

이질성 S의 값은 클수록 군집화가 잘되었다고 평가한다.

이상의 방법에 따라 동질성과 이질성을 산출한 결과는 다음과 같다.

▌표 7-24▐ 군집개수 및 군집방법별 동질성과 이질성

군집개수	군집방법	동질성	이질성
$k=24$	Ward	0.7139	6.4011
	K-means	0.7045	6.5640
$k=25$	Ward	0.7100	6.3755
	K-means	0.7343	6.5108
$k=26$	Ward	0.7047	6.3914
	K-means	0.7237	6.5096

이 결과에 따라 군집개수 24개로 K-means방법을 이용한 군집을 택하였다.

(6) 대군집의 형성

기본군집의 평균 프로파일을 이용하여 대군집을 분류하였다. 대군집은 계층적 군집방법인 Ward방법을 이용하여 군집화하였다. SPRSQ(semipartial R^2)가 급격히 증가하기 직전에서 군집화를 멈추는 것이 좋으므로 군집개수를 7개로 정하여 대군집 7개로 분류하였다.

(7) 군집화 결과

이상과 같은 절차에 의해 군집분석을 한 결과 각 군집의 특성은 다음과 같다.

표 7-25 군집분석 결과와 군집의 특성

대군집	군집	군집의 특성
대군집 1		• 전형적인 도시 부유층으로 전문대 이상의 학력수준을 지니며 금융, 보험업에 종사한다. • 봉급 및 임금근로자가 많다. 자기집 거주비율이 높으며, 평균 전세값과 월세값이 높다. • 아파트 거주율이 높고, 단독주택 거주율이 낮다. • 거주기간이 짧다. • 주거환경이 현대적이고, 인터넷회선과 케이블방송, 위성방송, PC 설치비율이 높다. 그리고 PC 활용빈도도 높다. • 승용차 소유비율이 높다.
	군집 1	대군집 1의 특성을 따른다.
대군집 2		• 20~30대의 비율이 높고 미혼의 비율이 높다. • 평균 거주기간이 짧고, 화장실 시설은 잘되어 있다. • 전세 거주율이 높고 주택의 비율이 높다. • 지역유선방송 설치비율이 높다.
	군집 3	자기집 거주율이 높은 편이다.
	군집 5	대군집 2의 특성을 따른다.
	군집 11	케이블방송 설치비율이 낮고, 지역유선방송 설치비율이 높다.
대군집 3		• 아동과 10대의 비율 및 20~30대의 비율이 높으며, 40~50대 비율이 낮다. • 봉급 및 임금근로자 비율이 높고, 기혼의 비율이 높다. • 평균 전세값은 높으나 평균 월세값은 낮다.

	군집 2	평균 전세값과 월세값이 높다. 승용차 소유비율이 높다.
	군집 7	현대식 난방시설이 잘되어 있다.
	군집 8	케이블방송 설치비율이 높다.
	군집 9	봉급 및 임금근로자 비율이 높다. 케이블방송 설치비율이 낮고 위성방송 설치비율이 높다.
	군집 12	공단지역이다. 지역유선방송 설치비율이 높다. 금융 및 노험업 종사자와 서비스업 종사자가 낮다.
대군집 4		• 서비스업 종사자가 많다. • 상수도시설이 잘되어 있다. • 지역 유선방송 설치비율이 높은 편이다. • 전세 거주율이 낮다. 평균 월세가 높은 편이다.
	군집 4	승용차 소유비율이 높은 편이다.
	군집 6	대군집 4의 특징을 따른다.
	군집 10	평균 대지면적이 좁다.
	군집 13	PC 설치비율이 높다.
	군집 14	케이블방송 설치비율이 낮다. 주택 거주율이 낮다.
	군집 16	아파트 거주율이 낮다.
대군집 5		• 서비스업 종사자의 비율이 높다. • 기혼자의 비율이 비교적 낮다. • 현대식 난방시설이 갖춰져 있지 않다. • 케이블방송 설치비율은 적으나, 지역유선방송 설치비율이 높다. • 승용차 소유비율이 낮다. • 자기집 거주비율이 낮다. • 주택의 거주율이 높고, 아파트 거주율이 낮다. • 대표가구의 비율이 낮다. • 평균대지면적이 좁은 편이나, 평균방수는 많은 편이다.
	군집 15	PC 설치비율이 높다.
	군집 20	대군집 5의 특징을 따른다.
	군집 21	평균방수가 많다.
	군집 22	자기집 거주율이 높은 편이고, 거주기간이 긴 편이다.
	군집 25	전세집 거주율이 낮고, 총대지면적이 넓다. 인터넷회선 설치비율이 낮다.

대군집 6		• 전형적인 농촌의 형태를 보인다. • 아동의 비율과 20~30대의 비율이 낮고, 60대 이상의 비율이 높다. • 전문대졸 이상이 적다. • 농, 어, 임업의 비율이 높다. • 평균가구원수가 작다. • 경제활동인구가 높다. • 자기집 소유비율이 높고, 전세집 소유비율이 아주 낮다. • 단독주택 비율이 높고, 아파트는 거의 없다. • 인터넷회선이나 케이블, 위성방송과 PC 설치비율이 낮다. • 승용차의 설치비율은 거의 없으나, 트럭 및 기타 자동차의 비율이 높다. • 평균 전세값과 월세값이 낮다. • 평균대지면적이 넓다.
	군집 18	대군집 6의 특성을 따른다.
	군집 23	지역유선방송 설치비율이 비교적 높다.
대군집 7		• 전문대졸 이상이 적다. • 지역유선방송 설치비율이 높다. • 거주기간이 길다. • 주택의 비율이 높고, 아파트의 비율이 낮다. • 평균대지면적이 넓은 편이다.
	군집 17	농, 어, 임업 비율이 높다.
	군집 19	주택의 비율이 낮은 편이다.
	군집 24	지역유선방송 설치비율이 매우 높다.

4) 군집분석 활용연구

군집분석을 활용하여 수행한 연구를 찾아보면 다음과 같다.

① "주성분분석과 군집분석을 이용한 도시 특성별 물 수요 예측"(서울시립대학교 도시과학대학원, 2008)

② "Model based clustering을 토대로 한 군집분석의 활용"(이화여자대학교, 2007)

③ "군집분석법에 의한 안면비대칭의 분류"(전남대학교 대학원, 2001)

④ "이단계 군집분석에 의한 농촌관광 편의시설 유형별 소비자 선호 결정요인"(마케팅과학연구, 17(3), 2007)

⑤ "군집분석을 통한 수문학적 가뭄의 가뭄심도-가뭄면적-가뭄지속기간 곡선의 작성"(대한토목학회논문집 B, 27, 2007)

⑥ "군집분석을 위한 시각화시스템 구현 군집분석을 위한 시각화시스템 구현"(龍仁

大學校 論文集, 21, 2003)

⑦ "수행능지표(Performance Indicator)와 군집분석을 이용한 하수도시설 및 운영 평가"(상하수도학회지, 21(2), 2007)

⑧ "날씨마케팅 적용을 위한 기후 데이터의 군집분석"(컴퓨터정보통신연구, 12(2), 2004)

⑨ "중학생의 자기조절학습 유형에 관한 군집분석연구"(教育心理研究, 17(4), 2003)

⑩ "원주천 수서곤충의 섭식기능군을 이용한 군집분석"(한국환경생태학회지, 20(2), 2006)

…> 군집분석에 대한 내용은 www.papersea.com
온라인강좌Ⅱ 제41강 '연구방법 20 군집분석방법' 참조

5 AHP분석

계층분석법(AHP: Analytic Hierarchy Process)은 행정학, 정책학의 분석기법 중 하나로 사업시행 타당성 등의 여부를 판별하기 위해 널리 쓰이는 분석기법이다. 현재 AHP는 대운하, 새로운 공항, 지하철, 도로 등 기반시설 사업의 타당성 여부를 판별하는 데 있어 B/C분석(Benefit Cost Analysis)과 더불어 가장 많이 쓰이는 분석기법 중 하나이다. 본절에서는 계층분석법에 대해 살펴본다.

1) AHP의 소개

AHP는 1970년대 Pennsylvania University Wharton School의 Thomas L. Saaty 교수가 미 국무부의 무기통제 및 군비축소에 관한 의사결정의 비능률을 개선하기 위해 개발하였으며, 인간의 사고체계와 유사한 접근방법으로서 문제를 분석하고 분해하여 구조화할 수 있다는 점에서 공공부문투자사업의 의사결정과정에 적극적으로 활용되고 있다.

AHP는 의사결정의 목표 또는 평가기준이 다수이며 복합적인 경우 이를 계층(hierarchy)화해 주요 요인과 그 주요 요인을 이루는 세부요인들로 분해하고, 이러한 요인들을 쌍대비교(pairwise comparison)를 통해 중요도를 산출하는 분석방법이다. 직관적으로는 다수의 속성들을 계층적으로 분류하여 각 속성의 중요도를 파악함으로써 최적대안을 선정하는 기법으로 정의할 수도 있다. AHP는 의사결정요소들의 속성과 그 측정척도가 다양한 다기준 의사결정문제에 효과적으로 적용되어 의사결정자가 선택할 수 있는 여러 가지 대안들을 체계적으로 순위화시키고, 그 가중치(weight)를 비율척도(ratio scale)로 도출하는 방법을 제시한다.

만약 R&D 프로젝트에 대한 비교와 평가항목을 설정하는 데 있어서 수리적인 기법만을 활용한다면 결과가 정량화될 수 있는 문제에는 비교적 잘 적용될 수 있을 것이나, 예를 들어 우주항공 개발사업과 같이 개별과제의 평가요소와 결과가 매우 다차원적인 성격을 갖는 경우라면 그러한 기법을 적용하기는 매우 어려울 것이다. 이러한 경우 다양하며 서로 상충될 가능성이 있는 평가기준과 평가항목들에 대한 중요도를 결정하기 위해서는 관련 분야의 전문가들이 내린 주관적인 판단을 종합하여 하나의 대안을 구성할 수 있도록 하는 방법론의 적용이 요구된다. AHP는 이와 같은 경우에 적절하게 사용될 수 있는 방법이다.

AHP의 의의

AHP는 의사결정의 목표 또는 평가기준이 다수이며 복합적인 경우 이를 계층(hierarchy)화해 주요 요인과 그 주요 요인을 이루는 세부요인들로 분해하고, 이러한 요인들을 쌍대비교(pairwise comparison)를 통해 중요도를 산출하는 분석방법이다. 즉 다수의 속성들을 계층적으로 분류하여 각 속성의 중요도를 파악함으로써 최적대안을 선정하는 기법이다.

2) AHP의 원리

AHP는 인간이 의사결정 시 두뇌가 단계적 또는 위계적 분석과정을 활용한다는 사실에 착안하여 개발되었다. 통상적으로 인간은 문제를 해결할 때 다음의 세 가지 원칙을 따른다.

① 계층(hierarchy)적 구조의 설정

② 상대적 중요도(weight)의 설정

③ 논리적 일관성 유지(logical consistency)

이러한 세 가지 원칙이 AHP의 이론적 근간이 되고 있고, AHP의 작동원리도 이 3가지 원칙에 근거한다.

(1) 계층적 구조의 설정

인간은 복잡한 현상을 그 구성요소별로, 나아가 더 작은 부분으로 나누어 종국적으로 계층구조를 설정한다. 어떠한 현상을 동질성을 가진 부분으로 나누고, 다시 보다 더 작은 부분으로 나눔으로써 보다 많은 정보를 문제의 구조에 포함시켜 보다 완벽한 전체(total)시스템을 구성할 수 있게 된다.

가장 기본적인 AHP계층(hierarchy)은 맨 윗부분에 Goal(목적)을 두며, 그 밑에 판단기준이 되는 Criteria(기준)을 두고 가장 아래 계층에 Alternatives(대안)을 두는 구조다. 판단기준이 되는 요소를 여러 단계로 나눌 필요가 있을 경우에는 Criteria 밑에 Sub-criteria를 두게 되며, 더 나아가 Sub-sub-criteria를 둘 수도 있다. 이 과정에는 한계가 없으며 그 현상이나 문제 및 시스템이 난해하거나, 심층적 분석을 요하거나, 많은 변수들을 가질수록 더 복잡한 계층구조를 가지게 된다.

(2) 상대적 중요도의 설정

사람은 관측한 사물 사이의 관계를 인식하고, 유사한 사물들을 짝으로 묶어 특정 기준에 대하여 비교하고, 그 짝의 구성인자 사이의 선호도를 판단하는 능력을 소유하고 있으며, 최종적으로 상상이나 논리적 과정을 통하여 그들이 내린 판단을 종합하여 전체 시스템에 대한 이해를 보다 강화한다. AHP는 이러한 인간의 특성을 그대로 반영하여 복잡한 의사결정 상황에서 수많은 의사결정 요소들의 가중치(weight) 또는 중요도를 간단한 쌍대비교(1:1비교)를 통하여 산출한다. 현실적으로 여러 의사결정 요소들을 동시에 고려하여 그들 사이의 중요도를 산출하는 것은 사실상 불가능하다. 그렇지만 요소를 1:1로 비교하는 것은 누구나 쉽게 할 수 있으며, 이들 전 요소에 대한 1:1비교 자료를 가지고 비교행렬을 구성한다.

(3) 논리적 일관성의 유지

사람은 사물이나 생각들을 논리적 일관성을 갖도록 관계를 설정하는 능력을 갖고 있다. 일관성은 두 가지 의미를 갖는데, 유사한 사물이나 생각들을 동질성이나 관련성에 따라 묶는 것과 특정한 기준이 있을 경우 생각이나 사물들의 관계의 강약을 그 기준에 따라 논리적인 방법으로 구성 한다는 것이다.

AHP의 원리를 요약하면 다음의 [표 7-26]과 같다.

표 7-26 AHP의 원리

원리	내용
계층적 구조 설정	현상을 동질성을 가진 부분으로 나눔으로써 보다 많은 정보를 문제의 구조화에 포함
상대적 중요도 설정	유사한 사물들을 짝으로 묶어 특정 기준에 대비 및 비교를 이루는 구성인자 사이의 선호도를 판단
논리적 일관성	사물이나 생각들이 논리적 일관성을 갖도록 관계를 설정

AHP는 실제 분석을 수행하는 과정에서 가중치로 표현되는 상대적 중요도를 구하고, 이 수치에 일정한 기준에 근거한 평가점수를 곱한 수치들의 합을 이용하여 의사결정에 반영한다. 또한 AHP에서는 비교행렬의 주 고유벡터를 활용한 1:1비교 결과의 통합과정에서 AHP의 커다란 장점 중 하나인 '비일관성지수(inconsistency index)'를 도출하게 되며, 이를 이용하여 의사결정자의 논리적 일관성 유지 여부를 확인하고 의사결정의 합리성과 논리성을 높일 수 있게 된다.

AHP의 원리

① 계층(hierarchy)적 구조의 설정
② 상대적 중요도(weight)의 설정
③ 논리적 일관성 유지(logical consistency)

3) AHP 분석과정

AHP는 다음과 같이 4단계의 분석과정을 거친다.

제1단계는 최상위에 있는 목표에 기초한 의사결정문제를 상호 관련된 의사결정기준별로 구체화하여 의사결정 계층구조도를 만든다.

제2단계는 각 계층에 있는 한 기준의 관점에서 하위계층에 있는 요인에 대한 상대적 중요도를 평가하기 위해 각 요인 간의 쌍대비교를 행렬로 나타낸다.

제3단계는 쌍대비교를 통해 얻어진 행렬을 이용해 각 계층에 있는 기준들에 대한 상대적 가중치를 추정한다.

제4단계는 각 계층의 기준들에 대한 우선순위를 구하기 위해 상대적 가중치를 종합한다. 이 종합가중치를 구함으로써 최상위 계층에 있는 의사결정문제의 목표를 달성하기 위해 최하위 계층에 있는 기준들이 어느 정도 영향을 미치는가를 확인할 수 있다.

그림 7-10 ▌AHP 분석체계

단계 1	문제를 위계 구조화한다
단계 2	쌍대비교 행렬을 구성한다
단계 3	고유치 계산방법으로 상대적 가중치를 산정한다
단계 4	일관성을 검증하고 우선순위 결과를 종합한다

이러한 AHP 분석은 브레인스토밍, 계층구조설정, 가중치산정 및 일관성검증, 측정, 검토단계로 구성된다.

(1) 브레인스토밍

브레인스토밍(brainstorming)은 계층구조를 설정하기 위하여 평가의 목표를 명확히 하고 평가에 중요한 요인들을 도출하기 위하여 머리에 떠오르는 모든 관련된 항목과 대안을 열거하는 과정이다. 우선적으로 분석목표에 대한 대안을 명확히 하고 분석에 필요한 요인들을 도출해 내는 것이다.

(2) 계층구조의 설정

계층구조의 설정은 브레인스토밍을 통해 찾아낸 의사결정에 영향을 미치는 요소들 사이의 종속관계를 규명하고 군집화하는 것이다. 최상위 계층에는 문제의 궁극적인 목표를 나타내고, 제1수준에는 최종목표에 영향을 미치는 평가기준, 제2수준에는 제1수준에 영향을 미치는 세부평가기준, 최하위수준에는 평가대안들을 위치시킨다. 이러한 과정을 통해 복잡한 사안들을 계층화 · 시각화함으로써 논리적인 판단을 통해 보다 올바른 의사결정을 할 수 있도록 하는 단계인 것이다.

그림 7-11 ▌AHP 계층구조의 일반적 형태

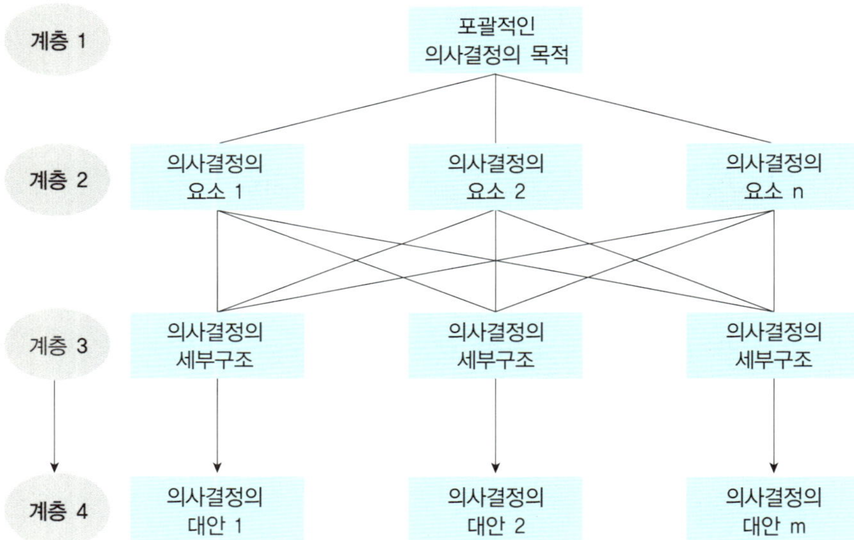

(3) 쌍대비교 및 상대적 중요도(가중치)의 설정

AHP의 가중치 산정은 평가항목 간 상대적 중요도 또는 선호도를 나타내는 쌍대비교를 통해 이루어진다. 쌍대비교 과정은 평가자의 판단을 어의적인 표현으로 나타내고 이에 상응하는 적정한 수치를 부여하는 과정으로 구성된다. 쌍대비교를 통해 상대적인 평가를 하려면 신뢰할만한 평가척도가 필요하다. 이때 사용되는 척도는 인간이 느낄 수 있는 차이를 최대한으로 반영할 수 있는 범위로 정해야 한다.

표 7-27 쌍대비교 척도

중요도	정의	설명
1	비슷함	어떤 기준에 대하여 두 활동이 비슷한 공헌도를 가진다고 판단됨
3	약간 중요함	경험과 판단에 의하여 한 활동이 다른 활동보다 약간 선호됨
5	중요함	경험과 판단에 의하여 한 활동이 다른 활동보다 강하게 선호됨
7	매우 중요함	경험과 판단에 의하여 한 활동이 다른 활동보다 매우 강하게 선호됨
9	극히 중요함	경험과 판단에 의하여 한 활동이 다른 활동보다 극히 선호됨
2, 4, 6, 8	위 값들의 중간값	경험과 판단에 의하여 비교값이 위 값들의 중간값에 해당한다고 판단될 경우 사용함
역수값	활동 I가 j에 대하여 위의 특정값을 갖는다고 할 때, 활동 j는 활동 I에 대하여 그 특성값의 역수값을 가짐.	

평가항목 가중치는 Saaty의 9점척도를 이용, 쌍대비교를 통해 두 요소 간 상대적 중요도의 측정결과를 종합하여 요소들 간의 상대적 가중치를 추정한다. 의사결정자가 한 수준에서 n개의 평가항목에 대해 ${}_nC_2$회의 쌍대비교를 수행하면 실제적인 상대적 가중치를 알 수 있고, 이를 이용하여 아래의 쌍대비교행렬 $A_{n \times n}$을 구할 수 있다.

$$A = [a_{ij}] = \begin{bmatrix} w_1 w_1 & w_1 w_2 & \dots & w_1 w_n \\ w_2 w_1 & w_2 w_2 & \dots & w_2 w_n \\ \vdots & \vdots & \vdots & \vdots \\ w_n w_1 & w_n w_2 & \dots & w_n w_n \end{bmatrix}$$

이때 행렬 A를 구성하는 a_{ij}는 요소 j에 대한 요소 i의 상대적 가중치 $\frac{w_i}{w_j}$의 추정치이다. 행렬 A는 $a_{ij} = \frac{1}{a_{ij}}$, 주대각선의 원소값이 모두 1이 되는 성질을 가진 역수행렬이다.

가중치 산출에 이용되는 방법은 고유벡터법, 최소자승법, 상수합법, 열행합법, 엔트로피법 등이 있다. 여기에서는 고유벡터법을 이용한 가중치 도출과정을 살펴본다.

행렬 A에 평가항목 간 상대적 중요도를 나타내는 가중치인 열벡터 $w =$

$(w_1, w_2, \cdots, w_n)^T$를 곱하게 되면 식 (1)의 관계를 갖는다.

$$A = [a_{ij}] = \begin{bmatrix} w_1w_1 & w_1w_2 & \dots & w_1w_n \\ w_2w_1 & w_2w_2 & \dots & w_2w_n \\ \vdots & \vdots & \vdots & \vdots \\ w_nw_1 & w_nw_2 & \dots & w_nw_n \end{bmatrix} \times \begin{bmatrix} w_1 \\ w_2 \\ \vdots \\ w_n \end{bmatrix} = \begin{bmatrix} nw_1 \\ nw_2 \\ \vdots \\ nw_n \end{bmatrix} \quad (1)$$

$$A \cdot w = n \cdot w \quad (2)$$

여기서 n은 행렬 A의 최대 고유치(maximum eigenvalue)이며, 행(또는 열)의 수이다. 결국 식 (2)는 n개의 연립방적식 체계에서 no zero 해를 구하는 고유치 문제(eigenvalue)이다. 식 (2)를 w에 대해 정리하면 아래의 식 (3)을 얻는다.

$$(A - nI) \cdot w = 0 \quad (3)$$

식 (3)을 만족시키는 영벡터가 아닌 w는 요소 간 상대적 중요도를 나타내는 가중치 벡터이다. 이 과정은 $|A - nI| = 0$을 만족시키는 n의 값을 구하는 특성 방정식을 푸는 과정이다. 이때 특성방정식의 근은 유일하지 않을 수 있으며, 이에 대응하는 w 값들도 매우 다양하기 때문에 유일 해를 구하기 위해서는 정규화(normalize)과정을 통해 제약을 가하게 된다. 이렇게 가해진 제약을 통해 얻게 된 고유치에 대응하는 고유벡터의 유일성을 확보할 수 있게 된다.

그런데 의사결정자는 일반적으로 행렬 A와 같이 일관성 있게 요소들을 평가할 수 없어 실제 조사를 통해 얻은 쌍대비교행렬은 불일치를 포함한다. 따라서 쌍대비교를 통하여 관찰한 쌍대비교행렬 A와 λ_{max}(A의 고유치 중 가장 큰 값)을 이용하여 식 (2)의 대체식 (4)를 얻는다.

$$A \cdot w = \lambda \cdot w \quad (4)$$

여기서, λ: 고유치

w: λ에 상응하는 고유벡터(eigenvector)

식 (4)는 일반적인 고유치 문제를 표현하는 식으로 쌍대비교행렬 A의 특성방정식의 해인 특성근(characteristic root) 또는 고유치를 산출하는 과정에서 우선순위 벡터의 추정치 w를 유도할 수 있다.

식 (4)를 w에 대해 정리하면 식 (5)를 얻는다.

$$(A - \lambda I)w = 0 \tag{5}$$

여기서, 0은 $(n \times 1)$열 벡터

식 (5)는 n개의 선형연립방정식이며, w에 대한 non-trivial해를 얻기 위해서는 식 (6)이 성립되어야 한다.

$$|A - \lambda I| = 0 \tag{6}$$

Laplace 전개에 의해 식 (6)을 전개하면 λ에 대한 n차 연립방정식을 얻으며, Laplace 전개식으로부터 λ에 대한 n개의 해를 구할 수 있다. 그러나 Laplace 전개를 이용하여 특성방정식을 계산하는 방식은 행렬의 규모가 증가함에 따라 허를 구하는 과정이 복잡해진다.

AHP에서는 일반적으로 고유 벡터를 통해 얻어지는 우순순위 벡터를 기하평균법이나 승수법을 사용하여 계산한다. 이렇게 해서 얻어진 우선순위 벡터를 이용하여 λ_{max}를 구할 수 있다. n의 크기가 3 이하인 경우에는 기하평균넙을 이용하여 우선순위 벡터를 간단하게 구할 수 있으며, 그 결과는 승수법을 이용한 방법과 동일하다.

한편 쌍대비교행렬 A가 완전한 기수적 일관성(cardinal consistency)을 갖는다면 특성방정식의 근 $\lambda(i = 1, 2, \ldots, n)$는 가장 큰 근 λ_{max}만이 n의 값을 갖고, 나머지 근들은 모두 0이다. 따라서 완전한 일관성을 가진 쌍대비교행렬 A는 식 (7)의 관계가 성립된다.

$$\sum_{i=1}^{n} \lambda_i = trace(A) \tag{7}$$

여기서, $\lambda_{max} = n$

$\lambda_i = 0$ 단, $\lambda_i \neq \lambda_{max}$

즉 '고유치의 합=행렬 A의 대각행렬의 합'의 관계에서 식 (1)에서 알 수 있는 바와 같이 쌍대비교가 완전한 일관성을 가진 행렬 A의 대각행렬의 합은 n이 된다. 그러므로 λ는 n의 추정값이 된다. λ_{max} 값이 n에 근접할수록 쌍대비교 시 응답의 일관성이 높다고 할 수 있다.

(4) 논리적 일관성의 유지

이 단계는 의사결정자는 설문에 응한 사람의 판단이 얼마나 논리적 일관성을 유지하는가를 판단하는 것이다. 일관성이 결여된 판단은 잘못된 정보나 개념으로 인한 계층구조의 모순일 경우도 있지만, 의사결정자의 판당상의 오류에서 기인하는 것이 대부분이다. AHP방법은 가중치 산정과정에서 응답자들의 응답의 일관성을 검증할 수 있다.

쌍대비교에 의하여 행렬 A를 얻는 방법은 각 열의 요소의 중요도를 1을 기준으로 한 후 대각선 하위에 있는 요소들의 상대적 중요도를 결정한다. 즉 a_{ij}는 1로 놓고 $a_{(i+1)I}$, $a_{(i+2)I}, \cdots, a_{nj}$를 먼저 구하고, $a_{(1i)}, a_{(2i)}, \cdots, a_{(n-1)i}$는 $a_{1i} = \frac{1}{a_{ij}(j=1,2,\ldots,i-1)}$의 관계로부터 얻어진다.

만일 쌍대비교에 의해서 얻어진 행렬 A의 원 a_{ij}가 각각 w_1, w_2의 값을 갖는다면 기수적 일관성, 즉 $a_{ij} \times a_{jk} = a_{ik}$가 성립되어야 한다. 이것의 의미는 i를 j보다 x배 중요하게 생각하고, j를 k보다 y배 중요하게 생각한다면 i를 k보다 $x \times y$배 중요하게 평가한다는 것이다.

그러나 실제 응답에 있어서는 이러한 일관성이 완전히 지켜지기 어렵기 때문에 행렬 A의 기수적 일관성을 검증하는 과정이 필요하다. 쌍대비교에 대한 응답이 완전한 일관성을 유지하지 않을 경우 응답의 신뢰성에 문제가 발생할 수 있기 때문이다. 기수적 일관성은 식 (7)을 통하여 설명한 바와 같이 쌍대비교에 의한 응답이 완전한 일관성을 유지하지 않을 경우

$$\lambda_{max} > n \tag{8}$$

의 관계가 성립하는 성질을 이용한다. 쌍대비교의 대상이 되는 요소 j에 대한 요소 i의 상대적 중요도 추정치 a_{ij}는 다음과 같이 정의할 수 있다.

$$a_{ij} = (1+\delta_{ij})\frac{w_i}{w_j} \tag{9}$$

단, δ_{ij}는 $\frac{w_i}{w_j}$에 대한 불일치 정도로, $\delta_{ij} > -1$

이때 실제 관찰한 쌍대비교행렬에서 구한 최대고유치 λ_{max}와 완전한 일관성을 가진 쌍대비교행렬의 최대고유치 n의 차이는 다음 식으로 표현된다.

$$\lambda_{max} - n = \frac{1}{n}\sum_{1 \le i < j \le n} \frac{\delta_{ij}^2}{1+\delta_{ij}} \ge 0 \tag{10}$$

식 (10)에서 추정치 a_{ij}가 정확히 $\frac{w_i}{w_j}$에 일치하면, $\delta = 0$이 되어 $\lambda_{max} - n = 0$이 성립한다. 따라서 λ_{max}가 n에 가까울수록 평가자가 쌍대비교 시 일관성 있는 판단을 내렸다고 간주할 수 있다. 이러한 성질에 착안하여 응답의 일관성지수를 도출하게 되며, 이를 이용하여 의사결정자의 논리적 일관성 유지 여부를 확인하고 의사결정의 합리성과 논리성을 향상시키게 된다.

일반적으로 일관성지수(CI)를 임의지수(RI)로 나눈 비일관성비율(CR)이 0.1을 넘게 되면 의사결정자가 논리적 일관성을 잃고 있는 것으로 판단하여 의사결정과정을 재점검해야 한다.

응답의 일관성지수는 아래의 식 (11)로 정의한다.

$$CI = \mu = \frac{\lambda_{max} - n}{n-1} \tag{11}$$

한편 귀무가설 'H_0: $\lambda_{max} - n = 0$'을 이용하여 쌍대비교에 대한 일관성검정을 할 수 있다. δ_{ij}가 정규분포를 따른다고 가정할 때 검정통계량 μ를 사용하는 대신 일관성지수를 경험적 자료에서 얻은 평균 무작위지수(RI: Random Index)로 나눈 비일관성비율(CR)로 검정한다. 비일관성비율은 다음과 같이 정의하여 응답의 비일관도를 나타낸다.

$$CR = \frac{CI}{RI} \tag{12}$$

CR이 0의 값을 갖는다는 것은 응답자가 완전한 일관성을 유지하며 쌍대비교를 수행하였음을 의미한다. 일반적으로 CR이 0.1 미만이면 쌍대비교는 합리적인 일관성을 갖는 것으로 판단하고, 0.2 이내일 경우 용납할 수 있는 수준의 비일관성을 갖고 있으나, 0.2 이상이면 일관성이 부족한 것으로 간주한다.

(5) 우선순위 도출

우선순위를 도출하는 방법에는 상대적 우선순위 결정법과 절대적 우선순위 결정법이 있다. 문제상황을 상위목표와 하위목표, 그리고 대안들로 계층화하여 해결하는 AHP방법은 기본적으로 동일한 수준에 있는 요소들을 상호 독립적으로 가정한다. 그러나 이론적으로는 의사결정에 미처 고려하지 못한 하위목표나 대안들이 추가됨에 따라 기존의 하위목표나 대안들 간의 중요도가 변하게 된다면 의사결정의 강건성(robustness)을 상실하게 된다는 점에서 바람직하지 못한 의사결정방법이 된다.

이렇게 새로운 대안이나 하위목표들의 추가로 인해 기존의 의사결정 순위가 바뀌는 것을 순위역전(rank reversal)이라고 부르며, 이러한 순위역전의 문제는 AHP 방법에도 적용된다. 대안들 간의 상호의존관계가 있는 경우 혹은 새로운 대안이 의사결정에 포함됨에 따라 기존의 대안들 간의 우선순위가 바뀌는 것이 현실적으로 타당한 경우에는 상대적 우선순위 결정법을, 새로운 대안이 첨가되더라도 기존 대안의 우선순위가 바뀌지 않도록 하는 경우에는 절대적 우선순위 결정법을 사용한다. 또한 연구자의 특성에 따라 비교상의 선호도에 대한 이해가 부족할 경우에는 상대적 우선순위 결정법을, 그렇지 않을 경우에는 절대적 우선순위 결정법을 적용하는 것이 좋다.

(6) 피드백

AHP에 있어 검토과정의 주안점은 응답 일관성이 낮은 응답자에게 비일관성에 관한 정보를 제공하여 의사결정을 다시 수행하게 함으로써 의사결정의 비일관성을 줄

여나가는 데 있다. 아무리 잘된 모델 및 그를 통해 도출된 요소별 가중치라고 하더라도 모든 상황에서 타당성을 갖는 것은 아니기 때문이다. 상황의 변화에 따라 융통성 있게 조정 및 개선을 하기 위해서는 피드백이 매우 중요한 과정이다.

AHP의 기본적인 분석은 컴퓨터 프로그램인 Expert Choice를 사용한다.

4) AHP의 장 · 단점

AHP의 장 · 단점을 살펴보면 다음과 같다.

(1) 장점

① AHP는 복잡하고 비구조적인 의사결정문제에 내포되어 있는 모든 평가요소를 나열하고 이를 여러 단계의 계층으로 분류한 후에 각 계층에 있는 유사한 평가요소를 묶어서 의사결정문제의 구조화 및 체계화를 시도하여 계층구조도로 표현한다. 이와 같은 과정을 통해 의사결정문제를 보다 정확하게 파악하고 이해할 수 있다.

② AHP는 정성적 평가요소를 측정할 수 있도록 척도와 의사결정 대안의 우선순위를 설정하기 위한 방법을 제공해 준다. 즉 평가자의 지식과 경험에 의한 합리적인 판단을 근거로 정량적 평가요소와 더불어 정성적 평가요소도 고려하여 의사결정문제를 해결할 수 있는 틀을 제공해 준다.

③ AHP는 평가자의 평가요소에 대한 주관적 판단에 대한 논리적 일관성을 검정할 수 있는 장치가 마련되어 있으며, 평가자의 평가요소에 대한 주관적 판단에 일관성이 없을 때에도 이를 쉽게 수정할 수 있는 방법을 제공해 준다.

④ AHP는 의사결정문제와 관련된 평가요소의 가중치의 변화에 따른 민감도분석을 수행함으로써 대안의 우선순위의 변화를 쉽게 알 수 있다.

⑤ AHP는 시스템적 사고와 인과적 사고 또는 해석을 조합하여 의사결정을 한다. 여기서 시스템적 사고는 아이디어를 계층적으로 구성하는 데 이용되고, 인과적 사고 또는 해석은 계층에 있는 평가요소의 쌍대비교와 그 결과의 종합을 위하여 이용된다.

⑥ AHP는 환경변화에 적응성이 강한 모형이다. 따라서 의사결정자는 환경변화에

따라서 계층구조도의 각 계층에 있는 평가요소들을 쉽게 추가하거나 삭제할 수 있다.

⑦ AHP는 다수 평가자의 다양한 의견과 판단을 합의나 수치적 통합을 통해 의사결정문제의 각 대안의 우선순위를 도출하는 집단의사결정문제(group decision making problem)에도 쉽게 적용할 수 있다.

(2) 단점

① 계층구조도에서 동일계층에 있는 평가요소는 상호 독립적이어야 한다.

② 의사결정문제의 평가요소들을 계층화하는 방법론에 대한 어떤 이론적 틀이 없기 때문에 계층구조도는 평가자의 경험과 능력에 의존하게 된다.

③ AHP는 평가요소의 쌍대비교에 의한 중요도의 값을 확신할 수 없을 때 그 값에 대한 민감도분석을 수행하여 대안의 우선순위의 변화과정을 검토하여야 한다.

④ AHP에서 사용하는 쌍대비교의 척도의 범위는 1/9~9이므로 평가요소의 상대적 중요도가 최대 9까지만 가능하다 예를 들면 a_{12}=3이고 a_{23}=4라면 a_{13}=12가 되어야 하지만, a_{13}이 9를 초과하는 것은 불가능하다.

⑤ AHP에서 대안을 추가하거나 삭제할 경우 기존의 대안의 우선순위가 변경될 수도 있다.

⑥ AHP에서는 평가요소의 쌍대비교를 통해 대안의 우선순위를 도출하기 때문에 평가요소의 수가 많으면 쌍대비교의 수가 증가하여 평가자에게 많은 노력을 요구하게 되어 쌍대비교행렬의 일관성이 결여되기 쉽다.

5) AHP방법 적용연구사례

(1) 연구목적

○○사업을 합리적으로 추진하기 위한 기초자료를 확보하기 위해 AHP방법을 통하여 동 사업의 타당성에 대한 평가지표 및 세부항목을 발굴하고자 함.

(2) 조사대상

○○사업 관련 학계의 박사급 이상 학자, 연구소의 연구원, ○○사업 실무경험이 있는 실무담당자 등 관련분야 전문가를 대상으로 2차에 걸쳐 설문조사 실시

(3) 분석도구

AHP 분석도구인 Expert Choice 11.0과 Excell 프로그램

(4) 분석과정

가. 평가지표의 도출

이 연구에서는 ○○사업타당성 평가영역을 도출하기 위해 기존의 ○○사업타당성 평가모델 관련 선행연구를 분석하였으며, 다음과 같이 경제적 타당성, 기술적 타당성, 정책적 타당성의 세 가지 평가영역과 각 평가영역별 평가항목을 도출하였다.

표 7-28 ▌ 타당성 평가영역 및 평가항목

평가영역	평가항목
경제적 타당성	• 비용편익분석, 내부수익률, 순현재가치 등 정량적 평가 • 투자재원 조달의 합리성 • 예산규모와 사업수행기간의 적절성
기술적 타당성	• 기술의 실용화 구현가능성 • 기추진 정보화와의 부합성 • 주요 적용기술 관리체계
정책적 타당성	• 필요성 및 시급성 • 부합성 • 사업추진의지 및 역량 • 기존사업과의 중복성

나. 분석절차

이 연구에서 AHP방법을 활용하여 수행하는 분석의 절차는 다음의 [그림 7-12]와 같다.

그림 7-12 ▌ ○○사업타당성 분석절차

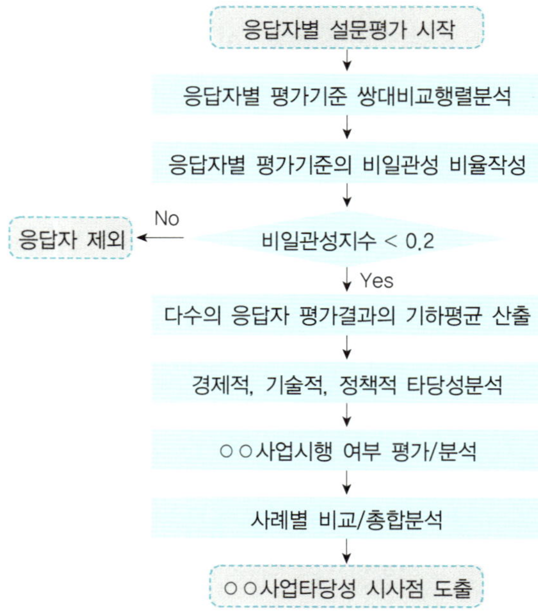

다. AHP 연구모형

이 연구에서는 세 가지 사업타당성을 평가하기 위한 것으로 평가항목의 상대적 가중치를 도출하기 위해 [그림 7-13]과 같은 연구모형을 설정하였다.

그림 7-13 ▌ 사업타당성 평가를 위한 연구모형

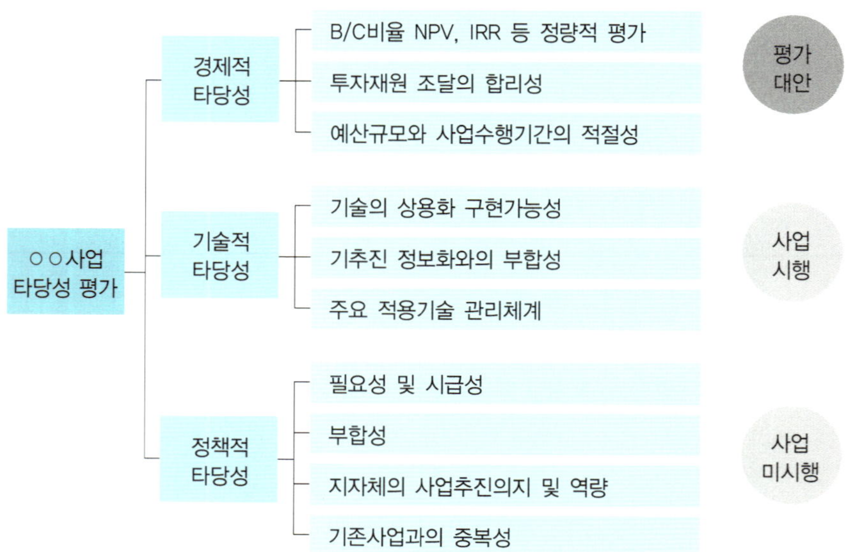

라. 분석결과

가) AHP 일관성검정 결과

분석자료에 대한 신뢰도를 판단하기 위해 응답자 개개인의 비일관성 지수를 산출한 결과, 비일관성 지수의 전체평균은 0.073이었다. 이것은 이 연구에서 사용한 전문가 설문의 일관성이 적합하다는 것을 반영하고 있다.

표 7-29 AHP 조사응답자의 비일관성 지수 및 비중

구분		비일관성 지수	구성비중	
전체 평균		0.0730	II≤0.1	0.1<II≤0.2
○○사업 사례별	A시	0.0872	61.5%	38.5%
	B시	0.0683	76.9%	23.1%
	C시	0.0636	76.9%	23.1%

* II: Inconsistency Index

나) 사례별 사업타당성 분석

이 연구에서는 여러 사람의 의견을 종합하는 방법으로 기하평균을 이용하여 가중치를 산정하였다. 그 결과 경제적, 기술적, 정책적 타당성의 가중치는 각각 0.361, 0.243, 0.367로 나타났다. ○○사업에 있어서 정책적 가중치가 가장 높은 것으로 나타났는데, 이것은 ○○사업의 의사결정 시 정책적 측면이 높게 반영되어야 한다는 것을 보여준다. 이것은 사업의 특성상 규모가 크고 제도적으로 해소되어야 할 부분이 많으므로 몇몇 사업자들을 통해 이루어질 성질의 것이 아니기 때문이다.

표 7-30 ○○사업타당성 평가지표 분석결과

○○사업타당성 평가지표		사례 가중치		
		A시	B시	C시
경제적 타당성 (0.361)	1. 정량적 평가	0.255	0.221	0.327
	2. 투자재원조달의 합리성	0.319	0.289	0.188
	3. 예산규모와 사업수행기간의 적절성	0.180	0.242	0.278
기술적 타당성 (0.243)	1. 기술의 실용화 구현가능성	0.362	0.430	0.390
	2. 기추진 정보화와의 부합성	0.299	0.234	0.318
	3. 주요 적용기술 관리체계	0.143	0.135	0.122

정책적 타당성 (0.367)	1. 필요성 및 시급성	0.210	0.297	0.272
	2. 부합성	0.125	0.144	0.127
	3. 사업추진의지 및 역량	0.362	0.246	0.285
	4. 기존사업과의 중복성	0.107	0.100	0.127

마. 영역별 종합평가 분석

영역별 종합평가를 분석한 결과는 다음의 [표 7-31]과 같다.

표 7-31 영역별 종합평가 응답자수

사례	종합평점 / 시행: 미시행	AHP< 0.45	0.45≤AHP< 0.5	0.5≤AHP< 0.55	0.55≤AHP
A시	AHP 0.706: 0.224	1	0	1	11
B시	AHP 0.725: 0.223	1	0	0	12
C시	AHP 0.641: 0.289	1	1	0	11

전문가 설문을 통한 ○○사업타당성 분석결과 세 사례 모두 사업시행이 타당한 것으로 나타났으며, 특히 B시의 경우 사업을 시행하였을 때의 타당성 종합평점이 가장 높았다. 각계의 전문가들은 전반적으로 사업을 시행하는 것이 좋다고 평가하였으며, A와 B시의 경우 1명의 전문가만, C시의 경우에는 2명의 전문가가 사업을 시행하지 않는 것이 타당하다고 평가하였다. 전체적으로 보았을 때 세 사례 모두 AHP 평균값이 0.55보다 크므로 사업타당성이 있다고 판단할 수 있다.

6) AHP방법 활용연구

AHP를 활용하여 수행한 연구를 찾아보면 다음과 같다.

① "AHP를 이용한 정보시스템 개발업체 선정에 관한 연구"

② "BSC관점에서 AHP기법을 이용한 신기술사업 선정에 관한 연구: 광산업 신기술 보육사업을 중심으로"

③ "GIS기반 AHP기법을 적용한 작물재배 적지분석에 관한 연구"

④ "AHP에 의한 생산성과 향상기법의 중요도 평가에 관한 연구: 조선기업의 사례를 중심으로"

⑤ "AHP기법에 의한 절토사면의 합리적 유지관리"

⑥ "공공부문의 노동조합활동에 관한 연구 – AHP기법을 이용한 우선순위 수립을 중심으로"

⑦ "AHP를 이용한 통합국정평가 부문별 가중치 산정 및 피평가기관의 유형화에 관한 연구"

⑧ "계층분석방법(AHP)을 이용한 공동주택 리모델링단계의 사용자 요구의 중요도에 관한 연구"

⑨ "집단지성의 AHP 적용을 통한 웹정보 신뢰성 평가모델 개발"

⑩ "AHP를 활용한 여행상품 평가지표 개발에 관한 연구"

···> AHP분석에 대한 내용은 www.papersea.com
온라인강좌Ⅱ 제44강 '연구방법 22 AHP 분석방법' 참조

1) 김성호 · 최태성 · 이동원(2007), 효율성 분석-이론과 활용, 서울: 서울경제경영
2) 이옥진(2008), "전력산업 분할의 효율성에 관한 연구(한국전력 발전부문 분할을 중심으로)", 한양대학교 대학원 석사학위논문, p.13.
3) 한정희(2004), "조직 및 시스템의 효율성 측정수단으로서 DEA 활용의 문제점 분석 및 제언", 경영과학연구, 30, 강원대학교 경영연구소, p.200.
4) Scheel, H.(2000), *EMS: Efficiency Measurement System User's Manual.*
5) DMU는 자료의 분석단위를 의미한다. 즉 DEA방법에서 효율성을 분석하고자 하는 개별적인 단위이다. 결국 각 자회사, 지사, 분사, 지점 등이 하나의 DMU가 되는 것이다.
6) Coelli, T.(1996), *A Guide to DEAP Version 2.1: A Data Envelopment Analysis (Computer) Program, Centre for Efficiency and Productivity Analysis*, Department for Econometrics, University of New England.
7) 김성국 · 문승모 · 원영수(2006), "DEA에 의한 우리나라 멀티플렉스 산업의 효율성 분석", 한국콘텐츠학회논문지, 6(7), pp.111~118.
8) 참조 DMU는 해당 DMU가 모범으로 삼아야 할 DMU를 의미한다. 일반적으로 효율성분석 결과가 가장 효율적인, 즉 효율성값이 1인 DMU가 참조 DMU가 된다.
9) 이종성(2001), 델파이방법, 서울: 교육과학사, p.7.
10) 이종성(2001), 델파이방법, 서울: 교육과학사, pp.29~30.
11) 이종성(2001), 델파이방법, 서울: 교육과학사, pp.30~31.
12) 당초 논문의 문항수는 19개이지만, 편의상 10개만 제시하였음.
13) 중앙값과 사분점간 범위(사분범위) 또는 평균과 표준편차를 사용할 수 있다. 본 연구에서는 평균과 사분점간 50% 범위를 사용하였다. 사분점간 범위는 백분위수 25와 75 사이를 의미한다.
14) Weathreman, R. & Swenson, K.(1974), "Delphi Technique", in Hencley, S. P. & Yates, J. R.(eds.), *Futurism in Education: Methodologies*, Berkeley, CA.: McCutchen Publication Co., pp.97~114.
15) 정기용(2005), "다차원척도법을 이용한 외식기업의 포지셔닝 전략에 관한 연구: 패밀리레스토랑과 패스트푸드를 중심으로", 경원대학교 대학원 박사학위논문, pp.48~49.
16) 노형진(2001), SPSS 10.0에 의한 조사방법 및 통계분석, 서울: 형설출판사, pp.508~509.
17) 이훈영 · 정기택(1995), "경쟁시대의 병원마케팅전략", 보건행정학회지, 5(2), p.134.
18) 박광배(2000), 다차원척도법, 서울: 교육과학사, p.47.
19) KYST는 이 프로그램을 개발한 Kruskal, Young, Shepahrd, Torgerson의 첫 글자로 만들어졌다.
20) 김진호(1991), "포지셔닝 맵을 이용한 광고전략", 광고연구, 여름호, pp.145~149.
21) 오은지(2010), "다차원척도법을 이용한 서울랜드마크 포지셔닝 연구 – 방한 외국인관광객을 중심으로", 세종대학교 대학원 석사학위논문
22) 김경우(2008), 사회복지조사방법론 강의, 서울: MJ 미디어, p.373.
23) 이학식 · 임지훈(2008), SPSS 12.0 매뉴얼 – 통계분석방법 및 해설, 파주: 법문사, p.412.
24) 김민정(2005), "다차원척도법과 MCLUST를 이용한 다변량 자료의 군집분석", 이화여자대학교 대학원 석사학위논문, pp.10~16.
25) 김기민(2004), "2000년 인구주택총조사 자료의 군집분석", 고려대학교 대학원 석사학위논문

Chapter 08 주요 측정내용별 양적연구방법

1 서비스품질 측정

서비스품질은 소비자가 인지하는 품질로서, 기대와 성과 간에 차이가 발생한다는 특성이 있다.[1] 인지된 품질은 객관적 내지 실제적 품질과는 다르다. 즉 인지된 품질은 구체적인 속성이 아니라 추상적인 개념이다. 따라서 서비스품질은 객관적인 품질을 고려하되 이와는 다른 인지된 품질로서 실체에 대하여 고객이 판단한 보편적인 우월성이라고 할 수 있다. 서비스품질을 평가하는 객관적인 측정치를 구하는 것이 어렵기 때문에 서비스품질을 측정하는 적절한 접근은 품질에 대한 고객의 인지를 측정하는 것이다.[2] 본 절에서는 고객만족도와 관련이 되는 서비스품질의 측정방법에 대해 알아본다.

1) 서비스품질의 의미

과거 품질의 문제는 물리적인 제품에만 있는 것으로 생각했었다. 그러나 서비스에도 품질이 존재한다. 다만 물리적인 제품과 서비스는 그 평가의 속성에 따라 차이가 있는 것이다. 즉 물리적인 제품은 객관적이고 유형적인 물리적 속성을 가지고 평가하지만, 서비스품질은 고객마다의 주관적인 기준으로 무형적인 것을 평가한다.[3]

서비스품질은 객관적으로 규명되는 측면을 강조하는 객관적 품질과 개개인의 인식에 기초한 주관적인 평가를 통한 지각된 품질로 구분할 수 있다. 객관적인 품질은 제품의 우수성이나 기술적인 우월성을 나타내는 개념으로, 이상적인 품질기준이나 표준에 의해 측정가능하다. 반면 지각된 품질은 소비자의 판단으로 정의되는 특성을 가진다. 이러한 의미에서 지각된 서비스품질은 특정 서비스에 대한 장기적이고 전체적인 평가를 통한 서비스품질에 대해 인지한 당사자의 태도로 개념화되고 측정된다. 따라서 서비스품질은 소비자만족의 선행요인이라고 할 수 있다.[4)]

가빈(D. A. Garvin)은 품질의 정의론적 다양성을 다음과 같이 다섯 가지 접근방법으로 구분하여 설명한다.

① 선험적 접근방법(transcendent approach): 이러한 관점에 의하면 품질은 정신도 물질도 아닌 독립적인 제3의 실체로, 타고난 우월성을 의미한다.

② 상품중심적 접근방법(product-based approach): 이 관점은 품질을 정밀하고 측정가능한 변수로 본다.

③ 사용자중심적 접근방법(user-based approach): 개별 소비자들은 서로 다른 욕구와 필요를 가지고 있으므로 그들의 선호를 가장 잘 만족시켜 주는 상품이 가장 높은 품질을 가진 것으로 간주한다.

④ 제조자중심적 접근방법(manufacturing-based approach): 이것은 공급자 지향적이고, 주로 엔지니어링과 제조에 관심을 가진다.

⑤ 가치중심적 접근방법(value-based approach): 여기서는 품질을 가치와 가격으로 정의한다. 이에 따르면 양질의 상품은 '만족스러운 가격에서 적합성을 제공하는 상품'이라 할 수 있다.[5)]

이상의 품질에 대한 다섯 가지 정의는 각각의 유용성이 있으며 서비스 마케팅연구에 중요한 시사점들을 가지고 있다.

품질: 소비자만족의 선행요인
- 타고난 우월성
- 측정가능한 변수
- 개별 소비자의 선호충족
- 공급자지향적 관점
- 만족스러운 가격에서 적합성 제공

2) 서비스품질의 구성요인

품질에 대한 해석은 연구목적이나 적용목적에 따라 혹은 관점과 접근방법에 따라 다양하게 이루어져 왔다. 이는 품질이 절대적인 것이 아니라 상대적인 개념이기 때문에 단일한 개념의 정의가 어렵다는 것을 의미한다. 그렇지만 소비자의 기대와 성과 간의 차이라는 관점은 서비스품질을 이해하는 데 기본적인 관점으로 인정받고 있다. 이와 관련하여 파라슈라만, 자이타믈, 베리(Parasuraman, Zeithaml & Berry: PZB)는 서비스품질은 소비자가 훌륭한 서비스기업이 제공할 것이라고 느끼는 서비스(즉, 소비자의 기대에서 비롯됨)와 소비자가 서비스기업의 서비스공정(process) 및 결과(outcome)에 대해 지각한 성과(performance)의 차이라고 정의하였다.[6] 이들은 서비스품질을 구성하는 요인들을 다음과 같이 보았다.

① 신뢰성(Reliability): 성과의 일관성, 확실성, 적시성, 약속의 존중을 의미한다.

② 대응성(Responsiveness): 서비스를 제공하는 의지 혹은 준비성, 서비스의 적시성을 의미한다.

③ 능력, 자격(Competence): 서비스를 제공하기 위해 필요한 지식이나 기술을 지니고 있는가의 여부를 나타낸다.

④ 접근, 통로수단(Access): 접근의 용이함을 부여하고 있는가 하는 것으로 시간이나 시간당 운영 정도 등이 평가지표로 나타난다.

⑤ 공손함(Courtesy): 접촉하는 고객들에게 친절함이나 배려, 경의, 공손함으로 측정된다.

⑥ 의사소통(Communication): 고객들의 말에 귀를 기울이는 것, 고객을 이해시키는 능력, 얼마나 많은 원가와 문제를 지니고 있는가를 고객에게 설명하고 이해받는 능력을 측정지표로 들고 있다.

⑦ 안정성(Security): 위험, 의심, 위기, 물리적 안전, 재정적 안전, 확신성 등을 제공할 수 있는가 하는 것들이 평가지표이다.

⑧ 신용성(Credibility): 정직과 믿음을 고객에게 주고 있는가 하는 점 등이 측정지표이다.

⑨ 고객에 대한 배려 정도(Understanding the customer): 고객의 요구를 이해하고 특징적인 요구에 익숙해 있으며, 개인적 관심을 지니고, 단골고객을 인지하는 것들을 지표로 보고 있다.

⑩ 유형성(Tangibles): 서비스를 제공하기 위한 물리적인 준비성을 의미한다. 이는 서비스를 제공하기 위한 도구나 장비들의 정도, 장비활용의 능숙 정도 등이 측정지표로 나타난다고 보고 있다.

서비스품질의 구성요인

- 신뢰성
- 능력/자격
- 공손함
- 안정성
- 고객에 대한 배려
- 대응성
- 접근/통로수단
- 의사소통
- 신용성
- 유형성

3) 서비스품질 측정방법

(1) PZB의 서비스품질 측정 모형 [7)]

파라슈라만, 자이타믈, 베리(PZB: Parasurman, Zeithaml & Berry)는 다음과 같은 서비스품질 측정모형을 제안하였다.

$$Gap5 = f(Gap1, Gap2, Gap3, Gap4)$$

PZB는 고객의 지각된 서비스품질은 위의 그림과 같이 다섯 가지 Gap으로 표시되는 기대된 서비스와 실제 지각된 서비스(성과) 간의 차이에 의해 결정되는 것으로 보고 있다. 기대된 서비스는 구전, 커뮤니케이션, 개인적 욕구, 과거의 경험, 기업의 외적 커뮤니케이션에 의해 형성된다. 반면 지각된 서비스는 기업의 서비스 전달과정과 외적 커뮤니케이션의 영향을 받아 형성된다.

고객에게 지각된 서비스품질은 조직 안에서 발생하는 4가지의 특징적인 Gap (Gap 1~4)에 영향을 받으며, 이들 Gap은 서비스제공자의 서비스 전달을 방해하고 고객의 서비스품질 평가에 나쁜 영향을 미칠 수 있다. 이들 4가지 Gap의 크기(고/저)와 방향(긍정적/부정적)에 따라 'Gap 5', 즉 기대된 서비스와 지각된 서비스의 차이가 결정되며, 결과적으로 서비스의 품질이 지각된다.

그림 8-1 | PZB의 서비스품질 측정모형

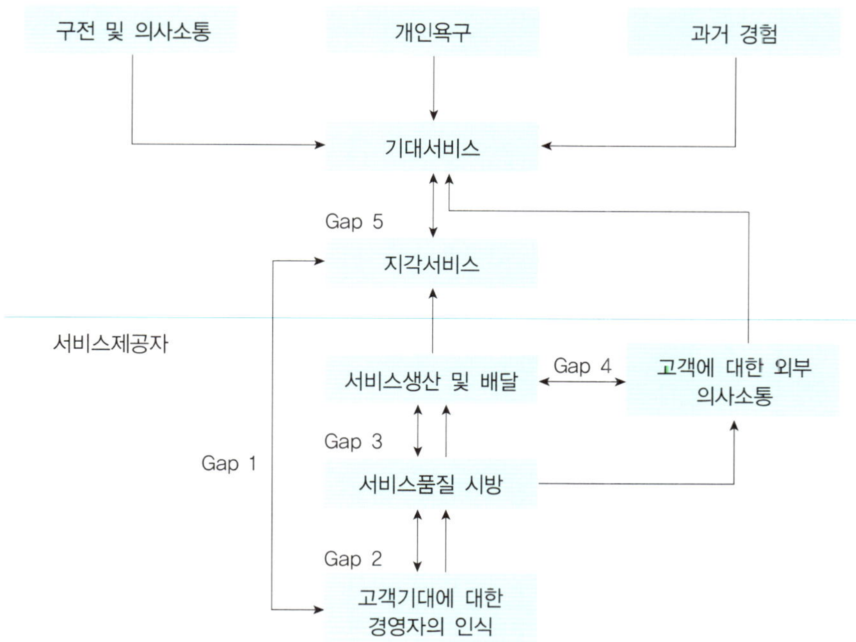

서비스품질 Gap의 세부적인 내용은 다음의 [표 8-1]과 같다.

| 표 8-1 | 서비스품질 Gap의 종류와 내용

Gap의 종류		내용
Gap 1	소비자기대와 경영자인식의 차이	제공되는 서비스의 내용에 대한 서비스기업 경영자와 고객과의 불일치
Gap 2	경영자인식과 실행가능한 서비스수준과의 차이	기술적인 어려움, 비현실적 구상 등에 의한 실제 적용 불가능한 서비스내용
Gap 3	실행가능한 수준과 실제 제공된 서비스와의 차이	종업원의 피로, 사기저하 등 전달체계에서의 부작용
Gap 4	제공된 서비스와 홍보된 서비스의 차이	과장된 광고 등에 의한 인식의 차이
Gap 5	기대된 서비스와 지각된 서비스의 차이	차이 1~4의 한 가지라도 존재하면 발생하는 차이

한편 SERVQUAL이라고 하는 PZB의 서비스품질 측정 항목을 보면 다음의 표와 같다.

▌표 8-2 ▌SERVQUAL 측정항목[8)]

차원	의미	항목수
유형성 (Tangibles)	1. 최신의 기술과 장비 2. 가시적·물리적 설비와 시설 3. 깨끗하고 정중한 직원 4. 서비스를 수행하기 위한 시설	4
신뢰성 (Reliability)	5. 시의적절한 서비스 6. 고객불만에 대처하는 정도 7. 기업에 대한 신뢰성 8. 예약과 약속이행능력 9. 정확한 기록유지	4
응답성 (Responsiveness)	10. 서비스내용에 대한 설명 11. 훌륭한서비스 12. 고객서비스에 헌신적인 직원 13. 고객요구에 신속한 대응	5
확신성 (Assurance)	14. 고객의 직원에 대한 신뢰성 15. 종업원의 안전한 업무처리 16. 예의 바른 직원 17. 능숙한 직원과 기업의 지원	5
공감성 (Empathy)	18. 고객에 대한 개인적인 배려 19. 고객개인에 대한 관심 20. 직원의 고객필요사항 파악 21. 고객의 관심사항 파악 22. 이용하기 편리한 영업시간	4

PZB는 조직에서 서비스품질의 문제를 야기할 수 있는 네 가지 Gap을 분명하게 직시함으로써 서비스품질의 개념과 그 결정요인들을 이해하는 데 실질적으로 큰 공헌을 했다. 그러나 이들이 개발한 22개 항목으로 구성된 고객의 기대와 지각 간의 차이점수를 이용하여 서비스품질을 측정하는 SERVQUAL 측정방식은 기대수준에 대한 개념적 모호성 및 측정의 어려움으로 인해 비판을 받고 있다.

(2) 크로닌(Cronin)과 테일러(Taylor)의 SERVPERF

크로닌과 테일러(Cronin & Taylor)는 서비스품질 측정은 기대와 성과 간의 불일치에 의한 차이점수보다는 성과중심의 고객태도를 평가하는 것이 타당하다고 주장하면서, SERVQUAL의 타당성과 유용성을 전면 부정하고 SERVPERF라는 대안적 서비스품질 측정도구를 제시하였다.[9)] 이들은 SERVQUAL의 측정항목은 적절하지만, 기대개념의 비현실적인 문제로 인하여 지각(P)과 기대(E)의 차이를 서비스품질이라고 하는 데에 의문을 제기한 것이다.

이들이 제시한 서비스품질 측정방법은 다음과 같다.

SQ＝P

여기서, SQ(Service Quality): 서비스품질

P(Performance): 서비스성과(지각)

SERVPERF모형의 서비스품질 측정항목은 SERVQUAL과 동일하다. 가장 큰 평가방법의 차이는 SERVQUAL은 22개 측정항목에 대해 이용자가 가지고 있는 기대서비스와 지각서비스를 반복적으로 측정하는 것이고, SERVPERF는 기대부분에 대한 측정은 하지 않고, 이용자가 서비스를 받은 이후 지각한 서비스에 대한 측정단을 실시하는 것이다.

표 8-3 SERVPERF의 서비스품질 측정항목

1. 최신의 기술과 장비	2. 가시적·물리적 설비와 시설
3. 깨끗하고 정중한 직원	4. 서비스를 수행하기 위한 시설
5. 시의적절한 서비스	6. 고객불만에 대처하는 정도
7. 기업에 대한 신뢰성	8. 예약과 약속이행능력
9. 정확한 기록유지	10. 서비스내용에 대한 설명
11. 훌륭한 서비스	12. 고객서비스에 헌신적인 직원
13. 고객요구에 신속한 대응	14. 고객의 직원에 대한 신뢰성
15. 종업원의 안전한 업무처리	16. 예의 바른 직원
17. 능숙한 직원과 기업의 지원	18. 고객에 대한 개인적인 배려
19. 고객개인에 대한 관심	20. 직원의 고객필요사항 파악
21. 고객의 관심사항 파악	22. 이용하기 편리한 영업시간

이들이 주장하는 지각의 개념은 서비스의 기술적인 측면(What)과 서비스를 제공받는 과정에서의 심리적인 효과(How)를 모두 포함한 고객이 인지한 품질수준을 의미한다. 이들은 서비스품질은 고객만족의 선행변수라고 주장하며, 고객만족은 서비스품질보다는 서비스를 제공받은 이후 행위의도에 더 많은 영향을 준다고 하였다.

한편 이들은 가중 SERVPERF를 제시한 바, 가중모형이 보다 더 우월한 방법이라고 주장하였다. 가중모형의 측정방법은 다음과 같다.

WSERBPERF = 항목별 중요도 × (지각, 성과(P))

(3) 한국표준협회의 서비스품질지수(KS-SQI)

국내에서 서비스산업의 중요성이 강조됨에 따라 한국표준협회는 서비스품질 수준을 정확하게 측정·개선하여 서비스산업의 경쟁력 향상을 위한 품질지표를 개발하였다. 이 모델의 특징은 다음과 같다.

가. 모델의 특징

① 한국 내 구매가능한 모든 서비스의 품질에 관한 국가 및 전 산업의 통일된 지표

② 동종산업은 물론 관련 이종산업 벤치마킹 자료로 활용가능

③ 서비스품질의 선행지표와 결과지표 간의 인과관계 프로세스를 반영하는 계량적용 모델

④ 기업 서비스품질 진단 및 개선전략 수립을 위해 활용가능

나. 모델의 구성

KS-SQI모델은 SERVQUAL모형을 활용하여 성과와 과정 측면의 8개 차원으로 구성된다.

그림 8-2 | KS-SQI 측정모형

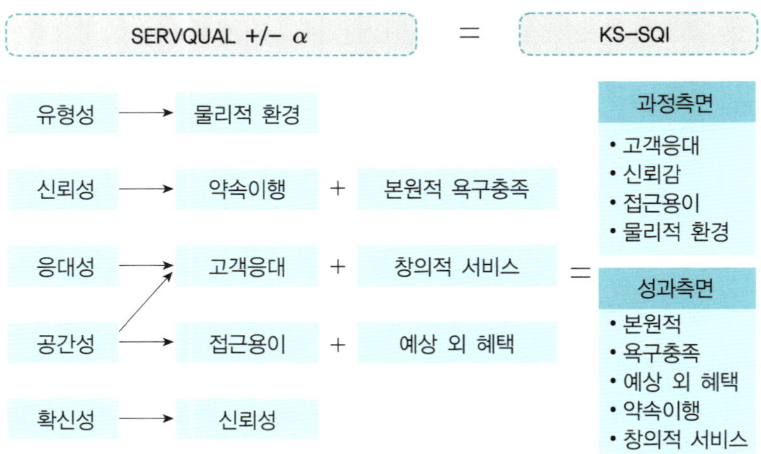

① 본원적 욕구충족(primary needs fulfillment): 양질의 서비스제공을 통하여 고객이 서비스를 통해 얻고자 하는 기본적 욕구충족

② 예상외 혜택(unexpected benefits): 고객이 예상하지 못했던 혜택으로, 고객을 감동시키는 부가적 서비스제공

③ 약속이행(contract performance): 약속된 서비스를 정확하게 수행

④ 창의적 서비스(creativeness): 독창적인 서비스 개발을 통해 타사 대비 차별적 서비스제공, 급변하는 환경에 능동적으로 대처함으로써 진부화되지 않는 혁신적인 서비스수행

⑤ 고객응대(Receptiveness): 고객을 돕고 즉각적인 서비스를 제공하려는 의지, 예의 바름, 종업원의 친절과 공손함, 고객과 그들의 욕구를 알려는 노력, 고객이 이해하기 쉽게 설명, 개별적인 주의를 기울임.

⑥ 신뢰감(credibility): 서비스제공자의 진실성/정직성, 정확한 기록, 위험/의심으로부터의 자유, 서비스를 수행하는 데 필요한 기술과 지식의 소유

⑦ 접근용이성(accessibility): 접근가능성과 쉬운 접촉

⑧ 물리적 환경(physical evidence): 서비스평가를 위한 외형적 단서(학원의 물리적 시설, 선생님들의 용모, 최신의 시설을 갖춤, 학습 보조도구의 다양성)

다. 측정방법

각 측정영역별 문항을 연구의 목적에 부합하는 여러 개의 항목으로 구성하여 5점 척도를 적용하여 측정한다.

4) 서비스품질 관련 연구

서비스품질 모형을 적용하여 수행한 연구의 사례를 찾아보면 다음과 같다.

(1) SERVQUAL모형 활용 연구

① "SERVQUAL 척도를 활용한 입원환자 서비스의 질 구성차원에 관한 연구"(서울대학교 보건환경연구소논집 11(1), 2001)

② "e-서브퀄(e-SERVQUAL) 요인을 이용한 전자정부 e-행정서비스 질 평가 -대

구광역시를 중심으로"(한국행정논집, 19(2), 2007)

③ "고객만족과 SERVQUAL의 동일 구성개념 여부에 관한 연구"(관광레저연구, 14(3), 2003)

④ "SERVQUAL-IPA를 이용한 컨테이너항만의 이용 후 평가"(산업경제연구, 19(5), 2006)

⑤ "사회복지서비스의 품질 평가에서 SERVQUAL 척도의 검증"(문명연지, 5(1), 2004)

(2) SERVPERF모형 활용 연구

① "생명보험서비스 품질평가 모형개발연구: SERVPERF에 의한 측정변수 개발"(성균관대학교, 2005)

② "온라인 브랜드 커뮤니티의 서비스품질이 브랜드충성도에 미치는 영향에 관한 연구: eBC-SERVPERF모형을 중심으로"(숙명여자대학교, 2004)

③ "SERVPERF모형을 이용한 정기선사(定期船師)의 서비스품질 결정요인연구"(韓國海運學會誌, 49, 2006)

④ "서브퍼프(SERVPERF)를 이용한 사회복지서비스의 질 측정 및 만족도 영향요인 분석"(行政論叢, 42(4), 2004)

⑤ "축제서비스품질 측정모형 간 비교우위"(觀光研究, 23(1), 2008)

(3) KS-SQI모형 활용 연구

① "서비스품질에서의 기대변화에 관한 연구"(경기대학교, 2005)

② "국내 서비스품질에 대한 조사 분석: KS-SQI와 KCSI를 이용한 호텔관광산업을 중심으로"(호텔관광연구, 25, 2007)

③ "한국서비스품질지수(KS-SQI)모델의 개선에 관한 연구 - 대면서비스를 중심으로"(서비스경영학회지, 7(2), 2006)

④ "KS-SQI를 활용한 사이버대학 서비스품질 측정 및 개선방안"(서강경영논총, 15(1), 2004)

⑤ "중국어 전문학원 교육서비스품질에 관한 연구: KS-SQI를 이용한 접근"(동아대학교, 2008)

···> 서비스품질 측정에 대한 내용은 www.papersea.com
온라인강좌Ⅱ 제33강 '연구방법 13 서비스품질 측정방법' 참조

2 고객충성도 측정

고객충성도(customer loyalty)는 특정 상품이나 서비스를 반복적으로 구매하거나 구매하고자 하는 의지를 가지고 있는 고객의 몰입 정도를 말한다. 따라서 고객충성도는 고객만족도와 다른 차원의 개념이다. 만족한 고객은 충성도가 높아질 가능성이 있기는 하지만 반드시 충성고객이 될 것이라는 것은 보장할 수 없다. 그렇지만 그다지 만족하지 않은 고객 중에서도 충성고객이 있을 수 있다. 특정 고객이 상품이나 서비스를 지속적으로 구매하는 이유는 여러 가지가 있을 수 있기 때문이다. 본 절에서는 이러한 고객충성도에 대해 알아본다.

1) 고객충성도의 의의

전 세계적으로 글로벌 경쟁이 치열해지면서 기업들은 마케팅전략을 고객의 획득 단계에서 고객의 유지, 즉 충성도로 전환시키고 있다.[10] 이러한 차원에서 고객충성도는 고객이 경쟁사의 대안보다 특정 기업의 제품이나 서비스를 선호하여 구입하고자 하는 마음의 상태나 태도 혹은 지속적인 충실함을 가지고 있다는 것을 보여주는 것이라고 할 수 있다.[11]

고객충성도의 발전은 인지적·정서적인 의욕행동의 패턴을 따른다. 이러한 과정에서 고객은 다음의 각 4단계에서 충성하게 된다.[12] 첫 번째 단계는 인지충성이다. 이 단계에서 고객은 서비스품질의 평가에 기초한 선호로서 하나의 브랜드가 다른 대안보다 더 낫다고 생각한다. 두 번째 단계는 끊임없는 제품만족에 기초하여 발달된 브랜드에 대한 긍정적인 태도와 제품의 애호인 정서적인 충성이다. 세 번째 단계는 재구매를 위한 특정 브랜드에 대한 헌신에 기인되고 되돌아오는 의도를 형성하는 의욕충성이다. 네 번째 단계는 행동할 준비가 되도록 전환되는 의도인 행동충성단계이다.

일반적으로 고객충성도는 소비자들이 특정 브랜드나 서비스, 점포, 제품, 상품카테고리 등에 대한 어떠한 행위나 행동을 나타내는 것이라고 정의할 수 있다.[13] 따라서 고객충성도는 한 기업의 사람, 제품 또는 서비스에 대한 애착 또는 애정상태이며, 이러한 감정들은 고객들로 하여금 장기간에 걸쳐 그 기업의 제품이나 서비스를 재구매하게 되고, 타인에게 추천하는 구전활동과 프리미엄가격을 지불하는 등 여러 가지 활동으로 발현된다.[14] 또한 한 기업의 제품 및 서비스에 대한 높은 반복구매 정도와 구매한 상표에 대한 애착 또는 애정의 호의적 감정상태라고도 한다. 이러한 다양한 정의를 요약해 보면 다음의 표와 같다.

표 8-4 고객충성도의 정의

연구자	고객충성도	태도	행동
셀느즈 (Selnes,[15] 1993)	서비스계약의 재개 혹은 미래 구매성향 혹은 역으로 고객이 다른 브랜드 혹은 서비스공급자로 전환하려는 정도를 포함하여 특정 제품 혹은 서비스와 관련한 의도된 행동	○	○
딕 & 바우 (Dick & Basu,[16] 1994)	고객충성도는 브랜드, 소비자들의 상대적 태도와 재구매간의 관계	○	○
존스 & 새서 (Jones & Sassers, 1995)	한 기업의 사람, 제품 또는 서비스에 대한 애착(attachment) 또는 애정(affection)의 감정상태	○	
그리핀 (Griffin,[17] 1995)	충성고객은 정기적으로 재구매하는 고객, 특정 기업의 다양한 제품과 서비스를 포괄적으로 구매하는 고객, 다른 사람들에게 특정 기업 혹은 제품을 추천하는 고객, 경쟁업체의 유인전략에 동요하지 않는 고객을 말함.		○
올리버 (Oliver, 1999)	선호하는 제품이나 서비스를 미래에 일관되게 재구매 혹은 단골화하는 깊은 결속을 가짐. 그리하여 전환행동을 유발하는 마케팅 노력과 상황에 따른 영향에도 불구하고 동일한 브랜드를 재구매하게 함.	○	○
예종석 · 양성희[18] (2001)	한 기업의 제품 및 서비스에 대한 높은 반복구매와 구매한 상표에 대한 애착 또는 애정의 호의적 감정상태로, 행동적 접근과 태도적 접근을 모두 반영함.	○	○

고객충성도

특정 제품이나 서비스를 반복적으로 구매하고 애착을 가지며, 타인에게 추천하는 행위 등 태도적 접근과 행동적 접근을 포함하는 개념

2) 고객충성도의 유형분류

기업이 충성도를 통해 형성하고자 하는 고객의 심리상태는 고객이 해당 기업에 가지는 호감 혹은 애착의 정도이다. 실질적인 면에서는 그러한 고객들이 반복적으로 구매를 해서 기업의 수익성을 증대시켜야 한다. 이러한 두 가지 측면을 고려한 충성도 유형은 다음의 그림과 같다.

그림 8-3 ❙ 고객충성도 유형분류(Griffin, 1995)

상대적 애착 \ 반복구매 정도	L	H
L	잠재적 충성도 (latent loyalty)	프리미엄 충성도 (premium loyalty)
H	비 충성도 (no loyalty)	관성적 충성도 (inertia loyalty)

(1) 비충성도(no loyalty)

상대적인 애착도 낮고 반복구매의 정도도 낮은 유형이다.

(2) 관성적 충성도(inertia loyalty)

충성도가 높은 것보다는 타성에 젖어 과거에 소비한 제품이나 서비스에 대해 큰 불만이 없으면 추후에도 계속 구매하며, 특히 다른 대안이 존재하지 않으면 과거의 구매행동을 무조건 반복한다.

(3) 잠재적 충성도(latent loyalty)

반복구매의 정도는 낮으나 호감의 정도나 관여의 수준이 높은 경우로서, 제품에 대한 호감은 있지만 반복구매를 방해하는 요소가 존재하는 경우에 나타나기 쉽다.

(4) 프리미엄 충성도(premium loyalty)

애착이나 호감의 수준도 높고 동시에 반복구매가 빈번하게 이루어지는 경우로서, 이들 고객은 긍정적인 구전창출을 통한 기업의 메신저 역할도 수행할 수 있는 유형이다.

> 결국 충성도를 고취시키기 위해서는 잠재적인 대안에 비해 제품이나 서비스에 대한 감정적 애착(emotional attachment)이 높아야 하며, 반복적인 구매행동이 일어나야 한다.

3) 고객충성도 측정방법[19)]

대부분의 연구에서 고객충성도는 서비스품질이나 고객만족과 관련한 연구에서 소비자의 성향을 파악하기 위한 종속변수로 측정된다. 그렇기 때문에 일반적으로 고객충성도는 재구매의도나 타인추천의도 등 소비자의 심리적 변수를 이용하여 측정한다. 그러나 이러한 의도를 측정하는 것은 행동을 측정하는 것보다는 쉽지만 예측타당성이 낮다는 문제가 있다.[20)] 따라서 고객의 행동적 요소와 태도적 요소를 동시에 고려하는 것이 적절한 측정방법이라고 할 수 있다.

(1) 태도적 고객충성도

태도적 고객충성도는 기업에 대한 깊은 신뢰를 바탕으로 감정적으로 결속되어 다른 대안에 대해 깊이 고려하지 않는 것을 의미한다. 이를 측정하기 위해 '신뢰(trust)'와 '감정적 애착(emotional attachment)'의 개념을 사용한다.

① 신뢰: 제품 및 서비스구매에 있어 거래당사자가 전문적인 능력, 공정성, 일관성, 진실성을 가지고 고객의 이익을 우선시 할 것이라는 믿음과 확신

② 감정적 애착: 서비스제공자에게 감정적인 소속감, 자부심, 애정을 느끼며 장기적인 관계를 유지하고자 하는 정서

(2) 행동적 고객충성도

행동적 고객충성도는 특정 기업이 제공하는 제품이나 서비스를 이용한 후 호의적

인 의도와 감정을 타인에게 전달하고 다시 그 제품 및 서비스를 이용할 것이라는 의지에 대한 확신을 의미한다. 이를 측정하는 데에는 '재구매의도(repurchase intention)'와 '구전활동(word-of-mouth)을 포함하는 행동충성의지'를 사용한다.

① 재구매의도: 소비자가 특정 점포에서 제품을 구매한 후 그 점포에서 제품을 다시 구매할 가능성이나 의도

② 행동충성의지: 특정서비스 제공자가 제공하는 제품 및 서비스를 이용한 후 호의적인 의도와 감정을 타인에게 전달하고 다시 그 제품 및 서비스를 이용할 것이라는 의지 또는 확신

이와 같은 고객충성도 측정방법은 다음 그림과 같은 모형으로 도식화할 수 있다.

그림 8-4 | 고객충성도 측정모형

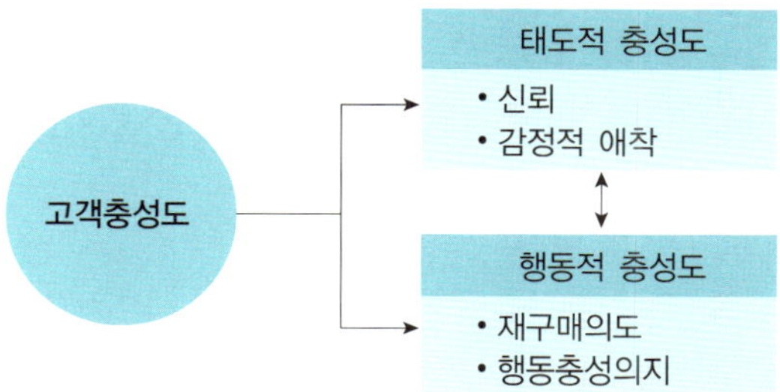

5) 고객충성도 측정연구사례

고객충성도 측정방법을 활용하여 수행한 연구의 사례를 보면 다음과 같다.

① "웹캠에 의한 무선원격 모니터링이 고객충성도에 미치는 영향에 관한 연구"(학술대회, 한국경영정보학회, 2008(1), 2008)

② "고객-직원, 고객-고객의 관계가 고객만족과 신뢰 및 충성도에 미치는 영향에 관한 연구 - 백화점을 중심으로"(商業教育研究, 13, 2006)

③ "보이차의 지각된 품질이 고객만족, 고객충성도에 미치는 영향에 관한 연구"(마케팅논집, 16(3), 2008)

④ "서비스 고객충성도 형성과정에서 기업이미지의 매개역할"(광고연구, 62, 2004)

⑤ "온라인서점에서의 소비자-브랜드품질이 고객만족과 e-충성도에 미치는 영향"

(전자무역연구, 7(1), 2009)

⑥ "패밀리 레스토랑의 서비스요인이 고객만족과 재방문의도 및 브랜드충성도에 미치는 영향"(高凰論集, 39, 2006)

⑦ "경비업체의 기계경비 서비스품질이 고객충성도에 미치는 영향"(警護警備研究, 11, 2006)

⑧ "서비스품질이 고객만족, 고객충성도에 미치는 영향에 관한 연구"(經營教育論叢, 53, 2009)

⑨ "온라인게임의 고객충성도에 영향을 미치는 디자인 요소와 심리적 만족감"(연세대학교, 2006)

⑩ "지각된 서비스품질이 고객충성도에 미치는 영향에 관한 연구: 서비스산업을 중심으로"(인하대학교, 2009)

…> 고객충성도 측정에 대한 내용은 www.papersea.com
온라인강좌Ⅱ 제34강 '연구방법 14 고객충성도측정방법' 참조

3 조직효과측정

조직효과성(organizational effectiveness)은 조직이 생존하는 데 있어 필수적인 요소이며, 조직의 업무를 평가하고 증진시키는 유용한 도구를 대표하는 개념이다. 그러나 조직효과성은 연구자들에 따라 서로 다른 것을 의미할 수 있고, 이를 측정하는 데 많은 선택적인 방법이 존재하기 때문에 문제가 되는 개념이기도 하다. 그렇지만 이 개념은 오랫동안 지속적인 관심을 받아 왔고, 최근에는 비영리기관의 연구와 실천분야에서도 주목을 받고 있다.[21] 본 절에서는 조직성과에 대한 계량적인 측정보다는 광범위한 의미에서의 조직효과성의 측정방법에 대해 알아본다.

1) 조직효과성의 의미

조직효과성은 조직유효성, 조직성과라는 말과 혼용되어 사용된다. 일반적으로 조직효과성과 조직성과는 모두 조직의 목표달성 정도로 정의한다.

영리기업에서는 조직효과성보다는 조직성과라는 용어가 주로 사용되어 왔으며, 이때 조직성과는 수익률, 시장점유율, 매출성장률 등 객관적 측정이 가능한 계량적 지표를 중심으로 하면서 주관적인 지표를 혼용하기도 한다. 그러나 비영리조직을 대상으로 하는 연구에서는 조직성과보다 더 거시적인 관점에서 조직효과성이라는 용어를 사용하고 있다.

케머런과 웨튼(Cameron & Whetten)[22]은 조직효과성이 조직이 잘 운영되고 있는지 또는 효과적인지를 표시하는 개념으로 조직구성원 개인의 목표와 조직의 목표를 포괄한 개념이라 하였다. 또한 바나드(Barnard)는 조직의 성취 정도를 효과성의 정도로 보았으며, 스티어(Steer)는 자원을 획득하고 활용할 수 있는 조직의 능력이라고 정의하고 있다[23]. 이처럼 조직효과성의 정의가 다양한 것은 조직효과성이 조직의 목적이 갖는 성격에 의존하는 특성을 가지는데, 조직의 목적은 조직에 따라서 상이하고 그 내용도 다양하기 때문이다. 그렇지만 조직효과성 개념의 공통분모를 간추려보면 조직의 목표달성을 위한 자원의 획득과 활용능력을 의미한다고 볼 수 있다

> 조직효과성은 조직이 잘 운영되고 있는지를 표시하는 개념으로서 조직이 목표를 달성하기 위해 자원을 획득하고 그것을 활용할 수 있는 능력을 의미한다.

2) 조직효과 측정지표

조직효과성의 측정방법 역시 조직효과성의 정의와 마찬가지로 여러 가지 방법이 다양하게 활용되어 왔기 때문에 통일된 모습을 보여주지 못하고 있다. 국내 학자들의 기존 연구에서 조직효과성에 대한 측정방법으로 사용된 지표들을 각자의 조직효과성에 대한 정의와 연계하여 정리해 보면 다음과 같다.

표 8-5 조직효과성의 개념 및 평가관점에 대한 연구 요약

학자	개념정의	평가관점
신유근(1986)	조직이 어느 정도 목표를 달성해 나가는 정도	• 목표달성도 • 이윤 • 예산유지 • 사회적 책임 • 직무만족 • 조직몰입 • 능률의 향상
정준교·박상언·김영조(1998)	심리적 효과성과 경제적 효과성 차원 분석	• 직장생활만족 • 조직몰입 • 총자본수익률 • 총자산증가율 • 종업원 1인당 부가가치
윤정구·임준철(1998)	심리적 효과성 차원 분석	• 직무만족 • 조직몰입 • 조직시민행동
김정하(2000)	조직목표에 대한 달성도	• 조직몰입 • 조직적응성 • 직무만족
문대성·천길영(2001)	조직성과를 높일 수 있는 관리체계 확립	• 직무만족 • 이직의사
박천오·김상묵(2001)	조직내부 환경의 특성이 조직의 생산성에 미치는 영향	• 조직관리 • 직무만족 • 조직 내 상호관계
장태윤·박찬식(2001)	개방시스템이란 측면에서 외적 환경에 대응해 하는 행동체계이며, 조직구조의 안정과 유지를 의미	• 조직몰입 • 적응성 • 직무만족 • 의사소통
조경호·김정필(2005)	조직효과성을 높이기 위해서는 리더는 서로 반대되는 가치를 동시 수용하는 정도	• 생산성 • 목표달성 • 계량화/문서화 • 성장 • 참여/개방 • 적응성
김동춘·송미선(2005)	조직목표의 달성도	• 직무만족 • 조직몰입 • 직무성과 • 조직적응성
이영우(2006)	심리적 효과성 차원 분석	• 직무만족 • 조직적응성 • 조직시민행동 • 신뢰

이상의 내용을 보면 조직효과성에서 가장 빈번하게 사용되는 평가지표는 직무만족, 조직몰입, 조직적응성 등이다.

한편 캠벨(Campbell)은 이러한 조직효과성에 관한 다양한 기존의 연구를 집약하여 조직효과성을 심리적, 경제적, 관리적 지표로 구분하였다. 다음의 [표 8-6]은 조직효과성 평가를 위한 지표가 다양하다는 것을 보여주고 있다.[24)]

표 8-6 조직유효성 평가를 위한 지표

지표	주요 내용
심리적 지표	직무만족도, 동기부여, 사기, 갈등과 응집성, 유연성과 적응성, 조직목표에 대한 조직원의 동조성, 조직목표의 내면화
경제적 지표	전반적 유효성, 생산성, 능률, 수익, 품질, 성장성, 환경의 이용도, 이해관계자집단에 대한 평가, 인적자원의 가치, 목표달성도
관리적 지표	사고의 빈도, 결근율, 이직률, 통제, 계획과 목표설정, 역할과 규범 일치성, 경영자의 인간관계관리능력, 경영자의 과업지향성, 정보관리와 의사전달, 신속성, 안정성, 조직구성원의 의사결정 참가, 훈련과 개발의 강조

포괄적인 의미에서의 조직효과성은 심리적, 경제적, 관리적 차원에서의 지표를 통해 평가할 수 있다.

3) 조직효과성 측정지표의 활용

이와 같이 다양한 조직효과성 측정지표는 일반적으로 조직의 성과측정을 위한 종속변수로 활용되지만, 연구의 의도와 목적에 따라서는 매개변수나 조절변수로 활용되기도 한다.

(1) 조직의 성과측정

조직의 성과를 측정하기 위해 사용되는 조직효과성의 지표들은 '조직효과성'이라는 대표적인 요인을 형성하는 하위요인으로 구성되어 사용될 수 있다.

예) "군 조직의 효과성에 관한 연구 - 직무만족과 조직몰입을 중심으로"
→ 군 조직의 효과성을 '직무만족'과 '조직몰입'을 통해 확인하기 위한 연구

(2) 조직효과성에 미치는 영향

조직효과성에 대해 인과관계가 있는 요인이 조직효과성에 어떠한 영향을 미치는지를 분석하고자 하는 경우, 조직효과성이 종속변수가 된다. 또는 개별적인 평가지표들 자체가 종속변수가 될 수 있다.

예) "상사의 리더십이 조직효과성에 미치는 영향에 관한 연구 – 조직몰입과 의사소통을 중심으로"

→ 상사의 리더십이 '조직몰입'과 '의사소통'으로 대변되는 조직효과성에 어떠한 영향을 미치는지를 확인하기 위한 연구

– 독립변수: 상사의 리더십

– 종속변수: 조직효과성(조직몰입과 의사소통의 하위요인으로 구성)

(3) 조직효과성 평가지표의 매개효과분석 활용

조직효과성에 포함되는 개별적인 평가지표들은 사회적 현상에 있어서 매개적 역할을 할 수 있다. 이러한 경우 개별 평가지표는 매개변수로 활용된다.

예) "직무스트레스가 이직성향에 미치는 영향에 관한 연구 – 직무만족과 조직적응성의 매개효과를 중심으로"

→ 직무스트레스는 종업원의 이직성향에 영향을 미칠 수 있는 바, 여기에서 직무만족과 조직적응성이 스트레스와 이직성향 사이에서 매개적 역할을 할 수 있는지를 분석하고자 하는 연구

– 독립변수: 직무스트레스

– 매개변수: 조직효과성(직무만족, 조직적응성)

– 종속변수: 이직성향

4) 조직효과성 측정지표사례

위에서 본 바와 같이 조직효과성을 측정하는 지표는 매우 다양하지만, 여기에서는 대표적으로 사용되는 몇 가지 지표에 대해 설명하고자 한다.

(1) 직무만족

직무만족(job satisfaction)은 많은 학자들에 의해 연구되어 왔으며, 따라서 직무만족에 대한 정의도 매우 다양하다. 대체적으로 직무만족은 조직구성원이 소속되어 있는 조직의 직무에 대하여 개인의 신념과 가치에 따라 주관적으로 다르게 지니고 있는

태도를 의미하며, 내 · 외재적 욕구가 어느 정도 충족되었는가에 의해 평가되는 직무에 대한 긍정적인 반응을 의미한다고 할 수 있다.[25)]

국내의 학자들이 연구한 직무만족의 요인은 다음과 같이 살펴볼 수 있다

표 8-7 직무만족요인[26)]

구분	내용		
조경호 · 주재복(2001)	• 업무	• 보수	• 승진
최인섭 · 최의수(2001)	• 직무환경요인 • 인간관계	• 능력요인 • 개인특성	• 개인 · 심리적 요인
제갈돈(2002)[27)]	• 조직만족	• 동료관계	• 외적 보상
이상철 외(2005)	• 직무 • 동료	• 보수	• 감독
강홍구(2006)	• 자기효능감	• 직무특성	
남선이 외(2006)	• 사회적 인정 • 급여	• 직무 자체 • 상급자와의 관계	• 고객과의 관계 • 근무여건

(2) 조직몰입

조직몰입(organizational commitment)은 조직구성원들을 조직에 남아 있도록 하는 것과 성과를 증대시키려는 노력 차원에서 지속적으로 연구되어 왔다. 조직몰입은 구성원 개개인이 조직에 대해 느끼는 일체감의 정도로서 구성원들이 조직의 목표 및 가치관을 받아들여 조직을 위해 노력을 아끼지 않는 감정적 상태이며, 조직구성원이 조직에 남아 있는 것이 유리하겠다는 생각을 기초로 조직에 오래 남으려고 하는 심리적인 애착 정도라고 할 수 있다.

이러한 조직몰입은 세 가지 유형으로 분류될 수 있다.

첫 번째는 정서적 몰입으로, 이는 조직에 대한 관여와 동일시, 그리고 정서적 애착[28)]으로서, 구성원들은 조직의 목표를 추구하고자 몰입하게 된다는 것이다. 따라서 정서적 몰입은 조직구성원의 조직에 대한 감정적 충성의도, 애착 및 조직 멤버십을 유지하려는 욕구나 관여된 상태를 의미한다.[29)]

두 번째는 거래적 몰입으로, 이것은 고용인들이 조직을 떠나는 것과 관련된 비용에 근거하며, 몰입의 감정적 측면보다는 재산적인 측면을 고려한 관점이다.[30)] 즉 조직구성원들은 조직생활을 중단함으로써 수반되는 부수적 보수의 손실을 피하기 위해

영속적으로 조직에 몰입한다는 것이다.[31)]

세 번째는 규범적 몰입으로, 이는 조직환경에 대해 가지는 도덕적 유대감을 의미한다.[32)] 즉 개인이 친밀행위 또는 문화적 사회화를 통해 선험적으로, 또는 조직사회화를 통해 후천적으로 조직의 규범적 압력을 내재화하는 데서 비롯된다. 따라서 규범적 몰입은 개인이 조직에 남아 있어야 한다고 느끼는 의무감의 정도를 의미하며, 조직에 충성해야 한다는 의무감을 나타낸다.[33)]

이러한 조직몰입은 특히 이직현상을 예측하는 데 직무만족보다 유용한 변수로 활용될 수 있다.[34)]

(3) 적응성

일반적으로 적응이란 개체와 환경과의 조화로운 관계, 즉 개인이 자신의 욕구와 환경에 자신을 맞추어 마찰 없이 잘 지내는 것을 의미한다. 이러한 적응은 개인이 주어진 환경에 자신을 맞추는 과정과 자신의 욕구를 충족시키기 위해 환경을 변화시켜 나가는 두 가지 차원으로 구분된다.[35)]

이러한 의미에서 조직적응성은, 첫째 인간의 생리적 · 심리적 욕구충족을 위해 여러 가지 장애요인을 극복해 나가는 과정, 둘째 개인과 조직 사이에 균형 있고 조화로운 관계를 유지하려는 인간의 행동과정, 셋째 조직에서 발생하는 인간적 · 직무적 · 상황적 저해요인이나 갈등을 합리적 목표지향적으로 해결해 나가는 행동과정이라고 정의할 수 있다.[36)]

조직적응성은 조직구성원들과의 관계, 조직목표와 가치의 이해, 조직에 필요한 기술습득 정도 등으로 구성할 수 있다.

(4) 조직시민행동

조직시민행동(organizational citizenship behavior)은 일반적으로 조직의 공식적인 보상시스템에 의하여 직접적 · 구체적으로 인정되지 않는 자발적 행동(discretionary)으로서, 조직의 효과적인 운영에 공헌하는 개인의 행동으로 정의된다.[37)] 이러한 조직시민행동의 특징은 다음과 같이 요약될 수 있다.

첫째, 조직의 구성원이 남을 돕는 것은 자발적으로 행해지는 것이며, 직접적인 보상을 기대하지 않는다. 둘째, 남을 돕는 행동이 자신의 직무의 일부도 아니고 공식적인 신뢰를 얻는 것은 아니지만, 조직이 효과적으로 기능을 발휘하는 데 공헌한다. 셋째, 부하의 조직시민행동은 시간이 흐르면서 상사의 그 부하에 대한 인상에 영향을 미칠 수 있고, 이렇게 형성된 인상은 그 부하에 대한 급료 인상이나 승진 결정에 영향을 미칠 수 있다. 즉 조직구성원의 조직시민행동은 차후에 어떠한 보상을 가져올 것이라는 희망을 가질 수는 있지만, 문서나 구두로 약정된 보상을 기대하지는 않는다는 것을 의미한다.[38)]

지금까지 수행된 조직시민행동의 하위요인에 대한 연구 중에서 오건(Organ, 1988)이 제시한 분류가 가장 일반적으로 수용되고 있다. 오건(Organ)은 조직시민행동을 이타주의적 행동, 양심적 행동, 정정당당한 행동, 호의적 행동, 참여적 행동의 다섯 가지 하위차원으로 분류[39)]하였으며, 구체적인 내용은 다음의 표와 같다.

표 8-8 조직시민행동 구성요인

구분	내용
이타주의	1. 일이 많은 동료를 도와주는가? 2. 담당이 아니더라도 신입직원을 도와주는가? 3. 결근한 사람의 일을 도와주는가? 4. 업무와 관련해 곤란을 겪고 있는 사람을 기꺼이 도와주는가? 5. 주위 사람들을 도와줄 준비가 항상 되어 있는가?
양심적 행동	1. 무단결근하지는 않는가? 2. 쓸데없는 휴식을 취하지 않는가? 3. 남들이 보지 않더라도 회사의 규정과 규칙을 준수하는가? 4. 성실하고 양심적인 종업원인가? 5. 월급받는 만큼 일한다고 생각하는가?
정정당당함	1. 사소한 문제에 불평불만 하느라고 시간을 보내지는 않는가? 2. 잘된 것보다 잘못된 것에만 관심을 기울이지는 않는가? 3. 작은 일에도 침소봉대하는 경향은 없는가? 4. 조직을 항상 비난하지는 않는가? 5. 조직에서 항상 비난하지는 않는가?
호의적 행동	1. 다른 사람들과 문제가 발생하는 것을 막기 위해 조치를 취하는가? 2. 본인의 행동이 남들의 업무에 어떤 영향을 미칠까 생각하는가? 3. 타인의 권한을 마음대로 남용하지는 않는가? 4. 동료와 마찰이 생기는 것을 피하려 하는가? 5. 자기행동이 동료에게 미칠 영향을 고려하는가?
참여적 행동	1. 강제적인 모임은 아니지만 중요하다고 생각되는 회의에 참가하는가? 2. 강제사항은 아니지만 회사 이미지를 높일 수 있는 일에 참가하는가? 3. 조직의 변화에 잘 순응하는가? 4. 공지사항 등을 주목하고 잘 준수하는가?

5) 조직효과성 측정 관련 연구

조직효과성의 각종 지표를 측정하여 수행한 연구의 사례를 보면 다음과 같다.

(1) 조직효과성

① "조직유형별 조직효과성의 영향요인에 관한 연구"(서울시립대학교, 2009)
② "대학생이 인식하는 대학 조직문화와 조직효과성에 대한 연구"(이화여자대학교, 1995)
③ "보육종사자가 지각한 보육시설의 조직문화와 조직효과성"(동덕여자대학교, 2008)
④ "지방정부에서 지식역량에 따른 조직효과성 제고 연구"(한국정책연구, 9(1), 2009)
⑤ "한국어교육기관의 조직효과성 평가모형 개발에 관한 연구"(한국행정학회 학술대회 발표논문집, Vol.2009, No.6, 2009)
⑥ "2002 월드컵 축구 행정조직의 운영형태와 조직구성원의 개인적 특성이 조직구조, 조직문화, 조직효과성에 미치는 영향"(경기대학교, 2003)
⑦ "학교장의 변혁적 리더십, 교사 팔로워십 및 학교조직효과성 간의 관계 연구"(敎育行政學硏究, 24(4), 2006)
⑧ "정보불평등이 조직효과성에 미치는 영향"(韓國行政學報, 38(3), 2004)
⑨ "조직혁신을 위한 조직효과성에 리더십이 미치는 영향"(한국부패학회보, 11(3), 2006)
⑩ "학교장의 감성리더십과 교사의 교직헌신도 및 학교조직 효과성 간의 관계"(敎育行政學硏究, 26(3), 2008)

(2) 직무만족

① "지방의회의원의 직무만족에 관한 연구 – 서울시의회와 도쿄도의회 비교연구"(서울시립대학교, 2010)
② "교육행정직 공무원의 직무만족에 관한 연구"(금오공과대학교, 2006)
③ "재가노인복지시설 종사자의 직무만족도에 관한 연구 – 충남 · 대전광역시를 중

심으로"(한일장신대학교 기독교사회복지대학원, 2005)

④ "일 지역 보건 간호사의 직무만족 및 제도 개선안"(간호과학, 17(1), 2005)

⑤ "교육행정직의 직무특성, 목표지향성, 학습조직준비도 및 직무만족도의 인과적 관계"(인하대학교, 2009)

⑥ "전시컨벤션업 종사원의 자아존중감이 직무만족과 조직성과에 미치는 영향"(관광레저연구, 21(4), 2009)

⑦ "직무특성과 조직공정성이 직무만족에 미치는 영향"(啓明硏究論叢, 18(1), 2000)

⑧ "교사의 여가활동 참여가 직무스트레스 및 직무만족에 미치는 영향"(홀리스틱교육연구, 10(1), 2006)

⑨ "자활서비스 질이 자활의지에 미치는 영향에 대한 직무만족의 매개효과"(대구대학교, 2009)

⑩ "영업사원의 통제 유형과 시스템에 따른 직무만족의 효과 - 지각된 공정성 매개효과 중심으로"(세종대학교, 2008)

(3) 직무몰입

① "외식산업 프랜차이즈 기업 종사원의 직무성과에 미치는 영향에 관한 연구 - 교육훈련, 직무몰입, 서비스품질을 중심으로"(경희대학교, 2009)

② "공무원의 동기변인과 자기조절학습 수행력을 이용한 온라인 직무교육의 만족도, 성취도 및 직무몰입 수준의 예측"(이화여자대학교 대학원, 2005)

③ "간호조직에서 변혁적 리더십이 간호사의 직무몰입에 미치는 영향"(간호학회지, 31(4), 2001)

④ "간호사가 지각한 조직공정성이 직무몰입과 조직몰입에 미치는 영향"(간호행정학회지, 12(1), 2006)

⑤ "맞벌이 부부의 가정과 직장 간 역할갈등이 결혼만족도와 직무몰입에 미치는 영향-개인특성 및 가족과 직장지원의 조절효과 중심"(한국 가족관계학회지, 14(3), 2009)

⑥ "제조기업 종업원의 내부서비스품질이 직무몰입과 기업성과에 미치는 영향에 관한 연구 - S사를 중심으로"(經營硏究, 22(3), 2007)

⑦ "조직몰입과 직무몰입이 성과관리제도 수용성에 미치는 영향에 관한 연구"(한국

인사행정학회보, 7(2), 2008)

⑧ "영업교육과 개인역량이 영업사원의 직무몰입에 미치는 영향에 관한 연구"(인하대학교, 2008)

⑨ "조직풍토가 조직몰입에 미치는 효과에 관한 실증연구 - 직무 스트레스의 매개효과와 LMX의 질에 의한 조절효과를 중심으로"(경원대학교, 2008)

⑩ "직무특성이 집단응집력과 직무만족 및 직무몰입에 미치는 영향"(호텔경영학연구, 18(4), 2009)

···> 조직효과 측정에 대한 내용은 www.papersea.com
온라인강좌Ⅱ 제35강 '연구방법 15 조직효과측정방법' 참조

4 고객만족도 측정

1) 고객만족의 의미

고객만족은 다양한 형태로 정의되어 왔다. 첫 번째는 서비스접점만족과 전반적 만족의 개념이다. 서비스접점만족은 '불연속적인 서비스접점에서의 소비자의 만족 또는 불만족'이다.[40] 그리고 전반적인 만족은 '특정 조직에서 모든 접점과 경험에 기초한 조직에 대한 소비자의 전반적인 만족 또는 불만족'으로 정의한다.[41] 또 다른 방향은 고객만족을 '소비경험으로부터 얻어진 결과(outcome)'로 정의할 수도 있고, 평가과정(evaluation process)에 초점을 맞추어 정의할 수도 있다.

이와 같이 고객만족이란 그 자체가 매우 다차원적인(multidimensional) 개념으로 기업의 제품이나 서비스의 품질과 관련되어 있으며, 또한 고객유지와 더 나아가 기업의 수익성에 기여하는 측면을 가지고 있다. 고객만족을 측정하고자 하는 전략적 목적은 고객만족도의 최적화를 통해서 기업의 시장가치를 극대화시키는 것이고, 그 목적을 달성할 전략적 가이드라인을 도출하는 데 유용한 자료를 제공할 수 있어야 한다.[42]

고객만족은 기업의 제품이나 서비스품질과 관련되어 고객유지와 기업의 수익성에 기여한다.

2) 고객만족도 측정의 문제점

고객만족은 다양한 방법으로 측정할 수 있다. 그렇지만 고객만족을 측정할 때에는 단순히 측정차원에서 그치는 것이 아니라 활용측면을 고려하여 전략적으로 측정해야 한다는 것이 중요하다. 일반적으로 고객만족도를 측정할 때 만족도 항목에 대한 5점 척도를 기준으로 하는 경우가 많은데, 이와 같이 단순한 측정은 각 고객만족 항목에 대한 가중치를 고려하지 않기 때문에 엄밀한 측정이 될 수 없다. 가중치를 고려하여 만족도점수와 중요도점수의 가중평균을 사용하는 경우도 있는데, 이 방법 역시 타당성 확보에 문제가 있다.

또한 실제 측정과정에서 측정방법을 잘못 사용하면 여러 가지 문제가 나타나 잘못된 해석을 하게 될 수 있다. 그리고 아무리 정확성을 기한다고 하더라도 고객의 태도와 행동이 완전히 일치되지 않고, 다양한 형태의 표본오차와 비표본오차가 발생할 수 있는 한계가 있다는 것을 고려해야 한다. 일반적인 고객만족 개념의 다차원성과 설문조사에서 발생하는 측정오차(measurement error)의 문제도 엄밀하게 다루어져야 한다.

고객만족도 측정의 문제점: 고객만족은 다차원적인 개념
- 단순한 가중평균지수 사용의 문제
- 측정방법 적용의 오류가능성
- 고객의 태도와 행동 불일치가능성
- 다양한 표본오차/비표본오차 발생가능성
- 설문조사에서 발생하는 측정오차의 가능성

3) 고객만족도 측정전략

이상과 같은 문제점을 해결하기 위해 제시된 고객만족도 측정 개선을 위한 방안은 Return on Customer Satisfaction과 Impacts of CS Determinants를 측정하는 것이다.

(1) Return on Customer Satisfaction

Return on CS는 요즘 CRM(Customer Relationship Management)에서 말하는 평생고객가치(Customer Lifetime Value)와 밀접한 관계를 갖는다. 한 고객이 일정기간 동안 기업에 창출할 수 있는 가치를 계산하는 데 있어서 그 고객의 만족도와 그 결과로서의 고객유지율은 그 고객의 평생가치를 결정짓는 결정적인 요인이기 때문이다.

(2) Impacts of CS Determinants

고객만족도를 개선시키기 위해서는 고객만족도의 결정요인이 무엇인지 우선 파악하여 한정된 마케팅자원을 최적으로 배분하여야 한다. 즉, 최적의 고객만족 개선효과를 얻을 수 있도록 고객만족도에 미치는 각 결정요인들의 영향을 계량화할 수 있어야 한다. 어떤 결정요인을 개선시켰을 경우 고객만족도가 얼마나 개선되는가 하는 고객만족도에 대한 임팩트(impact)를 계량화하고, 이를 바탕으로 고객만족도 개선을 위한 투자의 우선순위를 결정하게 된다.

고객만족도 측정전략
- 고객으로부터 발생하는 평생가치
- 고객만족도 결정요인의 계량화

4) 고객만족도 측정모델

(1) 일반적 모델[43)]

가. 일반적 모델의 골격

고객만족도 측정을 전략적으로 활용하기 위해서는 고객만족도 자체뿐만 아니라 고객만족도를 결정짓는 요인들과 고객만족의 결과로서 나타나는 고객유지, 추천의향 등도 함께 측정해야 하며, 단지 그 수준을 보여주는 지수뿐만 아니라 그 지수들 간의 영향을 나타내는 임팩트들도 함께 측정되어야 한다. 이러한 측정모형의 골격을 간단히 도식화하면 다음과 같다.

그림 8-5 ▌고객만족도 측정모형의 골격

이와 같이 고객만족도의 측정은 지수들 간의 인과관계를 함께 시스템적으로 측정하는 모형을 이용하여 측정할 때 전략적 활용이 가능해지는데, 그 측정방법은 잠재변수를 이용한 인과관계모형(latent variable causal modeling)이 가장 적합하다. 예를 들어, 어떤 품질요인을 얼마 개선시켰을 때 고객만족도가 어느 정도 올라갈 것인가 하는 것을 계량화한 값으로서, 품질요인들의 임팩트들을 비교하여서 개선을 위한 투자의 우선순위 결정에 이용할 수 있다. 바로 이 점에 임팩트의 중요성이 있다.

나. 분석기법

방법론은 모델상의 지표와 지표와의 관계를 독립적이 아닌 인과관계로 구정하여 이들 관계를 시스템적으로 분석할 수 있는 특성을 가지고 있다. 고객만족도를 중심으로 고객만족도에 영향을 미치는 선행변수와 고객만족도 수준에 의해 영향을 받는 성과변수들이 시스템적으로 인과관계를 형성하도록 CS측정모델이 구성된다. 이를 위해 잠재변수법과 구조방정식모형이라는 통계적 기법이 활용된다.

그림 8-6 ▌고객만족도 분석기법의 도식화 구조방정식

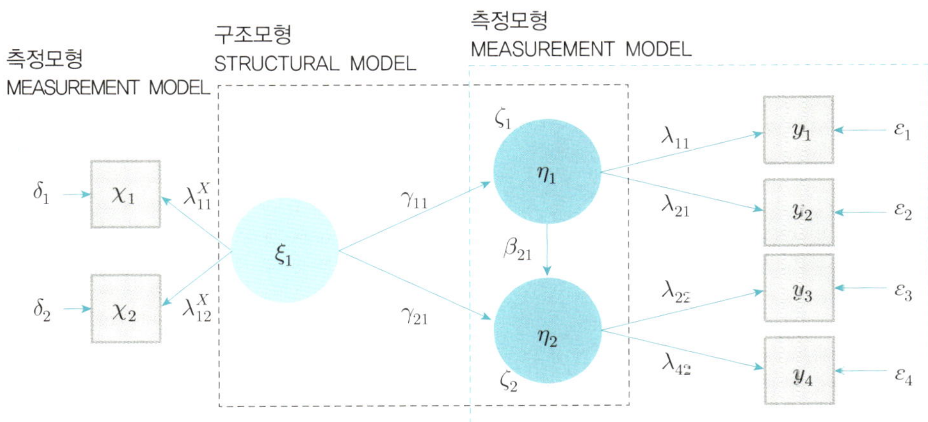

이 분석에서의 방정식은 측정모형과 구조모형의 형태로 구성된다. 측정모형은 잠

재변수와 측정변수 간의 관계를 설명하는 모형이며, 구조모형은 잠재변수 간의 인과관계를 파악하는 모형이다. 이때 잠재변수와 측정변수 간의 관계와 잠재변수 간의 관계를 추정하기 위해 도입된 방식은 PLS(Partial Least Square)이다. PLS는 계수를 추정하는 여러 가지 방식 중의 하나로서, 측정오차와 예측오차를 최소화시킬 수 있으며, 분석 데이터의 정규분포 가정을 따르지 않아도 되는 등 장점을 갖고 있는 예측 지향적 통계추정기법이다.

(2) 모델 2: 거시적 차원의 서비스의 고객만족도모형

– American Customer Satisfaction Index(ACSI) –

ACSI는 1994년 미시간대학교에서 처음 개발되어 현재까지 미국 GDP의 약 70%를 설명하는 7개 산업군(sectors)에 속하는 35개 산업 약 190개 기업의 고객들을 대상으로 전화인터뷰로 구해진 데이터를 이용해, 다음 그림과 같은 인과관계모형을 PLS방법론으로 측정하여 분기별로 월스트리트저널에 발표되고 있다.

그림 8-7 | American Customer Satisfaction Index

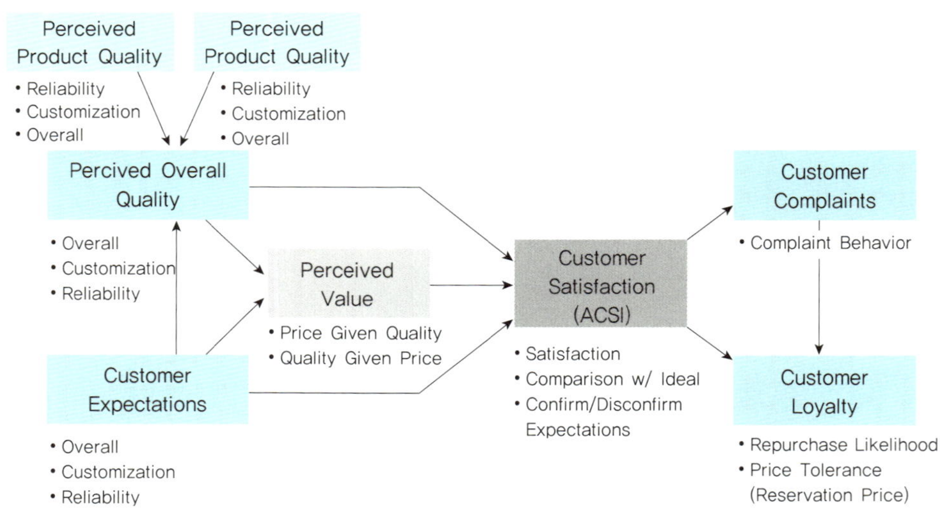

(3) 모델 3: 한국산업의 제품 및 서비스에 대한 고객만족도

– KMAC의 KCSI(Korea Customer Satisfaction Index) –

KCSI는 한국능률협회컨설팅(KMAC)이 매년 실시하는 우리나라의 고객만족도조사로서, 각 산업의 현 위치를 확인하고 향후 관련 산업 및 기업의 경쟁력 향상을 위한 기초자료로 활용할 수 있다. 이 조사결과를 통해 각 기업은 시장에서의 자사 경쟁력 파악은 물론 고객의 불만을 야기하는 제품이나 서비스의 문제점들을 개선함으로써 고객지향적인 경영활동 및 경영정책 수립에 활용할 수 있다.[44] KCSI를 산출하는 방법은 다음과 같다.

KCSI＝(전반적 만족도×0.4)＋(요소 만족도×0.4)＋(재구입(거래)의향률×0.2)

그림 8-8 | KCSI 모델

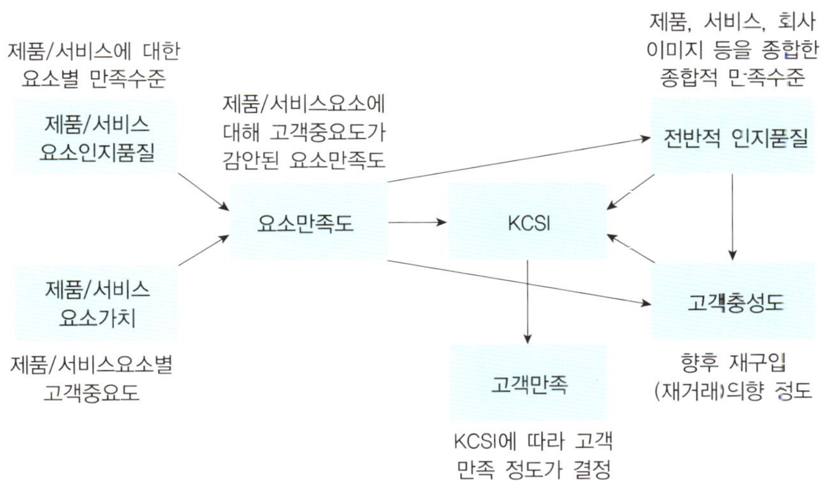

5) 고객만족도 측정예시

기업이 그 제품 혹은 서비스의 시장성과를 측정하고 개선하고자 하는 노력으로 고객만족도를 측정할 경우는 좀 더 세부적인 측정이 필요하다. 이런 경우에는 고객만족도를 제품 혹은 서비스속성들의 성과(performance)에 의해 결정되는 사용 후 효용가치(post-consumption utility)로서의 고객만족도 측정이 더욱 적합하다.

(1) 사례 1: 모바일서비스 고객만족도 평가체계연구[45)]

가. 고객만족도 평가모형

모바일서비스 브랜드에 대한 고객만족도 평가모형은 다음과 같다.

그림 8-9 | 모바일서비스 고객만족도 평가모형

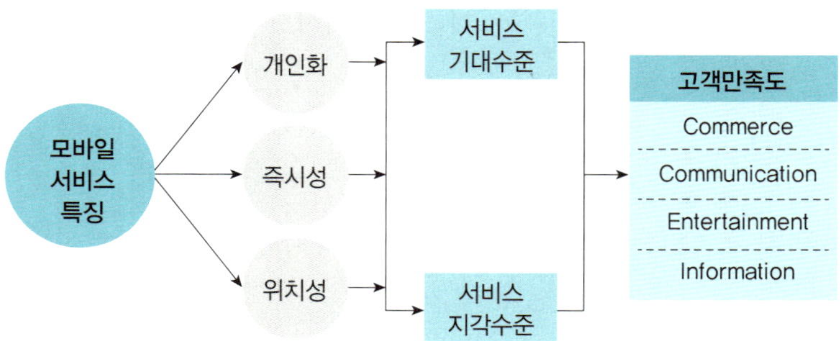

나. 서비스만족도 산출

본 사례에서의 서비스만족도는 다음과 같이 산출하였다.

서비스만족도 = 내비게이션시스템 + 이용요금 + 콘텐츠 + 통신속도 + 동시접속률

서비스만족도를 구성하는 각 평가영역의 중요도는 동일한 것으로 간주하였다.

다. 브랜드별 고객만족도 분석결과

이상의 절차에 의해 모바일서비스 브랜드별 고객만족도를 분석한 결과는 다음과 같다.

그림 8-10 | 모바일서비스 브랜드별 고객만족도 분석결과

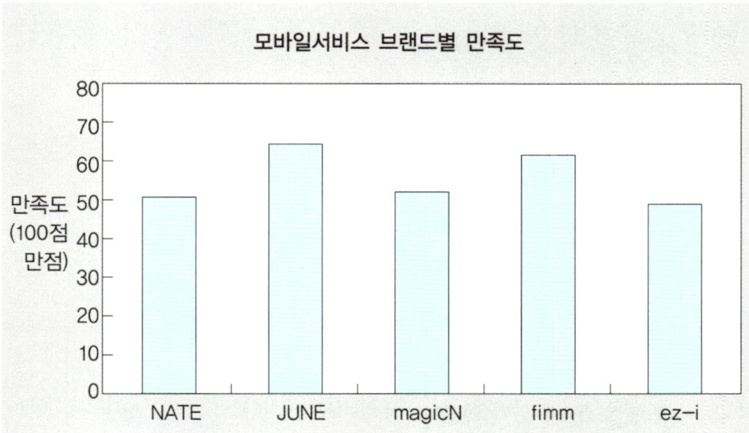

모바일서비스 브랜드별 만족도				
NATE	JUNE	magicN	fimm	ez-i
50.54	63.67	51.49	81.00	48.36

이 고객만족도점수는 100점 만점으로 환산한 것으로, 각 브랜드별 만족도는 48.36 ~63.67이다. 즉 조사 당시 모바일서비스에 대한 고객만족도는 그다지 높은 수준이 아니었다고 할 수 있다.

(2) 사례 2: 이동통신업종의 고객만족도

다음은 이동통신업종의 품질영역지수와 임팩트 요소를 통해 고객만족도를 측정한 사례이다. 그림에서 원 안의 숫자는 지수를, 그리고 화살표 안의 숫자는 임팩트를 나타낸다. 여기서 임팩트는 편의상 각 지수를 5점 개선시켰을 때 그 종속변수에 미치는 영향을 계량화한 것이다. 예를 들어서, 통화품질의 임팩트가 1.1이라는 것은 그 지수를 현재의 75점에서 80점으로 개선시켰을 때, 고객만족도가 현재의 66점에서 1.1점 개선된 67.1로 증가한다는 것을 의미한다.

그림 8-11 ▌ 이동통신업종의 품질영역지수와 임팩트

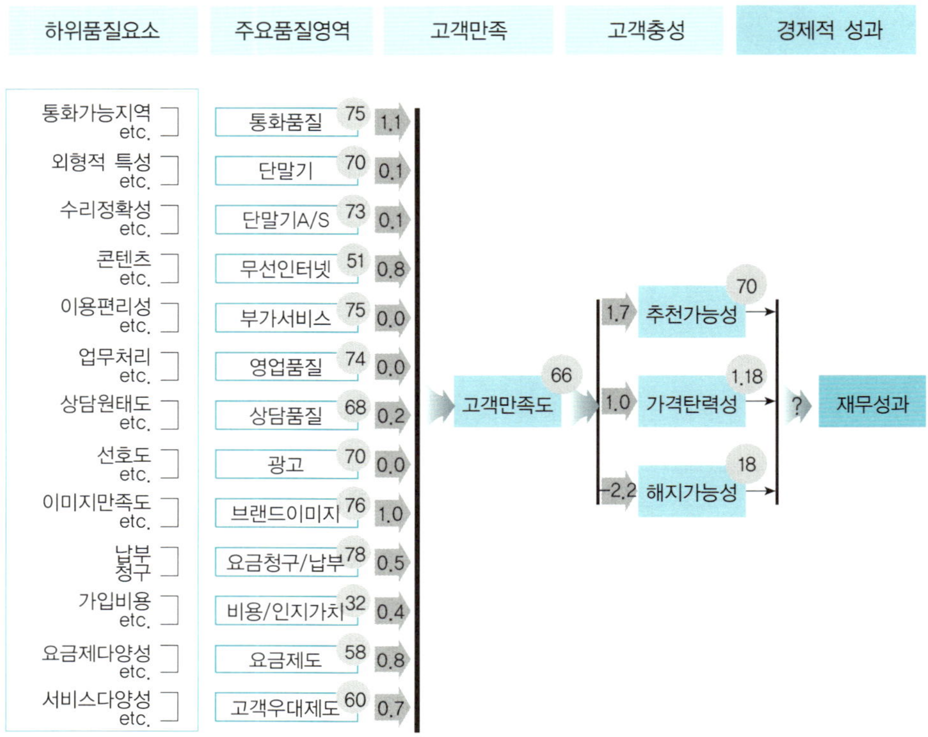

6) 고객만족도 측정연구

최근에 수행된 고객만족도 측정 관련 연구를 살펴보면 다음과 같다.

① "한국 골프장의 고객만족도 결정요인에 관한 연구"(성균관대학교, 2007)

② "IT 아웃소싱 고객만족도 평가시스템 개발 및 활용에 관한 연구"(연세대학교, 2005)

③ "의료소비자의 정보탐색행태가 고객만족도 및 고객충성도에 미치는 영향"(이화여자대학교, 2009)

④ "기업-공중관계성과 기업이미지의 가치에 관한 연구: 고객만족도 및 충성도와의 관계를 중심으로"(중앙대학교, 2008)

⑤ "구조방정식을 이용한 초고속국가망 서비스의 고객만족도 평가제제개발"(연세대학교, 2005)

⑥ "조직성과관리를 위한 고객만족도 평가지표의 설계와 측정: 교육인적자원부 사

례를 중심으로"(行政論叢, 44(4), 2006)

⑦ "외식업체에서 제공되는 서비스품질에 대한 고객만족도에 관한 연구"(한국생활과학회지, 14(1), 2005)

⑧ "공공기관 고객만족도의 측정과 활용"(韓國行政學報, 39(4), 2005)

⑨ "중소벤처기업의 브랜드 구축을 위한 고객만족도 관리 전략: 아파트 건설산업을 중심으로"(벤처경영연구, 8(3), 2005)

⑩ "세무대리서비스 품질과 고객지향성이 고객만족도와 재이용의도에 미치는 영향"(세무회계연구, 23, 2008)

···› 고객만족도 측정에 대한 내용은 www.papersea.com
온라인강좌Ⅱ 제36강 '연구방법 16 고객만족도 측정방법' 참조

5 광고효과 측정

광고는 상품에 관한 정보를 대중들에게 전달하는 의사소통방법으로, 기업에서는 자사상품의 판매를 촉진하는 활동의 일부이며, 고객에게 있어서는 상품에 대한 지식과 정보를 적절한 시기에 공급받음으로써 구매와 판매행동에 도움을 주는 행위이다.[46] 그리고 광고효과는 광고의 특정 요소들이 소비자에게 어떤 영향을 미치는가를 측정하는 것이다. 이러한 광고의 효과를 측정하는 방법은 다양하게 연구되어 왔으며, 최근에는 인터넷의 확산으로 인해 인터넷기업의 광고효과 측정방법과 전통적인 기업의 광고효과 측정방법은 매우 상이한 양상을 보이고 있다. 본 절에서는 전통적인 광고효과 측정방법에 대해 알아본다.

1) 광고효과의 의의

일반적으로 광고효과란 광고활동에 의하여 목표가 달성된 정도를 말한다.[47] 광고는 고객에게 설득 메시지를 전달해 줌으로써 특정 상품에 대한 긍정적인 태도를 형성

시키거나 긍정적인 방향으로 태도를 변화시키도록 이끄는 설득 커뮤니케이션의 한 형태라고 할 수 있다. 따라서 광고의 효과는 바로 특정 상품 또는 상표에 대한 태도의 형성 또는 변화라고 해석할 수 있다.[48)]

설득 커뮤니케이션은 의사전달자 자신의 특성, 매체의 특성, 설득내용의 특성, 표적 인물 자신의 특성, 주변상황의 특성에 따라 그 효과가 달라진다. 그러므로 광고의 효과 역시 광고주의 특성, 광고매체의 특성, 광고내용의 특성, 고객의 특성, 시장상황의 특성 등에 따라 달라진다.

> 광고효과는 특정 상품이나 상표에 대한 소비자의 태도를 변화시켜 광고의 목표가 달성된 정도를 나타내는 것이다.

2) 광고효과 측정

(1) 광고효과 측정의 목적

광고효과조사는 광고효과의 특성이 특정 광고 또는 광고캠페인에 의한 표적고객의 해당 상품에 대한 태도 형성과 변화에 어떤 영향을 미치고 있는가를 객관적인 측정방법을 통해 밝혀내는 활동이라고 할 수 있다. 즉 특정 광고내용을 특정 매체에 실어 전달했을 때 이에 노출된 고객이 해당 상품에의 인지, 감정 및 행동 등 태도구성의 요인들에 어떤 영향을 미쳤는가를 객관적으로 검증하는 활동을 말한다. 이와 같이 광고효과를 측정하는 목적은 다음과 같이 요약할 수 있다.

첫째, 광고의 목표가 달성되었는가를 확인하기 위한 것이다. 즉 목표가 달성되었다면 광고의 어떤 요소가 목표달성에 기여했는지를 찾아내고, 또한 목표가 달성되지 못하였다면 어떤 요소가 실패의 요인이 되었는가를 찾아내기 위한 것이다.

둘째, 광고에 투입된 비용과 비교하여 얼마만큼의 이익이 발생하였는가를 산출하기 위한 것이다. 만일 광고로 인하여 매출액이 늘었다면 경영진은 안심하고 계속 광고비를 증가시킬 것이지만, 그렇지 못하다면 다른 방법을 강구할 것이다.

셋째, 미래의 광고캠페인 계획을 수립하는 데 있어 중요한 자료를 얻기 위함이다. 효과측정을 실시함으로써 광고가 가진 장점과 단점을 모두 파악할 수 있으며, 따라서 다음에 실시될 광고의 질을 높이는 데 도움이 된다.

광고효과 측정의 목적
- 광고의 목표달성 확인
- 광고비용 대비 이익산출
- 미래의 광고계획수립 기초자료

(2) 광고효과의 분류

광고효과의 분류는 광고의 목적과 관련지어 파악해야 한다. 광고의 목적은 크게 매출액 목적과 커뮤니케이션 목적으로 나누어진다.[49] 이러한 목적에 따라 광고효과를 분류하여 파악할 수 있다.

매출액 목적은 일정기간 동안 광고된 상품 및 상표들의 매출액을 증가시키려는 목적을 말한다. 그러나 이러한 매출액 목적은 다음과 같은 한계점이 있다.

첫째, 매출액이 증가했을 때 그것이 광고만의 효과인지 확인하기 어렵다.

둘째, 광고효과는 장기적이다.

셋째, 매출액의 결과가 매출액이 발생하기까지의 과정을 설명하지 못한다.

이러한 한계점 때문에 커뮤니케이션 목적이 등장하였다. 광고도 일종의 커뮤니케이션이기 때문에 그 단계나 과정별로 광고주가 기대하는 고객의 심리적인 작용을 그 목적으로 하는 것이 커뮤니케이션 목적이다.

매출액 목적을 달성하기 위한 광고의 판매효과가 궁극적인 효과라고 할 때, 커뮤니케이션 효과는 과정상의 효과, 즉 수단적 효과를 측정하여 판매효과를 예측하자는 것이다.[50] 이것은 광고의 판매효과가 가지고 있는 한계점을 극복하기 위한 대안으로 대두된 것이다. 그 이유를 구체적으로 고객의 광고수용과정과 관련하여 보면 다음과 같다.[51]

첫째, 고객들이 한 상품을 구매하는 과정은 여러 단계로 이루어져 있다. 고객들은 처음에 상품을 인지하고 차츰 그 상품에 대한 지지를 갖게 되며, 또한 구매할 욕구를 갖게 된 다음 마지막 단계에서 그 상품을 구매하게 된다.

둘째, 광고의 목적은 그 결정과정의 각 단계에 따라 사람들을 각 단계로 이동시키는 것이며, 그 궁극적인 목표는 역시 고객들이 상품을 구매하도록 하는 데 있다. 이러한 관점에서 커뮤니케이션 효과는 고객이 광고를 인지 · 회상 · 이해하여 기업 · 상품 · 광고에 대한 호의적인 태도를 형성함으로써 구매의도를 가지게 되는 효과를 말한다.

광고효과의 분류
- 매출액 목적
- 커뮤니케이션 목적
- 매출액 목적에는 한계점이 있기 때문에 커뮤니케이션 목적을 고려해야 한다.

3) 광고효과의 계량적 측정방법

광고효과를 계량적으로 측정하는 방법은 실험적 연구방법, 광고효과지수법, 광고실행지수 등의 방법이 있다.

(1) 실험적 연구방법

실험적 연구방법은 구매율과 관련하여 구매영향을 파악하는 방법이다. 여기서 구매영향은 광고, 상표인지, 구매모델을 사용한다. 그리고 광고비투입량과 상표인지율의 관계, 상표인지율과 상품구매율의 관계를 분석하여 광고비가 판매에 미치는 효과를 분석할 수 있다.

그림 8-12 ▌ 상표인지율과 상품구매율과의 관계분석모델[52)]

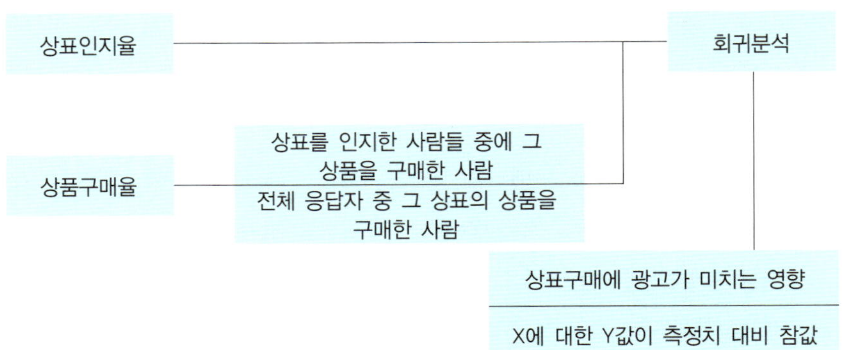

광고비 투입량은 통상 TV GRP(Gross Rating Point: 시청률×빈도수)로 인식하며, 상표인지율은 상표의 최초상기율, 비보조상기율, 보조상기율을 사용한다.

(2) 광고효과지수법

광고효과지수법은 광고효과를 판매에 대비하여 파악하는 다음과 같은 세 가지의 지수를 종합화한 지표이다.

① 사용유인력(Usage Pull)

② 광고구매영향도(PEA: Plus for Advertising)

③ Netapps(Net Ad Produced Purchase)

광고효과지수의 계산방법은 다음의 표와 같다.

표 8-9 광고효과지수 계산방법[53)]

지수명칭	지수의 의미	계산방법
사용유인력 (Usage Pull)	사용의 흡인력	$UP = \frac{a}{a+c} - \frac{b}{b+d}$
광고구매영향도 (PEA)	광고에 의해 증가한 매출액	$PEA = \frac{ad-bc}{b+d}$
Netapps	광고에 의한 순매출증가액	$Netapps = \frac{a-(a+c)\frac{b}{b+d}}{a+b}$

a: 광고를 보고 구매한 사람수
b: 광고를 보지 않았지만 구매한 사람수
c: 광고를 보았지만 구매하지 않은 사람수
d: 광고를 보지 않고 구매도 하지 않은 사람수

(3) 광고실행지수

광고실행지수는 광고비점유율과 시장점유율의 관계를 분석하여 효과적인 광고를 하였는가를 분석하는 방법으로, 구체적인 분석방법은 다음의 [그림 8-13]과 같다.

그림 8-13 ▌ 광고실행지수의 계산방법[54]

$$\frac{\text{신상품 광고실행지수}}{\text{(advertising performance raring)}} = \frac{\text{평균광고비점유율(average advertising share)}}{\text{현재의 시장점유율(attained market share)}}$$

평균광고비점유율은 출시일로부터 현재까지의 동일 상품군의 광고비 총합계에서 분석하고자 하는 상품의 총광고비를 나눈 것이다. 광고실행지수란 결국 시장점유율을 1% 올리기 위한 광고비점유율을 어느 정도 유지해야 하는가를 분석하는 것이다. 따라서 광고실행지수가 높을수록 광고를 비효과적으로 실시한 것이다. 일반적인 기준치는 다음의 [표 8-10]과 같다.

▌ 표 8-10 ▌ 광고실행지수의 기준

광고실행지수	광고효과
1.0 ~ 1.1	매우 우수
1.2 ~ 1.4	우수
1.5 ~ 1.9	부족
2.6 ~ 3.0	매우 부족

광고효과의 계량적 측정방법
- 실험적 연구방법
- 광고효과지수법
- 광고실행지수

4) 커뮤니케이션효과 측정방법

커뮤니케이션효과의 측정은 광고메시지가 잠재적 구매자에게 제시되어 구매행동으로 이어지기까지의 광고효과를 측정하기 위한 것으로, 일반적으로 다음과 같은 여섯 단계로 측정할 수 있다.[55]

① 메시지가 소비자에게 제시(presentation)될 확률

② 소비자가 메시지에 대해 관심(attention)을 가질 확률

③ 소비자가 메시지를 이해(comprehension)할 확률

④ 소비자가 메시지 내용을 받아들일(adoption) 확률

⑤ 소비자가 메시지 내용을 구매할 때까지 기억할 확률

⑥ 소비자가 메시지에 따라 구매행동을 할 확률

(1) 의견조사법(opinion test)

이 방법은 조사방법 중 가장 단순한 것으로 광고물의 전체 혹은 일부에 대해 잠재적 고객에게 의견을 구하는 것이다. 예를 들면 광고내용의 주제가 어떠한지를 질문하거나 광고물을 구성하는 요소들의 공간적 배열상태를 묻는다.

(2) 인지법(recognition test)

이 방법은 인지단계를 중심으로 인지율을 측정하는 방법이다. 인지율분석의 기준은 광고목표 설정 시 광고의 커뮤니케이션 측면에서 확정한 인지율을 광고 실시 후 달성도를 측정하는 것이다. 광고인지율 조사의 구체적인 내용은 다음의 [표 8-11]과 같다.

표 8-11 광고인지율 조사[56)]

최초상기율	전체 응답자 중 해당 상품의 상표명을 가장 먼저 응답한 자의 총비율
비보조상기율	전체 응답자 중 해당 상품의 상표명을 스스로 기툰한 응답자의 총비율
보조인지율	전체 응답자 중 해당 상표명을 듣고 상표를 알고 있다고 응답한 사람의 비율
종합인지율	보조인지율+비보조인지율

(3) 메시지침투율 조사법

이 방법은 광고목표에서 정한 상품컨셉이 목표고객층에 전달되었는가를 분석하는 것이다. 상품컨셉은 광고 커뮤니케이션의 핵심이다. 이러한 핵심 메시지는 광고의 기억내용을 분석함으로써 알 수 있다.

(4) 실험실법(laboratory test)

실험실법은 전기나 전자적 도구를 사용하여 다양한 광고에 대한 소비자의 반응을 기록하는 방법이다. 예를 들어 심전계전법은 응답자 왼손의 두 손가락에 계기를 부착하여 손가락 혈압의 변화 정도를 통해 광고의 자극 정도를 분석하는 것이다.[57)]

(5) 열람률조사법

이 방법은 잡지광고에 주로 사용되는 방법으로, 특정 호의 독자에게 이전의 광고가 무엇이었는가를 인식하는지 그것을 지적하도록 질문하는 방법이다. 가장 대표적인 것은 스타치열독평점(Starch Readership Scores)이다. 이것은 남성과 여성에 대해 '알려진(noted)', '보고 연상되는(seen associated)', '거의 다 읽혀지는(most read)'과 같이 총 3가지 척도를 설정한다. 이때 평점은 read most, seen associated, noted의 순으로 높으며, most read의 점수가 높을수록 잡지광고의 효과가 높다.[58)]

(6) 분할기재법

이 방법은 동일 간행물의 같은 페이지에 문안이나 표제 등의 메시지 형태가 다른 두 가지 이상의 광고물을 동시에 게재한 후에 고객으로부터 얻어지는 질문의 수를 비교·분석함으로써 광고의 효과를 측정하는 방법이다. 광고의 의사전달 효과의 측정대상은 관여소구단계의 여러 단계가 되며, 이러한 측정대상이 결정되었으면 그 측정방법을 생각해야 하는데 이것은 분형기준과 측정대상에 따라 차이가 있다. 관여소구단계별 측정방법과 분형기준별 측정기법을 정리해 보면 다음의 [표 8-12]와 같다.

표 8-12 관여소구단계별 측정방법[59)]

측정의 차원	광고수용효과	단계별 광고유형	효과측정방법
인지적 차원	지식 인지	• 고지광고 • 서술적 문안광고 • 슬로우건광고 • 옥외광고	• 열독률조사 • 비원조상기법 • 원조상기법 • 인지법

감성적 차원	선호 호감	• 경쟁적광고 • 이미지광고 • 논리적 문안광고 • 지위 및 매혹광고	• 상표순위법 • 평점척도 • 모니터제도 • 고객부심법
행동적 차원	구매행동확신	• 판매시점광고 • 소매상광고 • 특별거래 • 최종기회광고	• 분할기재법 • 구매의도조사 • 투영기법 • 시장및 매출조사법

5) 광고효과 관련 변인

광고는 기업의 마케팅전략과 밀접하게 관련되어 있으며, 따라서 광고효과와 관련되는 변인은 매우 다양하다.

(1) 광고효과에 영향을 미치는 변인

광고효과에 영향을 미치는 변인은 다음과 같은 것을 고려할 수 있다.

① 광고의 종류: TV/라디오/신문/잡지/옥외/이슈/노이즈

② 광고소구유형: 감성적 소구, 이성적 소구 등

③ 소비자 특성

- 개인적 특성: 성별, 연령, 학력, 경제수중 등
- 소비성향
- 관여도: 고관여/저관여

④ 상표인지: 상표에 대한 소비자의 인지는 다음과 같이 유형화될 수 있다.

- 독창적 인지
- 유용적 인지
- 긍정적 감정
- 부정적 감정

(2) 광고효과 변인

일반적으로 광고효과를 연구하는 경우 종속변수로 설정되는 광고효과 측정 변인은 다음과 같은 유형이 있다.

① 커뮤니케이션효과

- 주의도
- 인지도
- 회상도
- 이해도

② 광고태도: 광고태도 측정도구는 Peterson 등(1992)[60]의 척도가 대표적이다.

- 호소력이 없다 – 호소력이 있다
- 비정보적이다 – 정보적이다
- 흥미가 있다 – 흥미가 없다
- 비설득적이다 – 설득적이다
- 비효과적이다 – 효과적이다

③ 제품(브랜드)태도: 제품태도의 측정은 다음과 같이 양극단적인 형용사를 사용한 7점 의미분별척도(semantic differential scale)가 일반적으로 사용된다.

- 호감이 가지 않는 – 호감이 가는
- 믿을 수 없는 – 믿을 만한
- 품질이 나쁜 – 품질이 좋은
- 추천하고 싶은 – 추천하고 싶지 않은

④ 제품평가: 제품평가는 광고를 보고 난 직후 해당 제품에 대해 소비자가 즉시적으로 평가하는 것으로서, 대표적인 척도는 노형화(2000)[61]가 사용한 항목이 사용된다.

- 마음에 들지 않는 – 마음에 드는
- 믿을 수 없는 – 믿을 수 있는
- 도움이 되지 않는 – 도움이 되는
- 사용해 보고 싶지 않은 – 사용해 보고 싶은

⑤ 구매의도: 구매의도 척도는 Yoon(1992)[62]의 척도가 대표적이다.

- 구매할 가능성이 없다 – 구매할 가능성이 있다
- 구매할 것 같지 않다 – 구매할 것 같다

이외에 다음과 같은 척도도 사용할 수 있다.

- 사고 싶지 않은 – 사고 싶은
- 확실히 구입하지 않는 – 확실히 구입하는
- 권하고 싶지 않은 – 권하고 싶은

광고효과에 영향을 미치는 변인과 측정변인

- 광고효과에 영향을 미치는 변인
  - 광고의 종류
  - 광고소구 유형
  - 소비자의 특성(개인적 특성, 소비성향, 관여도)
  - 상표인지
- 커뮤니케이션효과 측정 변인
  - 광고태도
  - 제품(브랜드)태도
  - 제품평가
  - 구매의도

6) 광고효과 측정모델

광고효과 측정을 위한 연구모델의 사례를 보면 다음과 같다.

(1) 관여도와 광고효과[63]

가. 연구주제: 고객의 관여도와 광고효과의 관계에 대한 분석

나. 연구모형

이 연구는 외식상품에 대한 고객의 관여도에 따라 광고효과가 어떻게 나타나는지를 분석한 것으로 연구모형은 다음과 같다.

그림 8-14 ▌소비자의 관여도와 광고효과에 대한 분석모형

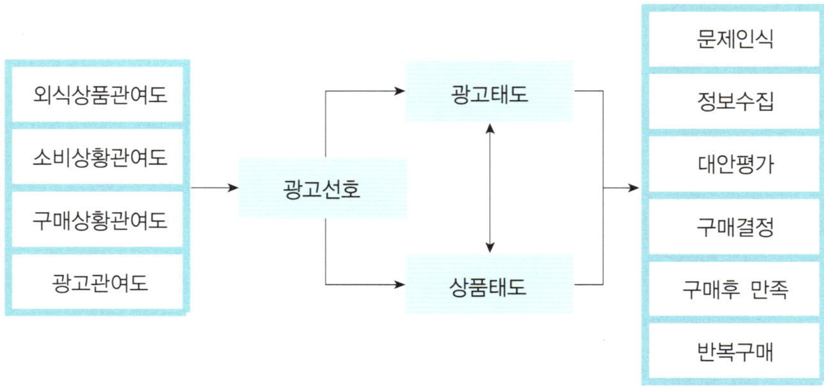

이 모형은 관여도, 광고선호, 기억 여부, 광고태도, 상품태도, 구매행동 간의 관계를 분석하기 위해 제시한 모형으로서, 변수 간의 인과관계를 가정하지 않고 나열한 것이다. 따라서 독립변수나 종속변수의 구분이 없다.

다. 연구가설

① 관여도와 광고효과는 상관관계가 있을 것이다.

② 광고에 대한 선호와 기억 여부는 상관관계가 있을 것이다.

③ 광고에 대한 선호 및 기억은 광고태도와 상표태도와 상관관계가 있을 것이다.

④ 선호와 기억이 높은 기업에 대해서는 광고태도와 상표태도가 호의적일 것이다.

라. 분석방법

① 관여도와 광고효과 간의 Pearson 상관계수분석

② 광고에 대한 선호와 기억 여부에 대한 양분상관계수(biserial correlation coefficient)분석

③ 광고선호 및 기억과 광고태도 및 상표태도 간의 양분상관계수분석

④ 관여도집단 구분별 광고태도 및 상표태도에 대한 일원분산분석

⑤ 광고효과 단계별 관여도, 광고선호 및 기억 여부에 대한 광고태도와 상표태도 및 구매행동 과정 관련 변인 간의 차이를 파악하기 위한 t-test 및 일원분산분석

⑥ 관여도와 기억과정이 태도에 미치는 영향 파악을 위한 다중회귀분석

마. 연구결과

① 관여도와 광고효과는 매우 높은 상관관계가 있는 것으로 나타났다. 따라서 관여도수준에 따른 광고전략을 수립하는 것이 효과적이다.

② 광고의 선호와 기억은 태도와 높은 상관이 있고, 특히 선호와 기억이 높은 기업에 대해서는 광고태도와 상표태도가 호의적인 것으로 나타났다. 따라서 광고 전략이 성공하기 위해서는 목표고객층이 선호하는 스타일의 광고를 만들어 고객의 기억 속에 각인될 수 있는 광고를 전개해야 한다.

(2) 상표인지와 광고효과[64)]

가. 연구주제: 광고에 대한 인지적 반응이 광고효과에 미치는 영향

나. 연구모형

이 연구는 광고에 대한 소비자들의 인지적 반응이 광고태도와 상표태도에 미치는 영향과 광고태도 및 상표태도와 구매의도의 관계를 분석하기 위한 것으로, 연구모형은 다음과 같다.

그림 8-15 ▌ 상표인지와 광고효과의 관계에 대한 분석모형

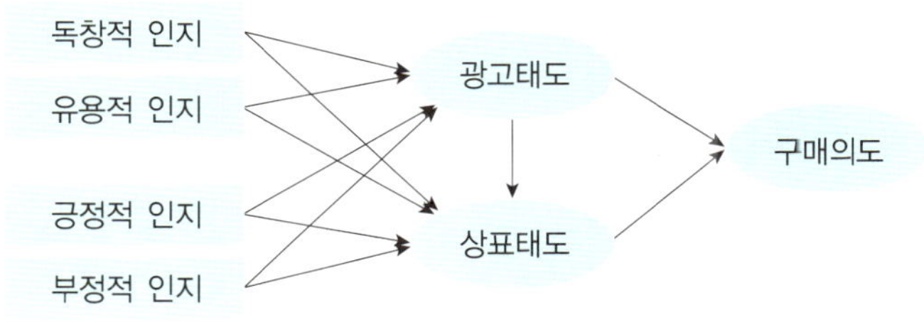

다. 연구가설

① 광고반응(독창적 인지, 유용적 인지, 긍정적 감정, 부정적 감정)은 광고태도에 유의한 영향을 미칠 것이다.

② 광고반응(독창적 인지, 유용적 인지, 긍정적 감정, 부정적 감정)은 상표태도에 유의한 영향을 미칠 것이다.

③ 광고태도는 상품태도에 유의한 영향을 미칠 것이다.

④ 광고태도는 구매의도에 유의한 영향을 미칠 것이다.

⑤ 상품태도는 구매의도에 유의한 영향을 미칠 것이다.

라. 분석방법

연구모형에 설정된 각 요인들 간의 관계는 서로 영향을 미친다는 가정하에 독립변수와 종속변수를 구분하지 않고, 각 요인별 경로계수를 파악하기 위한 AMOS 공변량 구조분석 실시

마. 연구결과

① 소비자들은 인지적 반응에서 유용성과 독창성에서 다른 광고태도와 상표태도를 보였다. 따라서 유용성에서는 획일적인 상품나열보다는 좀 더 유익한 정보를 제공할 수 있도록 해야 하며, 독창성에서는 광고의 재미와 흥미를 유발할 수 있는 다양한 크리에이티브를 제시하여야 한다.

② 광고태도는 상품태도와 구매의도에 유의한 영향을 미치는 것으로 나타났다. 즉 소비자들은 광고에 대한 반응에 따라 상이한 상품태도와 구매의도를 가지고 있다. 그러므로 광고제작 시 보다 과학적이고 전문적인 광고소구 방법을 택해야 한다.

7) 인터넷광고효과 연구

최근 급속하게 증가하고 있는 인터넷광고는 기존의 광고와 매우 다른 형태를 지니고 있다. 그렇지만 광고효과에 대한 측정은 그 지표가 상이할 뿐이며, 광고효과를 분석하고 적용하는 기본적인 원리는 거의 유사하다고 할 수 있다.

(1) 인터넷광고의 의의

인터넷의 급속한 확산은 광고시장에도 큰 영향을 미치고 있다. 인터넷광고는 좁은 의미로는 특정 사이트의 광고용 배너를 게재하여 자신의 사이트로 하이퍼링크시키거나 검색엔진 및 다른 사이트에 자신의 사이트를 하이퍼링크시키고 그 대가를 지불하는 것을 말한다. 넓은 의미로는 기업이 인터넷을 이용하여 행하는 고객과의 제반 커뮤니케이션활동을 포괄하며, 특히 홍보목적으로 웹사이트를 구축하여 기업정보소개,

고객관리, 제품소개 등을 하고 각종 이벤트나 프로모션, 상거래 등의 인터넷마케팅 커뮤니케이션활동을 전개하는 것을 의미한다.

(2) 인터넷광고효과의 과정

인터넷광고가 일반광고와 다른 점은 소비자가 능동적으로 참여하는 상호작용과정이 매우 중요한 의미를 갖는다는 데 있다. 일반적으로 인터넷광고에서는 소비자들의 상호작용 의도가 실제 능동적 정보처리를 야기하고, 이로써 태도변화와 관계구축을 통해 판매가 유발될 것으로 가정한다.[65]

그림 8-16 ▌ 인터넷광고효과 과정모형[66]

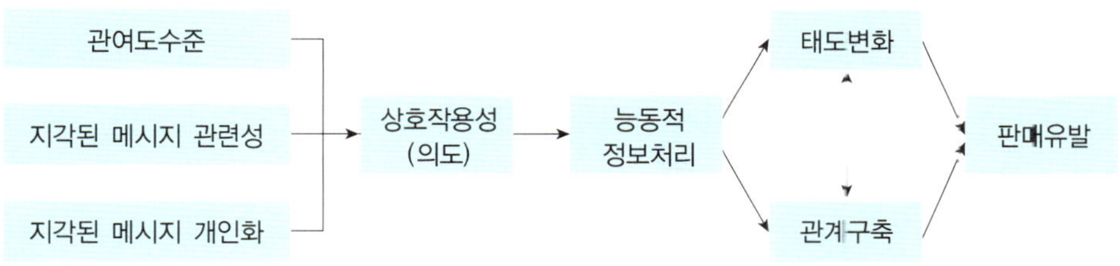

(3) 인터넷광고효과의 측정[67]

인터넷광고의 효과를 측정하기 위해 사용되고 있는 기본적인 지표는 다음과 같다.[68]

가. Hits

방문자들이 어떤 웹사이트에 접속하면 컴퓨터는 특정 페이지를 디스플레이하라고 요구하게 된다. 이렇게 요구된 페이지의 각 요소는 그 사이트 웹서버 로그파일(log file)에 하나의 hit로 기록된다. 그러나 hits는 접속자에게 실제로 파일이 전송되었는지를 보장하지 않기 때문에 이를 보완하기 위해 고안된 지표가 qualified hits이다. 이것은 로그파일에 기록된 hits 가운데 에러 메시지를 제외시켜 성공적으로 전송된 파일 수를 나타낸다.

나. Visitors

Visitors는 웹사이트를 방문한 개인의 수를 나타내는 것으로, 실제로 얼마나 많은 사람들이 특정 웹사이트에 접속했는지를 알 수 있는 개념이다. 방문자수는 사용자등록이나 특정 IP주소를 자동적으로 추적하는 확인시스템, 쿠키와 같은 기술을 통해 산출할 수 있다. 그러나 등록을 제외하고는 기술적으로 방문자 개개인을 식별해 낼 수는 없다.

다. Visit/Session

Visit는 1인의 사용자에 의해 연속적으로 서버에 대한 요청이 이루어지는 것을 말한다. 방문자가 30분 동안 사이트에 요청하는 것을 중단하게 되는 것을 time out이라고 하며, 이 방문자에 의한 다음의 hit를 새로운 visit로 간주한다.

Session은 한 사용자에 의해 이루어지는 제반 접속행위를 말한다. 예를 들면 한 사용자가 어떤 웹사이트에 접속하여 배너광고를 클릭하고, 그 광고주의 웹사이트를 방문하여 물건을 산다면 이 전 과정이 하나의 session이 되는 것이다.

즉 visit는 방문자가 한 웹사이트의 여러 페이지를 연속해서 접속하는 것이고, session은 방문자가 일련의 웹사이트를 연속해서 방문하는 것이다.

라. Page view

Page view는 한 사용자가 특정 광고가 포함되어 있는 페이지를 요청한 횟수를 나타낸다. 사용자가 그래픽을 차단하는 옵션(auto image load off)을 선택했을 경우에도 하나의 view로 기록되기 때문에 실제 광고노출수보다 높게 산출될 수 있다.

마. Ad. view

Ad. view는 배너광고가 다운로드되어 방문자에게 노출된 횟수를 말한다. 이는 기존 매스미디어의 impressions와 동일한 지표로서 인터넷광고효과 측정의 1차 노출지표이기도 하다. 그러나 배너광고가 화면에 뜨기 전에 페이지를 넘기거나 배너가 페이지 하단에 위치하여 사용자가 미처 보지 않고 페이지를 넘겨도 하나의 view로 기록되는 문제가 있다. 또한 동일한 광고가 여러 페이지에 동시에 노출될 때 브라우저 자체의 cache 기능 때문에 실제로 기록되는 노출수는 적게 나타나게 된다.

바. Ad. click/Click through rate

Ad. click은 사용자가 광고주에게 추가정보를 요청하기 위해 배너광고를 클릭하는 횟수를 말한다. 이는 사용자의 능동적인 행위를 나타내는 것으로, 최소한 광고에 대한 주목과 광고 페이지로의 이동을 보증해 주는 지표이다. 또한 인터넷광고효과의 두 번째 단계인 상호작용 차원을 나타내는 기본적인 지표이기도 하다.

Click through rate는 배너광고를 보고 그 광고를 클릭하는 사람의 비율을 의미한다.

사. Duration time

Duration time은 특정 타깃광고의 웹페이지에 머물러 있는 평균시간을 의미한다. 이는 ad. click의 결과로 접속한 타깃광고의 내용에 어느 정도 주목하는지를 양적으로 산출할 수 있는 지표이며, 이를 통해 제품이나 광고에 대한 선호도를 추정할 수도 있다.

아. Impression

Impression은 광고의 노출횟수이다. 특정 사이트의 홈페이지에 광고가 1번 노출된 경우 1 impression에 해당된다. 또한 리로딩드(reload) 혹은 리프레쉬(refresh)를 통해 광고가 다시 노출되면 impression도 그에 따라 올라가게 된다.[69]

(4) 인터넷광고효과 연구의 종류

인터넷광고효과에 대한 연구를 주제별로 분류해 보면 다음과 같다.

① 노출빈도와 광고효과에 관한 연구

② 크기, 게재위치 및 제작기법에 따른 광고효과 연구

③ 콘텐츠 몰입에 따른 광고효과 연구

④ 침입성에 따른 광고효과 연구

(5) 인터넷광고 관련 연구 사례[70]

가. 연구주제: 인터넷광고의 유형에 따른 광고효과 연구

나. 연구모형

이 연구는 실제 웹상에서의 인터넷광고의 유형별 효과와 차이를 검증하여 광고 유형에 따른 효율적인 매체계획을 세우고자 수행된 것으로, 연구모형은 다음의 [그림 8-17]과 같다.

이 모형에서 사전통제 요인들은 노출매체를 규정하기 위해 설정한 것이다. 연구자는 이러한 사정 통제를 통해 노출매체를 지정하고, 해당 노출매체의 제작기법, 광고크기, 게재위치, 노출기간은 클릭률에 영향을 미칠 수 있는 독립변수로 가정하였으며, 클릭률은 종속변수로 가정한 것이다.

그림 8-17 ▌ 인터넷광고 유형별 광고효과 연구모형

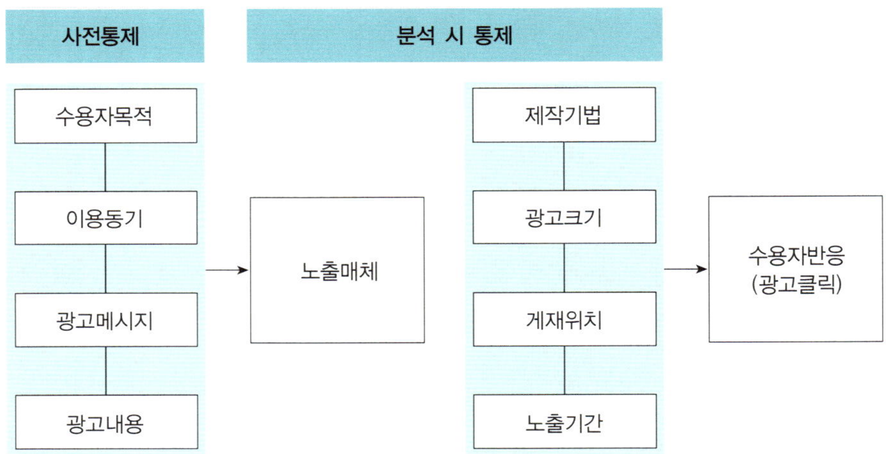

다. 연구가설

① 광고 유형별 외형적 요인(광고크기, 게재위치, 제작기법)에 따라 광고효과(클릭률)는 차이가 있다.

② 광고의 일별 노출수준에 따라 클릭률에 차이가 있다.

③ 광고의 집행기간이 경과됨에 따라 클릭률에 차이가 있다.

라. 분석방법

① 외형적 요인별 광고효과의 차이에 대한 일원분산분석

② 광고 노출수준(상, 중, 하)별 클릭률의 차이에 대한 일원분산분석

③ 주단위 평균클릭률을 이용한 시계열분석 및 월단위별 클릭률 차이에 대한 일원분산분석

마. 연구결과

① 인터넷광고의 크기, 게재위치, 제작기법에 따라 클릭률이 많은 영향을 받으며, 노출수준과 집행기간에 따라서도 클릭률이 영향을 받는 것으로 나타났다.
② 광고의 크기가 크고 침입성이 강한 유형의 광고는 일반적인 배너광고보다 월등히 높은 클릭률을 보였다.
③ 노출의 증가와 장기적인 집행 시에 수용자의 주목도가 높은 위치에 게재하는 것은 광고의 회피가능성을 줄여 클릭률 감소를 방지하는 것으로 나타났다.

이러한 결과는 광고혼잡도 증대에 따른 광고효과 감소 및 침입성 증대에 따른 이용자의 거부감과 같은 역효과를 줄일 수 있는 방법을 제시해 주었다.

8) 광고효과 관련 연구

광고효과와 관련된 연구를 살펴보면 다음과 같다.

(1) 전통적인 광고효과 연구

① "텔레비전 광고효과에 미치는 이월효과 영향력 측정모형 비교연구: 호감광고 비보조상기도를 중심으로"(한양대학교, 2008)
② "구조적 정렬성, 측정시기 및 측정방법에 따른 비교광고의 효과"(중앙대학교 대학원, 2005)
③ "뇌파와 감성평가를 통한 패션제품의 TV광고 효과측정"(경희대학교, 2004)
④ "미디어 크리에이티비티 구성요인과 광고효과 및 적용가능성 인식에 관한 연구"(홍익대학교, 2010)
⑤ "영화에서의 PPL 광고효과 측정"(광고연구, No.53, 2001)
⑥ "TV드라마에서의 제품배치(PPL)의 광고효과 측정"(광고연구, No.64, 2004)
⑦ "텔레비전광고의 업종별 이월효과 측정모형 비교연구"(광고학연구, 19(1), 2008)

⑧ "지하철 교통광고의 효과 측정"(남서울대학교 논문집, 6, 2000)

⑨ "불확실성 회피수준에 따른 애매한 광고메시지의 효과 차이"(광고학연구, 19(3), 2008)

⑩ "광고모델의 지명도에 따른 TV광고 효과 측정에 대한 연구"(정보디자인학연구, 8, 2005)

(2) 인터넷광고효과 연구

① "인터넷광고효과의 인과적 모델에 관한 연구: 플로우(flow) 경험의 결정요인을 중심으로"(경희대학교, 1999)

② "공익광고를 위한 인터넷매체 활용에 관한 연구: 국내 배너광고를 중심으로 한 인터넷 유저 연령층별 CAD분석"(홍익대학교 산업대학원, 2008)

③ "인터넷광고에 대한 효율성에 관한 연구: 인터넷광고 활성화를 위한 업체사례를 중심으로"(가톨릭대학교 경영대학원, 2007)

④ "키워드 검색광고에서의 산업별 CPC와 CPM방식에 따른 광고효과에 관한 연구"(한양대학교 경영대학원, 2008)

⑤ "인터넷 배너광고의 재인효과 측정연구"(광고연구, No.83, 2009)

⑥ "실 집행 결과를 통해 살펴본 인터넷 배너광고와 잡지광고의 효과 - 그들은 과연 효과적인가?"(광고학연구, 17(2), 2006)

⑦ "인터넷광고의 효과과정에 관한 연구: 자극성과 회피성을 중심으로"(광고학연구, 14(3), 2003)

⑧ "플로우(Flow)가 인터넷광고의 계층효과에 미치는 영향: 중개변수로서의 지각된 행동통제를 중심으로"(광고학연구, 15(1), 2004)

⑨ "인터넷광고에 의해 유도된 감정이 광고효과에 미치는 영향"(광고학연구, 15(1), 2004)

⑩ "동영상 UCC 광고노출 형태에 따른 광고효과에 관한 연구"(광고학연구, 20(3), 2009)

(3) 커뮤니케이션효과 관련 연구

① "효과적 브랜드 커뮤니케이션을 위한 옥외전광판의 활용에 관한 연구"(홍익대학교, 2007)

② "소비자특성에 따른 옥외광고 커뮤니케이션 효과에 관한 연구"(동덕여자대학교 패션전문대학원, 2008)

③ "수용자 특성에 따른 DMB광고 유형별 커뮤니케이션효과 실증연구"(커뮤니케이션학연구, 15(1), 2007)

④ "광고의 수사적 비유로서 공명의 커뮤니케이션효과 광고의 수사적 비유로서 공명의 커뮤니케이션효과"(커뮤니케이션학연구, 13(2), 2005)

⑤ "17대 대선 합동선거방송토론회의 설득 커뮤니케이션효과"(스피치와 커뮤니케이션, No.9, 2008)

···> 광고효과 측정에 대한 www.papersea.com
온라인강좌Ⅱ 제37강 '연구방법 17 광고효과측정방법(이론)1'
온라인강좌Ⅱ 제38강 '연구방법 17 광고효과측정방법적용사례' 참조

1) 김정훈(2005), "경찰행정의 서비스품질과 고객충성도 결정요인에 관한 연구", 경기대학교 대학원 박사학위논문, pp.18~19.
2) 이종헌(2009), "민원행정서비스 품질이 지방자치단체 지지도에 미치는 영향", 조선대학교 대학원 박사학위논문, p.9.
3) 주형근(1999), "고객서비스품질이 고객만족에 미치는 영향에 관한 연구", 동덕여자대학교 대학원 박사학위논문, p.28.
4) 이종헌(2009), 앞의 논문, pp.8~9.
5) Garvin, D. A.(1984), "What Does Product Quality Really Mean?", *Sloan Management Review*, 26(1), pp.25~28을 황해용(2000), "대학 마케팅전략 수립을 위한 교육서비스 만족도에 관한 연구 - K대학교 2캠퍼스를 중심으로", 고려대학교 경영정보대학원 석사학위논문, pp.5~9에서 재인용
6) Parasuraman, A., Zeithaml, V. A. & Berry, L. L.(1991), "Refinement and Reassessment of the SERVQUAL Scale", *Journal of Retailing*, 67(Winter), pp.420~450.
7) Parasurman, A., Zeithaml, V. A. & Berry, L. L.(1985), "A Conceptual Model of Service Quality and Its Implications for Future Research", *Journal of Marketing*, 49(4), p.44.
8) Parasuraman, A., Zeithaml, V. A. & Berry, L. L.(1988), "A Multiple-item Scale for Measuring Comsumer Perception of Service Quality", *Journal of Retailing*, 64(1), pp.12~40.
9) Cronin, J. J. & Taylor, S. A.(1992), "Measuring Service Quality: A Reexamination and Extensions", *Journal of Marketing*, 56, July, pp.55~68.
10) Shoemaker, S. & lewis, R.(1999), "Customer Loyalty: the Future of Hospitality Marketing", *International Journal of Hospitality Management*, 18, pp.345~370.
11) Shndell, K.(2000), *Loyalty Marketing*, Ahchimyisul Publishing Co.
12) Oliver, R. L.(1999), "Whence Consumer Loyalty", *Journal of Economic Psychology*, 63(4), pp.33~44.
13) Uncles, D. M., Dowling, R. G. & Hammond, K.(2003), "Customer Loyalty and Customer Loyalty Program", *Journal of Consumer Management*, 20(4), pp.294~311.
14) Jones, T. O. & Sassers Jr, W. E.(1995), "Why Satisfied customers Defect", *Harvard Business Review*, 73(6), pp.88~91.
15) Selens, F.(1993), "An Examination of the Effect of Product Performance on Brand Reputation, Satisfaction and Loyalty", *European Journal of Marketing*, 27(9), pp.19~35.
16) Dick, A. S. & Basu, K.(1994), "Customer Loyalty Toward an Integrated Conceptual Framework.", *Journal of American Marketing Science*, 22(1), pp.45~69.
17) Griffin, J.(1995), *Customer Loyalty: how to Earn and How to Keep it*, Lexington Books, New York.
18) 예종석 · 양성희(2001), "기업의 충성도 프로그램이 고객의 가치지각 및 충성도 형성에 미치는 영향", 소비자학연구, 12(4), pp.23~37.
19) 김은정(2008), "혜택 유형에 따른 호텔 로열티 프로그램이 고객만족도와 충성도에 미치는 영향: 전환장벽 매개효과분석", 세종대학교 대학원 박사학위논문
20) Bolton, R. N., Nannan, P. K. & Bramelt, M. D.(2000), "Implication of Loyalty Program Membership and Service Experience for Customer Retention and Value", *Journal of the Academy of Marketing Science*, 28(1), pp.95~108.
21) Schuster, J.(1997), The Performance of Performance Indicators in the Arts", *Nonprofit Management & Leadership*, 7, pp.253~269.

22) Cameron, K. S. and Whetten, D. A.(1983), *Organizational effectiveness: A Comparison of multiple models*, N.Y.: Academic Press, Inc.

23) 김우철(1994), "기업문화특성이 직무만족과 조직몰입에 미치는 영향에 관한 연구 - 주한 다국적기업을 중심으로", 중앙대학교 대학원 석사학위논문, p.19.

24) Campbell, J. P.(1977), "On the Nature of Organizational Effectiveness", in *New Perspectives on Organizational Effectiveness*, P. S. Goodman, P. S. and Pennings, J. M. eds. San Francisco: Jossey-Bass. p.36.

25) 구형회(2009), "리더십유형과 조직문화가 군 조직효과성에 미치는 영향에 관한 연구", 한성대학교 대학원 박사학위논문, p.18.

26) 문동환(2007), "정부기관변형에 따른 전직직원과 일반직원간 직무만족도 비교", 영남대학교 대학원 박사학위논문

27) 제갈돈(2002), "지방공무원의 직무만족 결정 요인", 한국행정학보, 36(4), pp.263~280.

28) Allen, N. J. & Meyer, J. P.(1990), "The Measurement and Antecedents of Affective Continuance, and Normative Commitment to the Organization", *Journal of Occupational Psychology*, 63, pp.1~8.

29) 김원형(1995), "조직몰입 세 성분 모형의 개념화", 산업 및 조직, 8(1), pp.51~74.

30) 위의 논문.

31) 김성수(2008), "조직문화유형이 구성원의 조직몰입과 조직시민행동에 미치는 영향 - 병원조직을 중심으로", 조선대학교 대학원, p.31.

32) 채순화(2004), "변혁적 리더십과 다차원적 신뢰 및 다중 조직몰입과의 관계연구", 경영연구, 19(2), pp.317~349.

33) 최해전(2009), "특수학교 교사의 조직몰입에 영향을 미치는 변인 연구", 단국대학교 대학원 박사학위논문, p.14.

34) 박종혁(2005), "호텔 종사원의 이중몰입에 관한 연구 - 조직몰입과 경력몰입을 중심으로", 경기대학교 대학원 박사학위논문, p.13.

35) 조윤재(2009), "보험판매원의 지각된 공정성과 조직적응성이 관계지속의도에 미치는 영향", 동아대학교 대학원 박사학위논문, p.16.

36) 임종만 · 이성혜 · 구현서(2000), 인간관계론(서울: 청목출판사)

37) 강종천(2005), "호텔관리자 리더십이 조직구성원의 조직몰입과 조직시민행동에 미치는 영향", 경기대학교 대학원 박사학위논문, p.36.

38) 김연선(2005), "호텔의 고성과작업조직과 경영성과의 관계에 관한 연구 - 조직시민행동의 매개역할을 중심으로", 경기대학교 대학원 박사학위논문, p.35.

39) Organ, D. W.(1988), *Organizational Citizenship Behavior: The Good Soldier Syndrome*, Lexington MA: Lexington Books.

40) Bitner, M. J. & Hubbert, A. R.(1994), "Encounter Satisfaction Versus Overall Satisfaction Versus Quality", Rust, R. & Oliver, R. eds., *Thousand Oaks*, CA: Sage Publications, pp.72~94.

41) Walker, J. L.(1995), "Service Encounter Satisfaction: Conceptualized", *Journal of Service Marketing*, 9, pp.5~14.

42) 김영찬 · 차재성(2003), "고객만족도 측정방법론과 전략적 활용", 마케팅연구, 18(1), pp.113~132.

43) Michael, P,(2000), "What is Strategy?," *Harvard Business Review*.

44) 김현정(2004), "고객만족투자의 마케팅성과 - 투자, 고객만족지수 및 마케팅성과의 관계", 홍익대학교 대학원 석사학위논문, pp.19~21.

45) 윤종일(2003), "모바일 서비스 고객만족도 평가체계에 관한 연구", 연세대학교 대학원 석사학위논문
46) 박한나(2005), "외식기업의 고객관여도와 광고효과 분석", 경기대학교 대학원 박사학위논문, pp.22~23.
47) 김원수(1986), 광고학개론(서울: 경문사), p.262.
48) 박한나(2005), 앞의 논문, p.37.
49) 최병룡(1984), 최신광고론(서울: 박영사), pp.554~557.
50) 신승철(1991), "TV광고효과 측정에 관한 연구: 감정반응모형을 중심으로", 광고연구, 11, pp.219~220.
51) 최병룡(1984), 앞의 책, pp.557~558.
52) 서범석(1991), 광고기획론(서울: 나남신서), p.220.
53) 장영열(1990), 광고전략 기본(서울: 사민서각), pp.285~286.
54) James, O. P. Sr.(1981), *The Wheel of Marketing*. New York, p.100.
55) 리대용 외(1983), 제품과 시장과 광고(서울: 대학문화사), p.96.
56) 서범석(1991), 앞의 책, p.209.
57) 한희영(1990), 촉진전략론(서울: 무역경영사), pp.151~152.
58) • noted: 조사대상 간행물에 게재된 광고를 보았던 것을 기억하는 사람
• associated: 그 광고를 보았을 뿐 그 상표와 광고주를 기억하거나 광고의 일부내용만을 기억하는 사람
• most read: 그 광고의 인쇄물 중 반 혹은 그 이상을 읽은 사람
59) 최명규(1994), "관여도가 Promotion에 미치는 영향에 관한 연구", 고려대학교 대학원 석사학위논문, p.26.
60) Peterson, R. A., Wilson, W. R. & Brown, S. P.(1992), "Effects of advertised customer satisfaction claims on consumer attitudes and purchase intention", *Journal of Advertising Research*, 32(March), pp.34~40.
61) 노형화(2000), "광고 구성요인의 복합성이 광고효과에 미치는 영향", 고려대학교 대학원 석사학위논문.
62) Yoon, K.(1992), "Involvement level and the mediating role of attitude toward the advertising", In Reid, L. N.(Ed.) *Processing of the 1992 Conference of the American Academy of Advertising*, American Academy of Advertising, pp.46~54.
63) 박한나(2005), "외식기업의 고객관여도와 광고효과 분석", 경기대학교 대학원 박사학위논문
64) 박성규(2005), "여행사의 광고효과에 관한 연구", 경기대학교 관광전문대학원 박사학위논문
65) 최환진(2000), "인터넷광고의 효과과정에 관한 연구 – 웹사이트의 상호작용을 중심으로", 경희대학교 대학원 박사학위논문, p.55.
66) Cho, C. H. & Leckenby, J. D.(1999), "Interactivity as a Measure of Advertising Effectiveness.", *Unpublished Working Paper*, p.10.
67) 하정복 · 주뢰(2005), "인터넷광고효과에 영향을 미치는 요인에 관한 탐험적 연구", 사회과학연구, 9, pp.75~93.
68) Hoffman, D. L. & Novak, T. P.(1996), "Building New Paradigms for Electronic Commerce", *HotWired*(Intelligent Agent Section).
69) 이정은(2005), "웹에서의 효과적 배너광고를 위한 광고효과 측정 및 디자인분석 연구", 연세대학교 생활환경대학원 석사학위논문, p.41.
70) 김도현(2009), "Display Type 인터넷광고의 유형에 따른 광고효과(클릭률) 연구 – YTN 웹사이트를 중심으로", 중앙대학교 산업 · 창업경영대학원 석사학위논문

04부

질적 연구방법

제1부, 2부, 3부에서는 논문연구방법을 학습하기에 앞서 연구방법과 관련된 학문, 과학 그리고 연구방법 기초지식, 질적연구나 양적연구에 대한 전반적인 지식을 이해하였다. 세부적으로는 연구방법의 기초인 질적연구 자료수집 유형(관찰법, 면접법, 설문지법), 연구형태(실험연구, 실천연구, 사례연구), 그리고 양적연구 변수들에 대한 개념과 사례를 학습하였고, 논문의 특수 분석기법으로 사용된 질적 · 양적연구 분석기법과 주요 내용에 따른 기법들을 학습하였다.

이를 바탕으로 제4부 질적연구에서는 질적연구방법 출현배경, 질적연구가 필요한 경우, 질적연구의 윤리적 문제, 질적연구들의 단점인 신뢰도, 타당도 저해요인과 타당도 재고방법, 논문작성 시 질적연구 구성요소, 논문작성태도 등에 대하여 전반적으로 학습한다. 특히 질적연구의 가장 큰 단점인 과학성 혹은 엄격성의 한계를 극복하기 위한 방법이 무엇인지 학습한다.

이를 바탕으로 제10장에서는 고전적 질적연구 분석유형인 생애사연구, 문화기술지 연구, 현상학적 연구에 대하여 각각 연구유형의 개념, 목적, 구성요소 및 내용, 절차, 해석 방법에 대하여 기본적 원리를 학습하고 동시에 선행 연구논문사례를 참조할 수 있게 제시하였다.

또한 제11장에서는 특수하게 질적연구방법에 다수 사용되고 있는 사회복지학분야에서 근거이론분석, 교육학분야에서 프로그램 로직모델, 마케팅분야에서 SWOT분석 및 Portfolio분석, 산업공학분야에서 시스템 다이내믹스, 복지학분야에서 가치사슬분석 등을 소개하였다.

09 질적연구의 기초

1 질적연구의 출현배경

질적연구는 문화인류학으로부터 유래된 것으로, 특히 19세기 말부터 비서양문화와 비서양인에 대한 연구를 목적으로 시작된 민속지학(Ethnography)에 그 기원이 있다고 할 수 있다. 제2차 세계대전까지 이어지는 민속지학의 고독기(the era of Lone Ethnography)에는 질적연구방법의 특성들 대부분이 소개되었으며, 질적연구자와 실험실 연구자 간의 특성상의 대비가 두드러지게 나타났다.

제2차 세계대전 이후 시카고학파를 중심으로 가정에 대한 심층적인 관찰에 기반을 둔 다양하고 풍부한 질적연구들이 이루어지기 시작하였다. 시카고대학의 사회학과를 중심으로 하나의 독특한 접근방법을 개척해 나가는 노력이 있었는데, 이는 로버트 박, 어니스트 버거스, 토마스(Robert Park, Ernest Burgess, W. I. Thomas)와 같은 학자들의 초창기 노력을 이어 받아 글레이저 & 스트라우스(Glaser & Strauss, 1967)가 『근거이론의 발견』(The Discovery of Grounded Theory)을 펴냄으로써 하나의 연구방법으로 체계화되었다.

사회학의 질적연구는 유사 학문인 문화인류학의 질적연구와 비교해 볼 때 이론을 만들어내는 것이 보다 많은 관심을 기울였다. 반면 문화인류학에서는 이론창출보다는 현장연구, 구체적인 사례에 대한 기술능력 등에 더 높은 가치를 부여하였다.[1] 1960년대까지 이어지는 황금기 동안 여러 사회학자들과 문화인류학자들에 의해 미국인들의 생활에 관한 훌륭한 질적연구들이 이루어졌다. 즉 참여관찰을 통해 다른 사람들을 이해하는 연구방법의 대표적인 예라고 할 수 있다.

그리고 1970년대 중반에 접어들면서 실증주의와 가치중립적인 과학적 탐구에 대해 의문을 제기하면서 다분히 자기반영 성향이 짙은 비판적 패러다임이 질적연구 분야 내에서 대두되기 시작하였다. 이러한 새로운 관점은 보다 설득력 있는 설명모형이나 패러다임에 의해 합리성을 상실하게 된 기존의 과학적 이론은 갑작스럽게 소멸한다는 토마스 쿤(Thomas Kuhn, 1970)의 주장과 잘 부합하였다. 이러한 관점에 따라 새로운 형태의 민속지학이 나타나게 되었다. 전통적인 민속지학에서 관찰자는 관찰대상을 기술하는 보고서에서 전적으로 배제되어야 하며 다만 전지적인(omniscient) 존재로서 자신이 아닌 다른 사람을 기술하는 형식을 취하는 것이 일반적이었다. 그러나 새로운 형태의 민속지학에서는 관찰자는 학자 또는 과학적 탐구자와 같은 어떠한 과학적 권위도 가질 필요가 없는, 현장연구라는 한 편의 드라마에서 사장중심적인 인물로 인식되기 시작하였다.[2)]

질적연구는 통상 다음과 같은 경우에 이루어진다. 이런 맥락에서 질적연구들이 현장의 실제 논문에서 적용가능한 분야와 내용이 무엇인지 그리고 연구자들이 질적연구들에 대해서 갖고 있는 잘못된 생각들을 살펴보고자 한다.

2 질적연구 적용범위와 오류

1) 질적연구가 필요한 경우[3)]

(1) 잘 알려지지 않은 주제에 대한 탐구적 접근을 하고자 하는 경우

질적연구는 연구의 전체적인 과정 가운데 초기의 탐색적 단계에 특히 적합하다. 예를 들어 AIDS로 인해 부모를 잃은 손자 손녀를 돌보는 할머니들의 경험, 동성연애자들 사이에서 일어나는 가정폭력, 민족이나 인종에 대한 개념이 변화하는 시기에서 타인종 부부의 자녀들이 경험하는 정체감의 혼란, 호르몬 대체 약물치료를 받는 폐경여성들의 경험, 정서적 · 신체적 학대를 경험한 해외 입양아들에 대한 양육, 성폭력이나 학대를 경험한 청소년 여아들의 사후 스트레스증후군, 아동양육을 도맡게 된 혼자된 아버지들의 경험, 청소년 미혼모들이 낙태에 관한 결정을 내리는 과정, 방조된 자살을 통해 가족구성원을 잃은 뒤 겪게 되는 괴로움 등과 같은 사례를 생각해 볼 수 있다.

물론 이러한 주제들에 대해 지금까지 알려진 바가 전혀 없는 것은 아니지만, 질적 연구의 탐색적 접근을 통해 이 주제들에 대해 보다 심층적인 이해가 가능하다.

(2) 민감하고 정서적으로 깊이 있는 주제를 연구하는 경우

개인적인 위기상황이나 딜레마와 같은 문제들은 표준화되고 폐쇄적인 면접방식을 통해 연구하는 것이 매우 부적절하다. 예를 들어 근친상간을 경험한 사람들에 대해 알고자 할 때 구조화된 설문지를 통한 조사연구는 이들의 심층적인 상태를 파악하는 데 많은 한계가 있다. 즉 사회적으로 금기시되는 행위에 대한 연구를 하고자 한다면 질적연구만이 가능한 방법이 될 것이다.

또한 사회적으로 금기시되는 대상에 대한 연구가 반드시 사회의 주변부에 속하는 사람들만을 대상으로 하는 것은 아니다. 상류사회 또는 사회의 중심부에 속하는 사람들도 사회적으로 금기시되는 연구의 대상에 포함될 수 있다. 예를 들어 경제인, 전문가집단, 정치인 혹은 특정 엘리트집단 등 좀처럼 접근할 수 없는 연구대상이 있을 수 있다. 이들은 권력을 이용해서 빈곤계층으로서는 상상도 할 수 없는 방법을 동원하여 연구제의를 차단하거나 연구자의 접근을 막을 수 있다.

(3) 실제로 어떤 삶을 살고 있는 사람들의 시각으로부터 그들의 '살아 있는 경험'에 대한 이해를 얻거나 그들의 삶으로부터 어떤 의미를 도출하고자 하는 경우

연구자가 연구를 통해 얻고자 하는 바가 이해(verstehen)라고 한다면 거의 틀림없이 질적연구를 해야 한다. 이해를 목적으로 하는 연구는 연구대상의 관점을 포착하는 연구에 해당하며, 이는 연구자의 관점에서 객체적인 대상을 설명하는 연구와는 성격이 다르다.

예를 들어 노숙자의 인생 과정을 알고자 하거나 만성적인 고통에 시달리는 환자가 겪는 고통을 알고자 하는 경우, 또는 아동복지기관에 종사하는 사회복지사가 처한 윤리적 딜레마에 대해 연구하고자 하는 경우 등이 이에 해당된다. 연구하고자 하는 대상들이 자신들의 세계를 바라보는 방식이나 자신들의 다양한 삶의 경험 속에서 특정한 의미를 찾는 방법은 수없이 많으며, 따라서 이러한 것들은 질적인 접근을 통해 가장 잘 이해될 수 있다.

(4) 프로그램과 이를 통한 개입효과를 이해하고자 하는 경우

어떤 프로그램 또는 실천에 대한 평가는 개입이 이루어지는 동안 어떤 일들이 일어나는가라는 과정과 프로그램의 목표를 달성하는 데 있어서의 성공 또는 실패 여부와 같은 결과로 구분된다. 이 가운데 제한된 시간과 자원이라는 피할 수 없는 제약조건은 프로그램 평가의 주된 관심을 과정보다는 결과에 두게끔 한다. 이러한 한계를 극복하기 위해서는 질적연구가 필요하다.

질적연구는 프로그램과 개입이라는 블랙박스의 내부에서 어떤 일들이 일어나는지를 탐구하는 데 매우 유용한 접근방법이다. 이러한 탐구를 통해 실험적 개입이 어떻게 성공하거나 실패하는지를 이해할 수 있으며, 이러한 이해는 양적연구를 통해 얻어지는 결과를 보완해 줄 수 있다. 예를 들어 우울증에 대한 인지행동적 치료와 같이 상당히 일반화된 치료의 경우에도 그 치료과정에서의 아주 미미한 차이가 치료반응에서는 개인들 간에 적지 않은 차이를 초래할 수 있다는 것을 고려해 볼 수 있다.

(5) 양적연구를 하는 연구자로서 자료수집에서나 연구를 통해 발견한 내용을 설명하는 데 한계에 부딪친 경우

양적연구를 통해 상당한 연구결과를 얻을 때까지는 아무런 문제가 없어 보이다가도 질적 탐구방법을 통하지 않으면 더 이상의 연구결과를 설명할 수 없는 상황이 있을 수 있다. 예를 들어 다문화가정의 가정폭력에 대한 조사연구를 수행하는 도중 그 폭력의 원인이나 해결방안에 대해 인종 및 문화적인 미세한 차이를 밝혀내야만 하는 경우가 있을 수 있다.

(6) 연구와 적극적 행동을 하나로 묶고자 하는 경우

적극적인 행동을 취하는 것, 사회에 참여하는 것, 그리고 연구를 한다는 것은 억압과 사회적 부정의에 맞서 대항하는 것이라고 할 수 있다. 예를 들어 1960~1970년대의 지역사회운동가, 페미니스트, 그리고 제3세계 해방운동에서 그 기원을 찾을 수 있는 행동주의 연구는 지식창출과 권한부여, 그리고 사회적 권익옹호의 역할을 하나로 묶기 위한 노력이었다.

질적연구나 양적연구나 모두 행동주의의 목표를 추구하기 위한 도구로 사용될 수는 있다. 그러나 행동주의 연구의 주된 전제들은 질적연구에서의 연구자와 연구대상 간의 관계에 보다 더 부합한다고 볼 수 있다. 그렇지만 실제적으로 질적연구가 이러한 행동주의 연구를 별도로 수행하는 경우는 거의 없다. 왜냐하면 연구의 전 과정에 걸쳐 행동과 연구를 결합시키고자 하는 경우 비판적 자세와 연구방법에 대한 통제력을 잃게 됨에 따라 연구의 엄격성이 저하되는 바람직하지 않은 현상이 나타날 우려가 있기 때문이다.

2) 질적연구에 대한 오해

연구자들은 질적연구에 대해 많은 관심이 있지만, 이를 잘못 이해하거나 무시하는 경우도 종종 있다. 질적연구에 대한 오해는 다음과 같은 사고에서 비롯된다.

(1) 질적연구는 엄격성이 떨어지거나 과학적이지 못한 방법이다

이러한 생각을 가지고 있는 연구자들은 질적연구의 극히 일부분의 문제를 마치 모든 질적연구에 해당하는 것으로 인식하고 있다. 아울러 질적연구에 대해 무지하기 때문이기도 하다.

(2) 질적연구를 신비화하려는 경향이 있다

일부 연구자들은 신비스러운 용어로 질적연구를 설명하면서 질적연구가 매우 창의성이 있는 사람이나 선택된 몇몇 소수의 사람들에게만 주어지는 특별한 재능을 필요로 하는 방법인 것처럼 말한다. 이러한 경향은 질적연구를 지나치게 과장함으로써 질적연구를 알리고 널리 보급시키기보다는 오히려 사람들로 하여금 이에 대해 잘못된 생각을 갖거나 그 중요성을 손상시키는 결과를 초래한다.

(3) 잘못된 이해와 신비화를 가속시키는 원인이 된다

질적연구방법을 교육하고 연구자를 훈련하는 데 필요한 체계적인 방법이나 질적연구의 수준을 평가할 수 있는 방법이 없다는 것이 잘못된 이해와 신비화를 가속시키는 원인이 된다.

다양한 접근방법이 있지만 평가기준에 대한 합의가 없으면 결국 지식의 권위는 전문가라고 여겨지는 사람들에게로 귀결된다. 그러나 이러한 상황은 비판적 사고를 하는 데 전혀 도움이 되지 않는다. 질적연구는 그에 대한 관심이 있는 사람이라면 누구나 배울 수 있는 것이며, 방법론상으로 엄격하고 책임성 있는 연구를 수행할 수 있다.

3 질적연구의 완성도 요건[4)]

1) 연구자가 갖추어야 할 특성

(1) 창의성과 학술성

질적연구에서는 연구자가 폭넓은 시각과 분별력을 갖게 하는 데 필요한 창의력과 독창적인 통찰력이 중요시된다. 아울러 질적연구는 반드시 학술적인 성격을 가져야 한다. 질적연구자는 여러 가지 다양한 관념적 · 이론적 · 학문적 접근방법 가운데 자신이 원하는 방법을 선택할 수 있다. 그렇지만 반드시 학문적 지식에 근거하여 연구를 수행해야 한다. 중요한 것은 연구자가 자신이 학문적인 연구를 하고 있다는 사실을 반드시 인식하고 있어야 한다는 것이다.

(2) 성숙함과 자기절제력

질적연구에서 자기절제력은 연구대상 모두가 연구 참여를 거부하는 사태가 발생할 수 있는 연구의 초기 단계에서부터 산더미처럼 쌓인 자료를 분석해야 하는 마지막 단계에 이르기까지 연구의 전 과정에 걸쳐 필요하다.

이와 관련하여 질적연구자는 객관적 거리감을 유지할 수 있어야 한다. 연구를 하는 과정에서 연구자는 무엇인가가 잘못되었다는 것을 발견하고 이를 바로잡고 싶다거나 바꿔버리고 싶다는 욕망 또는 유혹을 이겨낼 수 있어야 한다. 또한 연구대상이 적대적인 태도를 취한다 하더라도 연구자는 가능한 한 비판적인 태도를 보이지 않도록 자신을 자제할 수 있어야 한다. 즉 질적연구자는 아무리 어렵고 화가 나는 상황에 처하게 된다고 하더라도 항상 전문가적 평정과 침착함을 유지할 수 있어야 한다.

(3) 유연성과 자기반영성

유연성은 감정과 행동상에서의 어떤 상태[5)]로서, 인지적 혹은 이론적 엄격성에 집착하지 않고 변화하는 상황에 적절하게 대처하는 것을 말한다. 연구자는 연구의 수행과정에서 즉흥성과 민첩한 판단력을 요하는 상황에 직면하는 경우가 많다. 연구대상이 갑자기 협조를 거부하거나 예정된 시간에 나타나지 않을 수가 있다. 또한 연구대상이 매우 충격적인 사실을 말하거나 성적인 접근을 해올 수도 있다. 이러한 상황은 결코 터무니없는 상황이 아니며, 상당히 일반적으로 발생할 수 있는 상황이다. 연구자는 이러한 돌발적인 상황이나 흐름에 적절하게 움직일 수 있는 능력을 가지고 있어야 한다.

또한 자기반영성은 자기 자신을 고찰할 수 있는 능력으로서 질적연구에서 다른 어떤 것보다 중요한 특성이다. 자신의 편견에 대한 고찰은 단번에 이루어질 수 있는 것이 아니고 연구의 전 과정에 걸쳐 지속적으로 이루어져야 한다. 그렇게 하는 과정에서 연구자는 개인적인 신념체계나 편견을 없애려고 하기보다는 그러한 것들이 연구에 어떤 영향을 미치는지를 이해하고자 노력해야 한다.

(4) 관찰기술과 의사소통기술

이론적으로 관찰에 대해 학습하는 것과 실제로 관찰을 체험하는 것은 매우 큰 차이가 있다. 질적연구자는 많은 경험을 통해 관찰기술을 습득해야 한다. 또한 의사소통기술은 일반적인 경우에는 상대와의 적극적인 상호작용을 필요로 하지만, 질적연구자에게 있어서는 지식과 이해를 얻기 위해 효과적인 청취를 하는 것이라고 할 수 있다. 이러한 역할을 하기 위해 연구자는 겸손함고 자신을 낮추는 것이 익숙해져야 한다.

(5) 개념적 사고와 글쓰기 능력

추상적으로 사고하고 새로운 개념적 틀을 만들어내는 것은 질적연구에서 반드시 필요한 기술이다. 이 기술은 수집된 자료에 의미를 부여하고 중요한 것과 중요하지 않은 것을 분별해 내는 능력을 의미한다.

더불어 아이디어를 창출하고, 어떤 현상을 의미 있게 그려낼 수 있는 개념과 이론을 개발하고, 간단명료하면서도 형식을 갖춘 글을 쓸 수 있는 능력은 우수한 질적연구자가 되는 데 필요한 자질이다.

2) 연구자에게 미치는 영향

질적연구를 통해 접하게 되는 깊이 있고 강도 높은 경험은 연구자에게 긍정적일 수도 있고 부정적일 수도 있는 무언가를 남기게 된다. 연구자는 연구대상의 고통과 기쁨의 세계를 오랜 시간에 걸쳐 접하게 된다. 이렇게 하지 않으면 그들의 세계를 이해하는 것이 불가능하기 때문이다. 그런데, 연구대상과 관계를 형성한다는 것은 연구자가 자신의 행동에 대해 연구대상이 솔직하고 심지어는 비판적이 되어줄 것을 부탁하는 것이라고 할 수 있다. 이때 양자 간의 관계는 연구자가 연구대상의 의견을 듣되 반응은 하지 않는 일방적인 관계이다. 그런데 연구대상의 의견은 연구자로 하여금 스스로를 돌아보게 하는 좋은 기회를 제공해 주기도 하지만, 경우에 따라서는 연구자에게 상처를 주거나 좌절감을 경험하게 하기도 한다.

질적연구가 진행될수록 연구자와 연구대상이 친밀한 관계를 형성할 수도 있으나 대부분의 경우에는 제한적이고 목적지향적인 관계이다. 이러한 관계이기 때문에 연구자는 지적·감정적으로 영향을 받을 수밖에 없다. 이 속에서 가장 중요한 현실적인 문제는 연구라는 상황 속에서 이러한 감정을 어떻게 처리해야 하는가에 관한 것이다.

3) 연구자와 연구대상 간의 역동성

연구자와 연구대상 간 서로에게 생각지 않은 방식을 통해 영향을 주는 역동적인 상호작용은 질적연구가 가진 대표적인 특성 가운데 하나라고 할 수 있다. 이러한 역동적 상호작용은 성별, 민족, 나이, 사회적 계층 등으로부터 발생한다. 연구자와 연구대상은 이러한 특성이 일치할 수도 있고 불일치할 수도 있다.

연구자와 연구대상 간에 공통적인 면이 있으면 연구의 진행이 보다 수월할 수는 있겠지만, 이것이 반드시 신뢰관계를 형성할 수 있게 해주는 것은 결코 아니다. 질적연구의 성공 여부는 이러한 인구학적 특성보다는 연구자의 기술에 의해 좌우된다고 할 수 있기 때문이다.

4 질적연구에서의 윤리적 문제[6)]

질적연구에서 흔히 볼 수 있는 연구자와 연구대상 간의 친밀하고 역동적이며 지속적인 관계는 여러 가지 윤리적인 문제들을 유발한다. 질적연구의 성공 여부는 연구자가 연구대상의 세계에 자신을 몰입시킬 수 있는 능력과 오랜 기간에 걸쳐 현장연구를 수행할 수 있는 능력에 달려 있다. 그런데 이러한 과정에서 연구대상자와의 친밀감, 적응력, 변화가능성 등은 연구대상뿐만 아니라 연구자에게도 어느 정도 위험을 안겨 주게 된다.

질적연구자들은 연구의 윤리적 측면과 공정성에 대해서 다른 어떤 부류의 사람들보다 훨씬 더 깊은 관심을 가지고 있다. 일반적인 경우에는 질적연구에서 연구대상자들에게 심각한 위험을 줄 정도의 윤리적 문제가 발생하지 않지만, 특히 취약성이 있는 계층의 사람들을 연구대상으로 하는 경우에는 항상 세심한 주의를 기울여야 한다. 즉 연구자에게는 연구대상으로부터 배우기는 배우되, 피해는 끼치지 않는 섬세한 균형을 유지할 수 있는 능력이 필요하다. 또한 현장연구를 진행하면서 연구자가 전혀 아무런 행동도 취하지 않는다는 사실 그 자체가 연구자가 인식하고 있으면서도 저지를 수 있는 다른 어떤 비윤리적인 행동보다도 더 심각한 문제가 될 수도 있다.

1) 사실을 감추는 것과 밝히는 것

관찰 중심의 질적연구에서 우선적으로 생각해야 할 문제는 과연 어떤 식으로든 간에 연구대상을 속이는 것이 필요한 것이며, 또한 그런 행동이 윤리적인 관점에서 인정될 수 있는가 하는 것이다. 연구대상과의 관계에 있어 연구대상에게 사실을 감춘다는 것은 단순히 무엇인가를 하지 않는 것에서부터 연구의 성격이나 연구자의 역할에 대해 완전히 사실을 감추는 것에 이르기까지 다양한 경우가 있다.

지금까지 이루어진 연구들 중에서는 연구대상에게 사실을 감추지 않았다면 불가능했을 연구가 많이 있다. 그렇지만 연구자들은 연구대상을 속임으로써 얻을 수 있는 혜택이 그렇게 함으로써 나타날 수도 있는 위험보다 더 크다는 견해에는 지속적으로 반대해 왔다. 특히 최근에는 연구대상을 속이는 것은 위험이 전혀 뒤따르지 않거나 혹은 극히 적은 위험만을 수반하는 경우가 아니라면 정당화하기 어렵다고 보는 것이 일반적인 추세이다.

어떤 연구자들은 이유 여하를 막론하고 어떤 식으로든 연구대상을 속인다는 것은 있을 수 없다는 입장을 고수하기도 하지만, 때로는 사람들이 민감하게 느끼지 않는 일반적인 행위에 대한 비강요적 관찰의 경우라면 연구자가 자신의 신분을 밝히지 않은 것도 큰 문제가 되지는 않을 수 있다. 그렇지만 공공장소에서 개인의 사생활에 해당하는 행동이나 사람들이 민감하게 생각하는 어떤 행위를 관찰하는 경우에는 비밀리에 연구하는 것은 금물이다.

연구에 관해 연구대상에게 어느 정도까지 알려주어야 하는지는 잠재적 연구대상과 신뢰적인 관계를 형성한다는 전제하에 상식적 수준에서 결정되어야 할 것이다.

2) 자세한 정보에 근거한 동의 - 취약집단을 대상으로 하는 질적연구

대부분의 질적연구에서는 매우 적극적인 면대면 관계가 이루어진다. 따라서 연구자와 연구대상 간에 관계를 형성하기에 앞서 자세하고도 충분한 정보에 입각한 동의가 필요하다. 이처럼 자세한 정보에 입각한 동의를 얻기 위해서는 다음과 같은 정보들이 제공되어야 한다.

① 연구 및 연구절차에 대한 간략한 소개(면접횟수, 연구기간 등)
② 연구자의 신분을 알려줄 수 있는 정보 및 추후 연락을 위한 연락처
③ 연구참여의 자발성 및 언제든지 아무런 제재를 받지 않고 중단할 수 있는 권리에 대한 보장
④ 비밀보장
⑤ 연구참여에 따른 위험 또는 혜택에 대한 설명

연구에 대한 동의가 이루어지면 일반적으로 두 장의 동의서에 서명을 하고 연구자와 연구대상이 각각 한 장씩 동의서를 보관하도록 한다. 특히 18세 미만 아동·청소년이나 입소시설의 노인, 중증장애인 등의 취약집단을 연구대상으로 하는 경우에는 보호자의 동의도 받아야 할 필요가 있다. 그렇지만 경우에 따라서는 취약한 연구대상의 신분노출을 방지하기 위해 동의서를 받지 않을 수도 있다.

또한 연구대상에 대한 접근통제자(gatekeeper)가 누구인지를 파악하고 이들로부터 동의를 얻도록 해야 한다. 접근통제자는 연구대상이나 연구현장에 대한 접근을 허가할 수 있는 권한을 가진 사람들로서, 이들의 허락 없이 연구를 실시하는 것이 불가능할 수 있다. 이들은 기관의 장, 슈퍼바이저, 병원관리자, 학교 선생님, 지역 교육위원회, 부족장 등이다.

3) 강압과 강제된 동의

연구자는 상대적으로 사회적 지위가 높은 경우가 많기 때문에 이러한 지위를 이용해 강압적인 자세를 갖지 않도록 주의를 기울여야 한다. 이렇게 하지 않으면 자세한 정보에 근거한 동의가 아니라 강제된 동의가 되기 쉽다. 예를 들어 연구대상에게 연구참여를 거부할 수 있으며, 또한 연구와 관련하여 아무런 불이익도 따르지 않는 상태에서 언제든지 원하는 경우 연구에서 탈퇴할 수 있다는 것을 확신시키기 위해 특별한 노력과 주의가 필요하다.

특히 연구자가 자신의 클라이언트, 학생, 부하직원 등에게 연구에 참여해 줄 것을 부탁하기 위해 그들과의 전문적 역할관계를 단절하는 것은 아무리 연구자가 사려 깊게 행동한다고 하더라도 강압으로 받아들여질 수 있다. 이러한 경우 연구대상은 연구자를 기분 나쁘지 않게 하거나 훗날의 불이익을 염려할 수 있기 때문이다. 따라서 가급적이면 이러한 대상과의 연구는 진행하지 않는 것이 바람직하다.

4) 정서적 고통 및 피해

질적연구에서는 연구대상으로부터 이혼, 가족의 죽음, 가정폭력, 근친상간, 아동학대, 자살 등과 같은 고통스러운 삶의 경험에 대한 논의를 이끌어내야 하는 경우가 많다. 즉 연구의 과정에서 연구대상에게 정서적인 고통을 줄 수 있는 것이다. 이러한 주제들은 연구대상에 의해 자발적으로 이야기되는 경우가 아니라면 연구의 초점이 이러한 주제에 맞추어졌을 때에만 다룰 수 있는 것이다.

이러한 주제를 다루는 데 있어 가장 중요한 것은 연구자의 기술과 민감성이라고 할 수 있다. 만일 연구자가 감정적으로 매우 민감한 주제에 대해 연구하는 경우에는 사전에 상담전문가에게 의뢰할 수 있는 준비를 해둘 필요가 있다. 만약 연구자가 전문가라고 하더라도 자신이 직접 상담과 같은 도움을 주고자 하는 것은 바람직하지 않다. 이는 연구대상이 도움을 요청하는 경우라고 하더라도 마찬가지이다.

연구대상이 정서적인 괴로움을 표현하는 것은 흔히 있는 일이며, 대부분의 경우 그러한 감정표현은 일시적인 것이다. 따라서 그로 인해 연구가 단절되는 경우는 거의 없다. 그렇지만 만일의 경우를 대비해 연구대상에게 도움을 줄 수 있는 기관이나 전문가를 소개해 줄 수 있도록 준비하는 것이 필요하다.

5) 비밀보장과 사생활

질적연구에서는 연구자가 직접 연구대상을 알기 때문에 이들의 익명성을 보장하는 것이 매우 어렵다. 따라서 연구대상은 자신이 익명성이 보장되지 않을 수 있으며, 사생활이 노출될 수도 있다는 위험을 감수해야 한다. 그러므로 연구자는 비밀보장의 원칙을 반드시 준수해야 하며, 연구대상의 익명성을 보장하기 위해 필요한 모든 방법을 강구해야 한다. 비밀보장의 원칙은 신뢰관계를 유지하는 데 가장 중요한 것이기 때문에 다른 사람이 심각한 위험에 처할 수 있는 긴박한 상황이 아니라면 반드시 지켜져야 한다.

그런데 만일 연구대상이 앞으로 일어날지도 모르는 살인이나 자살, 또는 그 밖의 다른 심각한 위험에 대해 연구자에게 이야기를 한다면 어떻게 해야 할까? 이러한 경우에 연구자는 비록 비밀보장의 원칙에 위배된다고 할지라도 관련 당국이나 기관에 연락을 해야 한다.

또한 연구결과를 보고하는 방식이 비밀보장의 원칙을 지키기 어렵게 하는 요인이 되기도 한다. 이러한 경우에 대비해 자료수집단계에서 연구자의 실명을 코드나 번호로 대체할 수 있고, 보고서 작성 시에는 가명을 사용하거나 변조를 통해 신원을 알 수 없도록 하는 조치가 필요하다. 이러한 조치는 연구대상만이 아니라 연구현장의 익명성을 보장하기 위해서도 필요하다고 할 수 있다.

6) 장려를 목적으로 한 금품과 대가성 금품

연구자는 연구대상의 참여의식 증진을 위해, 또는 연구에 참여하는 시간에 대한 보상으로 소액의 금전이나 선물을 제공할 수 있다. 이 경우 그 금액의 수준을 어느 정도로 해야 하는지에 대한 결정은 윤리적인 면을 반드시 고려해야 한다. 지급액이 너무 적으면 참여의욕을 저하시키는 원인이 되거나, 혹은 연구대상에게 모욕감을 주는 결과가 될 수 있다. 반면 지급액이 너무 많으면 연구참여를 돈으로 사고자 강제하는 상황이 돼버리게 된다. 따라서 적절한 수준의 금액을 설정하는 것이 타당한데, 이는 연구참여에 대한 시간과 수고의 정도에 따라 합리적으로 결정해야 할 것이다.

한편으로 모든 연구에서 연구대상에게 금품을 제공할 수 있는 것은 아니다. 이러한 경우에는 연구자의 친절함이나 호의적인 태도가 물질적인 보상을 대신할 수 있는 좋은 방법이다. 또한 연구대상이 일을 하거나 일상생활을 하는 데에 비록 하찮은 일이라도 그들을 위해 무엇인가 도움을 줄 수 있다면 연구자의 존재를 보다 가치 있게 할 수 있다. 이렇게 함으로써 연구자는 현장에서 자신의 위치를 자연스럽게 낮추는 기회를 가질 수 있다. 그리고 연구가 종료된 이후 연구대상이 필요로 하는 정보를 제공하거나 신체적 · 정신적 서비스를 제공하는 것도 또 다른 형태의 보상이 된다. 연구자가 이러한 행동을 하면 연구대상은 자신에게 많은 관심을 가지고 있었다는 것에 대해 만족스럽게 생각한다.

또한 연구자는 연구가 종료된 이후 그 결과를 연구대상이나 연구자가 생각하고 있던 사람들과 공유해야 하는 윤리적 책임감을 가져야 한다. 연구에 참여한 사람들은 자신의 도움이 그 연구에서 어떻게 결실을 맺었는지에 대해 관심을 가지고 있으며, 또한 그 결과를 공유할 자격을 갖추고 있다.

7) 연구자가 처하게 될 수 있는 위험

일반적으로 질적연구에서 우선시하는 위험의 문제는 연구대상을 보호하는 것이지만, 연구자가 연구진행과정에서 처할 수 있는 정서적 위험 등도 고려해야 한다.

연구자가 접할 수 있는 가장 우선적인 위험은 정서적인 위험이다. 현장연구를 하는 동안 연구자는 연구대상과 마찬가지로 만남이라는 매우 감정적으로 긴장된 상황을 접하게 됨에 따라 감정의 급변함과 굴곡을 경험하지 않을 수 없게 된다. 더욱이 연구자는 각기 다른 많은 연구대상들과 그러한 만남을 지속해야 하기 때문에 그 누적된 영향으로 인해 신체적 · 정신적으로 소진될 수 있다. 이 경우 연구자가 취할 수 있는 가장 현명한 대처방법은 감정유보(brancketing)이다.[7] 감정유보는 연구대상에 대한 보다 나은 이해를 위해 연구자가 자신의 생각이나 신념, 혹은 느낌을 잠시 접어두려고 하는 신중하고 부단한 노력을 의미한다. 질적연구에서 연구자는 자신의 신념이나 느낌을 배제하거나 억누르는 것이 아니라 이를 정확하게 이해함으로써 바로 그러한 자신의 신념이나 느낌이 연구에 지장을 주지 않도록 해야 한다.

정신적 스트레스 이외에도 연구자는 물리적인 폭력의 위험에 노출될 수 있다. 그리고 연구자에 대한 성적 유혹이나 빈정거림 등의 상황도 발생할 수 있다. 특히 연구현장이 연구대상의 집이나 사적인 장소와 같이 위험에 노출되기 쉬운 곳에서는 이에 대해 보다 더 주의를 기울여야 한다. 이러한 상황에 대처하기 위해서는 연구자에게 전문가적 자세와 강인함이 필요하다. 만일 연구대상의 행동이 어떤 식으로든 연구자에게 신체적이거나 성적인 위협으로 다가온다면 연구자는 아무런 망설임 없이 그 상황으로부터 가능한 한 빠르고 안전하게 벗어나도록 해야 한다.

또한 연구대상의 말이 연구자를 화나게 하거나 흥분하게 만드는 경우도 있다. 때로는 연구대상이 매우 당혹스럽고 비상식적인 결정을 하기도 한다. 이러한 경우에는 연구자의 주관적 판단에 의해 단호하게 행동을 해야겠지만, 그것을 언제 어떻게 해야 하는지에 대한 명확한 기준은 안타깝게도 없다.

8) 윤리적 연구로서의 사회적 책임감

질적연구가 비록 사람들의 삶의 극히 세세하고 구체적인 부분에 초점을 맞추는 경향이 있다고 하더라도 다른 모든 연구들과 마찬가지로 보다 광범위하고 무수히 많은 의미를 내포하고 있는 정치 · 사회적 맥락 속에서 이루어진다는 것을 간과해서는 안 된다. 연구의 사회적 책임감이란 바로 이러한 다양성에 대한 인정을 포함하는 것이기도 하다. 질적연구는 연구주제를 선택함에 있어 사람들의 삶을 향상시킬 수 있는 것을 선택하고, 연구가 끝나면 글을 통해 그 연구결과를 많은 사람들에게 알림으로써 연구자의 윤리적 의무를 다하도록 해야 한다.

사회적으로 책임 있는 연구는 연구대상의 삶 가운데 가장 특별한 부분만을 부각시키고 나머지 보다 덜 특별한 부분들은 모두 무시하는 연구를 말하는 것이 아니다. 사실에 대한 정확성과 연구대상의 욕구에 대한 민감성 간의 미묘한 균형이 경멸받아 마땅한 사람들과 훌륭한 사람들, 그리고 그 중간쯤에 위치하는 일반적인 사람들 가운에 어떤 사람들을 대상으로 연구를 할 것인지를 결정하는 데 영향을 미친다.

5 질적연구의 엄격성[8)]

1) 질적연구의 신뢰성을 저해하는 요인들

질적연구의 신뢰성(trustworthness)을 저해하는 요인들은 연구대상의 반응성, 연구자의 편견, 그리고 연구대상의 편견이라는 세 범주로 나누어 볼 수 있다.

(1) 연구대상의 반응성

연구대상의 반응성(reactivity)은 연구자의 존재 그 자체로 말미암아 연구대상에서 나타날 수 있는 왜곡됨을 말한다. 이러한 왜곡은 연구자가 연구대상이 가진 본래의 모습들에 영향을 미치기 때문에 발생할 수 있다. 또한 연구자가 이해하고자 하는 연구대상의 행동, 태도, 감정 등이 왜곡을 일으키기도 한다.

(2) 연구자의 편견

연구자의 편견도 연구를 왜곡시킬 수 있는 요인이 된다. 연구자가 자신의 관찰과 해석을 자신이 가진 선입견이나 주관만을 통해 보고자 한다면 아무리 좋은 아이디어를 가지고 잘 설계된 연구라고 할지라도 신뢰할 만한 연구결과를 기대할 수 없다.

연구자는 의도적으로 자신과 유사한 관점을 가진 사람들만을 정보제공자로 선택하기도 하며, 면접을 할 때 자신이 원하는 답을 유도할 수 있는 질문을 던질 수도 있고, 자신의 주장을 뒷받침하지 않는 자료들은 무시해 버릴 수도 있다.

또한 감정적 요인이 연구자의 편견을 일으키는 요인이 되기도 한다. 연구자 자신이 주의를 하지 않으면 자칫 지나치게 연구대상이나 연구현장에 몰입되거나, 아니면 연구대상이나 현장의 상황으로부터 완전히 소외되는 두 가지의 극단적인 방향 가운데 어느 하나로 기울 수 있다. 따라서 감정적 균형을 가질 수 있는 거리를 유지하는 것이 연구자의 중요한 덕목이며, 이를 위해 연구자는 스스로를 통제할 수 있는 능력을 기르고자 노력해야 한다.

(3) 연구대상의 편견

어떤 연구대상들은 자신들의 사생활을 지키기 위해 또는 결코 유쾌하지 않은 어떤 사실을 다른 사람들에게 드러내지 않기 위해 의도적으로 정보를 감추거나 거짓말을 할 수도 있다. 반대로 어떤 연구대상들은 연구자에게 매우 협조적일 뿐만 아니라 연구자가 듣고 싶어 하는 것이라고 생각되는 답을 알아서 제시해 주기도 한다. 이들 양자 모두 연구자를 잘못된 길로 빠지게 한다.

연구자가 연구대상의 반응성과 편견에서 비롯되는 연구의 신뢰성 저하는 사람을 대상으로 하는 거의 모든 연구에서 나타날 수 있는 문제이다. 그런데 질적연구에서는 질적연구만이 갖는 연구자와 연구대상 간의 밀접한 관계나 '연구도구로서의 연구자'라는 연구자의 역할 등과 같은 특성으로 인해 질적연구를 보다 더 깊은 위험에 빠뜨리게 된다.

그렇지만 이러한 문제를 해결하고 신뢰성을 높일 수 있는 방법을 생각할 수 있다.

2) 질적연구의 엄격성을 높이기 위한 방법

질적연구가 그 엄밀성을 입증받기 위해서는 다음과 같은 질문에 대답할 수 있어야 한다.

① 연구를 통해 얻을 결과가 얼마나 신빙성 있는 결과라고 할 수 있는가?

② 연구의 엄격성을 유지하기 위해 연구자는 어떤 기준을 적용했는가?

③ 기존에 이루어진 연구와 모든 조건을 동일하게 한 상태에서 연구를 재연하는 것은 불가능하다고 하더라도 유사한 관찰방식을 통해 얻은 결과가 본래의 연구를 통해 얻은 결과와 부합하는가?

④ 동일한 자료를 가지고 과연 다른 사람도 연구자의 해석과 동일한 해석을 할 것이라고 예상할 수 있는가?

⑤ 연구를 통해 얻은 결과가 과연 연구자의 편견에 의해서 날조된 것이 아니라 타당한 결과라고 확신할 수 있는가?

이러한 질문들은 질적연구의 엄격성을 판단할 수 있는 지침을 제공한다. 다음의 다섯 가지 방법은 질적연구의 엄격성과 신뢰성을 높이기 위해 일반적으로 널리 쓰이는 것들이다.

첫째, 질적연구가 다른 연구와 구별되는 독특한 특성 중의 하나는 현장에서 장기간에 걸쳐 이루어지는 연구자와 연구대상 간의 관계이다. 장기간에 걸친 관계형성은 연구대상의 반응성과 연구자의 편견을 줄이는 데 도움을 줄 수 있다.

둘째, 연구대상이 어떤 사실을 숨기거나 거짓말을 하는 것을 막는 데 매우 도움이 된다. 일반적으로 일단 연구에 참여하기로 동의한 연구대상이 의도적으로 연구자를 속이는 경우는 거의 없다고 볼 수 있다. 솔직하지 못한 연구대상들은 연구자와의 면접이 길어질수록 솔직하지 못한 모습을 감추기가 어렵다. 또한 경험이 많은 연구자는 연구대상이 언제 사실을 감추고자 하고 있으며 또는 어떤 사건이나 행동에 대해 의도적으로 거짓말을 하는지를 알 수 있다.

셋째, 연구자가 진실해야 한다는 것을 지나치게 강조하면 하나의 진부한 원칙만을 주장하는 좁은 시각을 갖게 될 우려가 있다. 결국 질적 자료는 각자의 의견과 느낌이 담겨 있을 때 가치 있는 자료가 된다는 것을 항상 명심해야 한다.

넷째, 연구대상과 장기간에 걸쳐 관계를 형성하는 것과 관련된 단점은 연구자가 편견을 가질 수 있다는 것이다. 즉 연구자가 지나치게 연구대상에 몰입되어 객관적인 관찰과 해석을 하는 데 필요한 어느 정도의 거리감조차도 유지하지 못하게 될 수 있다.

다섯째, 너무 익숙해져서 그것이 갖는 중요성을 인식하지 못하게 되는 문제에 빠져 자신의 연구대상에 대해 편견을 가질 수 있다.

6 질적연구의 보고서 작성[9)]

질적연구자는 자신의 연구를 말로 표현하기 위해 창의적이면서도 철저하게 연구를 통해 수집한 자료에 근거할 수 있어야 하는데, 이것은 결코 쉬운 일이 아니다. 질적연구보고서 작성의 가장 기본적인 목적은 학술적이면서 신뢰할 만한, 그리고 읽을 수 있을 만한 보고서를 써내는 것이다.

양적연구의 경우에는 읽기 좋은 글을 쓰는 것보다는 글의 정확성에 초점을 둔다. 즉 어떤 표준화된 형식을 갖추고 있기 때문에 보고서의 작성 과정에 있어 상대적으로 분명하고 단순하다. 그러나 질적연구자에게 있어 연구보고서나 논문을 작성하는 것은 매우 긴장감이 고조되는 작업이다. 아무리 우수한 연구라고 하더라도 글이 제대로 써지지 못한다면 우수한 연구가 되기 어렵다.

질적연구보고서에서 가장 중요한 요인은 연구자이기도 한 저자가 글을 쓰기 위해 최선의 노력을 기울여야 한다는 것이다. 특히 질적연구를 통해 얻게 되는 연구결과의 핵심인 범주(categories), 중심주제(theme), 소이론(miniteories)이 매우 중요하다. 자료의 분석이 적절하고 생산적으로 이루어졌다면 연구자는 단순히 분석결과를 종합하고 주된 발견사항들을 제시함으로써 보고서를 완성할 수 있다. 그렇지만 자료분석이 불확실하다면 보고서를 쓰기 위해 보다 더 많은 노력이 필요하다.

훌륭한 질적연구는 연구자가 얼마나 생각지향적인(idea-oriented)가에 달려 있다. 질적연구가 가진 가장 큰 매력은 창의적일 수 있다는 것이며, 따라서 질적연구자에게 가장 중요한 과제는 자신이 가진 창의적인 생각을 실증적인 근거로 뒷받침하는 것이다.

1) 보고서 작성의 접근방법

질적연구가 연구결과 제시에 있어 어떤 정해진 형식이 없다는 것은 연구자에게 많은 자유가 있다는 것을 의미하지만, 한편으로 연구자가 여러 가지 중요한 사항에 대해 결정을 내려야 한다는 부담감을 주는 것이기도 하다. 가장 이상적인 글은 잘 결합된 인식론적 입장과 연구방법으로부터 도출된다. 이러한 차원에서 기존의 연구자들은 질적연구의 글쓰기에 있어 다음과 같은 중요한 다섯 가지 사항에 결정을 내려야 한다고 한다.

① 자신의 글을 읽게 될 주된 독자층을 누구로 할 것인가?
② 자신의 연구를 통시적(diachronic)인 연구로 할 것인가, 공시적(synchronic)인 연구로 할 것인가?
③ 자신의 연구가 내부자적 관점을 가질 것인가, 아니면 외부자적 관점을 가질 것인가?
④ 자기반영성(reflexivity)을 어느 정도로 가질 것인가?:
⑤ 수치를 사용할 것인가? 사용한다면 어떻게 사용할 것인가?

(1) 독자층의 결정

대부분의 우수한 질적연구는 학계에서 이루어지고 있다. 그렇지만 질적연구에 대해 관심을 가지고 있는 사람들이 학계에만 있는 것은 아니며, 다양한 분야의 사람들이 질적연구의 독자층으로 포함되어 있다. 그런데 어떤 질적연구들은 너무나 분석적이어서 관련 지식을 가진 극히 일부의 독자들을 제외하고는 이해하기 어려운 경우가 있다. 심지어는 상대적으로 쉽게 접근할 수 있다고 생각되는 평이한 연구조차도 이해를 위해서는 상당한 수준의 지식을 요하는 내용을 담고 있어 많은 사람들이 쉽게 접근하거나 흥미를 느끼지 못하는 경우도 많다.

질적연구자는 연구보고서를 작성하는 데 있어 읽고 싶은 생각이 들면서 동시에 지적인 자극을 줄 수 있는 균형을 유지할 수 있어야 한다. 이러한 측면에서 연구보고서가 평가보고서, 학위논문, 발표나 출판을 위한 연구논문 등의 목적을 가질 때 이 목적에 적합한 독자층을 겨냥하여 작성되어야 한다.

학술적인 목적의 보고서를 쓰는 경우 연구자는 명확한 개념적 및 이론적 내용을 매우 함축적으로 표현할 수 있어야 한다. 학술보고서의 핵심은 자신의 연구가 어떻게 새로운 시각과 통찰력을 제공해 줄 수 있는지를 보여주는 것이다. 특히 학술보고서의 독자들은 매우 위압적일 수 있기 때문에 연구자는 자신의 연구의 엄격성과 결과 해석의 타당성을 방어할 수 있는 준비가 있어야 한다.

평가보고서나 실천가들이 읽게 될 보고서는 가급적 더 실용적인(즉 덜 학술적인) 용어와 문체를 사용하는 것이 바람직하다. 특히 실천 및 정책에 관한 구체적인 제안을 제시하는 방향으로 작성하는 것이 중요하다. 특정 기관이나 단체에서 연구비를 후원하거나 연구의뢰를 하는 경우에는 일반적으로 그 기관들은 연구자에게 그들이 알고자 하는 문제를 파악해 줄 것과 이에 대한 해결책을 제시해 줄 것을 요구한다. 따라서 연구비 후원기관이나 단체는 독자이면서 동시에 연구보고서가 어떤 식으로 작성될 것인가에 영향을 미치기도 한다. 그렇지만 연구자는 이 기관들의 의도에만 맞추어 연구를 해서는 안 되고, 연구의 엄격성을 높이고 편견을 방지하기 위해 어떤 노력을 하였는지를 충분히 보여줄 수 있는 명확한 증거를 제시할 수 있어야 한다.

또한 일반대중이 독자인 경우가 있다. 일반대중에게 접근함에 있어 질적연구보고서나 논문이 비교적 읽기 쉽게 작성된다는 것은 하나의 장점으로 작용한다. 반면 일반적으로 글의 분량이 많다는 점과 연구결과를 압축적이기보다는 전체적으로 제시하고자 하는 접근방식으로 말미암아 폭넓은 독자층을 확보하기에는 어려움이 있다. 독자층의 범위를 넓게 잡고 접근하는 것은 다양한 부류의 사람들로 하여금 실증적인 연구를 접할 수 있게 하고 그러한 연구를 통해서 새로운 사실들에 대해 눈을 뜰 수 있는 기회를 제공한다는 의미에서 매우 바람직하다고 볼 수 있다. 반면 다양한 부류의 독자들이 쉽게 이해할 수 있게 하기 위해서 연구자는 연구결과를 다듬고 압축하는 작업을 해야 함과 동시에, 경우에 따라서는 연구결과를 왜곡시켜야 하기도 한다. 그러나 반드시 유념해야 할 것은 누가 주된 독자가 된다고 하더라도 연구의 학문적인 가치와 연구결과의 엄정성만큼은 결코 포기해서는 안 된다는 점이다.

질적으로 우수하고 글로도 적절히 표현된 질적연구는 일차적 독자나 이차적 독자 모두가 쉽게 접할 수 있는 연구라고 할 수 있다. 예를 들어 평가보고서의 경우 무엇보다도 먼저 평가의뢰기관이 일차적인 독자가 될 것이며, 그 다음으로는 지역사회의 여러 단체나 조직, 전문가, 그리고 그 밖의 관심 있는 일반인들이 이차적인 독자층을 이룰 것이다. 질적연구보고서는 이러한 여러 독자들이 이해하기 용이하고 학문적이면서 실질적인 가치를 논리적으로 명확하게 표현할 수 있도록 작성되어야 할 것이다.

(2) 통시적 보고서와 공시적 보고서

통시적 보고서에서는 그 내용이 시간의 흐름에 따라 전개된다. 통시적 보고서에서는 사람들이 살면서 겪게 되는 중요한 사건이나 위기에 어떻게 반응하는지에 초점을 맞추고 사람들이 적응해 나가는 단계를 중심으로 보고서가 구성된다. 예를 들어 심각한 장애를 가진 아이를 낳게 된 부모들이 어떻게 그 상황에 적응해 나가는지에 관한 연구라든지, 낙태를 시술하는 병원의 직원들이 낙태반대주의자들의 격렬하고 폭력적인 시위에 어떻게 대처하는지에 관한 연구가 있을 수 있다. 이러한 연구에서는 특정 시점에서 연구자가 어떤 사건을 실제로 그 사건이 일어나기 이전부터 관찰할 수도 있고, 사건의 진행에 따라 관찰할 수도 있으며, 또는 사건이 일어난 이후만을 관찰할 수도 있다. 중요한 것은 보고서의 내용이 시간의 흐름에 따른 변화를 중심으로 전개되어야 한다는 것이다.

통시적 보고서는 또한 사람들의 삶의 일반적인 발달상의 변화를 다루기도 한다. 예를 들면 아기의 출생이나 대학진학, 그리고 은퇴 등과 같은 변화를 생각할 수 있다. 통시적 보고서에서는 보통 사람들의 삶에 내재된 매우 감성적인 측면이 다루어질 수도 있고, 이와 반대로 아주 중대한 사회적 혹은 역사적 변화를 잘 보여주는 아주 특별한 사람들의 삶이 다루어질 수도 있다.

공시적 보고서는 시간을 고정시키고 몇 개월 또는 몇 년간에 걸쳐 이르어진 연구를 한 편의 정체적인 서술중심의 보고서로 축약하여 작성한다. 사회과학분야에서 1960년대 이전에 활발히 이루어졌던 공시적 연구의 한 종류로는 구조-기능주의적 접근방법에 입각한 연구를 들 수 있다. 이 연구들은 주로 개인, 가족, 마을 혹은 소도시 등과 같은 체계들이 어떻게 움직이는가에 초점을 맞추고 이루어졌다. 그런데 이 연구들은 현상유지만을 바람직한 것으로 보고 내적인 역기능이나 외적인 압력에 대해서는 아무런 가치를 부여하고 있지 못하다는 비판을 받기 시작하였다. 물론 현상유지의 중요성을 강조하기 위해서 공시적 질적연구보고서가 반드시 구조-기능적이어야 할 필요는 없다. 필요하다면 연구자는 연구결과를 변화의 중요성을 주장하기에 적합한 형식으로 다듬으면서 얼마든지 행동지향적 접근방법을 택할 수도 있다.

대체로 공시적 보고서는 연구에 앞서 알고자 하는 바가 무엇인지를 뚜렷하게 정해놓은 연구가 아니라 다양한 정보를 제공하는 데 주안점을 두는 연구이다.

이러한 두 가지 유형의 분류는 항상 명확한 것만은 아니다. 대로는 두 가지 성격이 동시에 포함되는 연구가 있을 수 있다. 와이즈(Weiss, 1994)는 통시적 보고서는 내용을 전개할 수 있는 구조를 가지고 있다는 장점이 있으며, 공시적 보고서는 이러한 장점을 찾아볼 수 없다고 한 바 있다.[10] 이러한 지적은 나름대로 타당성이 있지만, 두 가지 종류의 보고서는 모두 공통적으로 불충분한 개념화(underconceptualization)라는 위험성을 내포하고 있다. 불충분한 개념화라는 것은 학문적이라기보다는 다분히 인상적인(impressionistic) 성격의 연구를 말한다. 이러한 성격의 연구보고서는 읽기에는 흥미로울지 모르지만 기본적으로 개념적 틀을 가지고 있지 못하기 때문에 사고의 세계(the world of idea)와 연결될 수 없다는 문제점을 가지고 있다.

(3) 내부자적 접근과 외부자적 접근

1970년대까지 연구자들은 질적연구를 글로 옮기는 데 있어서 외부자적 관점(etic)을 택했다. 이러한 관점에서 작성된 질적연구는 '사실적 이야기'(realist tales)라고 불리는 연구들로서, 이러한 연구들은 많은 경우 연구결과를 얻게 되기까지의 연구과정에서 연구자의 역할이 무엇인지를 거의 혹은 전혀 인식하지 못하는 제3자에 의해 쓰인 글로 인식되었다. 또한 글에서 일인칭 대명사를 쓰는 것은 기본적인 예의를 무시하는, 생각할 수조차 없는 비과학적이고 제멋대로인 행위로 여겨졌다.

그런데 1970년대 구성주의와 포스트모더니즘의 출현과 함께 나타난 해석적인 글쓰는 방식(interpretive writing style)에서의 변화는 이전까지의 외부자적 접근방법으로부터의 탈피를 주장하기 시작하였다. 어떤 연구자들은 외부자적 접근방법은 질적연구를 무미건조하게 만들 뿐만 아니라 질적연구를 내용이 없는 연구로 만들어버리는 결과를 가져온다고 비판하기도 한다. 즉 '결점 없는 완벽한 인식'(doctrine of immaculate perception)[11]을 추구하는 경향은 결국 질적연구의 생명이라고 할 수 있는 생동감과 모호함 모두를 잃게 만드는 결과를 가져온다는 것이다. 이러한 비판에도 불구하고 어떤 형태의 외부자적 접근방법들은 아직도 대부분의 질적연구보고서에서 중요한 요소 가운데 하나로 여겨지고 있다.

그렇지만 절대적인 외부자적 접근방법을 지양해야 하는 것과 마찬가지로 내부자적 관점(emicism)을 지나치게 추구하는 경향 또한 지양해야 한다. 만일 연구자가 글을 쓰는 데 있어 연구자로서의 관점을 철저하게 배제해야 한다면 연구자의 역할은 전혀 사고할 필요가 없는 단순한 도관공과 다를 바가 없을 것이며, 그렇게 작성된 연구보고서나 논문의 학문적인 영향력 또는 높다고 보기 어렵다. 물론 절대적인 내부자적 관점이란 없으며, 단순히 자료를 분류하고 제시하는 방법이 편집과정상에 어떤 관점을 좀 더 부각시킬 뿐이다. 그럼에도 불구하고 만일 연구자가 거의 혹은 전혀 없는 상태에서 단순히 연구대상의 이야기를 글로 옮기는 것을 목적으로 하는 연구가 있다면 그러한 연구는 너무도 명백하게 외부자적 관점에 빠진 연구라고밖에 볼 수 없을 것이다.

가장 이상적인 방법은 이 두 가지 접근방법을 혼용하는 것, 즉 내부자적 설명에 코드나 분석, 또는 저자의 해석을 덧붙이는 것이 가장 바람직할 것이다.

(4) 자기반영성

질적연구에서 연구자의 역할이 대단히 중요하지만, 그것이 과연 어느 정도까지 돋보여야 하는지에 대해서는 아직도 명확한 기준이 없다. 만약 연구자의 자기반영성이 너무 지나칠 경우 이는 다른 사람들로부터 인정받기 어려운 자서전이나 지루하기 짝이 없는 일종의 자기도취가 되기 쉽다. 그렇지만 연구자가 현장으로부터 얻은 경험의 대부분은 연구결과 및 연구의 궁극적인 신빙성과 관련되어 있다.

자료수집 및 자료분석의 단계에서 연구자가 자기반영성을 유지하기 위해서는 지속적인 노력이 필요하다. 자기반영성의 유지에는 연구대상을 통한 재확인, 동료지지집단, 그리고 감사 등이 연구자로 하여금 자아인식 및 자기교정의 기회를 갖게 하는 데 도움이 된다. 연구보고서나 논문에서 연구자가 과연 어느 정도까지 자기반영적이어야 하는지, 다시 말해 어느 정도까지 연구자 자신과 자신의 경험을 보고서에 포함시킬 수 있는지에 관한 결정을 내리는 것은 그리 쉬운 일이 아니다. 이러한 결정은 연구자의 연구가 내부자-외부자 양극단으로 하는 연속선상의 어디에 위치하는가와 밀접한 관계가 있다.

(5) 수치의 사용

질적연구라고 하더라도 보고서에 수치를 사용할 것인가의 여부에 대한 결정은 상대적으로 그다지 어려운 것은 아니다. 빈도나 백분율과 같이 수치로 표현되는 연구결과를 제시하는 것은 질적연구를 돋보이게 하는 요소가 된다. 마찬가지로 보고서에서 코드나 범주를 제시하고자 할 때 연구자는 그러한 코드나 범주가 몇 번이나 나타나며 몇 명의 연구대상이 이에 해당하는지를 함께 제시할 수도 있다.

그렇지만 질적연구에서 수치를 제시할 때에는 몇 가지 주의해야 할 사항이 있다. 우선적으로 질적연구에서 사용하는 표본은 대표성이 없으며 크기가 매우 적다는 점을 고려할 때 연구자가 수치로 표현되는 연구결과를 제시하는 데에 있어 매우 신중을 기해야 하며, 혹시라도 독자들로 하여금 실제로는 전혀 존재하지 않는 정확성이 마치 존재하는 것처럼 느끼게 할 수 있는 잘못된 인상을 주지 않도록 유의해야 한다. 아주 작은 수치를 제시하는 것은 자칫 독자들로 하여금 좀처럼 나타나기 어려운 연구결과가 나타났다는 느낌을 줄 수도 있다. 따라서 연구자는 크기가 작은 표본을 통해 얻은 연구결과를 일반화하는 것이 어떤 위험을 가져올 수 있는지에 대해 책임감을 가지고 반드시 설명해야 한다.

또한 어떤 경우에는 비록 단 하나의 사건이라고 이를 제시하는 것이 필요할 때가 있다. 예를 들어 차상위계층에 대한 정부의 지원금이 감소하여 연구대상 가운데 한 사람이 자살을 시도했다고 할 때, 이러한 안타까운 사건은 정책의 변화로 인해 사람들의 삶이 어떻게 영향을 받는지를 적나라하게 보여줄 수 있다. 그런데 이러한 사건이 단순히 한 번밖에 일어나지 않았기 때문에 이를 보고서에서 제외한다면 이는 질적연구가 가진 가장 큰 장점을 살리지 못하는 오류를 범하는 것이다.

그리고 질적연구에서 수치를 제시할 때 주의해야 할 또 한 가지는, 연구자가 질적연구를 통해서 얻은 많은 중요한 결과들이 결코 일상적 혹은 정기적으로 얻을 수 있는 것들이 아니라는 점이다. 구조화된 서베이와는 달리 질적연구에서 중요한 정보는 이따금씩 연구대상이 자발적으로 주는 것이며 정기적으로 줄 것을 요구할 수 있는 것이 아니다. 따라서 특정한 정보를 주는 연구대상의 숫자를 센 결과 얻어진 수치는 그러한 정보를 줄 수 있는 실제 연구대상의 숫자보다 적을 수 있다.

2) 보고서의 구성요소

질적연구보고서의 작성에는 연구자의 창의성이 상당 부분 허용되기 때문에 보고서 작성에 특정한 지침이 있는 것은 아니지만, 대체로 다음과 같은 네 가지의 구성요소가 있다고 볼 수 있다.[12)]

(1) 목적과 연구배경

연구보고서의 서두부분인 목적과 연구배경에서 연구자는 자신이 무엇에 관심이 있는지를 밝히고, 연구의 필요성을 설명함과 동시에 문헌고찰을 통해 연구의 이론적이고 역사적인 맥락을 소개한다.

(2) 탐구방법: 일반적인 부분과 응용적인 부분

이 부분은 학위논문의 경우 논문의 주된 내용의 일부로서 제시되며, 책의 경우에는 부록으로 제시되는 것이 일반적이다.

일반적인 방법에 해당하는 부분에서는 독자들에게 질적연구와 질적연구탐구방법(근거이론, 현상학, 페미니스트이론 등) 등에 대한 일반적인 소개가 이루어진다. 이 부분에서는 독자들을 위한 질적연구에 관한 교육과 함께 연구에서 자신의 연구를 위해 질적연구방법을 사용해야 하는 합리적인 근거를 제시한다.

탐구방법의 두 번째 부분에서는 구체적으로 어떻게 연구목적을 달성하기 위한 노력이 이루어졌는지에 대한 설명이 있게 된다. 이를 위해 연구자는 연구와 관련된 어떻게(how), 언제(when), 그리고 왜(why)에 대해 설명하게 되는데, 이때에 연구현장 및 표본의 선정, 현장으로 뛰어드는 과정과 신뢰감 형성과정, 연구현장, 자료수집절차, 자료보관 및 분류작업과정, 자료분석 및 코딩에 관련된 사항, 윤리적인 측면과 연구대상의 권익과 관련하여 고려해야 할 사항, 그리고 연구의 엄격성을 높이기 위해 사용된 방법 등을 설명한다. 이러한 내용을 설명함에 있어 연구자는 자신이 사용한 연구방법의 제한점 및 자료를 수집하고 분석하는 도구로서의 연구자의 역할에서의 제한점을 반드시 밝혀야 한다.

(3) 연구결과

연구결과부분은 연구보고서나 논문에서 가장 핵심이 되는 부분이다. 연구자는 자신이 가진 모든 통찰력과 창의력을 발휘해서 자신이 관찰한 바와 생각을 개념적으로 짜맞추고 이를 독자들에게 전달해야 한다. 이를 위해서 연구자가 선택할 수 있는 방법은 여러 가지가 있는데, 어떠한 방법을 선택하든지 간에 연구결과는 반드시 엄격성을 가져야 하며, 이해할 수 있도록 작성되어야 한다는 사실을 유념해야 한다.

(4) 결론 및 제언

결론 및 제언부분에서 연구의 가장 중요한 부분들을 다시 한 번 강조하고 언급함으로써 독자들로 하여금 연구목적이 무엇인지를 다시 이해할 수 있도록 해주고, 연구목적을 달성하고자 어떠한 노력이 이루어졌는지를 간단하게 요약 · 설명함과 동시에 연구의 제한점이 무엇인지를 설명한다.

또한 연구결과가 가진 함의를 이 부분에서 반드시 제시해야 한다. 함의는 다음과 같은 초점에서 작성되어야 한다.

① 연구를 통해 얻어진 결과는 우리가 가진 지식의 범위를 얼마나, 그리고 어떻게 확대시킬 수 있을 것인가?
② 연구결과가 실천과 정책에 어떻게 활용될 수 있는가?
③ 다른 연구자들을 위해서 줄 수 있는 제언은 무엇인가?

3) 보고서작성자의 태도

훌륭한 질적연구보고서는 쉽게 읽을 수 있도록 평이하게 작성되어야 하며, 그렇게 하기 위해서 연구자가 택할 수 있는 방법은 여러 가지가 있다. 질적연구자에게 있어 가장 큰 딜레마는 과연 어떻게 비판적인 태도를 견지하며, 또한 연구대상이 가진 인간성의 진가를 올바르게 판단하는 것 간의 균형을 유지할 것인가의 문제라고 할 수 있다. 이 두 가지 가운데 어느 한 극단에 치우친다는 것은 문제가 있다는 것을 의미한다. 극단적으로 비판적인 태도를 가질 때 연구자는 지나칠 정도로 무엇인가를 밝혀내고자 하는 연구자로 전락할 가능성이 있다. 한편 또 다른 극단, 즉 자료를 무시하거나 자신의 주장을 뒷받침할 수 있도록 자료를 왜곡하는 경우에 연구자는 신뢰성을 상실하게 된다.

가장 바람직한 자기주장(advocacy)은 반드시 실증적 기반을 바탕으로 해야 하며, 이를 위해 회의론적 태도와 비판적 사고 사이의 접근방법을 가질 필요가 있다. 탐구의 개방성이라는 관점에서 볼 때 이러한 태도는 근거 없는 단언적 주장이나 권위에 대한 절대론적 주장과 반대되는 입장이라고 할 수 있다. 회의론적 태도는 결코 단정적이지 않고 탐구적이면서 모든 주장에 대해 의심을 가져보는 태도를 말한다. 또한 비판적으로 사고하는 사람은 어떤 지고한 권위에 대한 맹목적 믿음에 근거한, 그렇기 때문에 결코 오류가 있을 수 없다고 여겨지는 절대적 주장에 대한 가장 좋은 감시자라고 할 수 있다. 자신이 연구대상을 아무리 공감한다고 하더라도 연구자는 자신이 발견한 내용을 보다 거시적으로 비판적인 맥락에서 이해하기 위해 연구대상과 충분한 거리를 유지해야 할 의무가 있다. 때로는 연구자가 작성한 연구보고서가 연구대상의 감정을 상하게 하거나 연구대상을 위하는 연구자의 마음에 상처를 주게 되는 경우도 있을 수 있다.

질적연구보고서에서 흔히 사용되는 전략 중의 하나는 실체를 폭로하는 것, 즉 일반적으로 받아들여지는 생각이나 현상에 대해서 반박하거나 독자들로 하여금 그러한 생각이나 현상을 새로운 시각에서 바라보도록 독려하는 것이다.

또한 신빙성 제거는 질적연구를 하게 만드는 또 하나의 원동력이라고 할 수 있다. 복잡하기 그지없는 인간행동을 연구하고자 하는 연구자는 심층적인 탐구를 하고자 하는 각고와 놀라움을 접하고 자신이 틀렸다는 것을 받아들일 수 있는 준비가 되어 있어야 한다. 질적연구보고서를 쓰는 데 있어 연구자의 자기반영성은 신비성을 없애기 위한 노력의 일환이라고 할 수 있다. 연구보고서에서 자신의 현장연구 과정을 있는 그대로 밝히는 연구자만이 자신의 역할과 자료수집 및 분석방법 등에 대한 엄격한 비판을 거칠 수 있다.

아울러 질적연구보고서에는 양적연구의 경우에는 결코 찾아볼 수 없는 당사자의 관점(insider's point of view)이 제시될 수 있다.

1) Van Maanen, J.(1988), *Tale of the field: On writing ethnography*, Chicago: University of Chicago Press.

2) 유태균 역(2001), 앞의 책, pp.26~31.

3) 유태균 역(2001), 앞의 책, pp.31~37.

4) 유태균 역(2010), 앞의 책, pp.47~58.

5) Ely, M., Anzul, M., Friedman, T, Garner, D. & Steinnetz, A. M.(1991), *Doing qualitative research: Circle within circles*, london: Falmer.

6) 유태균 역(2010), 앞의 책, pp.73~93

7) Ely, et al.(1994), *op cit.*

8) 유태균 역(2010), 앞의 책, pp.169~196.

9) 유태균 역(2001), 앞의 책, pp.197~235.

10) Weiss, R. S.(1994), *Learning from strangers: The art and method of qualitative interview studies*, New York: Free Press.

11) Van Maanen(1988), *op cit.*, p.73.

12) Munhall, P. L.(1994), *Qualitative research proposals and reports: A guide*, New York: Nayional League for Nursing Press.

10 고전적 질적연구방법

1 생애사 연구

1) 생애사 연구의 특징 및 유용성[1)]

생애사는 일반적으로 '자기 이야기(self-narrative)' 또는 '인생 이야기(life-story)'로 불려져 왔다. 협의의 의미에서 생애사는 한 개인이 지나온 삶을 자신의 말로 이야기한 기록으로 생애사 수집은 자서전, 일기, 편지 등의 글로 쓰인 개인기록이나 이차적 문헌자료를 이용하는 방법도 있으나, 주로 심층면접을 통해 이루어진다. 구술 생애사에서 연구대상자는 자신이 살아온 경험을 듣고 질문하고 기록하는 연구자에게 과거 경험을 이야기한다. 따라서 이렇게 만들어진 생애자 자료는 연구자와 연구대상자 간의 상호작용의 결과물이며, 공동작업의 성격을 띤다. 이러한 이유에서 생애사 자료는 '함께 쓰는 일대기(co-authored biography)'라고 불리기도 한다.

생애사는 수집하는 자료의 범위에 따라 일반적 의미의 생애사와 '주제중심적 생애사(topical life history)'라고 불리기도 한다. 일반적 생애사는 삶의 전반적인 영역에 대한 정보를 수집하는 데 비해, 주제중심적 생애사는 연구자가 관심을 가지고 있는 특정한 주제를 중심으로 자료를 수집하게 된다.

생애사 자료를 수집할 때에는 집단면접과 일대일면접을 모두 이용할 수 있다. 일대일면접에서는 연구자와 참여자 간의 공감대 형성이 중요하고, 두 사람 간의 관계 역동에 의해 수집되는 자료의 질적 · 양적 수준이 영향을 받는다. 집단면접에서는 집단 구성원들의 특성에 따라 집단역동성이 달라진다. 집단면접은 내재화된 문화적 가치 및 사회적 담론의 영향을 탐색하기에 적합하다.

생애사의 일반적인 특징은 이야기(narrativity), 주관성(subjectivity), 시간성(temporality)으로 집약될 수 있다. 생애사는 단순한 이야기가 아니라 주관성과 시간성을 담고 있는 이야기이다.[2)] 즉 생애사는 현재시점에서 과거의 생활경험에 대하여 이야기하는 것이기 때문에 과거경험에 대한 의미부여이다. 경험이란 행동과 그에 따르는 감정뿐만 아니라 행동과 감정에 대한 개인적 성찰을 포함하는 개념이고, 따라서 주관적일 수밖에 없다. 또한 개인의 회상을 통한다는 점에서 이야기하는 사람이 삶에 대해 부여하는 주관적 의미, 주관적 해석이 포함된다. 어떤 내용을 중시하여 생애사 이야기의 내용으로 삼는가 하는 것은 개인의 주관적 선택이다. 이렇듯 주관성은 자신의 경험을 의미로 만들어 가는 과정에서 나타난다. 연구대상자의 주관적 해석에 초점을 맞춘다는 점에서 생애사는 일반적인 질적연구방법과 동일한 성격을 갖는다. 그렇지만 다른 질적연구방법과 구별되는 중요한 특징은 '시간성'을 강조한다는 것이다. 즉 살아오면서 직면한 사회적 제약, 삶의 기회와 전환점 등 제반 생애사건 등에 어떻게 반응하고 어떤 선택을 하였는지, 그러한 삶의 선택과 의사결정이 현재 삶에 어떻게 반영되고 삶의 질에 연관되는가 하는 질문을 생애사를 통해 탐색할 수 있다. 또한 생애사 자료는 생애 전반에 걸친 이야기를 수집하기 때문에 삶의 과정에 대한 정보가 풍부하며, 수집되는 자료의 폭이 넓다는 장점이 있다.

생애사는 한 개인이 지나온 삶을 자신의 말로 이야기한 기록으로 생애사 수집은 자서전, 일기, 편지 등의 글로 쓰인 개인기록이나 이차적 문헌자료를 이용하는 방법도 있으나, 주로 심층면접을 통해 이루어진다.

2) 생애사 자료의 분석방법[3)]

생애사 자료의 분석방법은 다음과 같이 크게 4가지로 범주화할 수 있다.

(1) 통합적 내용분석(holistic-content approach)

이 방법은 개별 생애사를 분석하여 각 생애사의 주요한 테마를 찾아내는 방법이다. 각 생애사의 고유성을 살리면서 사례분석대상으로 삼는다.

(2) 범주적 내용분석(categorical-content approach)

이 방법은 여러 개의 생애사로부터 공통 테마를 도출하는 방식이다. 개별 생애사의 전체성은 훼손되지만, 생애 과정의 유형을 파악하고 다양한 유형과 사회문화적 요소와의 관련성을 탐색하는 데 유용하다.

(3) 통합적 형태분석(holistic-form approach)

이 방법은 생애사의 내용 측면보다 각 생애사의 전체적 구조를 분석한다. 인생에서 가장 행복했던 시점과 불행했던 시점의 위치를 중심으로 하여 삶의 질의 변화를 표시하게 되는 생애도표 구성방식이나 인생 전환이 가장 빈번하게 경험되는 인생단계의 위치를 탐색해보는 작업 등이 이에 속한다.

(4) 담론분석(discourse analysis)

이 방법은 '왜 그런 식으로 말하는가?' 하는 이야기의 조직원리에 초점을 맞추어 생애사 서술의 서사구조를 탐색한다. 앞의 세 가지 분석방법이 생애사를 '삶의 경험'으로 보고 생애사 내용에 초점을 맞춘다면, 담론분석은 생애사를 텍스트로 보고 그 조직원리에 초점을 맞춘다.

이상의 네 가지 방법은 자료분석의 초점을 어디에 두는가 하는 구체적 방식에서는 차이가 있지만, 삶의 과정 속에서 개인들이 어떻게 자아의 연속성을 유지하고 일관된 생의 의미를 창출해나가는지에 대한 과정을 밝히는 작업이라는 공통점을 갖는다.

어떠한 방식으로 생애사 자료에 접근하든지 생애사 연구의 분석과정은 생애사를 통해 드러나는 개인의 주관적 의미 세계를 연구자가 다시 재해석하는 '해석과정'이라고 할 수 있다. 연구참여자는 자신의 경험과 삶을 이야기할 때 '지나간 과거경험을 재구성하는 작업'을 거치므로 참여자가 구술한 생애사는 그의 '실제 삶'은 아니며, 어떤 의미에서는 그가 '경험한 삶'이다. 또한 그러한 경험 중의 일부를 연구자와의 상호작용 속에서 선택적으로 이야기한다. 그러므로 생애사를 분석할 때에는 참여자의 '실제 삶', 그가 '경험한 삶', 그리고 연구자에게 '이야기된 삶' 사이에 존재하는 거리를 간과하지 말아야 한다.[4)]

생애사 자료의 분석방법
① 통합적 내용분석
② 범주적 내용분석
③ 통합적 형태분석
④ 담론분석

생애사 연구의 분석과정은 생애사를 통해 드러나는 개인의 주관적 의미 세계를 연구자가 다시 재해석하는 '해석과정'이다.

3) 생애사 연구 사례

생애사 연구를 수행한 사례를 찾아보면 다음과 같다.

① "태권도 경기지도자의 생애사를 통한 윤리적 갈등경험에 관한 현상학적 연구"(연세대학교, 2008)
② "수영으로 살아가기: 수영선수에 대한 생애사 연구"(한국체육대학교, 2010)
③ "한 60代 初等學校 女敎師의 삶과 가르침 – 생애사적 사례연구"(동덕여자대학교, 2006)
④ "여성 퇴직자의 생애사를 통해서 본 취업 지속 배경에 관한 질적연구"(한국가정관리학회지, 24(5), 2006)
⑤ "농어촌지역 전문계 고등학교에 근무하는 여교사의 생애사 연구"(한국교원교육연구, 26(1), 2009)
⑥ "황혼이혼 여성노인들에 대한 생애사 연구"(韓國老年學, 29(3), 2009)
⑦ "체육철학: 세미프로 골프지도자의 생애사에 관한 정체성 분석"(움직임의철학: 한국체육철학회지, 13(3), 2005)
⑧ "초등학교 여교장의 교직 생애사 연구"(열린교육연구, 14(2), 2006)
⑨ "생애사 연구를 통한 노년기 삶의 이해"(韓國老年學, 24(4), 2004)
⑩ "성공적 노화 여부에 따른 중요 생애사건 비교분석"(韓國老年學, 27(4), 2007)

···> 생애사 연구방법에 대한 내용은 www.papersea.com
온라인강좌Ⅱ 제45강 '연구방법 23 생애사연구'
온라인강좌Ⅱ 제46강 '연구방법 24 생애사 사례연구방법' 참조

2 문화기술지

1) 문화기술지의 의의

문화기술지 연구는 인류학분야에서 방법론으로 처음 개발되었으며, 인간이해의 탁월한 연구방법으로 사용되고 있다. 문화기술지는 '모든 문화는 가치가 있다'는 가정에 근거하여 타인의 행동을 관찰·경청하고 이를 바탕으로 귀납적으로 의미를 이끌어내고자 노력하는 학문이자 예술이다. 이는 그 문화를 습득한 사람들의 시각으로부터 모든 인간의 문화를 체계적으로 이해하려고 시도하는 것이다. 그래서 문화기술지는 생성적·귀납적·구성적·주관적 접근이라고 할 수 있다. 그러므로 문화기술지는 관련된 사람들을 인터뷰하고 대조를 이루는 의견을 분석하며, 기록들을 다시 보고 특이한 관심들과 조직에 연결점을 찾음으로써 하나의 문화나 집단을 서술하는 과학이다.[5)]

문화기술지(Ethnography) 연구는 문화공유집단(culture-sharing group)의 행동을 연구하고자 할 때 선택하는 방법으로, 문화적 또는 사회적 집단이나 체계에 대한 기술과 해석을 의미한다.[6)] 문화기술지는 경험을 해석하고 조직하는 데 유용하고, 문화적 의미를 이해하여 그 패턴과 규칙을 발견하는 데 유용한 방법이다.[7)]

문화기술지의 특징은 서술적이고 사회적 담론의 흐름을 기술하며, 사라져 가는 시간과 사건들을 그럴듯한 용어로 고정시켜 그러한 사회적 담론을 회생시키고자 일관되게 노력하며, 양적연구로는 파악할 수 없는 미세하고 심층적인 부분을 밝혀낼 수 있다. 즉 문화기술지는 다른 방법으로는 측정하거나 이야기할 수 없는 여러 가지 미묘한 변화, 태도, 행동과 사건 등을 감지하고 관찰할 수 있기 때문에 연구대상에 대한 피상적인 견해 이상의 정보, 즉 가치, 의미, 인지방식 등과 같이 외부에서 쉽게 관찰할 수 없는 내면을 체계적으로 파악할 수 있다.[8)]

문화기술지는 관련된 사람들을 인터뷰하고 대조를 이루는 의견을 분석하며, 기록들을 다시 보고 특이한 관심들과 조직에 연결점을 찾음으로써 하나의 문화나 집단을 서술하는 과학으로서 문화적 의미를 이해하여 그 패턴과 규칙을 발견하는 데 유용한 방법이다.

2) 문화기술지 연구절차와 평가방법

(1) 문화기술지 연구의 일반적인 절차

① 연구문제를 확인하고 목적을 분명히 하기: 연구설계의 유형을 결정

② 현장 들어가기

③ 자료수집: 현장노트 활용

④ 자료분석과 해석

⑤ 보고서 작성

(2) 문화기술지의 평가

① 문화공유집단이나 사례가 분명하게 드러나고 있는가?

② 그 집단이나 사례에서 확인된 문화 양상들은 있는가?

③ 그 집단이나 사례에 관한 상세화된 기술이 이루어지고 있는가?

④ 그 집단이나 사례를 둘러싸고 있는 환경이나 맥락에 관해서 무엇인가를 배울 수 있는가?

⑤ 자신의 역할에 대해서 연구자가 끊임없이 반성적 태도를 견지하는가?

⑥ 연구자의 해석이 기술이나 주제로부터 자연스럽게 따라오는 것인가?

⑦ 독자들이 이 보고서를 읽고 문화가 어떻게 작용하는지에 관해 연구 참여자들이 갖고 있는 관점과 견해에 대해서 이해할 수 있을 것인가?

⑧ 삼각검증이나 기타의 방법을 활용해서 연구자가 연구의 결과를 지나치게 특수하거나 편파적인 것이 되지 않도록 노력하고 있는가?

3) 문화기술지 연구사례

문화기술지 방법을 활용하여 수행한 연구를 찾아보면 다음과 같다.

① "척수 손상인의 체험에 관한 문화기술지"(경희대학교, 2003)

② "시설아동의 삶의 체험에 관한 문화기술지"(경희대학교, 2002)

③ "혈액투석환자의 적응에 대한 문화기술지"(경희대학교, 2003)

④ "역통합교실에서의 시각장애유아와 일반유아의 또래관계에 관한 문화기술지"

(세종대학교, 2010)

⑤ "조혈모세포이식 병동에 관한 문화기술지"(서울대학교, 2008)

⑥ "학생 청소년의 아르바이트 경험에 대한 문화기술지"(청소년복지연구, 11(3), 2009)

⑦ "공개입양가족의 적응과정에 대한 문화기술지"(한국아동복지학, 17, 2004)

⑧ "조모의 손자녀 양육에 관한 문화기술지"(한국사회복지학, 61(1), 2009)

⑨ "국제결혼 남성의 '부부되기'에 대한 문화기술지"(한국가족관계학회지, 14(3), 2009)

⑩ "노인들의 집단문화에 대한 문화기술지 연구 – 종묘공원노인들의 일상생활을 중심으로"(사회복지연구, 40(3), 2009)

···› 문화기술지 연구방법에 대한 내용은 www.papersea.com
온라인강좌Ⅱ 제47강 '연구방법 25 문화기술지 연구방법'
온라인강좌Ⅱ 제48강 '연구방법 26 문화기술지 사례연구' 참조

3 현상학적 연구방법

1) 현상학적 연구의 의의

후설(Husserl)과 하이데거(Heidegger)에 의해 개발된 철학적 전통 속에 근원을 두고 있는 현상학(phenomenology)은 인간에 대한 삶의 경험을 분석하는 접근방법으로, 현상학에서 다루는 현상이란 주관 속에서 나타나는 현상이며 지각되는 체험으로서 세계 안에 존재하는 주관이 지니는 체험을 분석하는 학문이다.[9)]

현상학적 접근은 인간의 내면세계를 지향하는 경험에 대한 연구에서 매우 중요하다. 현상학은 사물의 현상과 외양에 대한 연구이고, 그들의 본질을 발견하는 것이 궁극적인 목적이다.[10)] 따라서 현상학은 분석적이고 기술적인 탐구를 통해 인식의 본질을 설명할 수 있다.

현상학은 이해를 강조하는 서구적 사고, 즉 인간 상호작용에 대한 해석학적 이해에

자리잡고 있다. 그러므로 현상학적 연구는 특정 상황에서 사건의 의미와 사람들 간의 상호작용을 이해하는 데 목표를 두고 '이 사람들에게 있어서 현상에 대한 경험의 구조와 본질은 무엇인가?'에 초점을 둔다.

> 현상학은 사물의 현상과 외양에 대한 연구이고, 그들의 본질을 발견하는 것이 궁극적인 목적이다. 따라서 현상학은 분석적이고 기술적인 탐구를 통해 인식의 본질을 설명할 수 있다.

2) 현상학적 연구의 과정[11)]

현상학적 연구과정은 현상확인, 연구의 구조화, 자료의 수집, 자료분석, 보고서작성의 과정을 거친다. 자료의 분석방법은 학자들에 따라 다양하지만, 이들은 분석과정에서 차이가 있을 뿐이며 연구하고자 하는 현상의 경험에 대한 본질에 집중하고 대상자의 생활세계에서 자료를 수집하며, 개개인의 의식을 일반화하는 것이 아닌 상호주관성을 통하여 현상학적 구조를 파악하는 일련의 반성과정을 거쳐, 발견된 결과에 대해 현상학적 기술을 한다는 점은 모두 공통적인 사항이다.

일반적인 현상학적 연구의 절차는 다음과 같다.

(1) 현상 선택하기

첫 번째 단계는 연구문제 설정에서 시작된다. 그리고 설정된 문제를 해결하는데 적절한 현상을 선택한다. 즉 현상학적 분석의 대상이 될 자료의 자원을 찾는 것이다.

(2) 현상 탐구하기

두 번째 단계는 관련문헌을 고찰하고 선정된 현상에 대해 현상학적 방법(후설(Husserl)의 용어로는 환원이며, 일차 환원인 직관과 통찰을 말한다)을 적용하여 함의된 내면의 의미를 탐색한다.

(3) 현상학적 사고하기

이 단계는 현상의 의미를 명료화하고, 의미의 형식을 정하고 이론 형성에 유용한 이미지를 구조화하는 단계이다. 현상학적 사고로 탐색한 구조는 주로 구조화된 그림이나 표 형식, 일련의 가정(proposition)이나 하위가정들을 열거하는 식, 이야기(story) 및 이야기하기(narrative)의 형식으로 서술된다.

(4) 현상학적 글쓰기

마지막 단계인 현상학적 글쓰기는 탐구된 것(현상학의 용어르는 현상학적 사실)을 기초로 다시 실제 현상을 서술하는 활동이다.

그림 10-1 ❙ 현상학 하기의 절차[12)]

Step 1: 현상 선택하기	• 현상으로 향하기 • 현상 선택하기 • 현상학적 질문하기
Step 2: 현상 탐구하기	• 현상학적 문헌 컨설팅하기 • 존재적 탐구: 경험 사용하기 • 어원에서 설명적 자료 찾기 • 관용구절 찾기
Step 3: 현상학적 사고하기	• 현상을 특징짓는 본질적 주제나 구조 반영하기 • 본질 주제 밝혀내기: 언어적 형태로 진술하기 • 주제에 반영된 구조 결정하기
Step 4: 현상학적 글쓰기	• 본질 구조 서술하기: 현상학적 글쓰기

현상학적 연구의 과정

① 현상 선택하기
② 현상 탐구하기
③ 현상학적 사고하기
④ 현상학적 글쓰기

3) 현상학적 연구사례

현상학적 연구방법을 활용하여 수행한 연구를 찾아보면 다음과 같다.

① "현상학적 태도로 조망한 정신분열 현상: 나와 세계의 모양새 짓기"(가톨릭대학

교 대학원, 2006)

② "소아암 자녀를 둔 부모의 심리적 경험에 대한 현상학적 연구"(백석대학교, 2007)

③ "부/모 사별을 경험한 대학생들의 정서에 대한 현상학적 연구"(백석대학교, 2008)

④ "환경디자인 분야에 나타난 문화의 현상학적 의미"(연세대학교, 2003)

⑤ "초등교육과정 담론에 대한 현상학적 분석"(한국교원대학교, 2004)

⑥ "스포츠 수행을 통한 미적 체험의 현상학적 접근"(연세대학교, 1998)

⑦ "레저經驗의 質的次元에 관한 現象學的 研究"(한양대학교, 1992)

⑧ "생춤 體驗의 現象學的 接近"(한양대학교, 1993)

⑨ "현상학적 관점에서 본 유아교육과정의 재개념화"(현상해석학적 교육연구, 5(1), 2007)

⑩ "아인슈타인 상대성이론에 대한 현상학적 성찰"(철학과 현상학연구, 32, 2007)

···> 현상학적 연구방법에 대한 내용은 www.papersea.com
온라인강좌Ⅱ 제49강 '연구방법 27 현상학적 연구방법' 참조

1) 양은주(2005), "고학력 비혼 취업 여성의 일과 삶에 대한 생애사 연구", 연세대학교 대학원 박사학위논문, pp.24~28.

2) 유철인(1996), "어쩔 수 없이 미군과 결혼하게 되었다: 생애이야기의 주제와 서술전략", 한국문화인류학, 29(2), pp.397~419.

3) Lieblich, A., Truval-Mashiach, R. & Zilber, T.(1998), *Narrative Research: Reading, analysis and interpretation*, Thousand Oaks, CA: Sage Publications.

4) Bruner, J.(1987), "Life as Narrative", *Social Research*, 54, pp.11~32.

5) Fetterman, D. M.(1989), *Ethnography Step by Step*, Newbury Park: Sage Publications.

6) Creswell, J. W.(2005), *Educational research: planning, conducting, and evaluating quantitative and qualitative research*(2nd ed.), Upper Saddle River, NJ: Pearson Education.

7) Jacob, E.(1987), "Qualitative research tradition: A review", *Review Educational Research*, 57, pp.1~50.

8) Babbie, E.(1983), *The Practice Social Research*, Belmont, California: Wadsworth Publishing Company.

9) Koivisto, K.(2002), Methodological issues in nursing research: 'Applying a phenomenological method of analysis derived from Gregori to a psychiatric nursing study", *Journal of advanced Nursing*, 39(3), pp.258~265.

10) 김분한 등(1999), "현상학적 연구방법의 비교고찰", 대한간호학회지, 29(6), pp.1208~1220.

11) 정광순(2004), "초등교육과정 담론에 대한 현상학적 분석", 한국교원대학교 대학원 박사학위논문, pp.7~9.

12) Mannen, V. M.(1984), "*Doing*" *phenomenological research and writing: An introduction*, Canada: University Alberta, Faculty of Education, Department of Secondary Education.

11 특수한 질적연구방법

1 근거이론분석

1) 근거이론의 의의

근거이론 접근방법은 1960년대 말부터 사회학의 상징적 상호작용주의의 관점에서 복잡한 사회현상을 연구하기 위해 개발된 연구방법으로서, 현실기반이론 또는 현장이론이라고 불리기도 한다.[1)] 근거이론(grounded theory)은 경험적 자료로부터 이론을 도출해내기 위해 고안된 일련의 체계적인 과정을 통하여 어떤 현상에 대해 귀납적으로 이끌어진 하나의 이론을 발전시키는 질적연구방법이다.

근거이론은 글레이저와 스트라우스(Glaser & Strauss)[2)]에 의해 정립되었다. 근거이론은 상징적 상호작용(symbolic interaction)론을 이론적 배경으로 하며, 검증을 통해 이론을 확인하는 것이 아니라 사회적 맥락 내에서 인간행동을 설명하기 위해 경험적 자료로부터 이론을 구축하는 연구방법이다. 1990년대에 와서 스트라우스와 코빈(Strauss & Corbin)[3)]은 근거이론 접근방법으로 자료를 수집하고 분석하는 연구과정을 진행하기 위한 지침을 구체적으로 제안하였다. 이들에 의하면 근거이론은 실제 연구현장을 중심으로 끊임없는 자료의 수집과 분석을 병행하는 것을 전제로 하며, 기존의 이론이나 연구자가 정립한 이론과 연구현장에서 수집되는 자료와의 비교분석이 중요한 개념이 된다.[4)]

근거이론은 이론을 발전시키는 데 있어 현상에 적합한 개념들이 아직까지 확인되지 않고 개념 간의 관계에 대한 이해가 부족하거나 특정한 현상에 대하여 적합한 변수와 그렇지 않은 변수들이 구체화되지 않은 경우에 현장의 자료를 기반으로 하여 기존의 이론적 기반이 갖추어지지 않은 분야들이나 비록 기존 이론이 있기는 하지만 수정되거나 명확하게 되어야 할 필요성이 있는 분야들에 적절하게 활용될 수 있다.5) 또한 사전에 가설을 설정하고 추출한 표본에 대해 그의 진위를 검증하는 연역적 방법론과 대비되기 때문에 잘 알려져 있지 않은 현상을 연구하거나, 잘 알려져 있다고 간주된 현상을 새로운 각도에서 연구하기에 적합한 방법이다.6)

근거이론
상징적 상호작용(symbolic interaction)론을 이론적 배경으로 하여 사회적 맥락 내에서 인간행동을 설명하기 위해 경험적 자료로부터 이론을 구축하는 연구방법

2) 근거이론의 핵심적 사항7)

(1) 근거이론 접근방법에서는 자료수집과 분석이 상호 연관된 과정으로 진행된다

즉 자료들이 모여지는 처음 순간부터 분석이 시작되며, 분석과정에서 다음 자료 수집 시에 필요한 내용들을 첨가하면서 재수집하는 순환적 관계에 의해 진행된다.

(2) 근거이론에서 분석의 기본단위는 개념이다

즉 면접이나 관찰, 그리고 문헌자료 등에 의해 모아진 자료인 사건들은 그것에 개념적 명명이 이루어진다. 같은 현상을 포함하고 있는 개념들은 한데 묶어져서 범주를 형성한다. 범주는 개념을 상위수준에서 조합한 것으로서 개념이 나타내는 현상의 속성이나 차원을 포함하는 용어로 볼 수 있다. 이렇게 자료를 통해 얻어진 개념과 범주들은 궁극적으로 이론화의 기반이 된다.

(3) 근거이론에 있어서의 표본추출은 이론적 표집방법(theoretical sampling)에 의한다

즉 연구자가 자신의 연구목적에 가장 적절한 표본을 선택하며, 연구에서 의도하는 전형적인 현상을 가지고 있다고 판단되는 사례를 표본으로 선택한다. 또한 이때에 초점이 되는 것은 사람이 아니라 사건, 즉 현상에 관련된 자료를 표집하는 것이다.

(4) 근거이론은 분석에 있어서 지속적 비교방법(constant comparative method)을 채택하고 있다

한 사건이 관찰되면 다른 사건과의 유사성과 차이점을 비교하여 여기에서 나온 개념들을 이전에 나온 개념들과 계속 비교하면서 범주화를 한다. 이러한 과정은 계속해서 되풀이되어 자료에 대한 재검토를 통해 더 이상 새로운 통찰을 만들어내지 못할 때까지 계속된다. 한 조사환경에서 얻은 자료들에서 충분히 개념적 이해가 나온다고 판단되면, 이미 개발된 개념적 틀을 가지고 새로운 자료들을 수집 · 분석하면서 개념들의 정확성이나 적합성 등을 확인해본다. 이 과정에서도 개념적 이해의 틀은 자료들과의 비교를 통해 계속적으로 수정 · 보완되게 된다.

(5) 근거이론 조사자들은 자신들의 자료를 설명하기 위한 기본적 분석과정으로 Strauss & Corbin(1990)이 제시한 개방코딩(open coding), 축코딩(axial coding), 선택코딩(selective coding), 과정을 위한 코딩(process coding) 등의 방법을 사용한다

이 코딩절차는 자료를 세분화하고 개념화하며, 다시 하나로 묶는 일련의 자료분석과정으로 이론을 만들고 연구과정에 정교함을 더하며, 어떠한 근거를 마련하고 밀도있게 하고, 이론적 민감성을 개발하고 설명력 있는 이론을 제시할 수 있도록 해준다.

'개방코딩'은 수집된 자료를 전개하는 부호화과정으로서, 개념을 밝히고 그 속성(property)과 차원(dimension)을 자료 안에서 발견해 나가는 분석과정을 말한다. 속성은 범주의 특징, 범주를 정의하고 의미를 부여하는 것에 대한 특성이며, 차원은 범주의 일반적 속성이 변화하게 되는 범위(정도)를 나타낸다. 이는 연구자가 실제 연구자료에서 발견하는 어휘들로서 연구대상자가 사용한 그대로의 용어들이기 때문에 '실체적 코딩'이라고도 한다. 이것을 목록으로 만들고, 더 이상 새로운 용어가 발견되지 않으면 축코딩 단계로 넘어간다.

'축코딩'은 범주(category)를 하위범주와 연결시키는 과정으로, 각 범주와 하위범주들 간의 관계를 좀 더 포괄적으로 설명하기 위하여 상황, 맥락, 중재상황, 결과 등을 근거이론의 패러다임모형에 맞추어 분석한 후 각 범주를 설명하고, 자료 내 변화과정이 무엇인지 상황에 따라 반응하는 행위가 어떻게 변하고 움직이는지를 분석하여 서술하는 과정이다. 축이라고 불리는 이유는 코딩이 한 범주의 축을 중심으로 일어나며 속성과 차원의 수준에서 범주들을 연결시키기 때문이다. 여기서 범주는 현상을 대표하는 개념이다.

'선택코딩'은 범주를 통합시키고 정교화하는 과정이다. 즉 핵심범주를 선택하고, 다른 범주들과의 관계를 진술하며, 유형을 발견하여 자료의 체계화 및 연관성을 강화하여 이론적 근거를 마련하는 것이다.

'과정을 위한 코딩'은 시간의 흐름과 공간에 따라서 상황이나 맥락에 다라 변화하거나 때로는 그 상태로 남아 있게 되는 작용 및 상호작용이 이루는 일련의 발전하는 순차적 순서에 따라 기록을 해가며 이론을 정형화한다.[8)]

실제적인 근거이론 분석에서는 개방코딩, 축코딩, 선택코딩의 3단계를 주로 사용한다.

근거이론의 핵심

- 자료수집과 분석이 상호 연관된 과정으로 진행된다.
- 분석의 기본단위는 개념이며 그것을 묶어서 범주화한다.
- 표본추출은 사람이 아니라 사건, 즉 현상에 관련된 자료를 표집한다.
- 근거이론에서의 분석은 지속적 비교방법을 채택한다.
- 기본적 분석은 '개방코딩', '축코딩', '선택코딩', '과정을 위한 코딩'의 방법을 사용한다.

3) 근거이론의 분석방법

근거이론의 분석을 위해서는 패러다임모형이 사용된다. 이것은 이론구축의 축을 중심에 놓고 하나의 범주에 하위범주를 관련짓는 과정으로, 귀납적 사고와 연역적 사고방식을 동시에 포함시킨다. 패러다임에 의한 범주화과정은 기본적으로 연구의 핵심 주제인 중심현상을 가져온 인과적 조건(causal model), 중심현상(phenomenon), 맥락(context), 중재조건(intervening condition), 그리고 상호작용전략(action/ interaction)과 결과(consequence)의 순서로 진행된다.

패러다임모형은 전체적으로는 인과모형을 따르고 있지만 맥락과 중재조건, 그리고 상호작용 등을 구체화함으로써 이를 둘러싼 과정 연구에 초점을 맞추고 있다. 이러한 과정들은 본질적으로 상호작용적이고 순환적인 관계를 포함하게 된다.[9]

그림 11-1 ▌근거이론에 의한 패러다임모형[10]

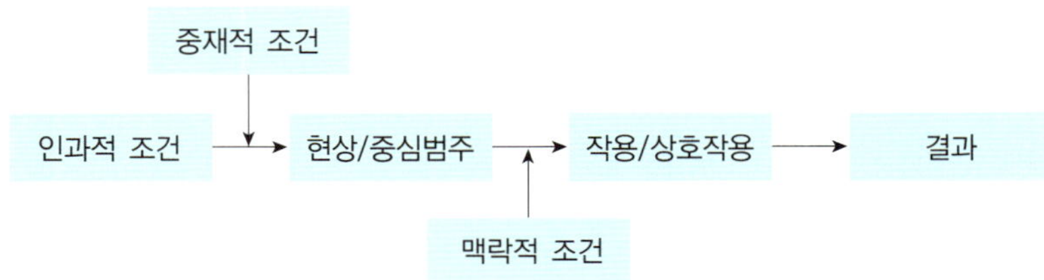

스트라우스와 코빈(Strauss & Corbin, 1998)[11]은 근거이론의 패러다임모형을 위와 같은 요소로 구분하여 설명하였다.

① '현상/중심범주'란 해당 연구분야에 있어 핵심이 되는 중첩대상을 말한다. 다시 말해 어떤 연구분야에 있어서 '정말 무슨 일이 일어나고 있는가?'라는 질문에 대한 답이 현상이다. 현상은 연구분야에서 반복적으로 나타나는 사건 혹은 행동패턴에 대한 고찰을 통해서 발견하게 된다.

② '인과적 조건'이란 현상을 초래하는 구조, 환경, 상황을 의미한다. 즉 '왜 발생했나?', '어디서 발생했나?', '어떻게 하다가 그렇게 되었나?'. 혹은 '언제 나타났는가?'의 질문에 답이 될 수 있는 조건들이 여기에 해당된다.

③ '작용/상호작용'은 인과적 조건에 의해 나타난 문제와 사건에 대해 개인들 혹은 집단들이 택한 전략적 행위와 일상적 행위를 의미한다.

④ '결과'는 상호작용 때문에 혹은 그에 의해 초래된 상황에 개인이나 집단이 반응하지 못했기 때문에 발생한 사건을 의미한다.

⑤ '중재적 조건'은 현상에 대한 인과적 조건들의 작용을 매개하거나 변화시키는 역할을 하는 요소들을 의미한다.

⑥ '맥락적 조건'은 특정한 시점 및 공간에서 문제상황을 조성하는 구체적 조건들이다. 사람들은 이러한 맥락적 조건들이 조정한 문제상황에 대응하여 상호작용을 하게 된다.

근거이론의 패러다임 모형
인과적 조건, 현상/중심범주, 작용/상호작용, 결과, 중재적 조건, 맥락적 조건

4) 근거이론에 의한 연구과정 및 절차

근거이론은 현장에서 나타나는 자료를 체계적으로 수집 · 분석함으로써 현상의 체계적 과정을 발견하고, 이를 발전시켜 증명하는 연구방법으로 몇 가지의 필수적인 과정을 거치게 되는데, 이를 구체적으로 살펴보면 다음과 같다.

(1) 연구문제

대부분의 양적연구와는 달리 근거이론은 연구문제에 크게 초점을 두지 않고 연구를 시작한다. 근거이론의 연구방법에서 최초의 문제는 '특정 상황이나 어떤 조건하에서 상호작용을 설명하는 기본적인 사회 · 심리적 과정은 무엇인가?'이다. 즉 근거이론의 주요 요건은 어떤 일이 일어나고 있는지를 설명할 수 있는 핵심변인이나 기본 사회화 과정을 발견하는 것이다. 다라서 이미 선정된 연구문제라고 할지라도 연구의 진행과정에서 근거자료가 제시하는 방향에 따라 변화할 수 있다.

(2) 자료수집

근거이론의 방법론에 의하면 자료수집과 동시에 분석이 시작되어야 하며, 분석결과는 다음 대상자들에게 수집할 자료의 방향을 제시한다. 자료수집은 지속적인 비교와 질문의 과정을 거치는데, 이를 '지속적인 비교분석'이라고 한다. 지속적인 비교분석의 첫 단계는 개념형성단계로서 대상자와의 면담내용에서 나타나는 개념을 추출하는 것이며, 첫 대상자에게 나타난 개념이 다음 대상자에게도 나타나는지, 없다면 왜 없는지, 그 상황은 무엇인지를 지속적으로 질문하면서 면담을 하고 귀납적인 질문과

연역적인 질문을 지속적으로 사용한다.[12)]

(3) 문헌고찰

근거이론에 의한 연구를 처음 시작할 때에는 연구할 분야에 관한 이론이나 문헌에 의지하지 않아야 한다. 그것은 선입견이나 편견에 의해 새로운 범주를 발견하는 데 방해가 될 수 있기 때문이다. 따라서 문헌고찰 이전에 그 분야에서 근거자료를 수집하는 것이 바람직하다.

범주에 대한 분석적 핵심이 설정되면, 연구자는 자신의 연구가 현존하는 연구에 어떻게 적합하며, 또 기여하는 것이 무엇인지를 알기 위해 다른 연구나 문헌들을 참고한다. 그러나 연구대상자들이 제공한 정보인 근거자료보다 문헌이 연구자에게 더 깊이 영향을 미친다면 이것은 근거이론의 방법론에 부합하지 않는 것이다.

(4) 이론적 민감성

이론적 민감성(theoretical sensitivity)은 자료에 의미를 부여할 수 있는 능력의 속성을 말한다. 질적연구 자료들은 비교적 조직화되어 있지 않기 때문에 연구자가 자료를 분석하고, 관계의 양상을 찾아내며, 가정을 찾아내는 것이 필요하다. 이렇게 하는 동안 연구자는 자료에 근거하여 자신의 경험, 상상력, 지적 능력을 사용해야 한다. 자신을 도구로 사용하지 않고서는 근거이론 연구나 질적연구는 불가능하다.

연구자가 이론적 민감성을 가지기 위해서는 연구에 들어가기 전에 가능한 한 선입견을 갖지 않도록 노력해야 하고, 면담과정에서도 개방형 질문을 통해 연구자의 선입견이 자료에 반영되지 않도록 유의해야 하며, 자료를 분석하기 전이나 분석 중에 이론이나 관련된 연구, 문서들에 관한 내용을 파악함으로써 연구에 적용하여야 하고, 분석과정 그 자체로서 자료와 계속해서 상호작용을 함으로써 현상에 대한 통찰력을 가져야 한다.

(5) 이론적 표본추출

근거이론에서는 양적연구에 보편적으로 사용되는 무작위표본추출(random sampling) 대신 이론적 표본추출법을 활용한다.

이론적 표본추출(theoretical sampling)이란 연구자가 이론을 구축하기 위해 자료를 수집하고 코딩하여 분석하면서 다음에는 어떤 자료를 더 수집해야 하며, 어디서 그 자료를 발견할 수 있는지를 결정하는 자료수집과정이다. 표본추출의 형태는 코딩과정에 따라 달라져야 하는데, 처음 개방코딩과정에서는 개방적 표본추출을 하여 가능한 한 많은 범주를 제공하게 될 상황과 장소, 대상자를 선택해야 한다. 다음으로 축코딩과정에서는 차원의 수준이 각기 다를 때 나타나는 결과를 추출하기 위하여 상대적 표본추출과 변화적 표본추출을 한다. 마지막 단계인 선택코딩과정에서는 판별표본추출(discriminate coding)을 하는데, 이는 미흡한 범주를 채우고 범주 간의 관계를 발견하면서 가설적 관계개요(story-line)를 확인할 수 있는 기회를 최대화시켜 줄 대상자와 장소를 선택하는 것이다.

(6) 이론적 포화상태

수집된 자료에서 더 이상 새로운 범주가 발견되지 않을 때 범주가 이론적 포화상태에 이르렀다고 말하며, 이 상태에서는 더 이상의 표본추출이 필요하지 않다. 범주가 포화상태에 이르렀다는 것은 주요하게 반복되는 양상(pattern)이나 핵심변인(core variable)이 발견되었다는 것을 의미한다.

(7) 자료분석

코딩(coding)이란 자료를 개념화하기 위해 사용되는 일반적인 용어를 말한다. 이것은 수집된 자료를 읽으면서 연구자 자신에게 '이 자료에서 나타나는 개념은 무엇인가?', '이 자료는 무엇에 대한 자료인가?', '이 자료에서 일어나고 있는 것은 무엇인가?'와 같은 질문을 반복적으로 던지고, 이에 대한 답을 찾아가는 과정이다.

스트라우스와 코빈(Strauss & Corbin, 1998)은 자료의 분석단계로서의 코딩은 개방코딩, 축코딩, 선택코딩의 세 가지로 분류한다.

(8) 이론적 메모

이론적 메모는 연구자가 이론적인 질문이나 가설, 코드의 요약들을 기록하는 것으로서 근거이론의 중요한 요소이다. 즉 자료, 코드, 범주의 관계를 어떻게 핵심적인 설명안(scheme)으로 통합시킬 것인가에 대한 연구자의 생각을 분석적으로 메모하는 것이다. 연구자의 사고를 개념적인 수준으로 옮기게 하고, 각 범주의 특성을 요약해서 조작적 정의를 내릴 수 있게 하며, 범주와 속성 간의 분석을 다른 이론과 연관시켜 이론의 발달을 돕는다. 연구자는 코드를 가지고 모든 메모를 분류할 때 메모에 기록되어 있는 상황, 배경, 전력, 상호관계 등으로 분류하며, 분석자료들의 묶임에서 나온 해설적인 예들을 연결시키고, 메모를 관련된 문헌에 연결하여 통합한다.

이렇게 메모를 분류하고 통합된 안을 구성함으로써 최종 연구결과의 기초가 되는 이론적인 윤곽을 만들 수 있다. 일단 메모가 분류되면 연구자는 보다 일반적인 명제에서부터 구체적인 해설을 거쳐 연구결과를 작성하게 된다.

(9) 연구결과의 평가

근거이론을 적용하여 수행한 연구의 결과는 양적연구에서와 같이 타당도나 신뢰도를 적용하여 평가하는 것이 적절하지 않다. 따라서 구바와 린콜른(Guba & Lincoln, 1981)[13]이 질적연구의 평가기준으로 제시한 '사실적 가치(truth value)', 적용성(applicability), '일관성(consistency)', '중립성(neutrality)' 등에 의해 연구결과의 신뢰도를 평가한다.

가. 사실적 가치

사실적 가치는 연구대상자가 처한 맥락 안에서 '얼마나 믿을만한 사실을 발견하였는가?'를 의미하며, 양적연구의 내적 타당도에 해당된다. 이는 실제 연구에서 '신빙성(credibility)'으로 조작화될 수 있는데, 연구자가 인간의 경험이나 현상을 있는 그대로 발견하고 현상을 얼마나 생생하고 충실하게 해석하였는가를 의미한다.

나. 적용성

적용성은 연구결과가 현재 연구의 맥락 외에 '다른 맥락과 다른 대상에게도 적합한가?', 그리고 독자들이 연구결과를 읽고 '그들 자신의 경험에 비추어 의미 있고 적용가능한 것으로 볼 수 있는가?'를 의미하는 것으로, 양적연구의 외적 타당도에 해당된다. 이는 실제 연구에서 '융통성(transferability)'으로 조작화될 수 있다.

다. 일관성

일관성은 양적연구의 신뢰도를 말하는 것으로, 연구결과가 반복되는 정도를 의미한다. 그러나 질적연구는 감각을 통해 검증할 수 없는 현실 속의 사람들의 경험과 환경의 독특성을 강조하므로 동일한 내용의 반복보다는 오히려 경험의 다양성이 추구된다고 할 수 있다.

구바와 린콜른(Guba & Lincoln, 1981)은 질적연구의 일관성과 엄밀성을 판단하기 위해 '감사성(auditability)'을 제안하였는데, 이는 연구자에 의해서 사용된 분명한 자취를 다른 연구자가 따라갈 수 있는지 여부를 의미한다. 결국 다른 연구자도 연구자의 자료, 시각, 상황에 따라 비슷한 결론에 도달할 수 있을 때 일관성이 높은 것으로 평가받을 수 있다.

라. 중립성

중립성은 양적연구의 객관성을 말하며, 연구과정과 결과에 있어서 모든 편견으로부터 해방됨을 의미한다. 이는 연구자와 대상자, 그리고 자료와의 적절한 거리가 유지되어야 얻을 수 있으며, 사실적 가치, 적용성, 일관성 등이 확립될 때 자연스럽게 획득되는 것이다.

근거이론의 연구과정

① 연구문제
② 자료수집
③ 문헌고찰
④ 이론적 민감성
⑤ 이론적 표본추출
⑥ 이론적 포화상태
⑦ 자료분석
⑧ 이론적 메모
⑨ 연구결과의 평가

5) 근거이론 분석방법의 활용

근거이론은 외국에서 일반화된 연구방법이며, 국내에서는 간호학, 심리학분야에서 많이 활용되다가 최근에는 점차 타분야로도 확대되고 있다. 학문분야별 기존의 연구

사례를 보면 다음과 같다.

(1) 간호학

① "건강행위에 대한 한국청년의 주관성 연구"(이화여자대학교, 1994)
② "근거이론 접근방법을 적용한 알콜중독자 부인의 경험"(부산대학교, 1995)
③ "정신질환자 가족의 경험 연구"(정신간호학회지, 2001)
④ "간질을 가진 청소년의 사회심리적 적응과정에 대한 근거이론"(연세대학교, 2003)
⑤ "근거이론 접근에 의한 여성의 불임경험 연구"(이화여자대학교, 2003)

(2) 심리학

① "학업우수 여자고등학생의 직업결정과정: 근거이론 접근"(이화여자대학교, 2007)
② "경험용서과정에 대한 질적연구: 근거이론을 중심으로"(한국심리학회지 건강, 2008)
③ "대상관계의 변화과정에 관한 질적연구: 근거이론을 중심으로"(숙명여자대학교, 2008)
④ "기독 남성동성애자의 스트레스와 적응과정: 근거이론적 접근"(한국심리학회지 상담 및 심리치료, 2004)
⑤ "근거이론을 적용한 이혼소송과정 분석"(한국심리학회지 상담 및 심리치료, 2009)

(3) 교육학

① "사이버대학 학생의 중도탈락에 관한 연구: 근거이론적 접근"(이화여자대학교, 2007)
② "게임기반학습을 통한 수학 학습부진아 지도의 근거이론적 연구"(한국교원대학교, 2008)
③ "과학교사 교수내용지식(PCK)의 구조와 형성과정 탐색: 근거이론에 의한 접근"(이화여자대학교, 2009)

④ "대상관계의 변화 과정에 관한 질적연구: 근거이론을 중심으로"(숙명여자대학교, 2008)

⑤ "근거이론으로 분석한 지리과 교실수업연구의 동향"(지리 · 환경교육, 2006)

(4) 사회복지

① "근거이론에 의한 대학병원 물리치료사들의 소진경험에 관한 연구"(경기대학교, 2008)

② "결혼이주여성의 적응에 관한 근거이론연구"(부산대학교, 2007)

③ "취업경험이 있는 정신장애인의 직무스트레스 대처과정에 관한 연구: 근거이론을 중심으로"(숭실대학교, 2009)

④ "학대받은 아동의 쉼터 적응과정에 대한 근거이론 연구"(한국아동복지학, 2005)

⑤ "가정폭력 피해여성의 거취선택에 관한 근거이론 접근"(한국가족복지학, 2008)

이상의 사례 이외에도 최근에는 재활분야, 회계학, 조직학, 문화인류학 등에서의 근거이론분석이 확대되고 있다.

근거이론의 활용
간호학, 심리학, 교육학, 사회복지학 등을 중심으로 다양한 학문분야에서의 질적연구방법으로 그 활용성이 높다.

6) 근거이론 연구의 사례

근거이론 분석방법은 연구자의 기본적 소양이 매우 중요하다. 어떠한 사건이나 현상에서 개념을 추출하고, 그 개념들을 적절한 범주로 연결시킬 수 있어야 하며, 다양한 맥락적 상황을 고려한 분석을 통해 이론화를 할 수 있어야 하기 때문이다. 따라서 연구자는 근거이론을 통해 수행된 연구를 섭렵하여 연구의 방법이나 진행과정을 숙지하여야 한다. 다음의 사례는 농촌체험활동에 대한 마을 주민들 간의 갈등문제를 파악하기 위해 근거이론 연구방법을 사용하여 수행한 연구[14)]이다.

(1) 연구의 목적

주민 간 갈등문제의 심각성은 농촌체험관광 분야 전문가들과 마을 대표들 사이에서 최근 회자되고 있는 몇몇 마을의 사례를 통해 가늠해 볼 수 있다. 이들 마을은 일부 주민들의 의도적인 사업추진 방해, 특정 주민에 대한 집단따돌림, 주민 간 파벌 형성, 관계기관에 각종 민원제기, 사법기관에 고소 및 고발, 갈등 당사자의 이주 등과 같이 심각한 결과를 초래하고 있는 상황이다. 이는 주민 간 갈등문제가 단순히 사업추진을 저해하는 수준을 넘어 조상 대대로 유지되어 온 마을공동체의 붕괴라는 치명적인 결과를 낳을 수 있음을 보여주고 있다.

본 연구는 이러한 문제의식을 바탕으로 현재 마을공동사업을 추진하고 있는 농촌마을 주민 간 갈등의 특성과 양상을 규명하는 데 목적이 있다. 보다 세부적인 연구목적으로는, 첫째 마을공동사업과 갈등이론, 갈등과 관련된 사회심리학이론들을 종합적으로 고찰하여 주민 간 갈등문제를 분석하기 위한 이론적 준거를 세우고, 둘째 선행연구가 충분하지 않은 상황에서 갈등분석에 적합한 질적연구방법인 근거이론(Grounded Theory)을 활용하여 농촌체험마을 주민 간 갈등문제를 분석하며, 셋째 이들 결과를 종합하여 해석함으로써 마을공동사업을 추진 중인 농촌마을 주민 간 갈등의 특성과 양상을 밝히고자 한다. 이와 같은 일련의 과정을 통해 효과적인 갈등관리방안의 이론적 토대를 마련하고, 더 나아가 마을공동사업의 내실 있는 추진을 통한 농촌활성화에도 기여할 수 있을 것이다.

농촌마을 주민 간 갈등문제에 대한 현실적 상황을 바탕으로 이에 대한 선행연구가 충분하지 않은 상태에서 본 연구의 목적을 달성하기 위해 근거이론 연구방법을 사용할 것임.

(2) 연구설계

가. 연구주제 선정

본 연구는 마을공동사업의 추진과정에서 주민 간에 발생하는 갈등의 원인, 유형, 과정, 결과 등을 조사 · 분석하여 농촌마을 주민 간 갈등의 특성과 양상을 해석하고, 갈등관리방안의 이론적 토대를 제시하는 데 목적이 있다. 따라서 이러한 연구목적에 근거하여 다음과 같이 두 개의 연구주제를 선정하였다.

첫째는 '마을공동사업을 추진 중인 농촌마을의 주민 간 갈등은 어떤 양상으로 나타나고 있는가?'이며, 둘째는 '마을공동사업을 추진 중인 농촌마을의 주민 간 갈등의 원인은 무엇인가?'이다. 이를 규명하기 위해 공동사업 추진과정의 주민 간 갈등에 대한 개괄적 · 심층적 고찰의 내용을 토대로 연구를 진행하였다.

연구목적을 달성하기 위해 '갈등의 양상'과 '갈등의 원인'이라는 두 가지 주제를 선정하였음.

나. 연구대상지 및 대상자 선정

가) 연구대상지의 선정

본 연구에서는 마을공동사업의 일환으로 농촌체험관광 사업을 추진 중인 농촌체험마을 중 갈등이 명확하게 표출되고, 주민들이 갈등상황을 충분히 인지하고 있는 마을을 연구대상지로 선정하고자 하였다. 연구대상지로 농촌체험마을을 선정한 것은 농촌체험관광 사업이 마을 공동사업의 대표적 유형이라는 점과 타사업에 비해 비교적 이른 시기(1999년)에 추진되어 착수단계에서부터 운영과정에 이르기까지 다양한 형태의 갈등이 나타났을 가능성이 있기 때문이다.

연구자는 연구대상지를 선정하기 위해 농촌체험관광 분야에 종사하는 여러 전문가에게 협조를 요청하였다. 이는 연구자 또는 소수의 특정인에 의해 연구대상지가 결정될 경우 반영될지도 모를 다양한 편차(bias)를 방지하고, 연구대상지 선정에 있어서 일관성과 중립성을 높이기 위한 목적에서였다.

연구대상지는 총 3단계의 과정을 거쳐 선정되었는데, 첫 단계는 농촌체험관광 분야 전문가들로부터 갈등이 뚜렷하게 표출된 바 있는 마을을 추천받는 단계였다. 이 과정에서 전문가 1인당 3~5개의 마을을 추천받아 총 24개의 마을리스트를 작성하였다. 두 번째 단계는 추천된 마을 중 전문가 2인 이상으로부터 중복 추천된 마을을 선별하는 단계였다. 마지막 단계는 최종적으로 연구대상지를 선정하는 단계였으며, 마을의 제반여건과 조사의 용이성 등을 고려하여 중복 추천된 마을 중 1개 마을을 제외한 5개 마을을 연구대상지로 최종 확정하였다.

> 연구대상지로 농촌체험관광 사업을 추진하고 있는 농촌체험마을을 선정한 사유와 방법에 대하여 기술하였음.

나) 연구대상자의 선정

연구대상자의 선정은 근거이론에서 제시하는 이론적 표본추출방식을 준용하여 연구대상지로 선정된 농촌체험마을의 주민들 중 갈등발생과 직·간접적으로 관련된 주민을 연구대상자로 선정하는 것을 원칙으로 하였다. 그러나 실제 연구대상자를 선정하는 과정에서는 이러한 원칙을 준수하는 것이 쉽지 않았다. 그 원인으로는 먼저 연구자가 연구대상지로 선정된 농촌체험마을의 주민 간 갈등과 관련된 주민들을 선별해 해는 것이 쉽지 않았고, 다음으로는 연구대상자로 선정된 일부 주민들은 농촌체험관광사업 추진을 둘러싸고 발생한 갈등에 대해 이야기하는 것 자체가 마을의 치부를 외부로 드러내는 일이며, 마을의 분란을 더욱 가중시킬 수 있다고 우려하면서 연구자와의 면담을 거부하였기 때문이다.

따라서 연구대상지의 전·현직 이장 등 마을의 지도자들과 갈등의 주요 당사자들을 우선 연구대상자로 선정하고, 이들에 대한 심층면접을 통해 마을의 전체 주민 중 농촌체험관광사업의 추진과정과 갈등상황에 대해 충분히 인지하고 있는 주민들을 파악하여 연구대상자를 추가로 선정하였다. 이와 함께 연구대상자로 선정된 주민들이 면접을 기피하는 것을 막기 위하여 부정적인 이미지를 주는 갈등이라는 용어의 사용을 최대한 지양하고, 연구의 목적과 치지를 상세히 설명함으로써 면접에 대한 양해를 구하였다. 끝으로 마을별 연구대상자의 선정과 면접은 원칙적으로 자료의 분석과정에서 이론적 포화상태에 이르렀다고 판단될 때까지 계속되었다.

> 근거이론에서 제시하는 표본추출방식에 의해 연구대상자를 선정하였으며, 연구의 목적을 달성하는 데 충분한 자격이 있는 것으로 판단되는 대상자를 선별하였음.

다. 연구자 자격

근거이론을 연구의 방법론으로 활용하는 연구자는 자신이 연구의 도구가 된다는 사실을 명확히 인식할 필요가 있다. 또한 연구자는 자신의 개인적인 선입견, 가치, 신념에 관해 알고 있어야 하는데, 이는 자료를 수집하기 전과 연구과정 중에 필수적으로 활용되기 때문이다. 특히 연구자의 배경이나 경력은 연구대상자와 상호작용에 영향을 미치게 되며, 면담기술 등은 자료수집에 결정적인 영향을 미치는 중요한 요소로 알려져 있다.

본 연구자는 약 3년여간 농협과 한국농촌공사 도농교류센터에서 농촌관광 포털사이트(www.greentour.or.kr)의 운영관리팀장 및 농촌체험관광 컨설턴트로 재직하면서 100여 개 이상의 농촌체험마을을 방문하여 현장조사 및 컨설팅을 수행하였다. 이 과정에서 마을공동사업 추진과정에서 마을이 직면하고 있는 제반문제, 특히 주민 간의 갈등문제의 심각성을 파악할 수 있었다.

대학원 과정에서는 관광휴양지의 계획 및 관리, 대안관광으로서의 생태관광 및 농촌체험관광 분야에 대한 연구와 다수의 프로젝트를 수행하였으며, 특히 관광휴양지에서 나타나는 다양한 갈등현상의 원인과 유형을 규명하고, 이를 예방할 수 있는 방안의 이론적 토대를 정립하기 위해 사회심리학 과목을 이수하였다.

본 연구의 방법론인 근거이론을 활용하기 위한 준비로는 근거이론에 관한 각종 이론서와 근거이론을 방법론으로 활용하여 수행된 다양한 분야의 연구논문을 고찰함으로써 근거이론 연구의 절차 및 과정을 습득하였다.

근거이론을 활용하는 경우 필요한 연구자의 자격요건을 기술하고, 연구자의 개인적 배경, 특히 근거이론을 연구방법으로 도입하고 연구를 수행할 수 있는 사전 준비사항을 밝혔음.

(3) 자료분석

자료분석은 스트라우스와 코빈(Strauss & Corbin)이 제시한 과정과 절차에 따라 자료수집과 동시에 이루어졌다. 연구자는 자료들 중에서 중요한 자료와 그 의미를 파악하기 위해 '무엇이 진행되고 있는가?', '이 사건의 의미는 무엇인가?', '언제, 어디서, 어떻게 어떤 결과를 가지고 그들은 행동하는가?', '다양한 상황에서 이들은 어떤 점이 동일하며, 어떤 점이 다른가?'를 끊임없이 질문하면서 분석에 임하였다. 또한 객관성을 유지하기 위해 자료분석 시 한 걸음 물러나서 스스로에게 '여기서 무슨 일이 일어나고 있는가?'를 질문하였다. 다음으로 속성 간의 유사점과 차이점을 찾기 위해서 사건 대 사건을 비교하였고, 속성과 차원이 명확하지 않을 때는 다른 개념과 비교하였다.

연구자는 연구대상자들과의 면접을 통해 수집된 자료에서 경험적 근거를 통하여 '어떻게 이론적 해석을 유도할 것인가', '선입견과 편견을 어떻게 배제할 것인가?'를 스스로에게 자문하면서 자료를 있는 그대로 이해하고, 방법론적 절차에 따라 분석하기 위해 노력하였다. 이와 함께 각 코딩의 과정 및 단계마다 도출된 결과와 절차가 적절하게 이루어졌는지 여부에 대해 농촌체험마을에 대한 컨설팅 경험이 풍부한 3명의 전문가에게 자문을 받고 협의 후 보완하였다.

근거이론의 분석방법에 충실하기 위해 자료분석에 필요한 주요 질문에 따라 객관적으로 분석하고자 하였으며, 분석결과와 절차의 적절성을 보완하기 위해 전문가의 자문을 받았음.

가. 개방코딩

개방코딩은 이론구축의 첫 단계이며, 자료를 분해하여 개념을 밝히고 그 속성과 차원을 자료 안에서 발견해 나가는 분석과정이다.[15] 유사점과 차이점을 찾아 비교하면서 자료 내에서 의미가 깊다고 밝혀낸 사건, 물체, 작용과 상호작용을 추상적으로 나타내는 이름을 명명하게 된다. 또한 속성과 차원이 서술되면서 범주의 의미가 정의되고, 다른 범주와의 차별화가 이루어진다.

본 연구에서는 먼저 각 마을별 연구대상자와의 면접을 통해 수집된 녹취록과 현장노트, 이론적 메모 등의 자료를 숙독하였다. 또한 자료를 읽는 과정에서 농촌체험관광사업의 추진 및 운영과 관련하여 의미가 있다고 판단되는 모든 진술에 밑줄을 그었다. 이어서 밑줄친 진술의 구체적 의미를 파악한 후 의미에 맞게 명칭을 부여하고 그 유사점과 차이점을 도출하여 개념화하였다. 마지막으로 도출된 모든 개념들을 분류·비교하고 유사한 개념끼리 묶는 작업을 통해 범주를 형성하였다.

근거이론의 개방코딩 방법을 간략하게 소개하고, 연구자가 개방코딩 작업을 어떻게 수행했는지를 기술하였음.

나. 축코딩

축코딩은 분해된 자료를 다시 재조합하고 범주를 하위범주와 연결시켜서 그 현상에 대해 더 자세하고 완벽한 설명을 하는 단계이다. 범주들이 어떻게 서로 교차하고 연결되는지를 관찰하여 분석도구인 패러다임을 통해 인과적 조건, 현상, 중재적 조건, 맥락적 조건, 작용 및 상호작용, 결과를 통합하게 된다.[16)]

본 연구에서 축코딩은 개방코딩의 과정에서 도출된 범주들의 관련성을 분석하는 데 주안을 두고 진행되었다. 범주들의 관련성을 파악하기 위해 근거이론의 분석도구인 패러다임 모형을 활용하였으며, 이러한 모형을 사용함으로써 범주 간의 관계를 조직적이고 단순한 방식으로 연관지을 수 있었다. 개방코딩 과정에서 도출된 범주들의 내용과 특성에 따라 인과적 조건, 현상, 중재적 조건, 맥락적 조건, 작용 및 상호작용, 결과로 분류하였다.

근거이론의 축코딩 방법을 소개하고, 축코딩 방법에 따라 패러다임 모형을 적용하여 인과적 조건, 현상, 중재적 조건, 맥락적 조건, 작용 및 상호작용, 결과로 분류하였음.

다. 선택코딩

선택코딩은 범주를 통합하고 정교화하는 과정이다.[17)] 이 단계는 이론을 구축하는 단계이므로 일련의 상호 연결된 개념으로 제시하여야 한다. 따라서 핵심범주를 결정하고, 이 핵심범주를 중심으로 범주 간에 이론이 구축되어 가도록 한다.

본 연구에서는 선택코딩과정을 통하여 범주를 통합시키고 구체화함으로써 농촌체험마을의 주민 간 갈등양상을 해석하였다. 이를 위해 개방코딩과 축코딩 과정에서 형성된 모든 개념과 범주들에 대한 종합적인 분석이 이루어졌다. 특히 축코딩 과정에서 형성된 패러다임 모형의 요소 중 인과적 조건, 중재적 조건, 맥락적 조건 등은 갈등발생의 직접적 원인인 갈등유발요인(인과적 조건)과 갈등의 발생과 수준에 영향을 미치는 갈등영향요인(중재적 조건, 맥락적 조건)으로 분류하였다. 또 현상과 작용 및 상호작용은 갈등당사자 간 갈등행위로, 결과는 갈등으로 초래된 결과로 분류하였다. 이와 함께 갈등의 진행단계에 따라 주민 간 갈등양상을 해석하였다.

근거이론의 선택코딩방법을 소개하고, 선택코딩과정을 통해 인과적 조건(갈등우발요인), 중재적 조건 및 맥락적 조건(갈등영향효인), 현상과 작용 및 상호작용(갈등당사자 간 갈등행위), 결과(갈등으로 초래된 결과)로 분류하여 해석하였음을 기술

(4) 연구의 신뢰성평가

가. 사실적 가치

사실적 가치(truth value)는 연구자가 인간의 경험이나 현상을 살아 있는 그대로 발견하고, 현상을 얼마나 생생하고 충실하게 해석하였는가를 의미한다. 본 연구는 마을공동사업 추진과정에서 발생하고 있는 주민 간 갈등의 특징과 양상을 규명하기 위하여 갈등이 표출된 바 있는 농촌체험마을을 연구대상지로 선정하고, 갈등당사자인 마을주민들을 연구대상자로 선정하여 심층면접을 실시하였다. 또 그 결과를 분석하여 마을공동사업을 추진 중인 농촌마을의 주민 간 갈등양상을 해석하였다.

연구자는 자료를 대할 때마다 주민 간 갈등양상을 생생하고 충실하게 서술하고 있는지를 스스로에게 질문하면서 이에 대한 타당한 결과를 얻기 위해 노력하였다. 또 연구의 진행과정에서 농촌체험관광 분야의 전문가들과 함께 논의하였고, 개념들을 수정 · 보완하였다. 이러한 측면에서 본 연구의 사실적 가치는 충족된 것으로 볼 수 있다.

나. 적용성

적용성(applicability)은 적합성과 유사한 개념이며, 양적연구의 일반성, 대표성을 의미한다. 질적연구에서는 연구대상자와 심층면접을 하고, 광대한 양의 자료를 분석해야 하기 때문에 양적연구에 비해 표본의 수가 적다. 하지만 표본추출이 통계학적으로 이루어지지 않고, 이론적으로 수행되기 때문에 집단에 소속된 어떤 대상자도 그 집단을 대표할 수 있다고 전제한다. 중요한 것은 연구대상자가 '자신의 경험을 충분히 잘 묘사할 수 있고 제시할 수 있는가?'이며, 그것이 가능하다면 그 사람은 적합한 연구대상자가 될 수 있다.

이밖에도 연구결과가 연구상황 밖에서도 적합한지, 그리고 연구결과를 읽는 독자들이 자신의 고유한 경험을 비추어 보았을 때 의미 있고 적용력이 있는 것으로 인식하는지 여부에 따라 적합성을 평가할 수 있다. 본 연구의 결과를 연구대상자뿐만 아니라 농촌체험마을의 상황을 인지하고 있는 전문가들이 읽었을 때에도 의미 있는 것으로 평가하였다는 점에서 본 연구의 적용성은 충족된 것으로 볼 수 있다.

다. 일관성

일관성(consistency)은 연구결과가 반복적으로 나타날 수 있는 정도를 의미한다. 질적연구에서는 양적연구와는 달리 감각을 통해 검증할 수 없는 현실 속 사람들의 경험과 환경의 독특성을 강조하므로 동일한 내용의 반복보다는 오히려 경험의 다양성을 추구하는 편이 타당하다. 일관성은 같은 방법을 활용한 연구자가 같은 결과를 얻을 수 있을 때 충족되며, 연구자의 자료, 견해, 주어진 상황에 대해 반대의 결론을 내리지 않고 비교되는 결론을 내려도 이 기준은 충족될 수 있다.

본 연구에서는 농촌체험마을에 대한 컨설팅과 교육을 담당하고 있는 농촌체험관광 전문가 3인과 지도교수에게 수집 · 분석된 자료를 제시하고 코딩과정 전체를 검토해 줄 것을 요청하였으며, 이견이 있는 부분은 직접 토의를 거쳐 수정하였다. 연구자는 자료에서 발견된 범주와 핵심범주에 대한 분석적 사고를 위해 지속적으로 비교함으로써 자료의 일관성을 유지하였으며, 연구과정을 가급적 상세히 제세함으로써 감사성(auditability)을 유지하고자 노력하였다.

라. 중립성

중립성(neutrality)은 양적연구의 객관성을 의미하고, 연구과정과 결과에 있어서 모든 편견으로부터 해방되는 것을 뜻한다. 이는 연구자와 연구대상자, 그리고 자료와의 적절한 거리가 유지되어야 얻을 수 있으며, 사실적 가치, 적용성, 일관성 등이 확립될 때 자연적으로 획득된다.

연구자는 객관적 입장을 유지하기 위해 '비교하여 생각하기', '거리를 유지하기', '회의적인 태도 유지하기', '연구절차 준용하기'를 연구의 원칙으로 삼았고 사실적 가치, 적용성, 일관성을 높이기 위해 많은 노력을 기울였다. 이와 함께 연구자는 연구대상자의 인식세계와 그 밖의 세계 사이의 위치인 가장자리에 섬으로써 적당한 거리를 유지하면서 끊임없는 비교분석의 과정을 통해 현상을 이해하려고 노력하였다.

본 연구에서 연구자는 근거이론 평가기준인 사실적 가치, 적용성, 일관성, 중립성을 유지하기 위해 전문가와 토의하는 등 다양한 방법을 사용하였고, 이러한 방법에 의하여 연구를 수행한 바, 이에 따라 본 연구가 네 가지 평가기준에 적합하다는 것을 피력하였음.

(5) 근거이론을 적용한 농촌체험마을별 갈등양상

다음은 A마을에 대하여 근거이론을 적용한 갈등양상을 해석하는 과정을 근거이론의 방법론에 따라 나열한 것이다.

가. 개방코딩: 근거자료의 범주화

다음 표는 A마을에 대한 개방코딩의 결과를 정리한 것이다.

표 11-1 A마을 근거자료의 개방코딩 결과

개 념	하위범주	범주
• 사업비가 잘못 집행됨 • 외부의 지원이 특정인에게 편중됨	사업 수혜의 편중	수익분배의 문제
• 농사체험을 다른 마을에서 진행함 • 마을기금 적립에 미온적 태도를 보임	수익분배 노력 부족	
• 개인사업에 마을기금을 사용함 • 자신의 연락처와 홈페이지만 기록함	과도한 욕심을 부림	독단적 사업 추진
• 마을회의 때 말도 안 되는 소리를 함 • 주민들의 의식수준이 낮음	역량이 부족함	
• 주민들의 의견을 묻지 않음 • 몇 사람만 모여서 결정을 내림	의사결정과정의 투명성 결여	
• 마을에 실질적인 도움이 안 됨 • 개인의 이익추구를 위해 생긴 다툼	마을사업이 아님	비난과 불신
• 노력 없이 큰 대가를 바람 • 성급하고 지나친 욕심을 보임	기본 양심이 없음	
• 지도자의 노력과 희생을 인정하지 않음 • 사업의 독점과 독단을 반성하지 않음	인정하지 않음	
• 교육으로 사업에 대한 생각이 바뀜 • 더 많은 교육기회가 요구됨	교육을 통한 인식변화	사업의 가능성 인식
• 사업의 성과가 나타남 • 사업에 대한 확신을 갖게 됨	사업의 성과 확인	
• 사업에 참여할 여건이 안 됨 • 사업이 자신에게 별다른 도움을 못 줌	사업과 관련이 적음	사업의 이해관계
• 외부의 지원을 받아서 체험행사를 진행함 • 체험객에 의해 농산물이 소비됨	사업의 수혜를 받음	

<table>
<tr><td>• 사업에 대해 전혀 몰랐음
• 사업을 잘못 이해함</td><td>사업에 대해 모름</td><td rowspan="2">사업에 대한
무지/무관심</td></tr>
<tr><td>• 마을 일에 신경 쓸 여력이 없음
• 사업으로 이득 볼 일이 없음</td><td>사업에 관심 없음</td></tr>
<tr><td>• 마을의 상황을 편의적으로 파악함
• 적극적인 개입을 회피함</td><td>행정기관의 관리미흡</td><td rowspan="2">제도상의 문제</td></tr>
<tr><td>• 서로 자기의견만 관철시키려고 함
• 마을규약이 없음</td><td>공정한 규칙이 없음</td></tr>
<tr><td>• 외부지원의 구체적 내용공개를 요구함
• 동등한 분배와 참여기회를 요구함</td><td>사업의 운영방식 개선
요구</td><td rowspan="2">항의 및 개선
요구</td></tr>
<tr><td>• 마을 내 농산물의 우선소비를 요구함
• 체험비 일정비율의 마을기금 적립요구</td><td>마을에 대한 기여 확대
요구</td></tr>
<tr><td>• 홈페이지 게시판에 글을 올림
• 교육에 참가해서 이야기함</td><td>외부에 알리기</td><td rowspan="2">부당함을 알림</td></tr>
<tr><td>• 담당직원에게 전화함
• 관련기관을 방문함</td><td>행정 및 관련기관에
민원 제기</td></tr>
<tr><td>• 일부 주민들과 우호적인 관계를 유지함
• 일부 주민의 농산물을 팔아 줌</td><td>자기편 만들기</td><td rowspan="2">정당성의 강화</td></tr>
<tr><td>• 다른 마을에서의 체험은 불가피함
• 사업추진에는 장기적인 안목이 필요함</td><td>자신을 합리화함</td></tr>
<tr><td>• 마을 대표에서 물러남
• 개인에게 집중된 권한을 분산시킴</td><td>권한을 나눔</td><td rowspan="2">기득권의 양보</td></tr>
<tr><td>• 외부기관에서 보낸 체험객을 분배함
• 마을기금을 적립하기로 결정함</td><td>외부지원을 분배함</td></tr>
<tr><td>• 운영상의 많은 문제들이 해소됨
• 단계적인 개선이 필요함</td><td>운영방식이 개선됨</td><td rowspan="2">인식이 바뀜</td></tr>
<tr><td>• 사업추진 간 갈등은 피할 수 없는 과정임
• 갈등은 마을이 발전해 가는 과정임</td><td>갈등에 대한 인식변화</td></tr>
<tr><td>• 체험객 분배의 형평성에 의구심이 듬
• 마을에의 기여가 여전히 미흡함</td><td>분배의 불명확성</td><td rowspan="2">충분하지 않음</td></tr>
<tr><td>• 자기의견만 끝까지 고집함
• 남에 대한 배려가 부족함</td><td>자기욕심을 우선함</td></tr>
</table>

나. 축코딩

그림 11-2 A마을 패러다임모형

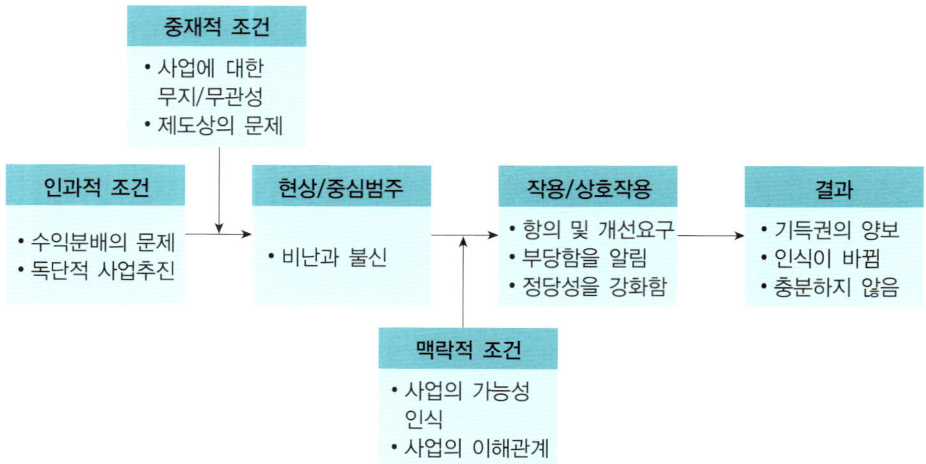

가) 인과적 조건

사업의 수혜가 지도자에게 편중되었고, 수익의 분배 노력이 부족하다는 '수익분배의 문제' 범주와 지도자가 과도한 욕심을 부리고, 주민들의 역량이 부족하여, 의사결정과정의 투명성이 결여되었다는 '독단적 사업추진' 범주가 '불신과 비난'이라는 현상(중심범주)을 유발하는 직접적인 원인으로 작용하였다.

나) 현상(중심범주)

'수익분배의 문제'와 '독단적 사업추진'이라는 인과적 조건에 의해 나타나는 중심현상은 현재 마을에서 추진되고 있는 농촌체험관광사업이 실제로는 마을사업이 아니라 개인사업이고, 주민들 중 일부는 기본적인 양심이 없으며, 서로 상대방을 인정하지 않는다는 주민 간의 '비난과 불신'이었다.

다) 중재적 조건

농촌체험관광사업에 대해 알지 못했거나 관심이 없었다는 '사업에 대한 무지/무관심' 범주와 시업추진과정에 대한 행정기관의 관리가 미흡했고, 마을규약 또는 정관 등과 같이 사업추진에 필요한 공정한 규칙이 없었다는 '제도상의 문제' 범주가 '불신과 비난'이라는 현상에 영향을 주는 중재적 조건이었다.

라) 맥락적 조건

농촌체험관광사업과 관련된 교육에 참가함으로써 사업에 대한 인식이 바뀌었고, 사업의 성과를 직접 확인했다는 '사업의 가능성인식' 범주와 농촌체험관광사업과 관련이 적다거나 또는 사업의 수혜를 받고 있다는 '사업의 이해관계' 범주가 주민들의 작용/상호작용전략에 영향을 미치는 맥락적 조건이었다.

마) 작용/상호작용

사업운영방식의 개선이나 마을에 대한 기여의 확대를 요구하는 등의 '항의 및 개선요구' 범주와 외부에 알리거나 민원을 제기하는 등의 '부당함을 알림' 범주, 자신에게 우호적인 편을 만들거나 상황을 합리화하는 등의 '정당성을 강화함' 범주가 작용/상호작용전략에 해당하였다.

바) 결과

중심현상인 '비난과 불신'에 대한 다양한 작용/상호작용전략의 결과는 특정인에게 집중된 권한을 나누거나 외부의 지원을 분배하는 등의 '기득권의 양보' 범주와 사업의 운영방식이 개선되었고 주민 간 갈등을 긍정적 과정으로 인식하게 되었다는 '인식이 바뀜' 범주, 아직도 수혜의 분배가 명확하지 않고 자신의 욕심을 우선시한다는 '충분하지 않음' 범주였다.

다. 선택코딩

개방코딩, 축코딩과정에서 나타난 개념과 범주의 종합적인 분석을 통해서 A마을 주민 간 갈등양상을 도출하여 정리한 것이 [표 11-2]이다.

표 11-2 A마을 갈등양상

구분			내용
갈등의 원인	유발 요인	수익분배의 문제	사업수혜의 편중, 수익분배 노력부족
		독단적 사업추진	과도한 욕심을 부림, 역량이 부족함, 의사결정과정의 투명성결여
	영향 요인	사업에 대한 무지/무관심	사업에 대해 모름, 사업에 관심 없음
		제도상의 문제	행정기관의 관리미흡, 공정한 규칙이 없음

		사업의 가능성인식	교육을 통한 인식변화, 사업의 성과확인
		사업의 이해관계	사업과 관련이 적음, 사업의 수혜를 받음
갈등의 유형	주체별	지도자(추진위원장)와 주민 간, 지도자(추진위원장과 이장) 간	
갈등의 행위		비난과 불신	마을사업이 아님, 기본양심이 없음, 인정하지 않음
		항의 및 개선요구	사업의 운영방식 개선요구 마을에 대한 기여 확대요구
		부당함을 알림	외부에 알리기, 행정 및 관련기관에 민원제기
		정당성의 강화	자기편 만들기, 자신을 합리화함
갈등의 결과		기득권의 양보	권한을 나눔, 외부지원을 분배함
		인식이 바뀜	운영방식이 개선됨, 갈등에 대한 인식 변화
		충분하지 않음	분배의 불명확성, 자기욕심을 우선함

A마을의 갈등양상에 대해 근거이론의 패러다임모형을 적용하여 개방코딩, 축코딩, 선택코딩의 단계로 구분하여 결과를 분석하였음.

···> 근거이론분석에 대한 내용은 www.papersea.com
온라인강좌Ⅱ 제20강 '연구방법 7 근거이론분석방법1'
온라인강좌Ⅱ 제21강 '연구방법 7 근거이론분석방법2'
온라인강좌Ⅱ 제22강 '연구방법 7 근거이론적용사례연구3' 참조

2 프로그램 로직모델

프로그램 로직모델(Program Logic Model)은 프로그램이 어떻게 작동할 것인지에 대한 우리의 기대와 예측을 도표로 나타내는 것이다.[18] 즉 프로그램 로직모델은 프로그램 계획과 평가에 있어서 이해하기 쉽게 시각적인 도표로 나타내는 것으로 자원, 서비스, 성과 등을 일련의 흐름에 따라 연관지어 평가하는 방법이다. 프로그램 개발이란 다양한 활동이 포함되어 있고 일련의 단계를 거치는 논리적 과정의 산물이다.[19] 따라서 해결하고자 하는 사회문제를 완화시켜 클라이언트의 삶의 질을 높이기 위해

서는 기대와 예측이 논리적이고 과학적인 프로그램을 접근할 때 비로소 다양한 이해 관계자들에게 설득력 있게 다가설 수 있을 것이다.[20]

1) 프로그램 로직모델의 의의

프로그램이란 사회적 요구 또는 공적 요구를 충족하기 위해 만들어진 봉사체제, 기회체제, 사업체제(예를 들면 방과 후 아동 프로그램 등)를 의미한다. 교육의 문제를 다룰 때 프로그램은 학문활동의 한 과정으로서 교육과정(Curriculum) 드는 학문관련 활동, 학문보조활동 계획이나 체제, 그리고 비정규 교육과정활동 계획 혹은 체제를 지칭한다.[21]

로직모델은 이와 같은 프로그램을 수행하는 이유, 즉 계획하는 프로그램이 수행하려는 목표, 해결하고자 하는 문제와 프로그램의 주요 요소들 간의 논리적 관계를 나타내주는 도식과 설명을 말한다. 로직모델은 평가분야에서 사용되기 시작했으나, 현재는 프로그램 기획 등 여러 분야에서 사용되고 있다.

로직모델을 사용하는 목적은 프로그램을 구성하는 요소들의 프로그럼 내어서의 역할 및 가정을 뒷받침하는 이론으로서 프로그램의 작동을 설명 내지 예측하는 것이다.[22]

황성철(2008)은 로직모델을 프로그램 개발과정에서 체계이론의 개념을 적용하여 투입 – 활동 – 산출 – 성과 간의 관계를 논리적으로 설명하는 도식을 활용하여 프로그램의 성과를 체계적으로 평가하는 모형이라고 정의하였다.[23] 이 논리모형은 프로그램에 투입된 인적 · 물적 자원을 명확히 해 주고 목표를 분명히 설정하는 데 도움을 주며, 프로그램 수행과정을 차트로 보여주는 시각적 장치를 사용하여 프로그램 개발자나 평가자가 모니터링할 수 있도록 도와준다. 결국 로직모델은 프로그램의 요소들을 활용하여 프로그램이 어떻게 작동하는가에 대한 논리를 제공하는 것이라고 정의할 수 있다.[24]

> 프로그램 로직모델은 계획하는 프로그램이 수행하려는 목표, 해결하고자 하는 문제와 프로그램의 주요 요소들 간의 논리적 관계를 나타내주는 도식과 설명을 말한다.
> 프로그램 로직모델을 사용하는 목적은 프로그램을 구성하는 요소들의 프로그램 내에서의 역할 및 가정을 뒷받침하는 이론으로서 프로그램의 작동을 설명 내지 예측하기 위한 것이다.

2) 프로그램 로직모델의 특징과 구성요소

프로그램 로직모델의 목적은 프로그램 계획, 진행 그리고 결과를 일련의 흐름으로 파악하여 평가함으로써 프로그램의 효과와 로드맵을 이해당사자에게 시각적으로 제시하고자 하는 데 있다. 따라서 이 모델분석을 통해서 프로그램에 투입되는 자원과 재정이 어떻게 프로그램에 투입되고 진행되며 최종적으로 어떤 결과와 효과를 기대할 수 있는지 보여주는 데 효과적이다.

로직모델을 적용하게 되면 투입단계에서부터 활동단계, 산출, 그리고 궁극적으로 성과단계까지 프로그램의 진행과정뿐만 아니라 효과측정까지의 전 과정에 대한 분석이 이루어진다는 특징이 있다. 즉 성과(효과)를 측정하는 데 있어 로직모델을 적용하게 되면 무엇이 프로그램으로 유입되며(투입요소와 자원), 누가 참여자이고 어떤 내용이 제공되며, 결과는 무엇이며, 성취하려고 했던 효과(성과)는 무엇인지를 명확히 알 수 있다는 특징을 갖는다.[25)]

로직모델의 기본적인 구성요소를 보면 다음과 같다.[26)]

(1) 상황

상황(simulation)은 대상주체의 문제나 대상집단이 갖는 욕구에 대한 설명이다. 여기에는 프로그램의 사명에 대한 선언, 개괄적인 역사, 그리고 프로그램에 대한 요약이 포함된다. 프로그램을 제공한다는 것은 기본적으로 표적집단이 가지고 있는 욕구의 해결과 가족문제 등의 사회문제의 해결을 주된 임무로 하기 때문에, 프로그램을 통해 어떤 문제를 해결하려고 하는지를 확인하는 것이 중요하다.

(2) 투입

투입(inputs)은 자원(resources)이라고도 하는데, 서비스와 참여자와 서비스제공자로 나누어 설명할 수 있다. 서비스는 제공되는 서비스, 총시간, 제공횟수, 제공되는 시간(하루, 일주일, 한 달)을 이르는 것이고, 참여자는 참여자의 수, 참가비를 이르며, 서비스 제공자는 프로그램관리자나 프로그램제공기관 자격 여부, 총재원, 프로그램 운영에 필요한 각종 장비를 지칭한다.

표 11-3 프로그램 로직모델의 구성

상황 (simulation)		투입 (inputs)		활동 (activities)		산출 (outputs)		성과 (outcomes)
프로그램을 기획해야 할 이유로 지역사회의 문제나 욕구		프로그램에 투여되거나 프로그램에 의해 소비된 자원		임무를 수행하기 위해 프로그램에서 투입으로 활동하는 것		프로그램 활동의 직접적인 산물(량)		프로그램활동 중과 활동 이후의 참여자들이 얻은 이익이나 변화
이슈화된 지역사회 문제 • 해결되지 않은 개인의 욕구 • 서비스, 프로그램, 자원의 부족	→	• 참여자 • 직원, 봉사자 • 자금/예산 • 시설 • 장비, 소모품 –프로그램에 작용하는 기제들 • 법, 규정, 규칙	→	• 상담 • 직업훈련 • 치료 및 교육 • 보호 • 대인관계 지도 • 사회적응훈련 • 캠프 • 자조모임	→	• 교육/상담 횟수 • 서비스에 참여한 참여자 수 • 취업인원 • 서비스 시간 • 분배된 교육적 자료의 수 • 지도한 집단 수	→	(초기성과) 새로운 지식, 향상된 기술, 태도 및 가치의 변화 (중기성과) 행동의 변화 (장기성과) 조건과 지위의 변화

(3) 활동

활동(activities)은 서비스와 관련되어 계획하고 있는 구체적인 내용으로서, 프로그램의 결과를 만들어내기 위해 필요한 모든 활동의 단계를 포함한다. 즉 상담, 직업훈련, 치료 및 교육, 보호, 대인관계지도, 사회적응훈련, 캠프, 자조모임 등이 해당된다.

(4) 산출

산출(outputs)은 프로그램 활동에서 나오는 직접적인 산물로서 교육 프로그램을 진행한 횟수나 서비스에 참여한 참여자의 수, 활동인원 등을 말한다. 이 과정에서는 각 활동별로 기대하고 있는 결과물을 객관적으로 측정가능한 수치로 제시해야 한다.

(5) 성과

성과(outcomes)는 활동이나 결과로부터 나오게 되는 변화나 이익이다. 즉 프로그램활동 중이나 활동 이후에 참여자들이 얻은 이익이나 변화인데, 초기성과는 새로운 지식, 향상된 기술, 태도 및 가치의 변화에 대한 것이고, 중기성과는 행동의 변화, 장

기성과는 조건과 지위의 변화를 의미한다.[27)]

프로그램 로직모델의 특징과 구성요소

- 프로그램 로직모델의 특징

  로직모델에서는 투입단계에서부터 활동단계, 산출, 그리고 궁극적으로 성과단계까지 프로그램의 진행과정뿐만 아니라 효과측정까지의 전 과정에 대한 분석이 이루어진다.
- 프로그램 로직모델의 구성요소
  - 상황(simulation)
  - 투입(inputs)
  - 활동(activities)
  - 산출(outputs)
  - 성과(outcomes)

3) 프로그램 로직모델을 통한 분석사례: 교육복지투자우선지역 지원사업

교육복지투자우선지역 지원사업은 2003년에 저소득층의 아동청소년에게 실질적인 교육의 기회를 제공하고 학교생활 전반에 해당되는 삶의 질을 향상시키고자 국가적인 차원에서 실시된 사업이다. 본 지원사업에 대한 평가는 사업에 대한 전반적인 투입요소, 진행상황 그리고 성과와 기대효과를 평가하고 그 결과를 효과적이고 논리적인 분석을 통해 보여줄 수 있는 프로그램 로직모델을 이용하여 실시하였다.

프로그램 로직모델의 최종 분석과정으로 투입자원-사업운영-사업결과-성과와 기대효과 그리고 개선방안이 종합적으로 분석되어 고려된 프로그램 로직모델 평가흐름도표가 제시되었다.

로직모델 분석도표를 산출하기 위해서 주요 분석기준으로 서비스대상, 조직운영체계/서비스전달체계, 프로그램, 예산, 학교와 지역사회 그리고 기타지원체계 등을 포함시켰다. 그리고 사업성과분석을 위해서는 사업관련 당사자와 수혜자인 학생 및 학부모의 의견을 중심으로 평가하였으며 만족도, 필요성, 지속성, 주요필요프로그램 유형, 현재참여율, 흥미율, 기여율(도움), 희망률(향후) 그리고 시범학교실증사례가 분석기준으로 선정되었다. 그 결과는 아래의 [표 11-4]와 같다.

표 11-4 교육복지투자우선지역 지원사업 평가흐름도표(프로그램 로직모델)

추진체계	투입자원 (input & resourcse)	사업운영 (activities)	사업결과 (outputs)	사업성과 (outcomes)		기대효과 (impact)	개선방안 (proposal)
서비스대상	❒ 2003~2004년: 서울,부산 8개 시범지역 ❒ 2005년: 15개 지역 ❒ 2008년: 전국 40개 지역 확대	❒ 서울/부산 8개시범지역 초등, 중등, 고등학교 실시	❒ 저소득층 학생에 대한 복지 프로그램 활성화	만족도	❒ 만족: 학생(95.5%, 학부모(97.4%) ❒ 만족이유: 다양한 활동, 무료로	❒ 안정된 보호환경 제공, 정서적 부담 경감, 학업동기 부여 ❒ 정상적인 발육 및 성장기여, 건강검진 및 치료지원, 기초생활여건 개선 ❒ 타지역 학생과의 교육격차 다소 해소	❒ 사업대상 확대를 위해 지역 내 모든 학교 및 기관 간 연계망 구축 ❒ 유치원, 초·중학교 미 재학 학생 사업대상자 확대
				필요성	❒ 필요하다: 교장/교감(95.3%), 교사(94.5)		
조직운영체계/서비스전달체계	❒ 운영체계 - 중앙 및 지방정부의 지원체계와 연구지원센터 운영 - 지역교육복지 투자우선지역 사업운영 협의회, 유치원 및 보육시설 협의회, 문화 및 복지 관련단체 연계 체계 - 프로젝트 조정자, 지역사회교육전문가	❒ 운영협의회구성(사업지원기관, 사업참여당사자, 학부모·시민	❒ 중앙: 교육부 등 관련부처 ❒ 지역: 교육청 등 관계기관 ❒ 학교: 학교, 지역사회 관련기관 및 단체 ❒ 운영협의회: 사업참여 관계자 회의 ❒ 실무담당자: 프로젝트 조정자, 지역사회교육전문가	지속성	❒ 지속해야 한다: -교장/교감(95.9%), 교사(92.6%)	-	❒ 사업추진 운영체제의 구성과 운용에 면밀한 검토 요망 ❒ 프로젝트 조정자와 지역사회 교육 전문가 신분안정과 처우개선방안 강구 ❒ 교육복지 전담부서 활성화 강구 ❒ 전달체계상 각 기관별 긴밀한 협조체계 구축
				주요필요프로그램	❒ 주요 프로그램 도서관 활성화사업, 보충학습, 개별 및 집단상담, 심성계발, 건강검진 및 치료 등		
				현재참여율	❒ 참여율이 높은 프로그램: 도서관독서학습(31.4%), 체험학습(47%), 특기적성활동(43.4%), 건강검진 및 치료(32.8%) 등		
프로그램	❒ 프로그램 영역 - 학력증진 프로그램, 문화활동 및 체험학습 프로그램: 체험학습, 특기적성 활동, 정서발	❒ 프로그램 영역 - 학력증진 프로그램 - 문화활동 및 체험학습 프로그램 - 정서발달 및 심성계발	❒ 저소득층 학생의 학습결손 치유와 예방을 위한 프로그램운영 확대 ❒ 동아리체험 등 교육과정과 연계한 체험학습 ❒ 학교 내 상담	흥미율	❒ 흥미가 높은 프로그램: 도서관 독서학습(19.7%), 체험학습(41%), 특기적성활동(33.5%), 방과후교실(18.2%) 등	❒ 학생 문화·역량 향상 ❒ 저소득층 영·유아 교육·보육 저소득층 유아의 교육기회 확대, 아동의 다양한 문화체험 활동 및 아동의 정서안정, 교육	❒ 저소득층 영유아 교육 및 보육지원 확대 및 예산지원 증대 ❒ 영유아 지원 관련 선진국 사례의 시사점 ❒ 학습결손 치유 및 예방 프로

	달 및 심성계발 프로그램, 복지서비스	프로그램 – 복지서비스	활동 강화 ❒ 방학 중 다양한 체험활동 ❒ 저소득층 영/유아 교육 및 보육 활성화			과 보육의 통합적 지원, 저소득가정 학부모의 취업기회 제고	그램 확대
예산	❒ 2003~2004년: 277억 8천여 만원 ❒ 2005년: 310억 여원 추가지원	❒ 예산규모 – 시범기간 투입규모:277억여원	❒ 지원사업비: 인건비와 프로그램비 사용 ❒ 기본시설과 설비투자 위한 시설투자비 요구	기여율(도움)	❒ 도움이 되는 프로그램 도서관독서학습(28.3%), 체험학습(31.5%), 특기적성활동(33.4%), 건강검진 및 치료(28.7%) 등	–	❒ 예산집행의 융통성 부여 ❒ 교육청이 학교사업예산 심의와 예산 배정의 효율성 및 생산성 제고
학교와 지역사회	❒ 학교와 지역사회 관련기관 네트워크 및 연계활동	❒ 학교의 교육복지업무 신설 및 추진 ❒ 학교와 지역사회 관련단체 연계 및 네트워크를 통한 서비스 제공	❒ 학교교육복지 전담부서 설시(10개 학교) ❒ 지역사회 관련단체 및 기관과 각종 프로그램 연계 및 운영 ❒ 연계협력을 위한 예산지원(1억 5천~2억원)	희망율(향후)	❒ 희망 프로그램: 도서관독서학습(24.1%), 체험학습(35.5%), 특기적성활동(31.1%), 심리프로그램(33.3%), 건강검진 및 치료(26.2%), 무료급식(27.3%) 등	❒ 교육공동체 의식 제고 ❒ 학생들에게 다양한 교육기회 제공 ❒ 지역사회에 교육공동체로서의 교육에 대한 책무와 역할인식 강화	❒ 학교의 역할 강화 ❒ 학교와 지역사회 간 협력관계 강화
기타 지원 체계	❒ 법/제도화 ❒ 연구지완 한국교육개발원 등 ❒ 교육 및 연수지원	❒ 관련 법규정 정비와 제도화 ❒ 사업연구 및 평가 및 개발 ❒ 사업추진 주체에 대한 전문적인 교육 및 연수 지원	❒ 관련 법규정 정비와 제도화 ❒ 사업연구 및 평가 및 개발 ❒ 사업추진 주체에 대한 전문적인 교육 및 연수지원	시범학교실증사례	❒ 부산: 기초학력증진프로그램 ❒ 서울: 중학교 문제행동감소사례	–	❒ 사업계획 및 추진내용 명문화 ❒ 지역사업운영협의회 및 지역교육청 전담조직 위상과 역할 법제화 ❒ 한국교육개발원의 역할 제고(연구, 평가) ❒ 사업에 대한 홍보 강화 ❒ 저소득층 지역 학교 신설 시 '님비현상' 해결방안 강구

4) 프로그램 로직모델 활용연구

프로그램 로직모델 방법을 활용하여 수행된 연구들을 찾아보면 다음과 같다.

① "사회교육 프로그램의 평가: 로직모형(logic model)을 중심으로"(여성사회교육, 6, 2001)

② "한-미 국가 R&D 프로그램 평가의 이론적 배경 및 평가철학 비교분석"(한국과학기술기획평가원, 2005)

③ "교사의 훈육기술 향상을 위한 시뮬레이션의 설계 및 개발"(한국교원대학교, 2008)

④ "학습코칭 부모교육 프로그램 개발 및 평가 – 학령기 가족을 중심으로"(성균관대학교, 2009)

⑤ "학교부적응 청소년을 위한 REBT 집단프로그램 모형개발 – Logic Model을 중심으로"(청주대학교, 2009)

…▶ 프로그램로직 모델에 대한 내용은 www.papersea.com
온라인강좌Ⅱ 제25강 '연구방법 9 프로그램 로직모델 방법'
온라인강좌Ⅱ 제26강 '연구방법 9 프로그램 로직모델 적용사례연구' 참조

3 SWOT분석

SWOT분석은 기업의 외부환경과 내부환경 중 중요한 요인들을 바탕으로 전략수립을 가능케 하는 분석도구로서 기업의 상황분석을 전략적으로 접근하는 데 중요한 역할을 한다. 주어진 상황을 분석하여 기회와 위협의 요인을 도출하고 그것을 자사의 강점을 통하여 활용하고, 자사의 약점을 보완·회피할 수 있도록 전략의 방향과 세부전술을 수립함을 목적으로 하고 있다.[28]

1) SWOT분석의 의의

일반적으로 SWOT분석방법은 신상품의 개발 및 기술, 관리, 계획 등 주어진 상황을 전략적인 시각으로 분석하여 기회와 위협의 요인들을 도출하고, 이렇게 도출된 기회와 위협을 자사의 강점을 통하여 활용하고 자사의 약점을 보완하거나 회피할 수 있도록 전략의 방향과 세부전술을 수립함을 목적으로 한다. SWOT분석은 외부환경과 내부환경 중 중요한 요인들을 바탕으로 전략수립을 가능케 하는 분석도구로서 특별히 복잡한 작업이나 계량화작업 없이도 기존에 수행한 상황분석만으로 전략을 수립할 수 있다는 실용성 때문에 널리 사용된다.[29)]

SWOT분석은 내 · 외부 상황을 전략적으로 분석하여 기회와 위협의 요인을 도출하여 전략과 세부적인 전술을 수립하기 위한 것이다.

2) SWOT Matrix의 작성

SWOT분석의 체계는 다음과 같은 단계를 따른다.

시장의 변화를 기회와 위협요인으로, 경쟁사와의 비교를 통해 강점과 약점으로 분류하여 매트릭스를 만든다.

① 시장분석과 고객분석을 통하여 자사가 처해 있는 시장환경에 있어서의 기회요인과 위협요인을 파악한다.

② 자사가 가지고 있는 강점과 약점을 경쟁사와 비교하고 분석하여 자사가 가지고 있는 상대적인 강점을 향후 시장에서 어떻게 활용할 수 있는지, 그리고 자사의 상대적인 약점을 어떻게 보완하거나 방어할 수 있는지를 분석한다.

③ 첫 번째 단계에서 파악한 시장환경의 변화요인을 크게 자사에게 유리한 변화요인인 기회요인과 자사에게 불리하게 작용하는 변화요인인 위협요인으로 나누어 보고, 두 번째 단계에서 파악한 자사의 가치사슬의 각 단계가 경쟁사에 비하여 비교우위에 있다면 강점으로, 비교열위에 있다면 약점으로 분류한다.

④ 이와 같이 분류된 각 요인들을 2×2 Matrix로 정리하면 전략을 수립하기 위해 기초자료로 활용할 수 있는 SWOT Matrix가 완성된다.

표 11-5 SWOT Matrix

강점 (Strength)	약점 (Weakness)
기회요인 (Opportunity)	위협요인 (Threat)

3) SWOT분석을 통한 전략의 수립

전략수립
- O/S(Opportunity/Strength)전략
- O/W(Opportunity/Weakness)전략
- T/S(Threat/Strength)전략
- T/W(Treat/Weakness)전략

승리라는 목표를 위하여 경쟁하고 분석한다는 의미로서 전략(strategy)이라는 용어는 1960년대 기업에서 대기업 간의 경쟁에 일상적으로 사용되기 시작해 현대에 들어 경제용어로서의 자리매김을 하고 있다. 따라서 현재의 전략적 경영관리에 많은 부수적인 경제, 이론 및 학술이 접목되어 사용되고 있다.[30] 기업은 SWOT Matrix를 통해 다음과 같이 전략을 수립할 수 있다.

(1) O/S(Opportunity/Strength)전략

O/S는 시장상황에 많은 기회요인이 있고 내부적으로 기회요인을 전략적으로 활용할 수 있는 강점이 많은 상황으로 모든 기업들이 추구하는 상황이다. 이때 기업은 이러한 시장기회를 자사의 역량으로 선점하면서 시장을 확대해 나가는 전략을 추구할 수 있다.

(2) O/W(Opportunity/Weakness)전략

O/W는 시장상황이 자사에게 유리하게 조성되어 있으나 이 기회를 활용할 만한 자사의 핵심역량이 부족한 경우이다. 이 경우에는 이 기회를 활용할 수 있도록 자사의 역량을 강화시키거나, 단기간 내에 이 기회를 활용하기 위하여 전략적 제휴를 통해 시장기회를 포착하고 내부적으로 서서히 핵심역량을 보완하는 전략을 택할 수 있다.

(3) T/S(Threat/Strength)전략

T/S는 시장에 상대적으로 많은 위협요인이 존재하지만, 그것을 극복할 수 있는 역량이 내부에 축적되어 있는 경우이다. 이러한 상황에서는 강점을 적극적으로 활용하여 기존에 경쟁하고 있던 시장에 깊숙이 침투함으로써 안정된 시장을 확보하거나, 제품계열을 확충함으로써 위협요인에서 생겨날 수 있는 다양한 위험을 사전에 방지하는 전략을 택할 수 있다.

(4) T/W(Treat/Weakness)전략

T/W는 시장에 불리한 위협요인이 존재하지만 그것을 극복할 만한 역량이 자사에 존재하지 않은 경우로서, 가장 회피하고자 하는 상황이다. 이러한 상황을 탈출하기 위하여 자사의 남은 역량을 자사가 보유하고 있는 시장에 집중함으로써 명맥을 이어나갈 수 있다. T/W 상황에 있는 기업이 O/S 상황으로 진입하려고 하는 경우 선택할 수 있는 전략은 다음과 같다.

가. T/W에서 O/W를 거쳐 O/S로 가는 전략

이 전략은 향후 단기간 내에 시장상황이 유리하게 변화될 것으로 판단될 때 유용한 전략이다. 우선적으로 자사가 가지고 있는 모든 역량을 총동원하여 시장기회를 포착한다. 그리고 기회를 활용하기 위하여 필요하지만 역량이 부족한 부분에 대해 이러한 역량을 가진 기업들과 전략적 제휴를 통해 보완하고, 장기적으로 이런 활동들을 통해 자사내부의 역량을 구축해 나가면서 자사의 상황을 O/S로 이동시키는 것이다.

나. T/W에서 T/S를 거쳐 O/S로 가는 전략

이 전략은 시장상황이 장기적으로 자사에게 불리할 것으로 판단될 때 사용될 수 있는 전략이다. 이를 위해 기업은 먼저 자사의 약점을 보완하고 핵심역량을 구축하면서 시장의 상황이 자사에게 유리하게 움직이도록 기다린다. 그리고 시장에 기회요인이 많아질 때 축적된 핵심역량을 바탕으로 시장기회를 선점하여 경쟁사보다 우월한 위치에서 경쟁할 수 있는 기반을 마련하는 것이다.[31)]

SWOT분석은 이러한 전략수립계획을 세우는 데 용이한 방법으로 이용되고 있다. 그러나 효율적인 자원배분을 위해서는 요소 간의 중요도를 전략적으로 측정하고 평가해야 할 필요가 있는데, SWOT분석방법만으로는 각 요소 간의 중요드를 측정하기 어려우므로 중요도를 계량화하는 새로운 방법이 필요하다.

표 11-6 SWOT분석에 근거한 전략

외부역량분석 / 내부환경분석	기회요인(Opportunity)	위협요인(Threat)
강점 (Strength)	O/S전략	T/S전략
약점 (Weakness)	O/W전략	T/W전략

4) SWOT분석의 확대: 전략적 경영분석

SWOT분석은 상기와 같은 4가지의 전략도출을 통해 전략적 경영분석으로 확대될 수 있다. 전략적 경영방법으로서의 SWOT분석은 일반적으로 다음의 [그림 11-3]에서 나타난 바와 같은 절차에 의거하여 수행된다.

그림 11-3 | 전략적 SWOT분석

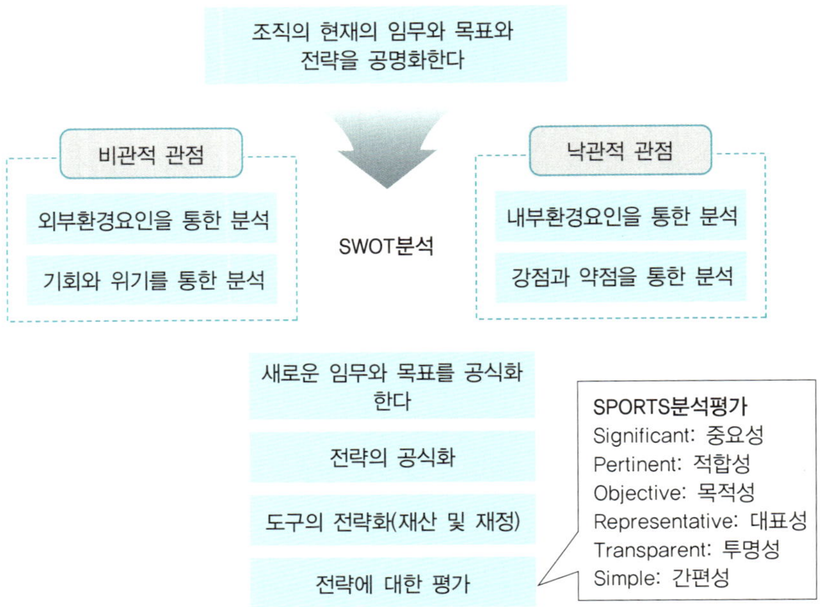

상기와 같이 분석된 전략에 대한 내용은 SPORTS분석을 통해 평가할 수 있다. 이렇게 평가된 결론은 크게 3가지 단계로 전략적, 재원적, 수행적 방법의 단계를 거쳐 피드백하는 과정으로 이루어진다.

그림 11-4 | 3단계 경영분석방법

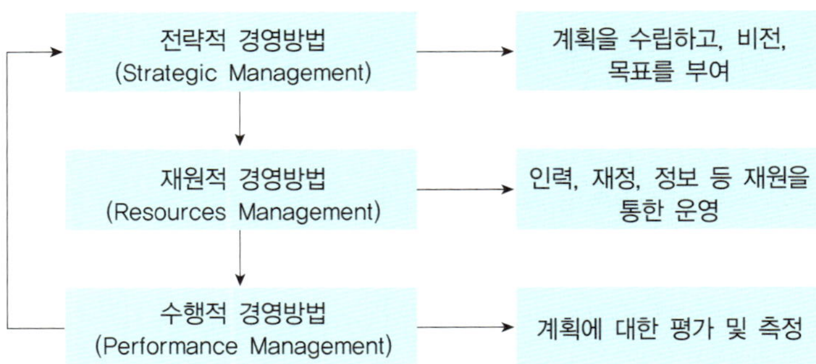

이러한 3단계 경영분석방법은 아래와 같은 전략적 경영서클분석에 따라 1단계에서 4단계의 과정을 거치게 된다. 여기에서는 조직의 현재의 위치와 추구하고자 하는 조직의 이상과 목적달성을 위한 방법을 수립하여, 수행하는 과정에서 목표 수행을 하기

위한 방향으로 가고 있는지를 분석한다.

그림 11-5 ▌전략적(수행적) 경영서클

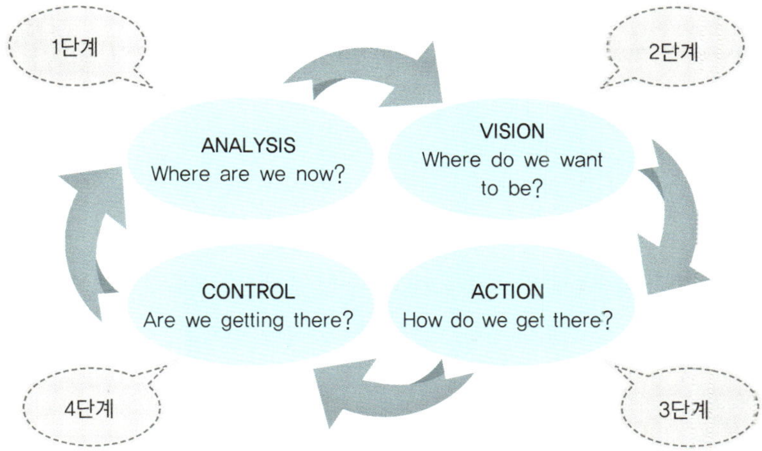

▌표 11-7 ▌전략적(수행적) 경영서클

단계	수행적 서클	내용		
			내부환경	외부환경
1	분석(내・외부분석) - 우리의 현 위치?	Optimistic view 낙관적인 관점	강점	기회
		Pessimistic view 비관적인 관점	약점	위기
2	비전(비전, 임무, 목표) - 우리의 미래적 이상?	비전: 장기적 목표 미션: 조직의 존립 근원 목표: 실질적으로 달성할 수 있고, 추구하고자 하는 목적 단, 구체적일 필요는 없음.		
3	실행(전략, 전술) - 이상 추구를 위한 방법?	전략과 전술은 재원적 경영방법인 재정, 인력, 정보에 통해 어떻게 목표에 도달할 것인가를 위한 도국의 전략화		
		SPORTS 분석을 통한 평가		
4	조정(벤치마킹, 지시) - 이상을 향해 가고 있는가?	Significant: 중요성 Pertinent: 적합성 Objective: 목적성 Representative: 대표성 Transparent: 투명성 Simple: 간편성	vs	Specific Measurable Assignable Realistic Time-related

5) SWOT분석 연구의 사례

SWOT분석은 기회와 위협의 요인을 도출하고 그것을 자사의 강점을 통하여 활용하여 자사의 약점을 보완할 수 있는 전략을 수립하는 방법이다. 여기에서는 이러한 SWOT분석방법을 통해 수행한 연구의 사례를 살펴본다. 이 사례는 컨벤션센터의 전략적 활용에 대해 SWOT분석을 한 연구이다.[32)]

(1) 연구의 목적

컨벤션산업은 지역균형발전, 고용증대, 세수의 증대, 무역수지개선, 홍보효과, 관련산업의 발전 등 그 파급효과가 매우 크기 때문에 국내의 많은 지자체에서 고부가가치 전략산업으로 추진하고 있다. 그러나 공급이 수요를 초과하는 공급과잉현상으로 인한 경쟁력 약화, 수익성 악화, 수요의 감소 등 부정적인 견해가 높기 때문에 새로운 전략적 접근방법이 필요하다. 이러한 관점에서 ○○컨벤션센터의 현황과 관련된 요인들을 고찰하여 경쟁력 확보를 위한 전략적 운영방안을 제시하는 데 본 연구의 목적이 있다.

> 지방자치단체에서 추진하고 있는 컨벤션산업의 문제점에 대해 SWOT분석을 통해 전략적 방안을 제시하고자 함.

(2) 컨벤션센터의 전략적 운영을 위한 SWOT분석

○○컨벤션센터의 전략적 운영방안을 위한 요인에는 긍정적 요인과 부정적 요인이 상존하는 바, 이러한 요인에 대한 전략적 방안을 강구하기 위해 SWOT분석을 수행하였다.

가. 강점요인

① ○○지역은 지리적 입지에서 사통팔달의 요지에 위치하고 있어 고속도로와 고속철도 등 교통수단이 편리하여 외부에서의 접근성이 매우 용이하다.

② 세계과학기술도시연합(WTA)과 아 · 태지역 원자력기구(RCA)와 같은 국제기구 사무국을 보유하고 있어 지속적인 국제회의를 유치할 수 있는 기본적 토대가 있다.

③ 인접한 첨단과학단지로 인해 국제학술회의, 기술교류회의 등의 지속적인 유치를 위한 기반이 갖추어져 있다.

④ 인접한 관광특구지역은 컨벤션 참가자들의 숙박과 위락시설을 제공할 수 있기 때문에 참가자들에 대한 흡입요인으로 작용할 수 있다. 이러한 흡입요인을 극대화하기 위한 일환으로 카지노 유치 및 레저스포츠, 쇼핑시설의 확충이 필요하다.

⑤ 인근 관광자원과 놀이공원, 동물원, 국립과학관 등 컨벤션산업의 부가적 관광기능에 천연적 자원을 보유한 유리한 문화자원을 가지고 있다.

⑥ 국내에서 유일하게 컨벤션센터의 완공 이전에 컨벤션뷰로가 설치되어 사전준비와 홍보 및 운영에 도움이 될 것으로 예측된다.

⑦ 추후 컨벤션 수요의 폭발적 증가에 따른 컨벤션센터의 시설 확장이 인근 대형 과학 공원 내에 입지하여 매우 용이하다. 이러한 전략적 입지의 선택은 과학 공원과의 상호 보완적 요인으로 전략적 시너지효과가 기대된다.

나. 약점요인

① 해당 지역의 국제회의 기획업체(PCO)의 영세성과 전문성의 결여가 지역 컨벤션산업의 발전에 매우 심각한 저해요인이다. 따라서 정부적 차원에서 국제회의 기획 우수업체의 발굴 및 재정적 지원이 전문성 확보에 절대적으로 필요하다.

② 지역의 컨벤션 전문인력의 부족은 향후 컨벤션산업의 운영에 있어 심각한 인력난을 초래할 것으로 예측된다. 따라서 정부관련기관, 교육기관, 관련업체 간의 유기적 네트워크를 통한 교육과 정보의 교환이 필요한 것으로 지적된다. 전문인력의 부족은 지역 외부로부터의 국제회의 기획업체의 수입으로 이어져 역내 컨벤션산업의 기반을 약화시키는 요인으로 작용할 것이다.

③ 컨벤션 참가자들에게 볼거리를 제공하는 차원에서 다양한 관광상품의 개발이 필요하다. 컨벤션센터와 인접한 과학공원의 관광상품만으로는 참가자들의 다양한 수요욕구를 만족시키지 못할 것이다. 인근 관광자원과 연계되는 볼거리, 먹거리, 쇼핑 등의 유기적 관광상품을 개발하여 참가자들의 다양한 욕구에 대응하면서 관련 관광산업의 부가적 가치창출을 도모해야 할 것이다.

④ 지역을 상징하는 조형물이나 기념품의 개발이 필요하다. 컨벤션 참가자들에게 기억과 추억을 되새기게 하는 조형물과 기념품은 새로운 잠재적 수요를 창출하

는 효과를 가져다 줄 것이다. 예를 들어 LA 디즈니랜드의 미키마우스, 샌디에고 Sea World의 샤무(범고래) 등의 상징성은 오랫동안 관광객의 이미지로 형상화되어 재방문과 구전의 효과를 불러일으키고 있다.

⑤ 컨벤션 뷰로는 국제회의 유치 및 지역홍보, 관광상품의 개발 등의 역할을 충실하게 수행할 수 있도록 정부의 적극적 지원이 뒷받침되어야 한다. 이를 위해서는 컨벤션 뷰로와 관련기관, 해당업체와의 긴밀한 협력체계를 구축하는 것이 필요하다.

⑥ 현재 지역에서 국제행사를 유치하기에는 숙박시설이 절대적으로 부족하고, 지역을 대표하는 상징적 숙박시설이 미비한 것으로 평가된다. 특급호텔 수준의 상징성을 갖는 호텔의 건립이 컨벤션 유치의 흡입요인으로 작용할 수 있다. 도시마케팅의 일환으로 도시를 대표하는 아름다운 호텔을 건립하여 적극적으로 도시홍보활동과 관광객 유치를 성공적으로 이끌고 있는 외국의 사례를 참조할 필요가 있다.

다. 기회요인

① 국제회의연합(UIA)은 1996년부터 2005년까지 10년 동안 국제회의 개최성장률 세계 10위 이내의 국가를 발표했는데, 우리나라는 120%의 성장률을 보이며 2위를 차지하였다. 향후 우리나라의 컨벤션시장 규모는 2010년 242건, 2020년 352건, 2030년 463건으로 성장할 것으로 전망된다. 우리나라의 괄목할 만한 성장률과 낙관적인 국제회의 개최 전망은 컨벤션센터의 기회요인으로 작용할 것으로 예측된다.

② 국제회의산업 육성 기본계획은 컨벤션 주체 간의 협력과 업계종사자 간의 역량을 강화하고 국제회의 유치경쟁력을 높이는 데 중점을 두고 있다. 이러한 정부의 중점시책들은 컨벤션산업 운영에 기회요인으로 작용할 것이다.

라. 위협요인

① 일부 연구기관에서 지적하고 있는 세계 컨벤션시장에서의 공급과잉 및 수요의 감소현상으로 인해 세계 컨벤션시장에 대해 비판적 견해가 있다. 또한 국내 지자체들의 새로운 전략적 고부가가치산업으로서의 컨벤션센터의 건립과 계획수립은 공급과잉을 초래하고 수익성을 악화시킬 수 있다는 문제점을 발생시키고

있다. 이러한 추세는 치열한 경쟁을 유발시켜 득보다 실이 많은 결과를 초래할 수 있다. 중앙정부 차원에서 무분별한 컨벤션센터의 건립을 수급분석을 바탕으로 적절하게 억제하는 정책이 필요하다.

② ○○컨벤션센터의 전략적 운영방안은 대형 국제회의 중심의 유치보다는 중 · 소규모의 국제회의 유치전략이 제안된다. 이미 서울, 대구, 부산, 서귀포 등 4개 국제회의도시가 선정되어 ○○지역의 대형 국제회의 유치에 위협적 요인으로 작용하고 있다. 또한 ○○지역은 컨벤션산업의 후발주자이기 때문에 타 도시에서 선점하고 있는 시장에 전략적으로 접근하기 위해 국내 전시 및 이벤트 행사를 적극적으로 유치하면서 중 · 소형규모의 국제회의로 범위를 확대해 나가는 것이 수익성확보와 시장확대에 바람직할 것으로 판단된다.

③ 중앙정부의 국제회의 유치 및 개최지원 기준이 대형 국제회의를 중점으로 하고 있고, 중 · 소형 국제회의는 정부지원에서 배제되고 있는 바, 이러한 정책은 ○○지역에 매우 심각한 위협적 요인이 될 수 있다. 또한 컨벤션산업을 육성하기 위한 중앙정부의 재정적 지원과 법적 제도의 미비함은 또 하나의 위협적 요인으로 작용하고 있다.

④ 국제회의의 서울 편중현상이 심화되고 있어 지방 컨벤션센터 운영에 많은 어려움이 존재하고 있다. 이는 ○○지역에서도 직면해야 할 심각한 위협적 요인으로서, 원론적으로 유치경쟁력 확보와 전략적 운영방안이 강구되어야 한다. 그러나 상대적으로 경쟁우위의 요인들이 서울에 편중되어 있는 만큼 정부차원에서 국제회의 유치를 적절하게 배분하는 정책이 필요하다. 일본은 중앙정부 차원에서 국제회의 유치의 적절한 배분을 통해 균형적 지역 컨벤션산업의 발전을 유도하고 있다.

표 11-8 ○○지역 컨벤션센터의 전략적 운영을 위한 SWOT분석

강점(Strength)	약점(Weakness)
• 국토의 중심지라는 지정학적 입지 • 세계 과학도시연합의 종주국으로서 세계과학기술도시연합 본부와 아 · 태지역 원자력기구 사무국의 활용 • 교통의 편의성/접근성 유리 • 기술연구단지 관련 국제회의의 지속성 • 관광특구의 컨벤션 인프라 지원과 발전	• 국제회의기획업체의 영세성과 전문성 결여 • 컨벤션 전문인력 부족 • 컨벤션 관련 교육기관과의 적극적 협력체제 미흡 • 다양한 관광상품 개발 부족 • 컨벤션센터를 상징하는 조형물과 기념품 부재

• 인근 관광자원과 문화인접 • 사전 컨벤션뷰로의 설치운영 • 과학공원에 입지하여 추후 시설확장이 용이하고 경쟁우위적 환경요인	• 컨벤션뷰로와 관련업계 간의 유기적 협력 시스템 미비 • 지역을 대표하는 특급호텔의 부재와 고급 숙박시설 부족
기회(Opportunity)	위협(Threat)
• 국토 균형발전정책 • 국제회의산업 육성 기본계획 추진 • 국제회의 개최에서의 괄목할 성장률과 높은 미래성장률 예측	• 국내외 컨벤션시장의 공급과잉으로 인한 치열한 경쟁으로 수익성 악화 • 4개 국제회의도시 지정 • 중앙정부의 국제회의 유치 및 개최지원기준이 대형 국제회의 중심 • 국제회의 개최의 서울 편중 • 중앙정부의 예산지원과 법적 지원 미비

(3) 전략의 수립

이상과 같은 SWOT분석 결과를 토대로 다음과 같은 전략을 제시한다.

① 지리적 요인, 관광문화자원, 관광특구, 접근의 용이함, 첨단과학단지, 교통의 편리함 등의 경쟁우위요인을 적극적으로 활용하여 컨벤션 유치 및 참가자들에 대한 흡입요인으로 작용할 수 있도록 하여야 한다.

② 컨벤션센터 완공 전에 설립되어 운영되고 있는 컨벤션뷰로가 지역마케팅을 위한 독자적인 기구로서의 역할을 수행하기 위하여 정부차원에서 적극적으로 지원해야 한다. 그리고 컨벤션뷰로와 정부, 관련기관 및 관련업체 간의 유기적인 협조시스템 구축을 통하여 컨벤션 유치와 운영의 극대화를 추구해야 한다.

③ 정부차원에서 우수한 국제회의 기획업체를 발굴하고 지원하여 경쟁력과 전문성을 확보해야 한다.

④ 컨벤션산업 관련 전문인력의 확보를 위하여 정부, 컨벤션뷰로, 교육기관, 관련업체가 긴밀한 관계를 유지하여 교육 · 훈련 프로그램 개발, 인턴십의 활용 등 다양한 전문인력 개발을 위한 상호공조노력을 수행해야 한다.

⑤ 컨벤션참가자들의 볼거리, 먹거리, 쇼핑 등 욕구를 충족시키기 위한 다양한 관광상품의 개발이 필요하다.

⑥ 도시마케팅 차원에서 지역을 상징하는 조형물(호화호텔)이나 기념품의 개발이 필요하다.

⑦ 정부의 국토균형발전전략, 국제회의산업 육성 기본계획 등과 같은 기회적 요인을 적극적으로 활용한다.

⑧ 컨벤션센터의 수익성 확보를 위하여 대형 국제회의행사 유치보다는 중·소규모의 국제회의 유치전략이 제안되며, 국제회의보다는 국내전시회, 이벤트행사를 집중적으로 유치하여 경영안정화를 꾀하면서 국제회의 유치전략으로 확대해 나가는 것이 바람직하다.

컨벤션센터의 전략적 운영을 위한 SWOT분석 결과를 토대로 향후의 전략을 제시

6) SWOT분석을 활용한 연구

SWOT분석을 활용하여 수행한 연구의 예를 찾아보면 다음과 같다.

① "SWOT분석에 따른 대한올림픽위원회의 현황진단과 발전방안"(연세대학교, 2007)

② "SWOT기법을 통한 학교도서관 경영전략개발에 관한 연구"(공주대학교, 2010)

③ "중국 주요 항만의 효율성 및 SWOT분석을 통한 경쟁력 강화방안에 관한 연구"(조선대학교, 2009)

④ "무도스포츠도장의 경영환경(SWOT) 및 이미지 비교분석을 통한 종목별 마케팅 전략"(국민대학교, 2008)

⑤ "수출진흥전략에 대한 정량화 SWOT접근법과 DPM의 적용방법론"(관세학회지 9(4), 2008)

⑥ "국내외 물류부문의 RFID 도입에 따른 SWOT분석과 사례연구"(韓國 海運學會誌, 47, 2005)

⑦ "SWOT분석을 통한 동북아 관광네트워크 구축방안"(관광연구저널, 20(2), 2006)

⑧ "SWOT분석을 통한 기술교육발전전략 도출"(한국기술교육학회지, 5(2), 2005)

⑨ "SWOT분석을 이용한 중국관광객의 한국 유치를 위한 전략제안과 유통업의 역할"(한국유통학회 학술대회 발표논문집, 2006)

⑩ "지방정부의 SWOT분석과 SWOT전략: 부산광역시를 대상으로"(한국지방자치연구, 9(4), 2008)

> ···▶ SWOT분석에 대한 내용은 www.papersea.com
> 온라인강좌Ⅱ 제29강 '연구방법 11 SWOT 분석방법'
> 온라인강좌Ⅱ 제30강 '연구방법 11 SWOT 분석방법사례연구2' 참조

4 시스템 다이내믹스

시스템 다이내믹스(system dynamics)는 1960년대 초 미국 MIT 경영대학의 포레스터(Jay W. Forrestor) 교수에 의해 개발된 기술로서 『산업동태론(Industrial Dynamics)』이라는 책에서부터 출발하여 현재에는 사회과학의 전 분야뿐만 아니라 자연과학과 공학에도 적용되고 있다. 시스템 다이내믹스는 시스템 내 관련변수들의 역동적인 변화에 초점을 맞추는 것으로, 학문적 연구뿐만 아니라 모든 조직에서 그 활용도가 매우 높다. 본 절에서는 제 분야에서 활발하게 활용되고 있는 시스템 다이내믹스에 대해 알아본다.

1) 시스템 다이내믹스의 개념 및 특성

시스템 다이내믹스(system dynamics)는 주어진 문제 또는 예상되는 문제에 대해 그와 직접 또는 간접적으로 관련된 변수들로 구성된 시스템을 정의하고 변수들 간의 관계를 정량적으로 연구하여 컴퓨터 모델화한 후 시뮬레이션을 통하여 시스템의 동적 특성을 밝혀내어 문제해결에 도움이 되도록 하는 기법이다.[33] 또한 시스템 다이내믹스는 동태적이고 순환적인 인과관계의 시각으로 현상을 이해하고 설명하거나, 이러한 이해에 기초한 컴퓨터 모델을 구축하여 복잡한 인과관계로 구성된 현상이 어떻게 동태적으로 변해 나가는지를 컴퓨터상에서 실행해 보는 방법론이자 현상을 바라보는 시각이며 준거틀이다.[34] 이러한 시스템 다이내믹스는 다음과 같은 특성을 가진다.

첫째, 시스템 다이내믹스는 시스템의 동태적인 행태변화(dynamic behavior), 즉 시간의 경과에 따른 시스템의 행태변화에 관심을 둔다. 시스템의 동태성을 강조한다는 점은 시스템의 변화, 진화, 발전, 쇠퇴라는 실천적인 측면을 중요시한다는 것을 의미

한다. 시스템 다이내믹스의 연구는 순수한 학문으로 남아 있기보다는 현실의 정책문제, 기업문제를 해결하는 응용학문으로 많은 기여를 해 왔다. 시스템 다이내믹스는 연구하고자 하는 특정 변수가 시간의 변화에 따라 어떻게 동태적으로 변화해 나가는지에 기본적인 관심을 둠으로써 일회적인 사건이나 모델 파라미터의 정확한 측정이나 변수의 추정값을 구하기보다는 관심의 대상이 되는 변수가 시간의 흐름에 따라 어떤 동태적인 변화의 경향을 보이는지에 보다 큰 관심을 둔다.[35)]

둘째, 시스템 다이내믹스는 동태적인 변화의 근본적인 원인을 피드백구조(feedback structure)에서 찾는다. 피드백구조란 변수들 간의 인과관계가 상호 연결되어 하나의 폐쇄회로를 형성하는 것을 의미한다.

피드백구조를 강조한다는 것은 시스템의 변화를 외부적 변수(exogenous variable)보다는 내부적 변수(endogenous variable)에서 찾는다는 것을 의미한다. 외부적 변수에 의해 시스템을 설명하면 시스템의 형태를 정책적으로 변화시키기 어렵다. 그러나 내부적 변수에서 시스템의 변화를 설명하면 시스템의 형태를 정책적으로, 그리고 모델 내에서 변화시킬 수 있게 된다. 즉 시스템은 연구대상의 변수가 동태적 변화를 일으키는 데 관련된 다양한 변수들의 집합체를 의미한다.

또한 피드백구조에 대한 강조는 시스템의 변화를 특정 변수에 관련된 파라미터의 변화에서 찾기보다는 시스템의 전반적인 구조에서 찾는다는 것을 의미한다. 이는 대부분의 정책성공이나 실패가 특정 변수에 관련된 파라미터에 기인되었다는 식의 설명을 거부한다. 그보다는 정책의 성공조건이나 실패조건(장애요인)과 관련된 각종 변수들 간에 존재하는 피드백구조를 발견함으로써, 정책성공이나 정책실패의 원인을 구조적인 측면에서 이해하고 정책처방을 내리는 것이다. 또한 종속변수와 독립변수의 구분은 더 이상 의미가 없어지게 된다.

셋째, 시스템 다이내믹스는 사실적 사고에 초점을 둔다. 사실적 사고란 변화가 실제적으로 어떻게 해서 일어나고 있는지 변화의 과정에 연구의 초점을 맞추는 사고이다. 즉 시스템 작동의 메커니즘을 파악하고자 하는 사고이다.[36)]

시스템 다이내믹스는 변수들 간의 관계로 정의되는 시스템의 인과관계적 현상들이 어떻게 동태적으로 변화해 가는지를 분석하는 것으로, 다음과 같은 특성을 갖는다.

- 시스템 다이내믹스는 시간의 경과에 따른 시스템의 행태변화에 관심을 둔다.
- 시스템 다이내믹스는 동태적인 변화의 근본적인 원인을 피드백구조에서 찾는다.
- 시스템 다이내믹스는 사실적 사고에 초점을 두고 시스템 작동의 메커니즘을 파악하고자 하는 사고이다.

2) 다른 방법론과의 차이점

시스템 다이내믹스는 다른 방법론과 구별되는 몇 가지 특징을 가지고 있다.

첫째, 시스템 다이내믹스는 종속변수와 독립변수를 구별하지 않는다. 변수들 간의 상호영향 관계에 초점을 두기 때문에 독립변수로 다루어진 변수들도 종속변수의 영향으로 변화할 수 있다. 또한 독립변수들 간의 독립성을 배제하고 종속변수들의 상호영향관계를 상정한다.

둘째, 시스템 다이내믹스의 방법론적 위상은 단선적인 인과관계가 아닌 순환적인 인과관계에 기초하고 있다. 즉 정태적인 분석이 아닌 동태적인 분석을 수행할 수 있다는 점에서 기존의 단선적이고 정태적인 연구방법에 비해 고유한 위상을 갖는다고 할 수 있다.

셋째, 시스템 다이내믹스 기법은 사건중심의 기법이 아니라 오히려 문제의 구조적 특성을 파악한 후 처방을 실시한다. 시스템 다이내믹스가 피드백구조를 찾으려 하는 것도 문제의 구조를 밝히는 데 초점을 두었기 때문이다. 문제 위주의 접근법은 선형적 사고방식으로 과정의 중간에서 발생하는 문제들의 피드백을 고려하지 않는다. 그러나 피드백구조를 고려한 문제해결방법인 시스템 다이내믹스는 피드백을 고려하여 문제의 범위를 확장하여 장기적인 문제까지 고려하게 해 준다.

표 11-9 시스템 다이내믹스와 기존 방법론의 차이[37]

구분	양적 분석	시스템 다이내믹스	질적 분석
분석의 논리	연역적	연역적 추론, 반증가능성의 검토, 시뮬레이션	귀납적
분석의 대상	결과중심의 연구에 적합	동태적 과정 설명, 인과론적 결과	분석의 범위가 넓고 과정중심의 연구에 적합
분석의 범위	• 가능한 한 정교하게 분석의 범위를 설정하고 이를 다른 범주와 분리 • 가능한 작은 부분으로 분리시켜 이를 관찰하고 검증	• 문제와 특정 요소를 발생시키는 다양한 요소를 시스템으로 규정 • 전체적 맥락과 과정, 부분적 상황을 동시에 분석	• 전체적인 맥락과 상황하에서 특수문제를 인식하고 파악 • 풍부한 상황적인 요소와 과정에 대한 고려
분석의 초점	• 명확한 분석의 범위 내에서 명쾌한 상관관계의 규명에 초점 • 제한되나 명쾌한 상관관계 규명	• 피드백시스템의 인과관계를 규명	• 분석대상 간의 관계의 형태를 대상 • 제한되지 않은 풍부하고 복잡한 인과관계의 규명에 강함
자료의 모집	숫자화된 기존의 데이터나 관찰로 얻어지는 수량화할 수 있는 데이터에 제한	숫자화된 데이터는 물론 숫자화되기 어려운 데이터 활용	• 숫자화된 데이터나 숫자화되기 어려운 자료를 모집 • 자료의 모집과 분석이 병행되는 경우가 많음
결과의 제시	양적 분석의 통계검증결과, 테이블, 차트 등 결과제시	그래프, 테이블, 서술을 동시에 제시	서술형태의 결과 제시

기존 방법론과의 차이

- 독립변수와 종속변수를 구별하지 않는다.
- 순환적 인과관계, 즉 동태적 분석을 수행한다.
- 문제의 구조적 특성을 파악한다.

3) 시스템 다이내믹스의 모델개발과정[38]

시스템 다이내믹스 모델링은 다음의 [그림 11-6]과 같은 절차를 거쳐 수행된다.

그림 11-6 시스템 다이내믹스 모델개발과정[39]

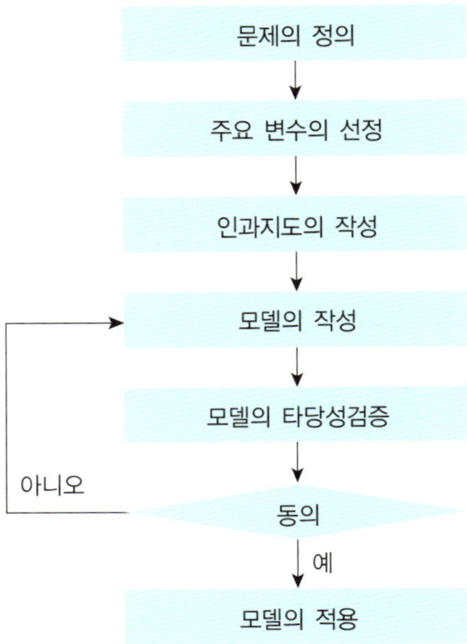

(1) 문제의 정의

첫 번째 단계는 문제를 확인하는 과정이다. 현재 시스템이 문제가 무엇이고 이 문제를 풀기 위한 단순화과정, 시스템경계의 확정, 모델에 대한 가정을 설정하는 단계로, 문제를 기술하고 개념화하며 현재 문제에 영향을 미치는 주요 변수들을 규명하는 것이다.

(2) 주요 변수의 선정

두 번째 단계는 현재 문제에 영향을 미치는 주요 변수들을 선정하는 과정이다. 즉 문제에 영향을 미치는 변수들을 파악하고 이를 나열하는 과정이다. 이 변수들은 현상에 영향을 미치는 직·간접적인 내용을 포함한다. 시스템 다이내믹스에서는 변수들 간의 독립성을 가정하지 않으며, 종속변수와 독립변수의 구분 없이 상호 간의 인과관계를 설정한다.

(3) 인과지도의 작성

세 번째 단계는 선정된 변수들의 상호관계에 대한 인과관계지도(causal loop diagram)를 만드는 단계로, 변수들 간의 상호관계를 설정한다. 여러 개의 인과관계들이 하나의 폐쇄된 원을 형성할 때 이를 피드백루프(feedback loop)라고 한다. 시스템 다이내믹스는 시스템의 인과관계를 묘사하여 봄으로써 시스템의 영향관계를 살펴볼 수 있게 한다. 시스템 구성요인들은 상호 간에 강화고리(reinforcing loop)와 균형고리(balancing loop)로 얽혀 시스템 상태를 향상, 악화시키거나 균형상태를 유지하도록 한다. 시스템 다이내믹스는 이러한 요인 간의 구성요소를 묘사함으로써 상관성을 학습하는 데 도움을 줄 수 있다.

여기서 피드백루프에는 양의 피드백루프가 있고 음의 피드백루프가 있다.

양의 피드백루프(positive feedback loop)는 자기강화피드백(self-reinforcing feedback), 일탈강화적피드백(deviation amplifying feedback)이라고도 불린다. 양의 피드백루프는 원의 중심부에 +기호로 표시한다.

음의 피드백루프(negative feedback loop)는 상승작용을 일으키는 피드백 루프와 반대로 시스템을 일정한 목표치로 이동시키는 안정적인 작용을 일으키는 피드백루프를 의미한다. 음의 피드백루프는 목표지향형 피드백(goal seeking feedback), 안정화피드백(stabilizing feedback), 또는 자기억제피드백(self restraining feedback)이라고도 한다. 음의 피드백루프는 변수의 움직임이 반대방향이라고 표시하는 마이너스기호의 화살표가 홀수로 존재할 때 나타난다. 원의 중앙에 −기호가 표시되어 있어서 음의 피드백루프라는 것을 나타낸다. 음의 피드백루프를 가지는 시스템은 일정한 목표치로 접근해가는 안정화경향을 보여주는 것이 특징이다.

(4) 모델의 작성

네 번째 단계는 정량적 모델인 시스템 다이내믹스의 Stock & Flow Diagram(저량유량도)을 작성하는 단계이다. 작성된 인과지도를 컴퓨터상에서 시뮬레이션할 수 있도록 구체화된 시뮬레이션모델로 전환시켜야 한다. 이를 보통 '흐름도'라고 부른다.

저량변수는 Stock이라고 불리며 유입과 유출에 의해 변화하는데, 이는 행위의 결과로 저장된 변수이다. 저량변수는 용기의 몰과 같은 성질의 변수로서 시간에 따라 누적되는 성질을 가지고 있으며, 누적되는 성질로 인하여 시간적 지연이 발생하기도 한다. 이에 반해 유량변수는 Flow로 저량변수의 값을 변화시키는 역할을 한다. 즉 유량변수는 저량변수의 증감을 가져오는 변수로서 수량의 유입과 유출과 같은 성질의 변수이다.

변수의 선정 후 변수가 유량변수인가 저량변수인가를 구분하여 모델을 시작한다. 저량변수는 사각으로 표시되며, 유량변수는 사각의 표시 없이 그냥 사용된다. 여기서 저량변수의 변동은 반드시 유량변수를 통해서만 가능하다. 저량변수와 유량변수의 수식 표현은 다음의 [그림 11-7]과 같다.

그림 11-7 ▌ 저량(stock)과 유량(flow)의 수식

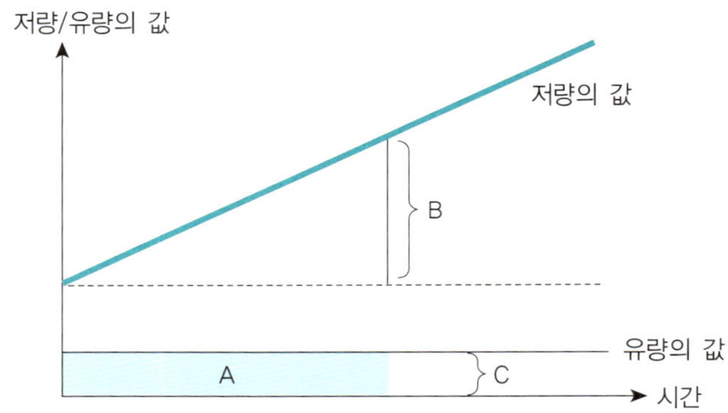

$dL/dt = R$

$d(\text{Stock})/dt = \text{inflow}t - \text{outflow}t$

$\text{Stock}t = \text{Stock}t - dt + dt \times (\text{inflow}t - dt - \text{outflow}t - dt$

(단, L(Stock): 수준변수, R(Flow): 변화율변수, t: 시간)

작성된 인과지도를 컴퓨터상에서 시뮬레이션하는 데에는 두 가지 종류의 컴퓨터 프로그램이 필요하다.

첫째는 시스템 다이내믹스 모델을 컴퓨터상에서 시뮬레이션시키고 그 결과를 테이블이나 그래프로 제시하는 역할을 하는 시뮬레이터이다. 최근에는 그래픽기능을 강조한 ITHINK, POWERSIM, VENSIM 등이 사용되고 있다.

둘째는 연구대상이 되는 시스템의 작동원리를 시스템 다이내믹스 모델로 표현하는 시뮬레이션 프로그램이다. 이러한 시뮬레이션 프로그램은 일반적으로 시스템 다이내믹스 모델로 불린다. 모델파일 및 시나리오파일은 인간이 작성하게 되고, 데이터파일은 컴퓨터의 연산결과로 생성되어 시뮬레이션 실행 시마다 생성된다.[40)]

(5) 모델의 타당성검증

다섯 번째는 검증단계인 모델의 타당성을 검증하는 단계를 거친다. 모델의 검증방법은 실적자료와 비교하거나 또는 사용자그룹과의 의견교환을 통해 수행한다.

과거 실적자료와 비교하여 검증하는 방법은 가장 유력한 수단으로, 작동원리를 중심으로 된 시뮬레이션의 결과가 과거 실적자료와 유사한 동적 현상을 보여주면 그 모델은 충분히 타당성을 가진 것으로 볼 수 있다. 그러나 신규사업과 같이 비교할 만한 자료가 없을 경우에는 모델작성그룹과 사용자그룹 간의 합의를 거쳐 사용할 만한 가치가 있는가를 판단하여, 사용하면서 실적자료와 비교하면서 모델을 계속 수정할 수 있도록 해야 한다.

모델의 타당성을 평가하는 방법은 '모델구조의 평가', '모델행태의 평가', '정책시사점의 평가'라는 세 가지 범주로 구분할 수 있다.[41]

표 11-10 모델구조의 평가

모델구조의 평가	제기되는 질문
구조의 타당성	시스템에 대해 우리가 갖고 있는 지식과 모델구조가 서로 충돌하지 않는가?
파라미터의 타당성	시스템에 대해 우리가 소유하고 있는 지식이나 자료와 모델의 파라미터가 일치하는가?
극한조건	투입변수의 값을 극한으로 상정하더라도 수식은 상식에 맞는 값을 산출하는가?
경계 적절성(구조)	문제의 원인을 규명하는 데 있어서 중요한 개념들이 모델에 모두 포함되어 있는가?
측정단위의 일관성	다양한 수식에 있어서 좌변과 우변의 측정단위가 동일한가? 현실에 존재하지 않는 측정단위를 갖는 변수는 없는가?

표 11-11 모델행태의 평가

모델행태의 평가	제기되는 질문
행태의 재현성	현실 시스템에서 볼 수 있는 문제의 증상, 행태의 패턴, 단계적인 행태의 변화, 파동 등이 모델에서도 그대로 재현되는가?
행태의 비정상성	모델의 가정들 중 일부를 제고했을 때, 모델은 비정상적인 행태를 보이는가?
타상황에서의 적실성	모델의 파라미터를 모델과 비슷한 다른 시스템의 파라미터로 수정하면 모델은 그 시스템의 행태를 재현할 수 있는가?
숨은 행태의 발견성	이전에는 실제 시스템에서 우리가 인지하지 못한 행태를 모델이 지적하여 주는가?

경계 적절성(행태)	그럴듯한 이론에 상응하는 구조를 모델에 더하거나 모델에서 제거했을 때 모델의 행태가 민감하게 변화하는가?
통계적 특성	모델의 시뮬레이션 결과가 현실 시스템의 행태와 동일한 통계적 특성을 지니는가?

표 11-12 정책시사점의 평가

정책시사점의 평가	제기되는 질문
시스템의 향상	모델을 통해서 현실 시스템의 기능을 향상시킬 수 있는가?
형태의 예측성	새로운 정책의 결과를 모델이 적절하게 표현하는가?
경계적절성(행태)	그럴듯한 이론에 상응하는 구조를 모델에 더하거나 모델에서 제거했을 때 정책대안의 내용이 민감하게 변화되는가?
정책민감성	그럴듯한 파라미터의 변화에 대해서 정책대안의 내용이 민감하게 변화되는가?

(6) 모델의 적용

마지막으로 검증과정을 거친 모델은 과거의 분석, 미래의 예측, 각종 정책에 대한 평가 등에 활용되는 단계를 거친다.

4) 시스템 다이내믹스 적용사례[42)]

(1) 연구의 목적

일인미디어에서 새로운 서비스 도입에 따른 네트워크 효과를 예측하기 위해 이용자, 공급자, 경쟁자가 존재하는 동태적 환경을 고려할 수 있는 시스템 다이내믹스 기법을 이용하여 분석하고자 한다.

(2) 연구의 내용

일인미디어 서비스를 둘러싼 전반적인 환경과 요인들에 대한 인과지도 작성을 통해 서비스제공 환경을 정의하고, 이용자패턴을 고려한 stock & flow diagram을 작성한다. 그리고 이 모형을 통해 일인미디어의 네트워크효과를 확인하고, 서비스 확장에 따른 미래의 네트워크효과 변화를 예측한다.

(3) 연구분석 과정

가. 변수의 정의 및 인과관계 정립

다음의 [그림 11-8]은 시스템 다이내믹스 모델을 만들기 위한 첫 단계로서 이용자가 서비스를 이용하는 행태에 대한 인과지도이다.

그림 11-8 ▌ 일인미디어 가입 유입에 대한 피드백루프

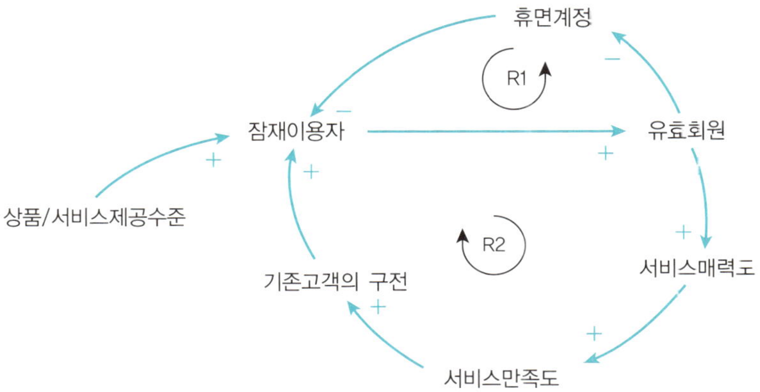

이와 같은 기본적인 피드백루프를 통해 연구자는 다음과 같이 모델에 필요한 변수를 선정하고 정의하였다.

▌표 11-13 ▌ 변수의 정의

변수	정의
상품/서비스제공수준	상품(item) 및 서비스를 사용자에게 제공하는 수준
잠재이용자	싸이월드 회원으로 적극적인 사용자가 될 가능성이 있는 회원
유효회원	적극적인 서비스를 사용하는 회원
기존고객의 구전	기존의 구전효과를 일으키는 회원
휴면계정	싸이월드 회원이나 활동성이 없는 회원
서비스만족도	서비스사용성 측면에서의 만족도
서비스매력도	현재의 서비스활동성을 유지하면서 향후에도 지속적인 사용의사의 정도

나. Stock-flow diagram

가) 잠재이용자 형성

그림 11-8 ▌ 잠재이용자의 stock-flow diagram

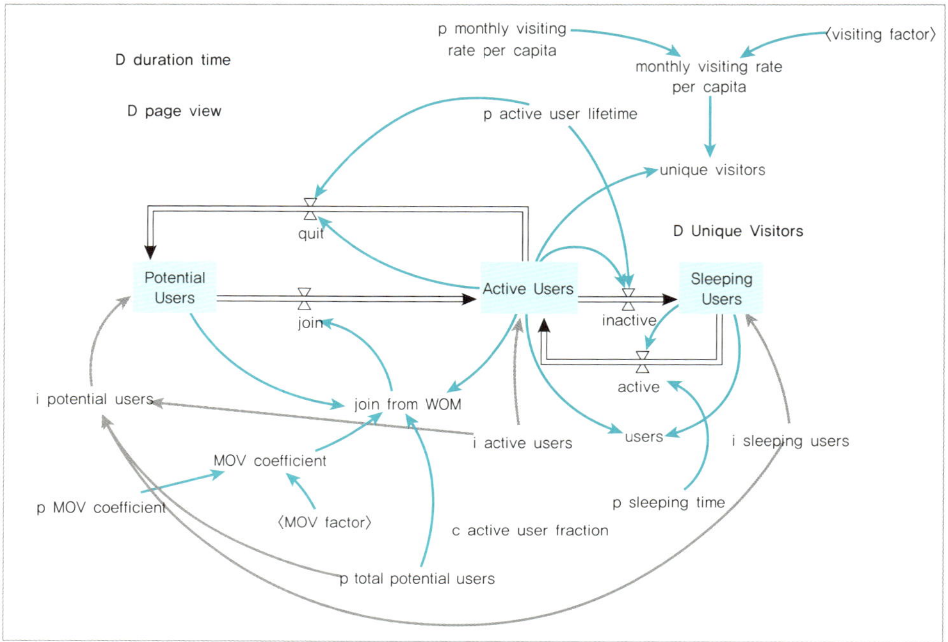

나) 이용자 가입 유인

그림 11-9 ▌ 이용자 가입 유인의 stock-flow diagram

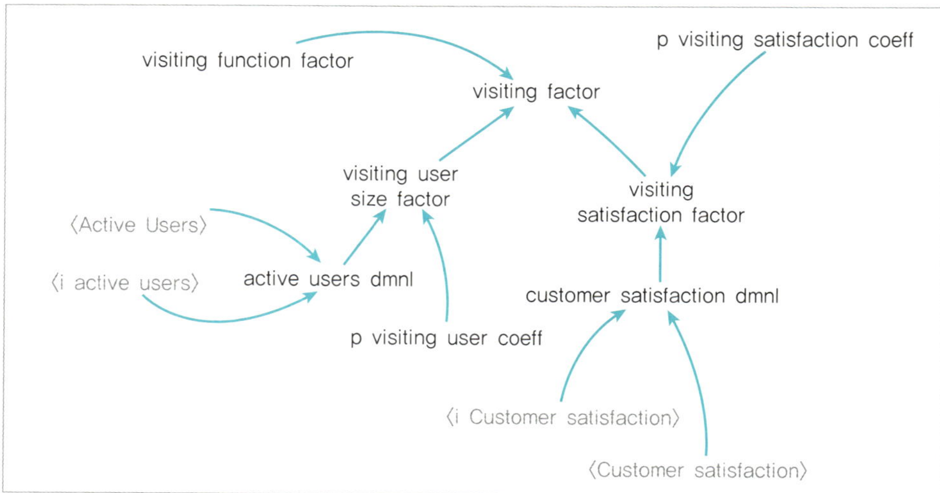

다) 이용자 만족

그림 11-10 ▌ 이용자 만족의 stock-flow diagram

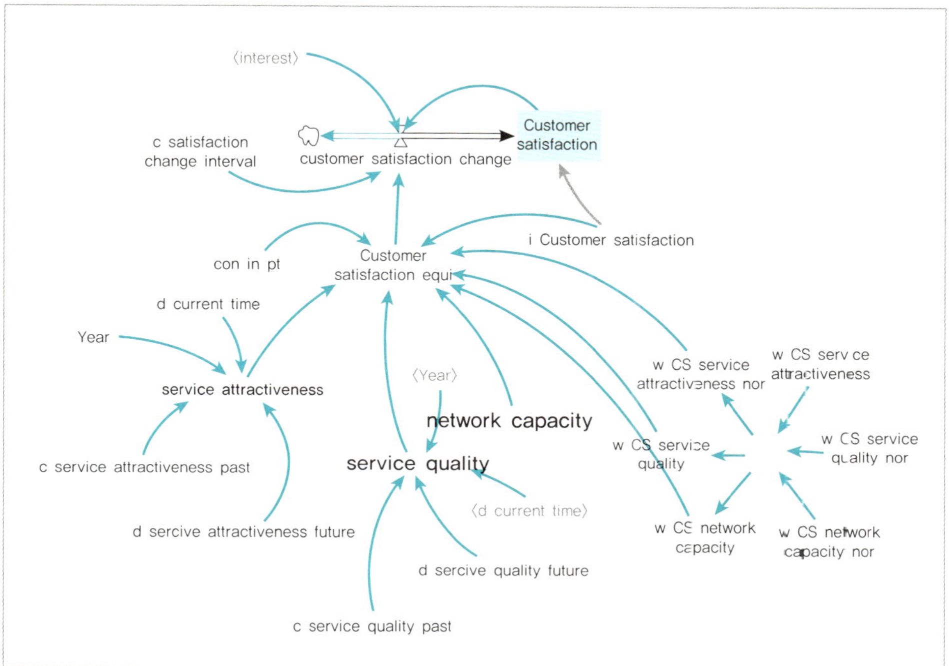

라) 이용자 흥미의 형성

그림 11-11 ▌ 이용자 흥미 형성의 stock-flow diagram

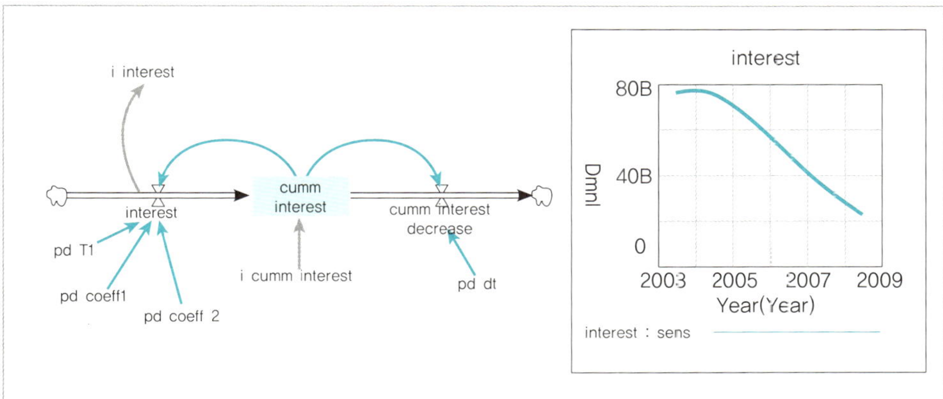

마) page view의 stock-flow diagram

그림 11-12 ▌page view의 stock-flow diagram

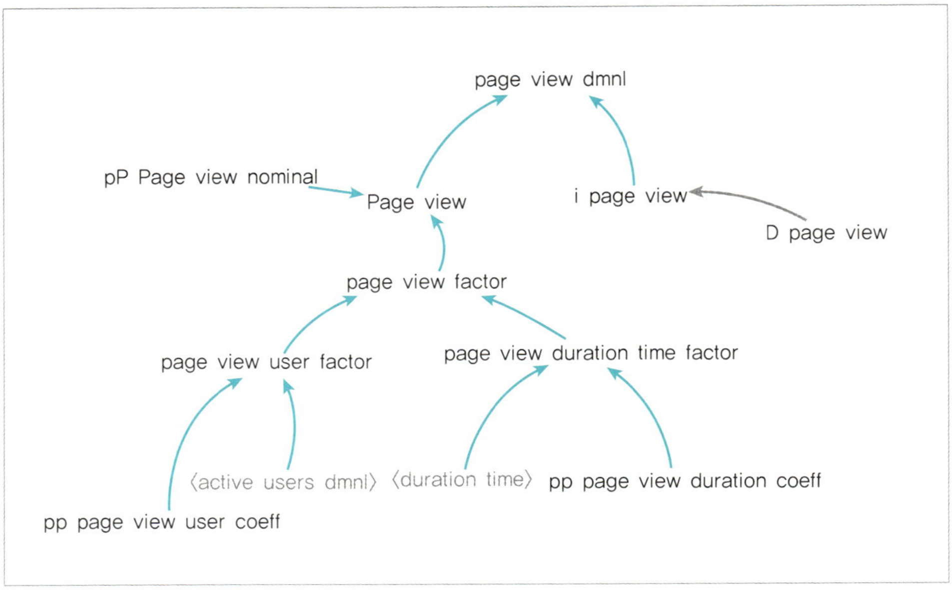

다. 분석결과

시뮬레이션 결과로 미루어 볼 때 서비스 도입 초기에 방문자수가 급증한 이후 일정한 크기를 유지할 것이며, duration time은 지속적으로 증가할 것이다. 이와 같이 duration time이 증가함으로써 네트워크효과가 나타날 것이다. 일인미디어가 하나의 정보중심으로 인맥관리가 이루어지는 추세를 감안할 때 기존의 인맥을 바탕으로 정보중심의 서비스로 나아가야 할 것이다.

그림 11-13 신규 서비스도입에 따른 네트워크효과

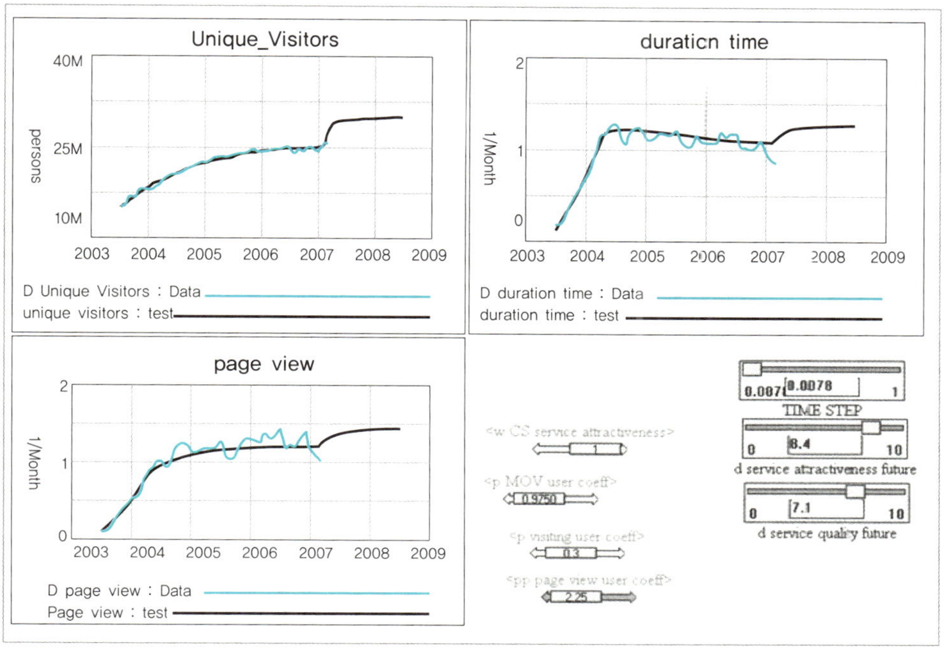

5) 시스템 다이내믹스 활용연구

시스템 다이내믹스 기법을 활용하여 수행한 연구의 사례를 보면 다음과 같다.

(1) 공학분야

① "시스템 다이내믹스를 활용한 토지이용 변화가 도시동태성에 미치는 영향에 관한 연구: 성남시를 중심으로"(경원대학교, 2008)

② "시스템 다이내믹스에 의한 생태주거단지의 계획요소 · 제어요소 · 평가지표 연계시스템"(충남대학교, 2008)

③ "시스템 다이내믹스를 이용한 廢棄物管理의 持續可能性 분석모델에 관한 硏究"(한국항공대학교, 2004)

④ "시스템 다이내믹스를 활용한 도시개발밀도의 적정성평가모델 구축연구"(한국시스템 다이내믹스연구, 4(2), 2003)

⑤ "신재생에너지 보급량 예측을 위한 시스템 다이내믹스 모델개발"(한국시스템다이내믹스연구, 7(2), 2006)

(2) 경영학분야

① "시스템 다이내믹스에 의한 동적 균형성과표 개발: K기업 사례를 중심으로"(인하대학교, 2007)
② "시스템 다이내믹스를 이용한 地域 流通企業의 差別化要因 分析"(동의대학교, 2008)
③ "시스템 다이내믹스를 이용한 한국영화산업 성장요인 분석모델에 관한 연구"(성균관대학교, 2005)
④ "BSC의 한계극복을 위한 시스템 다이내믹스의 활용"(한국시스템다이내믹스 연구, 8(1), 2007)
⑤ "시스템 다이내믹스를 활용한 종합주가지수 예측모델연구"(한국시스템다이내믹스 연구, 8(2), 2007)

(3) 의학 · 간호학분야

① "시스템 다이내믹스를 이용한 비만인의 에너지균형모델 개발"(중앙대학교, 2003)
② "의료서비스 품질개선을 통한 고위험신생아의 생존율제고모형: 시스템 다이내믹스 방법을 중심으로"(가톨릭대학교, 2007)
③ "시스템 다이내믹스를 이용한 욕창모델개발"(중앙대학교, 2009)
④ "시스템 다이내믹스를 이용한 저출생체중아의 성장예측모형"(서울대학교, 2007)
⑤ "만성 B형간염환자의 재발방지 및 삶의 질 향상을 위한 시스템 다이내믹스 모델개발"(한국시스템다이내믹스연구, 7(2), 2006)

(4) 교육 · 행정 · 기타

① "예비초등교사들의 시스템사고 능력 및 특성에 대한 연구"(한국시스템다이내믹스연구, 8(2), 2007)
② "시스템 다이내믹스를 이용한 학령기 아동의 성장모형"(한국시스템다이내믹스

연구, 6(1), 2005)

③ "시스템 다이내믹스를 활용한 행정구역 통합의 파급효과분석: 청주-청원을 대상으로"(충북대학교, 2009)

④ "시스템 다이내믹스 관점에서 본 시화호 정책실패의 교훈"(한국시스템다이내믹스연구, 6(1), 2005)

⑤ "정책집행 네트워크에서의 신뢰와 협력생성에 관한 시스템다이내믹스연구"(한국시스템다이내믹스 연구, 1(2), 2000)

⑥ "시스템 다이내믹스를 이용한 음악동통모델의 계발연구"(숙명여자대학교, 2009)

···› 시스템 다이내믹스에 대한 내용은 www.papersea.com 온라인강좌Ⅱ 제40강 '연구방법 19 시스템 다이내믹스' 참조

5 가치사슬분석

가치사슬(value chain)은 기업활동에서 부가가치가 생성되는 과정을 의미한다. 1985년 미국 하버드대학교의 마이클 포터(M. Porter)[43]가 모델로 정립한 이후 광범위하게 활용되고 있는 이론적 틀로서, 부가가치 창출에 직접 또는 간접적으로 관련된 일련의 활동 · 기능 · 프로세스의 연계를 의미한다. 본 절에서는 이러한 가치사슬을 통한 분석방법에 대해 고찰해 본다.

1) 가치사슬의 개념

Porter(1985)는 경쟁우위의 원천을 분석하기 위해서는 개별 기업이 수행하는 모든 활동을 점검해 보고, 이러한 제반활동들이 어떻게 상호작용하는가를 체계적으로 분석하기 위한 도구로서 가치사슬이라는 개념을 제시하였다. 가치사슬은 한 기업의 활동을 전략적으로 연관성 있는 몇 개의 경영활동들로 나누어 원가의 형태와 더불어 외부적으로 나타났거나 내재된 차별화의 원천을 이해하기 위해 도입된 개념이다. 분석의

기본 관점은 하나의 조직은 단순한 기계, 설비, 인력, 자금의 집합체가 아니라 이들이 체계적으로 작동하여 가치를 생산하는 것으로, 소비자는 시장에서 그 가치에 대해 가격을 지불한다는 것이다.

가치활동은 경쟁우위(competitive advantage)를 창출하는 구성요소이며, 이들 구성요소들은 독립된 활동들의 단순한 집합이 아닌 서로 연계성(linkages)을 가진 활동들(activities)이 체계적으로 이루어진 것이다. 즉 가치사슬은 회사가 행하는 모든 활동들과 그 활동들이 어떻게 서로 반응하는가를 살펴보는 시스템적 방법이며, 원가행태(behavior of costs)와 기존 잠재적 차별화 원천을 이해하기 위하여 하나의 회사를 전략적으로 관련된 활동들로 분해(disaggregate a firm into its strategically relevant activities)한다.

따라서 가치사슬은 어느 제품이나 서비스가 아니라 아이디어 단계에서부터 연구개발 · 생산 · 판매되어 최종 소비자에게 전달되기까지 소요되는 모든 행위를 대상으로 하며, 여기에 직 · 간접적으로 관여하는 업체 간의 경제적 연계관계를 말한다. 기업은 전략적으로 중요한 활동을 경쟁자보다 저비용 · 고효율의 방법으로 수행함으로써 경쟁 우위를 확보할 수 있는 것이다. 따라서 가치가 있는 활동 간의 효율적 연계를 통해 경쟁우위를 확보할 수 있으며, 이러한 효율적 연계방안에 대해 전략적인 접근은 매우 중요한 의미를 갖는다.

> 가치사슬은 한 기업의 활동을 전략적으로 연관성 있는 몇 개의 경영활동들로 나누어 원가의 형태와 더불어 외부적으로 나타났거나 내재된 차별화의 원천을 이해하기 위해 도입된 개념이다. 가치가 있는 활동 간의 효율적 연계를 통해 경쟁우위를 확보할 수 있으며, 이러한 효율적 연계방안에 대해 전략적인 접근은 매우 중요한 의미를 갖는다.

2) 가치사슬활동

가치사슬에 있어서의 활동은 본원적 활동(primary activities)과 지원활동(support activities)로 나눠볼 수 있다. 본원적 활동은 제품의 생산 · 운송 · 마케팅 · 판매 · 물류 · 서비스 등과 같은 현장업무활동을 의미하며, 부가가치를 직접 창출하는 활동이다. 지원활동은 구매 · 기술개발 · 인사 · 재무 · 기획 등 현장활동을 지원하는 제반업무를 의미하며, 부가가치가 창출되도록 간접적인 역할을 하는 부문을 말한다.

그림 11-14 | 가치사슬모형

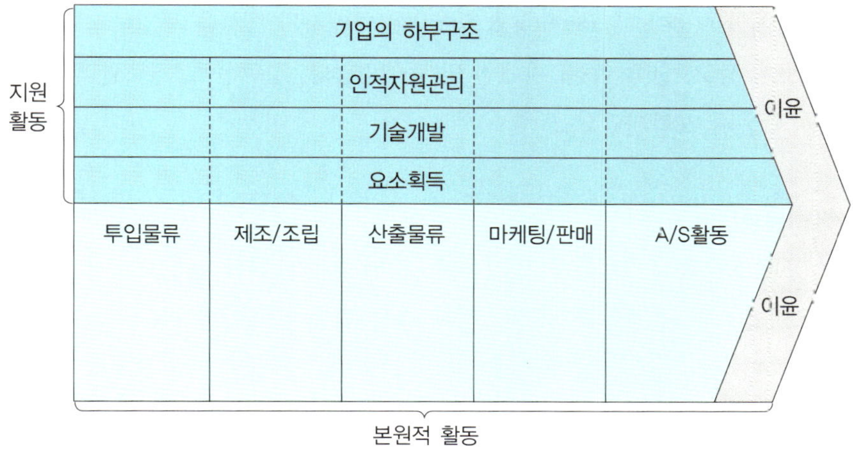

이 두 활동을 세부적으로 보면 다음과 같다.

(1) 본원적 활동

가. 투입물류활동

투입물류활동(IL: Inbound Logistics)은 투입요소를 구입, 저장, 운반하는 것과 관련된 활동으로서 자재관리, 저장, 재고관리, 장비사용계획, 공급자에 대한 반품과 같은 활동을 포함한다.

나. 제조/조립활동

제조/조립활동(OP: Operations)은 투입요소를 최종 제품으로 만드는 활동으로서 기계작업, 포장, 조립, 설비유지, 검사, 인쇄와 설비가동 운영과 같은 활동을 포함한다.

다. 산출물류활동

산출물류활동(OL: Outbound Logistics)은 제품을 구매자에게 유통시키기 위한 수집, 저장과 관련된 활동 및 구매자에게 제품이 직접 유통되는 활동인 완성품보관, 자재관리, 운송장비관리, 주문처리, 유통계획과 같은 활동이 포함된다.

라. 마케팅/판매활동

마케팅/판매활동(M&S: Marketing & Sales)은 구매자가 제품을 구입하도록 하기 위한 활동으로서 광고, 판매 촉진, 판매원 및 판매량할당, 경로선택, 경로관리와 가격설정과 같은 활동이 포함된다.

마. 서비스활동

서비스활동(Service)은 제품가치를 유지·증진시키기 위한 활동으로서 제품설치, 수리, 사용방법교육, 부품공급, 제품조정과 같은 활동이 포함된다.

(2) 지원활동

가. 요소획득활동

요소획득활동(Procurement)은 구매되는 투입요소 자체에만 국한되는 것이 아니라 구매되는 투입요소와 관련된 기능을 포괄하는 활동을 말한다.

나. 기술개발활동

기술개발활동(Technology Development)은 모든 가치활동에는 노하우, 제반절차, 공정시술 형태의 기술이 포함되어 있다. 기술개발은 공정을 개선하기 위해 수행되는 여러 범주의 활동을 포함한다.

다. 인적자원관리활동

인적자원관리활동(Human Resource Management)은 채용, 훈련, 교육, 보상 등 인사관리의 제반 활동이 포함된다. 인적자원관리활동은 개별적인 본원적 활동과 지원활동에 대한 지원을 하기도 하며, 전체 가치사슬에 대한 지원활동을 하기도 한다.

다. 기업의 하부구조활동

기업의 하부구조활동(Firm Infrastructure)은 일반관리, 기획업무, 재무관리, 회계, 법률문제관리, 대정부관리, 품질관리가 있다. 이러한 활동들은 다른 지원활동과는 달리 대체적으로 전체 가치사슬을 지원하는 것이 보통이다.

가치사슬의 활동은 본원적 활동(primary activities)과 지원 활동(support activities)으로 구분된다. 본원적 활동은 제품의 생산 · 운송 · 마케팅 · 판매 · 물류 · 서비스 등과 같은 현장업무 활동으로 부가가치를 직접 창출하는 활동이다. 지원 활동은 구매 · 기술개발 · 인사 · 재무 · 기획 등 현장 활동을 지원하는 제반업무를 의미하며, 부가가치가 창출되도록 간접적인 역할을 하는 부문을 말한다.

3) 가치사슬분석

(1) 가치사슬분석의 의의

가치사슬분석은 상기와 같은 가치사슬의 두 활동부문의 비용과 가치창출요인을 분석하는 데에 사용된다. 이를 통하여 가치활동 각 단계에 있어서 부가가치창출과 관련된 핵심활동이 무엇인가를 규명할 수 있으며, 각 단계 및 핵심활동들의 강점이나 약점 및 차별화요인을 분석하고, 나아가 각 활동단계별 원가동인을 분석하여 경쟁우위 구축을 위한 도구로 활용할 수 있다. 보통 기업의 내부역량 분석도구로 많이 사용된다.

가치사슬분석(value chain analysis)의 목적은 하나의 경제활동을 통하여 가치창출(value creation)이 행해지는 다수의 동질적인 단위활동 간의 관계를 규명하는 데 있다. 가장 본원적인 활동을 투입, 물류, 운영, 산출물류, 마케팅과 판매, 서비스로 구분하고, 활동주체를 node로 표현하며 node 사이의 관계를 link로 표현하여 가치사슬로 도식화하는 접근방식을 사용하고 있다. 이러한 접근방식은 다양한 경제활동을 여러 개의 동질적인 단위활동으로 세분하여 최종적인 가치창출이 어떤 구성요소에 의해, 어떤 메커니즘으로 이동하면서 진행되는지를 선명하게 이해하게 해준다.[44]

가치사슬분석은 회사의 경쟁하는 방법을 검증하는 중요한 기법으로서 다음과 같은 분야에서 활용된다.

① 회사 전체의 비즈니스 프로세스/활동(processes/activities) 연구

② 정하여진 프로세스에 대한 코스트(cost) 할당

③ 서로 다른 프로세스에 의해 발생된 가치 결정

④ 부분이 코스트(cost), 속도(speed), 효율성(efficiency) 측면에서 최적으로 운용되고 있는지 여부를 검증

다시 말하면, 가치사슬분석은 가치활동 각 단계에 있어서 부가가치창출과 관련된 핵심활동(key activities)이 무엇인가를 규명하고, 가치활동 각 단계 및 핵심활동들의 강 · 약점 및 차별화요인을 분석하고, 나아가 각 활동단계별 원가동인(cost drivers)을 분석하여 경쟁우위 구축을 위한 도구로 활용된다는 데에 그 의미가 있다. 이와 같은 가치사슬분석에 있어서는 각 가치활동들을 상호 독립적 활동들도 분리하여 분석해서는 안 되며, 상호 의존적 활동으로 그 연계(linkages)를 통한 시너지효과를 고려하여 분석하여야 한다.

가치사슬분석의 활용분야

- 회사 전체의 비즈니스 프로세스/활동(processes/activities) 연구
- 정하여진 프로세스에 대한 코스트(cost) 할당
- 서로 다른 프로세스에 의해 발생된 가치 결정
- 부분이 코스트(cost), 속도(speed), 효율성(efficiency) 측면에서 최적으로 운용되고 있는지 여부를 검증

(2) 가치사슬분석을 통한 경쟁우위평가 3가지 방법

가. 내부코스트분석(internal cost analysis)

프로세스를 창출하는 내부가치에 대한 수익성 원천 및 상대적 코스트 지위를 결정하는 것이다.

나. 내부차별화분석(internal differentiation analysis)

프로세스를 창출하는 내부가치 내에서 차별화(코스트를 포함하여) 원천을 이해하는 것이다.

다. 수직적 연계분석(vertical linkage analysis)

고객에게 전달되는 가치를 최대화하고 코스트를 최소화하기 위하여 외부공급업자와 고객들 중에서 관련성 및 연관된 코스트를 이해하는 것이다. 수직적 연계분석의 목적은 활동들을 회사의 가치활동과 공급자/채널/사용자의 가치활동 간의 연계를 통하여 경쟁우위를 개발하는 데 있다.

가치사슬을 통한 경쟁우위평가방법

① 내부코스트분석(internal cost analysis)
② 내부차별화분석(internal differentiation analysis)
③ 수직적 연계분석(vertical linkage analysis)

(3) 가치사슬분석의 효용

가치사슬분석은 경쟁우위를 분석하고, 이를 기업에서 찾아내고 유지하는 방법을 찾는 데 유용하며, 특히 위기를 극복하거나 다른 회사보다 더 발전적인 변화가능성을 제공하는 데 유용하다. 또 조직구조를 재구성, 통합, 차별화 등을 시도할 수 있어 유용하다. 따라서 가치사슬은 보통 기업의 내부역량 분석도구로 많이 사용된다.

4) 가치시스템의 성공요인

가치사슬시스템이 성공하기 위해서는 다음과 같은 요인을 갖추어야 한다.

① 경쟁우위 강화 및 구축을 위하여 가치활동을 연계하는 가치사슬을 제대로 이해하여야 한다.
 - 핵심활동 및 강 · 약점, 차별화동인, 원가동인 구조적 분석 등

② 가치시스템상에서 각 가치사슬 간의 연계관리가 가능하도록 지원할 수 있는 정보기술을 적극적으로 활용하여야 한다.
 - 가치사슬의 어떤 가치활동에 회사의 핵심역량을 집중하고 IT를 접목하여 코스트 다운과 차별화로 경쟁우위를 강화할 것인가?
 - 가치사슬의 재구축을 어떻게 하여 경쟁우위를 구축할 것인가?

③ 전체 가치시스템상의 최적화를 위해 공급측면이나 고객/소비자측면과 관계가 있는 각 조직들의 역량강화가 필수적이다.
 - 가치시스템의 최적화를 위한 각 가치사슬 단계별 조정(coordination)이 중요

5) 가치사슬의 한계성

가치사슬에서는 경쟁우위 획득에 있어서 중요한, 모든 혁신과 전략적 의사결정의

주체인 기업가활동이 배제되어 있으며, 조직의 최상위 수준에 적용하는 것에 있어 다음과 같은 한계가 있다.

첫째, 하나의 산업은 서로 다른 프로세스에 대한 요구 및 서로 다른 경제적 상호관계와 역동성(relationships & dynamics)을 포함하는 많은 다른 구분된 부문들을 내포하고 있다. 따라서 가치사슬분석은 참여자들(participants) 사이에 정적인 상호관계를 평가하는 데는 매우 유용하나, 끊임없이 가치사슬 관계를 재정의하는 변화의 속도가 매우 빠른 산업과 관련된 역동성을 이해하기에는 약점을 갖고 있음

둘째, 각 가치사슬 활동에 대하여 쉽게 활용할 수 있는 데이터 획득이 실무적으로 매우 어렵다는 한계성을 갖고 있다.

6) 가치사슬분석 연구의 사례

(1) 이동통신단말기 제조업체의 가치사슬 변화[45)]

세계적으로 현재 이동전화단말기의 대량 구매자이면서 단말기 유통에 있어 절대적인 위치를 차지하고 있는 이동통신서비스 사업자의 경우 ODM업체를 통해 자사가 원하는 형태의 단말기를 보다 싼 가격에 제공받고, 자사의 브랜드로 고객에게 단말기를 제공하는 전략을 수행할 수 있다. 즉 Vendor Brand 단말기, Co-Brand 단말기, Operator Brand 단말기를 병행해서 구매 및 유통하는 Portfolio를 수립함으로써 자사의 수익을 극대화할 수 있다. 특히 ODM업체를 통해서 OEM업체를 견제하는 동시에, OEM업체의 단말기보다 자사의 서비스에 Customized된 단말기를 구매할 수 있다.

한편 OEM업체의 경우 세계적인 공통의 자체 브랜드를 관리하는 동시에 지역별 ODM업체를 이용함으로써 새로운 시장에 진입할 수 있다. 특히 단기적으로는 수익성 유지와 비용절감을 위하여 OEM업체를 통해(이윤이 적은 low-end) 아웃소싱을 이용하고, 장기적으로는 새로운 서비스나 네트워크기술 발전에 따른 신제품개발 및 생산(이윤이 큰 high-end)은 Inhouse방식을 이용할 수 있다. 결국 단말기 제품의 수명주기와 개발기간이 단축되는 상황에서 OEM업체들은 R&D, 마케팅(유통, 브랜드), 새로운 사업영역 진출에 집중하고 생산부문의 일정부문은 아웃소싱으로 전환될 것으로 전망된다.

그림 11-15 ▌ 이동통신단말기 제조업체 가치사슬모형

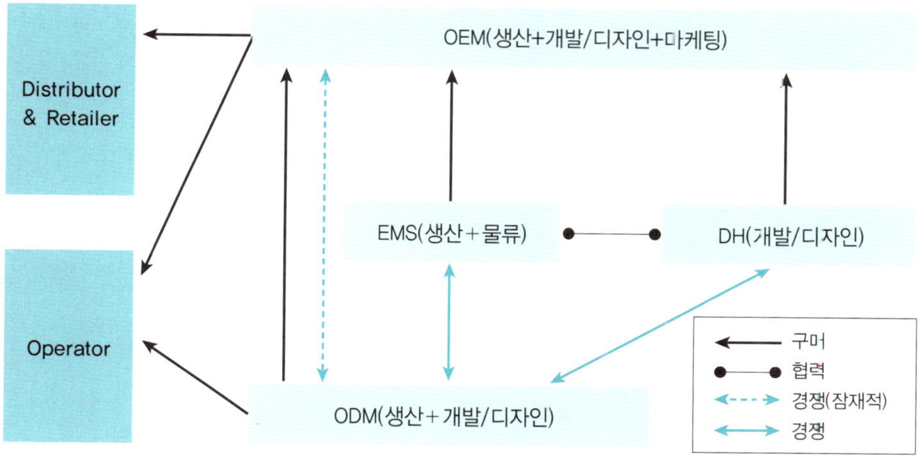

이동통신단말기 제조업체에 대한 가치사슬분석

- 이동통신서비스 사업자는 ODM업체를 통해 자사가 원하는 형태의 단말기를 보다 싼 가격에 제공받고, 자사의 브랜드로 고객에게 단말기를 제공하는 전략을 수행할 수 있음.
- OEM업체는 단기적으로 수익성유지와 비용절감을 위해 ODM업체를 이용하고, 장기적으로는 신제품개발 등 새로운 사업에 진출할 것이라고 전망함.

(2) 디지털 시네마의 가치사슬분석[46)]

현대 영화산업은 디지털기술의 적극적인 도입 및 컴퓨터의 활용이 증가되면서 변화가 시작되었다. 영화산업은 디지털기술을 적용함으로써 산업 전반에 걸쳐 획기적인 변화를 이루게 되었다.

가장 먼저 영화산업에 디지털기술이 도입된 영역은 디지털 촬영분야로 전통적 영화산업에서 콘텐츠 생산과 서비스, 소비에 이르는 과정에 핵심적인 매개체 역할을 하던 필름이 테이프 및 하드디스크 등을 통해 이동가능한 디지털 형태로 대체가 가능해진 것은 촬영분야에 국한되지 않은 영화산업 전반의 변화에 대한 예고였다. 하지만 디지털 촬영기술 및 이를 통해 제작된 콘텐츠는 필름을 통해 영상을 저장하던 기존 방식에 비해 현저하게 떨어져 디지털기술로 인한 산업 전반의 변화를 이르기에는 상당한 한계가 존재하는 상황이었다.

그러나 계속된 디지털 촬영기술의 발전과 관련 장비 및 하드웨어 가격의 하락으로

인해 촬영 및 편집분야에서 필름을 이용해 진행되던 전통적 영화생산방식과 디지털 생산방식의 시장경쟁이 치열하게 이루어지게 되었다. 결국 극장, 즉 상영부분의 디지털화까지 가능해진 현재에 이르러서는 영화산업의 전 분야의 디지털화가 가능해졌고, 그에 따라 영화콘텐츠 가치사슬은 큰 변화를 앞두고 있다.

그림 11-16 ▌디지털시네마의 도입 및 기대효과

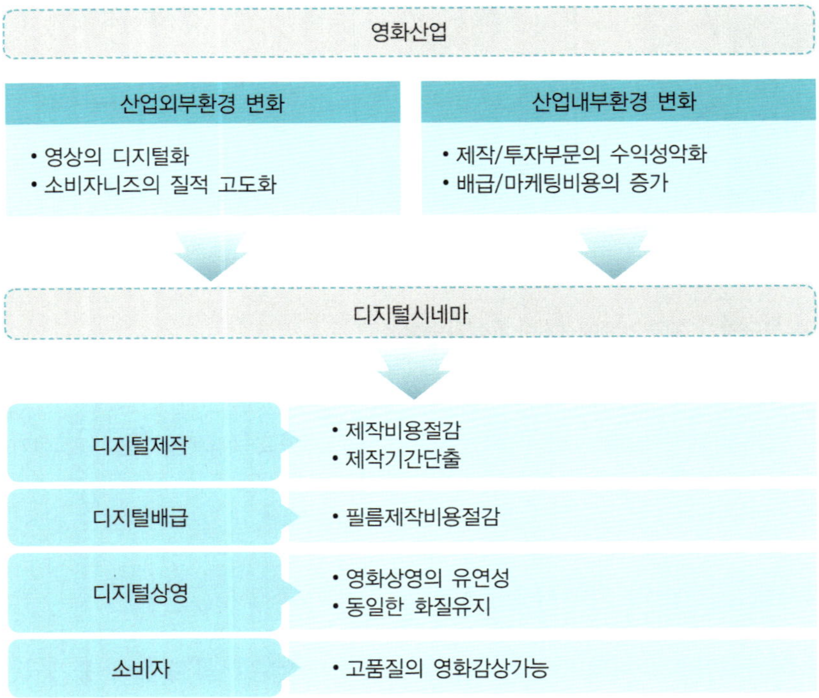

디지털시네마 환경하의 영화콘텐츠 가치사슬은 기존 아날로그방식의 영화산업의 가치사슬과 외형적인 측면에서는 거의 유사한 형태를 보인다. 영화산업이 디지털방식으로 전환되더라도 제작 · 배급 · 상영의 3단계는 그대로 유지되며, 각 단계별 전문화에 따른 세분화가 일어나는 방식으로 발전될 가능성이 높다.

그림 11-17 | 영화산업 가치사슬모형

영화산업의 가치사슬분석

디지털시네마 환경이 보편적으로 갖추어진 현 시점에서 영화산업의 가치사슬은 기존 아날로그시대와 비슷한 외형을 가지고 있지만, 각 단계별로는 전문화 및 세분화가 일어날 것이다.

7) 가치사슬분석을 활용한 연구

가치사슬분석방법을 활용하여 수행한 연구의 예를 찾아보면 다음과 같다.

① "온라인시장의 가치사슬 변화: 포털사이트를 중심으로"(경기대학교, 2003)

② "ASP(Application Service Provider)의 가치사슬분석에 관한 연구"(홍익대학교, 2001)

③ "메타버스(Metaverse) 내의 역동적 가치생산체계 연구: 세컨드 라이프(Second Life) 내의 가상가치사슬을 중심으로"(서강대학교, 2008)

④ "한국 태양에너지기업의 가치사슬별 경제적 성과 요인분석"(에너지공학, 18(3), 2009)

⑤ "가치사슬분석을 활용한 게임산업 융합 서비스모델 연구"(한국컴퓨터게임학회 논문지, 18, 2009)

⑥ "문화・관광 가치사슬(value chain)연구에 대한 비평적 고찰"(관광학연구, 32(6), 2008, 2001)

⑦ "전략적 원가관리의 가치사슬을 통한 원가와 원가구조관리에 관한 연구"(세무회계연구, 24, 2009)

⑧ 생산운영관리: 프로세스와 가치사슬(석정, 2005)

⑨ 넷경제의 가치: e기업을 위한 12가지 새로운 가치사슬(물푸레, 2000)

⑩ "유비쿼터스 환경에서의 해양 수산물 유통가치사슬 혁신 및 전자상거래시스템 구축에 관한 연구"(해양수산부, 2006).

···> 가치사슬분석에 대한 내용은 www.papersea.com 온라인강좌Ⅱ 제50강 '연구방법 28 가치사슬연구방법' 참조

8) Portfolio분석

현대사회에서 포트폴리오(portfolio)는 여러 가지 개념을 가지고 있다. 개인적 차원에서 포트폴리오는 자신의 이력이나 경력 또는 실력 등을 알아볼 수 있도록 자신이 과거에 만든 작품이나 관련 내용을 모아 놓은 자료의 묶음 또는 작품집이다. 또한 재무적 차원에서 포트폴리오는 투자의 위험을 줄이고 수익을 극대화하기 위해 여러 부문에 분산하여 투자하는 방법을 말한다. 한편 연구분석에 있어서의 포트폴리오는 일반적으로 대비되는 두 개의 개념을 이용하여 2×2 매트릭스(matrix)를 구성하고, 두 개념의 평균을 기준으로 4가지 경우의 수를 만들어 분석하는 방법을 의미한다. 이러한 포트폴리오분석은 마케팅분야에서 자원의 효율적 배분과 관리를 위해 사용되는 연구방법이다. 본 절에서는 연구분석 차원에서의 포트폴리오를 활용하는 방법에 대해 살펴보고자 한다.

(1) 중요도와 만족도 포트폴리오분석

중요도와 만족도 포트폴리오는 일반적으로 고객만족도 조사에서 자주 사용되는 기법으로, 어떤 주제에 대해 각 항목별로 중요도와 만족도를 측정하여 평균을 기준으로 4/4분면의 자료를 구성하고 이를 통해 경쟁력의 위치를 분석하는 방법이다.

가. 중요도 산출

우선 중요도를 산출하는 방식은 어떤 하나의 차원을 구성하는 세부설문 항목에 대해 각각의 중요도를 물어보고, 또 한편으로는 그 차원 전반에 대한 중요도를 다시 묻

는다. 이렇게 한 후 각 항목에 대한 중요도와 차원중요도 간의 통계분석(일반적으로 각 항목중요도를 독립변수로 놓고 차원중요도를 종속변수로 놓는 회귀분석, 혹은 각 항목중요도와 차원중요도 간의 상관관계를 보는 상관관계분석을 사용한다)을 해서 나온 수치를 이용하여 가중치를 곱하여 최종중요도를 산출한다.

나. 만족도 산출

만족도는 일반적으로 설문 각 항목에 대한 만족의 정도를 그대로 이용하여 만족도를 제시한다.

일반적인 형태의 중요도와 만족도 포트폴리오분석은 다음의 그림과 같다.

그림 11-18 | 중요도와 만족도 포트폴리오 분석방법

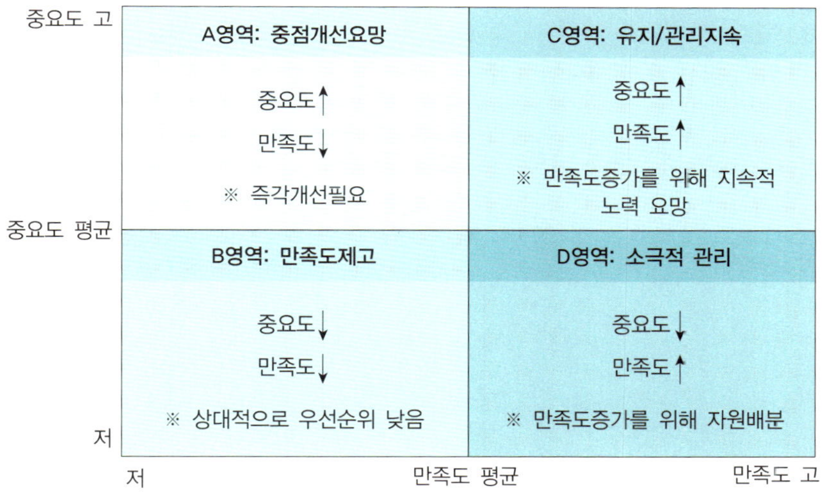

다. 고객만족도 포트폴리오분석 사례

다음의 표에서 보면 모 기업이 고객을 대상으로 하여 전체 기업만족도를 조사하였는데 여기서 그 중 일부인 영업사원 만족도를 '차원'이라고 부르며 세부적인 항목은 '세부항목'이라고 부른다. 만족도는 그대로 100점 만점을 기준으로 하여 수치를 제시하였다. 중요도는 세부항목 중요도의 수치와 차원 만족도와의 통계분석(여기서는 회귀분석 사용)을 통해 나온 각 항목의 수치를 일정한 가중치를 두어 계산한 결과이다.

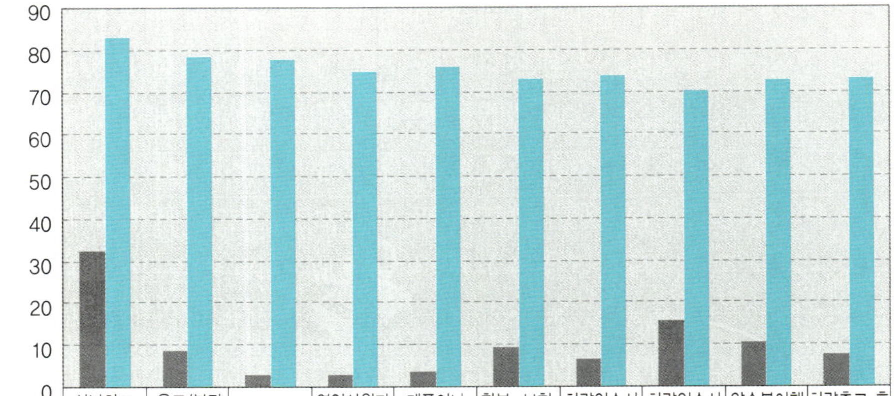

	상냥하고 친절한 응대	용모/복장이 단정한 점	약속이행	영업사원과 전화연결 신속성	제품이나 업무에 대한 설명능력	할부, 보험, 등록 등의 업무처리	차량인수시 사용방법을 자세히 설명	차량인수시 약속시간과 장소이행	약속불이행시 사전양해 및 설명	차량출고 후 지속적인 연락 및 확인
중요도	32.4	8.7	3	2.9	3.5	9.2	6.6	15.5	10.5	7.6
만족도	83.2	78.6	77.8	74.9	76.1	73	73.9	70.2	72.9	73

이를 포트폴리오 도표로 제시하면 다음과 같다.

그림 11-19 ▌ 중요도와 만족도 포트폴리오분석 사례

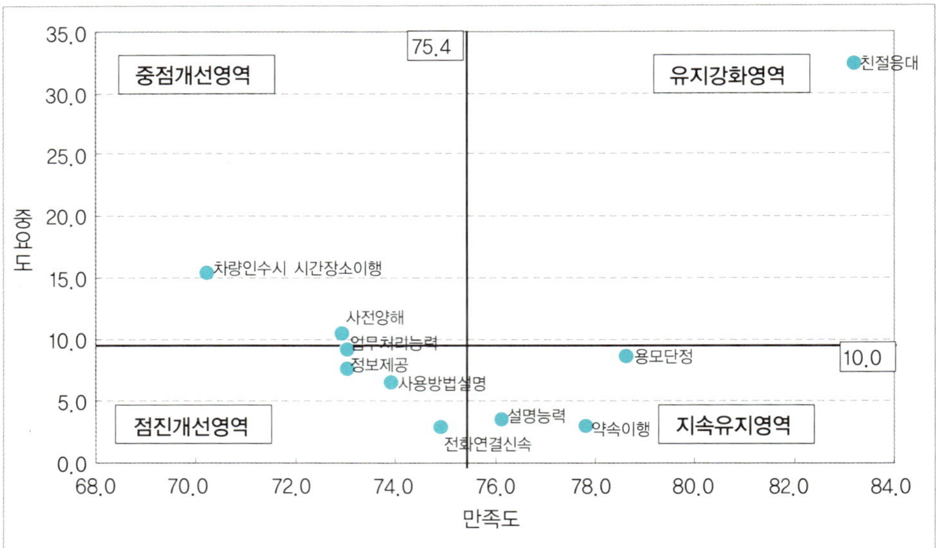

중요도와 만족도 포트폴리오분석은 전략적 지표를 도출하기 위해 경쟁력의 위치를 파악하고자 하는 것이다.

(2) BCG(Boston Consulting Group) Matrix[47)]

BCG Matrix는 영위하는 사업부문의 포지셔닝을 분석하는 기법으로, 사업부문의 최적 포트폴리오를 구성하기 위한 전략수립에 사용된다. 다음의 그림은 시장성장률과 시장지배력(상대적 시장점유율)을 기준으로 포지셔닝을 분석하는 BCG Matrix의 일반적 해석에 대한 것이다.

① 시장성장률과 시장점유율이 모두 높은 Star 업종은 투자확대

② 시장성장률은 낮으나 시장점유율이 높은 Cash Cow 업종은 현상 유지

③ 시장성장률은 높으나 시장점유율이 낮은 Question Mark 업종은 선별적으로 투자 확대, 니치마켓(틈새시장) 집중, 사업축소 검토

④ 시장성장률과 시장점유율이 모두 낮은 Dog 업종은 니치마켓 집중, 사업축소 또는 철수 등을 결정

그림 11-20 | BCG Matrix의 일반적 해석

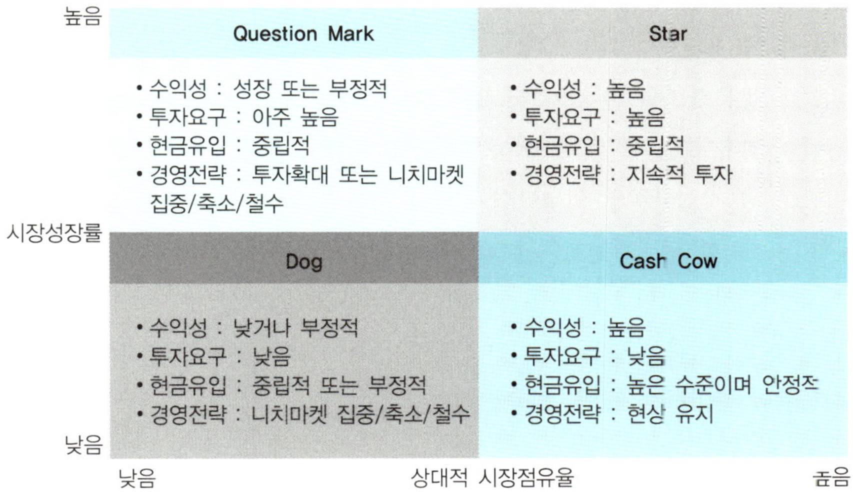

가. 장점

① 사업 간 자원배분투자의 우선순위 조정에 도움.

② 회사 전체의 입장에서 자원활용 효율성 극대화

③ 투자자원의 조달과 활용 면에서 건전한 미래의 사업 포트폴리오 구축을 위한 가이드라인 제공

④ 명확하고 이해하기 쉬운 전략적 선택기준 제공(동기부여 및 합의도출 용이)

나. 단점

① 사업 내부역량보다는 가시적인 현금흐름만을 기준으로 하고 있음.

② 사업 간 관련성 및 시너지효과에 대한 고려가 없음.

③ 사업부 간 협력보다는 경쟁을 유도하여 사업부 간 역량 및 혁신의 공유에 인색

④ 여러 사업부에서 함께 활용할 수 있는 역량의 구축에 소홀

⑤ 전사적 차원의 경쟁력 원천에 대한 고려가 없음.

BCG Matrix

- Star: 투자확대
- Cash Cow: 현상유지
- Question Mark: 선별적 투자
- Dog: 사업축소 및 철수

(3) GE-Mckinsey Matrix

가. 맥킨지 매트릭스가 만들어진 계기

GE와 맥킨지가 공동으로 특정 사업부문이 다른 부문보다 왜 성과가 우수한지를 규명하기 위하여 공동작업을 한 결과, 전략사업단위(SBU: Strategy Business Unit)라는 개념이 만들어졌다. GE는 이 SBU라는 개념들을 즉각 자신들의 사업부에 적용하고 이를 바탕으로 각 사업부문의 외부환경에 대한 경쟁분석으로 대체하는 공식적인 전략기획체제를 구축하기로 결정하여 BCG 매트릭스를 채택하려고도 하였다. 하지만 BCG 매트릭스의 취약점(단순한 변수 등) 때문에 더욱 포괄적인 매트릭스를 개발하기 위해 맥킨지사에 요청하여 만들어진 것이 맥킨지 매트릭스이며, GE는 이 기법을 이용하여 이익률이 증가하는 등의 효과를 얻었다.

나. 맥킨지 매트릭스의 구성요소 및 투자전략

가) 구성요소

맥킨지 매트릭스는 산업매력도와 사업강점의 2개 부분으로 구성된다.

(가) 산업매력도

산업매력도는 객관적으로 보아 그 시장이 얼마나 할 만한 것인지를 판단한 결과를

나타낸다. 상대적 매력도에 따라 3개의 수직열 중 하나에 배치되며, 보통 고 · 중 · 저의 등급이 부여된다. 이는 절대적 시장규모, 시장잠재력, 경쟁구조, 재무/경제/기술/사회/정치적 요인과 같은 광범위한 요인에 의해 결정된다.

(나) 사업강점

그 시장에서 회사가 다른 경쟁자들에 비해 얼마나 강한가를 나타낸다. 산업매력도와 마찬가지로 3개의 부문으로 구성되며, 보통 강 · 중 · 약으로 표시된다. 이는 여러 분석기법을 사용하여 사업부문의 규모/시장점유율/위치/경쟁우위 등 기업내부요인에 대한 평가를 종합하여 결정한다.

이를 바탕으로 [그림 11-21]과 같이 그릴 수 있다. 이 그림에서 왼쪽 상단의 파란색 3셀은 매력적인 산업에서 강한 포지션을 가지기 때문에 전반적인 매력도가 높다. 그리고 대각선에 위치한 사업부문(분홍색)은 중간 정도의 전반적 매력도를 나타낸다. 오른쪽 하단의 회색 3셀에 해당하는 사업부문은 비매력적인 산업에서 상대적으로 약한 포지션을 갖기 때문에 전반적 매력도가 낮다.

그림 11-21 | GE-Makinsey Matrix

GE 산업매력도-시장강점 매트릭스

산업매력도 \ 사업강점	높음	중간	낮음
높음	**유지, 방어** • 최대한 성장투자 • 경쟁력 유지노력	**성장을 위한 투자** • 선도자에 도전 • 선택적 경쟁력 강화 • 취약부문보완	**선택적 성장투자** • 강점이용 전문화 • 약점보완책 모색 • 성장가망 없으면 철수
중간	**선택적 성장투자** • 유망시장 집중투자 • 경쟁대응 능력배양 • 생산성향상을 통한 수익성강화	**선택적 수익관리** • 현 프로그램 보호 • 수익성 높고, 위험 적은 부문에 집중투자	**제한적 확장, 추수** • 위험적은 확장 모색 • 투자제한 및 영업 합리화
낮음	**유지, 초점 조정** • 단기수익 위주관리 • 매력부문에 집중 • 현 위치의 방어	**수익성 경영** • 수익성 좋은 부문에서의 위치방어 • 제품고급화 • 투자최소화	**전환, 철수** • 값 좋을 때는 매도 • 고정투자 피하고 추가투자 회피

나) 투자전략

이상과 같이 SBU가 매트릭스에 표시되면 다음과 같은 6개의 일반적인 규범적 전략이 도출된다.

① 유지를 위한 투자: 경쟁포지션의 약화를 상쇄하는 데 필요한 한계량만큼 투자한다.
② 강화를 위한 투자: SBU의 사업강점을 증대시키기 위해 투자를 강화한다.
③ 재건을 위한 투자: SBU를 매력적인 포지션으로 복구하고 손상을 회복시킨다.
④ 선택적 투자: 한계수익이 창출되는 SBU에 추자하고 반대는 약화시킨다.
⑤ 투자축소: 현금회수를 위해 투자를 최소화해 수확전략을 추진한다.
⑥ 철수: SBU를 축소함으로써 시장에서 철수한다.

일반적으로 GE 매트릭스에 의해 제시되는 전략은 사업강점과 산업매력도가 높은 SBU에 대한 투자를 증가시키고, 사업강점과 매력도가 낮은 SBU는 축소한다.

(3) 맥킨지 매트릭스 vs BCG 매트릭스

맥킨지 매트릭스는 BCG의 포트폴리오 매트릭스와 기존의 성공적인 사업부문의 잉여자원을 미래 유망부문에 선택적으로 할당하거나 대기업의 사업부문을 관리하는 등 부분적인 유사성이 있지만 다음과 같은 차이점을 가지고 있다.

표 11-14 맥킨지 매트릭스와 BCG 매트릭스의 차이점

속성 \ 기법	BCG	GE-Mckinsey
사업강점의 정의	시장점유율 (단일변수)	사업부문의 규모/시장점유율/위치/경쟁우위 등 다양한 변수
시장매력도	시장성장 (단일변수)	절대적 시장규모, 시장잠재력, 경쟁구조, 재무/경제/기술/사회/정치적 요인 등 다양한 변수
셀 구성수	4개	9개(더 많은 전략적 선택 제공)
수익성 초점	현금흐름	ROI
개념적 토대	경험곡선이론 제품수명주기이론	경쟁우위론

GE Natrix는 경쟁우위론을 바탕으로 산업매력도와 사업강점을 축으로 하여 기업 내 · 외부를 둘러싼 다양한 요인을 통해 성공전략을 수립하고자 한다.

9) 포트폴리오 분석방법 활용연구

최근에 포트폴리오 분석방법을 활용하여 수행된 연구들을 찾아보면 다음과 같다.

① "글로벌 건설 기업의 사업 포트폴리오 분석"(중앙대학교, 2009)

② "기초자치단체의 행정서비스 품질지수 측정 - 가중치 부여와 포트폴리오 분석" (한국행정논집, 17(2), 2005)

③ "우리나라 신재생에너지 R&D 포트폴리오 분석 연구"(서울대학교, 2009)

④ "포트폴리오 분석과 계층화분석기법(AHP)을 활용한 정부 IT분야 연구개발 투자 전략 연구"(경영과학 1, 2009)

⑤ "직업안정성과 위험간수 성향에 따른 소비자 포트폴리오 비교 분석"(소비자정책 교육연구, 3(2), 2007)

⑥ "포트폴리오 기법을 활용한 유가대응 대안별 최적 예산배분"(자원 · 환경경제연구, 2007)

⑦ "해공(Sea&Air)복합운송의 유통경로 및 포트폴리오 분석"(한국항해항만학회지, 2008)

⑧ "QFD를 활용한 차량항법 기술 포트폴리오 분석"(한국공간정보시스템학회논문지, 2007)

···▶ Portfolio 분석에 대한 내용은 www.papersea.com
온라인강좌Ⅱ 제51강 '연구방법 29 Portfolio분석방법' 참조

1) 조용환(1999), 질적연구방법과 사례, 서울: 교육과학사
2) Glaser, B. G. & Strauss, A. L.(1967), *The Discovery of Grounded theory: Strategies for.* Chicago: Aldine.
3) Strauss, A. & Cobin, J.(1990), *Basics of Qualitative Research.* CA: Sage Publishers.
4) 조중현(2006), "마을 공동사업 추진과정에서 표출된 주민 간 갈등의 근거이론적 해석: 농촌체험마을 주민 간 갈등사례를 중심으로", 서울시립대학교 대학원 박사학위논문. p.54.
5) 정은주(2009), "댄스스포츠 활동의 진지한 여가 참여 과정에 대한 근거이론적 접근", 인하대학교 대학원 박사학위논문. p.15.
6) Parker, L. D. & Roffey, B. H.(1997), "Methodological Theme: Back to the Drawing Board: Revisiting Grounded Theory and the Everyday Accountant's and Manager's Reality", *Accounting, Auditing & Accountability Journal*, Vol.10(2). pp.212~247.
7) 전명희(2001), "이혼 후 자녀의 양육형태 형성과정에 관한 연구", 연세대학교 대학원 박사학위논문
8) 이동규 · 이도희(2006), "근거이론을 활용한 가설정형화 과정 – 비영리조직 회계인식을 중심으로", 회계논집, 7(2), 충남대학교 부설 회계연구소, p.31.
9) 이만형(2007), "한국 프로야구 서포터즈의 열정적 참여 과정", 연세대학교 대학원 박사학위논문
10) 최홍석 · 홍성만 · 주경일(2003), "사회적 갈등의 근거이론적 이해: 댐건설을 중심으로", 한국행정학보, 37(4), p.174.
11) Strauss, A. L. & Corbin, J.(1998), *Basic of Qualitative Research: Techniques and Procedures for Developing Grounded Theory*, 2nd Ed. London: Sage, Publications.
12) 강은실(1995), "근거이론접근 방법을 적용한 알코올 중독자 부인의 경험", 부산대학교 대학원 박사학위논문
13) Guba, E. G. & Lincoln, Y. S.(1981), *Effective Evaluation*, San Francisco: Jossey–Bass.
14) 조중현(2006), "마을 공동사업 추진과정에서 표출된 주민 간 갈등의 근거이론적 해석: 농촌체험마을 주민 간 갈등사례를 중심으로", 서울시립대학교 대학원 박사학위논문
15) 한혜실(2003), "근거이론 접근에 의한 여성의 불임경험 연구", 이화여자대학교 대학원 박사학위논문. p.23.
16) 신경림(2001), 질적연구 근거이론의 단계, 사울: 현문사
17) 김수지 · 신경림(역), 근거이론의 이해, 서울: 한울아카데미
18) 이봉주 · 김기덕(2008), 사회복지 프로그램 기획의 이해와 적용, 서울: 신정, p.180.
19) 정무성 · 정진모(2001), 사회복지 프로그램 개발과 평가, 서울: 양서원, p.34.
20) 유옥현(2009), "학교부적응 청소년을 위한 REBT 집단프로그램 모형개발 – Logic Model을 중심으로", 청주대학교 대학원 박사학위논문, p.7.
21) 연민호(2006), "프로그램의 목적 개발과 평가", 2006년 교육발전연구원 하계 세미나 특강, 전남대학교 공규발전연구원. p.4
22) 노명숙(2009), "학습코칭 부모교육 프로그램 개발 및 평가 – 학령기 가족을 중심으로", 성균관대학교 대학원 박사학위논문, p.23.
23) 황성철(2008), 사회복지 프로그램 개발과 평가, 서울: 공동체
24) 지은구(2008), 사회복지평가론, 서울: 학현사
25) 지은구(2008), 사회복지평가론, 서울: 학현사
26) 정병오(2008), "로직모델(Logic Model)을 기반으로 한 프로그램 기획", 서울특별시 건강가정

지원센터 강의자료집

27) 노명숙(2009), "학습코칭 부모교육 프로그램 개발 및 평가 – 학령기 가족을 중심으로", 성균관대학교 대학원 박사학위논문, p.25.

28) 채 예(2009), "중국 주요항만의 효율성 및 SWOT분석을 통한 경쟁력 강화방안에 관한 연구", 조선대학교 대학원 박사학위논문

29) 이정희(2008), "SWOT/AHP 분석기법을 이용한 부산항만공사의 발전방안 수립에 관한 연구", 한국해양대학교 대학원 석사학위논문.

30) 박권(2007), "SWOT분석에 따른 대한올림픽위원회의 현황진단과 발전방안", 연세대학교 대학원 박사학위논문

31) 한상만 · 하영원 · 장대련(2004), 마케팅전략, 서울: 박명사, pp.107~129.

32) 서진욱(2006), "대전컨벤션센터의 전략적 운영을 위한 SWOT분석에 관한 연구", 사회과학연구, 28, pp.1~12.

33) 김도훈 · 문태훈 · 김동환(1999), 시스템 다이내믹스(서울: 대영문화사)

34) 문태훈(2002), "시스템 다이내믹스의 발전과 방법론적 위상", 한국 시스템 다이나믹스 연구, 3(1).

35) Meadows, D. L.(1970), *Dynamics of Commodity Production Cycles*, Wright-allen Press, Inc., Cambridge.

36) Sterman, J, D.(2000), "Testing Behavioral Simulation Models by Direct Experiment", *Management Science*.

37) 문태훈(2002), "시스템 다이내믹스의 발전과 방법론적 위상", 한국 시스템 다이너믹스 연구, 3(1), p.67.

38) 최순옥(1994), "시스템 다이내믹스를 이용한 신규간호사의 조직사회화과정 모델 개발", 이화여자대학교 대학원 박사학위논문, pp.29~35.

39) 과학기술부(2002), "원전 주기적 안전성 평가기술 개발", p.35.

40) 권경자(2006), "의료기관의 간호인력 산정을 위한 시스템 다이내믹스 모델 개발", 이화여자대학교 대학원 박사학위논문

41) Sterman, J. D.(1984), "Approach Summary Statistics for Evaluating the Historical Fit System Dynamics Model", *Dynamica*, 10(2), pp.51~66.

42) 김민지(2007), "시스템 다이내믹스 기법을 이용한 일인미디어의 네트워크 효과분석에 관한 연구: 싸이월드 서비스를 중심으로", 이화여자대학교 경영대학원 석사학위논문

43) Porter, M. E.(1985), *Competitive Strategy: Creating and Sustaining Superior Performance.*, New York: The Free Press.

44) 이상원(2004), "네트워크 경제와 가치사슬(value chain)", IT의 사회 · 문화적 영향 연구: 21세기 한국 메가트렌드 시리즈, 정보통신정책연구원, p.79.

45) 김민식(2005), "이동통신단말기 제조업의 ODM 현황과 전망 – 가치사슬변화를 중심으로", 정보통신정책, 17(4), p.20.

46) 박성현(2008), "디지털시네마가 국내 영화산업에 미치는 영향에 관한 연구: 극장의 디지털화에 따른 영화 콘텐츠 가치사슬 변화를 중심으로", 서강대학교 언론대학원 석사학위논문, p.69.

47) Boston Consulting그룹에서 1970년대에 개발한 사업포트폴리오 분석기법

05 부

양적연구와 질적연구의 통합

제5부 제12장과 제13장에서는 일반적으로 학위논문에서 양적연구로서 그리고 질적연구서 상호 통합하여 적용되고 있는 메타평가방법(meta-evaluation), Q분석방법에 대하여 학습한다. 구체적으로 메타평가(meta-evaluation)는 평가제도들이 도입취지에 맞는지, 평가결과가 평가목적에 부합하도록 활용되고 있는지 등 '평가제도'를 평가하는 방법이다. 메타평가는 특정 평가활동의 지침이 되고, 해당 평가의 장점과 단점을 공개할 목적으로 평가의 유용성 · 실용성 · 윤리성 · 기술적 적합성에 대한 서술 및 판단적 정보를 수집 · 제공 · 활용하는 교육적 제반 과정을 말한다. 따라서 메타평가는 평가의 목적은 의사결정을 내리는 데 유용하고, 관련 정보 또는 자원을 활용할 때 실용성이 높고, 평가에 사용된 이론과 기술이 적합한가를 다루는 데 있다. 즉 제5부의 각 연구방법의 종류에 따라 개념, 분석목적, 유형이나 종류, 구성요소, 평가의 방법, 평가의 사례를 학습한다. 특히 사례학습은 연구를 수행한 실제 사례로서, 분석방법과 분석결과의 일부 예를 살펴보고자 한다.

① 모형설계 및 분석방법(평가모형의 설계, 분석방법, 점수의 도출방법), ② 설문조사 및 자료분석, ③ 평가모형, ④ 평가시스템의 평가지표, ⑤ 평가상황요소에 대한 평가결과 순으로 구성되었다. 그리고 맨 마지막에서는 이 책에 대한 참고문헌을 정리하였다.

12 양적연구와 질적연구의 통합

1 통합의 배경

양적연구는 사회현상이 객관적으로 존재하는 것으로 가정한다. 양적연구는 사회실재가 부분들로 분리되며, 이러한 부분들에 대한 연구를 통해 연구결과의 일반화를 추구한다. 이 과정에서 무엇보다 연구자의 중립성과 객관성을 유지하는 것이 강조된다.

반면 질적연구는 사회현상이 객관적으로 존재하기보다는 구성원들에 의해 구성되는 것이라고 본다. 따라서 구성원의 시각과 맥락 속에서 이해하고 분석하는 것이 중요하다. 사회실재라는 것은 부분들의 합을 통해 온전히 이해하기 어려우며, 사회현상을 별도로 분리하여 분석하기보다는 그것이 위치한 사회적 맥락과의 관계 속에서 전체적으로 이해할 것을 강조한다. 질적연구에서는 연구자의 주관이 연구과정에 개입되는 것을 자연스럽게 받아들이며, 미리 고정된 가설 없이 자료수집의 과정 속에서 관계 유형을 찾아간다.

이와 같이 양적연구와 질적연구는 서로 전혀 다른 시각을 가진 일종의 패러다임으로, 이들 상호 간에는 의사소통이 되지 않는 비통약성(incommensurability)이 존재한다. 따라서 양적연구와 질적연구 중 어느 것이 보다 바람직한지에 대해 치열한 논쟁이 지속되어 왔다. 그렇지만 두 연구방법이 상대적 유용성과 결함을 가지고 있기 때문에 이를 상호 보완적으로 활용하면 사회현상을 보다 더 잘 설명할 수 있을 것이라는 생각이 나타나게 되었다. 이것이 바로 양적연구와 질적연구의 통합문제이다.[1)]

하나의 연구설계 안에 다양한 방법으로 양적연구방법과 질적연구방법을 통합시킬 수가 있다. 여기에는 네 가지 유형이 있다. 첫째, 최초의 연구설계에서는 두 가지 전략을 병행한다. 두 번째 연구설계에서는 현장의 지속적인 관찰이 기초가 되고 거기에 몇 가지 정도의 양적 설문조사 단계가 결합된다. 세 번째 조합방식은 질적연구방법(예를 들어, 반구조화 인터뷰)에서 시작되어 그 다음에 중간단계로서 설문조사가 이루어진다. 네 번째 연구설계에서는 처음에 실시된 설문조사 결과를 심화시키기 위한 보완적인 현장조사가 이루어지고, 이어서 처음 두 단계의 결과를 검증하기 위해 현장에서의 실험적 개입이 이루어진다.

또한 양적연구와 질적연구를 통합시킨 예를 평가할 때에는 다음과 같은 질문이 유효하다.

① 각각의 접근방법은 동등하게 다루어지고 있는가?(예를 들면, 연구과제의 계획에서 연구결과의 관련성에 대한 연구의 평가기준에 대해)

② 각각의 접근방법은 개별적으로 적용되고 있는가? 그렇지 않다면 정말로 상호연결된 형태로 적용되었는가? 예를 들면, 많은 연구에서 양적 · 질적연구방법이 서로 독립적으로 이용되어 나중에 두 결과를 비교하는 형태로만 결합된다.

③ 양자의 이론적 관계는 무엇인가? 양자는 시간적 순서의 관계에 놓여 있는 것뿐인가? 어떠한 순서인가? 또는 양자는 다원적 방법의 연구설계 측면에서 진정 결합되었는가?

④ 연구를 전체적으로 평가하기 위한 기준은 무엇인가? 종래의 타당성검증의 관점을 우선할 것인가, 그렇지 않으면 양자의 연구형식에 적합한 기준으로 평가가 이루어지는가?

이러한 질문에 답하고 그것들의 의미를 고려함으로써 실천적이면서 반성적으로 양적 및 질적연구를 이용할 수 있는 유연한 연구설계를 세울 수 있을 것이다.

2 양적연구와 질적연구를 혼용하는 방식[2)]

양적연구방법과 질적연구방법의 혼용은 기본적으로 세 가지 방식으로 이루어진다. 그런데 이 구분은 단지 시간적인 순서에 따라 양적연구가 먼저인지 질적연구가 먼저인지만을 구분하는 것이다. 즉 이러한 세 가지의 구분은 하나의 발견적 고안(heuristic device)일 뿐이라고 할 수 있다. 따라서 양적연구와 질적연구를 혼용하는 모든 연구들이 이러한 세 가지 범주에만 속하는 것은 아니다. 다만 각각의 연구들이 연속선상의 어디쯤에 해당하는 연구인가라는 식으로만 구분할 수 있을 뿐이며, 더 나아가 어떤 연구가 그 연속선상에서 차지하는 위치 또한 시간이 지남에 따라 얼마든지 변할 수 있다.

1) 질적연구 → 양적연구 방식

이 방식은 일반적으로 첫 단계에서는 질적연구방법을 사용한 연구가 먼저 이루어지는 것으로, 주로 개인 또는 포커스집단을 대상으로 관찰이나 개방형 면접을 통해 어떤 개념이나 잠재적 가설을 찾는 데 주안점을 두는 탐색적(exploratory) 연구가 이루어진다. 그리고 나서 두 번째 단계로서 질적연구를 통해 도출된 개념에 대한 조작화 및 가설검증 위주의 양적연구가 이루어진다.

이 방식은 특히 어떤 현상을 측정하기 위해 다항목척도를 개발하고자 하는 연구자에게 매우 유용하다. 예를 들어 중증정신장애인의 가족이 겪는 정신적 고통을 측정하기 위한 척도(scale) 개발을 위한 연구 등에서 적절하게 사용될 수 있다. 양적연구에서 다루고자 하는 개념이나 가설의 타당성은 그러한 개념이나 가설이 현실세계에 대한 관찰을 통해 도출될 때 비교할 수 없을 정도로 높아지게 된다. 연구하고자 하는 대상이 누구이든 가장 현명한 접근방법은 연구대상과 충분한 시간을 가지고 열린 마음으로 이야기를 나누는 것이다.

2) 양적연구 → 질적연구 방식

이 방식은 양적연구를 통해 얻은 연구결과가 질적연구의 출발점이 되는 방식이다. 문화가 임상실천에 미치는 영향을 연구한 에바 루(Eva Lu, 1994)[3]는 동양계 미국인 임상실천가와 비동양계 미국인 임상실천가 간에 성취스타일 척도 점수에서 통계적으로 유의한 차이가 있다는 것을 발견하게 되었다. 구체적으로 동양계 임상실천가들이 비동양계 임상실천가들에 비해 상호관계에서 더 협력적이고 덜 통제적인 것으로 나타났다. 이러한 연구결과를 바탕으로 에바 루(Lu, 1996)[4]는 8명의 동양계 임상실천가와 비동양계 임상실천가를 대상으로 심층면접을 통해 문제를 가진 동양계 미국인 가정의 사례에 대한 임상실천가들의 사정(assessment) 및 치료적 접근 스타일을 연구하였다. 이러한 연구를 통해 연구자는 양적연구에서 발견한 성취스타일 척도 점수 간의 차이를 보다 심층적으로, 그리고 폭넓게 연구할 수 있었으며, 임상실천가의 문화적 배경이 전문가로서의 판단에 어떠한 영향을 미치는지를 밝힐 수 있었다.

경우에 따라서는 양적연구에서 해답을 찾지 못했던 질문들에 대한 답을 후속적인 질적연구를 통해 얻게 되기도 한다. 사회과학 분야의 연구자들은 연구결과를 해석하는 데 있어 겸손해질 필요가 있는데, 이것은 결과의 원인이 되는 요인은 무수히 많을 뿐만 아니라 가설-연역적인 개념적 틀로부터 원인이 되는 요인을 밝혀낸다는 것이 결코 쉬운 일이 아니기 때문이다.

3) 양적연구 ↔ 질적연구 방식

이 방식은 하나의 연구에서 두 가지 연구방법을 통합하여 사용하는 방식이다. 연구자에 따라서는 두 가지 연구방법에 동일한 비중을 둘 수도 있으며, 또는 어느 한 쪽에 더 큰 비중을 둘 수도 있다. 후자의 경우에는 상대적으로 비중이 높은 연구 속에 상대적으로 비중이 낮은 연구가 포함된다. 기존의 연구를 보면 두 가지 연구방법에 동일한 비중을 두는 통합적인 접근방법을 사용한 연구보다는 어느 한 쪽에 더 많은 비중을 둔 연구가 보다 더 많을 것을 볼 수 있는데, 이는 통합적인 접근방법보다 어느 한 쪽을 주된 접근방법으로 하고 연구를 진행하는 것이 상대적으로 용이하기 때문이다.

양적연구방법에 더 많은 비중을 두는 경우 연구자는 주로 양적연구결과를 뒷받침하기 위해 질적 자료를 수집하고 수집된 자료를 짤막한 사례 형태로 소개하는 방법을 사용한다. 또는 표준화된 면접을 통해 얻은 자료를 제시한 다음 개방형 질문에 대한 연구대상의 응답내용을 덧붙이는 방법을 사용한다. 이러한 경우 양적연구결과를 뒷받침하기 위한 질적 자료의 사용은 양적연구결과에 심각한 영향을 주지 않는다.

질적연구방법이 주된 접근방법이 되는 경우 질적연구자는 면접조사, 인구조사, 또는 리커트척도 형태의 자료를 질적 자료와 함께 사용한다. 또한 질적연구자는 표준화된 측정도구를 심층면접의 일부로 사용할 수 있으며, 그 결과 얻어진 양적 자료를 제시할 수 있다. 이와 같은 양적 자료의 사용은 결코 질적연구가 가진 귀납적인 속성이라든지 혹은 연구를 하는 과정에서 새로운 것을 발견하게 되는 속성을 손상시키지 않는다.

3 통합(integrated) 또는 혼합방식(mixed-model) 연구[5)]

양적연구방법과 질적연구방법을 함께 사용하는 방식 가운데 가장 어려운 방식은 이 두 가지 접근방법을 완전히 통합하는 방식이라고 할 수 있다. 이 방식에서는 모든 연구과정에서 두 가지 연구방법이 동일한 비중을 가지고 사용된다. 이 방식을 사용하기 위해서는 연구자가 두 가지 연구방법 모두에 대한 전문적인 지식을 갖추고 있어야 하며, 다양한 패러다임을 받아들일 수 있는 준비가 되어 있어야 한다. 이처럼 혼합방식에 해당하는 연구가 드문 것은 많은 연구자들이 두 연구방법에 대한 전문적 지식을 가지고 있지 못하기 때문이며, 또한 준비가 되어 있지 않기 때문이라고 볼 수 있다.

혼합방식 연구의 진행과정은 다음과 같다.

1) 연구목적의 설명

연구목적을 설명함에 있어 연구자는 서술적인 면과 관계에 대한 검증 및 집단 간 차이에 대한 비교 모두를 연구목적에 포함시킨다. 일반적으로 질적연구를 위한 문헌고찰과 양적연구를 위한 문헌고찰은 다르지만, 대부분의 경우 중간기점을 찾을 수 있다. 이론적 혹은 실증적 문헌을 고찰함에 있어 양적연구자는 자신의 주장의 강도를 약간 느슨하게 하면서 새로운 생각이 떠오를 수 있는, 그리고 질적연구결과를 바탕으로 기존의 이론이나 설명적인 구조들에 대해서 반론을 제기할 수 있는 여지를 갖고자 노력해야 한다. 마찬가지로 질적연구자는 핵심 개념이나 변수에 주안점을 두고 문헌을 고찰하는 방식을 받아들일 수 있어야 한다.

2) 연구설계 및 실시

이 단계에서 질적연구자는 일정한 방향을 향해 진행해 나아가는 것보다 선형적인 접근방법을 택할 필요가 있는데, 왜냐하면 연구설계, 자료수집 및 자료분석과정에서 다양한 관점 사이를 자유롭게 넘나들 수 있는 입장을 유지한다는 것은 결코 쉽지 않기 때문이다. 그럼에도 불구하고 혹시 있을지도 모르는 변화와 적응을 위해 연구에서 어느 정도의 유연성을 갖는 것은 반드시 필요하다.

3) 연구대상 표본추출

연구대상에 대한 표본추출은 다양한 방법을 통해서 이루어질 수 있다. 양적연구를 위해서는 확률표본추출방법을 사용하고, 질적연구를 위해서는 의도적 표본추출방법을 사용할 수 있다. 또한 표준화된 면접 또는 설문지와 관찰 또는 구조화되지 않은 면접을 병행하는 것 등 다양한 자료수집방법을 병행할 경우 양적 자료와 질적 자료 모두를 얻게 됨에 따라 통계적 분석결과와 코드(code), 그리고 중심주제(theme) 모두를 연구결과로 얻을 수 있다.

4) 연구보고서의 작성

통합 혹은 혼합방식 연구보고서를 작성할 때에는 일반적으로 두 종류의 연구결과를 병치하는 방식, 즉 통계분석 결과와 코드 혹은 중심주제를 나란히 제시하는 방식으로 연구결과를 작성한다. 물론 가장 이상적인 방식은 두 종류의 연구결과를 연결시키고 종합하여 제시하는 것이다. 질적연구결과와 양적연구결과를 종합하는 경우 다음과 같은 효과를 기대할 수 있다.

① 질적연구결과와 양적연구결과가 하나로 수렴된다.

② 두 종류의 연구결과가 서로 보완적인 관계를 갖는다.

③ 두 종류의 연구결과가 서로 반대되는 관계를 갖는다.

통합 혹은 혼합방식 연구는 질적연구결과와 양적연구결과가 서로 상반될 경우 특히 흥미로워진다. 이것은 연구결과가 수렴하는 것도 아니고 그렇다고 보완적인 관계를 갖는 것도 아니며, 단지 불일치하는 경우를 의미한다. 만일 이러한 경우가 실제로 발생한다면 두 종류의 연구결과에 대한 면밀한 검토가 이루어져야 한다. 만일 어느 한 쪽도 문제가 없다면 연구자는 연구결과를 있는 그대로 제시하고 읽는 사람들로 하여금 어떤 연구결과가 더 설득력 있다고 생각하는지 결정하도록 해야 한다.

두 가지 연구방법을 혼용하는 것은 많은 어려움이 있지만 그럼에도 불구하고 충분히 시도할 만한 가치가 있다. 두 가지 방법을 적절하게 사용함으로써 얻을 수 있는 상승효과는 매우 크다. 이는 연구자들이 인간의 욕구 및 행동에 대한 양적인 평가뿐만 아니라 인간 자체로서의 삶에 대한 질적인 이해에도 관심을 가지고 있기 때문이다.

1) 김병섭(2010), 앞의 책, pp.595~596.

2) 유태균 역(2001), 앞의 책, pp.240~244.

3) Lu, Y. E.(1994), "A comparison of achieving styles of Asian American and non-Asian American psychotherapists", *Psychotherapy in Private Practice*, 13, pp.45~69.

4) Lu, Y. E.(1996), "Underutilization of mental health services by Asian American clients: The impact of language and culture in clinical assessment intervention", *Psychotherapy in Private Practice*, 15, pp.43~59.

5) 유태균 역(2001), 앞의 책, pp.244~249.

13 대표적인 통합연구방법

1 메타평가방법

메타평가(meta-evaluation)는 평가제도들이 도입취지에 맞는지, 평가결과가 평가목적에 부합하도록 활용되고 있는지 등 '평가제도'를 평가하는 방법이다.[1] 메타평가는 특정 평가활동의 지침이 되고, 해당 평가의 장점과 단점을 공개할 목적으로 평가의 유용성 · 실용성 · 윤리성 · 기술적 적합성에 대한 서술 및 판단적 정보를 수집 · 제공 · 활용하는 교육적 제반 과정을 말한다. 따라서 메타평가는 평가의 목적은 의사결정을 내리는 데 유용하고, 관련 정보 또는 자원을 활용할 때 실용성이 높고, 평가에 사용된 이론과 기술이 적합한가를 다루는 데 있다.[2] 본 절에서는 메타평가에 대해서 알아본다.

1) 메타평가의 개념

메타평가는 스크리븐(Scriven, 1969)이 "평가 자체가 평가를 받아야 한다"고 주장하면서 이러한 평가활동을 나타내기 위하 메타평가라는 용어를 창안하였다.[3] 메타평가에 대해서는 여러 학자마다 다양한 정의를 하고 있는데, 전체적인 관점에서 볼 때 "메타평가는 평가의 질 제고를 위한 평가체제 전반에 대한 평가"[4]라고 할 수 있다.

메타평가에 대한 정의는 다양한 형태로 나타나고 있지만, 최근에는 단순한 개념정립에 대한 연구에서 평가수행과정에 대한 평가로, 그리고 평가수행과정에 대한 평가에서 평가의 결과와 활용에 이르기까지 평가시스템 전반에 대한 평가까지로 그 인식의 범위가 확대되고 있다. 이러한 관점에서 볼 때 메타평가는 '최초평가에 대한 평가수행과정 전반을 분석하고 평가함으로써 평가의 질적 개선을 통해 평가결과의 활용도를 제고하는 과정'5)이라고 할 수 있다.

메타평가는 최초평가에 대한 평가수행과정 전반을 분석 · 평가하여 평가의 질적 개선을 통해 평가결과의 활용도를 제고하는 과정이다.

2) 메타평가의 목적

메타평가의 목적은 평가활동 그 자체를 평가함으로써 평가결과의 활용을 증진시키려는 것이다. 이렇게 볼 때 메타평가의 단계별 평가목적은 다음과 같이 정리할 수 있다.6)

표 13-1 평가단계 및 기능별 메타평가의 목적

주요 기능	평가기획 평가	평가과정 평가	평가종료 후 평가
평가방향 설정 (focusing evaluation)	• 평가목적 및 문제의 평가 및 조정 • 착수조자 및 고객확인	• 제시된 질문 및 목적이 수행되고 있는지와 이들의 가치 평가	• 평가목적과 제시된 질문들에 대한 적정성 및 가치 평가
평가설계 (designing evaluation)	• 설계방법 평가와 조정 • 설계에서 대안과 지원정보 제시	• 설계된 효과성 실현 여부의 평가 및 필요시 조정	• 평가설계의 적절성과 설계의 적절성 평가 • 고객에 대한 유용성 평가
평가자료 수집 (collecting evaluation)	• 수집도구, 방법, 설계 및 선택의 평가 지원	• 정보수집에 대한 관찰 및 평가	• 수집정보 및 이용도구의 질과 적절성 평가
평가분석 (analysing evaluation)	• 분석방법에 대한 최초평가자 안내 • 누가, 어떻게 판단할 것인지의 검토	• 분석과정 및 효과적인 데이터의 수집, 분류, 분석방법 평가	• 분석판단의 타당성 및 적합성 평가
평가보고 (reporting evaluation)	• 보고방법 평가 • 형식, 고려한 고객, 보고내용 제시	• 보고서 초안 평가 • 대안 보고서 검토 • (비)전문가의 보고서 조정	• 평가보고서 평가 • 보고서의 균형성, 적시성, 타당성, 활용성 등 평가

평가관리 (managing evaluation)	• 관리계획, 예산, 약정내용에 대한 평가와 조정	• 관리계획, 예산, 약정내용의 적정 모니터링 여부 평가	• 평가의 관리 및 예산집행의 합리성 평가 • 약정내용의 유지 등 평가

결국 메타평가의 목적은 평가활동 전 과정에 대한 총체적인 평가를 통해 도출된 문제점에 대한 합리적인 대안을 각 평가과정에 반영하여 그것을 개선함으로써 평가결과 활용의 질적 가치를 제고하는 데 있다고 할 수 있다.

메타평가의 목적은 평가활동 그 자체를 평가함으로써 평가결과의 활용을 증진시키려는 것이다.

3) 메타평가의 유형

스터필빔(Stufflebeam, 1981)은 메타평가의 유형을 평가의 두 가지 역할, 즉 평가지침으로서의 역할과 평가의 가치와 장점 보고라는 역할을 기준으로 형성적 메타평가와 총괄적 메타평가로 분류하였다.[7]

(1) 형성적 메타평가

평가의 지침으로서의 형성적 메타평가는 평가지침의 충족과 평가함정의 회피에 기반을 두고 있는데, 이들은 총괄적 메타평가의 기초가 되는 평가표준과 연계될 수 있다. 여기서 평가지침이란 평가자가 평가표준을 충족시키도록 도와줄 목적으로 고안된 절차상의 여러 제안을 말하며, 평가함정이란 건전한 평가의 원리의 중요성을 알지 못하는 사람들이 범하는 오류를 말한다.[8] 즉 형성적 평가에 있어서 주요한 가정은 평가절차상의 지침에 잘 따르고 평가의 함정에 빠지지 않을 때 평가의 궁극적 가치가 최대화될 수 있다는 것이다.

형성적 메타평가를 통해 평가자들이 지원을 받을 수 있는 사항으로는 평가연구를 어떻게 구상, 기획, 수행, 분석, 보고할 것인가에 대한 것이 있다. 그리고 평가수행 여부 결정, 평가문제의 정의, 평가고객의 명시, 평가목적의 명료화, 계약의 체결, 정보요구수준의 결정, 자료수집 및 분석절차의 구체적 기술, 평가일정의 수립, 평가인력의 구성, 평가예산 편성, 평가결론 및 권고 준비, 보고양식과 보고매체의 선정 등이 형성적 평가를 통해 얻을 수 있는 것들이다.

(2) 총괄적 메타평가

총괄적 메타평가는 평가의 가치와 장점에 대한 요약보고로서 최초평가 후에 이루어지는 것이 일반적이다. 총괄적 메타평가에서는 평가결과를 사전에 설정된 평가표준들에 대비시켜 그 비율이 1에 접근하는 정도에 따라 최초평가의 질이 결정된다. 즉 총괄적 메타평가는 평가보고서가 적정한 평가수행의 표준에 충족된다는 것에 대해 공식적으로 검토함으로써 최초평가자들에게는 평가에 대한 책임을 지도록 하며, 최초평가의뢰자들에게는 평가결론과 권고를 받아들일 것인가에 대한 결정을 할 수 있도록 지원하려는 것이다. 또한 총괄적 메타평가에 의해 결정되는 평가의 가치는 형성적 메타평가의 결과를 평가과정에 환류시킴으로써 최대화된다고 할 수 있다. 스터필빔(Stufflebeam)은 총괄적 메타평가를 메타평가의 본질적 기능으로 파악하고 있다.

- 형성적 메타평가는 1차 평가자들의 평가활동 진행과 해석에 관한 의사결정을 도와주고 평가활동의 진도를 점검하여 이를 평가과정에 환류시킴으로써 평가의 질을 확보하려고 한다.
- 총괄적 메타평가는 특정 평가활동의 전반적 가치를 요약하려는 것으로, 최종결과에 신뢰성을 더할 수 있다. 총괄적 평가는 1차적 평가가 종료된 후에 수행하는 것이 일반적이다.

4) 메타평가의 구성요소

메타평가를 구성하는 요소는 여러 학자들에 의해 다양하게 제시되었다. 본 절에서는 라슨과 베를런(Larson & Berliner)이 제시한 구성요소[9]를 소개한다. 이들은 메타평가의 구성요소를 평가투입, 평가과정, 평가결과의 3개 영역으로 구분하여 다음의 [표 13-2]와 같이 제시하였다.

표 13-2 Larson & Berliner의 메타평가 구성요소

구성요소	평가항목
평가투입 (inputs)	1. 평가예산 및 평가자가 이용할 수 있는 물적 자원 2. 평가기간 3. 평가시기 4. 평가자의 특성(교육, 경험, 가치관 등) 5. 프로그램 실시자의 특성(경험, 책임, 교육 등) 6. 프로그램 특성(목표, 관심영역, 고객 등) 7. 평가방법론 및 평가설계 8. 평가결과의 수요자(고객) 및 평가의 목적 9. 기존자료와 자료의 한계 10. 평가대상 프로그램의 기본적인 이론모형 11. 기대되는 결과
평가과정 (process)	1. 평가자와 프로그램실시자 간 상호작용의 유형 · 강도 · 빈도 2. 평가자에 대한 프로그램 실시자와 평가결과 고객의 반응 3. 평가과정에서 습득된 정보가 프로그램 실시자에게 환류되는 정도 4. 평가과정에서 습득된 정보가 배분된 평가자원을 변경하는 데 활용된 정도 5. 프로그램의 변화에 대한 평가설계의 적응성 6. 평가에서의 평가자, 프로그램실시자, 고객들의 태도변화 정도 7. 평가방법론(평가결과에서 나타나는 정보의 공식적 · 비공식적 처리과정) 8. 평가결과에 대한 의사소통
평가결과 (outcomes)	1. 자금제공자의 프로그램에 대한 지원, 재지원, 수정, 취소 결정 2. 프로그램 과정에 대한 프로그램실시자의 수정 결정 3. 프로그램에 대한 고객의 참여 형태 변화에 대한 결정 4. 평가로 나타난 문제점에 대한 후속연구 결정 5. 자금제공자와 프로그램실시자의 유사 프로그램의 제한, 수정, 종료 결정

Larson & Berliner의 메타평가 구성요소

- **평가투입영역**: 평가에 동원되는 제반 자원과 평가방법, 평가의 목적 등 평가와 관련된 기본적인 요소
- **평가과정영역**: 평가계획에 따라 수행되는 실질적 평가행위
- **평가결과영역**: 평가에 의해 영향을 받는 여러 가지 후속적인 의사결정

5) 메타평가의 방법

메타평가의 방법론은 메타평가를 수행하는 전 과정에 적용되는 기본틀로서 적용되어야 한다. 따라서 특정 사업에 대한 메타평가는 해당 사업의 특성에 따라 평가목적과 지향점 등이 다르기 때문에 가장 타당하다고 판단되는 방법론을 선택하여야 한다. 이러한 방법론의 기본적인 기준으로서 다음의 [표 13-3]과 같이 평가설계, 평가과정,

평가결과 및 활용의 영역에서 활용할 수 있는 방법이 있다.[10)]

표 13-3 메타평가의 방법

구분	평가방법	
평가설계 (evaluating evaluation designs)	1. 체크리스트 활용 3. 자문전문가 검토 5. 사업수행자 검토 7. 실제 시험 및 시험연구	2. 회의, 공청회, 패널 4. 전문가회의 발표 6. 다른 평가와의 비교
평가과정 (evaluating evaluation process)	1. 자료수집과정 검토 3. 검증연구 5. 재분석 7. 모니터과정 9. 자료분석 및 수집과정 점검	2. 인터뷰 4. 프로그램수행자 검토 6. 도구시험 8. 서류분석
평가결과 및 활용 (evaluating evaluation results, uses	1. 체크리스트 이용 3. 공식적 문서비평 5. 자문전문가 검토 7. 프로그램수행자 검토	2. 실제 조사 및 시험 4. 회의, 공청회, 패널 6. 저널 발표 8. 전문가회의 발표

6) 메타평가의 사례[11)]

이하에서는 메타평가방법을 사용하여 연구를 수행한 실제사례로서, 분석방법과 분석결과의 일부 예를 살펴보고자 한다.

(1) 메타평가모형 설계 및 분석방법

가. 평가모형의 설계

○○사업 평가시스템에 대한 메타평가에서 평가모형의 설계는 선행 문헌연구를 중심으로 도출하고, 도출된 평가모형의 구성요소들에 대해 전문가의 의견을 반영하기 위해 사전적으로 전문가면접을 실시하였다. 또한 도출된 평가모형의 구성요소와 평가지표들에 대한 신뢰성 및 타당성을 확보하기 위하여 설문을 실시하고, 아울러 계층분석기법을 사용하여 가중치를 적용하였다.

나. 분석방법

메타평가분석에 있어서는 확정된 메타평가지표를 활용한 설문조사방법을 채택하였는데, 이는 전문가에 의한 양적 평가를 반영하기 위한 것이다. 설문조사를 위한 질문서는 폐쇄형으로 질문서로 구성하였으며, 설문조사결과를 토대로 최초평가자료 및 면접, 관찰 등을 통해 수집된 자료들을 보조적으로 활용하였다.

다. 점수의 도출방법

메타평가의 평가항목별 점수의 도출방법은 하위 평가지표들의 평균값으로 도출하였는데, 측정지표는 '매우 그렇다' 5점, '조금 그렇다' 4점, '보통이다' 3점, '조금 그렇지 않다' 2점, '전혀 그렇지 않다' 1점 등 5점척도를 사용하였다.

구성요소별 평가점수는 가중치를 반영하여 산출된 각 평가대상 항목별 점수를 합산한 후, 이를 평가항목별 가중치의 합에 평가척도의 최고배점인 5를 곱한 점수로 나누어 100점 만점으로 환상하여 산출하였다. 그리고 그 결과를 5단계로 나누어 84점 이상을 '매우 우수'로, 67점 이상 84점 미만을 '우수'로, 50점 이상 67점 미만을 '보통'으로, 25점 이상 50점 이상을 '미흡'으로, 25점 미만을 '불량'으로 각각 평가하였다.

종합평가점수는 산출된 평가상황, 평가자원, 평가수행, 평가결과, 평가활용 등 5개 평가구성요소의 환산점수를 합산한 후 이를 평균하여 산출하였으며, 평가기준은 구성요소별 평가영역과 동일하게 적용하였다.

- 평가항목에 대한 점수의 도출방법
- 평가점수의 해석방법
- 종합평가점수의 산출방법

(2) 설문조사 및 자료분석

본 연구에서는 3차례의 설문조사를 실시하였다. 우선 선행연구 및 전문가검토를 통하여 도출한 메타평가모형 및 지표에 대한 신뢰성과 타당성검증을 위해 평가구성요소, 평가항목, 평가지표에 대한 중요도와 평가항목의 가중치에 대한 설문을 각각 실시하였으며, 다음으로 ○○사업 평가시스템에 대한 메타평가를 위한 설문을 실시하였다.

- 평가구성요소, 평가항목, 평가지표에 대한 중요도 설문
- 가중치에 대한 설문
- 메타평가를 위한 설문

(3) 메타평가모형

그림 13-1 ○○사업 평가시스템의 메타평가모형

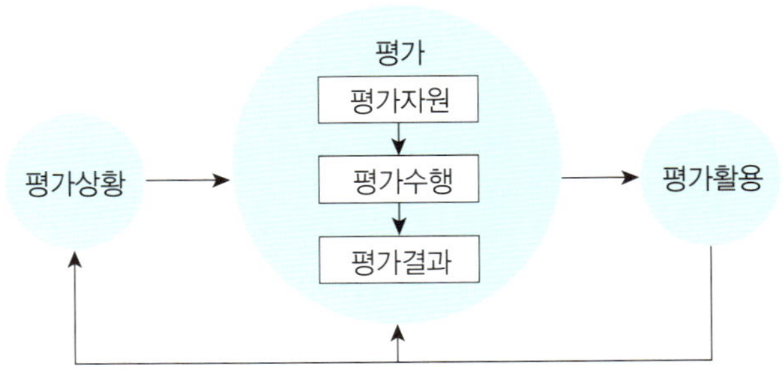

(4) ○○사업 평가시스템의 평가지표

○○사업 평가시스템에 대한 메타평가의 평가지표는 위 [그림 13-1]의 메타평가모형에 따라 평가상황, 평가자원, 평가수행, 평가결과, 평가활용의 5개 요소별로 선행연구와 기존의 이론을 토대로 하여 다음의 [표 13-4]와 같이 도출하였다.

표 13-4 ○○사업 평가시스템의 메타평가지표

구성요소	평가항목	평가지표
평가상황 (context)	평가기조의 명료성	1) 평가목적의 타당성 2) 평가목적의 상위목표와의 부합성 3) 평가주체의 평가목적 인식도 4) 평가의 법적·제도적 근거
	평가추진체계의 적정성	5) 평가주체 및 객체의 명확성 6) 평가주체 간 사전논의 정도 7) 평가주체의 역할분담의 적정성 8) 실천전략의 적정성
	평가기준의 적정성	9) 평가모형의 적정성 10) 평가지표의 적정성 11) 평가주체 및 피평가자의 평가지표 이해 정도 12) 평가관련 규정의 적정성
	평가대상 선정의 합리성	13) 평가대상 선정기준의 적정성 14) 평가대상 선정의 적정성 15) 평가대상 선정기준의 일관성

평가자원 (resources)	평가인력의 적정성	1) 평가자 선정기준의 적정성 2) 평가자 pool의 충분성 3) 평가자의 양적 충분성 4) 평가자의 전문성 확보 정도
	평가주관기관의 적정성	5) 평가주관기관의 기능적 적정성 6) 평가주관기관의 법적·제도적 근거 7) 평가주관기관의 독립성 및 중립성
	평가예산의 적정성	8) 평가예산 규모의 적정성 9) 평가예산 확보의 안정성
	평가자료의 적정성	10) 평가자료의 양적 충분성 11) 평가자료의 질적 신뢰성 12) 평가자료 확보의 용이성 13) 평가자료 제공의 적시성
평가수행 (process)	평가절차의 적정성	1) 평가절차 구성의 적합성 2) 평가기간의 적정성 3) 평가주기의 적정성 4) 평가교육 실시 여부
	평가과정의 충실성	5) 평가절차 및 일정 준수 정도 6) 평가자료 분석방법의 적정성 7) 평가과정의 공정성 및 중립성 8) 평가자의 평가책임성 확보수단 완비 정도
	평가정보시스템 활용의 적합성	9) 평가기능과의 부합성 10) 평가관련 외부정보시스템과의 연계성 11) 활용의 간편성
	의사소통의 충분성	12) 평가자 간 평가내용 공유 정도 13) 피평가자의 평가과정 참여 정도
평가결과 (outcomes)	평가결과 도출의 적절성	1) 평가결과 도출방법의 적정성 2) 평가결과 이의신청제도 구비 여부
	평가결과의 신뢰성	3) 평가의뢰자 요구 부합성 4) 평가결과의 피평가자 수용도 5) 개선방안의 제시 여부 및 구체성
	평가보고서의 적정성	6) 보고서 형식의 적정성 7) 보고서 내용의 이해가능성 8) 보고서 제출시기의 적절성
평가활용 (utilization)	평가결과 공개의 적절성	1) 평가결과의 공개 정도 2) 평가결과 공개시기의 적절성
	평가결과 활용성	3) 평가결과의 차년도 사업계획 반영 정도 4) 평가관련 정보의 차년도 평가계획 반영 정도 5) 평가관련자 인식 변화 정도
	평가결과 활용의 보장성	6) 평가결과 정책반영장치의 적정성 7) 평가결과 사후조치 확인제도의 적정성

(5) 평가상황요소에 대한 메타평가결과

평가상황요소에 대한 메타평가결과를 살펴보면 [표 13-5]와 같이 평가기조의 명료성 3.92, 평가추진체계의 적정성 3.42, 평가기준의 적정성 3.11, 평가대상선정의 합리성 3.46 등 평균 3.48로 나타났으며, 이들 각 항목의 가중치를 반영한 평가상황요소의 환산점수는 67.71점으로 우수한 것으로 평가되었다.

표 13-5 평가상황요소의 메타평가결과

평가항목 및 평가지표	항목별 가중치	평균	항목별 가중치 반영점수	환산점수
[평가기조의 명료성]	(3.43)	(3.92)	3.43×3.92 =13.45	51.12÷72.5 ×100 =67.71
1) 평가목적의 타당성		4.24		
2) 평가목적의 상위목표와의 부합성		4.05		
3) 평가주체의 평가목적 인식도		3.62		
4) 평가의 법적·제도적 근거		3.76		
[평가추진체계의 적정성]	(2.29)	(3.42)	2.29×3.42 =7.83	
5) 평가주체 및 객체의 명확성		3.86		
6) 평가주체 간 사전논의 정도		3.05		
7) 평가주체의 역할분담의 적정성		3.19		
8) 실천전략의 적정성		3.57		
[평가기준의 적정성]	(7.46)	(3.11)	7.46×3.11 =23.20	
9) 평가모형의 적정성				
10) 평가지표의 적정성		3.33		
11) 평가주체 및 피평가자의 평가지표 이해 정도		2.90		
		3.10		
12) 평가관련 규정의 적정성		3.10		
[평가대상 선정의 합리성]	(1.92)	(3.46)	1.92×3.46 =6.64	
13) 평가대상 선정기준의 적정성		3.52		
14) 평가대상 선정의 적정성		3.52		
15) 평가대상 선정기준의 일관성		3.33		
평가상황요소	(15.1)	3.48	51.12	우수

○○사업 메타평가를 위해 평가요소를 설정하고, 선행연구와 기존의 이론을 토대로 평가항목과 평가지표를 도출하여 전문가들을 대상으로 설문조사를 실시하여 메타평가를 수행하였음.

7) 메타평가방법을 사용한 연구

메타평가방법을 사용하여 연구를 수행한 자료를 찾아보면 다음과 같다.

① "정부출연연구기관 평가에 대한 메타평가 모형 설계 및 적용: 경제 · 인문사회연구회 평가시스템을 중심으로"(서울시립대학교, 2008)

② "情報化事業 메타評價模型의 設計와 適用"(忠南大學校, 2002)

③ "기술영향평가의 메타평가 모형 개발 및 적용"(한양대학교, 2007)

④ "責任運營機關의 事業成果 메타評價에 관한 研究: 國立中央劇場을 中心으로"(성균관대학교, 2005)

⑤ "지역연구개발사업의 메타평가 연구"(政策分析評價學會報, 13(2), 2003)

⑥ "정부업무평가기본법에 대한 메타평가"(政策分析評價學會報, 11(1), 2001)

⑦ "신용보증기금관련 존치평가에 대한 메타평가"(국회예산정책처, 2005)

⑧ "원격대학 평가의 메타평가 연구"(한국교육학술정보원, 2007)

⑨ "지방자치단체 메타평가시스템 구축 방안"(한국지방행정연구원, 2007)

⑩ "대학평가의 메타평가 연구"(한국교육개발원, 2004)

···> 메타평가방법에 대한 내용은 www.papersea.com
온라인강좌Ⅱ 제23강 '연구방법 8 메타평가방법1'
온라인강좌Ⅱ 제24강 '연구방법 8 메타평가방법 적용사례연구2' 참조

2 Q분석방법

Q방법은 윌리엄 스티븐슨(William Stevenson)에 의해 창안된 것으로서 그동안 과학에서 무시되어 왔던 인간의 주관적 영역, 예를 들어 태도, 신념, 확신, 가치 등을 객관적으로 연구하기 위해 철학적, 심리학적, 통계적 그리고 심리측정과 관련된 개념을 통합한 방법론으로서 인간의 주관성을 정략적으로 분석할 수 있는 특수한 통계기법이다. 소비자의 인식, 가치, 태도, 신념과 같은 개념을 객관적으로 연구할 수 있는 방법으로서 가설생성을 위한 탐색적 연구와 이론의 검증과 같은 확인적 연구에서도 적

용될 수 있다. 많은 수의 표본을 대상으로 한 횡단적 특성을 지닌 R방법에 비하여 개인이나 소집단에 대한 깊이 있는 탐구가 가능하다는 점에서 소비자행동연구에 유용성이 매우 높다.[12] 본 절에서는 Q방법의 개념과 특징, 그리고 실천적 연구사례를 알아본다.

1) Q방법의 의의

Q방법은 사회과학 분야에서 사회과학이 사회가 요구하는 가치를 제공하는 데에 행태주의에 대한 비판과 더불어 제기된 방법론이다. 우리나라의 경우 신문방송학, 광고학, 정치행정학, 정신분석학, 간호학 분야에서 널리 사용되고 있다.[13]

Q방법의 기본적인 전제는 R방법의 요인분석(factor analysis)에서 시작하는 것으로, Q분류(Q-sort)과정과 Q변수들(Q-factors)을 이용하여 개인의 사고태도와 신념 및 의견 체계 등을 설명할 수 있는 방법이다. 즉 Q 방법은 인간의 주관성 또는 인간의 내적 경험이라고 할 수 있는 주관적인 입장에 관심을 둔 것이다. 또한 Q 방법은 가설생성(abduction)을 강조하는 입장으로서, 기존의 R 방법[14]이 가설로부터 시작하는 논리라고 한다면 Q방법은 가설로 향하는 논리, 즉 가설 발견의 논리라는 점에서 중요한 의미를 지닌다.[15]

물리학자이면서 의사소통이론을 바탕으로 한 심리통계학에 정통했던 스티븐슨(Stevenson)은 과학에 있어서 주관적 영역을 중시하고 그동안 비실용적이라고 믿어왔던 주관적 행위를 객관적으로 연구할 수 있는 바탕으로서 Q방법을 제시했다.[16] 스티븐슨(Stevenson)이 Q방법을 제시한 근거는 사회적 현상은 의미로 구성되기 때문에 의미의 해석을 통해 이해하는 방법이 필요하다는 것이었다. 그는 주관성이 갖는 일상적인 생각들은 우연적이고 무작위적으로 존재하는 것이 아니라, 일정한 내적 구조를 가짐으로써 인간이 자신에 대해 그리고 과거에 어떻게 행동했으며 또한 미래에 어떻게 행동할 것인가를 조정하는 기초이자 지침이 된다고 보았다.[17]

또한 Q방법은 '외부로부터 설명'하는 방법이 아니라 '내부로부터 이해'하는 접근방법이다. 따라서 응답자의 자기참조(self-reference)적 의견 항목을 진술문으로 제시하고, 이에 대해 응답자가 진술문을 비교하고 그 순위를 정함으로써 응답자의 주관성[18]을 표현하고 이를 집합(concourse)[19]이론과 요인분석을 통해 객관적으로 정리하는 방법이다.

스티븐슨(Stevenson)은 의사소통의 지배적 측면은 억압이고 보편성이며 전체지향적인 데 비해, 의사소통의 선택적 측면은 자유적이고 전체가 아닌 개인이며 일반성이 아닌 특수성을 지향한다고 하면서 Q방법을 통해 인간의 주관적인 속성인 선호나 이상, 취향 등을 측정하고 주관과 객관을 통합시키려는 시도를 하였다. 결국 Q방법은 개인의 선호를 언어적 표현으로 깊이 있게 파악하고, 개인들의 선호의 상관관계를 파악하여 사회적 합의를 유도할 수 있는 방법이다. 그러므로 Q방법은 양적이며 질적인 분석을 동시에 시도함으로써 사람에 대한 질적 판단을 가능하게 해 준다.

Q방법의 의의

Q방법은 인간의 주관성 또는 인간의 내적 경험이라고 할 수 있는 주관적인 입장에 관심을 둔 것이다. 따라서 응답자의 자기참조(self-reference)적 의견 항목을 진술문으로 제시하고, 이에 대해 응답자가 진술문을 비교하여 그 순위를 정함으로써 응답자의 주관성을 표현하고 이를 집합(concourse)이론과 요인분석을 통해 객관적으로 정리하는 방법이다.

2) Q방법의 특징

Q방법은 전통적인 개념인 '변수 간의 상관' 혹은 '검사(test) 간의 상관' 대신에 '사람 간의 상관' 혹은 '사람 간의 요인'을 탐색함으로써 사람 간의 유사성 및 유형을 찾아보려는 데 목적이 있다. 이러한 Q방법의 특성을 살펴보면 다음과 같다.[20)]

① 지각, 퍼스낼리티구조 및 신념체계는 개인중심적이며 각 개인 내에서 계층화(hierarchical)된다. Q방법의 기본전제는 자기의 구심성이다. Q방법에서는 태도란 개인중심적이며, 그 태도는 개인들이 지각하고 여과하는 바의 환경적 현상에 대한 견해로부터 유래한다는 것을 가정한다.

② Q방법은 각 개인의 측정가능한 주관성을 다루므로 개인들의 태도구조의 유사성이나 차별성에 따라 개인들 사이의 인식을 측정하고 기술하는 것이 가능하다고 본다. 모든 개인으로부터의 자료는 문항들(statements)의 유사한 방식으로 순위를 매긴 사람들이 같은 요인(factor)에 떨어지도록 요인분석을 한다. 각각 개인이 한 요인에 의해 유의하게 상관관계를 갖는 정도는 그 요인에 의해 표현되는 태도의 정의에 영향을 미친다. 요인들 간의 중복의 양은 나타난 요인들에 의해 표현되는 이상적 유형들 사이의 중복의 양을 가리킨다. 따라서 Q방법은 개인들

과 그들의 태도 사이의 중복에 대한 분석으로 시작하고 마친다.

③ Q방법은 직접적으로 개인에 대한 계층적 분포의 문제를 다룬다. Q방법에서 개인들은 문항들을 가장 찬성에서 가장 반대까지 주어진 분포도에 순위를 매긴다. 그럼으로써 의견들은 모두 문항들에서 표현된 다른 의견들에 관하여 순위가 매겨진다. 개인은 각 의견문항에 대한 상대적 중요성에 따라 그의 태도나 마음의 상태를 모형화한다. Q방법에서는 요인보다는 개인들이 상관관계가 있다.

Q방법의 특징

Q방법은 어떤 대상에 대한 개인의 총체적인 태도, 인식, 의견의 패턴을 도출해내는 장점을 가지고 있다. 즉 Q방법은 주관적이고 잠재된 내면적인 태도의 형성화 혹은 가설 생성적 접근방법에 매우 유용하다고 할 수 있다.

3) Q방법과 R방법의 차이[21)]

Q방법과 R방법의 차이를 살펴보면 다음과 같다.

① R방법이 행태주의적 전통에 의하여 발전된 반면, Q방법은 후기 행태주의 및 현상학의 발전과 맥을 같이 하고 있다. R방법은 특정 변수들에 대한 사람들의 객관성을 설명하려는 방법인 반면, Q방법은 사람들의 주관적인 가치 등의 주관성을 이해하려는 방법이다.

② R방법은 연구대상의 배경적 특색, 예를 들면 종교, 학력, 체중, 신장, 나이, 성별 등 간의 구조적 특색을 발견하는 데 사용된다. 이를 위해 연구자는 지성, 종교 등에 관한 조작적 정의와 변수의 척도를 개발하고, 연구대상자는 연구자의 조작적 정의에 따라 자신의 배경적 특색을 나타낸다. 따라서 R방법은 연구자가 결정한 조작적 정의가 연구대상자의 행태나 태도를 결정하고 제약한다.

반면 Q방법은 연구대상자의 특정 주제 및 자극에 대한 의견이나 태도의 구조를 확인하는 데 사용된다. 즉 사전에 변수에 대한 조작적 정의와 척도를 결정하지 않고, 연구자가 작성한 집합(concourse)을 통해 연구대상자의 자기참조에 따라 연구대상자가 자율적으로 특정한 주제나 자극에 대한 자신의 의견을 표시한다. 따라서 Q방법은 연구대상자의 주관적 구조, 즉 특정 주제에 대한 유사한 견해를 가진 집단을 추출하게 된다.

③ R방법은 다수의 무작위표본을 대상으로 연구대상의 배경적 특색을 유형화하는 포괄적 연구에 사용된다. 반면 Q방법은 소수의 대상, 때로는 1인의 대상에 대한 심층적인 연구에 사용된다. 이러한 점에서 Q방법은 흔히 소표본을 사용하는 분석기법의 하나로 알려져 있지만, 그것은 근본적으로 일반적인 R방법과는 달리 분석의 기본단위가 변수가 아니라 인간이라는 점에서 큰 차이를 보인다.

④ R방법은 가설로부터 시작하는 논리(reasoning from the hypothesis)로서 가설연역적인 방법인 반면, Q방법은 가설로 향하는 논리(reasoning to the hypothesis)로서 가설생성적인 방법이다.

이상의 차이점을 정리하면 다음의 표와 같다.

표 13-6 Q방법과 R방법의 비교

구분	Q방법	R방법
방법론	해석학, 현상학(이해목적)	경험과학(설명적)
분석영역	주관성	객관성
모집단	주관적 가치 등	사람들
변수	사람들	특성변수
특징	탐색적 방법	대표적 방법
가설과의 관계	가설생성적 방법	가설연역적 방법
연구자의 역할	응답자가 제시한 결과의 해설자	외부의 객관적 절차
응답자의 역할	자신이 가치나 마음의 태도를 유형화함	연구자가 분할한 변인에 대해 선호나 점수 투여
응답자의 수	Q분류를 수행해 낼 관심이 있는 잘 선별된 주체들로 1~40인	표본수가 모집단에 대한 대표성을 보장할 만큼 많은 수

4) Q방법의 장 · 단점[22)]

(1) 장점

① Q방법은 이론검증의 유용한 접근방법이다. 이론 혹은 이론의 측면을 카테고리화 하여 표현할 수 있고, 카테고리를 표현하는 문항을 구할 수 있다면 Q방법은 이론검증에 강력한 방법이 될 수 있다.[23)]

② Q방법은 집중적인 개인연구에 적합하다. 프로그램의 영향에 의한 개인의 태도 변화 또는 개인의 지각변화를 집중적으로 연구할 수 있다.

③ Q방법은 복잡한 종속변수에 대한 독립변수의 효과를 검증하는 데 사용할 수 있다. 보통 실험집단의 태도 평균은 독립변수의 영향으로 인해 증가하거나 감소하는 것으로 예측된다. 이를 Q방법으로 변량분석하고 구조화된 Q-분류자료를 요인분석하여 개인의 태도변화를 더 자세히 평가할 수 있다.

④ Q방법은 개인 내 항상성을 측정할 수 있다. 태도의 어떤 척도를 사용하여 개인 태도의 내적 항상성을 측정하는 것은 쉬운 일이 아니지만, Q분류는 개인 내 항상성계수(intra individual consistency coefficient)를 간단하게 측정할 수 있다.

(2) 단점

① Q방법에서는 연구대상자가 진술문에 대하여 1회 반응한 것이 이후의 연구진행의 기초가 된다. 이것은 장기간의 행동관찰에 의한 연구에 비해 약점이 된다.

② 연구대상자의 수에 제약을 받기 때문에 표본상의 약점을 가진다.

③ Q분류법의 강제선택의 특성 또한 약점이다. 강요된 절차는 연구대상자가 비합리적인 요구에 응하도록 하는 문제가 있으며, 이는 개인의 고유성과 변수에 대한 중요한 정보를 잃게 할 수 있다. 또한 분산분석을 위해 필요한 독립성의 가정을 위반하는 것이 되며, Pearson 적률상관계수를 적용하는 데 있어서 요구되는 동간성의 가정을 위해할 수 있다.

Q방법의 장 · 단점

장점
- 이론을 범주화하여 이를 표현하는 문항을 구함으로써 이론을 검증하는 데 유용하다.
- 개인의 태도나 지각의 변화를 집중적으로 연구할 수 있다.
- 복잡한 종속변수에 대한 독립변수의 효과를 검증할 수 있다.
- 개인 내 항상성을 측정할 수 있다.

단점
- 연구대상자의 1회 반응만을 기초로 한다.
- 연구대상자의 수에 제약이 있다.
- 강제적으로 선택해야 하는 특성이 있다.

5) Q방법의 제작원리[24]

Q방법에 의한 분석절차는 다음의 [그림 13-2]와 같이 Q샘플 수집(진술문의 수집과 선정), P샘플 선정(대상자 선정), Q분류, Q분석(유목평균, 분산분석, 상관관계, 요인분석, 요인배열, 요인해석)의 과정을 거친다.

그림 13-2 | Q방법의 분석절차

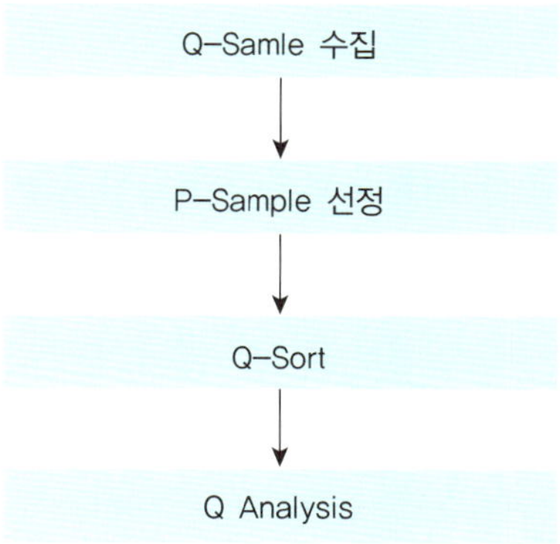

(1) 진술문의 수집과 표집

Q방법에서는 모집단이 진술문(또는 문항)이 되므로 연구목적과 내용에 적합한 진술문이 수집되어야 하며, 모집단을 대표할 수 있는 문항이 표집되어야 한다. 표집문항의 수는 연구목적과 편리성, 통계적 조건, 분류시간 등을 고려해야 하는데, 케린저(Kerlinger, 1986)는 통계적 안정성과 신뢰성을 위해 60문항 이상이 되어야 한다고 하였다.

(2) 대상자 선정

Q방법에서는 연구자가 연구문제와 관련된 견해를 가진 사람을 연구대상자로 선정해야 한다. 연구대상자수는 대부분의 연구에서 30명 정도를 선정하고 있다.

(3) Q분류

이 절차는 일정수의 진술문을 카드에 인쇄하고 선정된 연구대상자가 일정한 기준에 따라 분류판에 분류하는 것이다. 연구대상자에 주는 지시문은 연구에 따라 다를 수 있으나, '나와 유사하다'와 '나와 유사하지 않다'와 같은 형식의 연속선상에 진술문을 분류하도록 요구한다.

(4) Q분류 결과처리

Q분류 결과는 다음과 같은 방법에 의해 처리된다.

가. 유목평균

유목평균은 개인 내의 한 유목과 다른 유목과의 관계에 있어서의 상대적 수치이므로 한 개인의 유목평균들을 순위로 나열하여 비교함으로써 그 개인의 내적 구조가 파악된다.

나. 분산분석

구조화된 진술문 Q분류는 분산분석을 통해 구조화에 적합하다고 생각되는 요인의 유의성을 검토할 수 있다. 또한 개인 내 항상성계수를 구할 수 있으므로 이 계수를 통해 구조화된 항목에서 동일 유형에 속한 항목이 높거나 낮게 평정되어진 경향이 어느 정도인지 알 수 있다.

다. 상관관계

Q분류 대상자 간의 상관계수를 구한다. Q방법에서는 반응자 간 또는 집단 간의 상관계수를 통해 반응자 간 상호관계를 파악한다.[25)]

라. 요인분석

요인분석은 변수를 유목화(classifying)하는 방법이다. Q방법에서는 Q분류가 변수이므로 분산분석을 통해 사람을 유목화한다.[26)]

마. 요인배열

요인배열은 요인득점에 의하여 다음과 같은 과정으로 만들어진다.

첫째, 각 요인을 대표할 수 있는 연구대상자의 수를 결정한다.

둘째, 연구대상자의 수가 결정되면 그 중에서 요인부하량이 가장 작은 연구대상자를 기준으로 하여 가중치를 구한다.

셋째, 각 연구대상자에 대해 각 진술문마다 원점수에 가중치를 곱하고 그것을 합계한다.

넷째, 각 항목의 합계를 최대 및 최소의 쪽까지 차례로 Q분류에 사용한 강제분포의 형태에 적용시켜 정규화하면 요인득점이 얻어진다. 이를 표로 만든 것이 요인행렬이다.

바. 요인해석

요인해석은 요인득점이 큰 진술문의 일람표를 만들고 진술문에서 내용의 공통점을 검토하는 것이다.

Q방법의 제작원리
- 진술문의 수집과 표집
- 대상자 선정
- Q분류
- Q분류 결과처리

6) Q방법 활용연구 적용사례[27)]

(1) 연구목적

이 연구는 학령기와 청소년기 발달장애아를 둔 어머니를 대상으로 그들이 아동을 양육하는 과정에서 경험하는 심리사회적 욕구의 내면적 구조를 Q방법론의 적용을 통해 규명하려는 데 목적이 있다.

(2) 연구문제

① 발달장애아 양육과 관련한 어머니들의 심리사회적 욕구는 어떻게 유형화시킬 수 있는가?

② 발달장애아 양육과 관련한 어머니들의 심리사회적 욕구의 유형별 특성은 어떠

한가?

(3) 연구절차

가. Q모집단(Q-population)의 구성

이 연구에서는 발달장애 어머니의 심리사회적 욕구를 알아보기 위한 진술문 작성을 위해 발달장애아 어머니, 언어치료사 및 사회복지사로 구성된 전문가를 대상으로 개별면담을 통하여 얻은 자료와 관련논문 및 전문서적 등에서 수집한 자료를 토대로 총 280개의 Q모집단을 구성하였다.

나. Q표본(Q-sample)의 선정

앞에서 검토한 심리사회적 욕구의 복합적인 속성들을 기초로 하여 다음의 [표 13-7]과 같이 두 가지 차원의 개념을 교차시킨 진술군 행렬표(concourse matrix)를 작성하였다. 가로축은 관계대상의 차원으로서 장애아동, 가족(친척), 지역사회 등의 세 가지로 구분하였고, 세로축은 욕구영역의 차원으로서 정신내적 혹은 사회관계적 측면의 스트레스 또는 부담영역과 양육이나 사회관계에 대한 기대 또는 희망영역이라는 두 가지로 구분하였다.

표 13-7 진술군 행렬표

영역 \ 대상	아동	가족/친척	지역사회
스트레스/부담	①	②	③
기대/희망	④	⑤	⑥

연구자는 Q모집단 280개를 체계적으로 분류한 후 공통적 진술내용을 중심으로 의미의 명확성과 중복 여부를 고려하여 여섯 개의 셀마다 표현을 달리 하는 7개씩의 진술이 포함되도록 하여 42개의 Q표본을 추출하였다.

다. P표본(P-sample)의 구성

이 연구에서는 발달장애 자녀를 둔 어머니를 연구대상자로 하였으며, M시와 C시의 사회복지관, 장애인복지관을 이용하는 발달장애아 어머니와 특수학교에 재학 중인 발달장애아의 어머니 30명을 대상으로 선정하였다. 30명의 연구대상자 중 응답이 부실한 6명을 제외한 24명을 최종 분석대상으로 정하였다. Q방법은 많은 사례를 필요로 하는 것이 아니므로 24명으로도 연구목적을 충분히 달성할 수 있다.

라. Q분류

연구대상자들에게 순서 없이 나열한 42개의 진술에 대해 동의하는 정도를 0을 기준으로 가장 동의하지 않음(−4)에서 가장 동의함(+40에 이르는 9점척도의 Q-sort표에 카드수를 강제로 할당하여 분류하도록 하였다.

Q-sort표는 정상분포성 또는 준정상분포성이어야 한다. 이것은 Q방법의 절대필요조건이다. Q분류가 정상분포성을 갖추기 위해서는 전체 진술문의 수와 단계의 수, 그리고 각 단계별 빈도수가 고려되어야 한다. 42개 문항의 정상분포곡선을 9단계로 나눌 경우 빈도수를 결정하면 다음의 [표 13-8]과 같다.[28]

표 13-8 ▎9단계와 그 넓이

단계	−4 (1)	−3 (2)	−2 (3)	−1 (4)	0 (5)	+1 (6)	+2 (7)	+3 (8)	=4 (9)
넓이	.0095	.0357	.1110	.2118	.2604	.2118	.1110	.0375	.0095
%	1%	4%	11%	21%	26%	21%	11%	4%	1%

진술문이 42문항인 이 연구에서는 각 점수별로 [표 13-9]와 같이 분류하였다.

표 13-9 ▎Q-sort 분류

−4	−3	−2	−1	0	+1	+2	+3	+4
(1)								(1)
	(2)						(2)	
		(5)				(5)		
			(8)		(8)			
				(10)				

(4) 자료분석방법

이 연구에서는 개인별 진술문 순서대로 분류된 값을 정리, 입력자료를 준비하여 PQ Method 프로그램으로 분석하였다.

Q분류는 Q-PSA(Principinal Components factor Analysis)를 실행하여 작성된 회전 전의 요인행렬표를 참조하여 분석할 요인을 선택하고, 선택된 요인들에 대해 자동회전(varimax)을 실행하여 최종분석을 실시하였다. Q-PCA에서는 최대 8개까지의 요인을 보여주지만, 이들 가운데 비교적 의미가 선명하게 부각되는 요인들만으로 한정하기 위해 고유치(eigenvalue)가 1.5 이상인 3개의 요인만을 분석의 대상으로 선택하였다.

그 다음 각 유형(요인) 간의 상호독립성을 증명하기 위해 유형 간의 상관관계를 산출하고, 각 유형별로 Q진술문의 표준점수(Z-score)를 산출하였다. 그리고 각 유형의 결과는 각 유형에 대한 42개의 진술문 중 강한 긍정을 보이는 항목(Z>+1)과 강한 부정을 보이는 항목(Z<-1)을 중심으로 해석하였다.

(5) 연구결과

가. 발달장애아 어머니의 심리사회적 욕구 유형

발달장애아 어머니의 심리사회적 욕구에 관한 주관성을 조사한 결과 3개의 유형으로 나타났다. Q요인분석 결과로 얻어진 이와 같은 Q유형은 발달장애아 양육과정에서 느끼는 생각과 가치관, 욕구가 같은 어머니들로 묶이기 때문에 각 유형 하나하나는 발달장애아 어머니의 심리사회적 욕구를 전반적으로 설명하고 이해하게 한다.

표 13-10 추출된 요인의 eigenvalue 및 설명량

	eigenvalue	설명량(%)	누적설명량(%)
유형 1	7.9277	33.03	33.03
유형 2	2.4798	10.33	43.36
유형 3	1.9709	8.21	51.57

나. 유형별 분석결과

가) 제1유형 – 수용형

이 유형은 자녀의 장애와 자신의 주된 양육자로서의 역할 및 주변과의 관계 등에 대해 전반적으로 수용적인 태도를 보여주는 유형이다. 이 유형에 속한 장애아의 나이가 상대적으로 많다는 점으로 미루어 볼 때 어머니의 적응기간이 상대적으르 길었던 점이 수용적 태도를 두드러지게 한 배경이 된 것으로 판단된다. 이 유형의 어머니들은 자신을 자녀의 주된 양육자로 인식하는 데 있어 적극적이다.

나) 제2유형 – 우울형

이 유형은 불안하기 때문에 자녀를 밀착 보호해야 하는 현실에 대해 매우 힘들어하며, 장애아로 인해 가족관계에도 어려움이 있다고 인식하는 한편 주위의 시선을 민감하게 의식하는 편에 속하는 유형이다. 이러한 유형에 속하는 어머니들의 심리적 상태는 가족관계의 어려움과 결부되어 더욱 심각해질 수 있다. 한편으로 이 유형은 장애자녀의 양육에 대한 책임을 분담하게 되기를 희망하기도 한다.

다) 제3유형 – 헌신형

이 유형은 남편이 아이 문제에 관심을 가지고 협조하는 점을 긍정적으로 받아들이면서도, 스스로 아동을 위해서 어떠한 희생도 감수할 수 있다는 태도를 노이는 유형이다. 이러한 태도에는 헌신적 희생을 통해 상실감이나 불안감을 상쇄해보려는 내면적 기제가 작용하는 것으로 보인다. 한편으로 이 유형은 아이의 문제행동에 대한 주위의 시선을 민감하게 받아들이면서 자아존중감이 매우 낮은 유형이기도 하다. 그렇기 때문에 이 유형의 어머니들이 장애아동 양육에 있어 헌신적이기는 하지만 아동에 대한 이해가 부족하고 상실감이나 불안감 등으로부터 크게 벗어나 있지 못한 상황에 있는 것으로 판단된다.

7) Q방법 활용연구

Q방법을 활용하여 수행한 연구를 살펴보면 다음과 같이 다양하게 나타나고 있다.

① "廣告人의 廣告에 對한 態度硏究: 韓國, 日本, 美國의 廣告人을 對象으로 한 Q方

法論的 研究"(한양대학교, 1986)

② "암의 원인지각에 관한 탐색적 연구: Q방법론 적용"(이화여자대학교, 1992)

③ "영유아를 위한 어머니의 건강증진 행위: Q방법론적 접근"(이화여자대학교, 1997)

④ "한국 언론인의 국익에 관한 인식유형 연구: Q-방법론의 적용"(고려대학교 대학원, 2006)

⑤ "TV드라마 PPL에 대한 수용자의 태도유형 및 활용에 관한 연구: Q방법론과 심층인터뷰를 중심으로"(연세대학교, 2006)

⑥ "Q-방법론을 이용한 장애아 부모의 스트레스 유형과 특성에 관한 연구"(한국가족복지학, No.18, 2006)

⑦ "전업주부들의 주거공간에 대한 의미: Q방법론을 중심으로 전업주부들의 주거공간에 대한 의미: Q방법론을 중심으로"(소비자학연구, 20(3), 2009)

⑧ "휴대전화의 사용태도 유형에 대한 Q 방법론연구: DMB 환경에 대한 예측을 중심으로"(광고학연구, 18(5), 2007)

⑨ "대학교수의 비언어적 요소가 수업성취도에 미친 영향의 유형에 관한 연구: Q 방법론 적용을 중심으로"(커뮤니케이션학연구, 12(3), 2004)

⑩ "Q방법론 및 이론: TV뉴스의 채널선택 요인"(주관성연구, 11, 2005)

Q분석방법에 대한 내용은 www.papersea.com
온라인강좌Ⅱ 제42강 '연구방법 21 Q 분석방법'
온라인강좌Ⅱ 제43강 '연구방법 21 Q방법 사례연구' 참조

1) 김병철(2009), 메타평가론-메타평가 모형의 설계와 적용, 서울: 한국학술정보

2) 현종익(2002), 교육학용어사전, 서울: 동남기획

3) Scriven, M. S.(1969), "An Introduction to Meta-evaluation", *Educational Product Report*, 2. pp.36~38.

4) 임옥진(2008), "학점은행제 평가체제에 대한 메타평가", 경북대학교 대학원 박사학위논문, p.49.

5) 황명구(2008), "메타평가를 적용한 국가연구개발사업 평가시스템의 효율성 분석", 건국대학교 대학원 박사학위논문. p.31.

6) Brinkerhoff, R. O., Brethower, D. M., Hlchukyi, T. & Nowakowsky, J. R.(1983), *Programme Evaluation: Apractitioner's Guide for Trainers and Educators*, Boston: Kluwer-Nijhoff Publishing, p.205.

7) Stufflebeam, D. L(1981), "Metaevaluation: Concept, Standard, and Uses", in Ronald a. Berk(ed.), *Educational Evaluation Methodology: The State of the Art*, Maryland: The John's Hopkins University Press, pp.151~153.

8) 김명수, 공공정책평가론, 서울: 박영사. p.204.

9) Larson, R. & Berliner, L.(1983), "On Evaluating Evaluation", *Policy Science*, 16(2), pp. 155~160.

10) Brinkerhoff, R. O., Brethower, D. M., Hlchukyi, T. & Nowakowsky, J. R.(1983), *Programme Evaluation: Apractitioner's Guide for Trainers and Educators*, Boston: Kluwer-Nijhoff Publishing. p.221.

11) 황명구(2008), "메타평가를 적용한 국가연구개발사업 평가시스템의 효율성 분석", 건국대학교 대학원 박사학위논문, pp.59~61.

12) http://blog.naver.com/yuncomm007/90032008015

13) 김순은(2007), Q방법론과 사회과학, 서울: 금정

14) 경험주의자들은 객관적으로 관찰가능한 형태로 표현할 수 있는 변수들의 특성과 변수들 간의 관계를 분석하기 위해 다양한 분석기법을 개발하고 이용해 왔다. 이러한 방법들을 총칭하여 R 방법이라고 부르는데, 이는 인간의 부분적인 특성변수만을 다루며 이들 변수에 있어 개인들 간의 차이를 분석하는 데 초점을 두고 있다. 반면에 개인의 주관성에 초점을 두는 Q방법은 개인 간의 비교보다는 개인에 대한 보다 깊이 있고 총체적인 분석에 관심을 둔다. 이러한 주관성의 반영 문제가 Q방법과 R방법의 차이를 가져오는 근원적인 요소이다(김범종(1999), "Q 방법론의 이해와 소비자 연구에의 적용, 한국마케팅저널, 193, pp.120~140).

15) 김헌수·원유미(2000), Q방법론, 서울: 교육과학사

16) 백용덕(1999), "Q기법의 이론과 적용에 관한 고찰", 인하대학교 인문과학연구소 논문집, 11, pp.171~232.

17) 김흥규(1997), "문화간 소비행위 연구를 위한 Q방법론적 접근", 광고학연구, 37.

18) 주관성은 '신비로운 것도 로맨틱한 것도 아니며, 단순히 타인 혹은 자기 자신에게 이야기할 수 있는 어떤 것'으로서 개개인이 특정 사건, 생각, 사물에 대해 스스로의 관점에서 어떤 견해를 갖고 있는지를 밝히는 것이다(장은경(2006). "Q방법을 이용한 관광이미지에 대한 관광객 시각에 관한 연구 - 전라남도를 중심으로", 목포대학교 대학원 박사학위논문, p.28.

19) Concourse란 한 문화 안에서 공유되는 의견이나 가치, 느낌의 총체를 말하며, 이것은 진술문의 형태로 표현될 수 있다. concourse는 단순히 사실적 정보가 아니라 대화할 수 있는 의견이고, concourse의 진술문은 사람과 조건에 따라 다른 의미를 갖는데, Q방법론은 이 진술문을 느끼는 대로 분류해서 진술문들의 관계 속에서 새로운 의미를 찾아낼 수 있다(장은경(2006), p.28).

20) 김영호(1992), "지역감정문제에 대한 영 · 호남 언론인간의 상호성향에 관한 연구", 한양대학교 대학원 박사학위논문

21) 장은경(2006), pp.30~32.

22) 이희경(1996), "유치원 교사의 역할 Q-set 개발을 위한 기초연구", 부천대학 논문집, 17, pp.117~142.

23) Kerlinger, F. N.(1986), *Foundation of Behavioral Research*, 3rd ed., New York: Holt, Rinehart, and Winston.

24) 이희경(1996), pp.129~132.

25) 백용덕(1985), "The Q Methodology in Determining Educational Attitudes of some Teachers", 인하대학교 인문과학연구소 논문집, 11.

26) 김준권(1989), "자아개념 Q-set의 개발과 타당화 연구", 원광대학교 대학원 박사학위논문

27) 김지언(2007), "발달장애아 양육에 관한 어머니의 심리사회적 욕구 분석 - Q방법론의 적용", 경남대학교 대학원 석사학위논문

28) 백용덕(1999),

| 참고문헌 |

강은실(1995), "근거이론접근방법을 적용한 알코올 중독자 부인의 경험", 부산대학교 대학원 박사학위논문

강종천(2005), "호텔관리자 리더십이 조직구성원의 조직몰입과 조직시민행동에 미치는 영향", 경기대학교 대학원 박사학위논문

과학기술부(2002), "원전 주기적 안전성 평가기술 개발"

곽영순(2009), 『질적연구 – 철학과 예술 그리고 교육』, 서울: 교육과학사

구형회(2009), "리더십유형과 조직문화가 군 조직효과성에 미치는 영향에 관한 연구", 한성대학교 대학원 박사학위논문

권경자(2006), "의료기관의 간호인력 산정을 위한 시스템다이내믹스 모델 개발", 이화여자대학교 대학원 박사학위논문

김경우(2008), 『사회복지조사방법론 강의』, 서울: MJ 미디어

김기민(2004), "2000년 인구주택총조사 자료의 군집분석", 고려대학교 대학원 석사학위논문

김도현(2009), "Display Type 인터넷광고의 유형에 따른 광고효과(클릭률) 연구 – YTN 웹사이트를 중심으로", 중앙대학교 산업·창업경영대학원 석사학위논문

김도훈·문태훈·김동환(1999), 『시스템다이내믹스』, 서울: 대영문화사

김란수(1985), 『교육조사연구법』, 서울: 종각출판사

김명수, 『공공정책평가론』, 서울: 박영사

김민식(2005), "이동통신단말기 제조업의 ODM 현황과 전망 – 가치사슬변화를 중심으로", 정보통신정책 17(4).

김민정(2005), "다차원척도법과 MCLUST를 이용한 다변량 자료의 군집분석", 이화여자대학교 대학원 석사학위논문

김민지(2007), "시스템 다이내믹스 기법을 이용한 일인미디어의 네트워크 효과분석에 관한 연구: 싸이월드 서비스를 중심으로", 이화여자대학교 경영대학원 석사학위논문

김병섭((2010), 『편견과 오류 줄이기 – 조사연구의 논리와 기법』, 서울: 법문사

김병철(2009), 『메타평가론–메타평가 모형의 설계와 적용』, 서울: 한국학술정보

김분한 등(1999), "현상학적 연구방법의 비교고찰", 대한간호학회지, 29(6), pp.1208~1220.

김석용(2010), Intro 조사연구방법론, 서울: 탑북스

김성국·문승모·원영수(2006), "DEA에 의한 우리나라 멀티플렉스 산업의 효율성 분석", 한국콘텐츠학회논문지, 6(7), pp.111~118.

김성수(2008), "조직문화유형이 구성원의 조직몰입과 조직시민행동에 미치는 영향–병원조직을 중심으로", 조선대학교 대학원

김성호·최태성·이동원(2007), 『효율성 분석–이론과 활용』, 서울: 서울경제경영

김수지 · 신경림(역), 『근거이론의 이해』, 서울: 한울아카데미
김순은(2007), 『Q방법론과 사회과학』, 서울: 금정
김영찬 · 차재성(2003), "고객만족도 측정방법론과 전략적 활용", 마케팅연구, 18(1), pp.113~132.
김영호(1992), "지역감정문제에 대한 영 · 호남 언론 인간의 상호정향에 관한 연구", 한양대학교 대학원 박사학위논문
김우철(1994), "기업문화특성이 직무만족과 조직몰입에 미치는 영향에 관한 연구-주한 다국적 기업을 중심으로", 중앙대학교 대학원 석사학위논문
김원수(1986), 『광고학개론』, 서울: 경문사
김원형(1995), "조직몰입 세 성분 모형의 개념화", 산업 및 조직, 8(1), pp.51~74.
김은정(2008), "혜택 유형에 따른 호텔 로열티 프로그램이 고객만족도와 충성도에 미치는 영향: 전환장벽 매개효과분석", 세종대학교 대학원 박사학위논문.
김정훈(2005), "경찰행정의 서비스품질과 고객충성도 결정요인에 관한 연구", 경기대학교 대학원 박사학위논문
김준권(1989), "자아개념 Q-set의 개발과 타당화 연구", 원광대학교 대학원 박사학위논문
김지언(2007), "발달장애아 양육에 관한 어머니의 심리사회적 욕구분석 - Q방법론의 적용", 경남대학교 대학원 석사학위논문
김진호(1991), "포지셔닝 맵을 이용한 광고전략", 광고연구, 여름호, pp.145~149.
김헌수 · 원유미(2000), 『Q방법론』, 서울: 교육과학사
김홍규(1997), "문화간 소비행위 연구를 위한 Q방법론적 접근", 광고학연구, 37.
노명숙(2009), "학습코칭 부모교육 프로그램 개발 및 평가 - 학령기 가족을 중심으로", 성균관대학교 대학원 박사학위논문
노형진(2001), 『SPSS 10.0에 의한 조사방법 및 통계분석』, 서울: 형설출판사
리대용 외(1983), 『제품과 시장과 광고』, 서울: 대학문화사
문동환(2007), "정부기관변형에 따른 전직직원과 일반직원간 직무만족도 비교", 영남대학교 대학원 박사학위논문
문태훈(2002), "시스템 다이내믹스의 발전과 방법론적 위상", 한국 시스템 다이내믹스 연구, 3(1).
반성택(2007), 『아고라에서 광화문까지』, 서울: 아름나무
박 권(2007), "SWOT분석에 따른 대한올림픽위원회의 현황진단과 발전방안", 연세대학교 대학원 박사학위논문
박광배(2000), 『다차원척도법』, 서울: 교육과학사
박성규(2005), "여행사의 광고효과에 관한 연구", 경기대학교 관광전문대학원 박사학위논문
박성현(2008), "디지털 시네마가 국내 영화 산업에 미치는 영향에 관한 연구: 극장의 디지털화에 따른 영화 콘텐츠 가치사슬 변화를 중심으로", 서강대학교 언론대학원 석사학위논문
박온자 · 최성용 · 박종서(1994), 『논문작성의 이론과 실제』, 서울: 수서원
박종혁(2005), "호텔 종사원의 이중몰입에 관한 연구 - 조직몰입과 경력몰입을 중심으로", 경기대학교 대학원 박사학위논문
박한나(2005), "외식기업의 고객관여도와 광고효과 분석", 경기대학교 대학원 박사학위논문
백용덕(1999), "Q기법의 이론과 적용에 관한 고찰", 인하대학교 인문과학연구소 논문집, 11,

pp.171~232.

서범석(1991), 『광고기획론』, 서울: 나남신서

서진욱(2006), "대전컨벤션센터의 전략적 운영을 위한 SWOT 분석에 관한 연구", 사회과학연구, 28, pp.1~12.

성태제 · 시기자(2006), 『연구방법론』, 서울: 학지사.

신승철(1991), "TV 광고 효과 측정에 관한 연구: 감정반응모형을 중심으로". 광고연구, 11, pp.219~220.

신중섭(1990), "형식적 합리주의와 합리성의 문제", 과학과 철학, 서울: 통나무

양은주(2005), "고학력 비혼 취업 여성의 일과 삶에 대한 생애사 연구", 연세대학교 대학원 박사학위논문

연민호(2006), "프로그램의 목적 개발과 평가", 2006년 교육발전연구원 하계 세미나 특강, 전남대학교 공규발전연구원

오은지(2010), "다차원척도법을 이용한 서울랜드마크 포지셔닝 연구 – 방한 외국인관광객을 중심으로", 세종대학교 대학원 석사학위논문

유옥현(2009), "학교부적응 청소년을 위한 REBT 집단프로그램 모형개발 – Logic Model을 중심으로", 청주대학교 대학원 박사학위논문

유철인(1996), "어쩔 수 없이 미군과 결혼하게 되었다: 생애이야기의 주제와 서술 전략", 한국문화인류학, 29(2), pp.397~419

윤종일(2003), "모바일 서비스 고객만족도 평가체계에 관한 연구", 연세대학교 대학원 석사학위논문

이동규 · 이도희(2006), "근거이론을 활용한 가설정형화 과정 – 비영리조직 회계인식을 중심으로", 회계논집, 7(2), 충남대학교 부설 회계연구소

이만형(2007), "한국 프로야구 서포터즈의 열정적 참여 과정", 연세대학교 대학원 박사학위논문

이봉주 · 김기덕(2008), 『사회복지 프로그램 기획의 이해와 적용』, 서울: 신정

이상원(2004), "네트워크 경제와 가치사슬(Value chain)", IT의 사회·문화적 영향 연구: 21세기 한국 메가트렌드 시리즈. 정보통신정책연구원

이옥진(2008), "전력산업 분할의 효율성에 관한 연구(한국전력 발전부문 분할을 중심으로)", 한양대학교 대학원 석사학위논문

이용숙 외(2005), 『교육현장 개선과 함께하는 실천연구방법』, 서울: 학지사

이정우(2003), 『사건의 철학』, 서울: 철학아카데미

이정우(2004), 『개념 뿌리들 2』, 서울: 철학아카데미

이정은(2005), "웹에서의 효과적 배너광고를 위한 광고효과 측정 및 디자인 분석 연구", 연세대학교 생활환경대학원 석사학위논문

이정희(2008), "SWOT/AHP 분석기법을 이용한 부산항만공사의 발전방안 수립에 관한 연구", 한국해양대학교 대학원 석사학위논문

이종성(2001), 『델파이방법』, 서울: 교육과학사

이종헌(2009), "민원행정서비스 품질이 지방자치단체 지지도에 미치는 영향", 조선대학교 대학원 박사학위논문

이학식 · 임지훈(2008), 『SPSS 12.0 매뉴얼 – 통계분석방법 및 해설』, 파주: 집문사

이희경(1996), "유치원 교사의 역할 Q–set 개발을 위한 기초연구", 부천대학 논문집, 17,

pp.117~142.
임병우 · 손용진(2007), 『사회복지 조사연구방법론』, 서울: 청목출판사
임옥진(2008), "학점은행제 평가체제에 대한 메타평가", 경북대학교 대학원 박사학위논문
임종만 · 이성혜 · 구현서(2000), 『인간 관계론』, 서울: 청목출판사
임철우 · 이명원 · 고인환 · 양훈도 · 고영직 · 우기동 · 박남희 · 이병수 · 김준혁 · 박성준 · 김종길 · 최준영(2008), 『행복한 인문학』, 서울: 이매진
장영열(1990), 『광고 전략의 기본』, 서울: 사민서각
제갈돈(2002), "지방공무원의 직무만족 결정 요인", 한국행정학보, 36(4), pp.263~280.
전명희(2001), "이혼 후 자녀의 양육형태 형성과정에 관한 연구", 연세대학교 대학원 박사학위논문
정광순(2004), "초등교육과정 담론에 대한 현상학적 분석", 한국교원대학교 대학원 박사학위논문
정기용(2005), "다차원척도법을 이용한 외식기업의 포지셔닝 전략에 관한 연구: 패밀리레스토랑과 패스트푸드를 중심으로", 경원대학교 대학원 박사학위논문
정무성 · 정진모(2001), 『사회복지 프로그램 개발과 평가』, 서울: 양서원
정병오(2008), "로직모델(Logic Model)을 기반으로 한 프로그램 기획", 서울특별시 건강가정지원센터 강의자료집
정승아 · 안동현 · 정선녀 · 정윤경 · 김윤영(2008), "청소년 정신건강 문제행동 선별검사 개발 연구", 신경정신의학, 47(2), 대한신경정신의학회, pp.1~23.
정은주(2009), "댄스스포츠 활동의 진지한 여가 참여 과정에 대한 근거이론적 접근", 인하대학교 대학원 박사학위논문
조광제(2000), "메를로-퐁티의 후기 철학에서의 살과 색", 철학과 현상학 연구, 16, pp.112~143.
조용환(1999), 『질적연구 방법과 사례』, 서울: 교육과학사
조윤재(2009), "보험판매원의 지각된 공정성과 조직적응성이 관계지속의도에 미치는 영향", 동아대학교 대학원 박사학위논문
조중현(2006), "마을 공동사업 추진과정에서 표출된 주민 간 갈등의 근거 이론적 해석: 농촌체험마을 주민 간 갈등사례를 중심으로", 서울시립대학교 대학원 박사학위논문
주정흔(2007), "창의성 교육과정의 '실천성'에 관한 참여관찰 연구", 성균관대학교 대학원 박사학위논문
주형근(1999), "고객서비스품질이 고객만족에 미치는 영향에 관한 연구", 동덕여자대학교 대학원 박사학위논문
지은구(2008), 『사회복지평가론』, 서울: 학현사
채순화(2004), "변혁적 리더십과 다차원적 신뢰 및 다중 조직몰입과의 관계연구", 경영연구, 19(2), pp.317~349.
채 예(2009), "중국 주요항만의 효율성 및 SWOT분석을 통한 경쟁력 강화방안에 관한 연구", 조선대학교 대학원 박사학위논문
최명규(1994), "관여도가 Promotion에 미치는 영향에 관한 연구", 고려대학교 대학원 석사학위논문
최병룡(1984), 『최신광고론』, 서울: 박영사

최순옥(1994), "시스템 다이내믹스를 이용한 신규간호사의 조직사회화과정 모델 개발", 이화여자대학교 대학원 박사학위논문

최해전(2009), "특수학교 교사의 조직몰입에 영향을 미치는 변인 연구", 단국대학교 대학원 박사학위논문

최홍석 · 홍성만 · 주경일(2003), "사회적 갈등의 근거이론적 이해: 댐건설을 중심으로", 한국행정학보, 37(4).

최홍섭(2009), "초등학교 체육수업에서의 책임감 모형(TPSR) 실천에 관한 연구", 경북대학교 대학원 박사학위논문

최환진(2000), "인터넷 광고의 효과과정에 관한 연구 – 웹사이트의 상호작용을 중심으로", 경희대학교 대학원 박사학위논문

하정복 · 주뢰(2005), "인터넷 광고효과에 영향을 미치는 요인에 관한 탐험적 연구", 사회과학연구, 9, pp.75~93.

한상만 · 하영원 · 장대련(2004), 『마케팅전략』, 서울: 박영사

한정희(2004), "조직 및 시스템의 효율성 측정 수단으로서 DEA 활용의 문제점 분석 및 제언", 경영과학연구, 30, 강원대학교 경영연구소

한희영(1990), 『촉진전략론』, 서울: 무역경영사

함영기(2009), "수업 전문성 재개념화의 실천적 탐색을 위한 질적 사례연구 – 온라인 지식교류 활동을 중심으로", 성균관대학교 대학원 박사학위논문

허원구 · 이석형 · 최인규(2011), 『조사방법론의 이해』, 서울: 삼영사

현종익(2002), 『교육학용어사전』, 서울: 동남기획

홍성열(2001), 『사회과학도를 위한 연구방법론』, 서울: 시그마프레스

황명구(2008), "메타평가를 적용한 국가연구개발사업 평가시스템의 효율성 분석", 건국대학교 대학원 박사학위논문

황성철(2008), 『사회복지 프로그램 개발과 평가』, 서울: 공동체

황인창 · 이대용(1999), 『알기 쉬운 통계학』, 서울: 학현사

황해용(2000), "대학 마케팅전략 수립을 위한 교육서비스 만족도에 관한 연구 – K대학교 2캠퍼스를 중심으로", 고려대학교 경영정보대학원 석사학위논문

Allen, M. J., Yen W. M. Introduction to Measurement Theory. CA: Brooks/Cole Publishing Company, 이종성 역(1985), 『측정이론의 기초』, 서울: 중앙적성출판사

Allen, N. J. & Meyer, J. P.(1990), "The Measurement and Antecedents of Affective Continuance, and Normative Commitment to the Organization", *Journal of Occupational Psychology*, 63, pp.1~8.

Babbie, E.(1983), The Practice Social Research, Belmont, California: Wadsworth Publishing Company.

Baron, R, M. and Kenny, D. A.(1986), "The Moderator–Mediator Variable Distinction in Social Psychological Research: Conceptual, Strategic, and Statistical Considerations", *Journal of Personality and Psychology*, 51, pp.1173~1182.

Best, J. W.(1981), Research in education, 4th ed., New Jersey: Prentice–Hall.

Bitner, M. J. & Hubbert, A. R.(1994), "Encounter Satisfaction Versus Overall Satisfaction

Versus Quality", Rust, R. & Oliver, R. eds., Thousand Oaks, CA: Sage Publications, pp.72~94.

Boling, J. & Condy, S.(1992), How to Write and Defend Your Thesis/Dissertation: your research director(RD) from start to finish, Knosville, Tenn.: University of Tennesee.

Brinkerhoff, R. O., Brethower, D. M., Hlchukyi, T. & Nowakowsky, J. R.(1983), Programme Evaluation: Apractitioner's Guide for Trainers and Educators, Boston: Kluwer-Nijhoff Publishing.

Bruner, J.(1987), "Life as Narrative", *Social Research*, 54, pp.11~32.

Cameron, K. S. and Whetten, D. A.(1983), Organizational effectiveness: A Comparison of multiple models, N.Y.: Academic Press, Inc.

Campbell, D. T.(1975), "Degree of Freedom and The Case Study", *Comparative Political Studies*, 8, pp.178~193.

Chaskin, R. J.(2001), "Building Community Capacity: A Definitional Framework and Case Studies from a Comprehensive Community Initiative", *Urban Affairs Review*, 36, pp.291~323.

Cho, C. H. & Leckenby, J. D.(1999), "Interactivity as a Measure of Advertising Effectiveness", *Unpublished Working Paper*.

Christensen, L. B.(1993), Experimental Methodology, MA: Allyn and Bacon, Inc.

Coelli, T.(1996), "A Guide to DEAP Version 2.1: A Data Envelopment Analysis (Computer) Program, Centre for Efficiency and Productivity Analysis", *Department for Econometrics*, University of New England.

Creswell, J. W.(2005), "Educational research: planning, conducting, and evaluating quantitative and qualitative research" (2nd ed.), *Upper Saddle River*, NJ: Pearson Education.

Creswell, J. W.(2007), Qualitative Inquiry and Research Design, 2nd ed., Thousans Oaks, CA: Sage Publications, Inc., 조흥식 · 정선욱 · 김진숙 · 권지성 공역(2010), 『질적연구 방법론 - 다섯 가지 접근』, 서울: 학지사

Crowl, T. K.(1996), Fundamentals of educational research, Madison, Wis.: Brown & Benchmark.

Dampier, W. C.(1961), A history of science and its relation with philosophy and religion, 4th ed., Cambridge, England: Cambridge University Press.

Denzin, N. K, & Lincoln, Y. S.(Eds.)(2000), The handbook of qualitative research, Thousand Oaks, CA: Sage Publications, Inc.

Einstein, A.(1940), "Considerations concerning the foundations of theoretical physics", *Science*, 91, pp.487~492.

Ely, M., Anzul, M., Friedman, T, Garner, D. & Steinnetz, A. M.(1991), Doing qualitative research: Circle within circles, london: Falmer.

Fetterman, D. M.(1989), Ethnography Step by Step, Newbury Park: Sage Publications.

Garvin, D. A.(1984), "What Does Product Quality Really Mean?", *Sloan Management Review*, 26(1), pp.25~28.

Glaser, B. G. & Strauss, A. L.(1967), The Discovery of Grounded theory: Strategies for, Chicago: Aldine.

Guba, E. G. & Lincoln, Y. S.(1981), Effective Evaluation, San Francisco: Jossey-Bass.

Hoffman, D. L. & Novak, T. P.(1996), "Building New Paradigms for Electronic Commerce", HotWired(Intelligent Agent Section).

Jacob, E.(1987), "Qualitative research tradition: A review", *Review Educational Research*, 57, pp.1~50.

James, I. R., Mulaik, S. A. and Brett, J. M.(2006), "A Tale of Two methods", *Organizational Research Methods*, 9(2), pp.233~244.

Jones, T. O. & Sassers Jr, W. E.(1995), "Why Satisfied customers Defect", *Harvard Business Review*, 73(6), pp.88~91.

Kennis, S. & McTaggart, R.(1988), The action research planner, 3rd ed., Melbourne: Deakin University Press. pp.5~29.

Kerlinger, F. N.(1986), Foundations of behavioral research, 3rd ed., New York: Holt, Rinehart & Winston.

Kinsey, A. C. et. al.(1948), Sexual Behavior in the Human Male, Philadelphia: W. B. Saunders Co., pp.47~59.

Koivisto, K.(2002), Methodological issues in nursing research: "Applying a phenomenological method of analysis derived from Gregori to a psychiatric nursing study", *Journal of advanced Nursing*, 39(3), pp.258~265.

Larson, R. & Berliner, L.(1983), "On Evaluating Evaluation", *Policy Science*, 16(2), pp. 155~160.

Lieblich, A., Truval-Mashiach, R. & Zilber, T.(1998), Narrative Research: Reading, analysis and interpretation, Thousand Oaks, CA: Sage Publications.

Lincoln, Y. S. & Guba, E. G.(2000), "Paradigmatic controversies, contradictions, and emerging confluences", In Nelson, N. K., & Nelson, J.(Eds.), *Handbook of qualitative research*, Thousand Oaks, CA: Sage Publications, Inc.

Lu, Y. E.(1994), "A comparison of achieving styles of Asian American and non-Asian American psychotherapists", *Psychotherapy in Private Practice*, 13, pp.45~69.

Lu, Y. E.(1996), "Underutilization of mental health services by Asian American clients: The impact of language and culture in clinical assessment intervention", *Psychotherapy in Private Practice*, 15, pp.43~59.

MacMillan, J. H. & Schumacher, S.(1989), Research in education: A conceptual introduction, 2nd ed., Glenview, IL; Scott, Foresman.

Mackinnon, D. P., Lockwood, C. M., Hoffman, J. M., West, S. G., and Sheets, V.(2002), "A Comparison of Methods to test Mediation and other Intervening Variable Effects", *Psychological Methods*, 7(1), pp.83~104.

Mannen, V. M.(1984), "Doing" phenomenological research and writing: An introduction, Canada: University Alberta. Faculty of Education, Department of Secondary Education.

Meadows, D. L.(1970), Dynamics of Commodity Production Cycles, Wright-allen Press, Inc., Cambridge.

Michael, P.(2000), "Hat is Strategy?," *Harvard Business Review*.

Mills, G.(2003), Action Research: A guide for the teacher researcher, 2nd. ed., 강성우 외 역(2007), 교사를 위한 실천 연구, 서울: 우리교육

Munhall, P. L.(1994), Qualitative research proposals and reports: A guide, New York: Nayional League for Nursing Press.

Nachmias, C. & Nachmias, D.(2000), Research Methods in the Social Sciences, 6th ed., Worth Publishers.

Nash, L. K.(1963), The nature of the natural science, Boston: Little Brown and Company.

Oliver, R. L.(1999), "Whence Consumer Loyalty", *Journal of Economic Psychology*, 63(4), pp.33~44.

Padgett, D. K.(1998), Qualitative Methods in Social work Research: Challenges and Rewards, CA: Sage Publications, Inc., 유태균 역(2001), 『사회복지 질적연구방법론』, 서울: 나남출판

Parasurman, A., Zeithaml, V. A. & Berry, L. L.(1985), "A Conceptual Model of Service Quality and Its Implications for Future Research", *Journal of Marketing*, 49(4).

Parasuraman, A, Zeithaml, V. A. & Berry, L. L.(1991), "Refinement and Reassessment of the SERVQUAL Scale", *Journal of Retailing*, 67(Winter), pp.420~450.

Paris, D. C., & Reynolds, J. F.(1983), The Logic of Policy Inquiry, New York: Longman.

Parker, L. D. & Roffey, B. H.(1997), "Methodological Theme: Back to the Drawing Board: Revisiting Grounded Theory and the Everyday Accountant' s and Manager's Reality", *Accounting, Auditing & Accountability Journal*, Vol. 10(2). pp.212~247.

Peterson, R. A., Wilson, W. R. & Brown, S. P.(1992), "Effects of advertised customer satisfaction claims on consumer attitudes and purchase intention", *Journal of Advertising Research*, 32(March), pp.34~40.

Philips, B.(1997), Social Research: Strategy and Tactics, NY: Macmillan.

Porter, M. E.(1985), Competitive Strategy: Creating and Sustaining Superior Performance, New York: The Free Press.

Rubin, A. & Babbie, E. R.(2010), Essential Research Method for Social Work, 2nd ed., 유태균 역(2011), 『에센스 사회복지조사방법론』, 서울: Cengage Learning Korea Ltd.

Scheel, H.(2000), EMS: Efficiency Measurement System User's Manual.

Schuster, J.(1997), The Performance of Performance Indicators in the Arts", *Nonprofit Management & Leadership*, 7, pp.253~269.

Schwandt, T. A.(2001), Dictionary of qualitative inquiry, Thousand Oaks, CA: Sage Publications, Inc.

Scriven, M. S.(1969), "An Introduction to Meta-evaluation", *Educational Product Report*, 2. pp.36~38.

Selltiz, D., Lawrence, S., & Stuart, W.(1976), Research Methods in Social Relations, NY: Holt, Rinehart & Winston.

Shndell, K.(2000), Loyalty Marketing, Ahchimyisul Publishing Co.

Shoemaker, S. & lewis, R.(1999), "Customer Loyalty: the Future of Hospitality Marketing", *International Journal of Hospitality Management*, 18, pp.345~370.

Sterman, J, D.(2000), "Testing Behavioral Simulation Models by Direct Experiment", Management Science.

Strauss, A. & Cobin, J.(1990), Basics of Qualitative Research. CA: Sage Publishers.

Strauss, A. L. & Corbin, J.(1998), Basic of Qualitative Research: Techniques and Procedures for Developing Grounded Theory, 2nd Ed. London: Sage, Publications.

Stufflebeam, D. L(1981), "Metaevaluation: Concept, Standard, and Uses", in Ronald a. Berk(ed.), Educational Evaluation Methodology: The State of the Art, Maryland: The John's Hopkins University Press,

Thomas, et. al.(1973), Observational Studies of Social Behavior, New haven: Yale University Press.

Uncles, D. M., Dowling, R. G. & Hammond, K.(2003), "Customer Loyalty and Customer Loyalty Program", *Journal of Consumer Management*, 20(4), pp.294~311.

Van Maanen, J.(1988), Tale of the field: On writing ethnography, Chicago: University of Chicago Press.

Walker, J. L.(1995), "Service Encounter Satisfaction: Conceptualized", *Journal of Service Marketing*, 9, pp.5~14.

Weathreman, R. & Swenson, K.(1974), "Delphi Technique", in Hencley, S. P. & Yates, J. R.(eds.), Futurism in Education: Methodologies, Berkeley, CA.: McCutchen Publication Co., pp.97~114.

Weiss, R. S.(1994), Learning from strangers: The art and method of qualitative interview studies, New York: Free Press.

Yin, R. K.(2003), Case Study research: Design and Method, 3rd. ed., Sage Publications, Inc., 신경식 · 서아영 역(2005), 『사례연구방법』, 서울: 한경사

Yoon, K.(1992), "Involvement level and the mediating role of attitude toward the advertising. In Reid, L. N.(Ed.) Processing of the 1992 Conference of the American Academy of Advertising, American Academy of Advertising, pp.46~54.

Young, P. V.(1956), Scientific Surveys and Research, Englewood Cliffs. N.J.: Prentice-Hall, Inc.

| 찾아보기 |

| 저자약력 |

서대진

한양대학교 졸업
한양대학교 대학원 석사 졸업
중앙대학교 행정대학원 졸업
한양대학교 대학원 박사 졸업
한양대 · 고려대학교 강사(전)
현) 1999년~현재 www.papersea.com 소장

〈학술 저서〉
논문작성법 교과서(2010)
조사방법론 교과서(2010)
문 · 이과 고등학생을 위한 논문 작성법 교과서(2016)
학술연구논문 주제탐색 및 실전(미간행)
학술연구논문 문장 · 문단 글쓰기 전략(미간행)

장형유

진로상담센터장/창업교육센터장(전)
현) 경상대학교 입학본부 부본부장/입학정책실장
경상대학교 경영대학 경영학과 교수

〈논문〉
국내등재지 40편/해외학술지 11편

〈저서〉
최신소비자행동론(명경사)
학위논문작성법교과서(일문사)
마케팅원론(번역서, 한경사)

김명희

광주교육대학교 대학원 교육학(진로진학컨설팅) 석사
원광대학교 일반대학원 보건학(예술치료) 박사
원광대학교 일반대학원 보건학과 교수(전)
현) 광주교육대학교 창의진로학습개발역량센터 부소장
진로학습코칭 마음그리기 센터장
광주교육대학교 대학원 외래교수

인문사회 과학도를 위한
연구방법과 사례별 활용서

2016년 10월 5일 1판 1쇄 인쇄
2016년 10월 10일 1판 1쇄 발행

저 자 | 서대진 · 장형유 · 김명희
발 행 인 | 이수영
발 행 처 | 도서출판 청람
서울시 마포구 독막로 288(대흥동, 세양상가 109호)
전 화 | 02) 3272-2601~2
팩 스 | 02) 3272-2603
홈페이지 | http://www.crbooks.co.kr
이 메 일 | crbooks@daum.net
등 록 | 2000년 8월 26일 제6-0509호

ISBN 97889-5972-549-6 93320 [정가 38,000원]